MW01245994

जगद्गुरु
आद्य शंकराचार्य

शंकराचार्य

जगद्गुरु
आद्य शंकराचार्य

शिवदास पांडेय

ज्ञान गंगा, दिल्ली

प्रकाशक : ज्ञान गंगा, 205-सी चावड़ी बाजार, दिल्ली-110006
सर्वाधिकार : सुरक्षित / संस्करण : प्रथम, 2018
ISBN 978-93-86054-98-2

JAGADGURU ADYA SHANKARACHARYA
novel by Shivdas Pandey
Published by Gyan Ganga, 205-C Chawri Bazar, Delhi-110006

समर्पण

साध्वी ऋतंभरा

कभी-कभी जब साधकीय अंतश्चेतना, धारणा और ध्यान के ऊर्ध्वोत्तर संसार समाधि के सातवें आकाश में पहुँचती है। कदाचित् तभी उसके चैतन्य की सूक्ष्म दृष्टि खुल जाती है और कदाचित् तभी जिस ज्ञान-सत्य के दर्शन उसे होते हैं, उसी सत्य को भारतीय मनीषा ने 'ऋत्' कहकर अभिहित किया है।

मेरा मन तो कहता है कि इसी ऋत् के भारतीय भूखंड पर भास्वरित होने के कारण ही भूमा का यह भूखंड भारत खंड अथवा भारतवर्ष की अभिधा से घोषित है। ऋत्, ऋक्, ऋषि, ऋत्विक् आदि को जन्म और संरक्षण देने के कारण ही इस भूमि को मातृ, मातृसत्ता अथवा मातृशक्ति की भूमि के रूप में संपूर्ण सृष्टि ने स्वीकार किया है।

ऋत्, ऋक्, ऋचा, ऋषि और ऋत्विक् आदि सबको आत्मसात, शक्ति स्वरूपा, भौतिक संसार की दीदी एवं आधिभौतिक जीवन की माँ—'दीदी माँ' के नाम से विख्यात अपनी दैवी माँ 'साध्वी ऋतंभरा' के कर-कंजों में अपनी कृति 'जगद्गुरु आद्य शंकराचार्य' का सहज-सप्रेम समर्पण कर अपना जीवन कृतार्थ करने की अनुभूति का आकांक्षी!

(शिवदास पांडेय)

पुरोवाक्

ईसा से आठ सौ वर्ष पूर्व और ईसवी से आठ सौ वर्ष बाद तक, सोलह सौ वर्षों का काल—ईश्वर, धर्म और इतिहास के बीजवपन, जन्म एवं बचपन की एक बड़ी रोमांचकारी फंतासी के साथ-साथ, एक बहुत ही महत्त्वपूर्ण ऐतिहासिक गाथा का काल कहा जाता रहा है। ईश्वर के अवतरण के साथ ही इसी काल में धर्म और इतिहास का जन्म होता है। जन्म किसी हरी-भरी वनस्थली, किसी पर्वतश्रृंखला के मध्य शोभित किसी वन-प्रांतर के निश्शब्द सुनसान में, सिनॉय की पहाड़ियों पर और शैशव से कैशोर्य तक की धर्म-यात्रा किसी स्काइलार्क की तरह धरती से आकाश को मापते सिनाय से वैटिकन तक, वैटिकन से कुंस्तुनतुनिया तक तथा कुंस्तुनतुनिया से भारत खंड के केरल प्रदेश तक संपूर्ण यूरोप का चक्कर लगाती ऐसी रोमांचक आसमानी उड़ान की एक हवाई कथा, जिसकी ओर खिंचते-दौड़ते, आज तक इसके क्रियाशील अनुयायी सदस्यों के रूप में एक अरब से अधिक लोग बच्चों की तरह जुड़ जाते हैं तथा इतिहास इस कथा का गवाह है कि ईश्वर इस कथा-मंचन का सूत्रधार बनता है। ईश्वर, धर्म और इतिहास की ट्रिनीटी स्काइलार्क जितना आकाश माप ले, उतनी धरती उसकी और इस दस्तावेज के तीन गवाह, तीनों उसी हवाई-यात्रा के सहभागी पथिक—ईश्वर, धर्म और इतिहास—ईश्वर, ईसा और इतिहास-ईश्वर, उसका एकमात्र पुत्र ईसा और उसी की पुण्यात्मा (होली स्पिरिट) के मुख से निकली पवित्र वाणी। महज आठ सौ वर्षों में रोमन स्टेट—अगस्टस तथा जूलियस सीजर का एक तथाकथित राज्य, कस्बाई रोमन राज्य, रोमन साम्राज्य बन जाता है। इस धरती का 18 प्रतिशत भू-भाग और कमोबेश संपूर्ण यूरोप इसकी छत्रच्छाया में आ जाता है और देखते-देखते मात्र आठ सौ वर्षों में कई-कई धर्म संगीतियाँ-वैटिकन एवं कुंस्तुनतुनिया में समारोह बनकर सारे संसार पर छा जाती हैं।

आश्चर्य है कि दुनिया भर के इतिहासकार, बहुतेरे चर्चित इतिहासकार, जैसे कि वे स्वयं भी इसी 18 प्रतिशत जनसंख्या के प्रतिबद्ध प्रतिनिधि-प्रशंसक हों और इस घटना को इतिहास से तनिक भी कम महत्त्वपूर्ण नहीं आँकते हों, इसके समर्थक एवं इसके सहयोगी बन जाते हैं। मूसा से ईसा तक की आठ सौ वर्षों की एक ऐसी ही यहूदी-यात्रा

सिनाय से यरुशलम तक और मिस्र से जूडा, रोम, इजरायल तक पैदल चलते-चलते मानो थसक जाती है—दिन भर चले अढ़ाई कोस। किंतु ईसा से अगस्तस तक चलनेवाली इस यात्रा को तो जैसे बाज के पंख लग गए हैं—सारा यूरोप, आधा एशिया और आधा भारत सब मिलकर एक अरब अर्थात् एक सौ करोड़ लोग इसके पंजीकृत अनुयायी हैं। ईसा और ईसवी के इन आठ-साढ़े आठ सौ वर्षों के इतिहास की यात्रा की गति तो इतनी विस्मयकारी है कि अपने लघु रूप के लिए ख्यात रोमन स्टेट तो एक अत्यंत वृहदाकार 'रोमन एंपायर' बन ही जाता है। ईसा, ईश्वर और ईश्वर का पुण्यांश (होली स्पिरिट), तीनों की समान शक्ति सत्ता की संयुक्त शक्ति बनकर एक ऐसा असर उत्पन्न करती है कि दुनिया के सारे साम्राज्य—'स्वप्नदर्शी वेद-वेदांती' साम्राज्य हो अथवा 'अहिंसा परमो धर्म:' वाला बुद्ध-जैन धर्मी साम्राज्य अथवा इस्लामी साम्राज्य—इस्लाम, इनसान और ईमानवादी शक्तियाँ—हाथों में धर्मग्रंथ अथवा जिहाद की तलवार थामे किंकर्तव्यविमूढ़ रह जाती हैं अथवा 'जिहाद' के रास्ते आतंकी हथियार उठा लेते हैं, जबकि ईसा, ईश्वर और ईश्वर का पुण्यांश की ट्रिनीटी अपने ही मूल परिवार के सहयात्रियों का सांस्कृतिक अस्तित्व समाप्त करने पर आमादा होकर पूरे विश्व के सारे सांस्कृतिक इतिहास और संभावित भविष्य को अपने कब्जे में ले लेती है। इस हेतु समाज के उपेक्षित और आर्थिक विकास के क्षेत्र में वंचित वर्गों को धर्मांतरित करने तथा सामाजिक सम्मान, शिक्षा, स्वास्थ्य एवं प्रभु की कृपा का प्रलोभन देकर उन्हें ईसाई धर्म का अंग बना लिया जाता है। पूरा विश्व एक मेला बन जाता है, एक सांस्कृतिक मेला, जिसके शासकीय प्रबंधन का कार्य ईसाई धर्म के पादरियों के हाथों में सौंप दिया जाता है।

संस्कृतियों का यह प्राचीन मेला अपने इतिहास को दुहराते हुए एक दिन यों ही चुपचाप उजड़ जाता है और अनावश्यक एवं अवांछित संस्था—'धर्म' नाम की एक नई व्यवस्था, संस्कृति के द्वार पर प्रबंधक बनकर जम जाती है। फिर धर्म के पीछे-पीछे कहीं से ईश्वर और इतिहास भी आ जाता है। तीनों किसी कोने में खड़े क्रीत तीन गवाहों की तरह, मानो वे उच्चतम न्यायालय के मुख्य न्यायाधीश के न्यायालय में खड़े हों। विद्वान् बैरिस्टरों द्वारा अक्षरश: वही सारा कुछ, उसी काल्पनिक सत्य को ऐतिहासिक तथ्य ठहराते हुए, कहने को जो होली बाइबिल (न्यूटेस्टामेंट) के पन्नों में अंकित है। यूरोपीय इतिहासकारों द्वारा विरचित तथा कुछ तथाकथित भारतीय इतिहासकारों द्वारा भी पिष्टपोषित-अनुमोदित इस धर्म-कथा को इतिहास की तरह पढ़ सुनाने के लिए साम्राज्य के स्तर पर एक शिक्षण व्यवस्था भी खड़ी कर दी जाती है और उस तथाकथित व्यवस्था द्वारा 'वैदिक अथवा औपनिषदिक संस्कृति' के स्थान पर सबको मानो 'हिंदू' शब्द रटा दिया जाता है।

महज सोलह सौ वर्षों के एक तथाकथित ईश्वर और आठ सौ वर्षों के एक

तथाकथित धर्म द्वारा पचास हजार वर्षों से अधिक पुरानी एक सुसंचित संस्कृति की निधि को नीलाम करने के लिए मुँहमाँगी सुविधा पर निर्धारित बोली बोलनेवालों तथा उनके गवाहों को भी तैयार कर दिया जाता है। इन गवाहों को अन्य सामान्य गवाहों से भिन्न विशेष दर्जे की भी कुछ सुविधाएँ प्राप्त कराई जाती हैं। वे पुरोहितों के रूप में ईश्वर के दूत बनकर कुछ भविष्यवाणियाँ भी कर सकते हैं। भजन-कीर्तन, पूजा-पाठ, अक्षत, चंदन, आरती, जैसे कर्मकांड भी संपन्न कर सकते हैं, आशीर्वाद भी दे सकते हैं और चाहें तो विशप के रूप में रोम और कुंस्तुनतुनिया की धर्म सभाओं में पूरब के एक नए उदारवादी इस्टर्न धर्म—'इस्टर्न ऑर्थोडॉक्सी' को हिंदू धर्म या संस्कृति की ही एक छद्म प्रतिकृति को ईसाई धर्म की एक संज्ञा से अभिहित करनेवाले प्रतिनिधि के रूप में उपस्थित रहने की छूट भी प्राप्त कर सकते हैं।

भारत की विराट् सांस्कृतिक संपदा को धर्म और जाति के संकुचित दायरे के कारागार में इस तरह धकेल कर कैद करने का एक सुनियोजित षड्यंत्र केवल ईसाई धर्म, ईसाई इतिहासकार और ईसाई सम्राटों ने ही किया, ऐसा नहीं है। इन सोलह सौ वर्षों में बौद्ध धर्म के भगवावस्त्रधारी ताओ सम्राटों और उनके पोषित पहलवानों एवं घोषित बोधिसत्त्वों ने भी यही किया तथा धर्म-प्रचार का साधन 'जिहाद' को स्वीकार करनेवाले हथियार बंद इस्लाम धर्म के खलीफों व तथाकथित राष्ट्रवादियों ने भी। फलत: एक एकात्म राष्ट्र छिन्न-भिन्न होकर एक बहुधर्मी-बहुजातीय राजाओं तथा राज्यों के देश या देशों में बिखर जाता है। ये षड्यंत्रकारी बाह्य शक्तियाँ अपने षड्यंत्रों को जारी रखती हैं और विनाशकारी आंतरिक तत्त्व भी आपसी द्वेष-द्वंद्व से उद्वेलित होकर अपनी सांस्कृतिक अखंडता को धर्म-संप्रदायों के छोटे-बड़े टुकड़ों में बँट जाने देना स्वीकार लेते हैं। इतिहास का एक कालखंड, जिसे सांस्कृतिक वैभव का काल होना था, फलत: एक धार्मिक-सांप्रदायिक पराभव का अंधकार युग बनकर रह जाता है।

सोलह सौ वर्षों के चतुर्दिक् संगठित इन शक्तिशाली धार्मिक मोरचों के समक्ष शास्त्रार्थ-रथी शंकराचार्य सोलह वर्षीय एक ऐसे यशस्वी युवा आचार्य, उस अभिमन्यु का नाम है, जो पहली बार एक नहीं, एक साथ सोलह सौ वर्षों में तथाकथित धर्मों के चक्रव्यूह रचनेवाले चार-चार मतवादियों से मनसा-वाचा-कर्मणा लोहा लेने का संकल्प लेता है और इस चक्रव्यूह से ऐसे बाहर निकल आता है, जैसे एक हाथी किसी बीहड़ सैन्य-वन से। इस उपन्यास का नायक एक पुरुषार्थी योद्धा है, पचासों हजार वर्ष पुरानी एक समृद्ध सांस्कृतिक-संपदा का पहरेदार और जिस संस्कृति को जिंदा निगल जाने के लिए चारों दिशाओं में चार मगरमच्छ 'धर्म' भिन्न-भिन्न धर्मों के भिन्न-भिन्न मुखौटे पहने हुए करुणा, मैत्री व प्रज्ञा, जनकल्याण एवं मोक्ष के मुखौटे, उसका रास्ता रोकने के लिए सन्नद्ध हैं।

शंकराचार्य एक ऐसे शास्त्राचार्य का नाम है, जो संस्कृति-रक्षा को युद्ध मानकर शास्त्रार्थ करता है और जिसका अस्त्र-शस्त्र सबकुछ शास्त्र तथा जिसका युद्ध मात्र शास्त्रार्थ है एवं जिसकी शक्ति हजारों-हजार वर्षों की ऋषि-प्रति-ऋषि एवं तपस्या-प्रतितपस्या सिद्ध ज्ञान-संपदा है। वह न तो खलीफों की तरह युद्ध करता है और न नियोजित बोधिसत्त्वों की तरह और न ही जैसा देश, वैसा वेश, वैसा धर्म का सिक्का चलानेवाले ईसाई पादरियों की तरह। वह शास्त्र के शस्त्र से शास्त्रार्थ का युद्ध लड़ना जानता है—धर्म के क्षेत्र में ज्ञान तथा न्याय के निर्धारित विधानों के सर्वथा अनुरूप। यह युद्ध षड्दर्शनों तथा षड्चक्रों के साधकों के साथ-साथ इन ब्रह्मवादी शैव-दर्शन के तंत्रोन्मुख कश्मीरी शैवों से भी होता है और वह सोलह वर्षों में सभी विवादों का समाधान ढूँढ़कर वैदिक संस्कृति को पुनः स्थापित करता है। शंकराचार्य जैसा आचार्य होना, एक योगसिद्ध-ज्ञानसिद्ध तथा ध्यानसिद्ध आचार्य होना और ऐसे आचार्य का एक सिद्ध जगद्गुरु हो जाने का भी कोई विशेष अर्थ होता है, जिसे जाने-समझे बिना यदि उसे इतिहास अपना विषय बना ले तो ऐसा इतिहास भी शास्त्र के उच्च पद से गिरकर चटपटी सत्यकथा या रोमांचकारी गल्प अर्थात् मात्र फैंटेसी बनकर रह जाए।

वास्तव में यूरोपीय इतिहासकारों ने इतिहास के एक ऐसे महान् स्तंभ को मिथकीकृत करने में अपनी सारी मेधा इस निहित कल्पना को स्थापित करने में व्यय कर दी है कि शंकराचार्य जैसा एक आचार्य यदि हो भी सके तो आठवीं शती के आठवें दशक के पूर्व नहीं और वह इसलिए कि तब तक ईसाई धर्म आठ सौ वर्षों का होकर अपने को रोमन साम्राज्य के रूप में स्थापित तो कर ले और इस्लाम धर्म तीन सौ वर्षों की खून-खराबे और जिहाद की धूम-धड़क्का मचाते बगदाद को इस्लाम का अंतरराष्ट्रीय ज्ञान केंद्र और सिंध-गांधार से कश्मीर तक तथा जोर्दान नदी होते हुए अरबिस्तान को फिलिस्तीन और यरुशलम तक पहुँचा सके।

ध्यातव्य है कि भारतीय ज्योतिष शास्त्रकारों की गणना के आधार पर शंकराचार्य ईसा और ईसवी दोनों के पाँच सौ से नौ वर्ष पहले और कुछेक इतिहासकारों के अनुसार तो ईसा से कई हजार वर्ष पहले के एक अवतारी पुरुष सिद्ध होते हैं। मानना होगा कि यूरोपीय इतिहासकारों द्वारा उन्हें सहमति के आधार पर आठवीं सदी के आठवें दशक में दिखाकर एक मनमाना इतिहास गढ़वा देने के पीछे भी कोई-न-कोई सोचा-समझा षड्यंत्र तो होगा ही। किंतु जो भी इतिहास हमारे सामने आ सका है, उसमें वर्ष, काल और युग की भिन्नता भले हो, पर तथ्यों और इससे मेल बैठानेवाली संगतियों की बहुत भिन्नता नहीं है तथा इस संपूर्ण कालचक्र की काल-सीमा के अंदर घटित होनेवाले सारे घटनाचक्र तथा सारी स्थितियों के प्रायः समान होने के कारण शंकराचार्य के संघर्षों एवं अवदानों को निर्धारित कर लेने में कोई बहुत कठिनाई नहीं होती। इतिहासकारों से उलझने से अच्छा

है, अर्थात् कौए के पीछे-पीछे भागने से अच्छा है, अपने कान को देखना और कान यदि सुरक्षित है तो कौए की चिंता छोड़नी ही श्रेयस्कर है। दुर्भाग्य तो यह है कि कुछ प्रबुद्ध भारतीय लेखकों, जीवनी-लेखकों ने भी सत्य को मिथ की तरह तथा मिथ को कुछ निहित स्वार्थवश सत्य की तरह परोसने का काम किया है। स्वीकारना होगा कि अभी तक सर्वांग निर्दोष आद्यशंकर की एक भी जीवन-कथा नहीं लिखी जा सकी है।

केवल शास्त्रार्थ युद्ध नहीं, धर्मानुप्रेरित तथा कल्पनाधारित इतिहास की मृत्यु की घोषणा होने के बाद तो आज स्पष्ट लगता है कि इतिहास के नाम पर मिथक लेखन के दिन ही लद चुके हैं और प्राकृतिक आपदाओं के कारण धरती के पेट में समा चुकी सभ्यता-संस्कृतियों के अवशेष भी अपनी सत्कथा सुनाने लगे हैं। सिंधु घाटी सभ्यता के तत्कालीन अवशेष कुछ बोलते हैं, उन्हें भी सुनना होगा, भूमिस्थ भटकती सरस्वती पुनः धरती के आँगन में लहराने को विकल है, उसका भी स्वागत करना होगा। भारत और लंका को जोड़नेवाला 'राम-सेतु' धीरे-धीरे कल्पना-कथा न रहकर इतिहास को दुहराने को बेचैन है। केरल की कलाड़ी में कभी गंगा की उपधारा बनकर बहती शंकराचार्य के गाँव की नदी का 'कारबन डेट' इतिहास भी अपनी सच्ची कहानी कहने को आमादा है, उसे भी सुनना होगा। इस नदी के इतिहास का अध्ययन बताता है कि आदि शंकराचार्य का जन्मकाल ईसा से पूर्व 509 वर्षों से भी अधिक प्राचीन है और इसी इतिहास को सांस्कृतिक भारत के प्रतिनिधि स्वरूप कांचिकामकोटि मठ ने केंद्रीय सरकार को सभी दस्तावेजों के साथ सुपुर्द भी कर दिया है। मिथक तभी तक मिथ है, जब तक उसकी अग्निपरीक्षा विज्ञान नहीं ले लेता और वह उसमें खरा नहीं उतर आता।

जाहिर है कि कलाड़ी के शंकराचार्य की कथा का कथानक गढ़नेवाले शिल्पी की कल्पना तथा बुद्धि दोनों को ईसा पूर्व 600 वर्ष एवं ईसवी के सात सौ अठासी वर्ष के बीच की दौड़ तो लगानी ही होगी और तब कहीं एक विस्तृत फलक पर इतिहास पुरुष—ईसा, बुद्ध, महावीर, सिकंदर तथा मोहम्मद जैसा इतिहासपुरुष, विशेषधर्मी इतिहासपुरुष, काल तथा लोकजयी वैश्विक इतिहासपुरुष किसी शंकराचार्य के भी सही स्थान को यथासंभव रेखांकित किया जा सकेगा। इस उपन्यास के लेखक ने इस दिशा में कुछ प्रयास तो किए हैं, किंतु कुछ सूत्र आगे आनेवाले इतिहासकारों की प्रयोगशालाओं में परीक्षण के लिए छोड़ भी दिए हैं, क्योंकि आदि शंकराचार्य मूसा और ईसा की तरह मिथक नहीं, बल्कि एक जलते हुए प्रकाशपुंज, उस सूर्य की तरह ईसा या मोहम्मद के पहले से हैं और स्वयं अपने लेखन-अभिलेखों एवं तर्कों के साथ जिंदा-जीवंत हैं। आद्य शंकराचार्य भारतीय संस्कृति का युगपुरुष है तथा अपने समय का वह सूर्य है, जो मिथकीयता के घने बादलों को चीरते हुए प्राचीन भारत के गौरव का प्रतीक बनकर प्राची के क्षितिज पर विश्वगुरु के रूप में उदित होता है।

कलिकाल के जगद्गुरु के सौर्य प्रकाश और तपोतापवाले व्यक्तित्व के साथ भारत देश के उत्तर-दक्षिण तथा पूरब-पश्चिम के एकीकरण के संदर्भ में अब तो यह मानना होगा कि ईसा से ईसवी के एक हजार वर्ष तक का काल (कथित मध्यकाल) भारतीय सांस्कृतिक इतिहास का अंधकार काल नहीं, वरन् सामान्यत: स्वर्णिम प्रकाश का काल है। वस्तुत: यही वह काल है, जब 'दुष्टाचार विनाशाय प्रादुर्भूतो महीतले। स एव शंकराचार्य साक्षात् कैवल्यनायक:' का अवतरण होता है (नीलकंठ भट्ट: शंकर मंदार सौरभ)।

वर्णभेद तथा लिंगभेद की व्यवस्था के विनाशार्थ जगद्गुरु शंकराचार्य को ब्रह्मसूत्र के साथ ही 'गीता' के भाष्य तथा 'शंकर-स्मृति' की रचना भी करनी पड़ती है और जगद्गुरु द्वारा दलित वर्ग को सारे भारतीय समाज के लिए समान सामाजिक अधिकार सुलभ कराए जाते हैं। 'शंकर-स्मृति' अज्ञात कारणवश आज अनुपलब्ध है। वैश्विक संस्कृति के संदर्भ में यही वह समय है, जब युग का जगद्गुरु वैश्विक मानव जाति-चेतना और धर्म-चेतना के विभाजक तत्त्वों को अस्वीकार करते हुए मानव समाज की वैश्विक चेतना अर्थात् चैतन्य ब्रह्मांड के सपने बुनता है। परंपरा तथा प्राचीनता के छद्मवेश (कैमाफ्लेज) को उतारकर एक नए विश्व रूपी सूरज के आलोक में बैठकर वैश्विक मानव और मानवतावाद का स्वरूप गढ़ता है और जिसका सारांश है—एक ब्रह्म:-एक ब्रह्मांड अर्थात् एक ईश्वर: एक विश्व: एक मानव अर्थात् एक मानव जाति: एक मानव धर्म अर्थात् वर्ग, वर्ण एवं लिंग भेदविहीन एक वैश्विक समाज अर्थात् प्रत्येक व्यक्ति को एक समान अधिकार, एक समान कर्तव्य यद्यपि देश-कालानुकूल वैविध्यपूर्ण जीवन-शैली, किंतु अंतत: सब मिथ्या अर्थात् 'सर्वं खल्विदं ब्रह्म' अर्थात् 'एकोऽहम् द्वितीयो नास्ति' अर्थात् 'ब्रह्म सत्यं जगन्मिथ्या।'

निष्कर्षत: वह दिन अब दूर नहीं, जब भारतीय इतिहास के कथित श्यामल अध्याय अर्थात् अंधकार युग (डार्क एज) अथवा मध्यकाल कहकर संबोधित प्रस्तुत काल को तथा ईसा से 1500 सौ वर्ष पूर्व से ईसवी के 1000 वर्ष बाद तक के कुल पाँच हजार पाँच सौ वर्षों के काल को वैश्विक संस्कृति के अरुणोदय का काल अर्थात् आदिकाल घोषित करना होगा और इस नवीन इतिहास को 'द्रोणाचार्य', 'गौतमगाथा', 'चाणक्य' तथा 'जगद्गुरु आद्य शंकराचार्य' की चरितकथाओं में टटोलना होगा। मुझे विश्वास है कि सही इतिहास के सही जिज्ञासु निराश नहीं होंगे और इस काल खंड को अपने इतिहास तक पहुँचने का एक मार्ग मिल जाएगा। ये चार कृतियाँ भारतीय संस्कृति और भारतीय इतिहास के मध्यकाल के चार चरण सिद्ध हो सकेंगी, यदि इतिहासकारों की दृष्टि पर छाई मिशनरी की घटा छँट जाए।

उपन्यास की कथा, कला अथवा शिल्प विधान के मर्मज्ञ यह अपेक्षा कर सकते

हैं कि इतिहास का हस्तक्षेप उपन्यास में सिर्फ इतना ही भर होना उचित है, जितनी माँग उसके कथानक की हो अथवा जितना कथ्य उसके कथोपकथन में पच सके, अँट सके। किंतु वस्तुस्थिति यह है कि जब इतिहास उपेक्षित होता है तो उसकी विस्फोटकता थोड़ी और भी बढ़ जाती है और वह कभी-कभी सत्य का उद्घाटन करने में नरसिंह की तरह विस्फोटक अवश्य बन उठता है। उपेक्षा तो ऐसी भयंकर हुई है कि चीनी भाषा में ह्वेनसांग के जीवन पर जहाँ एक विश्वस्तरीय ऐतिहासिक उपन्यास लिखा जा चुका है, परंतु भारत के इतिहासपुरुष, एक विश्वगुरु को आज तक मिथक बनाकर रख दिया गया है। फलत: 'जगद्गुरु आद्य शंकराचार्य' के संबंध में इतिहास का ऐसा विस्फोट सामान्यत: होता ही रहता है। शिल्प विधान की दृष्टि से यदि यह कोई दोष है तो यह सर्वथा अपरिहार्य दोष है एवं पूर्णत: मेरा है और मैंने ऐसा सर्वथा आवश्यकतानुसार सोच-विचारकर तथा साहित्य का धर्म और कर्तव्य मानकर किया है।

कर्तव्य मानकर ही मैंने इस सत्य को भी उद्घाटित करना अत्यावश्यक समझा है कि दक्षिणोत्पन्न भक्ति आंदोलन की धारा को भारत के उत्तर-दक्षिण, पूरब-पश्चिम चारों दिशाओं में बहाकर इसे भारत की सांस्कृतिक एकता को एक सूत्र में बाँधनेवाली योजक शक्ति के रूप में स्वीकार किया जाए तथा रामानंद नहीं, शंकराचार्य को इस आंदोलन का नायक माना जाए। इसी तरह षड्दर्शनों एवं योग-साधना में प्रयुक्त षड्चक्र की साधना को बचाते हुए 'गीता' के 'मन्मना भव' तथा मंत्र-साधना इत्यादि की हँसी उड़ाए बिना उनकी भी उपयोगिता को महत्त्व प्रदान किए जाने का श्रेय भी उन्हें ही दिया जाए।

किंतु यहाँ यह स्पष्ट कर देना नितांत न्यायपूर्ण है कि इन्हीं तथ्यों ने आद्य शंकराचार्य की चरितकथा को मजबूती भी दी है और ठीक उसी तरह मेरे चतुर्दिक् उपस्थित विद्वान् साथियों तथा विचारवान पारिवारिक सदस्यों ने अपने विचारों एवं उनके पास उपलब्ध जो कुछ भी ज्ञान-सामग्री उपलब्ध थी, उसके समर्पण से मुझे समृद्ध किया है। अत: विनम्र निवेदन यह है कि यदि इस उपन्यास को साहित्य, धर्म, इतिहास की सही समझ और सामाजिक जीवन पर विधेयात्मक प्रभाव डालने के लिए कोई भी श्रेय मिलता है तो इस पर पूरा हक मेरे मित्रों एवं पारिवारिक सहयोगियों का ही बनना चाहिए। इस दिशा में मेरे आगे बढ़ने का साहस मुझे अपने आप से नहीं, अपने चतुर्दिक् उपस्थित जिन विद्वान् साथियों तथा पारिवारिक सदस्यों से प्राप्त हुआ, उन सबके प्रति आभार प्रकट करना बहुत स्वाभाविक है।

मित्रों में सबसे प्रथम नाम जो मेरे अंतरतम में बैठा है, वह अनुजवर श्री शारदानंद झा का है, जो ऐसे विषयों में पर्याप्त रुचि रखते हैं और एतद्विषयक साहित्य को सँजोकर अपने व्यक्तिगत पुस्तकालय में सुरक्षित रखे हुए हैं। झाजी को अमित स्नेह तथा आशीर्वाद देना मेरी अंतरात्मा की पुकार है, क्योंकि एक नहीं अनेक महत्त्वपूर्ण ग्रंथों को उपलब्ध

कराकर उन्होंने वास्तविक अनुज-धर्म को निभाने का काम किया है। इसी क्रम में मुझे अपने उन दो जामाताओं को भी आशीष देने को जी चाहता है—दून विश्वविद्यालय में कार्यरत प्रो. डॉ. राजेश कुमार तथा मुंबई के एक कॉरपोरेट हाउस में एक बड़ी जिम्मेदारी निभाते डॉ. योगेशजी को, जिन्होंने मेरे विषय को ध्यान में रखते हुए मुझे बहुमूल्य महत्त्व की अनेक मूल्यवान् पुस्तकें भेंट कीं। इन पुस्तकों ने मेरी समझ और जानकारी दोनों को समृद्ध किया है। पिता और पितामह दोनों का सुख तो मुझे उन दो स्नेहियों से मिला, जिन्होंने मेरी अधिकांश पुस्तकों का अक्षर-संयोजन का कार्य किया, किंतु मैं आज के पूर्व उनके लिए अपने आशीष को अक्षरबद्ध करने में भी असफल होता रहा। सबसे अधिक स्नेह और आशीर्वाद प्रियवर अजीतजी एवं पौत्रवत् अमित कुमार कर्ण (भोलू) को, जिनके सहयोग की सीमा मैंने नहीं देखी, मैं आज तक कभी उनके यहाँ नहीं जा सका और वह इसलिए कि मेरे लिए, सिर्फ मेरे लिए, मेरा प्रूफ वे स्वयं मेरे घर तक पहुँचाते रहे। बहुत-बहुत आशीर्वाद, खूब फूलें-फलें। खूब फूलें-फलें वे सभी दौहित्र-दौहित्रियाँ, जिनके प्यार और पवित्र प्रेरणा के बल पर मेरा लेखन जिंदा है। धर्म के दस लक्षणों की तरह जीवंत इन दसों संततियों को कोटि-कोटि आशीष।

ऐसे ही मित्रों में एक और मित्र, जिन्होंने मुझे दुनिया के बड़े-बड़े इतिहासकारों, भाषाशास्त्रियों, भूगर्भशास्त्रियों, पुरातात्त्विक विद्वानों के ग्रंथों के मंथन के बाद लिखित-प्रकाशित अपनी दो पुस्तकें भेंट की हैं। उन पुस्तकों के निष्कर्ष स्वरूप भारतीय वैश्विक राष्ट्रवाद तथा यूरोपीय द्वीप-प्रायद्वीपीय साम्राज्यवाद की मेरी समझ को एक स्पष्ट संपुष्टि प्राप्त हुई, जिसके लिए मैं मित्रवर श्रीनिवास सिंह के प्रति अपना आभार प्रकट करता हूँ। उनकी दो पुस्तकें 'भारत डॉट कॉम विश्वगुरु' तथा 'श्रमणों के दो शिरोमणि' उस कालखंड के बड़े कम शब्दों में एक बड़े सत्य को उद्घाटित करती हैं। जब भारत ने विश्व के एकमात्र गुरु के उच्चासन पर अपनी प्रतिष्ठा बना रखी थी तो भारत को और एकमात्र इसी भारत देश को ही विश्वगुरु पद पर आसीन रहने का गौरव आधुनिक विश्व में भी प्राप्त होना चाहिए।

यों तो इस व्यक्तित्व के विषय पर मौलिक ज्ञान-संपदा हमारे ही ग्रंथागारों में भरी पड़ी है, किंतु विदेशी विद्वानों एवं इतिहासकारों, विशेषकर ईसाई मिशनरियों ने इतिहास को मिथ और मिथ को इतिहास बनाकर इस महान् व्यक्तित्व को वैश्विक समाज के समक्ष इस कलिकाल के नायक के रूप में प्रस्तुत कर सकने में बड़ी-बड़ी बाधाएँ उपस्थित कर रखी हैं। इस कारण जो भी छोटी-बड़ी बौद्धिक सहायता मुझे जिस किसी से भी मिली, उन सबके प्रति आभार प्रकट करना मैं अपना कर्तव्य मानता हूँ। बौद्धिक सहयोगियों में बचपन के मित्र अवध किशोर सिंह, कृष्णमोहन प्रसाद 'मोहन' के अतिरिक्त डॉ. सियाराम शरण सिंह 'सरोज', डॉ. अवधेश्वर अरुण, डॉ. इंदु सिन्हा, डॉ. रामप्रवेश सिंह, डॉ.

रामप्रताप नीरज, डॉ. शारदाचरण, डॉ. संजय पंकज, डॉ. विजय शंकर मिश्र, गणेश प्रसाद सिंह, रणवीर अभिमन्यु, हेरम्ब कमल तथा मेरे पंचशक्ति परिवार के सभी सदस्यों ने मुझे मेरे कुछ-कुछ कथांशों का कभी-कभी ही सही श्रवण कर मुझे शाबासी के बहाने बहुत-बहुत शक्ति दी है और उसी का प्रतिफल है यह ज्ञान-यज्ञ, जिसकी चर्चा ऊपर की गई है तथा जिसकी पूर्णाहुति अभी हो रही है। बड़ी बेईमानी होगी, यदि मैं अपने मित्र कृष्ण मोहन प्रसाद के इस सहयोग का विशेष उल्लेख न करूँ कि 'मोहन' हमारे एकमात्र ऐसे सहयोगी हैं, जो मेरे उपन्यास के प्रूफ सुधारने से लेकर कथा-शिल्प तथा कथा-कथ्य पर मेरे साथ विमर्श के भागीदार भी हैं। यहाँ यह स्वीकारना भी एक बड़ी सच्चाई है कि यह यज्ञ इतनी जल्दी तथा इतने आत्मतोष के साथ पूरा नहीं होता, यदि मेरे प्रकाशकों, विशेषकर प्रभात प्रकाशन, नई दिल्ली का तथा मेरे पाठकों-प्रशंसकों का सम्यक् प्रोत्साहन मुझे नहीं मिला होता। इस संदर्भ में सुप्रसिद्ध आलोचक आचार्य श्रीरंजन सूरिदेव, डॉ. मैनेजर पांडेय तथा नई पीढ़ी के प्रख्यात आलोचक डॉ. रेवती रमण एवं प्रसिद्ध साहित्यकार डॉ. अनिल 'सुलभ' का प्रोत्साहन भी महत्त्वपूर्ण रहा है। प्रोत्साहनकर्ताओं की सूची लंबी है, किंतु जो भी है मेरे लिए ईश्वर का प्रसाद है और उस प्रसाद का भी एक सारतत्त्व है, जिसे हम पंचामृत कहकर अपने अंतर को तर कर लिया करते हैं। मैं यह स्वीकारता हूँ कि मेरे साहित्यिक जीवन में इस पंचामृत की भूमिका स्वरूप सुविख्यात साहित्यकार तथा वर्तमान में गोवा की महामहिम राज्यपाल डॉ. (श्रीमती) मृदुला सिन्हा रही हैं। प्रणाम निवेदित करता हूँ उन्हें।

मेरा मानना है कि मिथक और इतिहास के दूध-पानी के मिश्रण से दूध को दूध व पानी को पानी की तरह अलग-अलग करने में विफल भारतीय भाषाओं के भाष्यकारों, इतिहासकारों तथा साहित्यकारों ने जैकोबी और वूलर, मोनियर विलियम्स एवं विलियम जेम्स तथा सब पर भारी रॉयल एशियाटिक सोसाइटी के खैरख्वाह विद्वान् मैक्समूलर की कुछेक मान्यताओं, पूर्वग्रही मान्यताओं को भारतीय विद्वानों द्वारा चुनौती देने से चूकने के कारण शंकराचार्य जैसे वैश्विक चरित्र के महानायक का मूल्यांकन उन्हीं लोगों के ज्ञान के भरोसे छोड़ दिया गया, जिन्हें धर्म, जाति और वर्ण अथवा किसी विचारधारा विशेष के काले चश्मे लगाए बिना कुछ सूझता ही नहीं।

इतिहास को पंचम वेद माने जाने के पीछे एक मजबूत चिंतन-प्रक्रिया होने का संकेत है। वेदों की रचना ऋषियों के चिंतन-दर्शन की अभिव्यक्ति होती तो है, किंतु इस चिंतन-दर्शन को मंत्र के रूप में ढालनेवाले अधिकांश ऋषियों ने किसी मेगास्थनीज, अलबरूनी, फाहियान, ह्वेनसांग या किसी इत्सिंग अथवा किसी छछ, बाबर, अकबर, हुमायूँ या किसी मोनियर विलियम जोन्स या वूलर, मैक्समूलर की तरह किसी विशेष व्यक्ति, संस्था, धर्म या विचारधारा के हितार्थ अपने चिंतन-दर्शन का लेखन या अंकन

नहीं किया। मैं यह नहीं कह रहा कि ऐसे इतिहासज्ञों के इतिहास-लेखन में कोई भूमिका नहीं होती या नहीं होगी, किंतु सभी यह भी मानेंगे कि ऐसा इतिहास ही मर्त्य जीवों की तरह कभी-न-कभी मर-मिटकर धूल में मिल जाता है, वेद-वचन की तरह ब्रह्मवाक्य अथवा आर्षवाक्य बनकर अमर नहीं हो पाता। यह मानना चाहिए कि ऐसे इतिहासों का मरण अवश्यंभावी है, सदा होता रहा है। तभी तो आए दिनों बीसवीं सदी के अंतिम दशक के प्रारंभ में ही और मानव-सभ्यता के ऐसे गढ़े गए पूरे इतिहास को कचड़ा मानकर आग लगाकर उसे भस्मीभूत घोषित कर दिया गया। बीसवीं सदी के अंतिम दशक के पूर्व अध्याय में खारिज ऐसा इतिहास और ऐसे इतिहासकार यों ही खारिज होते रहेंगे। सच्चा इतिहास सिर चढ़कर बोलता है, षड्यंत्रों की तो मार खाता है, किंतु मारता नहीं। जगद्गुरु और 'जगद्गुरु राष्ट्र' की संस्कृति को इतिहास का कालदेवता लोहे की लेखनी से समय के शिलापट्ट पर स्वयं लिखता है और ऐसे शिलालेख अनुपलभ्य नहीं हैं। आदि शंकराचार्य का होना तथा जाना एक ऐसे सांस्कृतिक काल की घटना है, जिसमें बुद्ध, अशोक, चाणक्य, चंद्रगुप्त, विक्रमादित्य, हर्ष और राजाभोज एवं सबके नवरत्नों का होना साक्ष्यपूर्ण इतिहास माना गया है। ऐसी स्थिति में विदेशी इतिहासकारों द्वारा सहमति के आधार पर आदि शंकराचार्य के वास्तविक योगदान का स्थापित नहीं हो पाना ऐतिहासिक न्याय का एक दुर्भाग्यप्रद प्रकरण कहा जाएगा।

मुझे विश्वास है कि पाठक इस उपन्यास में घटित-चर्चित इतिहास को कालदेवता-लिखित शिलापट्ट पर अंकित भारतीय विचारधारा के एक ब्रह्म वाक्य की तरह जाँचने-परखने का काम करेंगे और अनुरोध है कि यदि मेरे द्वारा किया गया कुदाल-श्रम अर्थपूर्ण लगे तो शंकराचार्य पर दृष्टि संपन्न शोधों का एक लंबा सिलसिला शुरू करेंगे तथा अनर्थकारी काल्पनिक आधार पर अंकित एक इतिहास को ध्वस्त करने की दिशा में कार्य करेंगे। थॉमस, लुकस जैसे ईसाई संतों के संदर्भ में अमरीका के कैथोलिक चर्च के अनुगृहीत स्वयंसेवी संगठनों द्वारा आए दिन आद्य शंकराचार्य द्वारा स्थापित वैश्विक राष्ट्र के साथ-साथ भारत की राष्ट्रीयतावादी छवि को धूमिल करनेवालों को भी उनका वांछित उत्तर उन्हें इतिहास स्वयं ही दे देगा।

ध्यातव्य है कि जहाँ भारत ने एक व्यक्ति की तरह ही नहीं, एक चैतन्य विचार शृंखला की तरह आदि शंकराचार्य को विश्वगुरु के रूप में अवतरित किया, ठीक उसी तरह 'राष्ट्र' एवं 'वैश्विक राष्ट्र' की अवधारणा को एक व्यक्ति 'जगद्गुरु' की तरह एक 'राष्ट्र विश्वगुरु' की भूमिका में भारतवर्ष को उतारा और न केवल जावा, सुमात्रा, बोर्नियो, थाई, सियाम, कंबोज, मलय, कोरिया, वियतनाम, तिब्बत, साइबेरिया, वर्मा आदि द्वीपीय देश अथवा लघ्वाकार राष्ट्रों ने ही नहीं, वरन् पश्चिम के देशों—अफगानिस्तान, बलूचिस्तान,

इरान, सुमेरू, बेबीलोन, मिस्र, अरब आदि अनेक देशों तक पैदल अथवा रथों के सहारे चलते-चलते टर्की, रोम, यूनान, फिलीस्तीन तथा संपूर्ण यूरोपीय देशों पर तथा इससे भी आगे अधिकांश अफ्रीकी और दक्षिण अमेरीकी देशों—फीजी, ब्राजील, ट्रिनीडाड, टोबेगो आदि देशों पर अपनी संस्कृति की अमिट छाप छोड़ने तथा अपने ज्ञान का प्रकाश फैलाने के कारण गुरुपद की उच्चतम वैश्विक उपाधि प्राप्त करने और विश्वगुरु या जगद्गुरु पद के सम्मान से विभूषित होने का यश प्राप्त किया है। मेरे उपन्यास का नाम उसी महानायक का है—आद्य शंकराचार्य, जिसकी आत्मा 'अहं ब्रह्मास्मि' के 'ब्रह्मांड-विश्व' में बसती है। वही प्रतीक भारत को विश्वगुरु के एकमात्र प्रतीक के रूप में इस भूमिका का निर्वाह पूरे वैश्विक समाज को एकता के एक सूत्र में बाँधकर करने को प्रतिबद्ध है और स्वयं उद्घोषित करता है—

कृते विश्वगुरुर्ब्रह्मा त्रेतायां ऋषिसत्तमः।
द्वापरे व्यास एवस्यात् कलावत्र भवाम्यहम्॥ (शंकर)

आज वह समय आ गया है, जब पुनः एक बार भारत को जगद्गुरु शंकराचार्य का मात्र दर्शन-चिंतन-मंथन वाला युग नहीं, वरन् भारत डॉट कॉम विश्वगुरुवाले नए युग का भी गौरवशाली 'जगद्गुरु' पद प्राप्त होना चाहिए। आज जब भारत की 67 प्रतिशत आबादी अर्थात् युवा बुद्धिजीवियों की विशालाकार टोली निकल पड़ी है—वैश्विक गाँव की खोज में कलाड़ी से कांची, काशी, कलिंग, कामाख्या कामरूप, कैलाश, कश्मीर व कांधार, कनाडा और कैलिफोर्निया से भी आगे, बहुत आगे—'ज्ञानं शरणं गच्छामि', 'विज्ञानं शरणं गच्छामि', 'उत्थानं शरणं गच्छामि', 'राष्ट्र संघं शरणं गच्छामि' की ओर, तो अब बस एक ही कामना शेष है—

'आ नो भद्राः क्रतवो यन्तु विश्वतः'—

सभी दिशाओं के बंद कपाट हमने खोल रखे हैं। हमने सारे सुविचारों के घोड़े छोड़ दिए हैं। हमारे घोड़े दिग्विजय के नहीं, अंतस-विजय के संकल्पों को सर्वत्र ले जा रहे हैं। तुम भी अपने दरवाजे खोल दो। हमारे सुविचारों-सत्संकल्पों को अपने रक्त में चढ़ने दो। और अपने सुविचारों-सत्संकल्पों को मेरी ओर बढ़ने दो। एक ब्रह्म, एक ब्रह्मांड और एक मानव, एक जाति, एक परिवार, एक धर्म का सत्य मूर्त होना ही है। आँखें खोलो और उस निरंतर प्रकाशमान अविभाज्य चैतन्य सत्ता को अंतरात्मा में देखो!

—शिवदास पांडेय
सुधांजलि, मिठनपुरा
मुजफ्फरपुर (बिहार)-842002
फोन-0621-2285075, मो.-09431239631
इ-मेल : shivdaspandey1@gmail.com

1

रात रानी जैसे ही तीसरी बार अपनी करवट बदलती, पश्चिम मुख पलटती पुरवाई परिचारिका शिवगुरु के शयनकक्ष के बंद प्रवेश-द्वार पर धक्के लगाने लगती। शायद यह कहती हुई कि गुरुवर! अर्द्धरात्रि से ही गाती-गाती कोयलें थककर सो रही हैं। कोकिल-गायन से आप्यायित सोते-सोते काक-कुल शयन-समाधि से नयन पट खोलकर मंत्र-पाठ करने लगा, काक ही क्यों तोते, मैने, कपोतादि सबके-सब अपने-अपने पाठ एक-दूसरे को सुनाने लगे, दुहराने लगे। उठिए गुरुवर, देखिए तो वह पूरब के वातायन से स्वर्णपरी-सी कौन झाँक रही है? आप कल बहुत थक गए थे न परशुराम तीर्थ की यात्रा से लौटते-लौटते!

यह परिचारिका थी तो प्रतिदिन जगानेवाली पुरवाई ही, किंतु वह पुरवाई बोलती नहीं थी, अशब्द थी, अगीत थी, अनभिव्यक्त थी, किंतु यह पुरवाई तो जैसे अत्यंत ही विशिष्ट, मंत्र-प्रवीण, बोलती-गाती-गुनगुनाती भगीरथी, साम स्वर में अत्यंत ही सधी और परिनिष्ठित संस्कृत में काव्यानुशासन से कसी हुई है। इसी मलयानिली पुरवाई-सी ही होती थी अर्थगर्भित, उसमें रची-बसी सुगंध-सी बहती एक भद्रा, तुंगभद्रा-सी, जिसे पंडितजी प्यार से विशिष्टा देवी बोलते थे।

"उठ तो गया ही हूँ देवी, इस पुरवाई की पुकार के साथ ही पाठ भी सुन ही रहा हूँ—काकों के, तोतों के, कपोतों के, सबके, किंतु रात जिस तरह करवटें बदलती निकल गई पश्चिम की ओर, वैसे ही यह मलय-लय में गाती पुरवाई भी तो खिसक गई चुपके-चुपके कहीं और। और मैं विशिष्टा देवी के आज के ऋचावर्तन तथा विशिष्ट चिंतन से वंचित हो गया, इस बात का पश्चात्ताप तो हो ही रहा है। देवि! टर्राने दीजिए काकों को, चहचहाने दीजिए तोतों को, बुदबुदाने दीजिए कपोतों को, आइए, मेरे पास और प्रतिदिन की तरह आज सुनाइए अमर-कथा की तरह परत-दर-परत, धीरे-धीरे उन नित्य क्षरणशील-मरणशील स्वप्नों की वह अमर-कथा, वह अकथ-कथा, जिसके नित्य श्रवण-मनन के साथ प्रतिदिन मेरे ज्ञान-योग की प्रक्रिया प्रारंभ होती है और श्रवण-मनन से चलकर चिंतन-मंथन, निदिध्यासन, धारणा, ध्यान और समाधि में पहुँचकर तत्सत् हो जाती है। हाँ देवी,

आपके स्वप्न जीवन की सच्चाइयों को ज्ञान के परदे पर उतरते ही उन्हें सजीव कर देते हैं, प्रकृति के पट पर लहरिल नीले सप्त सागरों तथा सप्ताकाशों के चंचल चित्रों की भाँति और मैं उनकी व्याख्या तथा मीमांसा करते-करते उसी तरह चिदाकाश में उड़ानें भरने लगता हूँ, जिस तरह ये काक, ये शुक, ये कपोत। और तत्पश्चात् जब धरती पर उतरता हूँ तो लगता है कि धरती पर आकाश के कई अस्पर्शनीय तारे तोड़ लाया हूँ। आइए देवि, सुनाइए आज की रात के अपने सपने, सपने जो वस्तुत: कल्पनाकाश के सपने नहीं, धरती के ठोस पटल पर विचारों के चहचहाते पक्षी-शिशु होते हैं। सामान्यत: सपने मन के बेलगाम घोड़े होते हैं, अश्वमेघ के घोड़े, जो दिग्विजय के ध्वजधारी होते हैं तो अश्वमेघ के अधिकारी इष्ट भी, चाक्रवर्त्य के संस्कारी प्रतीक भी, जो पहाड़ों पर चढ़ सकते हैं, तूफानों की तरह आगे बढ़ सकते हैं, ज्वारों की तरह ऊपर उठ सकते हैं, भाटों की तरह पीछे हट सकते हैं, सपने, जो सातवें आसमान तक बेखौफ चढ़ सकते हैं, जो अतल-वितल के सातवें ही नहीं बारहवें तलों तक बेथके-बेधड़क उतर सकते हैं। सच, सपने तो जीवन को आकर्षण प्रदान करते हैं और यौवन को अमरत्व दान दे सकते हैं। हाँ देवि, इन सपनों की मीमांसा, इनके विश्लेषण, इनके परीक्षणों में किसी भी दर्शन, किसी भी विज्ञान का अध्ययन करने से अधिक आनंद की अनुभूति होती है। एक ओर परमतत्त्व से सम्मिलन की, परमानंद के आस्वादन की, रसोवैस: में डूबने-उतराने की, भाव-समाधि और महाभाव जैसी भावदशाओं में बहते रहने की अनुभूति है तो दूसरी ओर स्वप्नलोकों की यात्रा की अनुभूति और यात्रा के बाद उसके परीक्षण व उसकी मीमांसा का आनंद।

"यही कारण न रहा होगा, देवि कि सिद्धार्थ से बुद्ध, बुद्ध के संबुद्ध और संबुद्ध से सम्यक् संबुद्ध संभव होने के पश्चात् भी बिना बताए 'मार' आकर यों ही अकस्मात् उनके समक्ष किसी वैताल के सदृश उपस्थित हो जाता होगा एषणाओं, इच्छाओं, कामनाओं, आकांक्षाओं-महत्त्वाकांक्षाओं के ज्वार की तरह। कभी कहता कि सिद्धार्थ, चलो न कृशा के घर, चलो यशोधरा के कक्ष, चलो कपिलवस्तु के दरबार तो कभी कहता कि बुद्ध, संबुद्ध गौतम, चलो प्रजापति महामाया के गाँव, शुद्धोदन-सुदर्शन, अग्निवर्ण-कुश की राजधानी गंगा के तीर, रोहिणी के तट, लुंबिनी के वन, कभी इस वन के पार, कभी उस पहाड़ के ऊपर, कभी इस तल में, कभी उस तलहटी में।

"मैं बहक गया देवि, आप आइए मेरे पास, कजरी कामधेनु की तरह बिखरी मैं आपकी लंबी लटकी लटों को सँवार दूँ, आपके माथे को धीरे-धीरे सहला दूँ, आप धीरे-धीरे अपने मनस्तल के बारहों लोकों के दरवाजों को एक-एक कर खोलते चलिए और मुझे बताते चलिए कि किस दरवाजे के अंदर कितने सपने अभी भी वय के इस तीसरे चरण में आपके अंदर छिपे हैं। हाँ देवि, सुनाइए न कल रात आपने क्या-क्या देखा सपनों में?"

"आप ठीक ही कहते हैं, स्वामी, मैं बार-बार बुद्ध-संबुद्ध बनती तो हूँ, पर सारी इच्छाओं पर विजय प्राप्त कर लेने के पश्चात् भी कभी-कभी कुछ साधु-संन्यासी, याचक-परिव्राजक, सिद्ध, कापालिक, योगी, कुछ ज्योतिषी, जो भिक्षाटन हेतु मेरे दरवाजे पर पधारते हैं, मेरी दमित-शमित कामनाओं-एषणाओं को मेरी आँखों के सामने खड़ी कर देते हैं। मेरी आकांक्षाओं को जगाकर और मुझे झनझनाकर छोड़ देते हैं। इन सबका प्रतिफलन होते हैं मेरे सपने—तरह-तरह के सुहावने-लुभावने, भयावने-डरावने सपने। कभी मैं लोपामुद्रा हो जाती हूँ, तो कभी भावनामुद्रा, कभी भारती, भामती, कभी स्वर्ग की अक्षत यौवना उर्वशी, मेनका, रंभा-घृताची तो कभी मिट्टी की महक से मोहित धरती पर 'माँ' बनने की आकांक्षा से जलती कोई अग्निगर्भा, कोई ज्योतिशिखा, कभी गार्गी, ज्ञानवती, कात्यायनी, मैत्रेयी, सरस्वती, दुर्गा तो कभी पार्वती।

"आर्य! मुझे तो बड़ा ही आश्चर्य होता है, जब मैं यह पाती हूँ कि इन तथाकथित याचकों अथवा सिद्धों, योगियों-कापालिकों के मुख से जो कुछ सुनती हूँ, उसी की प्रतिच्छवि मेरे सपनों में जीवित होकर गतिशील क्यों होने लगती है? इधर कुछ दिनों से एक कापालिक भिक्षाटन हेतु आ जाता है और बोलने लगता है कि इस घर में साक्षात् शिवशंकर अवतरित होनेवाले हैं। कभी कोई योगी आ जाता और बार-बार बोलते हुए प्रस्थान कर जाता है कि इस घर के अंदर साक्षात् 'सरस्वती' का निवास है, करिवरवदन गणनायक गणेश का वास है, जिनकी खोज में स्वयं कृष्ण द्वैपायन व्यास यहाँ पधारना चाहते हैं। देव, आज की रात का स्वप्न जितना अजीब, भयंकर, तथा असंभव था, उतना ही संभावनाओं से परिपूर्ण और आनंददायी!"

"हाँ देवि, व्यास का अवतरण संभावित तो है, अट्ठाइस बार द्वैयापन आ चुके हैं और अट्ठाइसों बार निराश हो चुके हैं, यह जानकर कि अट्ठाइस द्वापर बीत गए, पर अभी तक उनके द्वारा रचित 'ब्रह्मसूत्र' की व्याख्या नहीं हो सकी, उनकी मीमांसा पूरी नहीं हो सकी, अभी तक भाष्य तो लिखे ही नहीं जा सके, वार्त्तिक और सूत्रों की रचना-संरचना तो दूर की बात है। वह योगी तो बार-बार कहता है कि देवि, आपकी कुक्षि में वह बीज अंकुरित हो चला है, जिसमें बह्मसूत्र का भाष्य संभव कर सकने की क्षमता है और जिसे पूर्ण करने हेतु यहाँ पहले से ही गणेश और सरस्वती अपना निवास सुनिश्चित कर चुकी हैं। देवि, सदियों-सहस्राब्दियों से चलती आ रही व्यास की पीड़ा अब दूर होनेवाली है। देवि, मुझे लगता है कि यह सारा सत्य आपके सपनों में अवश्य ही प्रतिध्वनित होना चाह रहा होगा और इन सारी संभावनाओं का दृश्य व श्रव्य अपनी-अपनी साधना-पद्धति के अनुकूल इन योगियों-कापलिकों अथवा संत-महात्माओं को दिखाई अथवा सुनाई पड़ रहा होगा।"

"हाँ स्वामी, मेरे सपनों में ये सारी स्थितियाँ प्रतिदिन आकार लेती हैं और आकार

होकर निराकार में लय होती रहती हैं। जप-तप, यज्ञ-याग, मंत्र-तंत्र, योग-ध्यान, भजन-कीर्तन, वंदना-अर्चना सब की भी तो यही गति होती है, निराकार में लय-विलय। इसी तरह सपने भी तो अंतत: निराकार सत्य में लय होते ही होंगे न, और जिस तरह ध्यान की बारहवीं अवस्था में पहुँचकर सम्यक् संबुद्ध ज्ञान के शून्य में समा जाता है, ठीक उसी तरह निद्रावस्था में गतिशील, किंतु जैसे ही निद्रा टूटती है, धीरे-धीरे निराकार के शून्य में अथक निराकार की समाधि, महासमाधि अथवा भाव-समाधि में लय हो जाता है। मेरा तो यह दृढ़विश्वास है कि सपनों के सुमन आकाश-कुसुम नहीं होते, उनकी जड़ें मन की मिट्टी में कहीं-न-कहीं साँस लेती रहती हैं, उसे पहचानना और उसका नित्य अभिसिंचन करना आवश्यक होता है। सुनिए देव, रात मैंने क्या-क्या देखे सपने में, और मुझे बताइए कि किस अंश तक वे जीवन में घटनेवाले सत्य, किस सत्य के कितने अक्षांश-देशांतर पर घटित प्रतिच्छवियाँ हैं, किस अंश तक प्रभु की, शिव की, परमात्म की, द्वैत-अद्वैत की, विशिष्टाद्वैत की। ऐसा भी तो संभव है प्रियवर कि हमारे कुछ स्वप्न हमें भटकानेवाले भी होते हों और सत्य से अथवा जीवन से वे दूर-दूर तक का भी अंतर्संबंध नहीं रखते हों।"

"नहीं देवि, स्वप्नों का सीधा संबंध सत्य से होता है, कुछ का निकटस्थ जीवन के निकटस्थ सत्य से तो कुछ का सुदूर जीवन के सुदूर सत्य से। कुछ सपने तो हमारे मानस के बारहवें तलों में जाकर जड़ीभूत हुए सत्य को भी कभी किसी स्थिति विशेष में उद्घाटित करते हैं, जो हमारे पूर्वापूर्व, अतिपूर्व के जीवन से संबंधित होते हैं। ऐसे सत्य कभी बोधिसत्त्वों के ध्यान में सपने बनकर उतरते हैं, कभी महात्माओं के तो कभी ऋषियों की दृष्टियों में। बुद्ध के जीवन में संभवत: ऐसे ही सत्य कभी सपनों में तो कभी ध्यान के गहन तल की प्रतिच्छवियों में उतरे थे। तभी तो बुद्ध ने कभी 'अत्तदीपा विहरथ' का उपदेश दिया था।"

"देवी, छोड़िए इन ज्ञान-विज्ञान अथवा मनोविज्ञान की बातों को, आप रात के उन सपनों की कथा सुनाइए और मैं उसी तरह उनकी व्याख्या प्रस्तुत करता हूँ, जिस तरह पतंजलि ने कभी योग की विभिन्न प्रौढ़ियों की व्याख्या की थी, व्यास ने वेदों की ऋचाओं का भाष्य किया था, कुमारिल ने वेदांगों की मीमांसा की थी, मंडन मिश्र ने तो की ही थी, वाचस्पति मिश्र ने भी की थी। जिस तरह से योग विज्ञान है, वेद विज्ञान है, उपनिषदें विज्ञान हैं, छंद, कल्प, व्याकरण आदि विज्ञान हैं, ठीक उसी तरह स्वप्न भी विज्ञान है। स्वप्नों की सम्यक् व्याख्या काल के निकट रूप से लेकर दूरस्थ इतिहास तक को उद्घाटित करती है। वस्तुत: स्वप्न सत्साहित्य की तरह सभ्यता-संस्कृति के गवाह होते हैं। जब जातियों, धर्मों, वर्णों और वर्गों में विभाजित मानव जाति अपने समय के सच को मिटाकर इतिहास के सत्य का अन्यथाकरण कर देती है तो सच्चे इतिहास की खोज में तत्कालीन साहित्य का सहारा लेना पड़ता है और यदि इससे भी सत्य का उद्भेदन नहीं

होता तो ध्यान, चेतना एवं चिंतन की विभिन्न तहों व तलों की यात्रा करनी पड़ती है तथा तत्कालीन परिप्रेक्ष्य की एक झाँकी स्वप्नों के अंदर देखी जा सकती है। स्वप्न और चैतन्य किसी-न-किसी स्तर पर एक ही सूत्र के दो छोरों में बँधे मिलते हैं।"

"आप ठीक कहते हैं, स्वामी! मुझे भी ऐसा ही लगता है। किंतु रात का स्वप्न तो रात का नहीं, वस्तुतः प्रात का स्वप्न था न, बड़ा ही भयानक स्वप्न था। यदि स्वप्न जीवन के सत्य को उद्घाटित करते हैं तो आज के प्रात के स्वप्नों की व्याख्या से तो शायद यही अर्थ लगे कि आनेवाला निकट भविष्य का समय भारत के लिए शुभदायक नहीं होनेवाला है।

"रात, सारी रात मैंने बड़े संकट में बिताई है, स्वामी! सारी रात जैसे जगकर बिताई हो, भागते-भागते, दौड़ते-दौड़ते जंगल के इस छोर से उस छोर तक, कभी इस झरने के पास तो कभी उस पहाड़ी के अंदर, कभी इस गुफा में तो कभी उस गुफा में।

"जब दिन में हम जगे होते हैं तो नंगी आँखों से सबकुछ देखते हैं—धरती, पहाड़, निर्झर, सरित-प्रवाह, जंगल, हरियाली, पुष्प-द्रुम, बड़े-बड़े पेड़, चाँद-सितारे, ग्रह-नक्षत्र, पूरी-की-पूरी धरती और उसे चारों ओर से घेरे समुद्र-महासमुद्र, किंतु इनमें से किसी का भूगोल, किसी का विज्ञान, किसी की जीवन-कथा, किसी की लीला हम समझ नहीं पाते। वे इतने विराट् हैं, विशाल हैं कि हमारी दृष्टि में अँट नहीं पाते, समा नहीं पाते, पच नहीं पाते और हम उन्हें समझते-समझाते थक जाते हैं, निराश हो बैठते है, किंतु स्वप्नों में यह सारा-का-सारा विस्तार, सारा-का-सारा ब्रह्मांड हमारे लिए हस्तामलक हो जाता है। हम इनसे ऐसे खेलने लगते हैं, जैसे कि ये सब महज खिलौने हों, सहज उपलब्ध हमारे मार्गदर्शक हों, थोड़ी सी बारीकी से पकड़ने पर सुख के साधनों में परिवर्तित हो जाते हों, थोड़ा गंभीर हो जाने पर 'गुरु' बन जाते हों और स्वात्म ही नहीं, परमात्म तत्त्व तक पहुँचा देनेवाले मित्र, ठीक उसी तरह, जिस तरह 'विशिष्टा' के मित्र व गुरु तथा साक्षात् भगवान् स्वयं श्रीहरिगुरु और आप शिवगुरु। गुरुदेव, मेरी तो एक ही इच्छा है कि यदि मैं सांख्य की प्रकृति होऊँ अथवा किन्हीं संतों की 'माया' तो आप मुझ पर ऐसी कृपा कर दें कि मेरा अस्तित्व समाप्त हो जाए और मैं आपके ओ३म् स्वरूप में लय हो जाऊँ, जैसे वायु में सुवास, जल में मिठास, परमात्म में स्वात्म, ब्रह्म में जीव लोग मुझे 'माया' कहकर 'महाठगिनी' समझ लेते हैं तो मैं ठगी-सी अनुभव करती हूँ।"

"आप स्वप्न तो पूरा कीजिए, देवि! मानता हूँ आप किसी जन्म में अरुंधती थीं, किसी में दृश्यंती, मत्स्यगंधा तो किसी में साक्षात् सती, शैलसुता, पार्वती, शतरूपा। हाँ देवि, हमलोग किसी-न-किसी तरह सीधे शिव-सती स्वरूप से जुड़े हैं और सारी सृष्टि मात्र एक उसी 'शिव' का स्वरूप है और इस कारण सारी सृष्टि का आपके स्वप्नों में उतरना इस सत्य की ओर संकेत करता है कि आपकी कुक्षि में जो बीजकण अंकुरित हो

रहा है, वह उसी विराट् अंशी का एक अंश, एक लघु संस्करण है। क्या देखा सपने में, आगे बोलिए तो देवि! स्वप्नों का फलादेश उनकी मृदुलता अथवा उनकी भयंकरता पर ही आधारित हो, यह आवश्यक नहीं, जिस तरह ग्रहों की महादशा और उनकी अंतर्दशा की मीमांसा के बिना जातकों के भविष्य का सम्यक् गणितीय फलादेश सही नहीं होता, ठीक उसी प्रकार स्वप्नों की भयंकरता के अंदर-अंदर एक मुक्तिदायिनी, आनंद प्रदायिनी अंतरधारा की भी संभावना तो होती ही है। बताइए तो क्या देखा आपने सपने में?" फिर बोलने लगीं विशिष्टा—

"रात ढल चुकी थी महात्मन्! गरमी अपनी उच्चतम तीव्रता पर थी, शयनकक्ष के अंदर इतनी ऊष्णता थी कि निद्रा आँखों पर छाती तो थी मधुमक्खियों की तरह, किंतु बैठती नहीं थी, जैसे फूलों में कोई मधुरता हो ही नहीं। मैंने अपनी बिछावन आँगन के बीच लगा ली। पता ही नहीं चला, कब नींद आ गई और कब उषाकाल अवतरित हो गया, किंतु मैंने इसी उषाकाल में यह स्वप्न देखा कि मैं आँगन में सोई हूँ, हवा बह रही है—कभी तेज, कभी धीमी गति से। अचानक मेरी नींद टूट गई। सपने में टूट गई थी नींद, पर वास्तव में मैं तो अभी भी सो ही रही थी, देव! सपने में देखा, कभी धीमी और कभी तेज होती हवा अचानक आँधी में परिवर्तित हो गई। धूल से घर-बाहर सबकुछ आच्छादित हो गया और मुझे लगा कि यह तो किसी भयंकर तूफान के लक्षण हैं। और यह देखिए तूफान-हवा-चौराई, कभी पूरब से पश्चिम तो कभी उत्तर से दक्षिण। देव, कभी-कभी तो लगने लगता कि तूफान चतुष्कोणीय वायुवेग से प्रभावित है, कभी अग्निकोण से उठकर भंडार कोण की ओर दौड़ता तो कभी नैऋत्य कोण से ईशान की ओर। ईशान हमारे देव हैं, एकमात्र देव, जो सृष्टि के निर्माता ब्रह्मा भी, पालनकर्ता विष्णु भी और संहारक शंकर भी हैं। किंतु वे भी इस तूफान के वेग को कहाँ अपनी काँखों में दबाकर बैठ जाते हैं! अरे, यह तो विनाश का, संहार का समय ही जैसे आन पड़ा हो! धरती काँप रही है, पशु-पक्षी चिल्ला रहे हैं, चिंघाड़ रहे हैं और भागने लगे हैं सामने की पहाड़ी की आड़ में और जंगल की गोद में। बिजली चमक रही है, बादल घनीभूत होते दिखने लगे, लगता है कि यह तूफान मात्र नहीं, बल्कि विनाश की घड़ी आ रही है। मैं सभी कक्षों के दरवाजे बंद करती हूँ और स्वामी-स्वामी, भागिए, उठिए, चलिए, हम भी सामने की उसी पहाड़ी की आड़ में शरण लें, जहाँ गाँव के सारे लोग जान बचाने के लिए भागते जा रहे हैं। हे घनश्याम! हे मुरारी! कहाँ हो, बचाओ अपनी ब्रजभूमि को तथा इस पहाड़ी को गोवर्द्धन बनाकर और बचा लो इस गाँव को, इस गाँव के पाँचों टोलों को और फिर बचा लो चिर प्रतीक्षित हमारे वानप्रस्थ के उस शिशु को, जिसके संभावित जीवन के सपनों को सोते-जागते नित्य हम दोनों पति-पत्नी जीते रहते हैं। आओ, उतरो हे घनश्याम! उतरो इस आँगन में ब्रज के भगवान् बनकर और सुनाओ अपनी गीता की कथा, एक बार और, एक बार और, एक बार और। तुम ही तो कहते हो—

"यदा यदा हि धर्मस्य ग्लानिर्भवति भारत।
अभ्युत्थानमधर्मस्य तदात्मानं सृज्याम्यहम्॥"

आओ, उतरो, अवतरित हो जाओ! और इसी भावधारा में बहते जैसे भागने लगते हैं हम दोनों अपने गाँव के ठीक सामने की उस पहाड़ी की ओर, जहाँ से जंगल शुरू होता है, जंगल की दिशा में 'शिवम्' की आशा में। हम दोनों भाग रहे हैं, हमारे आगे-पीछे सारे ग्रामीण भाग रहे हैं, पशु-पक्षी भाग रहे हैं और इसी बीच आप पुकारते हैं, विशिष्टा! आज मैंने ही विलंब कर दिया तुझे जगने में, तुम तो नारी ठहरी सहज ही इतनी लंबी यात्रा में थक जानेवाली, किंतु देखो न संयोग, परशुराम, जिसके दर्शनोपरांत हम कल थक कर स्वयं सोए थे या घनश्याम दोनों भगवान्, दोनों विष्णु के अवतार, मैंने तो पहले भी कहा है, विशिष्टा, यह सबकुछ तुम्हारी कुक्षि में पल रहे उस शिशु के ही अवतरण की पृष्ठभूमि है और यही है संक्षेप में तुम्हारे स्वप्नों की मीमांसा।

"आप मीमांसा के लिए एक विश्वविश्रुत विभूति के रूप में जाने जाते हैं महर्षि पतंजलि, कुमारिल भट्ट और मंडन मिश्र की तरह। मेरे हाथों में झुनझुना पकड़ाकर मीमांसा को पूर्ण विराम क्यों दे रहे हैं आर्य? वेद की ऋचाओं की मीमांसा में तो आप छंदों का परीक्षण करते हैं, भाषा को व्याकरण के निकष पर तराशते हैं, मंत्र के देवता तथा छंद में तथ्यों का तादात्म्य स्थापित करने का प्रयास करते हैं। फिर मुझे याज्ञवल्क्य की तीसरी भार्या कात्यायनी समझ लिया क्या, गुरुदेव? यदि यह स्वप्न आपने देखा होता और मुझसे उसकी मीमांसा की अपेक्षा की होती तो मैं आपको ऐसे नहीं फुसलाती, गार्गी और मैत्रेयी की तरह रचना, रचना-क्रिया, रचना-प्रक्रिया और रचना के प्रभाव की व्याख्या तो अवश्य ही करती। आपने तो पूर्ण विराम लगा दिया मेरे स्वप्नों पर ही। अभी तो मैंने मात्र इस महास्वप्न के प्राचीर में प्रवेश भर किया है। आप पूछिए तो सही, इसके बाद क्या हुआ, तो फिर···", "तो फिर उसके बाद कैसे तुम्हारी नींद खुल गई, विशिष्टा और नींद खुलने के बाद कैसा लगा, डर लगा, आनंद आया, कैसा लगा विशिष्टा?"

प्रातःकालीन पूजा-आराधना का समय होने लगा है। आज पहले इसी देवी-विशिष्टा देवी की पूजा करता हूँ, "बोलिए, उसके बाद क्या देखा आपने सपने में?"

"आप मेरे माननीय पतिदेव ही नहीं, पूजनीय गुरुदेव भी तो हैं। मैं आपकी दैनंदिन क्रियाओं के प्रति आपकी चिंता को समझ रही हूँ, किंतु आखिर यह स्वप्न-कथा मैं किसको सुनाऊँ, मेरे द्वारा रचित-विरचित कोई कथा-रचना तो नहीं, किंतु लगता है कि यह स्वप्न-कथा उपनिषदों, ब्राह्मणों की कथाओं से किसी तरह भी कम मनोहारी, कम प्रभावपूर्ण और कम अर्थसंभवा नहीं है। यह स्वप्न पूर्णतः मेरे स्मरण में है। कथा मैं कल प्रातः आपको विस्तार से सुनाऊँगी, आज चलिए, हम दोनों स्नान-ध्यान, पूजा-आराधना की दिशा में सक्रिय हो चलें।"

उठ चले दोनों ही पूजा-आराधाना के निमित्त। शिवगुरु इन स्वप्नों की सही मीमांसा को ध्यान में रखकर सोचते रहे—पता नहीं, हमारे अंतर की एषणाएँ निद्रावस्था में मनोमय क्षेत्र से निकलकर सारी धरती और सारे आकाश में भ्रमण करने लगती हैं अथवा सारा अतीत, सारा वर्तमान तथा संपूर्ण भविष्य निद्रावस्था में आकाश से मनोऽऽकाश में उतर जाता है और एषणाओं के संदर्भ में व्यक्त संभावित जीवन का एक ताना-बाना खड़ा कर दिशा-निर्देश करता है।

❑

2

शिवगुरु और विशिष्टा दोनों पूजा की तैयारी में लग गए, किसी ने पुष्पवाटिका से फूल तोड़े, आम्रपल्लवों और बिल्वपत्रों की व्यवस्था की, हवन-कुंड में अग्नि सुलगाई, किसी ने शिला-चंदन, दूर्वाक्षत-तुलसी-पत्र, धूप-दीप, तेल-घी तथा पंचामृत आदि को एकत्र किया तथा शीघ्र ही स्नान कर पूजास्थल पर बैठ गए।

शिवगुरु ही नहीं, विशिष्टा देवी भी, दोनों ही यम-नियम, आसन-प्राणायाम, प्रत्याहार, धारणा, ध्यान और समाधि के दैनिक अभ्यस्त थे एवं दोनों ही चाहते थे कि इसी तरह भगवान् का भजन-पूजन करते-करते ही यह जिंदगी समाप्त हो जाए। एषणाएँ-कामनाएँ शमित-दमित हो जाएँ और यदि पुनर्जन्म हो भी तो इस जीवन में किए गए कर्मों के अनुसार ही हो, जैसा कि 'गीता' भी मानती है, किंतु वे बुद्ध की तरह शून्य-संबोधि के आकांक्षी नहीं थे, ब्रह्म ही नहीं, ब्रह्मानंद की उपलब्धता के भी आकांक्षी थे। शून्य तथा महाशून्यवाद की अवस्था को कठिन साधना के बाद प्राप्त करने के पश्चात् भी तो एषणाएँ, छिपी-दबी बहुत सारी इच्छाएँ साधक के मनोऽमस्तिष्क से कभी-न-कभी तो जग ही जाती हैं और इसीलिए शिवगुरु दंपती महाशून्य समाधि या संबोधि की जगह महाभाव दशा की स्थिति के अभिलाषी थे। अंग-विन्यास, देवताओं का आह्वान, ग्रहों-नक्षत्रों की उपस्थिति तथा मंत्रों के जपजाप के पश्चात् ध्यान तथा ध्यानोपरांत भावना एवं तत्पश्चात् भाव-समाधि की स्थिति आ ही जाती। दोनों आत्म-संतुष्टि से जीवन बिता रहे थे, किंतु किसी ने कह दिया कि इस जीवन में पितृऋण से मुक्त होने के लिए व्यक्ति को एक पुत्र तो होना ही चाहिए। वानप्रस्थी दंपती की प्रार्थना सुन ली परमात्मा ने, उनकी आर्त पुकार, एक पुत्ररत्न देना, हे सर्वशक्तिमान, परमात्मा की तरह ही और अब कुछ ही दिनों में शिवगुरु के आश्रम जैसी तपस्वी की कुटिया में भी गृहस्थाश्रम की गूँज सुनाई पड़ने ही वाली थी, प्रस्तरतल पर घने फैलते दूर्वा दल की तरह।

किंतु विशिष्टा देवी समझ नहीं पातीं कि भगवद्-भजन और ध्यान-प्राणायाम के साथ परमपिता परमेश्वर को चित्त में धारण करनेवाली एक माँ इतने भयंकर सपने क्यों देखने लगी थी। कभी आँधी, कभी तूफान, कभी भयानक अंधकार में बिजली का कौंधना

तो कभी भयंकर बाढ़, तो कभी अशेष वर्षा और ओलों की वृष्टि। कभी-कभी तो वे ऐसा भी स्वप्न देखतीं कि पूरा गाँव आग में जल रहा है और लोग त्राहि-त्राहि करते हुए जंगल की ओर भागते जा रहे हैं।

पूजा-पाठ समाप्त कर भोजनोपरांत जब विशिष्टा देवी विश्राम कर रही थीं, शिवगुरु पधार गए उनके कक्ष में और बड़े ही प्रेमपूर्वक आग्रह करने लगे—

"देवि, आप अपनी स्वप्नकथा का शेषांश अब सुनाइए और आइए, हम दोनों मिलकर उसकी मीमांसा करें। आपने ठीक ही कहा कि जिस पद्धति से हम वेदमंत्रों की मीमांसा कर सत्य के तत्त्व तथा तत्त्व के अर्थ तक पहुँच पाते हैं, ठीक उसी पद्धति से ही स्वप्नों का परीक्षण करना होगा। मन और प्राण के भी तो अनेक भेद किए गए हैं और मन तथा प्राणों ने अपने विभिन्न रूपों के अनुकूल मनोमय कोष के विभिन्न धरातलों पर अपने छिपे रहने की व्यवस्था बना रखी है। हम कभी-कभी जब धरती को खोदते हैं तथा जिस प्रकार उसके विभिन्न तलों पर विभिन्न वेश और विभिन्न आकार-प्रकार के सर्पों को आराम-विश्राम करते पाते हैं, ठीक वही दौड़ती स्थिति मन एवं प्राणों में जीती-जागती, विभिन्न प्रकार की एषणाओं व कामनाओं की है। किंतु स्वप्नों में इससे भी अधिक संभावना होती है और वह अदृश्य होती है, अज्ञात होती है, अपरिमेय होती है, अनवगाह्य होती है। उस संभावना के पीछे कोई अज्ञात शक्ति कार्यरत होती है, कोई अदृश्य शक्ति है, जिसे कोई परमात्मा कहता है, कोई ईश्वर, कोई सर्वशक्तिमान, कोई भगवान्, कोई काल, तो कोई महाकाल; किंतु अभी दर्शनशास्त्र में उलझने की अवस्था नहीं है। अभी तो आप सुनाइए कि गोवर्द्धन की ओर भागते आपने क्या-क्या देखा, क्या-क्या सुना ? विशिष्टा देवी कहने लगीं स्वप्न-कथा आँखोंदेखी सत्यकथा की तरह बिल्कुल आत्मलीन होकर।

'हाँ देव, जब मैंने गोवर्द्धन की ओर भागते एक सहयात्री से पूछा कि हम कहाँ भागे जा रहे हैं और वहीं क्यों, तो उस वानप्रस्थी यात्री ने बताया—

'देवि, भागते चलिए और भजते चलिए राम का नाम। राम अर्थात् दशरथ-पुत्र राम भर नहीं, राम अर्थात् विष्णुलोक का वह स्वामी, जिसके पास पहुँच जाना ही इस जीवन को सार्थक बनाना है।'

"उसका विश्वास था, देव कि जब राम दंडकारण्य पार कर सीता को खोजते-खोजते गोदावरी की इस उपधारा के तट पर पहुँचे थे तो थके-थके राम को इस पहाड़ी की घाटी में प्रवेश करते ही किसी बड़ी विश्रांति का अनुभव हुआ था। उनके साथ-साथ मुनि भरद्वाज भी चल रहे थे। उन्होंने भरद्वाज से पूछा, 'मुनिवर, आज्ञा हो तो हम थोड़ा विश्राम कर लें, मुझे इस पहाड़ी प्रदेश में बड़ी परिशांति का अनुभव हो रहा है।' भरद्वाज ने बताया—'यह गोवर्द्धनपुरी है, महाराज। प्राणिमात्र को जब संसार का दुःख सताने लगता है तो लोग इस गोवर्द्धनपुरी में भागकर चले आते हैं, विश्राम करते हैं और स्वर्ग

व नि:सर्ग दोनों के सुख अनुभव करते हैं। यही कारण है, राजन् कि इसी प्रदेश में अनेक ऋषियों के गुरुकुल अभी तक कार्यरत हैं अथवा यदि कार्यरत नहीं भी हैं तो किसी-न-किसी रूप में अवस्थित हैं। यहाँ से बिल्कुल सामने पश्चिम मलय पर्वत श्रेणियाँ हैं, जहाँ परशुराम की तपस्या के अवशेष अवलोकनीय हैं अथवा यहीं से पूरब कावेरी और तुंगभद्रा की घाटियों में तथा तुंगभद्रा से महेंद्र पर्वत तक अगस्त्य के कई गुरुकुल आज भी बड़े-बड़े वैज्ञानिक शोधों-आविष्कारों के कार्य में संलग्न हैं अथवा व्यास तथा शुकदेव एवं गौड़पाद व गोविंदपाद के आश्रम हैं। आप यहाँ निश्चिंत होकर विश्राम कर सकते हैं, राजन्। जिस प्रकार मेरु पर्वत से अलका तक को हमारे ऋषियों ने प्रदूषण-मुक्त पर्यावरण से भूषित किया, उसी तरह मलय से महेंद्र तक की पर्वत श्रेणियों तथा उनकी घाटियों को भी। जीवमात्र के लिए जीवनोपयोगी संजीवनी सदृश अनेक जड़ी-बूटियों के भी अगाध भंडार यहाँ उपलब्ध हैं। उत्तर में हिमालय का आँगन ही नहीं, दक्षिण में मलय प्रकृति तक सारी धरती प्रदूषण-मुक्त मानी जाती हैं, माता के अंक की तरह।'

विशिष्टा देवी स्वप्न की कथा सुना रही थीं शिवगुरु को, जैसे शिव ने कभी सुनाई थी अमरकथा अपनी अर्द्धांगिनी शतरूपा को। विशिष्टा की कथा तो अभी प्रारंभ ही हुई थी, पता नहीं कहाँ तक चले, कब पूर्ण हो, न हो, किंतु कहते हैं, जब शिव की अमरकथा सुनते-सुनते शतरूपा गाढ़ी निद्रा में प्रविष्ट हो गईं और शिवकथा कथानक के शीर्ष पर तो शिव ने शैलपुत्री को नींद से जगाया नहीं, उनके चैतन्य को अपने चैतन्य-स्वरूप में विलय कर लिया, अंतरधाराओं के मध्य जो मिट्टी का एक बाँध था, उसे ध्यान-बल से बाँध लिया और दोनों अद्वैत स्वरूप बन गए, अर्थात् अर्धनारीश्वर। निद्रा भी कथा सुनने में बाधक नहीं बन सकी। शिवगुरु का ऐसा स्वभाव ही बन गया था कि वे स्वप्न का विश्लेषण अथवा उसकी व्याख्या बीच में ही करने लगते गुरु की तरह, किसी कथावाचक संत की तरह और विशिष्टा सुनने लगतीं, ठीक किसी शोधसिद्ध शिष्या की तरह और कथा की प्रगति धीमी हो जाती।

शिवगुरु ने गोवर्द्धन नगर और गोवर्द्धन प्रदेश के निर्माण का इतिहास राम और भरद्वाज से जोड़ते हुए जब बताया कि किस तरह गंगा से ब्रह्मपुत्र तक अथवा कश्मीर से कामरूप तक हिमालय की घाटियों को ऋषियों ने पारिस्थितिकी संतुलन और चिकित्साशास्त्र दोनों की आवश्यकताओं के अनुरूप बसाया था, उसी तरह पूरे गोवर्द्धन प्रदेश को भरद्वाज ने पर्यावरण तथा आयुर्वेद की आवश्यकताओं को दृष्टि में रखकर सजाया था, ताकि यदि राम-रावण युद्ध हो ही गया तो युद्ध में काम आनेवाली जड़ी-बूटियों से सैनिकों को शीघ्र जीवन-लाभ प्राप्त हो सके। उन्होंने बताया कि विशिष्टा, आप की आत्मा में वस्तुत: उसी पार्वती का प्राण बस रहा है, जिसे शिव ने अमरकथा सुनाई थी। अंतर बस इतना ही है कि युग-युगांतरों के परिवर्तन के क्रम में आज की कथा

पार्वती कह रही हैं तंद्राग्रस्त हो जानेवाली प्रकृति-देवी विशिष्टा और सुन रहे हैं शिवगुरु, शिव अंदर-अंदर एवं गुरु बाहर-बाहर। उदयाचल से मलयाचल पर्वत तक, नर्मदा से तुंगभद्रा तक का यह क्षेत्र भी उतना ही पवित्र है, जितना सुमेरु से अलकापुरी तक का क्षेत्र और इसीलिए मुझे लगता है कि आपने अपने स्वप्न में वैसी ही तपस्थलियाँ देखी होंगी, हवनकुंड देखे होंगे, आश्रम-व्यवस्था भी देखी होंगी, गुरुकुल, लता-वनस्पति, पेड़-पौधे तथा पुष्प-द्रुम भी मुसकुराते हुए कहा शिव गुरु ने।

"हाँ गुरुदेव, आपका अनुमान पूर्णरूपेण उपयुक्त है, मैंने कई वीरान विद्या स्थलियाँ देखीं एवं कई उजड़े गुरुकुल भी। गुरुकुलों में ही अवस्थित गुफाओं में तत्कालीन कला में निर्मित प्रतिमाओं से यह स्पष्ट होता जा रहा था कि यहाँ कभी अगस्त्य के गुरुकुल के अलावा पराशर, व्यास, शुकदेव, गौड़पाद तथा गोविंदपाद के भी गुरुकुल थे। किंतु अब ये सारे के सारे गुरुकुल वीरान थे। हम दोनों ने जिस गुफा में व्यास की मूर्ति देखी, (कृष्ण द्वैपायन व्यास की) और संभवतः ऐसी कई मूर्तियाँ देखीं, गुरुकुलों में तो हमने विचार लिया कि संभवतः यहीं अठाइसवें द्वापर के अठाइसवें व्यास के इस आश्रम में कुछ दिनों तक निवास करेंगे और पूछेंगे कि इस अंतिम प्रतिमा से क्यों इसके बाद की प्रतिमा का रूपाकार भिन्न है। हम पूछेंगे कि क्या ऐसा तो नहीं है कि व्यास के अठाइसवें अवतार के बाद की अगली प्रतिभा गुरुवर गौड़पाद की है, जो आपके कुल के आदि योगगुरु माने जाते हैं।"

"आपका अनुमान वस्तुतः सराहनीय है, देवि। हमारा कुल वस्तुतः उन सभी ऋषियों से सीधे संबद्ध है—शिव से ब्रह्मा, ब्रह्मा से वसिष्ठ, वसिष्ठ से शक्ति, शक्ति से पराशर, पराशर से द्वैपायन व्यास, व्यास से शुकदेव और शुकदेव से आगे अठाइस द्वापरों के लगातार अठाइस व्यास। अठाइसवें व्यास के विषय में ऐसी मान्यता है कि व्यास ने वेदों का वर्गीकरण किया, उपनिषदों की व्याख्या की तथा अधिकांश मुख्य पुराणों की रचना तो कर ही दी थी। किंतु वे उनका भाष्य स्वयं नहीं कर सके और अठाइस बार अवतार लेने पर भी उन्हें यह अवकाश नहीं मिला कि वे 'ब्रह्मसूत्र' का भाष्य स्वयं रच सकें। विशिष्टा, मुझे तो लगता है कि यह काम अभी भी शेष है और व्यास की अशांत आत्मा कभी भी किसी सुयोग्य मातृ-कुक्षि से जन्म लेने हेतु व्यग्र-बेचैन है, किंतु अबकी बार हिमालय के प्रांगण में नहीं, बल्कि मलयालय के प्रांगण में, महेंद्र के शीश तथा श्रीशैल की घाटियों में, उदयाचल पर। अठाइस जन्मों अथवा अवतारों तक व्यास ने जो कुछ विंध्याचल के उत्तर में किया, अब शेष कार्य गौड़पाद दक्षिण में करेंगे। मेरी तो एकमात्र आकांक्षा है, देवि कि यदि हम नंबूदरी गुरुवर गौड़पाद के कुल की संतति हैं और भगवती कामाक्षी की कृपा हम पर है तो व्यास का छोड़ा हुआ शेष कार्य यह शिशु पूर्ण कर डाले; जो पार्वती स्वरूपा विशिष्टा देवी के गर्भ में पल रहा है। व्यास के अठाइस जन्मों का ज्ञान गौड़पाद के माध्यम

से और उनके बाद गोविंदपाद तक का सारा ज्ञान अप्रत्यक्ष रूप से इस शिशु में रूपांतरित-जीवांतरित तो हो ही रहा होगा, ऐसी आशा भी तो हम कर ही सकते हैं।"

"हाँ-हाँ स्वामी, आपने तो मेरे सपनों का संपूर्ण परिदृश्य ही जैसे देख लिया हो, किंतु अभी तो यह स्वप्न का पूर्वार्द्ध ही है। स्वप्न का उत्तरार्द्ध तो स्वामी, बड़ा त्रासद है, बहुत ही भयंकर। मैं जब भी उस अध्याय के पन्ने खोलती हूँ तो मेरा स्त्री-मन माता सीता की तरह काँपने लगता है, जैसे जब अशोक वाटिका में उन्हें रावण के आगमन की पगध्वनि सुनाई पड़ने लगती थी।"

"सुनाइए देवि, अब तो न वह रात है, न वह भयाक्रांत तथा चमत्कारांदोलित स्वप्नारोह-अवरोह की रातवाली वह बात, अब तो आप शुद्ध पार्वती हैं और मैं विशुद्ध शिवशंकर। अब जब आपकी कुक्षि में विनायक अथवा कार्तिकेय जैसा पुत्र विराजमान हो तो भय क्यों? बोलिए, आगे क्या-क्या दृश्य देखे आपने।"

"अब भय कम होने लगा था, देव और जिज्ञासा प्रबल। जिज्ञासा यह जानने की प्रबल थी कि गौड़पाद ने वादरायण व्यास के 'ब्रह्मसूत्र' का कोई भाष्य लिखा अथवा नहीं और यदि लिखा तो वे ताम्रपत्र अथवा तालपत्र आश्रम में उपलब्ध होने ही चाहिए। हम दोनों ने मन-ही-मन इसी वीरान आश्रम की एक उपेक्षित गुफा को अपना निवास बनाने की योजना बना ली। किंतु यह स्थान हिंसक पशुओं अथवा मनुष्यों से सुरक्षित तो है, यह सोचकर आगे की स्थिति का मूल्यांकन करने हेतु गहनतर जंगल की ओर बढ़ चले।"

"तब क्या हुआ, देवि?"

"तभी लगा कि अब तक जो हम देख सके थे, वह निर्माण का इतिहास था, ज्ञान तथा दर्शन का नूतन अध्याय, किंतु जो यहाँ आगे दिखता जा रहा था, वह विनाश का प्रारंभ। पूरे जंगल में जैसे आग का खेल चल रहा था या आग का उत्सव, कहीं अग्नि-शिखाओं के बीच योगियों-संन्यासियों का मंत्र-पाठ, कहीं नग्न नर्तन, कहीं मांस-भक्षण, कहीं मद्यपान, कहीं जोगी-जोगिनियों का रंग-रास, भोग-विलास, मैथुन, सबकुछ परमात्म तत्त्व से एकाकार होने का बहाना लिये। ज्ञान का पथ बड़ा कठिन है, कृपाण की धार की तरह। कहाँ ध्यान, धारणा और समाधि एवं फिर समाधि में भी महादशा की अवस्था की प्राप्ति। कृपाण की धार को पार करने का एक आसान रास्ता है—पंचमाकार का रास्ता, मांस-मदिरा, मैथुनादि का सुगम पथ। कहीं अजगरनाथ गले में सर्पों को लपेटे पशुपतिनाथ में लय होने के मंत्र-पाठ करने का प्रदर्शन कर रहे थे तो कहीं नरमुंडों की माला पहने कोई देवी कालिका होने का नग्न प्रदर्शन कर रही थी। कोई जल रहे पशुओं का मांस खा रहा था तो कोई नरमांस से अपनी बुभुक्षा मिटा रहा था। कहीं बौद्ध भिक्षु-भिक्षुणियों की नग्नलीला तो कहीं हिंदू संन्यासी-संन्यासिनों का नाच-गायन, कहीं तप की नौटंकी तो कहीं यज्ञ का पाखंड। यह सब क्या हो रहा है आर्य, मैंने आपसे पूछा।"

"अभी रुकिए देवि, आप उन्हीं स्थितियों को अपने सपने में देख रही हैं, जिनमें योग अथवा मंत्र के मार्गों को छोड़कर, कठिन कहकर, असंभव बताकर, अनावश्यक सिद्ध कर साधकों का एक बहुत ही बड़ा संप्रदाय वैदिक ज्ञानमार्ग को छोड़कर बौद्धों के तंत्रमार्ग की ओर अथवा सहजयानियों के सिद्ध अथवा नाथमार्ग की ओर प्रस्थान कर चुका है। अठाइसवें द्वापर की यह स्थिति बड़ी वीभत्स है, देवि! जहाँ हिमालय के आँगन में मंत्रों की साधना ज्ञान के यज्ञ-धूप से चल रही थी तथा मंत्रों-ऋचाओं के सस्वर पाठ से आकाश गूँज रहा था, वहीं तीर्थस्थलियों में खड़े मंदिरों में तंत्र की हवा प्रवेश कर चुकी थी और शतायु जीवन धारण करनेवाले आर्य अल्पायु एवं क्षीणवीर्य तथा पराक्रमहीन, काममार्गी व दिगंबर में भी। कुमारी देवदासियों का दुरुपयोग आरंभ हो गया है और सामाजिक, धार्मिक तथा वर्णाश्रमानुशासन पूर्णतः समाप्त।

व्यास ने गौड़पाद अवतार के रूप में गुरुकुलों के आचार्यों को इस अधोपतन से बचने का मार्ग ढूँढ़ने का निर्देश दिया और कहा—

"आचार्यवर, वस्तुतः यदि आप आचार्य हैं तो भारतीय संस्कृति को इस अधोपतन से बचाइए। अपने आचार एवं व्यवहार अर्थात् अपने आचरण में आवश्यक परिवर्तन कीजिए और लोक-सुलभ और आसान-ज्ञान के एक नए मार्ग का निर्माण कीजिए; कर्मयोग, ज्ञानयोग से आगे भक्तियोग का मार्ग। गुरुकुलों में कर्मयोग भी चले और ज्ञानयोग भी, किंतु तीर्थस्थलियों एवं मंदिरों में जहाँ लोक-साम्राज्य है, भक्तियोग का पथ दिखाने का काम कीजिए।"

"आप आगे बढ़िए देवि और बताइए कि इस अग्नि-तांडव का अंत भी कहीं दृष्टिगोचर हो सका या यहीं वीभत्स रस में लोग डूब रहे हैं, नहीं-नहीं, जल रहे हैं?"

"हाँ स्वामी, हम दोनों बड़े खिन्न होकर आगे निकलते-निकलते इस नग्नता के तांडव से बाहर होने लगे थे तो देखते क्या हैं कि बादल घिरने लगे हैं, घने होने लगे हैं और बादलों के घने साये से जंगल के बाहर व भीतर दोनों को जैसे एक-सा बना दिया है। बूँदा-बाँदी से शुरू हुई बारिश इतनी होती है कि लगता है कि जंगल के अंदर प्रवाहित होनेवाले निर्झर और नदियाँ हमारे गाँव को बाढ़ जैसी भयंकर स्थिति में पहुँचा देंगी। एकाएक कुछ भयंकर-सी घटना आरंभ हो गई और लगा जैसे प्रशांत अटलांटिक महासागर का सारा जल हिंदसागर में और हिंद अरब एवं चीन सागर का सारा जल हिंदसागर में विचलित होकर आकाशमार्ग से तूफानी गति में विंध्याचल पर्वतमालाओं को पारकर श्रीशैल, मलय तथा महेंद्र पर्वत की सीमाओं को लाँघकर काशी, मथुरा होते हुए गंगोत्री, यमुनोत्री, उत्तरांचल-दक्षिणांचल तथा मंदाकिनी अलकनंदा तक में पहुँच जाएगा। कहते हैं, प्रयाग और अवंती काशी से बड़ी कठिनाई से चलकर गंगा की एक अति क्षीण धारा ओंकारेश्वर, सिद्धेश्वर और त्रयंबकेश्वर पहुँची थी और नर्मदा एवं कपिला के साथ

सप्तधारा में फूटकर दक्षिण भारत पहुँची थी तथा आज भक्ति की अजस्र धारा के रूप में विंध्याचल के शिखर को पार करती दिख रही त्रिपथगा, लगता था कि एकपथी हो गई है—आकाश, पाताल और धरती। गंगा उत्तरायण से उमड़कर यदि नर्मदा, गोदावरी, कृष्णा, कावेरी के रूप में दक्षिणांचल को पवित्र कर रही थी तो आज लगता था कृष्णा, कावेरी, गोदावरी और नर्मदा सब-की-सब भक्ति की धारा में उमड़कर संपूर्ण भारतवर्ष को भक्ति-रस से लबालब करने लगी थी और इसे एक साथ अपने शीतल जल में भिगो देना, डुबो देना चाहती थी। हम दोनों कभी इंद्र का स्मरण करते हैं तो कभी शिवदेव का नामस्मरण करते हैं तो कभी विष्णुदेव का, कभी ब्रह्मदेव का, कभी वरुणदेव का, कभी अग्नि का तो कभी मित्र का, कभी वसिष्ठ का तो कभी अगस्त्य का, कभी अंगिरा का, कभी भृगु का और कभी बृहस्पति व भरद्वाज का। हम इन सबको स्मरण करते-करते अचानक एक ही सत्ता में विलीन हो जाते हैं और उस सत्ता का नाम है—सत्, सत्य, ऋत्, ब्रह्म-तत्सत्, तत्तवम्, सोऽहम्, अहंसः, परम शून्य, परमानंद, रसोवैसः इत्यादि, जिसका न आदि है, न अंत। जो न जन्म लेता है, न मरता है; किंतु जो वन-वन में, अणु-अणु में नित्य जीवंत है, जो ओंकार है।"

"आपने ठीक सोचा देवि, मानव मात्र के जीवन में एक समय ऐसा भी आने ही वाला है, जब वर्णों, रंगों, धर्मों-संप्रदायों, देवि-देवताओं आदि सब के भेद स्वयं समाप्त हो जाएँगे और संपूर्ण विश्व के लोग एक-दूसरे को एक ही पिता की संतान समझकर भाई-भाई और बहन-बहन के भाव में जीने लगेंगे।"

"यही लक्ष्य दृष्टि में लेकर दक्षिण की यह भावधारा भक्तिधारा के रूप में अब उत्तर में पहुँची है और शीघ्र ही पूरब-पश्चिम सब दिशा में प्रवाहित होनेवाली है। किंतु देवि, यह दर्शन तो अभी हमारे अध्ययन का विषय होगा। अभी तो हम गौड़पाद के गुरुकुल के किसी रिक्त कक्ष में अपना निवास तो सुनिश्चित कर लें।"

विशिष्टा ने स्वप्न कथा के अंतिम सूत्र को समेटते हुए कहा, "और इस तरह हमने गौड़पाद के आश्रम में अपना निवास बना लिया, अपने आसनों पर आसनस्थ हो गए और तभी आपकी तेज ध्वनि कर्णरंध्रों में गूँज उठी—

"विशिष्टा, रात गई, उषा विदा हो गई, पूषा की अरुण किरणें ताम्र से सुवर्ण हो गईं, पर यह क्या, आप अभी तक सो ही रही हैं?"

मेरी नींद तो टूट गई स्वामी, किंतु सपनों का एक महल भी आँख खुलते ध्वस्त हो गया और एक दूसरे महल की आधारशिला जैसे आकार लेने लगी।"

दोनों पति-पत्नी अपनी दैनिक क्रियाओं में संलग्न हो गए।

□

3

विशिष्टा शिवगुरु की अर्द्धांगिनी थीं। वे बस मात्र उनकी अर्द्धांगिनी ही नहीं, उससे बहुत ही विशिष्ट, न केवल भामती अथवा मात्र भारती, वरन् दोनों बराबर-बराबर और कुल मिलाकर अर्धनारीश्वरी अर्थात् नारीश्वर की अर्द्धांगिनी-गार्गी जैसी विदुषी सुगुर्वी, मैत्रेयी जैसी सुमित्र, आश्रम पत्नी भी और कात्यायनी जैसी सर्वगुण संपन्न गृहपत्नी भी; लक्ष्मी, दुर्गा, सरस्वती भी थीं। उसका पितृगृह से प्राप्त आप्तवाक्य-सा पवित्र नाम था—सुभद्रा, भद्रा के तट पर अवस्थित पितृगृह में उत्पन्न होने के कारण और स्वस्ति की छोटी बहन होने के कारण भी। वह गृह-कार्यों के सुसंपादन में अधिक अभिरुचि रखती थीं और शिवगुरु के चिंतन-मनन और अध्ययन-अध्यापन में तभी किसी विमर्श में सहभागिता प्रदान करतीं, जब शिवगुरु आग्रहपूर्वक अनुरोध करते थे। शिवगुरु पाराशर थे, विशिष्टा भरद्वाज अर्थात् पति सम्मान-वाशिष्ट और पत्नी स्वाभिमान भार्गव। पत्नी के लिए प्रबुद्ध बिंदुओं पर पति से सर्वदा सहमत हो जाना संभव नहीं होता और पति विवादों से दूर भागते रहते हैं। और संभवतः यही कारण था कि शिवगुरु ने कहा—

"सुभद्रा, आप भार्गव कुल की पुत्री हैं, किंतु हैं तो भद्रा। भद्रा अर्थात् विमर्शाग्रही, किंतु समझौतामुखी। इनी-गिनी विदुषी नारियों में यह दुर्लभ और अति विशिष्ट गुण दर्शनीय होता है। मेरे अंतर से एक पवित्र ध्वनि निकलना चाहती है, मैं आपको विशिष्टा देवि कहकर पुकारूँ तो आप स्वीकारेंगी न?"

विशिष्टा को शिवगुरु की जिह्वा से उच्चरित यह 'शब्द' अंतरात्मा के स्फुरण-सा स्वाभाविक तथा पवित्र लगा।

"मैं इसे पति और पिता ही नहीं, परमपिता का आशीर्वाद मानकर स्वीकार ही नहीं, अंगीकार करती हूँ। किंतु इसी के साथ आपके समक्ष यह प्रस्तावित भी करती हूँ कि आज से आपको भी मैं 'शिव' नहीं 'शिवगुरु' मानकर ग्रहण करना चाहूँगी। यह आपकी जिम्मेदारी होगी कि आप मेरे सद्गुरु बनकर मुझे 'शिव' तक पहुँचा देंगे। सान्निध्य और सायुज्य तक ही नहीं, शिव के साथ मेरा लय-विलय हो सके, इसके हेतु और सेतु दोनों बनकर मुझे इस मायाग्रसित जीवन-मरण की लीला से मुक्त करा देंगे।" विशिष्टा ने कहा।

"एवमस्तु चलिए, आज अक्षय तृतीया का दिन है, भगवान् परशुराम का जन्मदिन।

आज ही के दिन को हम दोनों आज से अपना जन्मदिन मानते रहें, आज से 'शिव' शिवगुरु हुए और सुभद्रा देवि विशिष्टा।" शिवगुरु ने कहा।

विशिष्टा बोलने लगीं—

"आप योगेश्वर नहीं, योगीश्वर के अवतार हैं। आपने मेरी निद्रा, मेरे स्वप्नों और सुसुप्ति एवं योगनिद्रा की बात तो दूर की हुई, मन से भी अधिक चंचल इन सपनों में जीवन और मोक्ष अपेक्षित करने के प्रयासों की निंदा क्यों नहीं की? आप स्वप्नों में सत्य खोजने के प्रयासों से मुझे विमुख करने और समाधि अथवा भावसमाधि में पहुँचने का मार्ग बताएँ, तब न आपका यह शिवगुरु नाम सार्थक हो सकेगा।"

"वह मार्ग तो आपको भी उतना ही विदित-विजित है, जितना मुझे। योग विज्ञान की बात अभी नहीं, अभी तो आपके स्वप्नों की मीमांसा कर रहा था मैं, जैमिनि और भट्टपाद की तरह। मीमांसा शास्त्र कहता है कि मन की सारी संभावनाओं को सत्य मानकर उसकी समीक्षा-परीक्षा की जाए और आत्मा के निर्देश की प्रतीक्षा की जाए। यदि निर्देश विधेयात्मक है तो उस संभावना को मारने अथवा जिलाने की व्यवस्था की जाए। मैंने आपके स्वप्नों की निंदा नहीं की, क्योंकि उनमें सत्य संभव लगता था मुझे। मैं मीमांसक हूँ देवि, मैं बुद्ध की तरह इच्छाओं को मारे बिना मन (मार) पर अपनी विजय की घोषणा नहीं कर सकता।"

"क्या किया था बुद्ध ने, वह तो सम्यक् संबुद्ध बताते थे अपने को?"

"देवि, मंझिम निकाय का मार्ग-निर्देशन करने की शीघ्रता में बुद्ध ने मान लिया, ठीक वैसे ही मान लिया, जैसे गणित के विद्यार्थी किसी इकाई का मूल्य पता करने के क्रम में करते हैं। बुद्ध ने कभी सोचा ही नहीं कि जब वे घोषित कर चुके हैं कि उन्होंने मार को मारकर समुंदर के उस पार भेज दिया तो भी यह मार बार-बार ऐसी हिम्मत कैसे कर लेता है कि वह बुद्ध जैसे तपोनिष्ठ संन्यासी के आँगन में बार-बार आकर आसनस्थ हो जाता है।"

"इसका क्या रहस्य है, देव?"

"इसमें रहस्य जैसी कोई स्थिति ही नहीं है, देवि! वास्तविकता यह है कि बुद्ध ने अपने मन के ग्यारहवें-बारहवें तलों में झाँका ही नहीं। दसवें तल पर ध्यान और बारहवें तल पर फलादेश—ज्योतिष शास्त्र के अनुसार गलती तो होनी ही थी।"

"क्या गलतियाँ हुईं बुद्ध जैसे सिद्ध-प्रसिद्ध महात्मा से, आर्य?"

"सच्चाई यह है, देवि कि बुद्ध की इच्छाएँ अनंत थीं, जैसी कि प्राय: हर मनुष्य की होती हैं। बुद्ध ने ध्यान के एक गहन स्तर पर पहुँचकर घोषित कर दिया कि अब उनके पास करने को या कहने को भी कोई इच्छा शेष नहीं, कोई स्वप्न जाग्रत् तथा सुसुप्त अवशेष नहीं, जो कुछ होना था, हो चुका, जो कुछ करना था, किया जा चुका। किंतु

उनके मन के किसी गहरे तल में बैठा कोई स्वप्न सुसुप्ति से जागरण में अथवा ध्यान से समाधि में तिरोहित न होकर पुन: ध्यान में आकर उन्हीं के समक्ष जीवन की सच्चाई बनकर खड़ा हो जाता है।

"आनंद, मैं पूर्णिमा की तिथि को अपने जन्मस्थान में होना चाहता हूँ, ताकि मैं वहीं अपना परिनिर्वाण प्राप्त करूँ, ऐसी अनेक इच्छाएँ अतृप्त आकांक्षाएँ महत्त्वाकांक्षाएँ तो जैसे सिर उठाकर उनके सामने ही खड़ी थीं।"

"मैं आपके स्वप्नों को भी बुद्ध के अंत:समय तथा आपके अंतस्तल के अनंत भविष्यत् तक पहुँचने देना चाहता था और इसीलिए मैंने उनकी न निंदा की, न प्रशंसा। मैं चाहता था कि आपके स्वप्नों एवं इच्छाओं का परीक्षण लोकैषणाओं के संदर्भ में हो और यदि आपकी इच्छाएँ लोक की इच्छाओं की प्रतिरूप हों तो उन्हें जीवन के सत्य से जोड़कर पूर्ण करने दिया जाए।"

योग निद्रा और योग समाधि की अवस्था तो परमतत्त्व के समीप की अवस्था है, वहाँ तो मन, काम, इच्छाओं-एषणाओं के उपस्थित रहने का प्रश्न ही नहीं है। वस्तुत: यह 'मन' काम को गति प्रदान करते रहता है, लाख चाहो कि यह कामनाओं-एषणाओं के ऊपर उठे, पर यह कहीं-न-कहीं, किसी-न-किसी गुफा में छिप जाता है। गुफाएँ भी तो अशेष हैं—चेतना, उपचेतना, अवचेतना, अचेतन, अति-अचेतन, सामुदायिक अचेतन, राष्ट्रीय अचेतन तथा वैश्विक अचेतन की। वास्तविक जीवन में यदि कुछ असंभव भी हो तो निद्रा और स्वप्न में वह संभव हो जाता है, आसन्न असत्य हो जाता है। यह योग विज्ञान की समस्या ही नहीं, देवि, यह तो मनोविज्ञान का विषय है। आपके मन की इच्छाएँ ही आपकी कुक्षि में पलते शिशु में भी पल रही हैं और वे ही आपके जीवन के विभिन्न संदर्भों में, निद्रावस्था में चेतन-अवचेतन-अचेतन की गुफाओं से निकलकर स्वप्न बन नर्तन कर रही हैं। मैं उन्हीं स्वप्नों की मीमांसा कर रहा था। योगनिद्रा और उसकी पूर्व अवस्था कल्पना-कथा आदि योग की, विशेषकर राजयोग की अवस्थाएँ हैं। इन बिंदुओं पर हम दोनों किन्हीं भिन्न स्थितियों में विमर्श कर सकेंगे तथा आप बिल्कुल गार्गी एवं लोपामुद्रा की मन:स्थिति में मेरे सामने होंगी।

"किंतु देव, तब आपको यह भी बताना चाहिए कि मेरे मन के गहरे तलों में छिपी-बैठी मेरी अचेतन-अवचेतन एषणाओं का यह सत्य भिक्षाटन हेतु पधारे इन हीनयानी बौद्ध सिद्धों से लेकर शैवों, शाक्तों, कापालिकों, ज्योतिषियों तथा योगी संतों को कैसे विदित हो गया और सबके सब मेरे घर पर पधारते ही यही उच्चारण करने लगते हैं कि मेरी कुक्षि में एक ऐसा शिशु पल रहा है, जो साक्षात् 'शिव' का स्वरूप होगा, जिसकी दृष्टि में संपूर्ण जगत् एक परिवार होगा, संपूर्ण धर्म विश्वास, साधना-पद्धतियाँ एक ही सत्ता, परम सत्ता की ओर चलेंगी, जिसे परमेश्वर, परमात्मा, परमपुरुष, परमसत्य, परमसत्ता

अथवा ब्रह्म कहते हैं—एक ब्रह्म और सारे जगत् के जीव उसके अंश होंगे। एक ही दर्शन, जिसका समर्थन प्रत्यक्ष-अप्रत्यक्ष अनीश्वरवादी होते हुए भी सांख्य, वैशेषिक मीमांसा और न्याय सबके सब शास्त्र करते ही हैं, वेदांत-उपनिषद से चली और आज तक सर्वसम्मत एक ही दार्शनिक विचारधारा अद्वैत। वे सबके सब यही मानते हैं और ऐसी भविष्यवाणी करके जाते हैं कि विशिष्टा देवी का पुत्र अति विशिष्ट होगा, वसिष्ठ की तरह, अगस्त्य, पराशर-भरद्वाज की तरह, राम-परशुराम की तरह और भारत ही नहीं, संपूर्ण विश्व को एक साथ जोड़नेवाले विश्वगुरु-द्वैपायन कृष्ण व्यास की तरह जगद्गुरु कहलाएगा। एकोऽहं द्वितीयो नास्ति—एक ब्रह्म, एक परमेश्वर, एक विश्व, एक गुरु, यह होगा इस नए विश्व का आधुनिक स्वरूप और यह होगी उसके अद्वैत की नई परिभाषा। मैंने अपने सपने में इन सभी सिद्धों, संतों, शाक्तों, शैवों, बौद्धों की साधना-पद्धतियाँ देखीं, जो एक-दूसरे से कतई मेल नहीं खातीं। तो फिर गणना और भविष्यवाणियाँ कैसे समान होंगी, गुरुदेव, यह समझ में नहीं आता?"

"विशिष्टा, वर्तमान संदर्भ, अर्थात् आपकी कुक्षि से जो पुत्र उत्पन्न होनेवाला है, वह कैसा होगा? राष्ट्रीय स्तर पर अथवा वैश्विक स्तर पर व्यापक विभ्रम के बवंडर से कैसे निकलकर एक सर्वोपयोगी मार्ग को प्रशस्त करेगा; इसके संबंध में सभी संप्रदायों, विचारकों, धर्मों, विश्वासों की भविष्यवाणियों के एक होने का विशिष्ट अर्थ तो यह अवश्य लगता है कि इन सभी संप्रदायों में परस्पर एक आंतरिक ऐक्य तो है ही, ऐहिक-दैहिक स्वप्नों का विश्लेषण तथा उनकी मीमांसा भी इन्हीं विचारों से मेल खाती है। अत: यह उचित प्रतीत नहीं होता कि इनमें से किसी को भी अस्वीकृत कर दिया जाए। वस्तुत: इस आंतरिक ऐक्य का मूल भारतीय जीवन-शैली, भारतीय मानस की रगों में प्रवाहित विश्वास तथा विचार की समानता तथा युग-युग से भारतीय जीवन-शैली में उठने-बननेवाली विचार प्रणाली का साम्य है। इसकी चर्चा मैंने चेतन, अवचेतन, अचेतन, सामाजिक अचेतन, देशीय अचेतन तथा वैश्विक अचेतन की व्याख्या के क्रम में की थी, आपको स्मरण होगा। देवि, केवल भारत के सामाजिक अचेतन में ही नहीं, वैश्विक अचेतन के अंदर भी साम्य और ऐक्य देखने को मिलता है। विद्वानों के लिए यह विषय गंभीर अध्ययन का है और संतों-महात्माओं, सिद्धों-योगियों के लिए ध्यान के गहन क्षणों में देखने का भी। किंतु इसमें संदेह का कोई कारण नहीं कि संपूर्ण विश्व में जीनेवाला मानव परिवार के अंदर वैचारिक तथा एक सांस्कृतिक एकता तथा समता तो है। बाहरी रहन-सहन और परंपराएँ इस ऐक्य को प्रभावित नहीं कर सकतीं। सभी संप्रदायों की साधना-पद्धतियाँ भिन्न-भिन्न हैं, किंतु सबका फलितादेश एक है, अर्थात् सभी साधना-पद्धतियाँ एक ही दिशा में गतिशील हैं, एक ही तत्त्व, परमतत्त्व की, एक ही सत्ता-परमसत्ता की, एक ही सत्य-परम सत्य की ओर और वह परमसत्ता, परमतत्त्व,

तथा परमसत्य एक है, अद्वैत है। यही अद्वैत परमसत्य, परमब्रह्म है और उसके चतुर्दिक स्थापित संपूर्ण ब्रह्मांड, संपूर्ण जगत् मिथ्या है, 'ब्रह्म सत्यं जगन्मिथ्या।' यह विषय बड़ा ही व्यापक है, देवि, मैं तो बस इतना ही कहूँगा कि हम सौभाग्यशाली हैं कि एक ऐसा शिशु, जो वसिष्ठ जैसा विशिष्ट है और सिंधु-सरस्वती एवं गंगा-यमुना का सुजल-सुफल संसार छोड़कर नर्मदा, गोदावरी, कृष्णा-कावेरी की पहाड़ी भूमि में अवतरित होनेवाला है। मुझे लगता है देवि, वाशिष्टों और भार्गवों एवं आगस्त्यों की पीढ़ियों से चली आ रही उत्तरीयों तथा दाक्षिणात्यों की दूरियाँ समाप्त होनेवाली हैं, संस्कृत और तमिल-मलयालम की एकता के सूत्र लिखे जानेवाले हैं। देवि विशिष्टा, आपको नमस्कार करने का मन करता है।"

"तो हम अब यह स्वीकार कर लें देव कि जीवन निद्रा तथा योगनिद्रा में एवं जीवन निद्रा के स्वप्नों तथा योगनिद्रा के स्वप्नों की प्रक्रिया एक है, किंतु परिणाम भिन्न। पहला जहाँ दैहिक-भौतिक सत्य है तो दूसरा आध्यात्मिक।"

"हाँ देवि, दोनों की प्राप्त्याशा दोनों की नियताप्ति और फलागम की प्राप्ति में कहाँ कोई अंतर है, किंतु यह तो सबको अनुभव होना चाहिए कि योगनिद्रा का स्वप्न ब्रह्म तक पहुँचा सकता है, ब्रह्मानंद की अनुभूति से हृदय तक को आप्लावित-आप्यायित कर सकता है, जो वैसी ही स्थिति की अनुभूति करा सकता है। प्रतीक्षा कीजिए, देवि संतति की, जो इस द्वंद्व से ही सत्य का उद्घाटन कर सकेगा, भविष्यवाणियों में वर्तमान का सत्य ढूँढ़ते, निद्रा में जीवन और सपनों में यथार्थ ढूँढ़ते, योगनिद्रा के काल्पनिक संसार में अध्यात्म का सार ढूँढ़ते शिवगुरु और विशिष्टा देवी नित्य की तरह पूजा, प्रार्थना, वंदना-अर्चना, आराधना-उपासना, मंत्र-तंत्र तथा दया-कृपा की दैनंदिन क्रिया में तल्लीन हो गए—'ब्रह्म सत्यं जगन्मिथ्या' और अहंब्रह्मास्मि में विश्वास करनेवाले दो कर्मयोगी-ज्ञानयोगी भक्तियोग की प्रक्रिया में लिप्त हो गए।

किंतु दोनों का विश्वास तो इस बात में बना ही रहा कि पूरा ब्रह्मांड एक है, जो एक ही शक्ति के निर्देशन में संचालित हो रहा है। मार्ग अनेक हो सकते हैं, किंतु सभी मार्गी एक ही परम तत्त्व की ओर चले जा रहे हैं, एक ही शक्ति से प्रेरित-प्रभावित, यद्यपि शक्ति-भक्ति की भावना-उपासना की ये पद्धतियाँ भले ही भिन्न-भिन्न हैं। जब सबके सब एक ही सत्य की ओर अग्रसर हैं तो सबको स्वीकार्य होने ही चाहिए।

□

4

ब्रह्मांड की उत्तर दिशा कौन है और दक्षिण कौन? अथवा ब्रह्मांड की प्राची किधर है और प्रतीची किधर? इस तथ्य का निर्धारण ब्रह्म ने किया हो, संभवत: ऐसा कोई प्रमाण शास्त्रों में अंकित नहीं है। किंतु देवों-मनुजों दोनों ने तो संसार को दो ध्रुवीय मानकर उसका विभाजन उत्तरी ध्रुव और दक्षिणी ध्रुव में कर ही दिया। मनुष्य तो और भी आगे बढ़ गया, सूर्योदय-सूर्यास्त के आधार पर प्राची और प्रतीची अथवा उदयाचल और अस्ताचल में विश्व को बाँट दिया। पता नहीं क्यों उत्तर अधिक भा गया देवताओं को और ध्रुवदेव वहीं स्थायी रूप से तारा बनकर बस गए। फिर तो उत्तरायण शुभंकर और दक्षिणायन हानिकर, उत्तर में स्वर्गलोक, दक्षिण में यमलोक और ऐसी-वैसी अनेक काल्पनिक मान्यताएँ गढ़ ली गईं।

ऐसी ही कुछ मान्यता होगी, जिस कारण यह भारतवर्ष भी; जो कभी ब्रह्मावर्त्त और आर्यावर्त्त कहलाता था, के उत्तरी भाग पर सुरों-असुरों के संग्रामों के पश्चात् क्रमश: असुर दक्षिण की ओर और ऋषियों द्वारा उत्तर पर आधिपत्य का युद्ध चलने लगा। अंतत: ऐसा सर्वसम्मत निर्णय भी ले लिया गया कि उत्तरापथ अर्थात् ब्रह्मावर्त्त-आर्यावर्त्त अर्थात् सप्तसिंधु प्रदेश वाशिष्टों के अधिकार के अंतर्गत रहेगा और दक्षिणापथ अर्थात् दक्षिण का पठारी क्षेत्र भार्गवों के। अंगिरा, शिव, भृगु बृहस्पति, भरद्वाज, जमदग्नि, परशुराम और गुरुवर्य शुक्र तक क्या सबने मन मसोस कर इस निर्णय को माना, किंतु सुर-असुर युद्ध तो बंद भी हो गए, ऋषियों का युद्ध चलता ही रहा। दोनों के मध्य नियंत्रण रेखा की भूमिका में था विंध्याचल, जिसका सीमोल्लंघन दोनों पक्षों द्वारा होता रहा और युद्ध चलता रहा, चलता रहा, चलता रहा। अरुणाचल से हिमाचल और हिमाचल अर्थात् मेरु से सुमेरू तक उत्तरापथ पर वाशिष्टों की यजमानी चलती तो उदयाचल से विंध्याचल तक और विंध्याचल से मलयाचल तक आंगिरसों, पौलस्त्यों, भरद्वाजों, जामदग्नियों, परशुरामों, रावणों की यों परस्पर शांतिपूर्ण आवागमन तथा सांस्कृतिक संबंधों में कोई व्यवधान नहीं था।

इस दीर्घकालीन इतिहास से भलीभाँति अवगत थे शिवगुरु, जो मूल से वारुण,

कुल से वाशिष्ट और गोत्र से पाराशर थे, द्वैपायनी थे। किंतु बस गए थे मलयाचल और विंध्याचल के अंकस्थल में, उस प्रदेश में, जो भार्गवों का प्रभाव क्षेत्र था, अर्थात् उनकी अर्द्धांगिनी थी सुभद्रा, जिन्हें वे विशिष्टा कहकर पुकारने लगे थे और मन-ही-मन चाहते कि अब जो उनका पुत्र हो, वह जिस नए भारतवर्ष का नवनिर्माण करे, वह वसिष्ठ और भरद्वाज, पराशर एवं जमदग्नि दोनों के समान समानांतर गुणों से निर्मित हो और एक श्रेष्ठ भारत अर्थात् एक भारत तथा श्रेष्ठ भारत को विश्व के लिए आदर्श राष्ट्रीय-सर्वराष्ट्रीय वैश्विक सत्ता के रूप में खड़ा कर सके। यही कारण था कि दोनों पति-पत्नी मलय पर्वत के अंक तथा हिंदसागर के तटवर्ती क्षेत्र में अवस्थित परशुराम आश्रम में अकसर जाते और जब से विशिष्टा माँ बनने की स्थिति में हुईं, वे परशुराम जैसे ही प्रतापी पुत्र की कामना लिये परशुराम मंदिर में उनकी पूजा-आराधना भी अवश्य करते। उनका विश्वास था कि परशुराम ने जन्म से राजसत्ता अथवा वंश से राजपद दिए जाने का विरोध किया था और राजापद के आसन पर आसीन होनेवाले किसी भी राजा से यह अपेक्षा आवश्यक मानी थी कि वह इतना शक्तिशाली तो अवश्य हो कि हिमालय से कन्याकुमारी तक और गोमती तीर्थ से गंगासागर तक के भारत को एक सूत्र में बाँध सके। राम भी यही चाहते थे कि भारतवर्ष का एक राजा हो और वह 'शिव' की तरह स्वयं गरल-पान कर भी संपूर्ण समाज को सुख-सुविधाओं से भरपूर कर सके। शिव अर्थात् स्रष्टा, शिव अर्थात् पालनकर्ता, शिव अर्थात् संहारकर्ता। शिव ब्रह्म का दूसरा नाम है, जिसके ये तीन रूप हैं—शिव एक शिव अद्वय और शिव के रूप तीन। कहते हैं, राम और कृष्ण विष्णु के अवतार थे, किंतु परशुराम परमब्रह्म के अर्थात्, ब्रह्मा, विष्णु और महेश तीनों के—वे सृजन भी करते, पालन और संहार भी। राजपद नहीं चाहिए था उन्हें, किंतु राजमद दिख जाता तो उसपर शिवजी तीसरी दृष्टि खोल देते। कार्तवीर्यार्जुन की सहस्र भुजाएँ ही नहीं काट दीं, संपूर्ण हैहय वंश का ही संपूर्ण विनाश कर दिया, वह भी इक्कीस बार।

सृष्टि की कहानी और ब्रह्म एवं ब्राह्मण वर्ण की कथा, कथा नहीं इतिहास सुना रहे थे शिवगुरु देवी विशिष्टा को, ठीक उसी तरह जिस तरह 'शिव' सुना रहे थे कभी अमरकथा शिवा को। किंतु शिव-शिवा के समय 'शैव' जन वर्णों, गोत्रों और जातियों में विभक्त नहीं थे। शैव होने का सीधा तात्पर्य होता था, जीव होना, मनुष्य होना और सारा वैश्विक समाज एक होता था—शैव मात्र शैव, वैष्णव भी नहीं, बौद्ध भी नहीं, जैन भी नहीं, ईसाई भी, यहूदी भी, इस्लामी भी, सूफी भी, ताओवादी भी—कोई भी नहीं।

शिवगुरु ज्ञानयोग की भावमुद्रा में हों, जैसे बोलते रहे लगातार—

"देवि, यह मानव-जाति का दुर्भाग्य था कि धीरे-धीरे मानव-समाज वर्णों, रंगों, कुलों, धर्मों, समुदायों, जातियों और यहाँ तक कि गोत्रों में बँटता गया और अपने-अपने

धर्म, संप्रदाय, रंग-वर्ण, गोत्रों-कुलों की वरिष्ठता स्थापित करने के क्रम में एक-दूसरे से लड़ता-झगड़ता रहा। इस सारी स्थिति से गुरुश्रेष्ठ व्यास परिचित-परीक्षित थे और इसी दृष्टि से उन्होंने अपना दूसरा आश्रम विंध्याचल के पार महेंद्र पर्वत पर, जिसे तब उदयाचल कहा जाता था, स्थापित किया और अपना संबंध दक्षिण देशीय जाबालि मुनि की पुत्र चेटिका या पिंगला से स्थापित कर एक गौरवर्णीय ज्ञान-विदग्ध पुत्र शुकदेव को जन्म दिया। शुकदेव जैसे-जैसे बड़े होते गए, उन्हें निर्देश दिया कि इस वर्ण-रंग, देश-प्रदेश, कुल-गोत्र आदि के विलय के लिए अपना अधिकांश ज्ञान-विज्ञान बदरी विशाल में नहीं, महेंद्र पर्वत के आश्रम में एक गुरुकुल स्थापित कर और दक्षिणापथ को अपना मुख्य कर्मक्षेत्र बनाएँ और अपनी शिष्य परंपरा का विस्तार दक्षिण भारत में करते हुए शैव-समाज को विनाश से बचाएँ, दक्षिण को उत्तर से जोड़े, कभी शिष्यों को दीक्षा-दान बदरी विशाल में तो कभी उदयाचल स्थित व्यासतीर्थ में करें। देवि, यही असली गुरुशिष्य परंपरा है, जो तब से अब तक उत्तर-दक्षिण, गौरवर्ण-श्यामवर्ण, पहाड़ी-पठारी, भार्गव-वाशिष्ठ के मत-मतांतरों को मिटाते हुए शुद्ध और श्रेष्ठ भारत, शैव भारत, शैव-समाज के निर्माण में कार्यरत है। आदि गुरु के इसी संदेश को अंगीकार करते हुए इसीलिए मैंने भी भरद्वाज अर्थात् भार्गवी विशिष्टा को अपनी जीवन-संगिनी बनाया है और मुझे पूरा विश्वास है, देवि कि इन दोनों मूलों और कुलों के गुणों के पारस्परिक सम्मिलन के पश्चात् जो शिशु उत्पन्न होगा, आपकी कुक्षि से वह वरुण भी होगा, मित्र भी, करुण-कोमल भी, तप्त-कठोर भी, ज्ञानी भी, विज्ञानी भी, किंतु कुल मिलाकर श्रेष्ठ-वसिष्ठ और अगस्त्य अलग-अलग शरीर नहीं, एक शरीर, एक आत्मा राष्ट्रीय, श्रेष्ठता, सामाजिक और वैश्विक एकता के लिए एक आदर्श पूर्णतः समर्थ और पूर्णतः समर्पित।"

बहुत प्राचीन-पुराचीनकाल में तो एक ही गोत्र को कौन कहे, एकयोनिज भाई-बहनों के बीच भी जीवन-संगी बनाने की परिपाटी थी—भारत में ही नहीं, पूरे ब्रह्मांड में, किंतु क्यों कालक्रम से समगोत्रीय विवाहों को प्रतिबंधित कर विगोत्री विवाह होने लगे होंगे, यह बात आज स्पष्ट हुई विशिष्टा को। उन्होंने साधुवाद के साथ शिवगुरु से कहा—

"आपने उचित ही कहा गुरुदेव, वस्तुतः भारतीय समाज की जीवन-पद्धति, पूजा और विश्वास पद्धति और अखंड शैव-संसार की परिकल्पना में कहाँ कोई अंतर है, उत्तर और दक्षिण अथवा पूरब और पश्चिम निवास करनेवालों में? किंतु इस आंतरिक ऐक्य की भावना को तोड़ तो रहे ही हैं ये धर्म-धर्मांतरणवादी तत्त्व। अब आज का हमारा समाज निश्चित रूप से परस्पर ऐक्य की भावना को भूलकर अपने ज्ञान, भक्ति तथा विश्वासों की भिन्नता के कारण देश को, राष्ट्र को ही नहीं, संपूर्ण विश्व को विखंडित करने की विकृत स्थिति में पहुँच गया है। निश्चित रूप से यह किसी युग-परिवर्तनकारी अवतारी पुरुष के सामने आने का समय तो है ही।"

"देवि, आपके सपनों से भी तो यही सत्य उद्घाटित होता प्रतीत होता है। आपने अपने स्वप्नों में जंगल में जो आग लगी देखी, शाक्तों-शैवों-बौद्धों-महात्माओं तांत्रिकों द्वारा प्रदर्शित जो दृश्य देखे, वे ज्ञान के क्षेत्र में शीर्ष पर पहुँचने के बाद पतनशील होने की परिस्थितियाँ हैं। आपका पुत्र भारत की एकता को बचाने और इस पतनशील गतिशील अपसंस्कृति का विस्तार रोक सकने में समर्थ हो, यही शुभकामना है मेरी।"

"हाँ देव, इस विकृति को रोककर एकता की भावधारा को प्रवाहित होते देखना हमारे पुत्र के कर्तव्यों की सूची में अवश्य ही शीर्ष पर होगा। कहते हैं, बेटियाँ माँ पर जाती हैं, उसके अधिकांश गुणों को ग्रहण करते हुए जन्म लेती हैं और पुत्र पिता पर जाता है तथा पिता के अधिकांश गुणों को आत्मस्थ कर लेता है। यदि बेटी हो तो मुझ जैसी ही और बेटा हो तो आप जैसा, यही आकांक्षा मेरी भी है।"

"यही होगा, देवि और एक दिन ऐसा भी होगा, जब इस भारत की सारी पुत्रियाँ आप जैसी ही सुंदर, सुशील और सुयोग्य तथा सारे पुत्र भारतीय समाज को श्रेष्ठतम समाज बनाने की दिशा में संलग्न संस्कृति के उन्नायक तथा आपकी तरह सुंदर-सुशील एवं ममता-समता की भावना से परिपूर्ण तथा फूलों-फलों से आच्छादित प्रकृति की तरह हरी-भरी।"

"कब वह दिन आएगा गुरुवर, मैं प्रतीक्षा कर रही हूँ, संपूर्ण संसार की माताएँ मेरे साथ-साथ प्रतीक्षा कर रही हैं उस समय की, जब पुत्र और पुत्रियाँ दोनों एक नए समाज, एक नए विश्व, एक नई संस्कृति के निर्माण में समान भूमिका अदा करेंगी—अगस्त्य और लोपामुद्रा की तरह, याज्ञवल्क्य और गार्गी-मैत्रेयी की तरह, मंडन मिश्र और भारती देवी की तरह—हिमाचल से मलयाचल तक, मलयाचल से अरुणाचल तक।"

"हमारा पुत्र एक ऐसी ही संस्कृति का प्रकाश लेकर उत्तरी ध्रुव को दक्षिणी ध्रुव से जोड़ेगा, पूर्व सागर को पश्चिम सागर से दो विरोधी धुरियों को एक कर कम-से-कम मानव संस्कृति के संसार को एक धुरीय बनाएगा। वह नारी की मेधा को भी सम्मान देगा, समान सम्मान, समान आदर। वह नारी शक्ति कमतर या समतर से होकर भी स्वयं को अथवा नारी शक्ति को हीनता नहीं, गौरवान्वित समझेगा। उससे प्रतिस्पर्धा नहीं करेगा, उसे सहयोग देगा, उससे सहयोग लेगा कि आगे आनेवाला समाज एक नई शक्ति और नई उर्जा से संवलित समाज के रूप में आकार ग्रहण कर सके।"

"यह तत्त्व की बात है देवि, आपको तो विदित ही है कि शक्ति, जो प्रकृति की आकृति में अंतर्भुक्त है, वह शक्ति वस्तुतः शिवशक्ति है। सच तो यह है, देवि कि यह 'शक्ति' ही 'शिव' है और वह 'शिव' ही 'शक्ति' है।"

"स्वामी, आपकी दो ध्रुवों को जोड़ने की परिकल्पना गंभीर चिंतन का विषय है तो अवश्य, किंतु वह तो दूर की बात है। वर्तमान स्थिति तो यह है कि उत्तर आर्यों का

देश बनकर रह गया है और दक्षिण अनार्यों का। उत्तरवाले अपने को वेदों के उद्गाता ही नहीं, आर्यावर्त्त की सभ्यता के उद्भावक भी मानते हैं और दक्षिणवालों को दस्युओं, दासों और कृष्णवर्णीय मनुष्यों का देश, जो भारत में होकर भी सभ्यता-संस्कृति, भाषा-साहित्य, कला-संगीत आदि की दृष्टि से अफ्रीकियों के रक्तकुलीन लगते हैं। वे पहाड़ी सभ्यता-संस्कृति को ऊँची संस्कृति और सभ्यता मानते हैं तथा पठारी सभ्यता-संस्कृति, कला-संगीत, भाषा-साहित्य को सब प्रकार से समान होते हुए भी निम्नतर घोषित करते हैं, जबकि मूलत: इन सभी दृष्टियों से दोनों का मूलाधार पूर्णत: एक है, समान है। भाषा-साहित्य, देवी-देवता, रहन-सहन, कला-संगीत सब एक और दूरी ऐसी, जैसी कि उत्तरी ध्रुव से दक्षिणी ध्रुव की। मेरी प्रथम आकांक्षा तो यही है, गुरुवर कि हमारा पुत्र उत्तर-दक्षिण की इस बढ़ती दूरी को मिटाकर एक भारत, श्रेष्ठ भारत को एक आदर्श राष्ट्र के रूप में विश्व के समक्ष खड़ा करें। उत्तर उठे, दक्षिण उठे, पूरब चढ़े, पश्चिम बढ़े और चारों एक मध्य रेखा के मध्य बिंदु पर मिलकर एक गोल गाँव, एक वैश्विक एवं सार्वभौम गाँव, एक वसुधैव कुटुंब बन जाएँ। सारे धर्म तब स्वयं सिकुड़-सिमटकर एक धर्म बनकर दिखने लगेंगे।"

"देवि, हमें भी यही करना है और हम ही नहीं, यही करते रहे जीवन भर, अगस्त्य, परशुराम, व्यास, शुकदेव, गौड़पाद और गोविंद पाद जैसे ऋषि-मनीषीगण। हमारा पुत्र भी उन्हीं की तरह का गुरु हो, किंतु उसका लक्ष्य भारत मात्र नहीं हो, पूरा विश्व हो, संपूर्ण जगत् हो, एक सार्वभौम राष्ट्र हो। जहाँ-जहाँ रंगों-वर्णों की भिन्नता के कारण वैश्विक संस्कृति की अद्वैतता में भेद पड़ता हो, उस भेद को एकैक करने का काम हमारा पुत्र करे, यही तो कामना मेरी भी है। जगत् एक है, परमब्रह्म की तरह और उसकी अनुकृति ब्रह्मांड के प्रतिरूप के अतिरिक्त कुछ नहीं है।"

संपूर्ण जगत् एक हो, संपूर्ण जगत् की जय हो, संपूर्ण मानवता एक परिवार हो, सुखी हो, निरामय हो, इसी भावधारा में बहते हुए दोनों अपने दैनंदिन कर्तव्यों में निरत हो चले।

□

5

शिवगुरु किसी गुरुकुल के संचालक नहीं थे, गुरु माने जाने के पीछे समाज के ही किसी प्रबुद्ध व्यक्ति को जी सकने, जीवन सफल-सुफल करने की दीक्षा देने की परंपरा थी, विश्वास था। ऐसी मान्यता चली आ रही थी कि जो व्यक्ति जीवन में गुरुमंत्र नहीं लेता, जीवन की दीक्षा का सूत्र ग्रहण नहीं करता, उसे जन्म-मरण के बंधन से मुक्ति ही नहीं मिलती। शिवगुरु किसी गुरुकुल के गुरु नहीं होने के बावजूद गुरु महाराज कहे जाते थे, गुरु व्यास की भाँति गुरुदेव के रूप में किसी भी देवता से कम पूज्य, किसी भी यजमान परिवार या किसी भी यजमान के लिए नहीं थे। गुरुकुल के गुरु सद्गुरु की गरिमा को भले प्राप्त नहीं की, किंतु शिवगुरु तो थे ही—'गुरुदेवो भव' मंत्र ने 'आचार्यदेवो भव' का स्थान ले लिया था, गुरुकुल के आचार्य आदरणीय होकर रह गए थे, पूजनीय देवता की तरह पूजनीय तो गुरु महाराज ही होते थे—कानों में मंत्र फूँकनेवाले गुरुदेव।

शिवगुरु नित्यक्रिया और संध्या-गायत्री समाप्त करने के बाद प्रतिदिन यजमानों के यहाँ भ्रमण करते, गुरुमंत्र देते, पूजा-पाठ कराते और कभी-कभी तो कथावाचन भी करते। रामकथा, कृष्णकथा, शिवाराधना में मुख्य रूप से उनकी विशेषज्ञता सर्वविदित थी और कभी-कभी तो माह भर, कभी पक्ष भर तो कभी सप्ताह भर भी कथा चलती रहती थी।

चलती रामकथा और उससे भी अधिक भागवत कथा अर्थात् कृष्ण कथा अर्थात् लीला, लीला अर्थात् कल्पना, कल्पना अर्थात् चमत्कार, चमत्कार अर्थात् कोई परमशक्ति संपन्न सत्ता, सत्ता अर्थात् कोई ईश्वर और ईश्वर अर्थात् कोई परब्रह्म। ब्रह्मांड अर्थात् ब्रह्म की लीला, ब्रह्म का चमत्कार अर्थात् कल्पना, अर्थात् लीला अर्थात् कोई सत्य से भिन्न मनोहर क्रीड़ा, जैसे कोई मनोहर-सा स्वप्न, मनोहर नहीं कभी-कभी भीषण, कभी-कभी त्रासद भी।

यजमानों को लीला बड़ी मनोहर लगती, वैसे ही जैसे उन्हें अपना मोहक निजी संसार, संसार अर्थात् कुछ मिथ्या, कुछ आस्था, कुछ मायालोक जैसा दृश्य। स्त्रियों को तो और भी अपना मायालोक, कल्पनालोक तथा स्वप्नलोक प्रिय लगता। अधिकांश स्त्रियाँ गुरु महाराज को अपने सपने सुनातीं और शिवगुरु उनकी मीमांसा कर उन्हें प्रसन्न

कर देते, अच्छी दक्षिणा प्राप्त होती, स्वरुचि भोजन मिलता और पुन:-पुन: मिलने पर भी वही स्वागत।

विशिष्टा के स्वप्नों की व्याख्या अथवा मीमांसा कर देना आसान बात नहीं थी, क्योंकि विशिष्टा भृगु-बृहस्पति, भरद्वाज-द्रोण के रक्तकण की उपज थी—विचारों के स्तर पर उसका धर्म और धर्मानुशासन पूर्णत: गार्गी-याज्ञवल्क्य वाला, मंडन-भारती वाला था, आँगन में पत्नी, गृहलक्ष्मी, गृहदेवी; किंतु दरवाजे पर मित्र, सहकर्मी, सहधर्मी, बराबर की हिस्सेदार, पूर्णत: अर्द्धांगिनी। वह मानती थी कि स्वप्न यथार्थ नहीं और यदि स्वप्न में सत्य है तो उतना ही, जितना लीला में। स्वप्न को सत्य का प्रतिरूप सिद्ध करनेवाली यजमानी वृत्तिवाली बुद्धि से संतुष्ट नहीं होती थी विशिष्टा। उसकी समझ से शिवगुरु द्वारा की गई उसके स्वप्नों की मीमांसा उसके निजी जीवन के संदर्भ में नहीं की जाकर तत्कालीन सामाजिक संदर्भों में की जानी उचित होती थी। शिवगुरु ने विशिष्टा देवी से कहा—

"देवि, लीला की मीमांसा या व्याख्या कल्पना तथा चमत्कार तक सीमित कर देना उचित नहीं। राधा और कृष्ण की रासलीला कोई मनोहर कहानी तो है नहीं, यहाँ तो राधा की दृष्टि में कृष्ण—

त्वं ब्रह्म चेयं प्रकृति तटस्था
काले यदेमां च विदु: प्रधानम्

अनादि काल से सबके उत्पत्ति स्थान हैं और

श्यामं न गौरं विदितं द्विधामह
स्तथैव साक्षात् पुरुषोतमोत्तम:।

"साक्षात् पुरुषोत्तम ब्रह्म हैं। किंतु मैं इस बात से इनकार नहीं कर सकता कि आपके स्वप्नों की मीमांसा में बहुत सारे सांस्कृतिक एवं वैश्विक-जागतिक संदर्भ भरे पड़े हैं, जिनको समझना आवश्यक होगा और जो भविष्य के लिए उपयोगी भी होगा।"

"इन संदर्भों का तो संकेत करना चाहिए, देव!"

"तो सुनिए विशिष्टा देवि, किंतु सुनने के लिए आपको मुझे आचार्य भी मानना होगा और शिष्य का आचरण भी, अनुशासन भी अपने दैनिक-दैनंदिन क्रियाकलापों में उतारना होगा। इतना ही नहीं, आपको मुझे गुरु अर्थात् आचार्य से भी उच्चतर कोई चैतन्य इकाई के रूप में स्वीकार करना होगा एक साथ सब—आचार्य भी, गुरुपाद भी, गुरु भी, सद्गुरु भी तथा पूजनीय समझना होगा, एकमात्र मार्गदर्शक भी मानना होगा। मार्गदर्शक, जो सद्गुरु की तरह अथवा पुरुषोत्तम परमपुरुष परमेश्वर के पास पहुँचा दे, जोड़ दे, एकरूप कर दे, एकलय कर दे, एकलोक अर्थात् संपूर्ण विश्व, संपूर्ण संस्कार, संपूर्ण नाम के एकलोक में लय कर दे। पूरा ब्रह्मांड एक लोक है, देवि, एक परिवार, उस परमपिता का, जिसे हम जगदीश्वर-अक्षर ईश्वर कहते हैं।"

"गुरु अथवा सद्गुरु ने बताया न, आचार्य से उच्चतर ईश्वर है, किंतु गुरु बनने के पहले गुरु को भी आचार्यों के लिए निर्धारित अनुशासन-विधियों तथा शास्त्रों के सार को अपने आचरण में उतारना आवश्यक होता है। यदि ऐसा आचार्य नहीं हो सका, जो शास्त्रों के ज्ञान-विज्ञान को स्वयं अपने आचरण में नहीं ढाल सका तो उसे आचार्य कहना ही व्यर्थ है।"

"देवि, मेरे रक्त में एक ऐसे ही आचार्य और आचार्य के उच्चतर-उच्चतम संस्कार—गुरु-संस्कार का बीज है, जो स्वयं शिवब्रह्मा ने अपने मानसपुत्र वसिष्ठ के माध्यम से व्यास तक आगे बढ़ाया है। किंतु यह अनुशासन और इस साधना की महादशा को प्राप्त करने का समय आपके पास कहाँ है? आप तो गृहकार्यों में इस तरह आसक्त हो जाती हैं—वह भी केवल अपने-मेरे परिवार तक कि ब्राह्म सत्ता तथा उसके जगद्-परिवार में लय होने की बात तो बहुत बड़ी बात होगी और बहुत ही कठिन साधना एवं कठिन आचरण की अपेक्षा करेगी। वह भी जबकि आप आसन्न भविष्य में ही माँ बननेवाली हैं। माँ बनने के बाद तो आप इस तरह मोह और भौतिकता के जाल में उलझ जाएँगी कि मोक्ष या मुक्ति या परमपिता या जगदीश सबकुछ आपको स्वप्न, कल्पना अथवा बुद्धि विलास लगने लगेगा और अपना पुत्र और उसका परिवार सबसे बड़ा सत्य। मैं तो कहूँगा कि आप इसी चक्कर में, इसी जीवन-चक्र में, इसी मोह में, इसी माया चक्र का आनंद उठाएँ और पुरुष पुरुषोत्तम, उसकी माया, उसकी लीला का संसार मेरे लिए छोड़ दें। मुझे इस रामलीला और कृष्णलीला, इस रामकथा और कृष्णकथा के माध्यम से जन-जन के जीवन को जगदीश्वर के संसार से जोड़ने की जिम्मेदारी सौंपकर अपने भावी परिवार को सँभालने की तैयारी कीजिए। गुरु व्यास को गुरु मानने के पीछे जो अपेक्षाएँ हैं, जिन्हें जीवन में अपने जीवन के साथ-साथ वैश्विक-जागतिक ब्राह्मणीय जीवन में उतारने की जो संभावनाएँ हैं, उन्हें संभव कर दिखाने में मेरी सहायता कीजिए, मुझे सहयोग दीजिए। जिस तरह अर्द्धांगिनी की पूजा से मिलनेवाले पुण्यफल में पति का भी अर्द्धभाग प्राप्य है, ठीक उसी तरह मेरे द्वारा गुरु व्यास द्वारा संधानित कार्य को संपन्न करने का यश विशिष्टा देवी जैसी विदुषी-ज्ञानी अर्द्धांगिनी को कैसे प्राप्त नहीं होगा?"

"यह तो तब अर्द्धांगिनी-पद के लिए पुरुषतंत्र और पुरुषवर्चस्व को नारी पर पुरुष पुरुषोत्तम धर्म और कर्तव्य पालन के बहाने लाद देना कहा जाएगा, गुरुदेव और भविष्य में आगे आनेवाली कल की अर्द्धांगिनी कहलानेवाली नारियाँ, नई पीढ़ियाँ विशिष्टा देवी को कोसेंगी, दोष देंगी। यह कैसी भूमिका है आपकी—आचार्यवाला अनुशासन है आपका, यह गुरुवाला साधनाव्रत—माँ बनो, मोहपाश में बँधी रहो, चौखट मत लाँघो, चूल्हा-चौका सँभालो और विनय के पद गाती रहो—अरुंधती, अनसूया एवं सावित्री की तरह, कभी प्रभु से मुक्ति नहीं माँगो, बस कल्याण माँगो, उत्थान माँगो, विकास माँगो तो वह भी बेटे के

लिए, पतिदेव के लिए, बेटियों के लिए नहीं, बहुओं के लिए भी नहीं, अपने लिए तो नहीं ही तथा समाज, संप्रदाय, विश्व एवं मानवता के लिए भी चुप्पी साधे रहें, यही न आप जैसे पुरुष गुरु और पुरुष पुरुषोत्तम आपके जगदीश्वर का भी संदेश है ?"

"ऐसा नहीं है देवि! अनुशासन यह है कि पुरुष प्रकृति से पुरुष है। घर के बाहर की सुरक्षा, परिवार की संरक्षा, पोषण आदि की व्यवस्था बाहर रहकर करता है। नारी कोमल है, स्नेहिल है, मृदुल है, सजल है, कर्मकुशल है, चौखट के अंदर की व्यवस्था को सँभाले ? फिर नारी बाहर न निकले, पुरुष अंदर न देखे, यह निषेधात्मक संदेश तो कहीं नहीं है और दोनों एक-दूसरे पर दृष्टि रखें और सहयोग करें इसमें कहाँ कोई व्यवधान है ? धर्मानुशासन है—सागर लहराता उत्ताल तरंगित होता रहे, किनारे को भिगोता रहे, किंतु डुबोए तो नहीं। वैसे ही नदी भी अविरल प्रवाहित होती रहे, दूर-दूर तक पहुँचे और यदि थक जाए तो किसी बड़ी नदी में मिल जाए अथवा समुंदर में विश्राम करे। गार्गी-मैत्रेयी कहाँ और कब किसी सीमा के अंदर कैद हुईं—कहाँ लोपामुद्रा के गुरुपद से गुरुकुल संचालन अथवा यज्ञोपवीत धारण करने पर किसी वसिष्ठ अथवा किसी अगस्त्य ने कोई रोक लगाई। हाँ, काल का संदेश अवश्य मानना चाहिए हमें, हम सबको, चाहे हम पुरुष हों या स्त्री। शास्त्र ने भी संकटकाल में अनुशासन के नियमों में छूट देने का अधिकार, नियमन का अधिकार धार्मिक संगठनों को दे रखा है, किंतु ये नीति से विचलन करनेवाले नियम शास्त्रीय नीतियों की समकक्षता नहीं प्राप्त कर सकते। ये नियमन मनुष्य निर्मित हैं, शास्त्रीय नीतियाँ वेदमत कही जाती हैं—प्रकृति प्रदत्त, दैवीय, ईश्वरीय, सार्वकालिक, सार्वदेशीय, शाश्वत, सनातन और यही कारण है कि वेद-सम्मत् धर्म को हम सनातन धर्म मानते हैं, सबके लिए एकधर्म संपूर्ण विश्व के लिए ग्रहणीय, सार्वभौमिक और सार्वकालिक, विशुद्ध निरपेक्ष।"

"किंतु इस शास्त्रीय, वैदिक अथवा सनातन कहे जानेवाले धर्म ने भी तो पुरुष वर्चस्व को स्थापित कर ही दिया, परमात्मा को पुरुष मान लिया। प्रकृति को स्त्री तथा अंतत: प्रकृति को पुरुष में विलय कर एकोऽहम् द्वितीयोनास्ति अथवा पुरुषशाश्वत 'पुरुषोपुरातन:' की स्थापना तो कर ही दी। बड़े उदार थे शिव परमात्मा तो भी स्वयं अर्धनारीश्वर बन गए, पार्वती अर्द्धांगिनी को कहाँ कभी अर्धनारीश्वरी कहकर पुकारा ? यही नहीं, सारे देवी-देवताओं की अभ्यर्थना आराधना के बाद भी कुछ देवों का सर्जन किया। शास्त्रों ने आचार्य, माता, पिता तथा अतिथि केवल चार देवों को ही मान्यता दी, तब यह पति पाँचवाँ देव कहाँ से टपक गया—पतिदेव। इसे कैसे और क्यों मानें ? कहाँ कोई स्त्री मानती है और पति को पतिदेव कहकर पुकारती है ? स्पष्ट है, यह देव तो पुरुष वर्चस्व का प्रतीक है—थोपा हुआ पोपट देव। यह असमता-विषमता, यह पुरुष-स्त्री का भेद-भाव, यह भी तो सनातन ही प्रतीत होता है देव, यह भेदभाव तो समाप्त होना चाहिए न।"

"विशिष्टा, यही प्रश्न एक बार पार्वती ने भी उठाया था शिव के समक्ष और इसका समुचित उत्तर शिव ने तभी दे दिया था—युग-युगांतर के लिए, देश-देशांतर एवं तीनों लोकों के लिए। शिव ने बताया था कि अर्धनारीश्वर के रूप-रंग में, आकार-प्रकार में तनिक भी कमी-बेशी नहीं रखी गई—दोनों शिव और पार्वती, पुरुष व प्रकृति एक-दूसरे के अनुरूप हैं। नारी का अर्धांश तो अर्धनारीश्वर में नारी के रूप में दर्शनीय है, किंतु उसका शेष अर्धांश शिव के अंदर निवास करता है और वही शिव को नचाता रहता है डमरू बजा-बजाकर अपने इशारे पर। ठीक इसी तरह पुरुष का भी अर्धांश तो अर्धनारीश्वर है। शेष अर्धांश पार्वती के अंदर व्याप्त है, सक्रिय है—वह जो चाहता है, नारी वही करती है, वह तो उसकी इच्छाओं को कहने भी नहीं देती, उन्हें अपनी अंत:प्रज्ञा से ताड़ लेती है और सार्थक कर देने को तत्पर रहती है। उसके अंदर का पुरुष उसके अस्तित्व का प्रशासक बन जाता है। आगे-आगे शिव, पीछे-पीछे पार्वती, किसने कहा था ? आगे-आगे राम, पीछे-पीछे सीता, आगे सत्यवान पीछे सावित्री, आगे कृष्ण पीछे-पीछे दसों रानियाँ और हजारों पटरानियाँ, दाएँ पुरुष—बाएँ नारी, कहाँ कोई विवाद है ?

प्रशासक का अर्थ भी बदल गया, शास्त्र का शासक नहीं शस्त्री की छाया में प्रशासन, यह तो अनर्थ हो गया। शासक तो प्रबंधक है एवं जिम्मेदार, जो शासित को शास्त्रानुकूल प्रशिक्षित करे, अनुशासित करे, किंतु उसकी सुरक्षा के लिए भी जिम्मेदार बने। राम ने भी यह जिम्मेदारी नहीं निभाई, कहाँ निभाई ? गर्भवती सीता को वन में निष्कासित कर दिया। यह अधिकार शास्त्र अथवा शासन ने कहाँ दिया था उन्हें! पुरुष अपने अधिकारों का दुरुपयोग करे तो नारी उसे कब तक सहन कर सकेगी ?"

"यह प्रश्न आपके अंदर क्यों जगा, विशिष्टा देवी, यह मेरी समझ में नहीं आता। एक समय आएगा देवि, इसी कलियुग में, जब सनातन संस्कृति तथा वेदशास्त्रों में स्थापित नर-नारी के बीच का भेदभाव स्वयमेव समाप्त हो जाएगा और दोनों दूध-पानी की तरह, हिम और जल की तरह घुल-मिलकर शिव बन जाएँगे—एक तत्त्व, एक सत्य, अद्वैत-एकोऽहम्।"

"आपको आज की कथा के लिए तैयारी करनी भी तो होगी, गुरुदेव। बहुत विलंब हो चुका है। आज सीता-स्वयंवरवाला दृश्य होगा न! जनक का दरबार होगा, सारे आर्यावर्त्त-दक्षिणावर्त्त के राजे-राजकुमार होंगे, सीता होगी, सुनैना होंगी, जनक होंगे, विश्वमित्र होंगे, सीता भयभीत हृदय से प्रतीक्षा करेगी, एक अनजान पुरुष की, जो रावण भी हो सकता है, राम भी, देवता भी, राक्षस भी—नारी सीता होने के बाद भी कितनी निरीह है, कितनी द्वंद्वशील, फिर भी कितनी समझौतावादी, कितनी समन्वयशील, कितनी मिलनशील! लगता है, शील धरती पर खड़ा है तो उसकी आधारशिला नारी ही है केवल और केवल नारी ही।"

"आज अब जल्दी कीजिए। इस अध्याय को यों ही छोड़ दीजिए, गुरुदेव। आखिर इस परिवार की आजीविका भी तो आपकी इसी लीला-भगवद्लीला के बल पर ही तो चल रही है।"

"देवि, इस अध्याय को इस बिंदु पर विराम देना और वह भी अपनी सर्वविद्यासंपन्न अर्द्धांगिनी भरद्वाज कुलोत्पन्न विशिष्टा देवी की ऐसी व्यंग्य भरी टिप्पणी जैसे मोड़ पर छोड़ देना उचित नहीं होगा, क्योंकि संभवत: आप अभी भी यह मानने को प्रस्तुत नहीं हैं कि रामलीला-रासलीला जैसी कथाओं के माध्यम से उस सर्वसत्तात्मक सत्य-अद्वैत-ईश्वरत्व को प्राप्त नहीं किया जा सकता।"

"आपने ठीक ही कहा है, किंतु यह संदेह केवल मेरा ही नहीं, अधिकांश जनसमूह का है कि जिस अद्वैत तत्त्व, जिस अपर्यवगाह-अथाह रस-सागर-रसौवैस: सोऽहम, तत्त्वम् आदि को एक योगी चक्रों और कोषों की अनेक प्रौढ़ियों की कठिनतम साधना के बाद प्राप्त करता है, उसी तत्त्व को रामलीला-रासलीला जैसे लोक-लुभावन दृश्यों का अवलोकन करते-करते कैसे प्राप्त किया जा सकता है!"

"नहीं विशिष्टा, मेरा तो यह अनुभव है—साक्षात् और प्रत्यक्ष अनुभव कि रामलीला-रासलीला की गंगा-यमुना में डुबकी लगानेवाला प्राय: हर दर्शक केवल दर्शक न रहकर ईश्वर का तत्त्व-ज्ञान ही प्राप्त नहीं करता है, वरन् 'सोऽहम्' की स्थिति को प्राप्त हो आनंदविभोर होकर झूमने लगता है, नृत्य करने लगता है। मैं आपको किसी दिन स्वयं किसी रामलीला-रासलीला देखने के लिए और उसका आनंदानुभव करने के लिए आमंत्रित करता हूँ।

"वास्तविकता तो यह है, देवि कि राम-कृष्ण की नहीं, नृसिंह-वाराह ही नहीं, कूर्म-मत्स्य ही नहीं, जिस किसी देवी-देवता में, जिस किसी पुरुष-पुरुषोत्तम में किसी व्यक्ति की आस्था हो, विश्वास हो, उससे भक्तिमार्ग को अपनाकर उस एकोऽहम् अद्वैत ईश्वर से साक्षात्कार किया जा सकता है, सर्वसुख की उपलब्धि की जा सकती है अथवा उस परमसत्ता से अपने अस्तित्व का लय-विलय किया जा सकता है—अहं ब्रह्मास्मि, ओ३म्मय हुआ जा सकता है। यही कारण है कि गीता का दर्शन सभी मार्गों से सरल-सहज मार्ग भक्तियोग को ही स्थापित करता है।

नाहं वेदेन तपसा न दानेन न चेत्यया।
शक्य एवं विधो द्रष्टुं दृष्टवानसि मोयथा॥" (53-11)

"गीता की उक्ति भगवान् की उक्ति है, इसे मैं कैसे अस्वीकार कर सकती हूँ, गुरुवर। किंतु इस विश्व के जन-जन तक पहुँचाना, अनेक धर्मों और अनेकानेक संप्रदायों की दीवारों को तोड़कर, पर्वतों और समुद्रों की सीमाओं को लाँघकर पहुँचना भी तो आवश्यक है। यह भी आवश्यक तो है ही, देव कि कोई एक व्यक्ति इस महत्त्वपूर्ण

दायित्व को अपने कंधे पर धारण करे और केवल भारत ही नहीं, पूरे विश्व के हर नर-नारी तक इसे पहुँचाए, इसके लिए एक सहज-सुलभ सम्मत मार्ग का निर्माण करे।"

"हाँ देवि, यह तो आवश्यक है। देखिए, इस धरती पर ऐसा कोई सिद्ध जगद्गुरु, ऐसा प्रतिबद्ध विश्वगुरु, ऐसा कोई सद्गुरु कब अवतरित होता है और संपूर्ण संसार को एक सूत्र में जोड़ पाता है! अभी का समय तो बड़ा प्रतिकूल लगता है। देखिए न देवि, एक मानव धर्म के स्थान पर धर्मों की संख्या किस गति से बढ़ने लगी है, ठीक वैसे ही, जैसे एक देश में अनेक देश बनते जा रहे हैं—द्वेष के देश, घृणा के देश। प्रभु ने मोमेज से क्या कहा था, क्या होता जा रहा है—पड़ोसी से प्रेम करो, हम घृणा का संदेश दे रहे हैं—अपना अलग धर्म, अलग राज, अलग राज्य, राज्य ही क्यों साम्राज्य। राज्य साम्राज्य बन रहे हैं और इसका प्रेरक तत्त्व है धर्म। एक विश्व, एक मनुज जाति के अनेक धर्म कैसे हो सकते हैं, देवि? ऐसी ही स्थिति में तो कोई अवतार भी होता है। प्रतीक्षा कीजिए, देखिए, मलयाचल की इस तपोभूमि पर ही कहीं एक दिग्विजयी पुरुष, परशुराम जैसा, राम जैसा, कृष्ण जैसा उत्पन्न हो जाए।"

यही कहते-कहते शिवगुरु रामलीला-प्रस्तुति की चिंता में रामलीला ग्राम की ओर चल पड़े और विशिष्टा देवी गृह-कार्यों तथा पूजा-पाठों में प्रवृत्त हो गईं।

❑

6

आज मासानां मासोत्तमे मासे, माघ मास की शुक्ल षष्ठी थी। आज शिवगुरु के विश्राम का दिन था, क्योंकि रात, सारी रात सीताविवाह-लीला रामलीलापुरम् के रंगमंच पर शिवगुरु के निर्देशन में चलती रही। दर्शक मंत्रमुग्ध थे, शिवगुरु आत्ममुग्ध, पूर्णत: आत्मतुष्ट यजमानों द्वारा प्रदत्त दक्षिणा द्रव्य से भी, चरण-वंदन से भी, सारी दक्षिणा वामा के आँचल में डालकर अपने पत्नीव्रात्य कर्तव्यानुशासन से भी। दोनों पति-पत्नी देर तक सोते रहे। विशिष्टा तो जैसे निढाल पड़ी थीं, पड़ी ही रहीं, पूर्णत: श्लथ। तोते-मैने, काग-कपोत, बुलबुल-गौरैया सब का गाना सुनती रहीं, चहचहाती रहीं, लगातार चाहती रहीं, उन्हें दाने भी डालने को मन विह्वल हो जाता, आँखें भी खुलतीं— अधखुली-सी, किंतु खुलती नहीं, जैसे कमल की कोई प्रात:कालीन कली, चाहनेवालों की चाहों से बिंधती तो, किंतु बिल्कुल अप्रभावित रवि-किरणों के नरम-गरम स्पर्श की प्रतीक्षा कर रही। आज उनका हृदय कमल शिवगुरु के नरम-गरम स्पर्श चाहता था, जैसे यौवन के दिनों में हर दिन, हर प्रात: शिवगुरु पुकारते भी—जगिए देवि, सूर्य की अरुण किरणें अपनी किरण-तरुण पंखों से उड़कर आपके शयनकक्ष ही नहीं, आपके कमल-अक्ष पर धक्के देने लगी हैं—उठिए, आइए, मैं अपने हाथों से आपको उठा दूँ और अपने सामने पड़ी पीठिका पर बिठा दूँ। विशिष्टा सब सुनतीं और सुनते-सुनते भी अपनी स्वप्न-लीला के किसी नए दृश्य में विभोर हो जातीं।

शिवगुरु विशिष्टा की श्लथता का कारण जानते थे, आज देखते रहे थे और स्मृतियों के चंचल चित्रों में संलग्न हो जाते, जैसे सपने देख रहे हों—जैसे किसी पुरुरवा की प्रबल भुजाओं में श्लथ-शिथिल पड़ी हो कोई उर्वशी, प्रात: का नाम सुनते ही स्वर्ग की ओर पलायन कर जाने की चिंता में, प्रात:काल की चिड़ियों-सी उड़ान भरने को आकुल-व्याकुल भुजाओं में माँ बनने की अंतिम स्थिति में पड़ी एक ऋषि-पत्नी, किंतु स्मृतियों में खेल रही कोई स्वर्ग-सुंदरी, कोई स्वप्नसुंदरी रमणी जैसे रात-रात भर नृत्य करती-करती थककर चूर सोई कोई अप्सरी बाँहों में, नरम-गरम बाँहों में किसी पुरुरवा की। अजीब दृश्य था—पुरुष का पुरुष यथार्थ भी सपनों में और प्रकृति का माया-संसार भी सपनों

में। सपनों का खेल इस तरह जगती आँखों से देखना कब तक चलता? अंततः टूट गया, सपना और उठ गईं विशिष्टा कहती हुई—"ये सपने न तो मुझे मन भर सोने देते हैं और न समयानुकूल कर्तव्य-पथ पर चलने। क्षमा कीजिए, गुरुदेव, आज तो अक्षम्य अपराध हो गया, जैसे आपके प्रति भी, अपने इष्ट देवी-देवताओं के प्रति भी।"

"और अपने प्रति भी और अपने पेट में चलते-उछलते उस शिशु के प्रति भी, जो काल-देवता द्वारा निर्धारित अपने कर्तव्यों के पालन हेतु अवतरित होने के लिए बेचैन है।" कहा शिवगुरु ने।

"हाँ गुरुदेव, क्षमा कीजिए। पतिदेव की क्षमा मिल गई तो परमात्मा की भी क्षमा मिल जाएगी, अन्यथा..." शिव ने सुभद्रा के खिलते मुख-कमल पर हाथ रखते हुए कहा। आज भी 'शिव' हो जाने की भावुक मुद्राओं में थे शिवगुरु और शिवा-सुभद्रा की इस भावभ्रमित मुद्रा को स्वीकार करना उचित नहीं समझ रहे थे। उन्होंने बड़े प्यार से सुभद्रा को जगाया, उठाया और बहुत प्यार भरे नरम-गरम स्पर्श का आनंद देते उन्हें आसन पर बिठा दिया।

"देवि विशिष्टे, आज से आप मुझे हमारे प्रथम परिचय की वेला में स्वतःस्फूर्त अपने संबोधन 'शिवप्रिय' से ही पुकारें, मुझे गुरुदेव संबोधित न करें। मैंने आपको अपने शिष्यों की तरह शिक्षा-दीक्षा भी तो नहीं दी है!"

"देव, आपको आपके सारे शिष्य, सारा संसार ही 'गुरुदेव' कहकर पुकारता है, फिर मैं ही आपको देव अथवा गुरुदेव कहकर कैसे नहीं पुकारूँ?"

"आप भार्गव कुल की पुत्री हैं, वसिष्ठ कुल की वधू, आपको तो प्रत्यक्ष अनुभव होना चाहिए कि गुरु 'गुरुदेव' कहलाता है अथवा पति।"

"यह तो मैं जानती हूँ आर्यवर, और भलीभाँति जानती हूँ, किंतु मैं यह नहीं मानती कि शास्त्रों के अनुसार तैंतीस कोटि देवी-देवताओं के अतिरिक्त देवी की कोटि में जो एक कोटि जोड़ी गई है शास्त्रों में, उसमें केवल चार ही देवी-देवता स्वीकृत हैं—अतिथि, आचार्य, माता और पिता। और किसी अन्य को मैं वसिष्ठ-व्यास कुल की पुत्रवधू होकर 'देव' के आसन पर कैसे बिठा दूँ। हाँ आर्य, मेरा अंतर स्वीकार नहीं करता कि मैं आपको 'पतिदेव' कहकर संबोधित करूँ। कहाँ किसी पतिव्रता ने भी कभी किसी पति को व्यावहारिक जीवन में 'ये' या 'वे' के अतिरिक्त पतिदेव कहकर पुकारा, न किसी दंतकथा में, न किसी लोककथा में, न किसी धर्मकथा में—कहीं भी 'आइए पतिदेव' या 'हे पतिदेव' कहकर संबोधित करना यह तो मैंने न सुना है, न पढ़ा है। यही कारण है कि जिस संबोधन से सारी दुनिया आपको पुकारती है, मैंने भी उसी संबोधन को अपना लिया। आपने भी इसी संबोधन को सप्रेम स्वीकार किया, गुरुदेव कहकर पुकारा जाना वस्तुतः गौरव की बात है, किसे अच्छा नहीं लगेगा!"

"यही तो मेरा दुर्भाग्य है, देवि कि मैं न तो आचार्य हो सका, न गुरुदेव, न पितृदेव, न पतिदेव—सद्गुरु होना तो बहुत बड़ी बात है। किंतु लोगों ने मुझे शिव परमात्मा से जोड़कर जैसे शिवगुरु कहना प्रारंभ कर दिया। मैं तो इस गुरुपद के लिए भी सुयोग्य व्यक्ति नहीं हूँ। अब तो अयोग्य होते हुए भी योग्य पद का सद्गुरु ही नहीं, शिवगुरु का संबोधन प्राप्त करने को क्षतिपूर्ति भी आप ही के सहयोग से संभव है और वह संभव होने ही वाला है, सारी-की-सारी भविष्यवाणियाँ एक साथ कपोल कल्पना अथवा कोई षड्यंत्र नहीं हो सकतीं, सारे पंथ के अनुभव सिद्ध निष्कर्ष अवैज्ञानिक कैसे हो सकते हैं, आप निश्चय ही एक ऐसे ही 'सद्गुरु शिवगुरु' को जन्म देने जा रही हैं।"

"इसके जानकार तो दो ही हैं—जीवन दर्शन के व्याख्याकार मीमांसा शास्त्र के जनक जैमिनि अथवा स्वप्न दर्शन के व्याख्याकार मनोविज्ञानी आचार्य शिवगुरु, शिष्यों के गुरुदेव तथा गुरुदेवों के 'शिव'। विशिष्टा ने व्यंग्य भरे अंदाज में तिरछे देखती तेवर में कहा 'पतिदेव' से।

'राम और कृष्ण, ब्रह्मा एवं विष्णु—सबने तो नारी को द्वितीय श्रेणी भी नहीं, चतुर्थ श्रेणी की नागरिक करार दिया, उसका शोषण किया, उसको प्रताड़ित किया, उसके साथ खुलकर अन्याय किया।

"छोड़िए देव, आप तो कम-से-कम इन सबसे तो भले ही हैं—राम और कृष्ण से भी, ब्रह्मा और विष्णु से भी। छोड़िए, नारी की पीड़ा की बात। आइए, हम इस बात पर विमर्श करें कि चाहे कोई सनातनधर्मी आर्य हो अथवा अनीश्वरवादी बौद्ध, चाहे शैव, चाहे शाक्त, चाहे योगी-हठयोगी, चाहे मांत्रिक-तांत्रिक या ज्योतिषी, चाहे सामुद्रिक शास्त्र, ये सब-के-सब 'शिवशंकर' के मेरे घर में अवतार लेने की बात क्यों कह जाते हैं।"

विशिष्टा बोलती जा रही थीं। शिवगुरु ने उन्हें रुकने का संकेत देते हुए कहना आरंभ किया कथावाचक की मुद्रा में—"देवि, जिस तरह पाप जब अपनी चरम सीमा पर पहुँच जाता है तो उसके विनाश की प्रक्रिया स्वत: प्रतिक्रिया बनकर वहीं से आरंभ हो जाती है, ठीक उसी तरह जब ज्ञान अथवा पुण्य शीर्ष पर पहुँचता है तो उसमें भी कोई विकार प्रवेश कर जाता है और किसी-न-किसी दिशा में उपधारा की तरह फूटकर बहने लगता है। मेरा तो यह मानना है विशिष्टा कि किसी भी पंथ अथवा संप्रदाय या विचारधाराओं का दर्शन अथवा धर्म-विवाद जब चरम की स्थिति को प्राप्त होता है तो उसे अंतिम सत्य के रूप में केवल एक ही सत्ता का अनुभव होता है—अद्वैत का, सर्वशक्तिमान सार्वभौम सत्ता का, अर्थात् ब्रह्म की सत्ता का ही अनुभव होता है। मार्ग बहुत होते हैं या हो सकते हैं, किंतु गंतव्य एक ही है, जिसे हम परमपुरुष कहते हैं। सारी सृष्टि के मूल में स्थित, उसके कण-कण में व्याप्त 'इष्ट'—'ईशावास्यमिदम् सर्वम्'। न केवल शिवशंकर, न विष्णु, न ब्रह्मा अर्थात् सभी सरिताएँ-उपसरिताएँ अंतत: एक ही महासागर में विलय हो जाती हैं। बौद्ध,

जैन, शैव, वैष्णव ही नहीं विदेशी धाराएँ भी। ऐसी बहुत सारी नदियाँ अज्ञात पथों से प्रवेश कर बरसाती नदियों की तरह प्रवाहित होती मलय पर्वत से चलकर शृंगेरी पर्वतश्रेणियों तक अपना रास्ता तय कर चुकी हैं, किंतु कुशल है देवि कि ये सब-की-सब एक ही सागर की ओर प्रवाहित हैं, जिसे हिंद महासागर की संज्ञा प्राप्त है। हमें किसी से परहेज नहीं, किंतु हमारे तो मंत्र दो ही हैं, पुरुष और प्रकृति, शिव और शिवा, सीताराम और राधाकृष्ण। देखने में द्वैत, अनुभूति में 'अद्वैत' प्राणिमात्र का अंतिम लक्ष्य।"

"ठीक ही तो है, देव! किंतु इन सभी दर्शनधाराओं-उपधाराओं से जो विकृतियाँ आ गई हैं, ज्ञान के विचलन से कर्मकांड के रास्ते पाखंड में फल-फूल रही हैं, उस विषवृक्ष को तो किसी-न-किसी को काटना-उखाड़ना ही चाहिए। आप अपनी कथाओं को इस योजना के कार्यान्वयन का मार्ग क्यों नहीं बना लेते?"

"हाँ देवि, मैं इस कार्य को करना चाहता हूँ, किंतु इसके लिए मुझे प्रभु से कम-से-कम एक और जीवन, एक और वानप्रस्थ अथवा संन्यास माँगना होगा।"

एक और जीवन, एक और वानप्रस्थ, एक और संन्यास—दोनों मौन हो गए। दोनों एक ही बात सोच रहे थे, क्या हमारे कुल में ऐसा ही कोई वानप्रस्थी, ऐसा ही कोई संन्यासी अर्थात् जन्म से ही एक वानप्रस्थी संन्यासी, कोई महापुरुष, कोई प्रभु अवतरित होनेवाला है—प्रभु! हे प्रभु!

"किंतु है तो यह बड़ा ही कठिन कार्य, विशेषकर इसलिए कि इस समन्वय की भूमिका एक ऐसा व्यक्तित्व ही निभा सकता है, जिसके अंतस्तल में साक्षात् सरस्वती का निवास हो। आप जानती ही हैं, देवि कि जैन दर्शन हो चाहे बौद्ध, चाहे शैव मतावलंबी हों अथवा वैष्णव, चाहे शाक्त, चाहे सहज योगी हों अथवा हठयोगी, चाहे शाक्त तांत्रिक, चाहे शैव, चाहे ईसाई, चाहे यहूदी, चाहे पारसी आदि कोई भी धर्म के मानने वाले, सब-के-बस किसी ज्ञान वैशिष्ट्य अथवा किसी ध्यान केंद्र अथवा चैतन्य बिंदु पर ही आधारित हैं। इनमें समन्वय तो वही स्थापित कर सकता है, जिसके ज्ञान का लोहा सबको स्वीकार्य है। ऐसा ज्ञानी, जो सर्वज्ञ हो! ऐसा सर्वज्ञ तथा आत्मप्रज्ञ महापुरुष आज के समय की एक प्रचंड आवश्यकता है। कितना संघर्ष है विभिन्न मतवादों के बीच, विभिन्न मतवादों द्वारा संप्रेरित अपने-अपने धर्मों के प्रचार-प्रसार करनेवाले देशों के बीच।"

"विशिष्टा, वस्तुतः यह मानव धर्म के नाम पर मतवादों और देशों के बीच संघर्ष होना, युद्ध तक होना कितना दुर्भाग्यजनक है; जबकि सबके सब धर्म, मत, पंथ अथवा संप्रदाय एक ही ईश्वर, परमसत्ता, परमपिता तक पहुँचकर उसी एक 'सत्' अथवा ऋत, सत्य अथवा तत्त्व में मिल जाते हैं।"

"ऐसा कोई सर्वज्ञ महापुरुष, जो जन्मतः संन्यासी हो, ऐसा कोई सिद्ध-मेधावी महात्मा, जो परब्रह्म परमात्मा से ही धर्मों के बीच संवाद और समन्वय का संपूर्ण ज्ञान

विश्व-शांति एवं जगत् के कल्याण के निमित्त प्राप्त कर ही किसी सामान्य मानवी के पेट से उत्पन्न हो, यह तो परमेश्वर की इच्छा की ही बात है, देव! वस्तुत: सर्वज्ञ तो एक ही हो सकता है—वही परमपिता, वही प्रभु, वही परमात्मा और कौन होगा वह, उस अद्वैत के सिवा, इसी विचार-विनिमय के बीच विशिष्टा को नींद आ गई और शिवगुरु यजमानीय संसार की ओर प्रस्थित हो गए।"

□

7

यजुर्वेद की चाहे जो भी महत्ता हो, यजमानी वृत्ति को उत्तम कोटि की वृत्ति की मान्यता नहीं दी कभी वैदिक आचार्यों ने। भले ही वेदों के भाष्य अथवा वेदशास्त्रों के बहुत ही बड़े ज्ञानी हों, किसी यजमानीय पंडित को, किसी कथावाचक को, किसी लीलाकार-कलाकार को, नाट्यकार-कलाकार को ऊँचा आसन प्रदान नहीं करते आचार्यगण। अंगिरा, भृगु, शिव, बृहस्पति, जमदग्नि-भरद्वाज आदि ने तो जंगलों से गुरुकुल-संचालन करते-करते जीवन सार्थक किया, किंतु अर्थ-पुरुषार्थ की प्राप्ति से दूर रहे। द्रोण का अनुभव तो इतना कटु था कि परशुराम ने शपथ ही ले ली कि किसी राजा को, किसी क्षत्रिय को शिष्य ही नहीं बनाएँगे। तभी तो भरद्वाज-भार्गवी विशिष्टा भी संभवत: व्यंग्य के साथ शिवगुरु को गुरुदेव कहकर प्रवृत्ति और उनकी यजमानी वृत्ति को अपनी आजीविका का आश्रय कहने में उन्हें और अपने को हेयता की दृष्टि से देखतीं। आज शिवगुरु को यह रहस्य स्पष्ट सूझ गया विशिष्टा के व्यवहार में और वे दिन भर उदास यजमानों के यहाँ दर-दर भटकते रहे, रामलीला-रासलीला का कोई नया प्रस्ताव अस्वीकृत कर देते, यह बहाना बनाते हुए कि अभी विशिष्टा देवी किसी भी दिन माँ बनने की स्थिति में हैं और फलत: वे अपने पूर्व-प्रारंभ कर्तव्यों के अतिरिक्त घर से बाहर नहीं रहेंगे। शिवगुरु के मन के अंदर आज यह हीन भावना इतनी प्रबल हो रही थी कि वे कलाड़ी के नंबूदरियों को भी अब उनकी अपने प्रति हो गई हेय दृष्टि के लिए क्या उत्तर दें। एक समृद्ध पंडित परिवार होने के बावजूद इस नंबूदरि टोले के सभी ब्राह्मण 'शिवगुरु' को अपनी पाँत में बैठाकर कभी खाने का न तो आमंत्रण भेजते और न उनके आमंत्रण स्वयं स्वीकार करते। वे अपने को पंक्तिपावन कहते, पता नहीं शिवगुरु को क्या समझते। शुकदेव और व्यास को, पराशर और शक्ति को क्या समझते अथवा स्वयं को वसिष्ठ से भी श्रेष्ठ ?

आज वे मन-ही-मन नए-नए संकल्पों-विकल्पों के संसार की रचना करते रहे और उद्विग्न मन से सोचते रहे कि अपने विशिष्ट कुल के भावी प्रकाश-दीप को वे आकाश के शिखर पर कैसे जलाएँगे और अंगिरा की तरह उसके प्रकाश से संपूर्ण विश्व

के अंधकार को दूर भगाकर एक मुक्त-उन्मुक्त आकाश को ज्योतित करेंगे, समस्त वसुधा को ही एक परिवार बनाएँगे, दुनिया को बाँटनेवाली सारी दीवारों को तोड़कर 'सर्वेभवंतु सुखिन:' वाला एक प्रांगण बसाएँगे, एक कुटुंब बनाएँगे, और पता नहीं क्या-क्या, कहाँ-कहाँ, कैसे-कैसे सुनाएँगे। वे यह सोचते कि यदि पुत्र दुर्भाग्यवश यह एक भी नहीं कर सका तो उसे पुरोहित-पंडित नहीं बनाएँगे। उसे कनफूँकआ गुरुजी नहीं होने देंगे और उसे रामलीला या रासलीला मंडली का संचालक तो कतई नहीं बनने देंगे। रामलीला-रासलीला मंडली तो उन्हें इतनी भा गई कि एक बार जब वे विशिष्टा के साथ तीर्थाटन पर अगस्त्य तीर्थ पहुँचे तो वहाँ उन्होंने जीवन की पहली रामलीला देखी और पता नहीं क्यों राम व सीता का चरित्र उन्हें और उनकी पतिव्रता पत्नी क्रमश: दोनों के अंतर में जैसे बस गया, बहुत भा गया। वहीं उन्हें पता चला कि द्रविड़ देश के पूर्वी-दक्षिणी कोण पर बसे अलवार में रामभक्ति और कृष्णभक्ति के द्विविध रूपों में आलोड़ित-विलोड़ित वैष्णव भक्ति एक आंदोलन का रूप ले चुकी है और 'शिव' की भूमि से वैष्णव भक्ति की एक प्रबल धारा उत्तर और उत्तर-पश्चिम की ओर चल पड़ी है, जैसे संपूर्ण हिंद महासागर ही उमड़ पड़ा हो उत्तर दक्षिण की वैष्णव भक्ति के ज्वारामृत से प्रक्षालित कर अमर कर देने के लिए। अलवार से दल-की-दल लीला टोलियाँ संतों-महात्माओं के नेतृत्व में ढोल-झाल बजाती प्रतिदिन कहीं-न-कहीं के लिए निकल पड़तीं, किंतु उनका अंतिम उद्देश्य होता मथुरा-वृंदावन, अयोध्या-जनकपुर, बदरी-केदार अथवा पुरी का नंदनवन। अलवार से निकली भक्ति की भद्रा जैसे पश्चिम-उत्तर मार्ग से बहती हुई विंध्याचल के द्वार पहुँचने के लिए हिलोर मार रही थी वैसे ही, जैसे ज्ञान की गंगा कभी उत्तर से दक्षिण की यात्रा पर पहुँची थी विंध्याचल को झुकाने के लिए। ज्ञान एक तो कृपाण की धार और वह भी अपनी पूर्णता पर पहुँचकर रसधार कैसे हो जाता? रामकथा-कृष्णकथा उसी रसधार की कथा थी, जो रसो वैस: में समाप्त होती। अब भद्रा की धारा ज्ञान की ऊसर धरती को प्रेम अमृत में सींचेगी, ऐसा विश्वास होने लगा था दोनों पति-पत्नी को।

अलवार से कलाड़ी लौटकर तो दोनों ने यह मन ही बना लिया कि यदि परमात्मा की कृपा से उनके कोई पुत्र हो तो उसको एक ऐसा महापुरुष बनाएँगे, जो 'शिव' स्वरूप होकर भी रामस्वरूप हो जाएगा और रामस्वरूप होकर शिवस्वरूप एवं ब्रह्मा, विष्णु, शिव ही नहीं, राम और कृष्ण ही नहीं, बल्कि संपूर्ण विश्व में फैल रहे सारे धर्मों को एक धर्म में परिवर्तित कर देगा। सारे विश्व का मात्र एक परमात्मा लक्ष्य होगा और सारा विश्व उस परमात्मा की अभिव्यक्ति—'ईशावास्यमिदंसर्वम्'।

शिवगुरु ने कम-से-कम आज तो यजमान वृत्ति से अपने को पूर्णत: अलग ही रखा और दिन रहते कलाड़ी लौट गए। कुछ उद्विग्नतावश तो कुछ विशिष्टा की चिंतावश। विशिष्टा की सेविका बगल की ही एक निस्संतान विधवा थी, जो शिवगुरु के बाहर रहने

पर विशिष्टा को कभी अकेली नहीं छोड़ती। उसने भी तो कहा ही था–"देव, अब आपको घर से बाहर जाने का कार्यक्रम कुछ दिनों के लिए त्याग देना चाहिए। आप बृहस्पति की मुद्रा में और विशिष्टा माँ बनने की अवस्था में हैं, अभी तो आपकी सेवा, श्रद्धा, स्नेह और सहानुभूति ही उन्हें वांछित शक्ति देगी।"

यही कारण था कि आज शिवगुरु गुरु नहीं होकर केवल शिव स्वरूप हो गए थे–भोलेबाबा, जो विशिष्टा कहे, वही ठीक, जो विशिष्टा चाहे, वही कर्म, जो विशिष्टा समझे, वही धर्म, वही पूजा, वही वेद, वही शास्त्र। आज जैसे ही वापस घर लौटे और कुशल-क्षेम पूछने लगे, विशिष्टा के मुख पर जैसे प्रसन्नता की अरुण किरणें चमक उठीं–"क्यों देव, आज शिष्यों, यजमानों ने आपको दिन में ही कैसे अवकाश दे दिया अथवा स्वयं ही आपकी कृपा हो गई विशिष्टा पर। और राधा-रुक्मिणी-प्रेम की तरंगे हिलोरें लेने लगीं आपके ज्ञान-गर्भित मानस में?"

"देवि, आज तो मैं इसी द्वंद्व में घर से निकला भी था और इसी द्वंद्व के साथ आपके सामने हूँ कि मैं क्यों न आपके समक्ष निर्द्वंद्व होकर यह स्पष्ट कह दूँ कि ज्ञानियों के ब्रह्म और भक्तों के परमात्मा ईश्वर अर्थात् भगवान् दोनों में कोई अंतर नहीं है।

"योगी और ज्ञानी की ज्ञानयात्रा महाशून्य या आनंद के महालोक में पहुँचकर समाप्त हो जाती है। जहाँ नीरसता है, जीवंतता नहीं, जबकि भक्त की यात्रा का अंत ऐसी विभूति के साथ महाविलय में होता है, जहाँ ज्ञान का महाशून्य भी महाभाव, महाआनंद अथवा रस के महासागर की तरह विराट् स्वरूप में विलीन दृष्टिगत होने लगता है। जहाँ पहुँचकर भक्त अपने अस्तित्व को परमात्मा के अस्तित्व में लय कर देता है। सच पूछिए देवि तो यह परमात्मा भी उसी निराशा के अंदर आशा का एक प्रकाशपुंज है। जो ज्ञानी के लिए महाशून्य है, प्रेमी के लिए महाभाव और रसिक के लिए महारस का महासमुद्र– रसोऽवैस:। मेरा दृढ़ विश्वास है, देवि कि एक न एक दिन आपको अपने अद्वैत और निराकार ब्रह्म से सामान्य होने का सुअवसर मथुरा तथा वृंदावन की कुंजगलियों में होगा। यदि ऐसा नहीं होता, देवि तो व्यास से चलकर गोविंदपाद तक सारे-के-सारे गुरुगण का विकास परमात्मा की क्रीड़ा अथवा लीलाओं में नहीं होता। वे तो पूरे संसार और संपूर्ण प्रकृति को ही परमात्मा की लीला मानते हैं। आप लीला, रामलीला-कृष्णलीला के द्वंद्व से बाहर निकलिए देवि, अन्यथा आपकी मुक्ति का मार्ग ही अवरुद्ध हो जाएगा। हाँ, उस अवरोध को तोड़ने के लिए तो आपको अपने पुत्र की सहायता कभी-न-कभी तो लेनी ही पड़ेगी। मैं अब आज से आगामी तीन महीनों तक आपके पास-पास, साथ-साथ रहूँगा और यदि आप चाहें तो आपके भगवान् अर्थात् परमात्मा, परमब्रह्म की लीलाओं से परिचित कराऊँगा।"

"हाँ देव, मेरे अंक और आपके आँगन में कोई कागा उतरे, पाँवों में पैजनी

बाँधे कोई राम ठुमके, मुख में दधिलेप लगाए कोई माखनचोर शोर मचाए, अभी तो यही अभिलाषा है मेरे मन की। आप कृष्णलीला से आरंभ कीजिए और आज ही से आरंभ कीजिए, शुभसि-शीघ्रम्। आज पतिदेव के मुख से मनोरंजन तो हो, फिर कभी आवश्यकता हुई तो पुत्र के मुख से 'मातृमोक्षार्थमाद्यः' 'शंखचक्रवज्रहस्त' कृष्ण के दर्शन हेतु प्रार्थना सुनने का शायद सौभाग्य हो सके।"

श्रद्धा ने आँगन को गाय के गोबर से लीपकर पवित्र किया, गजमती चौका पूर दिया, आसनादि की व्यवस्था की, धूप-दीप-नैवेद्य आदि का प्रबंध कर दिया और यह निर्णय ले लिया गया कि कल से कृष्णकथा आरंभ होगी। वैसी ही किसी भागवत कथा का संक्षिप्त रूप जैसी कि व्यास ने कभी शुकदेव को सुनाई होगी, शुकदेव ने गोविंदपाद को और इसी तरह गोविंदपाद ने शिवगुरु को।

शिवगुरु बड़े ही लोकप्रिय कथावाचक थे, ठीक शुकदेव की तरह और लोकप्रिय इसलिए थे कि जब राम या कृष्ण की हजार-हजार वर्ष पुरानी कथा कहने लगते तो वे अतीत से वर्तमान एवं वर्तमान से भविष्य में उसी तरह संतरण कर जाते, जैसे नारदमुनि त्रिलोक का अथवा गरुड़ सप्तद्वीप का, सप्तसिंधु का, सप्ताकाश, सप्तपाताल का। राम की कथा अयोध्या से प्रारंभ होती और जानकी के हरण के साथ लंका पहुँच जाती तथा लंका से पुनः अयोध्या वापस होकर घी के दीये जलाती, दीपावली मनाती, राम का राज्यारोहण करती। इसी तरह कृष्ण की जो कथा मथुरा के कारागार से प्रारंभ होती, वह गोकुल पहुँचती और गोकुल से मथुरा एवं मथुरा से द्वारका। शिवगुरु की लोकप्रियता इसलिए भी थी कि रावण और कंस की कथा कहते-कहते कभी वे अरब पहुँच जाते तो कभी बेबिलोन, कभी ईरान तो कभी अफगानिस्तान, कभी सिंधुस्थान, कभी नील नदी के तट तो कभी सिंधु-सरस्वती के मध्य तो कभी नर्मदा के किनारे, कभी गोदावरी और कभी कावेरी की तलहटी, कभी नदी के किनारे तो कभी-कभी पहाड़ों के पार, इस पार से उस पार, कंस और रावण की कथा कहते-कहते वे कभी-कभी यीशु की भी बातें करते, कभी मुहम्मद की भी और यही नहीं, कभी-कभी तो मोहम्मद बिन कासिम की भी। कभी वत्सल भाव आँखों से छलक जाता, तो कभी भय और आतंक से रोम-रोम काँप जाता तो कभी विधाता के न्याय और आशीर्वाद से आत्मिक परिशांति भी मिलती, सुख और आनंद की हिलोरें मचल उठतीं।

विशिष्टा पूछ देतीं, कभी-कभी ऐसा क्यों हो जाता है, देव कि परमात्मा कहे जानेवाले अपने प्रभु, आपके राम और कृष्ण युद्ध क्षेत्र में उतर जाते हैं—प्रेम से क्यों नहीं सद्विचारों को अन्यायियों के अंतर तक पहुँचा देते। मनुष्यों के रूप में संघर्षरत राक्षसों की हत्या तक को विवश हो जाते हैं, बिल्कुल मनुष्यों की तरह। वे तो अवतार होते हैं न ईश्वर के या कम-से-कम प्रभु के दूत, प्रभु के संदेशवाहक अथवा सद्गुरु होते हैं न!

उत्तर तो देते शिवगुरु किंतु गीता की भाषा में—'यदा यदा हि धर्मस्य ग्लानिर्भवति भारत। अभ्युत्थानमधर्मस्य तदात्मानं सृजाम्यहम्' का अर्थ समझाने लगते और जब विशिष्टा 'युद्ध' के विरुद्ध अड़ना चाहतीं तो वे कहते—"विशिष्टा, तुम वसिष्ठ गोत्र की बहू हो, तुम्हें समझाने की आवश्यकता नहीं, तुमसे तो शास्त्रार्थ करना होगा, किंतु तुम कुछ दिन और धैर्य रखो। अभी तो समझो मैं प्रभु की लीला तुम्हें सुना रहा हूँ, जिसे सामान्य लोग रामलीला या कृष्णलीला कहकर संतोष का अनुभव करते हैं। यही समझो देवि कि अविचार और अधर्म जब धर्म की दुहाई देकर तलवार से प्रहार करने लगते हैं तो प्रभु को भी रामबाण और सुदर्शन चक्र धारण करना पड़ता है। पर एक बड़ा अंतर होता है—महान् प्रभु और सामान्य संप्रभु में, देवि। प्रभु सोने की लंका को जीतकर भी लंकापति के परिवार के किसी सद्पुरुष को पुनः उसे सौंपकर वापस अयोध्या आ जाते हैं या मथुरा छोड़कर रणछोड़ कहलाकर भी द्वारका वापस हो जाते हैं। वह धर्म का नाम लेकर साम्राज्य का विस्तार नहीं करते—इमाद, हज्जाज या खलीफों की तरह अथवा थॉमस और लुकान की तरह, जैसा कि प्रतिदिन मालाबार के वनों और पहाड़ों में घुसकर कुछ विदेशी तत्त्वों द्वारा आज भी सुनने को मिलता है। मैं रामलीला और कृष्णलीला के इसी विचार के प्रचार के लिए करता रहा हूँ, सुनाता रहा हूँ और इसीलिए यह कथा तुम्हारे कानों में भी डालता हूँ—अर्जुन की तरह सुभद्रा के कानों में ताकि तुम्हारी कोख से जो पुत्र उत्पन्न हो, वह धर्म का चोला पहनकर अधर्म के साम्राज्य का विस्तार नहीं होने दे, जो धर्म की बात, शास्त्र की बात, प्रभु का संदेश मनुष्य की वाणी में कहकर मनुष्य के अंतर तक पहुँचाए।"

विशिष्टा ने कहा, "ठीक है देव, अभी इस शास्त्रार्थ में पड़ने का समय नहीं है, आप भागवत सुनाइए" और शिवगुरु शुरू हो गए।

"देवि, आपको मैं भागवत पुराण की कथा बहुत दिनों से सुनाना चाहता था, क्योंकि आपके अंतस्तल में उठ रहे विचार के ज्वारभाटों को बहुत दिनों से देखता रहा हूँ। आज जब यह कथा सुनाना शुरू कर रहा हूँ तो आपके पास समय का अभाव देखता हूँ और इसीलिए मैं केवल कथा के वैसे अंश आपको सुनाऊँगा, जैसे व्यास ने कभी पिंगला को सुनाया होगा, जिससे आपकी जिज्ञासा शांत हो जाए और आप भगवद्भक्ति में रमते-रमते अपनी कुक्षि में साँस ले रहे उस ब्रह्मा को जन्म दे सकें, जो शुकदेव की तरह उस प्रभु का एक जाग्रत् अंश होगा तथा प्रभु का सच्चा संदेशवाहक बनकर सारे भारतवर्ष को एक अखंड राष्ट्र के रूप में परिवर्तित कर सकेगा।"

"हाँ देव, आप संक्षेप में ही सही, किंतु मुझे पूरी भागवत कथा अवश्य सुना दीजिए। मेरे पिताश्री कहा करते थे कि भागवत कथा को हृदय से सुनकर उसके अमृत स्वरूप सार तत्त्व को अंतर में उतार लेना संपूर्ण ब्रह्म की महिमा तथा संपूर्ण वेदोपनिषदीय ज्ञान

से परिचित हो जाने की तरह है, ठीक शुकदेव की तरह, जिसने पिंगला के गर्भ से बारह वर्षों तक उत्पन्न नहीं होकर पिता व्यास अधीत संपूर्ण वैदिक वाङ्मय पर अधिकार प्राप्त कर लिया था। ऐसा भी न हो जाए कि अर्जुन की तरह आप कथा को बीच में ही विराम दे दें और मेरे अभिमन्यु को चक्रव्यूह का अंतिम द्वार भेदने में अनीति का शिकार हो जाना पड़े एवं भारत कहे जाने वाले जंबूद्वीप का यह भारतखंड, यह आर्यावर्त्त यह अखंड हस्तिनापुर खंडित हो जाए। पूरी धरती सुखी रहे, निरामय रहे।"

"देवि, यही संदेश, ठीक यही संदेश भगवान् शुकदेव ने राजा परीक्षित को दिया था और कृष्ण के अवतार की कथा सुनाते हुए उनकी आत्मा को इतना सबल तथा शक्तिसंपन्न तो कर ही दिया था कि वे परमात्मा की छाया में विश्राम करते हुए मानसिक तनावों से मुक्त हो सकें और आत्मिक परिशांति का अनुभव कर सकें।"

"तो और क्या-क्या कहा, शुकदेवजी ने परीक्षित से? यह सुनाइए आचार्यवर, किंतु वह कथा भी अवश्य सुनाइए, जो सुभद्रा को अर्जुन सुनाते-सुनाते चूक गए थे तथा सुभद्रा कथा सुनते-सुनते निद्रालोक में खो गई थीं।"

"देवि, आपके पास भी परीक्षित की ही तरह मात्र सात दिनों का समय है—कम-से-कम कथाश्रवण करने के क्रम में तो आप कथा में ही तन्मय रहें, न तो किसी सांसारिक कष्ट में भटक जाएँ, न निद्रादेवी के अंक में लिपट जाएँ। परमात्मा के ध्यान में रत होने के मार्ग में रजोगुण-तमोगुण बाधाएँ उपस्थित तो हो ही जाती हैं, आप चाहें तो धैर्य-धारण के बल पर उन्हें दूर भी भगा सकती हैं, आप सुस्त हों, तो वे आपको घेर भी सकती हैं। धैर्य को इसीलिए धर्म का सर्वोत्कृष्ट लक्षण माना गया है, देवि। आप शरीर से तो नहीं, किंतु मन से अथवा बुद्धि से इंद्रियों पर विजय प्राप्त कर ईश्वर में अनुरक्त हो सकती हैं—उस ईश्वर में, जो आपकी आत्मा में स्थितिप्रज्ञ बनकर बैठा है और जो संपूर्ण विश्व में अभिव्यक्त होकर भौतिक दृष्टि से भी दिखाई पड़ता है। हाँ देवि, सात दिनों का समय है और ये सात दिन अभिमन्यु के चक्रव्यूह के सात द्वारों को समर्पित हों, यह तो आवश्यक है ही। इन सातों दिनों को प्रभु के चरणों में अर्पित करना भी उतना ही आवश्यक है। सात दिनों तक जिन-जिन यदुवंशियों ने अपने को प्रभु कृष्ण के चरणों में लगा दिया, वे महाप्रलय के पार प्रभु के लोक पहुँच गए और जो चूक गए, वे कलियुग की गोद में कैद हो गए तथा देखते-देखते ही द्वारका विनाश के प्रलय में जलमग्न हो गई थी।"

यह पूरी कथा सुनाइए देव, तब क्या हुआ उसके बाद, उसके बाद और उसके बाद कथा चलती रही लगातार सात दिनों तक। बारह स्कंध, अठारह अध्यायों की लंबी कथा शुकदेव के मुख से सूत, सूत के मुख से शौनकजी, शौनक के मुख से नारद और नारद के मुख से सनकादिगण, तो सब सुनते गए पूरी कथा और मुक्त हो गए भक्ति के बल पर

पापयोनि से। स्वर्ग पहुँचकर कलिकाल के मुख से निकलकर मोक्ष सिद्धि तक गजराज की तरह, किंतु विशिष्टा की कथा बीच में ही छूट गई कहीं, जब उनकी कुक्षि में असह्य पीड़ा होने लगी थी और रात भर की असहनीय पीड़ा देकर वत्स उनकी गोद में आ गया था। एक अवतारी शिशु देवकी की गोद में, जैसे आठवाँ शिशु भाद्रपद की कृष्णपक्ष की आठवीं तिथि को कृष्णावतार की तरह। किंतु विशिष्टा और देवकी की मन:स्थितियों में एक अंतर था। देवकी के मन में चिंता थी कि कैसे पुत्र की रक्षा की जाए क्रूर कंस से, जो तीन सौ पैंसठ दिन से इस आठवीं तिथि की प्रतीक्षा में लगा था चित्त से। शिव के घर में भी आज उसी तरह जन्मोत्सव मनाया जा रहा था, जैसे नंद-यशोदा के आँगन में—नंद को आनंद भयो! कौन सोचता था कि इस शिवपुत्र के सामने भी वैसी ही विकट समस्याएँ खड़ी थीं, जैसी उस वसुदेव-पुत्र के सामने?

☐

8

भागवत सप्ताह की कथा का समापन तो अमावस्या के दिन ही घोषित हो चुका था, व्यासपीठ से ही, किंतु उसकी कर्मकांडीय औपचारिकताएँ अभी संपन्न नहीं हो सकी थीं—न गुरु का पूजन, न आरती, न भोज, न भजन। आचार्य उद्विग्न थे, वैयक्तिक कारणों से पीड़ाग्रस्त आचार्याणी थीं और यदि आज आरती-भजन और दान-दक्षिणा का कार्यक्रम संपादित नहीं हो सका तो कथा से जुड़े सहायकों की मंडली प्रतिरोध की मुद्रा में थीं। गाँव कलाड़ी गंगा की पौत्र गोतमी गोदावरी की गोद में उछलती-लहराती कलाड़ी नदी के तट पर बसा पंडों-पुरोहितों का एक गाँव ऐसा गाँव था, जहाँ तीन कन्नौजिया तेरह चूल्हा की उक्ति चरितार्थ थी—नंबूदरि पंडितों का एक गाँव—किसी की प्रगति किसी द्वारा सह्य नहीं। बात यहीं तक रहती तब तो कुछ नहीं, कोई चिंता की बात नहीं, गाँव और गाँव के आस-पास के गाँवों को भोज की, सुस्वादु भोज की प्रतीक्षा थी और यदि अपेक्षा पूरी नहीं हुई तो संकट आना ही था। लोग आपस में भुनभुनाकर अपनी मन:स्थिति का परिचय दे रहे थे।

धीरे-धीरे तो वे सभी तथाकथित साधु-संत, योगी, तपस्वी, भिक्षु-भिक्षुणी, शैव-शाक्त, साधक-साधिका, सबके सब शिवगुरु के घर के सामने के पंडाल में पहुँचते दिखने लगे। किसी के हाथ में कमंडल, किसी के गले में मुंडमाल, किसी की जटा उसके शरीर से भी लंबी तो किसी की दाढ़ी जैसे किसी छुट्टे घूमनेवाले किसी बकरे का श्वेत-श्मश्रु-जाल। जोगी-जोगिनी, नाथ-अनाथ, सगुण-निर्गुण, सब बोलते पधारते—अवतार तो विष्णु लेते रहे आज तक, किंतु इतिहास बदलनेवाला है आज। आज 'शिव' अवतरित हो गए हैं—शिवगुरु के आँगन में, आज भोजन नहीं होगा, राजा भोज के दरबार में भोज का शुभ दिन है। भजन ही नहीं, पूजन-वंदन होगा, कीर्तन ही नहीं, नर्तन-गायन होगा, गंधर्वों, अप्सराओं का ही नहीं, किन्नरों का भी—आज अजनमा का जन्म हुआ है, निराकार ने आकार ग्रहण किया है।

इसी बीच कोई अज्ञात घोषणा हुई—'आज चंद्रदर्शन व्रत है, आज कथा के व्यास शिवगुरु भट्टपाद महोदय की सहधर्मिणी देवी विशिष्टा अस्वस्थ हैं, असह्य पीड़ा की

स्थिति में जीवन और मृत्यु के मध्य संघर्षरत हैं। आज आप सभी उपवास रखें तथा चंद्रदर्शन के निमित्त सागर-तट पर उपस्थित रहें। परशुराम तीर्थस्थान में कल अक्षय तृतीया का पुण्य-पर्व शिवस्थान पर मनाएँ तथा परशुराम तीर्थस्थान पर भी।'

"हाँ आचार्यगण, योगी-तपस्वीगण, साधक-साधिकागण, भिक्षु-भिक्षुणीगण और हाँ, देश-विदेश से पधारे विभिन्न धर्मों-विश्वासों के प्रचारक-प्रचारिकागण, परशुराम विष्णु के अवतार रहे हैं, जैसे—राम, कृष्ण, मत्स्य, कच्छप, वाराह, नरसिंह और गौतम बुद्ध। आप सबका इसी समय, ठीक इसी स्थान पर हम स्वागत-सत्कार करके धन्य हो सकेंगे। आज संध्या हम सागर-तट पर चंद्रदर्शन हेतु एकत्र होंगे।" और यह शांत-स्निग्ध वाणी निकल रही थी अपने घर के मुख्य दरवाजे से निकल रहे व्यासपीठ के पूजनीय आचार्य पंडित शिवगुरु के मुख से, जैसे तौल-तौलकर शब्द अवतरित होते हों, आकाश के विभिन्न पटलों पर देवगुरु बृहस्पति के मुख से। व्यासपीठ के आचार्य की ओर से यह भी घोषित किया गया कि "वसिष्ठ-व्यास कुल के इस गौरव-भाल पर आज चंद्र नहीं तो कल सूर्य का दीप-मात्र एक ही दीप, किंतु ऐसा दीप जिससे प्रदीप्त होंगे, जंबूद्वीप के भारतखंड ही नहीं, संपूर्ण ब्रह्मांड के नौ-नौ द्वीप, और विश्व पुरुष के कुंडली चक्र के नौ-नौ द्वीप आलोकित होंगे, आप सभी मंगल-गायन तथा दक्षिणा-दान के उत्सव में अमूल्य निधियाँ प्राप्त करने हेतु सादर आमंत्रित हैं।"

याचक वृत्ति एवं खोखले ज्ञान तथा पाखंड का आश्रय लेनेवाले सिद्धों-नाथों, भिक्षुओं-भिक्षुणियों तथा भविष्यवाणियों में प्रवीणता प्राप्त याचकों ने तो आग्रह को सादर स्वीकार लिया, किंतु तथाकथित योगी-संन्यासियों तथा पंडितों-आचार्यों ने शिवगुरु की पंडिताई की हँसी उड़ाते हुए प्रश्न किया—"आचार्य शिवगुरु, आप तो स्वयं को शैव कहते हैं न! फिर आप वैष्णवों की तरह विष्णु अवतारों राम, कृष्ण, परशुराम आदि की कथाओं के सहारे यजमान-समाज का शोषण क्यों करते रहे हैं?

''स्वधर्मिणी रोहिणी को उपेक्षित कर बताइए न यह गुरुपत्नी तारा के साथ विहार करनेवाला चंद्रमा आपको भले बहुत पवित्र और प्रिय लगे, सामान्य जन को उसकी अर्चना का पाठ आप क्यों पढ़ाने लगे? यही नहीं, आपका तथा आपकी अर्द्धांगिनी के तीर्थस्थल काशी के विश्वनाथ अथवा हिमगिरि के केदारनाथ नहीं होकर अवंती के परशुराम, मथुरा के कृष्ण और अयोध्या के राम कैसे हो गए?

''आप पाखंडी हैं, समाज का शोषण कर रहे हैं। हमारे प्रश्नों का उत्तर दीजिए अथवा दक्षिण भारत के शैवलोक को छोड़कर मथुरा-अयोध्या जाइए और हाथों में कन्हैया की बाँसुरी अथवा राम का धनुष-बाण थामिए।"

शिवगुरु कुछ बोलते, तब तक तो 'अश्वत्थामा हतो नरो वा···' के बाद जैसी एक तुमुल ध्वनि गूँज उठी, जिसमें उत्तर-दक्षिण के साधु-संन्यासी ही नहीं—पूरब-पश्चिम के

धर्मप्रचारक भी एक स्वर बोलने लगे—"उत्तर दो शिव अथवा उत्तर भागो काशी-केदार।"

"मैं उत्तर दूँगा, आपके सारे प्रश्नों के उत्तर दूँगा। वसिष्ठ से लेकर पराशर तक, पराशर से लेकर कृष्ण द्वैपायन व्यास तक शुकदेव से लेकर गौड़पाद-गोविंदपाद तक तो हम उत्तर ही देते रहे हैं, महात्मन्। आपके सारे प्रश्नों के उत्तर शास्त्रों ने स्वीकृत कर लिये हैं, सुन लेने में समय नष्ट करने से अच्छा उन्हें मान लेना ही चाहिए। विश्वामित्रों ने मान लिया, कार्तवीर्यों ने मान लिया, सूर्यवंश, कुरुवंश, मधुवंश-यदुवंश, सबने तो माना, आप भी मान ही लें तो यह उत्तर-दक्षिण की दूरियाँ भी पट जाएँ, राम और रावण भी, कृष्ण एवं कंस-जरासंघ के अंदर का राक्षस समाप्त हो जाए तथा भारतखंड ही नहीं, खंड-खंड यह विश्व भी अखंड हो जाए।"

विदेशी धर्मप्रचारक धीरे-धीरे पीछे की ओर खिसकने लगे। उत्तर-प्रत्युत्तर नहीं हुआ। कुछ जैन महात्मा थे, कुछ बौद्ध स्थविर, कुछ ब्रह्मवादी शैव, कुछ सिद्ध योगी, कुछ भक्तियोगी वैष्णव, उत्तर-प्रश्नोत्तर होते-होते बच गया। सूर्य अस्ताचल की ओर प्रस्थान कर चले थे और शिवगुरु अपने यजमानों के साथ परशुराम तीर्थ की ओर उन्मुख थे।

वैशाख का महीना तपता हुआ दिन, पिघलता हुआ सूरज और पसीजती हुई एक शाम एवं द्वितीया के चंद्रमा के दर्शन का सौभाग्य।

मालाबार की पहाड़ियों से सटे समुद्र के तट पर खड़ा एक पुराना, बहुत ही पुराना नातिदीर्घ एक मंदिर लहरों से लड़ता हुआ, जंगलों से खेलता हुआ, विधर्मियों को झेलता हुआ—शताब्दियों से ही नहीं, सहस्राब्दियों से। कभी न झुकनेवाला, कभी न डरनेवाला, कभी न हिलनेवाला एक सोमनाथ, एक विश्वनाथ, जिसके त्रिशूल पर बसा है, द्वीपों का द्वीप—भारत, यह मंत्रोच्चार करता—असतो मा सद्गमय, तमसो मा ज्योतिर्गमय, मृत्योर्माऽमृतम्गमय।

◻

9

आज शिवगुरु कथावाचक गुरुवाली मुद्रा में नहीं थे, अजस्र आशीर्वादी मुद्रा में थे। कथा समाप्त हो चुकी थी, अब तो बस आशीर्वाद की गंगोतरी फूटनी थी और जलदा को अर्थदा और अर्थदा को जलदा में लय-विलय हो जाना था, गुरु को सद्गुरु और सद्गुरु को शिव में विलीन हो जाना जैसे अभी तक शेष ही था। कलाड़ी गाँव में संपूर्ण दक्षिणापथ के विभिन्न मार्गों के प्रतिनिधि प्रचारक परशुराम तीर्थ में सायं चंद्रदर्शन और प्रात: स्नान-ध्यान के पश्चात् कलाड़ी की ओर चल पड़े थे, दल-बल के साथ कथास्थल पर पहुँचने भी लगे थे। शिवगुरु के तो गृह के ही अंदर लक्ष्मी बसती थीं, द्वार पर कामधेनु-जलदा-अर्थदा-कामदा की त्रिवेणी बहती थीं। लगता तो यह था कि गंगोतरी की आशीर्वादी मुद्रा मन-ही-मन जटाशंकरी होने की तैयारी में थी।

सारे यजमान पूजा और दक्षिणा के सामान के साथ उपस्थित थे, सारे संत-महात्मा अपने संप्रदायों-धर्मों की सीमाओं को तोड़ देना प्रदर्शित करते हुए इस धर्मसभा में शिवगुरु की बदलती मुद्राओं में सनातन चेतना के कालचक्र के अधीन बदले चित्र-दर्शन करने में लगे थे और ऐसा नहीं तो सनातन के कमजोर तंतुओं के सर्वेक्षण में तल्लीन थे।

यज्ञ-समापन की औपचारिकताएँ मंत्रों के पाठ के साथ समझनेवालों के लिए प्रश्नों और उनके सटीक उत्तरों की प्रक्रिया भी साथ-साथ संपन्न हो रही थी। तरह-तरह के योगी थे, कनफटे, जट-जुटे, जट-बिखरे, लँगोटी धारे-निपट-नंगे—नागे एवं शैव योगी, किंतु संन्यासियों की तरह पूर्ण निष्काम नहीं, सनातन संस्कृति के रक्षार्थ, जैसे युद्ध की ओर प्रस्थान की मुद्रा में सक्रिय सैन्यदल। बौद्ध भिक्षु भी थे, बहुत सारे स्थविर, आयुष्मान और जैन साधु, श्वेतांबर-दिगंबर भी, सभी। किसी-किसी कोने में दो-एक ईसाई पुरोहित धर्मगुरु भी दिख जाते और संभवत: उन्हीं की तरह कहीं-कहीं इस्लामी मुल्ला-मौलवी भी, पारसी-इरानी संत भी, तो कहीं-कहीं शाक्त साधिकाएँ भी, किंतु वे छिपी-छिपी-सी लगती थीं, भक्ति-रस में भीगी-भीगी राधिकाओं के आँचलों तले। जब कभी कोई राधिका अथवा कुछ राधिकाएँ रासमुद्रा में मुग्ध नर्तन में खो जातीं तो पंचमाकार जैसे निराकार की आड़ में शर्माकर खड़ा हो जाता। पराशर कृत 'मंत्र ब्राह्मण' के मंत्रों के उच्चारण के साथ

कर्मकांड और साथ-साथ उनकी व्याख्या भी करनी पड़ती शिवगुरु को देवगुरु की तरह, किंतु यजमान बहुत थे, सब के दान-सामान थे, सबकी दक्षिणाओं की विधियाँ कहनी पड़तीं, दुहरानी पड़तीं।

अभी तक किसी को नहीं बताया था शिवगुरु ने कि अज्ञान के घने अंधकार को चीरकर ज्ञान का प्रकाश सारे ब्रह्मांड में आलोकित करनेवाले व्यास, जातुकर्ण, पराशर, शक्ति, वसिष्ठ जैसे गुरुओं-सद्गुरुओं की परंपरा में एक और गुरु का, एक असाधारण गुरु का अवतरण विशिष्टा देवी की कुक्षि से आज ही उषाकाल में सृष्टि के मस्तक पर दीपित रक्तवर्ण वृत्त की तरह हो चुका है और विशिष्टा देवी की अदम्य कामना है कि यहाँ उपस्थित सभी सुधी यजमान, सभी संत-महात्मा, सभी धर्मों के प्रतिनिधि-प्रचारक इस शिशु को चिरायु होने का आशीष देकर उन्हें कृतार्थ करें तथा तत्पश्चात् आज के उत्सव के प्रसाद-स्वरूप भोज में सादर सम्मिलित हों। शिवगुरु ने सबके समक्ष आज की तिथि के महत्त्व पर प्रकाश डाला—

अंशी भगवान् अर्थात् ब्रह्म के अंश की तरह अथवा अविनाशी ईश्वर के सामने जीव की तरह अथवा ब्रह्म से ही उत्पन्न उसी के साथ क्रीड़ारत चंचल प्रकृति अथवा माया की तरह आज आप सभी एक साथ 'शिव' के द्वार सृष्टि के समग्र जीवों की भाँति उपस्थित हैं। कल सायं वैशाख शुक्ल द्वितीया तिथि में चंद्रदर्शन के साथ-साथ गौरीपूजन व्रत मनाया जाना और आज प्रात: सूर्योदय के साथ अक्षय तृतीया का घटित हो जाना एवं भगवान् परशुराम की तरह रोहिणी नक्षत्र में रेणुका की तरह विशिष्टा के अंक का उसके चिर प्रतीक्षित पुत्र से भर जाना संपूर्ण विश्व के लिए एक अविस्मरणीय मंगलमयी घटना हो सकती है। क्या विशिष्ट विशिष्टा देवी के अंक में उतरा है, इस विषय में आपके समक्ष कई संतों-महात्माओं की पूर्वकथित भविष्यवाणियाँ परीक्षणीय हैं, कइयों की गणनाएँ और फलादेश तो अभी भी अपेक्षित हैं। किंतु इस सबकुछ होने के पूर्व आप सभी सहभोज में सम्मिलित होकर विशिष्टा के सपनों को सार्थक करने की कृपा करें।

एक बौद्ध संन्यासी से नहीं रहा गया। उसने एक प्रश्न ठोक ही दिया—

"पंडितजी, सारे संसार में विज्ञान की एक लहर-सी दौड़ रही है—रोम में, चीन में, यूनान में, मिस्र में, फ्रांस में, ईरान में, फिलिस्तीन में। सभी देशों के लोग यह मानने लगे हैं कि ईश्वर अथवा भगवान् नामक किसी परमात्म शक्ति का अवतार या अवतरण विज्ञान-सम्मत नहीं है, जबकि भारत के अधिकांश निवासी यह मानने के लिए तैयार नहीं। वे एक ईश्वर अथवा भगवान् का कौन कहे, एक साथ ही कई भगवानों की पूजा करते देखे जाते हैं। कभी-कभी तो यहाँ तक देखा जाता है कि किसी वंश अथवा कुल में लगातार भगवानों का अवतरण होते रहता है। भगवान् राम अथवा भगवान् कृष्ण को तो लोग विष्णु का अवतार मानते ही हैं—मत्स्य, कच्छप, वाराह, नृसिंह आदि में भी विष्णु की छवि ही उन्हें

दिखाई पड़ती है। कोई गणेश को भगवान् मानकर पूजता है तो कोई सूर्य को, कोई अग्नि को, कोई पृथ्वी को, कोई वायु को, कोई इंद्र को और कोई वरुण को। इसी तरह देवी दुर्गा से लेकर लक्ष्मी और सरस्वती तक भी तो ईश्वर की तरह ही पूजी जाती हैं। अभी-अभी मैंने किसी के मुख से यह भी कहते हुए सुना कि भगवान् व्यास की तरह उन्हीं के कुल में आज भगवान् परशुराम का अवतरण आपके आँगन में विशिष्टा देवी के गर्भ से हो चुका है और इस भगवान् के गुणों एवं विचारों के अनुरूप आगे आनेवाली वैश्विक संस्कृति धरती पर क्रियाशील होनेवाली है। इस अवतार का शिव, चंद्र, अक्षय तृतीया तिथि तथा वैनायिकी चतुर्थी के विरल संयोग के आलोक में देखा-परखा जा रहा है। यदि यह सब अंधविश्वास नहीं है तो क्या आप पूरी स्थिति पर सनातन ज्ञानधाराओं के आलोक में कुछ कहना चाहेंगे।"

ऐसा सुनते ही कुछ सिद्ध योगी, ज्योतिषी, शाक्त साधक एक साथ बौद्ध संन्यासी के विरुद्ध भड़क उठे—न तो माँ विशिष्टा कोई साधारण मानवी माँ हैं और न तो गुरुदेव शिवगुरु कोई साधारण पिता। हों भी तो वे भी वैसे ही मानव-मानवी हैं, जैसे जमदग्नि-रेणुका, ऋचीक-सत्यवती, अंगिरा-आग्नेयी, बृहस्पति-तारा अथवा वसिष्ठ-अरुंधती, शक्ति-अदृश्यंती, पराशर-सत्यवती। आपके घर में साक्षात् परशुराम अवतरित हुए हैं गुरुदेव, जिन्हें सारे संसार को एक सूत्र में बाँधकर अपने शिव रूप, अपने ओ३म् स्वरूप, अपने परमात्म अस्तित्व, अपने निराकार-अविनाशी स्वरूप से विश्व को एक सूत्र में बाँधकर एक दिशा में संचालित करना है।

आप तो स्वयं ही एक ऐसे सद्गुरु हैं, जो संपूर्ण विश्वात्मा को सत्, चित और आनंद तथा सत्, शिव और सुंदर में विलय कराने के लिए धरती पर अवतरित हुए हैं।

गुरुदेव, इस भागवत यज्ञ में नास्तिकों के सम्मिलित होने का कोई औचित्य नहीं बनता। ये बौद्ध और जैन, इनसे तो वे यीशु को पूजनेवाले अच्छे, हजरत के धर्मांध दीवाने अच्छे, जो कम-से-कम ईश्वर की शक्ति को तो स्वीकार करते हैं। उसकी शरण में जाकर अपने पापों को धोकर अपना आनेवाला जीवन सुधारने के लिए कुछ करते हैं।

शास्त्रार्थ संघर्ष में न बदल जाए, इस रूप पर विचार करते हुए एक शाक्त साधक ने कहा, "इस उत्सव में सौभाग्य से हमारे राज्य के चोल नरेश स्वयं ही उपस्थित हैं। उनसे सादर अनुरोध है कि इस विषय पर शास्त्रार्थ की व्यवस्था शासन की ओर से सुनिश्चित करें और यज्ञ की अंतिम कड़ी—'सामूहिक भोज' आरंभ कराने का निर्देश दें।" चोल नरेश की आज्ञानुसार सभी संत-संन्यासी धर्मों के बंधन के पार जाकर एक साथ भोज में संलग्न हो गए।

❑

10

आज पंचमी तिथि थी—वैशाख शुक्ल पक्ष की पंचमी, किंतु उत्सव का उत्साह देखकर लगता—षष्ठी का संस्कार-त्योहार हो, एक संस्कार-संचालित त्योहार, जो सनातनी परिवारों में बच्चे के जन्म के छठे दिन मनाया जाता है। वैशाख का शुक्ल पक्ष। शुभ ग्रहों-नक्षत्रों का जैसे योग-संयोग हो। द्वितीया, तृतीया, चतुर्थी, पंचमी सबकी सब तिथियाँ एकमय-एकलय, देवगुरु बृहस्पति और दैत्यगुरु शुक्र भी आस-पास, साथ-साथ आशीर्वादी मुद्रा में थे। भागवत के उपसंहार और भगवत के अवतार का अवसर, वर्षा हो रही सोने-चाँदी, हीरे-मोती के आभूषणों की, रंग-बिरंगे वस्त्राभरणों की दक्षिणा स्वरूप। श्रद्धा सहित जो कुछ भी आ रहा था शिवगुरु के हाथों में, विश्वास और प्रेमपूर्वक लुटा दिया जाता दान स्वरूप। आज दाता के सौभाग्य स्वरूप साधुओं के हाथों में, योगियों के कर-कमलों में, बौद्ध तांत्रिकों की झोलियों में, शाक्त-शक्ति की जीवंत जोगिनियों के अंकों में, ज्योतिषविद् पंडितों के चरणों में दुर्गा की जय, शारदा की जय, लक्ष्मी की जय-जय हो रही थी। पास के राममंदिर के पुजारीजी भी पधारे थे, परशुराम मंदिर के भी, शिवमंदिर और राधाकृष्ण मंदिर के स्वनामधन्य-सर्वविज्ञ पुजारी, सर्वज्ञ महाराजजी भी।

भागवत कथा का आमंत्रण तो महामना मुनिनाथजी, सिंहल देश के बौद्ध विद्वान् पद्मसंभवजी, वेदवेदांत ज्ञाता आदि को भी था, किंतु यह सम्मेलन घोषित रूप से कोई सर्वधर्म सम्मेलन नहीं था।

आज का प्रस्तावित संस्कार तो इतना भर था—जातक को स्नान कराकर नए वस्त्र, नए आभूषणों में सजाकर पुजारी-पुरोहितों के स्वस्तिगायन के साथ माता के अंक में मणिदीप की तरह शोभित करना और दक्षिणा द्रव्यों, आभूषणों, वस्त्रभरणों के साथ जातक के माता-पिता का उनके चरणों का स्पर्श करना।

सारा दिन उत्सवमय, भजन-भोजन और दान के वातावरण में लगता पंडित शिवगुरु नंबूदरिपाद का यह छोटा सा घर, जैसे केदारनाथ का शिवमंदिर हो, मथुरा का राधाकृष्ण मंदिर अथवा अयोध्या का रामलला जन्मभूमि स्थल। कभी-कभी तो लगता किसी वैश्विक विचारधारात्मक संगठन की कोई संसद्, कोई धर्मसभा तो बन ही गया था भट्टपादों, गौड़पादों, नंबूदरियों, वेंकटरमनों, नागनाथनों, नागमणियों का यह छोटा सा

गाँव और क्या संयोग कि आज के उत्सव में चोलराज राजसेन महोदय भी उपस्थित हो गए थे—ऐसी सूचना पर कि उन्हीं के राज की सीमा के अंदर कलाड़ी में शिवावतार हो गया है और चर्चा यहाँ तक है कि स्वयं भक्ति की देवी ज्ञान की गुफा से निकलकर सारे भारतवर्ष में प्रयाण पर निकलनेवाली हैं। यह भी चर्चा जोरों से फैल गई कि उक्त धर्मसभा में ज्ञान, भक्ति और भगवान् की लोक जीवनधारी संभावनाओं पर शास्त्रों की स्थापित विचारधाराओं पर शास्त्रार्थ होंगे तथा अस्ति-नास्ति, नास्ति-अस्ति, तंत्र-मंत्र, भक्ति-ज्ञान, राग-विराग और मोक्ष-मुक्ति पर बौद्धिक चर्चाएँ पूरे वैशाख चलेंगी तथा अंत में जिस विचारधारा को विजयश्री मिलेगी, उसके प्रधान पुरोहित अपने समर्थकों-अनुयायियों के साथ वैशाख पूर्णिमा के उषाकाल में अपने धर्म की दिग्विजय-यात्रा पर निकल सकेंगे और उन्हें सारी राजकीय सुरक्षा तथा अंतरदेशीय एवं अंतरराष्ट्रीय प्रवेश-पत्र प्राप्त होंगे। वैशाख पूर्णिमा विजय की तिथि के रूप में ख्यात हो ही चली थी। गौतम बुद्ध का जन्म तथा उनके जीवन भर मनाए गए अधिकांश विजयोत्सव इसी वैशाख पूर्णिमा को घटित हुए थे, उनके जीवन में अज्ञान पर ज्ञान, अंधकार पर प्रकाश की विजय की तिथि भी यही पूर्णिमा रही। अत: मुनिनाथ स्वामी इस बात पर सहज ही सहमत हो गए कि वे अपने भक्ति आंदोलन का शुभारंभ इसी वैशाख पूर्णिमा के दिन कलाड़ी धर्मसभा स्थल से चोल नरेश राजसेन की उपस्थिति में करना चाहेंगे।

विशिष्टा शिवगुरु का यह जातक भगवतावतार माता-पिता की तपश्चर्या का फल है, देवियों-देवताओं के आशीष की उपज है, पूर्वजों के पवित्र संस्कार की देन है, ऐसा तो प्राय: सभी पंथों-मतों-संप्रदायों के संतों का मानना था ही, किंतु इसके साथ-ही-साथ प्राय: सभी इस विचारधारा से भी सहमत थे कि भगवद्गीता में उच्चरित भगवान् कृष्ण के वचन के अनुसार भी तो भारतवर्ष में किसी परमात्म सत्ता के अवतरण की स्थितियाँ उत्पन्न हो ही चुकी हैं। धर्म का नाम लेकर पंचमकार आचरण चरम पर है, बौद्ध धर्म बुद्ध द्वारा प्रचारित धार्मिक व्यवस्था नहीं रहकर एक तांत्रिक व्यवस्था बन गया है। भिक्षुणियों तथा भिक्षुओं के आपसी संबंधों की पवित्रता क्षरित हुई है, धर्म का संचालन जनसहयोग से नहीं, राज्यनीति के विपरीत राजनीति-प्रेरित नीति के अधीन राजकोष से किया जा रहा है, अहिंसा आदि धर्म के सामान्य लक्षणों की उपेक्षा हो रही है, बड़ी संख्या में बौद्ध भिक्षु राज्य के विकास को पीछे धकेल रहे हैं। यही नहीं, सनातन धर्म पर पश्चिम से इस्लाम, उत्तर और पूरब से बौद्ध तथा दक्षिण से ईसाई-यहूदी धर्म आक्रामक हो चले हैं तथा धन के बल पर सनातन-समाज के मासूम लोगों का धर्म परिवर्तन कर रहे हैं—

'यदा-यदा हि धर्मस्य ग्लानिर्भवति भारत।' के भगवद्वचन को सिद्ध करनेवाले इस जातक को भगवतावतार मानने में किसी भी सनातनी को कोई मौलिक विरोध नहीं हो रहा था।

तंत्र के तंत्र विज्ञान के रूप में इस विद्या के माने-जाने अधिष्ठाता तथा महायान-वज्रयान आंदोलन के अंतर्देशीय नायक पद्मसंभव तथा कश्मीरी शैव-दर्शन के महामंडित ज्ञानगुप्त स्वयं तो नहीं, उनके अनेक शिष्य नायक कलाड़ी पहुँच ही चुके थे।

शास्त्रार्थ राजसेन की अध्यक्षता में लगातार तीन दिनों तक चलता रहा। एक ओर आलवार के बारह संन्यासी थे तो दूसरी ओर पाँचों बौद्ध विद्यापीठों से आए स्थविर तथा आयुष्मान कई बोधिसत्त्व बौद्ध। भागवत के भोज में तो कुछ श्वेत वस्त्राधारी ईसाई पुजारी तथा पुजारिनें भी उपस्थित थीं, किंतु धर्म महासभा में उनकी सहभागिता नहीं प्रदर्शित हो सकी। एक आलवार आचार्य ने जब उन्हें सभा से निकलते देखा, रुकने का आग्रह किया तो उन्होंने बताया कि वे किसी धर्म के परिपोषक नहीं, विदेशी व्यापारियों के स्थानीय सेवक हैं। तथाकथित चंद मुल्लाओं ने भी बताया कि वे उत्सव देखने आए थे, वे भी मसालों के विदेशी व्यापारी हैं, राजा राजसेन के दरबार में चंदन काष्ठ, हींग, इलाइची काली मिर्च और तेजपत्तों के निर्यातादेश प्राप्त करने आए थे, किंतु उनकी व्यस्तता देख लौट रहे हैं।

धर्मसभा चलती रही, मुख्यत: दो पक्षों के बीच-ईश्वर के अस्तित्व को नकारनेवाले बौद्धों, किंतु बुद्ध तथा बोधिसत्त्वों को ईश्वर की तरह पूजनेवाले बौद्ध संतों और ईश्वर की ओजस्विता तथा ईश्वर की विशिष्ट पूजाराधना में साथ-साथ विश्वास करनेवाले आलवार आचार्यों के बीच। आलवारों का मानना था कि ईश्वर का जो मनुष्य अथवा मनुष्य से भिन्न आकारों के विभिन्न प्रकार के देवता के रूप में भी पूजित और प्रसन्न कर पाने के उपरांत अद्वैत ब्रह्म से साक्षात्कार कराया जा सकता है तथा मुक्ति का सुख प्राप्त किया जा सकता है। ईश्वर ऐहिक एवं पारलौकिक सभी प्रकार के सुखों के उदार दाता हैं।

धर्मसभा के अनुसार ईश्वर और उसका यह अद्वैतवादी स्वरूप संपूर्ण सृष्टि के लिए वरेण्य है और उसी ईश्वर की सर्वोत्कृष्ट रचनाओं में एक रचना विशिष्टा देवी एवं शिवगुरु के आँगन में अवतरित यह जातक है।

कहते हैं कि राजसेन ने अपने निजी कोष से पर्याप्त धन देते हुए इन सभी आलवारों तथा शिवगुरु के भक्तों को संपूर्ण भारत के भ्रमण पर एक अभियान के रूप में निर्धारित समय पर प्रस्थान कर जाने हेतु अपनी एकमात्र इच्छा प्रकट की। इसी अभियान के साथ संपूर्ण भारतवर्ष में 'हठयोग' के नाम पर एक कठिन विज्ञान कहा जानेवाला योगविज्ञान भक्ति और प्रेमरस से सराबोर होकर पूरे भारतवर्ष में एकता और प्रेम की एक धारा प्रवाहित कर सका। आगे चलकर यही भक्ति की धारा अपने दो किनारों 'निर्गुण' और 'सगुण' के नाम से प्रेम, आनंद और मोक्ष के अमृत से सारी धरती को सींचती और बहती रही। किनारे स्वयं उसकी धारा में विलीन होते गए और धारा आनंद के उस ईश्वर रूप महासागर में प्रवाहित होती रही, जिसे लोग अनजाने अतलांत तथा प्रशांत नामों से संबोधित करते रहे हैं।

❑

11

चोलवंश के तत्कालीन राजा की आए दिनों बड़ी चलती थी और राजसेन चोलों-चालुक्यों के ही नहीं, पूरे भारत की पतनोन्मुख एक गौरवशील संस्कृति तथा पूरे विश्व के समक्ष आकाश की स्वर्गसुलभ ऊँचाइयों की ओर पहुँच चुकी प्राचीन भारतीय संस्कृति, उसकी कला एवं उसके साहित्य को प्रस्तुत करनेवाले एक सौभाग्यशाली राजा के रूप में ख्यात होने लगे थे। चोल राजा राजसेन का दरबार निर्धारित समय पर आरंभ हो जाता और देखते-देखते देशी-विदेशी व्यापारियों तथा विभिन्न धर्मों के विद्वानों की उपस्थिति से भर जाता। सिंहली-कंपूचिआई, चीनी-जापानी, तिब्बती-मंगोली, पारसी-बेबिलोनी, तुर्की-अरबी छोटे-बड़े व्यापारी तो पहले भी जमे दिखते, किंतु अशोक-विक्रमादित्य और हर्ष-मिहिरभोज के सांस्कृतिक गौरव के पतनोन्मुख होते-होते अचानक लगने लगा, जैसे संस्कृति और साहित्य का सूरज ढलकर अरब सागर की उत्ताल तरंगों में टूट-टूटकर डूबता जा रहा हो, डूबते धार के प्रवाह में चार पल तो उगता भी दिख जाता किसी-किसी क्षण। खुर्रम, खैबर एवं बोलन के दरवाजे चौबीस घंटे खुले थे और हाथियों, ऊँटों तथा खच्चरों की पीठ पर कौड़ियों के मोल क्रीत चंदन, सोने और हीरों के भाव बिक जाता फारस, तुर्की, रोम, यूनान पहुँचते-पहुँचते। राजसेन राजा सांस्कृतिक महापुरुष की छवि से प्रसन्न रहते कि कुछ नहीं समझा जानेवाला कोची भी आज कोई चीज है, कोई साधारण स्थल नहीं, तीर्थस्थल है और मालाबार की पहाड़ियाँ एवं उनकी जंगली घाटियाँ कश्मीर के केसर की क्यारियाँ बन गई हैं। उत्साह में थे राजा राजसेन और देखने लगे थे सपने तथा बनाने लगे थे सोये-सोये, जैसे बेबिलोन में बैबेल का टावर-हवामहल, जो स्वर्ग का सफर करा दे। एक अंतरराष्ट्रीय धर्मसभा अथवा धर्मसंसद्, जो आज तक प्रयाग में नहीं संपन्न हो सकी, जो सर्वसुख संपन्न सप्तपुरियों के किसी राजा द्वारा सुलभ नहीं हो सकी, वह धर्मसभा कोचि-कलाड़ी की काली-मिट्टी में कोई आकार, कोई सार्थक रूपाकार क्यों ग्रहण कर लेती? सपनों में तेजी से ऊपर उठता बैबेल का टावर जमीन पर ही ध्वस्त हो गया और देशी-विदेशी, स्वधर्मी-विधर्मी सारे संगठनों ने अपनी-अपनी जाति-बोलियों-भाषाओं में लड़ते-झगड़ते इस तथाकथित धर्मसंसद् के स्वप्न लोक को धूल-धूसरित कर दिया। शैव-वैष्णव, वैष्णव-शाक्त, दक्षिण-मार्ग-वाममार्ग, महायान-

हीनहाय, श्वेतांबर-दिगंबर सबके लिए अर्थात एक के लिए दूसरा जैसे अछूत हो, कैसे बैठ जाएँ एक साथ, एक मंच पर और वह भी कोचि-कलाड़ी की धरती पर।

किंतु घनीभूत अंधकार के बीच से भी एक सुनहली-रूपहली-सी आशाभरी किरण जैसे कभी-कभी छिटक जाती, कोई सूरज था राजसेन के अंतश्चैतन्य में, जो डूबने तो चला था समुंदर में, किंतु जिसका आभामंडल इतना शक्तिशाली, चुंबकीय शक्ति संपन्न था उदयाचल के भाल पर—आलवार से मालावार तक, कोरोमंडल से पुरी और कलिंग तक, कलिंग से कामाख्या तक, कामाख्या से केदार-कश्मीर तक तथा कांधार-कच्छ तक कि एक साथ झकझोर देता समस्त अंधकार को—उठो भारत, जगो भारत, चलो भारत—चलो चीन चलो, चलो बेबिलोन चलो, मिस्र चलो, रोम चलो, यूनान चलो और हम तो जग ही चुके सारी दुनिया को चलो जगाएँ व सिखाएँ वेदों के सनातन संदेश, सनातन सभ्यता-संस्कृति के संदेश, चलो सबको बताएँ, वे और हम सब एक हैं तथा सबका पिता भी एक, सबका धर्म, सबकी संस्कृति भी एक, भाषा और उपासना-पद्धति भिन्न होते हुए भी मूलतः एक। उन्हें बताओ, पुत्रो! कि भारत का सूरज कभी डूबता नहीं, उसका पता अस्ताचल नहीं उदयाचल है। किंतु सपनों का यह झूला एक झटके में कैसे उजड़ गया और लहलहाता हुआ वैश्विक उद्यान का सच एक वीरान में परिवर्तित हो गया।

राजसेन अगस्त्य तीर्थ गुरुकुल के विद्यार्थी रह चुके थे, अगस्त्य पर्वत, महेंद्र पर्वत की घाटियों में स्थित इस गुरुकुल का विद्यार्थी सबकुछ भूल जाए, किंतु वह इन दो पहाड़ियों के बीच से अमृत भरे स्वर्णघट की तरह उदीयमान न तो उस बालसूर्य को भूल सकता था और न उस स्थल को, जिसे उदयाचल के नाम से देखा नहीं, पूजा जाता रहा है। राजसेन अगस्त्य गुरुकुल के उन क्षणों को याद कर सिहर उठते कि कैसे पहाड़ियों के पेट से घने जंगलों के गहन अंधकार को चीरती एक सुनहली-सी आभा की कोई किरणे फूटती और कैसे एक बालारुण का अवतरण होने के पूर्व ही समस्त उदयाचल को सतरंगी छटा से भर देती। राजसेन को बार-बार आज भी उस स्वर्णघट से बालारुण के अवतरित हाने का दृश्य आँखों के सामने दिख जाता था। उसी उदयाचल के सूर्य थे—परशुराम, जिन्होंने रामावतार के पश्चात् रामानुज लक्ष्मण से अपमानित होने के बाद महेंद्र पर्वत पर कठिन तपस्या की थी और उदयाचल का पहला सूरज बनकर उदयाचल से अरुणाचल तक, अगस्त्य तीर्थ से लोहित तीर्थ तक तथा पुनः परशुराम तीर्थ तक से अंधकार के अभिमानी कार्तवीर्य सहस्रार्जुन का समूल विनाश किया था और कुरुक्षेत्र के समस्त कुंडों के जल को रक्तिम करने के पश्चात् महेंद्र पर्वत एवं अगस्त्य तीर्थ को त्यागकर कोच्चि के एक ऐसे स्थल को अपना तपस्थल बना लिया था, जहाँ से अस्ताचल का संपूर्ण क्षितिज विस्फारित दिखे और जहाँ उदयाचल का आदित्य अपने को अस्ताचल की जलती हुई लाल चिता में समर्पित कर परमात्म तत्त्व में विलीन हो जाए।

अलवार से कलाड़ी पहुँचे ये बारह उपाचार्य भी इसी अगस्त्य गुरुकुल के विद्यार्थी

थे और महात्मा नांबि से दीक्षित होने के पूर्व उन तपस्थलियों के भ्रमण पर चले थे, जो तीर्थस्थलियाँ बन चुकी थीं। परशुराम तीर्थस्थली और उसके आस-पास ही कहीं किसी व्यासकुल के व्यास के श्रीमुख से भागवत कथा का श्रवण उनके भीतर गोकुल की ग्वालिनों के जैसे सुख का संचार कर रहा था—'गोरस बेचत हरि मिलैं' वाला सुख। सुख तो और भी मिला। राजसेन जैसे विद्वान् एक राजा का सान्निध्य और उसी के संरक्षण में एक धर्मसंसद् का आयोजन।

अलवार से कलाड़ी के पवित्र तट पर भागवत कथा सुनने आने के साथ अलवार के उपाचार्यों को एक जिम्मेदारी भी दी गई थी। यह कोई नई जिम्मेदारी नहीं थी—एक धर्मानुशासन था, जो तीसरी-चौथी शताब्दी से ही संत विष्णु स्वामी द्वारा प्रत्येक सनातनधर्मी के लिए सर्वप्रमुख अनुशासन था। परमात्मा का मतलब 'शिव' से कटकर 'विष्णु' से जुड़ गया था और फिर विष्णु से हटकर 'राम' से। राम ही का अर्थ हो गया था, विष्णु और राम ही का अर्थ हो गया था शिव। शास्त्रों के द्वारा यह अर्थ स्वीकृत हो गया, किंतु अर्थ के आधार पाणिनि के सूत्र नहीं थे और इस कारण इस विष्णु और उस राम का सही अर्थ उन अशिक्षित-दलितों-वंचितों तक नहीं पहुँच पाता था। वे तो इस बात से भी अनभिज्ञ थे कि कलियुग में मनुष्य के लिए शास्त्रों का ज्ञाता होना आवश्यक नहीं—यहाँ तक उचित है कि कलियुग में 'राम' का नाम—नारायण उच्चार देने के फलस्वरूप कोई चांडाल शापमुक्त होकर जीवनमुक्त भी हो सकता है। नांबि महात्मा कहते थे कि अष्टाक्षर 'ओ३म नमो नारायणाय' के पाठ से ईश्वर सारे पाप को हर लेता है और ऐसा करनेवाले किसी भी आत्मा को परमधाम निवास प्राप्त होता है।

जाति-पाति विहीन समाज तथा एक अद्वैत ईश्वरीय सत्ता के अधीन पूरे भारतीय समाज का गठन अथवा संपूर्ण वैश्विक समाज का संगठन कैसे संभव हो, यही चर्चा करने का उद्देश्य था इस धर्मसभा में राजसेन का। किंतु दुर्भाग्य पता नहीं किसका था कि यह सर्वधर्म सभा सार्थक चरितार्थ नहीं हो सकी और राजसेन वस्तुतः इसी कारण आज बहुत ही उद्विग्न और निराश थे। अपने मन को संतोष दिया—चलो, प्रतीक्षा करो, कलाड़ी कोच्चिपुरम् में नहीं तो संभव है कांचिपुरम् में कभी कुछ ऐसा सच हो जाए और यही सोचते-सोचते, यही विचार करते-करते उन्हें लगा कि अलवारी आचार्यों का तो सबकुछ उन्हें ज्ञात ही है, इन ईसाई व्यापारियों से अभी बात करने से तो अच्छा होगा इन्हें कह दिया जाए कि दक्षिण देश की प्रकृति प्रदत्त इन बहुमूल्य संपदाओं के क्रय-विक्रय से संबंधित नियमों की जानकारी तथा उनके कार्यान्वयन हेतु वे अपने धार्मिक नेता अथवा अपने व्यापार-प्रमुख को उपस्थित करें। इसी तरह का आदेश अन्य सभी धर्म के उपस्थित प्रतिनिधियों-प्रचारकों को भी दिया गया, जो चोल राज्य की प्राकृतिक संपदाओं से संबंधित व्यापार करने में अभिरुचि रखते थे।

□

12

राजसेन केवल राजा नहीं थे और चोल नरेश होने का अर्थ केवल दक्षिण देश का नरेश होना नहीं था। चोलों की राजधानी कोच्चि थी, कांची नहीं और स्वयं राजसेन अपने राज के अंदर कालिदास, बाणभट्ट अथवा किसी राजशेखर से कम सम्मानित काव्यकार-नाट्यकार नहीं थे और न किसी भामह-मम्मट से न्यूनतर शास्त्रज्ञ-शास्त्रकार। धर्म के वेश में गरम मसालों और वशीकरणी जड़ी-बूटियों के सौदागरों से मुक्ति पाकर राजसेन अपने चिंतन-कक्ष में प्रविष्ट हो गए और बैठे-बैठे अपने अंदर उठते-गिरते विचारों से लड़ते रहे, उलझते रहे, सोचते रहे—

राजसेन, धर्म के वेश में धन का व्यापार करनेवाले इन धर्मध्वजधारियों के साथ होनेवाली धर्मसभा आज प्रथमाहारे मक्षिका पात: सी असफल हो गई, यह तो ईश्वर की कोई प्रबल इच्छा ही थी। फिर तुम्हें इस पर पश्चात्ताप की पीड़ा क्यों हो! हाँ, यह पीड़ा और चिंता का विषय अवश्य हो गया है कि इस आर्यावर्त्त के उन धर्माधिकारियों को क्या हो गया कि वे देश के दर्रों से नहीं, समुंदर की धारों पर दहकर बाहर जा रहे धर्म के सोने को दूर देशों में जाते देखते हुए भी कोयले की छापामारी में क्यों उलझ रहे हैं। यह कितनी दुर्भाग्यप्रद स्थिति है कि हम आज तक भारत की सीमा के अंदर उत्पन्न, फल-फूल रहे तथा संसार को जीने का सही दर्शन और सही मार्ग प्रदर्शित करते रहने के विपरीत आज तक कोई सर्वधर्म सभा आयोजित कर एक आर्यधर्म अथवा एक जगद्धर्म की सीख दे सकें, ऐसा कुछ नहीं कर सके और ऐसी स्थिति में—

'स्वं-स्वं चरित्रं शिक्षेरन पृथिव्या: सर्वमानवा:' के भारतीय लक्ष्य की उपलब्धि कैसे हो सकेगी। विश्व के छोटे-छोटे सभी धर्मों के सार-स्वरूप, किंतु सर्वस्वीकृत एक जगद्धर्म तथा एक सर्वस्वीकृत सर्वग्राह्य सर्वपूज्य जगद्गुरु भी तो होना ही चाहिए।

राजसेन, ऐसा क्यों संभव नहीं हो सका अथवा क्यों संभव नहीं हो पा रहा, इसकी तहों में घुसो और एक मानव धर्म, एक वैश्विक धर्म के सूर्य को उसपर लगे कुछ अधर्मियों के ग्रहण से उबारो।

इसी बीच द्वारपाल ने संवाद दिया—"राजन्, कांची विद्यापीठ ग्रंथालय के अध्यक्ष

उपस्थित हैं।" राजा ने अपने वरीयतम मंत्री को आदेश दिया—"आप सादर स्वागत करें और महात्मा को मेरे पास लाएँ।" मंत्री ने तत्क्षण संत का स्वागत राजा की ओर से किया। राजा ने कहा—

"आइए, पधारिए, स्वागत है आपका, आचार्य गोविंदपादजी महाराज। मैं वैश्विक धर्म की संभावनाओं से संबंधित विचार-संकट में घिरा-घिरा आपके दर्शन से कृतार्थ अनुभव करता हूँ। बताइए कि जगद्धर्म की वैश्विक संभावनाएँ अब तक कितनी आगे बढ़ीं और इस कार्य के लिए संभावित जगद्गुरु कौन से तेजस्वी-मनस्वी महापुरुष की आकृति अब तक आपके मानस में उभर पाई है?"

"राजन्, अभी तक की स्थिति आशाजनक नहीं प्रतीत होती। भारत की सीमाओं के अंदर छोटे-बड़े अनेक धर्म आपसी वाग्युद्ध में व्यस्त हैं। शताब्दियों-सहस्राब्दियों से जिस धर्म ने हमें सुरक्षित जीने और फैलते रहनेवाली जीवन-कला और जीवन-शैली दी है, वह धर्म भी अभी तक भारत का धर्म निर्धारित अथवा स्वीकृत नहीं हो सका। उस जीवन-कला को वैश्विक धर्म और उस कालगुरु को जगद्गुरु की प्रतिष्ठा की कल्पना तो अभी बहुत दूर की बात है। मरुभूमि में शाद्वल जैसी एक कल्पना, जो प्यारी तो बहुत होती है, सबको भानेवाली, किंतु लोग कल्पना को कल्पना से अधिक कुछ नहीं मानते। कहते हैं कि मरुभूमि में भी कहीं शाद्वल संभव है?"

"वर्तमान में कौन-कौन से धर्म जगद्धर्म बन सकने की दिशा में आगे चल रहे हैं और उनके बीच वर्तमान में भारतीय सनातन धर्म किस स्थिति में है?"

"राजन्, सारे विश्व में आज धर्म, बड़े-बड़े धर्म भी अनेक सुनने को मिलते हैं— ऐसे-ऐसे धर्म भी, जिसके कोई-न-कोई महापुरुष अधिष्ठाता होते हैं, जो उसके सिद्धांतों का प्रतिपादन करते हैं, जो उसमें सद्कर्म-अपकर्म, पुण्य और पाप की अवधारणाओं की व्याख्या करते हैं, जो सामान्य जन को धर्म के बंधनों से बाँधते हैं और मुक्ति के मार्ग भी खोलते हैं। राजन्, भारत का धर्म ऐसा धर्म नहीं, जो अपने बंधनों में पहले बाँध ले और तब मुक्ति का मार्ग प्रशस्त करनेवाला हो। सनातन धर्म का अधिष्ठाता कोई व्यक्ति नहीं, कोई संन्यासी-महात्मा नहीं, स्वयं परमात्मा भी नहीं। सनातन धर्म एक जीवन-शैली है, एक ऐसी शाश्वत, सतत अनंत जीवन-शैली, जिसे प्रकृति एवं अपने पर्यावरण के अनंत प्रवाह में उठते-गिरते, डूबते-तैरते हमने स्वयं अपना लिया है, जिसने प्रतिकूल परिस्थितियों में हमारी रक्षा की है। दुर्भाग्य यही है, राजन् कि हम उसकी रक्षा करने और उसे पूरे संसार के रक्षार्थ खड़ी करने में अपनी ही भूमिका का निर्वाह नहीं कर पा रहे।

"राजन्, बहुत दिनों के बाद प्राचीन आर्य संस्कृति का पोषक एक राजा दक्षिण देश के शीर्ष आसन पर आसीन है, जिसकी उच्चतर शिक्षा-दीक्षा विशुद्ध संस्कृत माध्यम से हुई है। राजन्, आपके समक्ष अपनी एक व्यक्तिगत पीड़ा और एक बहुत बड़े राष्ट्रीय संकट

से आपको परिचित कराने का यह सुयोग आज मिला है। आपको तो विदित ही होगा कि मेरे गुरु गौड़पाद ने जब व्यास रचित ब्रह्मसूत्र का भाष्य लिखने हेतु संगम-तट पर प्रयाग में कुटीरस्थ परमहंस संत के रूप में चिंतन वेदी पर लेखनी और तालपत्र के साथ अपना लेखन आरंभ कर दिया था तो उनसे मिलने दो-एक यूनानी संत पहुँच गए। ये संत थे—प्लेटो और अरस्तू—गुरु-शिष्य परंपरा की एक आदर्श जोड़ी। ये यूनानी संत संस्कृत में बातें करने में प्रवीण थे। उन्होंने उपनिषदों और वैदिक साहित्य के कुछ महत्त्वपूर्ण विषयों पर अपनी कुछ जिज्ञासाएँ की थीं। उनका मुख्य उद्देश्य यह जानना था कि संसार के सबसे पहले नवजागरण (रेनैसाँ) का सूरज तो भारत में उदय हुआ, किंतु उस सूरज के आलोक से संसार भले आलोकित हो रहा था, भारत की सीमा के अंदर तो जैसे उसपर पूर्ण ग्रहण का योग ही बना रह गया, ऐसा क्यों है? मैं उनसे बातें कर प्रसन्न तो बहुत हुआ और मुझसे बातें करने के बाद दोनों संत कुछ दिनों के लिए संगम जीवन-शैली जीने के बाद यूनान वापस चले गए, इस आश्वस्ति के साथ कि बौद्ध धर्म का भविष्य, यदि कुछ भी है, यदि कुछ भी ग्रहण करने योग्य है, इस रेनैसाँ में तो वह सबकुछ भारत के लिए नहीं, आस-पास के देशों के लिए है और जिसका एक झटका-सा पश्चिमी देशों को भी चौंका सकता है। किंतु तात्त्विक सच यह है कि बुद्ध अंतत: वैष्णव धर्मी ही रह जाएँगे, उनकी जिंदगी की असली और अंतिम प्यास गंगाजल से ही बुझेगी और उनकी अंत्येष्टि क्रिया ब्राह्मण पंडितों की इच्छानुसार होगी।"

"आर्यधर्म संतद्वय संपूर्ण विश्व का, सारी मानवता का धर्म है और आर्य धर्म के विरोध में जिस बुद्ध क्रांति अथवा बोधिसत्त्व की चर्चा हम करते हैं, वही अद्वैत, वही ब्रह्म, वह सत्य है, जिसमें यह मिथ्या अथवा यथार्थ, जो भी जगत् यह है एक-न-एक दिन विलय होकर एकमेक हो जाता है। ब्रह्म, ब्रह्मांड तथा जगत् के इसी सत्य की समीक्षा षड्दर्शनों ने की है। आप दोनों प्रसिद्ध दार्शनिक हैं, आपको मैं समझाऊँ क्या?"

"किंतु यह भी दुनिया के सामने एक दिन विस्तारपूर्वक लिखित अभिलेख के रूप में उपलब्ध होगा। यह देखिए, व्यास रचित 'ब्रह्मसूत्र' की मूल पांडुलिपि, जिसका भाष्य लिखने बैठा हूँ। मैं यह काम पूरा नहीं भी कर सका तो भारत की शिष्य परंपरा इसे ऐसे ही नहीं छोड़ देगी। गुरु शरीर छोड़ सकता है, उसकी आत्मा तो शिष्य की आत्मा के साथ जिंदा और अमर होती ही है। होती है न, संत अरस्तू!"

अरस्तू सिहर उठे, उनकी आँखें भी नम हो गईं। उन्होंने प्लेटो के साथ-साथ गौड़पाद का भी चरण-स्पर्श किया और दोनों यूनान लौट गए।

"राजन्!" गोविंदपाद ने राजसेन से कहा—

"इतनी बड़ी शिष्य-परंपरा, इतना बड़ा आश्वासन, इतनी बड़ी आस्था, इतना बड़ा विश्वास, आज सबकुछ संकट में है। किसी कारणवश गुरुवर गौड़पाद तो नहीं ही लिख

सके वह भाष्य और आज तक मैं भी शिष्य-धर्म अथवा परंपरा के निर्वाह में सफल नहीं रहा। अत: मैंने सोचा है कि अब उस पांडुलिपि को इसी कोच्चि पीठ में छोड़कर कांची तीर्थ अथवा नर्मदा तीर्थ की किसी गुफा में महासमाधि की अवस्था में अपने ओ३म ब्रह्म में लय हो जाऊँ।"

"मैं आपको विश्वास दिला सकता हूँ कि मेरी परंपरा के शिष्य न केवल ब्रह्मसूत्र का भाष्य ही, बल्कि इसकी कारिकाएँ भी लिखेंगे और एक दिन सारा विश्व अपने वास्तविक धर्म को समझ सकेगा, अपना सकेगा, जी सकेगा।

मैंने इसी धर्म की प्रगति और विस्तार के उद्देश्य से अगस्त्य गुरुकुल के सीमित कार्य क्षेत्र को छोड़कर कांचिपुरम् विद्यापीठ के वैश्विक धरातल पर खड़ा होकर सनातन धर्म को संपूर्ण जगत् के धर्म के रूप में सक्रिय करने का संकल्प लिया था, किंतु मुझे लगता है, यह महान् कार्य मुझ जैसे सीधे और वयोवृद्ध संन्यासियों से अभी संभव नहीं है। अभी तो कहीं जीसस स्वयं प्रचारक की भूमिका में हैं तो कहीं हजरत मुहम्मद और उनके खलीफे। चीन-जापान, तिब्बत-खुरासान सब जगहों में जहाँ आवश्यकता तो बस मात्र एक बटुक की थी, पर प्रचारक के कार्य में राष्ट्रीय स्तर के संत व्याख्याता के रूप में खड़े हैं। राजाओं ने भी राजकोष का दरवाजा खोल दिया है—धर्म की स्थापना के निमित्त अधर्म खड़ा है।"

"आप विद्यापीठ के कुलाधिपति भी हैं और एक शास्त्रज्ञ विद्वान् भी। मुझे तपस्या में, अनंत तपश्चर्या में लग जाने की अनुमति प्रदान कीजिए।"

आचार्य गोविंदपाद ने विनम्रतापूर्वक राजा राजसेन से विदा तो ले लिया, किंतु सनातन धर्म का उनके अंतस्तल में सोता हुआ भूत जैसे जग गया। गोविंदपाद ने जो संकेत दिए थे, उस स्थिति का सही आकलन करने हेतु राजसेन ने अपने जासूसी तंत्र को सक्रिय कर दिया और उनको उस दिन राज्यसभा में उपस्थित रहने का आदेश दे दिया, जिस दिन व्यापारियों के रूप में कुछ तथाकथित धर्मप्रचारकों तथा प्रतिनिधियों की सुनवाई करनी थी।

निर्धारित तिथि को झुंड-के-झुंड अपने-अपने धर्मों के निर्धारित गणवेशों में धर्म-प्रचारक मसालों, काष्ठों, खनिजों के निर्यात हेतु राज्यानुमति पत्र के आवेदनों के साथ उपस्थित थे।

"प्रजापिता धर्मधुरीन महाराज, मैं भारत में कई वर्षों से लगातार कार्यरत रोम के कैथोलिक चर्च का भारत प्रभारी बिशप जॉन हूँ और मेरे साथ यह हैं कोच्चि चर्च के प्रभारी प्रिस्ट, फादर वासुदेवन। आप हमें अपने समक्ष देखते ही चौंक उठे होंगे कि हम धर्मप्रचारकों के हाथ में यह व्यापार के विस्तार से संबंधित आवेदन-पत्र क्यों है? हमें तो आपके दरबार में रोमन कैथेलिक धर्म के मुख्यालय वैटिकन के पोप महोदय का संदेश

लेकर उपस्थित होना चाहिए था, जिसके द्वारा हमें आपके राज्याधीन किसी उपयुक्त स्थान पर कैथोलिक मिशन चर्च का मुख्यालय खोलना है। हाँ महाराज, आपको यह जानकर प्रसन्नता होगी कि महामहिम प्रधान धर्मगुरु पोप महोदय ने हाल ही में ईसाई धर्म के पूर्वी खंड का जो मुख्यालय ईरान में प्रस्तावित था, उसे बदलकर हमारी सेवा और सेवा के पारितोषिक के रूप में दक्षिण भारत का अनोखा उत्साह देखते हुए यह निर्णय कर लिया है कि विश्व के पूर्वी खंड के चर्च का मुख्यालय अब दक्षिण भारत के केरल देश में होगा। हमारे धर्मगुरु पोप ने भारत और भारत के लोगों के लिए अपना साधुवाद भी संप्रेषित किया है।"

"ऐसा क्यों और क्या हो गया ईरान में और फिर भारत में बिशप जॉन महोदय कि महामहिम पोप ने ऐसा उत्साहजनक निर्णय ले लिया?"

"महोदय, हमने महामहिम पोप को यह संदेश भेजा था कि किस तरह बौद्ध धर्म ने भारत के हृदयस्थल उत्तर भारत को आपादमस्तक हिमाचल से विंध्याचल तक तथा कच्छ से कामरूप तक नास्तिकतावाद के जहर से बुद्धिभ्रमित कर दिया है। यह तो कृपा है प्रभु यीशु की कि नास्तिकता का यह जहरीला सर्प दक्षिण की पहाड़ियों में घुसता और अनीश्वरवाद-अनास्थावाद के द्वारा भारत की समृद्ध प्राचीन परंपरा को समाप्त कर देता, हमने अपने स्वयं सेवक भाई-बहनों ब्रदर्स और सिस्टर्स की एक नई गुरु-परंपरा का दस्ता ही खड़ा कर दिया और फिर उसके सहयोग से उदारवादी भारतीय धर्म-संस्कृति की विराट्-विभ्राट् एवं समृद्ध परंपरा को बचाया जा सकता है।"

"आप ठीक ही कह रहे होंगे फादर जॉन, किंतु आपको तो विदित ही होगा कि आपके और आपके लोग जिन दर्रो-दरवाजों से भारत आते और भारत से इसकी खनिज एवं प्राकृतिक संपदाएँ खच्चरों की पीठ पर लादकर बाहर निकल जाते रहे हैं, उन्हीं दरवाजों से दूसरे-दूसरे धर्मों के प्रचारक-प्रतिनिधिगण भी आते-जाते हैं—प्रोटेस्टेंट ईसाई, यहूदी और इस्लामधर्मी भी। खैर, ये तो आपके पुराने दायाद हैं, ये आते-जाते हैं तो इसका कुछ कारण तो हमनें भी सिरजा है। इसके अतिरिक्त भी तो कभी शक, कभी हुण, कभी कुषान, कभी भारत की सांस्कृतिक पहचान—मंदिरों, विश्वविद्यालयों, ग्रंथागारों को भी नष्ट-भ्रष्ट करनेवाले तत्त्व भी तो इन्हीं मार्गों से आते-जाते रहे हैं।

"आप ही बताएँ कि हम आपको खान-खनिज और प्राकृतिक संपदाओं को ढोने के लिए अनुमति दें अथवा केवल धर्मप्रचारार्थ?"

□

13

धरती के पेट के अंदर विस्फोटक धातुएँ और घातक गैसें जलती-उबलती रहती हैं, पहाड़ों के अंदर समुंदर समाकर उन्हें हिलोरता रहता है और हिलाता रहता है, आलोड़ित-विलोड़ित करता रहता है, ज्वालामुखियों के मुख से धुएँ की लहरों की तरह निकलकर कोई अज्ञात आक्रोश या असंतोष जैसे नीले आकाश के चेहरे को काले बादलों से ढक देता है और लाल तूफानों से यमराज की तरह क्षितिज की सीमा रेखाओं को तोड़कर मिटा देता है, किंतु धरती के लोगों का कोई कार्यक्रम कोई क्रियाकलाप बंद कहाँ होता है ? ठीक उसी तरह कभी-कभी शताब्दियों-सहस्राब्दियों के काल प्रवाह में इतिहास करवट बदलता है, कुछ संस्कृतियों के महल जमींदोज हो जाते हैं, कुछ हरी-भरी पहाड़ी उपत्यका अज्ञात नदियों के रूप में बदल जाती हैं अथवा कभी-कभी तो समग्र ब्रह्मांड ही अजस्र-अखंड जल-प्रवाह में परिणत हो जाता है। कोई वाराह, कोई नोआ, कोई मनु कभी मुट्ठी में कसे हुए थोड़ी मिट्टी लेकर अथवा कोई नूह अथवा कोई मनु किसी नौका पर सृष्टि का बीज लिये जल-प्रवाह से निकलता है और फिर तो धीरे-धीरे एक नई धरती, एक नई सभ्यता, एक नई संस्कृति आकार लेने लगती है या ले लेती है।

ऐसा प्रलयंकारी कोई झटका तो नहीं था यह, भले ही धरती हिली थी जोरों से, गुफाओं में ध्यानस्थ तपस्वी तपस्याएँ छोड़कर बाहर निकल गए थे और देखने लगे थे कि कैसे सभ्यताओं के बाजार अस्त-व्यस्त हो चले थे एवं लोग खुले आकाश की खोज में तेजी से भाग रहे थे। ईसा के उद्भव के एक हजार वर्ष पहले से एक हजार वर्ष बाद तक का यह समय बिल्कुल ऐसा ही था। हजारों वर्षों से एक गाँव और एक ही परिवार में रहनेवाले ग्रीस, रोम, बेबीलोन, मिस्र और ईरान के रहनेवाले लोग एक-दूसरे को छोड़कर कहीं-कहीं भागे जा रहे थे। कोई फिलिस्तीन की ओर तो कोई ईरान की ओर, कोई ईरान के रास्ते भारत की ओर तो कोई सीरिया बेबीलोन के रास्ते तुर्की और ग्रीस-रोम की ओर और फिर वापस होते।

धरती जोरों से हिली थी, भगदड़ सब जगह थी, खुरासान से, मंगोलिया से, चीन से शांति की खोज में कितने चंगेज, कितने कुबला खाँ, कितने गजनी, कितने फाहियान,

कितने ह्वेनसांग और कितने कनिष्क और इत्सिंग हिमालय पार कर नालंदा, विक्रमशिला, शारदापीठ, कांचीपीठ, कामकोटि पहुँच गए और कितने खलीफों की तरह लड़ाई का मैदान छोड़कर किसी के राजमहलों अथवा किसी के भी धर्मस्थलों के अंदर घुस गए।

ये तथाकथित धर्मांध साधु, संत, फकीर हों या राजा, वजीर, सेनापति कुछ ने तो मौके से लाभ उठाया। कहीं लूटपाट कर ली, कहीं बस गए, कहीं पुराने पूजास्थल को तोड़कर अपनी धर्मस्थली बना ली, कहीं का पूरा ग्रंथागार लूटकर अपने देश ले गए तो कहीं के सारे ग्रंथ-धर्मग्रंथ जलाकर राख कर गए।

ऐसा ही समय था, ऐसा ही भयंकर एक समय, जो बुद्ध, जरथूस्त्र कन्फ्यूसियस आदि से शुरू होकर जीसस, हजरत मोहम्मद, अशोक, कनिष्क, तक का जो ईरान, इराक, से पाटलिपुत्र, अवंती, कन्नौज, नहीं पहुँचकर अब पहुँचने लगा था—कश्मीर कच्छ, कोच्चि व कांची और अब तक घेर चुका था पूरे भारत की चौहद्दी-काबुल से कामरूप तक, कच्छ से कामकोटि तक, कामकोटि से कलिंग तक तथा कलिंग से कामाख्या तक, अब आगे दक्षिण देश की ही बारी थी। अलवार कोरोमंडल के अधीन एक छोटी सी जगह थी, जिससे होकर ही कोई कोच्चि जा सकता या कलिंग-कामाख्या। अलवार के लोग भी बहुत डरे थे और सारे लोग एक जगह एकत्र होकर राम नाम के कीर्तन में अपनी तथा पूरे भारत की सुरक्षा हेतु राम को याद करने लगे थे, विष्णु के अवतार भगवान् राम की अलवार की प्रार्थना सभाओं में पंडित-पुजारी अथवा ब्राह्मण-क्षत्रिय ही नहीं सम्मिलित थे, उसमें काले, गोरे, दलित, व्यापारी, पुरुष महिलाएँ भी होतीं। लोग बहुत थे, किंतु शक्ति और उत्साह बहुत कम था, क्योंकि उनकी प्रेरणा और प्रोत्साहन के दो केंद्र—उत्तर वेंकटेश और अगस्त्य परशुराम की पुण्यभूमि थी तो दक्षिण ज्ञान कर्म और भक्ति की भूमि कांची थी और सामने रामेश्वर शिव थे तो पीछे चोलाधीश राजसेन और महाप्रभु परशुराम।

अलवार की इस धर्मसेना में यीशु की सोच के अनुसार ही बारह संतों की तरह बारह विभाग प्रमुख थे और सबका काम था कि पूरे दक्षिण देश में ऐसी ही प्रार्थना सभाएँ पूरी ईमानदारी के साथ चलाते रहें तथा जन-जन की आत्मशक्ति को जगा दें, ताकि यीशु के तथाकथित बारहवें संत-सेनापति थॉमस द्वारा दक्षिण भारत को यीशु की शरण में पहुँचने के पूर्व 'राम' की शरण में पहुँचा दें। किंतु इस कार्य में थॉमस अधिक शक्तिशाली थे, क्योंकि रोम की हुकूमत का आदेश था कि खनिजों-जड़ी-बूटियों के व्यवसाय से जो भी आय होगी, वह भारतीय चर्च की होगी और उसका व्यय केवल चर्च के आदेश से होगा। रोम की हुकूमत राम की हुकूमत से अधिक सुदृढ थी।

खुफिया तंत्र का भी यही प्रतिवेदन था और राजसेन के राजदरबार में थॉमस के वक्तव्य का आशय भी यही था।

राजसेन ने कलाड़ी की भागवत कथा में पहुँचे अलवारियों से एक गुप्त सूचना ली और उनसे थॉमस की इस तेज सफलता का राज-रहस्य जानने की जिज्ञासा प्रकट की। अलवारों के प्रमुख ने कहा—

"राजाधिराज, आपको शायद यह विदित नहीं हो कि मूलत: यह थॉमस एक संत नहीं, एक व्यापारी है, व्यापारियों का सरगना चंगेज की तरह। हमें पता चला है कि कुछ दिनों पूर्व संत अगस्ति के अधीन रोम के वेटिकन सिटी के मुख्य चर्च में जब ईसाई धर्म के विस्तार और प्रचार पर चर्चा हो रही थी तो उस चर्चा में स्वयं जीसस यीशु उपस्थित थे और उपस्थित थे स्वयं यहूदी संत आईजाक भी तथा सभा के अंत में निर्णय हो गया कि आईजाक मजबूत करें अपने पुराने घर को इजरायल-फिलिस्तीन जाकर और जीसस या तो रोम-यूनान में केंद्रित हो जाएँ या फारस से आगे बढ़कर ईसाई धर्म के विस्तार का नया भविष्य गढ़ें। फलत: जीसस को स्वयं भारत की यात्रा करनी पड़ी, जहाँ उनका संपर्क थॉमस से हुआ। जीसस ने अपने धर्मतंत्र के जब बारह अंगों और बारह संतों की चर्चा की तो व्यवसाय के विशेषज्ञ थॉमस ने भारत का प्रभार सँभालने की जिम्मेदारी तो ले ली, किंतु इसकी एक शर्त थी, एकमात्र शर्त कि उस ईश्वर के नाम पर, जिसने जीसस को अपना पुत्र और अपने भक्तों का पिता नियुक्त किया था।"

यीशु शर्त सुनते ही बेचैन हो गए, क्योंकि अब किसी नए व्यक्ति को, बाहर के तंत्र पर थोपना न तो ईश्वर को स्वीकार्य था और न उन बारह भक्त प्रमुखों को, जिनके चिंतन के आधार पर एक नई बाइबिल गढ़नी थी, ईसाइयों की बाइबिल, यहूदियों से भिन्न नूतन उपदेश—न्यू टेस्टामेंट। थॉमस ने कहा—

"जीसस, आप ईश्वर के पुत्र कहे जाते हैं और ईश्वर तथा उसके भक्तों के बीच रहनेवाले संदेशवाहक भी। यदि आप द्वारा नियुक्त कोई संत ही ईश्वर की अपेक्षा के अनुरूप कार्य नहीं करे तो क्या उसे हटाकर दूसरे भक्त को धर्म का कार्य सौंपा नहीं जा सकता? आप मेरे संदेश एवं मेरी जिज्ञासा को ईश्वर तक पहुँचाकर मुझे आवश्यक निर्देश दें।"

जीसस ने ध्यानकक्ष में जाकर ईश्वर को स्मरण किया और जब उनके समक्ष ईश्वर आकर खड़े हो गए तो उन्होंने थॉमस का प्रश्न और उसकी समस्या को ईश्वर के समक्ष रखा तो प्रभु ने कहा—

"जीसस, थॉमस को कह दे कि उसका उद्देश्य धर्म का पवित्र काम है, इसमें संदेह नहीं। कह दे, यह भी कह दे जीसस कि बाइबिल ग्रंथमाला का एक अंश थॉमस की वचनावली होगी, उसकी अनुभूतियों और उसके गीतों से—आनेवाले दिनों में भक्त उसे याद करेंगे एक संत के ही रूप में।"

जीसस और थॉमस दोनों संतुष्ट हो गए और जीवन भर थॉमस दक्षिण भारत में ईसाई धर्म के प्रचार-प्रसार के लिए जीसस का प्रतिनिधि बन गया।

इन सारी बातों को जब थॉमस ने शपथपूर्वक राजसेन से स्वीकार कर लिया तो चोल नरेश की आँखों पर पड़ा परदा उठा और उन्होंने बारहों अलवारों से उनके कार्यक्रम और उनके कार्यस्थलों को देखने की इच्छा व्यक्त की।

राजसेन दूसरे ही दिन कांची प्रवास के लिए प्रस्थान कर गए।

□

14

पुराणों की बातें कल्पनाओं के आवरण में सुसज्जित सुरक्षित सत्य-ध्रुव सत्य हैं और परीक्षित भी अर्थात् सुदूर अतीत की बहुत पुरानी बातें कथावाचकों द्वारा सदा वर्तमान पर चरितार्थ कर व्याख्यायित की जातीं और वर्तमान को वैदिक-औपनिषदिक तथ्यों से जोड़कर प्रस्तुत की जाती थीं और माना जाता था कि वेदों-पुराणों में जो कुछ अंकित है, सत्य ही है। किंतु वर्तमान की दृष्टि तो अब इस तरह प्रदूषित हो गई थी कि उसपर से उन देवताओं का भी विश्वास उठने लगा था और जो देवता कभी भारतभूमि में जन्म लेने के लिए ईश्वर से प्रार्थना करते हिमालय को छोड़कर सिनाई एवं ओलंपिया की ओर चलने लगे थे जैसे। और तो और भारत के सभी उपेक्षित-अपमानित पक्षियों ने भी कैलाश पर्वत को छोड़कर इराक, ईरान की पहाड़ियों में अथवा उससे भी आगे मध्य सागर के किनारे शीतल हवाओं में अपना घोंसला बनाना शुरू कर दिया था, कोई प्रयास भी नहीं करना चाहता 'स्वर्गा पवर्गास्पद मार्ग भूते' एक झोंपड़ी भी बनाने का, जहाँ वे 'भवंति भूयः पुरुषाः सुरत्वात्।' सुरों से भी अधिक सुखी। गांधार से कश्मीर और कश्मीर से तिब्बत होते वर्मा के रंगून तक बोधिसत्त्व जैसी उपाधि से समादृत आयुष्मान लोकक्षेम और पद्मसंभव का साम्राज्य था, रंगून से स्याम, कंपूचिया, बोर्नियो, कोरिया, वियतनाम तथा लाओस तक। चीन से भारत-भ्रमण पर चले बोधिसत्त्व इत्सिंग पर भी कश्मीर के वसुमित्र तथा कनिष्क की छाप गहरी लगी थी। विक्रमशिला, नालंदा, ओदंतपुर, सोमापुर और जगदल पर शीलभद्र, नागार्जुन, असंग, सुबंधु, श्रीज्ञान आदि के स्वयं अथवा उनके पट्टशिष्यों की छाया, जो योगसाधना भूलकर मुद्रा और तंत्र की साधना कर धनार्जन करने में संलग्न थे। मंत्र का भी प्रभाव जोरों पर था।

कश्मीर के कट्टर शैव ज्ञानगुप्त तथा प्रज्ञागुप्त भी बौद्धधर्म के आभामंडल में आ चुके थे और वैशाली, मगध, काशी, अवंती के आचार्यों, पुरोहितों और तथाकथित संतों का क्या कहना—वे भी वज्रयानी बौद्धों के लिए मैदान खाली कर मंदिरों में छिपे बैठे थे और धर्म की लंबी सेवा से मुक्त अवकाश प्राप्त जीवन जीने लगे थे। यह तो थी आर्यावर्त्त कहे जाने वाले भारतखंड की दुर्दशा थी और फिर दक्षिण देश पर तो संत थॉमस का जैसे

सिक्का ही चल रहा था ख्रिस्त से भी अधिक। ऐसी ही परिस्थिति थी, जब चोल नरेश राजा राजसेन पहुँचे थे कांची अगस्त्य तीर्थ, महेंद्र पर्वत और अलवार के भ्रमण पर।

तब उन्हें आचार्यों तथा पुरोहितों ने सूचित किया कि व्यासकुलीन महापंडित ज्ञानगुरु श्री गोविंदपाद महाराज ने कांचीपीठ छोड़ दी और अपने प्राचीन साधनास्थल तुंगभद्रा क्षेत्र की पर्वतश्रेणियों में प्रस्थान कर चुके हैं। पुरोहितों ने यह भी बताया कि उनकी महासमाधि की अवस्था टूटेगी, ऐसा नहीं लगता, किंतु उनकी महासमाधि की अवस्था में उनके कानों में यदि कोई साधक आचार्य शिष्य यह बोल सके कि उनकी उस एकमात्र अपूर्ण कामना व्यासकृत ब्रह्मसूत्र के महाभाष्य की पांडुलिपि उनके चरणों में समर्पित करने की अनुमति चाहता है तो संभवत: उनके दृष्टि-कमल में कंपन आए और वे अठाइसवें द्वापर के इस व्यास के माथे पर अपने आशीर्वाद का हाथ रख दें।

राजसेन की यात्रा में अंतिम कार्यक्रम अगस्त्य तीर्थ का संगम मेला का भ्रमण भी था। कांचिमठ के प्रधान पुरोहित ने उन्हें पीठ के ग्रंथालय की कुंजी उनके हाथों में समर्पित कर दी और आर्त स्वर में कहा—

"महाराज, यह कुंजी आपकी है और ये सारे ग्रंथ इस भारतभूमि के संतों आचार्यों एवं ऋषियों के हैं—इन्हें बचाइए महाराज, यही ज्ञानकोश भारत की संपदा है और इसी कोश को एक दिन वैश्विक ज्ञान-विज्ञान का विश्वकोष घोषित होना आपका और आपके राजकुल का सबसे बड़ा कर्तव्य है। प्रधान पुजारी के अंदर कोई भय या आतंक जैसा व्याप्त था। किंतु आशा की किरणें नहीं थीं, ऐसा भी नहीं था। राजा के सामने ही अलवार के बारहों धर्माचार्य भक्त उनके स्वागत में खड़े थे। राजसेन ने कांचीमठ के प्रधान पुजारी, ग्रंथागार के आचार्य अध्यक्ष तथा अन्य सभी आचार्यों को इन बारह नव आचार्यों के साथ अगस्त्य तीर्थ पर आमंत्रित किया, जहाँ अगस्त्य और परशुराम के स्मृति-स्थल पर वे सभी मिलकर वर्तमान स्थितियों का पूर्ण आकलन और भविष्य के सारे कार्यक्रम मिल-जुलकर तैयार करेंगे का फैसला लिये। राजसेन ने कहा कि धर्म के कर्णधारो, अगस्त्य तीर्थ रामेश्वर तीर्थ की तरह एक तीर्थ हो चला है। रामेश्वर तीर्थ सभी तीर्थों में विशिष्ट इस तथ्य के कारण रहा कि यह तीर्थस्थल अर्थात् मानव जीवन की यात्रा में वह किनारा है, जिसे पार कर हम मुक्ति द्वार पर उतरकर वहाँ से स्वर्ग पहुँच सकते हैं—विष्णुधाम। रामेश्वर तीर्थ इसके साथ-साथ भारतीय राष्ट्र का वह किनारा है, जहाँ एक सेतु, रामेश्वर सेतु से हम पैदल पारकर एक प्रतिकूल संस्कृति को भी अपने अनुकूल ढालकर एक श्रेष्ठ वैश्विक संस्कृति के निर्माण का सत्कार्य कर सकते हैं।"

अगस्त्य तीर्थ की भी यही महत्ता है कि वह हिमाचल की पर्वतीय संस्कृति को विंध्याचल की बाधाओं को पार कर सागर-संस्कृति से जोड़ता है और सप्तसिंधु को सप्तसागर का रूप देकर एक सुंदर संसार, एक नए विश्व का निर्माण करने की प्रेरणा देता है।

वसिष्ठ गुरु थे एवं अगस्त्य, परशुराम, द्रोणाचार्य, व्यास आदि ऐसे अनेकानेक गुरु हो चुके हैं। भारत गुरुओं का देश है और जिस दिन पूरे विश्व में ऐसे कुछ तीर्थ स्थान बन जाएँगे पहाड़ों को काटकर, सागरों को बाँधकर, उस दिन जिस दिन यह संभव हो सकेगा। लगेगा कि यह संसार, यह चमत्कार किसी गुरु-सद्गुरु की ही देन है और वह गुरु होगा भारत—संपूर्ण जगत् का गुरु। वह जगद्गुरु, जो सहस्राब्दियों से यह आर्ष संदेश देता रहा है कि—

"हे पृथिवी पुत्रो, यह पृथिवी, आकाश, वायुमंडल, महासागर और इस पृथ्वी के अंदर-बाहर जलता हुआ अग्निपुंज सबकुछ नश्वर है, सबकुछ मिथ्या है

"ब्रह्म सत्यं जगन्मिथ्या' किंतु चलो जगत् के पार भी, वहाँ भी एक तीर्थ है, इस जलते हुए संसार के आगे भी एक संसार है, जहाँ रहती है अखंड शांति और रहता है अपार-प्यार, अपार ऐश्वर्य और नित्यानंद।"

इन्हीं शब्दों के साथ एक संवाद-संगोष्ठी अगस्त्य तीर्थ में संपन्न हो गई और वैश्विक परिवार के निर्माण के पीछे एक वैश्विक धर्म की आवश्यकता महसूस की जाने लगी। धर्म की रक्षा करना आवश्य स्वीकार किया सबने और इसीलिए सबने एक स्वर से राजसेन को जगद् धर्म की रक्षा हेतु तैयार कार्य योजना पर आगे बढ़ने हेतु अधिकार देने का अनुरोध किया।

राजसेन ने वर्तमान भारत में कुछ विदेशी तत्त्वों द्वारा धर्म का आवरण ओढ़कर व्यापार का कर्म करने और धर्म की आड़ में विश्व-परिवार के निर्माण में बाधा उपस्थित किए जाने की संभावित समस्याओं का विशद् विश्लेषण करते हुए शाश्वत आर्यधर्म का दुरुपयोग रोकने और आर्य संस्कृति को समाप्त करने की योजनाओं के विरुद्ध आर्य धर्म के रक्षार्थ तथा वैश्विक समाज-संस्कृति के निर्माणार्थ तीन सहयोगी संगठनों की घोषणा की। उन्होंने आगे कहा—

धर्मधुरीण जगद् परिवार के संकल्पियो,

- आज से हमारा धर्म 'आर्यधर्म' के नाम से जाना जाएगा।
- आर्यधर्म के आधार चारों वेद और अठारहों उपनिषदें होंगी।
- उपनिषदों का सार 'ब्रह्मसूत्र' और सूत्रों का सार 'वेदांत दर्शन' नाम से जाना जाएगा।
- इसके प्रचारक महात्मा नांबी के शिष्य तथा अलवार के नाथमुनि सहित बारह गुरुजन होंगे, जो पूरे दक्षिण भारत को बारह भागों में बाँटकर धर्म-प्रचार का कार्य पूर्ववत् करते रहेंगे।
- प्रत्येक प्रचार-गुरु के प्रत्येक क्षेत्र में एक-एक अर्थात् कुल बारह गुरुओं की एक धर्मधारक टोली काम करेगी।

- धर्मधारक धर्मशास्त्रों एवं उनके ग्रंथागारों के प्रभारी होंगे, जो आवश्यकता पड़ने पर विरोधी तत्त्वों को शास्त्रोचित प्रत्युत्तर देंगे।
- तीसरी श्रेणी धर्मरक्षकों की होगी, जिनके हाथों में शिव का त्रिशूल होगा। धीरे-धीरे इनकी संख्या निम्नतम स्तरों पर क्रमश: बढ़ती जाएगी तथा एक निर्धारित अनुपात के अनुरूप क्रमश: उच्चतर स्तरों पर भी बढ़ाई जा सकेगी, किंतु विभिन्न स्तरों पर यह बल आधार स्तर पर बढ़ाई गई जनसंख्या के आलोक में निर्धारित होगा।
- आज आप छत्तीस गुरुओं को हम बारह क्षेत्रों में भेज रहे हैं। प्रति महीने के प्रथम बृहस्पतिवार को बारहों गुरु अगस्त्य तीर्थ के इसी स्थान पर एकत्र होंगे तथा अगस्त्य और परशुराम का नाम लेकर धर्म की प्रगति का विश्लेषण करेंगे और 'आर्य' शब्द को सनातन अथवा सार्वभौमिक सत्ता के पर्याय के रूप में स्थापित करने की ओर अग्रसर होते रहेंगे—'विश्वमार्यम्' की सत्ता, वह भी संपूर्ण विश्व में।
- राजसेन ने स्पष्ट किया कि आर्य धर्म और विश्वमार्यम् की मौलिक परिकल्पना में कहीं भी यह व्यवस्था नहीं है कि इस सत्ता का संचालन राजकोष से होगा। न तो कोई धर्म राज का धर्म होगा और न कभी राजकोष से किसी भी धर्म का उन्नयन, उत्थान करना या किसी भी प्रकार किसी भी धर्मविशेष को प्रभावी बनाना राजधर्म—राजा का धर्म।
- धर्म सामान्य जन-जीवन को मार्गदर्शन देने का एक साधन होता है और धर्म पर जो भी व्यय होना चाहिए, वह स्वयं जनता द्वारा इसी कार्य हेतु एकत्र कोष से हो सकता है, राजकोष से नहीं।
- राजसेन ने स्वीकार किया कि बिंबिसार, अशोक, चंद्रगुप्त विक्रमादित्य, हर्ष, भोज, मिहिर भोज आदि राजाओं ने धर्म के प्रचार और सुरक्षा पर यदि राजकोष का व्यय किया है तो भी हम इसे उचित नहीं मानते और इसीलिए हम विश्वमार्यम् धर्म को ही भारत का एकमात्र धर्म मानेंगे और किसी धर्मविशेष को किसी राज का धर्म नहीं मानेंगे।
- राजधर्म अर्थात् जनता के लिए सुराज, राज्य के अधिकारों एवं कर्तव्यों से होगा, धर्मगौण किंतु सदैव सामने राज अर्थात् सुशासन, सुशासन अर्थात् समावेशी विकास, विकास अर्थात् राज्य का विकास, हर नागरिक का विकास। न्याय के साथ यदि विकास होना है तो धर्म को अपने मस्तिष्क के अंदर नहीं सामने रखना होगा, अपने 'स्व' अथवा 'अहं' को अपने शासन से दूर रखना होगा।

अलवार के बारहों धर्मगुरुओं ने महात्मा नांबी के साथ राजा राजसेन को भी 'साधु' कह उनका साधुवाद किया। राज्य का रथ राजा के साथ राजधानी के लिए चल पड़ा।

□

15

जीसस भारत-भ्रमण पर निकल पड़े, बिना कुछ सोचे-विचारे अथवा किसी से कुछ पूछे-समझे। ऐसा संभवत: इसलिए हो गया कि कब्र से बाहर निकलने के बाद उनकी मानसिक स्थिति उन्हीं की समझ में नहीं आ पाती। कभी सोचते कि क्या मैं वस्तुत: जीसस की आकृति में उसका प्रेतशरीर दिखता हूँ अथवा कोई ऐसा प्रेत की तरह लोगों द्वारा देखा-समझा जा रहा हूँ, जिसने किसी देवदूत की आकृति में मेरे अस्तित्व को ढाल लिया है। मन कहता कि लोग मेरी पूजा करते हैं, उनका अखंड विश्वास है मेरे आशीर्वादों में, वे मानते हैं कि मैं ईश्वर से कहकर उनके सभी पापकर्मों के लिए क्षमा प्रदान करा दूँगा—हाँ, वे मुझे पूजते हैं, पूजते रहेंगे। किंतु लोगों के बीच जाने से डर लगता है, यदि वे ही लोग मुझ पर पत्थर फेंकने लगें, वे ही भक्त सड़े अंडे बरसाने लगें अथवा मुझे पकड़कर यूनान के राजा की अदालत में धर्म का दुरुपयोग करने के अपराध की सजा हेतु पुन: उपस्थित कर दें, तब क्या होगा? समझ में नहीं आता था जीसस को कि कहाँ जाएँ, कहीं जा छिपें या कहीं दूर जाकर प्रभु-पुत्र को कैसे रहना चाहिए या संत कैसे रहते हैं, यह सीखें!

विचित्र मन:स्थिति में जीसस के पाँव पास के किसी गाँव की ओर बढ़ने लगे, किसी शरणस्थली की खोज में तो कभी रुककर भागने लगे किसी वीरान की ओर भय से। देवदूत होने का भ्रम एवं साथ-साथ प्रेत-सा दिखने का भय। कुछ ग्रामीण भक्तिनें कहीं से पुकारतीं, तो कहीं से हेरोड के पहरेदारों और सैनिकों की आवाज-सी सुनाई पड़ती। उसे कभी अरस्तू के 'पोएटिक जस्टिस' की शांति अपनी ओर खींचती तो कभी रोम के 'क्रिमिनल जस्टिस' से रोंगटे खड़े हो जाते। यहीं कहीं है न अरस्तू का पुराना निवास! वह बगल के गाँव में एक झोंपड़ीनुमा घर के अंदर घुस गया और बोलने लगा—

"मैं अरस्तू के घर में अत्याचारियों के भय से त्रस्त एक शरणार्थी हूँ।" और सामने आए एक युवक ने उत्तर दिया—

"यह घर अरस्तू का हुआ करता था कभी, आज अरस्तू के इतिहास हो जाने के बाद यह घर उन्हीं के परपोते थॉमस का है। अरस्तू काव्यशास्त्री, समाजशास्त्र और

नीतिशास्त्र के ज्ञाता तथा रचयिता थे। मैं अर्थशास्त्र भी नहीं, किसी तरह अर्थोपार्जन कर अर्थ से समाज और राज्य पर अधिकार प्राप्त करने का एक प्रयोगधर्मी मनुष्य हूँ। कहिए, मैं आपकी क्या सहायता कर सकता हूँ?"

ईसा ने कहा—

"मैं प्रभु परमेश्वर का पुत्र जीसस हूँ और रोम के राजा के डर से क्रॉस पर बलि चढ़ने के बाद कब्र से निकलकर भागता हुआ आपकी शरण में आया हूँ। हेरोड के सैनिक मेरा पीछा कर रहे हैं, मुझे बचाइए, आप समाजशास्त्र तथा न्यायशास्त्र की परिभाषा गढ़नेवाले महात्मा अरस्तू के पौत्र हैं, मैं भी समाज के दलित-पीड़ित-रोगग्रस्त-दुःखी लोगों का कष्ट दूर करनेवाला ईश्वर का पुत्र हूँ और उसी ईश्वर के आदेशानुसार वही करता हूँ, जो सब आज अरस्तू होते तो करते। मुझे बचाइए थॉमस, तथा प्रभु द्वारा सौंपे गए कर्तव्यों के निष्पादन में मेरी सहायता कीजिए।"

थॉमस ने कहा—"जीसस, आप डरे भी हैं और बहुत घबराए भी, जैसे कि आपने कोई अपराध किया हो। आप घबराएँ नहीं, शांतिपूर्वक विश्राम करें। यहाँ राजा के सैनिकों में प्रवेश करने का साहस नहीं, किंतु जीसस, प्रभु स्वर्ग में रहता है और प्रभु-पुत्र धरती पर। वह देवताओं का उपदेशक-निर्देशक है आप धरती-पुत्रों के, जो बड़े ही अनुदार, निर्दय और क्रूर हुआ करते हैं। जीसस, आखिर मैं कब तक बचा सकूँगा रोम में, ग्रीस में आपको। आप चाहें तो मैं आपको अपने साथ भारत ले जा सकता हूँ—संतों की मूलभूमि, महात्माओं-ऋषियों की कर्मभूमि, जहाँ के लोग मानते हैं कि धर्म की हानि होने पर स्वयं ईश्वर अवतार लेता है और दुःखियों के दुःखों को दूर करता है। मेरे दादाजी भी भारत गए थे और वह भी अपने गुरु अफलातून महोदय को साथ लेकर।

"दादाजी का पुराना कोट भी मैं आपको पहना दूँगा। कोई आप पर संदेह नहीं करेगा और आप मेरे साथ सहज ही भारत पहुँच जाएँगे, वहाँ के ऋषियों से मिलेंगे, वहाँ के वैदिक तथा औपनिषदिक ग्रंथों का अध्ययन करेंगे और लौटकर प्रभु की इच्छा होगी तो उन्हीं ग्रंथों के आधार पर अपना धर्मग्रंथ भी तैयार कर लेंगे। धर्मग्रंथ के आधार पर मुझे विश्वास है कि आप वह सारा काम आसानी से संपन्न कर देंगे, जो प्रभु की आपसे अपेक्षा है।"

जीसस फिर भी भयभीत दिखे। थॉमस ने आगे कहा—

"डरो नहीं जीसस, चलो, मैं तुम्हारे साथ हूँ, थॉमस तुम्हारे साथ है जीसस, तो हेरोड के सैनिक भी हम पर कोई संदेह नहीं कर सकते। उससे भी महत्त्वपूर्ण, यह कोट जिसके तन पर हो, एक महात्मा का कोट, उसके मन को कौन दुखाना चाहेगा। सूरज अस्ताचल पर है। थोड़ी ही देर में अंधकार छाने लगेगा, गोधूलि की बेला आएगी और हम प्रस्थान कर देंगे।"

जीसस—"थॉमस, अरस्तू पूरे रोमन साम्राज्य के लिए एक बहुत बड़ा नाम है, मैं पूरी श्रद्धा रखता हूँ अरस्तू में, किंतु मैं प्रभु-पुत्र, मैं तो क्रूस पर बलिदान होकर सिद्ध कर चुका हूँ कि मैं किसी मनुष्य क्या किसी हैवान, शैतान से भी नहीं डरूँगा और मानवता के हित में ईश्वर के निर्देशों का अक्षरशः अनुपालन करता रहूँगा। ईश्वर मुझसे कुछ कहना चाहता है, कुछ बड़ा काम करने के लिए मुझे मरने देना नहीं चाहता। फिर डर क्यों किसी का? फिर भी मैं तुम्हारी बातें मानूँगा और तुम्हारे साथ आज ही गोधूलि बेला में भारत के लिए प्रस्थान करना चाहूँगा। अभी तो लगता है कि इतनी इच्छा और आज्ञा प्रभु ने दे दी है मुझे। तुम चलने की तैयारी करो और मुझे भी स्नान करने के बाद तैयार हो जाने का समय दो।"

सूरज डूब चुका था, अँधेरा छाने लगा था। जीसस ने अपनी कब्रानी सूरत बदल ली। थॉमस भी पूर्णतः तैयार ही था। उसने अपना कोट पहना और एक कोने में टँगे उस तथाकथित अरस्तू के कोट की ओर संकेत करते हुए कहा—

"जीसस, यह बड़ा ही प्रतिष्ठित कोट है, एक बड़े ही मनस्वी, ज्ञानी और यशस्वी पुरुष का, प्रभु-पुत्र के व्यक्तित्व के योग्य। आओ, इसे मैं तुम्हें अपने हाथों से पहना दूँ। लँगोटियाँ लपेटकर तपस्या करनेवाले भारतीय ऋषियों के बीच यूनान और रोम की संस्कृति की विशेष पहचान स्थापित करेगा यही कोट।"

जीसस को यह प्रस्ताव स्वीकार्य लगा, किंतु उसने कुछ सोचा और फिर बोल उठा—"थॉमस, छोड़ दो यह कोट यहीं यूनान में, यूनान और कन्नान की संस्कृति के प्रतीक और अरस्तू के ज्ञान एवं दर्शन की पहचान के रूप में। मुझे लगता है कि कहीं भारत के ऋषियों की जीवन-शैली का कायल हो गया मैं तो लौटते समय यही कोट वरदान के बदले, आराम के बदले कहीं अभिशाप अथवा बोझ न हो जाए।" जीसस का उत्तर थॉमस के गले के नीचे नहीं उतर सका। किंतु वह मन-ही-मन कुछ बुदबुदाया और चल पड़ा। आगे-आगे थॉमस और पीछे-पीछे जीसस। दोनों की गति तेज थी, किंतु बार-बार यह देखकर थॉमस को गुस्सा आता कि बार-बार त्वरित गति से चलकर जीसस आगे हो जाता। जीसस थकता नहीं था जैसे और बार-बार पीछे हो जाता थॉमस।

रात भर चलते रहे दोनों। अंधकार छँटने लगा था और प्राची के मस्तक पर सूर्य की अरुण किरणें दस्तक देने लगी थीं। चिड़ियों का चहचहाना, जोर्दान नदी की अनवरत प्रवाहित जलधारों का लहराना, भेड़ों का गुड़गुड़ाते हुए चारागाहों की ओर प्रयाण कर जाने की जानी-पहचानी आवाज कानों में आते ही थॉमस ने पूछा—

"हम अभी कहाँ हैं, जीसस?"

"थॉमस, हम अभी सिनॉय की पहाड़ियों के पास पहुँचनेवाले हैं, सिनॉय अर्थात् वह पवित्र पहाड़ी, जिस पर खड़ा होकर कभी ईश्वर ने मोजेज को धर्म के कुछ सूत्र सुनाए थे, वे पवित्र सूत्र, जो तभी से अभी तक यहूदी समाज के पाँच धर्मानुदेश कहे जाते रहे हैं।

यह मिस्र देश है मित्र, बहुत बड़ा देश, बहुत प्राचीन विरासतों को जिंदा सँजोनेवाला देश, मिस्र अर्थात् वह धरती, जिसकी मिट्टी में तीन-तीन संस्कृतियाँ जनमी, पली-बढ़ी हैं और पूरे संसार में फैली हैं। यही विरासत आगे बढ़कर भारत के पश्चिमी तट से दक्षिण की मालावार पहाड़ियों तक जाती हैं और अंततः दक्षिण भारत के रास्ते भारत के दुर्लंघ्य क्षेत्रों में प्रवेश कर जाती हैं। किंतु विश्व के प्रमुख धर्मों का तुलनात्मक विश्लेषण किया जाए थॉमस, तो तुम पाओगे कि भारतीय आर्यधर्म, जिसे आज के भारतीय विद्वान् वैदिक धर्म अथवा सनातन धर्म कहते हैं, एकमात्र ऐसा धर्म है, जिसका फैलाव आर्यावर्त्त से बाहर हिंद सागर, चीन सागर, भूमध्य सागर तथा प्रशांत सागर के कुछ भागों में भी तेजी से हो रहा है।"

"जीसस, तुम या तो अपने मूल धर्म, यहूदी धर्म, जूडा धर्म के विस्तार के लिए जीवनदान कर दो, अपनी सारी संपत्ति अपने ईश्वर के नाम न्योछावर कर दो, नहीं तो चलो, हम पहले भारत चलें, भारत के वैदिक अर्थात् सनातन धर्म को ध्यानपूर्वक पढ़ें, देखें और समझें तथा एक नए धर्म का वृहत्तर विकास अर्थात् एक नए धर्म के विकास के इतिहास-लेखन की आधारशिला रखने का कार्य अपने धर्म के पूर्वग्रहों के अनुरूप साथ-साथ शुरू कर दें।

"इस इतिहास-लेखन से मेरा मतलब यह है, जीसस कि तुम चाहो तो भारत के वैदिक या आर्यधर्म के विकास का इतिहास सामने रखो और जहाँ-जहाँ सनातन या वैदिक या आर्य शब्द अंकित हों, उसे हटाकर वहाँ तुम्हारे अंदर तुम्हारी आत्मा के अंदर प्रवाहित तुम्हारे उस उदार सिद्धांतोंवाले धर्म का उल्लेख कर दिया जाए और जहाँ-जहाँ इस नए धर्म का उल्लेख करना वस्तुतः उचित हो, वहाँ-वहाँ वैदिक आर्य या सनातन शब्द लिख दिया जाए।"

"यह तो फर्जी काम होगा, किसी जाति के धर्मग्रंथ को आधार बनाकर किसी अन्य धर्म का इतिहास गढ़ा जाए थॉमस, यह तो नैतिक दृष्टि से भी अनुचित होगा और संसार भी इसे स्वीकार नहीं कर सकेगा।"

"जीसस, पहले हम तुम्हारे धर्म की घोषणा तो करें और इसके लिए तुम्हारे जन्म, तुम्हारी मृत्यु और पुनः तुम्हारे पुनरागमन की घटनाएँ रोमांचक तो हैं ही, किंतु तुम्हारी भविष्यवाणियाँ श्रेयस्कर तथा लोकप्रिय नहीं हैं। देखो, एक नई बाइबिल तो लिखनी ही होगी, जिसमें काल के प्रवाह में होनेवाले ईश्वरीय घटनाचक्रों के उल्लेख, नए-नए संत अपनी-अपनी धार्मिक अनुभूतियों के आलोक में अपनी-अपनी अलग-अलग पुस्तकों में करेंगे ही। तुम भारत से जब लौटने लगोगे तो तुम्हारे साथ संत थॉमस की लिखी हुई एक पुस्तक होगी, जिसे देखकर लोगों को लगेगा कि दुनिया का सबसे सार्थक एवं उदार सर्वग्राही और सर्वसमावेशी धर्म जीसस द्वारा प्रचारित ईसाई धर्म ही है। हाँ जीसस, आज

से हम अपने धर्म को जीसस क्राइस्ट के नाम पर आधारित क्रिस्ट अथवा ईसाई धर्म कहकर पुकारें। साहित्य में आर्य धर्म, सनातन धर्म आदि के संबंध में सहस्राब्दियों से दुहराई जा रही सारी बातें संस्कृत ग्रंथों की उस ऐतिहासिक उम्र पर निर्भर हो जाएँगी, जो तुम्हारी नई बाइबिल निर्धारित करेगी। संस्कृत, संस्कृत में लिखे धुरीण इतिहासकार कहेंगे कि संस्कृत भाषा तो हजारों वर्ष पुरानी है और आर्य सभ्यता भारत के बाहर से आयातित-आरोपित नहीं। आधे से अधिक भारतीय इन बातों से प्रतिकूल हमारे सत्य को स्वीकार कर ईसाई धर्म को जब अपना धर्म बनाने लगेंगे तो सनातन व वैदिक सबकुछ हवा में विलीन हो जाएगा और दुनिया का सबसे बड़ा धर्म, सबसे अच्छा धर्म, सर्वसमावेशी धर्म ईसाई धर्म हो जाएगा।"

"और जीसस, तुम भारत चलकर इन संभावनाओं का मूल्यांकन करो तथा यदि मेरे कथन में दम है तो यह काम तुम मुझ पर छोड़ दो। इस काम के लिए मैंने और मेरे पूर्वजों ने भारत में मसालों के व्यवसाय से जो भी धन कमाया है, मैं वह सारा धन धर्म की स्थापना, विकास तथा विस्तार में लगाकर दम लूँगा—'धनाद्धर्म: तत: सुखम्'। चलते रहे दोनों मित्र रात-दिन। जीसस पर्सिया पार करने ही वाले थे और चाहते थे कि थॉमस से जो भी हाँ-न करना होगा, भारत पहुँचकर ही करेंगे।" जीसस बोलने लगे—

"थॉमस, यह जो पहाड़ी प्रदेश तुम्हारे सामने है, यह वह ऐतिहासिक भूमि है, जिस पर फारस के अनेकानेक युद्ध लड़े गए। कुछ तो हेरोडोटस ने अपनी आँखों से देखे थे, कुछ कानों से सुने थे, कुछ अपने मनमस्तिष्क में गृहीत स्मृतियों से कागज के पन्नों पर उतारे थे। ठीक वैसी ही मजेदार-बड़ी मजेदार कहानियों-सी लगती हैं ये श्रुतियाँ, ये स्मृतियाँ और ये भारत के ऋषियों की दृष्टि एवं दूरदृष्टि में उतरी ब्राह्मण कथाएँ। यदि हेरोडोटस का काल निर्धारण सौ वर्षों से भी छोटा काल हो सकता है तो हमारे धर्म के अंदर भी तो कुछ ऐसे इतिहासकार हो सकते हैं, जो सनातन की उम्र सौ वर्षों या दो सौ वर्षों की सीमा में बाँध दें। सोचना मित्र और मुझे बताना—थॉमस के लिए दुनिया का कोई काम असंभव नहीं। जितना कुछ बुद्धि कर सकती है, उतना सबकुछ का अतीत-वर्तमान-भविष्य गढ़कर सामने खड़ा कर देने की क्षमता थॉमस में है।"

"मुझे भी दुनिया से क्या लेना-देना, जीसस। सबकुछ है और वह सबकुछ तुम्हारा और तुम्हारे नए धर्म के लिए। अपना सारा जीवन, अपने जीवन भर का कमाया गया सारा धन और वह केवल एक शर्त पर, शर्त यह कि नई बाइबिल में तुम्हारे द्वारा चयनित 12 संतों में एक संत यह थॉमस भी हो और एक पुस्तक बाइबिल की, जिसके लेखों में एक लेख के लेखक का नाम थॉमस भी हो एवं इस एक पुस्तक में यह नाम थॉमस होना पूरे संसार में ईसाई धर्म को एक नया नाम देगा, एक नई ख्याति। देखो जीसस, यह बाईं दिशा जानेवाला मार्ग खैबर दर्रा जाएगा—खैबर, बोलन,

खुर्रम, जिसे पार कर तुम तक्षशिला के रास्ते अवंती, काशी और पाटलिपुत्र तक जा सकते हो मेगास्थनीज की तरह। यह दाएँ हाथ का जो रास्ता है, यह अरब सागर के जलवाहनों के सहारे हमें लेकर सीधे कोच्चि पहुँचा देगा, कोच्चि से कन्याकुमारी तथा कन्याकुमारी से कांचिपुरम्, जहाँ से भूमिमार्ग से चलकर हम उस सुरम्य घाटी में पहुँचेंगे, जहाँ प्रकृति का सौंदर्य देखने लायक ही है, वन पशुओं के साथ उनका खेलना तथा मनोरंजन करना वहाँ की अपनी विशेषता है। चलो, हम जलमार्ग का सहारा लें।"

जीसस और थॉमस फारस के युद्धों के विस्तृत विवरणों को अंकित करने में हेरोडोटस की लेखन-शैली, वर्णनात्मक कला तथा बीच-बीच में ऐतिहासिक घटनाओं की पुष्टि लोक कथाओं से करते रहने की विशेष चर्चा करते चले जा रहे थे। विश्व के पहले इतिहासकार के रूप में हेरोडोटस को द्वैपायन व्यास से भी अधिक लोकप्रियता मिल गई, ऐसा ही थॉमस का मानना था। ईसाई धर्म का नया इतिहास गढ़नेवाले इतिहासकार की लोकप्रियता भी इस थॉमस को तो मिलनी चाहिए थी।

जीसस ने कहा, "थॉमस, वैसा इतिहासकार भी तो तुम्हीं को खोजना होगा—वह इतिहासकार तो हेरोडोटस और मेगास्थनीज जैसा कदापि नहीं हो। धर्म का इतिहास धर्म के हित में, धर्म के हित के विपरीत कदापि नहीं लिखा जाता, धर्म के लाभार्थ-हितार्थ लिखा जाता है। धर्म धारण करने के बाद धर्म का लक्ष्य ही व्यक्ति का लक्ष्य हो जाता है। धर्म को इसीलिए मिशन कहते हैं थॉमस, मिशन मतलब खुदा का वचन। इतिहासकार को भी मिशनरी होना, उसको प्रभु का प्रथम निर्देश है।" थॉमस ने कहा—

"जीसस, हर इतिहासकार हेरोडोटस नहीं होता, न हर डायरी लेखक मेगास्थनीज, जो केवल उतना ही लिखे, जितना सत्य लगे। सत्य के दो ही प्रमाण होते हैं, प्रत्यक्ष और अनुमान। सबसे बड़ा इतिहासकार तो वह होता है, जो सत्य के नाम पर कुछ भी नहीं लिखे प्रत्यक्ष, तब भी लोग उसी की वाणी को इतिहास और यदि सबकुछ अनुमान पर आधारित भी लिखे, इतिहास का सार मानें और बहुत लंबा-चौड़ा सच लिखनेवाले को कपोल कथा का सृजनकार या कला-सिद्ध गल्पकार भर।"

जीसस ने पूछा—

"थॉमस, ऐसा ही कोई इतिहासकार हमें भी चाहिए। सोचो, कैसे यह महत्त्वपूर्ण इतिहास रचा जा सकेगा और इस अनुमानाधारित इतिहास की सत्यता दुनिया के लोगों को कैसे स्वीकार्य होगी?"

थॉमस मुस्कुराया। अब यात्रा भी समाप्त थी और वे दोनों कांची से आगे थॉमस के निवास स्थान को पहुँच चुके थे। थॉमस ने कहा—"जीसस, हाँ जीसस, इतिहास-लेखन के क्रम में वर्णित घटनाक्रम पूर्णत: बुद्धि एवं तर्क पर आधारित होंगे। ऋषियों के वचनों की तरह ही चमत्कारपूर्ण उद्गार और आशीर्वाद भी तर्क एवं दर्शन दोनों तुलाओं पर

तुले लगेंगे, बिल्कुल अरस्तू के कथनानुसार। यह हुआ आज से तुम्हारा जीसस कुटीर, तुम्हारा विश्रामालय और चिंतन का कक्ष। आज से तुम मेरे मित्र नहीं, 'ईश्वर के पुत्र' अथवा 'ईश्वर के दूत' घोषित होकर यहीं निवास करोगे। जीसस, मैं यह भी रहस्य खोल ही दूँ कि भारत के अट्ठाइस इतिहासकार अर्थात् अट्ठाइस व्यासों के तर्कप्रवीण लेखन को गल्प सिद्ध करनेवाला एकमात्र इतिहासकार तेरे सामने खड़ा है। हाँ जीसस, आज से जीसस क्राइस्ट कहकर भक्तों के बीच आपका परिचय कराया जाएगा और आप देखेंगे कि आप के मुख से जो भी बात निकलेगी, वही ईश्वर की वाणी होगा, वही युग-युगांतर का सत्य होगी, वही नए युग का सही इतिहास भी होगा। आज से विश्व की सभ्यता और संस्कृति का इतिहास बस दो खंडों में बँट जाएगा—ईसा से पहले और ईसा के बाद।

"आप विश्राम कीजिए, जन-गण के मसीहा, प्रभु के एकमात्र पुत्र।"

दोनों थके थे। दोनों अपने-अपने कक्षों में प्रवेश कर गए।

□

16

जीसस कुटीर आज के पूर्व भी कुटीर ही था—थॉमस कुटीर। कुटीर इसलिए कि इसमें निवास करनेवाला व्यक्ति संन्यासी होगा, जो जन-जीवन के बीच जाकर-रहकर, खाकर-पीकर यदा-कदा सफल गार्हस्थ्य के सूत्रों तथा आवश्यक संन्यास के कटे-सूत्रों को जोड़ दे, जोर से कस दे, गँठजोड़ की तरह नहीं, हठयोग या हथजोड़ की तरह। किंतु भारतीय चिंतन में संन्यासी को हंस-परमहंस अथवा उससे भी आगे अवधूत अवस्था तक पहुँचाने की जो मान्यता है, उस तक न थॉमस का विश्वास था, न उसके उन पूर्वजों का, जो तत्कालीन मिस्र देश में निवास करते थे, अर्थात् वे अरस्तू के पुत्र-पौत्र-प्रपौत्र अथवा शिष्य-प्रशिष्य की परंपरा के थे।

किंतु प्रात:काल जब जीसस अपने कक्ष से बाहर निकले तो उन्होंने इस कुटीर का निरीक्षण किया—बिल्कुल शांत भाव से, निरपेक्ष और निर्भय उन क्रूर कर्म और दूरदृष्टि संपन्न रोमनों और यूनानियों से भिन्न भाव से तथा जिनके लिए एक ही व्यक्ति कभी पूज्य तो कभी हंतव्य भी हो सकता है। आज जीसस स्नान-ध्यान के पश्चात् भक्तों के समक्ष उपदेश-दान अथवा क्षमा-दान की एक भरी झोली लेकर निकले थे और चर्च की आकृतिवाले गृहस्थ के घर में बने पूजास्थल के चबूतरे पर बैठ चुके थे। थॉमस मसालों के व्यापार से अपनी अनुपस्थिति-अवधि का हिसाब-किताब ले-दे रहे थे अपने उन तथाकथित ब्रदर्स और सिस्टर्स से, बिल्कुल अपने दासों की तरह।

हाँ, इस तथाकथित चर्च या सिनागॉग से थोड़ी ही दूरी पर एक शिव मंदिर भी था और उस मंदिर में एक प्रकृति, माया तथा पुरुष सनातन के संयोग से प्रेरित छायांकित एक अर्धनारीश्वर की प्रतिमा-सी भी थी, अर्थ लगाते जाओ तो साक्षात् शिव, सनातन पुरुष तथा महाकाल और यदि अर्थ को व्यर्थ कर लें तो जीवन को सार्थक-सफल करनेवाली मात्र एक प्रस्तर मूर्ति—जो चाहो माँग लो—एक ही ध्वनि निकलेगी—एवमस्तु। प्रति महीने की कृष्ण त्रयोदशी को तो दिन की रोशनी भी शिव की रात्रि ही हो जाती। शिवरात्रि अर्थात् वह अथाह अंधकार, जो अपने चरमोत्कर्ष पर पहुँचकर अथाह प्रकाश और जिसके मुख पर उच्चरित अंधकार का छिद्र बिंदु उसकी पहचान होता है, में परिवर्तित हो

जाता है। कोई भी भक्त खाली झोली लेकर मेले आता तो है, किंतु मेले से वापस नहीं लौट पाता, खाली झोली।

जब शताधिक वर्षों से चलते-चलते ही नहीं, दौड़ते मसालों के व्यवसाय ने थॉमस को वह सबकुछ दे दिया था, जिसके लिए उसके परदादा के दादा अरस्तू जीवन के अंतिम दिनों में भी हाथ फैलाए दुनिया से विदा हो गए थे। थॉमस के अंदर का अरस्तू जग गया और उसने अपने फैले दोनों हाथों से जन-जन के दुःख-दर्द को हर लेने की दवा एवं दुआ दोनों बाँटने लगा, शर्त बस एक, उस एक ईश्वर, वह एकमात्र प्रभु, जिसे गॉड कहते हैं, की शरण में आकर प्रार्थना करना उस मंदिर में नहीं, जिसे वे लोग शिवाला कहते हैं, बल्कि उस मंदिर में जिसे थॉमस सीनागॉग कहता है—चर्च, चैपेल, पैरिश या कैथिड्रल और जिसमें अदृश्य गॉड का ही निवास नहीं था, बल्कि उसके एकमात्र दूत-अवधूत का निवास भी था, जिसे सारी दुनिया जीसस क्राइस्ट कहकर पूजने और खोजने में बेचैन थी, जबकि स्वयं जीसस बेचैन, अशांत, अनुशासनहीन धार्मिक अव्यवस्था का शिकार हो रहे भारत के दुःखी, दास, शूद्र, परिया अथवा दस्यु जातियों को खोजते कुछ दिनों के लिए इसी छोटे से चर्च में विद्यमान था।

थॉमस के मस्तिष्क में अपने परदादा की कही हुई तथा अपने दादा द्वारा दुहराई गई सारी बातें गूँज रही थीं, थॉमस, तुम्हारी ही तरह प्रिय एक मेरे पिता का विद्यार्थी भी था, तुमने उसको संभवतः देखा भी नहीं होगा—एलेक्जेंडर। एलेक्जेंडर के भविष्य में अरस्तू अपनी महत्त्वाकांक्षाओं का एक विश्व विश्रुत विद्वान् साहित्यकार अथवा युग परिवर्तन को सार्थक स्वरूप देनेवाला लोकतंत्र की राजनीति का एक जनक खोजा करते थे। कहते भी उसे, 'एलेक्जेंडर', 'पोएटिक्स' या रिपब्लिक लिखकर मैंने सिद्धांतों का स्वरूप खड़ा किया, तुम उसका व्यावहारिक रूप खड़ा करोगे, यह तो अपेक्षा है ही तुमसे। किंतु एलेक्जेंडर ने ऐसा कुछ नहीं किया, एक दिन अपनी छोटी सी सेना के साथ अपने बड़े-बड़े सपनों को सार्थक करने निकल पड़ा पूरब की ओर विश्व को जीतने का संकल्प लेकर और प्रारंभिक दौर के लिए विश्व का मतलब था, मिस्र, बेबिलोन, पर्सिया को रौंदकर भारत को अपने आधिपत्य में करना। भारत पर उसकी विजयध्वजा फहर नहीं सकी। निराश-हताश एलेक्जेंडर वापस हो गया, यूनान नहीं, बेबिलोन और फिर मिस्र। मिस्र में उसने एक नई एलेक्जेंड्रिया बसाई, महल बनाए, बाग लगाए, ऐश-मौज के सारे साधन जुटाए और अपने प्यार की देवी रूखसाना को बाँहों में भरकर उसके हाथों से मादक जाम कलेजे में ढालते-ढालते एक दिन इस दुनिया से चल बसे।

"अरस्तू का यूनान के विश्वविजय का स्वप्न उसी समय टूटकर धरती की धूल में बिखर गया। किंतु अरस्तू साधारण चिंतक तो था नहीं।" उसने थॉमस को प्रोत्साहित करते हुए कहा—

"थॉमस, वह काम तुम भी कर सकते हो। दुनिया भर के देश और सबके अलग-अलग धर्म हैं, अलग-अलग पंथ, अलग-अलग संप्रदाय। एक गॉड के अनेक धर्म कैसे हो सकते हैं? ईश्वर प्रदत्त धर्म ही अर्थात् एक धर्म ही मनुष्य मात्र का धर्म हो सकता है, थॉमस। अनेक धर्मों के विषय में सोचना तो गॉड की इच्छा का परिपालन करना नहीं हुआ। धर्म सबकी रक्षा करता है, इसलिए धर्म की रक्षा भी की जाती है। धर्म की रक्षा करो—धर्म तुम्हारी रक्षा करेगा और वह एक ही धर्म संसार के माथे पर चढ़कर वैश्विक मानव धर्म का स्वरूप ले लेगा। तुम सिकंदर से भी आगे जा सकते हो, बेटे। तुम अपने सारे अर्थ पुरुषार्थ के साथ धर्म पुरुषार्थ को सँभाल दो, तुम विश्वविजयी बन जाओ।

"मेरा सपना भी ऐसे ही पूरा होगा, थॉमस।"

थॉमस ने सबको कहा—"दु:खी, उपेक्षित तथा अनार्य होने का तिरस्कार झेल रहे तुम आर्यपुत्रों के जीवन को सुफल करने के लिए प्रभु अपने एकमात्र पुत्र के रूप में स्वयं अपने हाथों से तुमको आशीष देने के लिए पधार चुके हैं और मुझे आदेश है कि मैं वसिष्ठ नहीं, बैप्टिस्ट पुरोहित की भूमिका का निर्वहन करूँ।"

त्रयोदशी का मेला था, आज भी जैसे मेले का स्थान ले चुका था—जीसस कुटीर—आज से पूर्व प्रसिद्ध थॉमस कुटीर। आज थॉमस जैसे गार्हस्थ्य से संन्यास में परिवर्तित प्रथम कोटि के संत—संत थॉमस बैप्टिस्ट की भूमिका में थे तथा परमहंस की मुद्रा धारण किए एक संन्यासी-प्रभु-पुत्र—जीसस क्राइस्ट अपने एक स्पर्श से मनुष्य के जन्म-जन्मांतर के पाप कर्म से मुक्त करने को उपलब्ध। वस्तुत: संत थॉमस कहते—

"जन्म-जन्मांतर के पाश से अपने एक स्पर्शमात्र से मुक्ति प्रदान करानेवाले इस प्रभु-पुत्र के अवतरण के बहुत पूर्व सिनॉय की पहाड़ी पर बैठे भक्त मूसा को भगवान् ने यही बातें कही थीं और तब उस पहाड़ी पर न तो किसी वैदिक ऋषि की तपस्थली थी, न कोई संस्कृत कही जानेवाली भाषा, जिसकी श्रुतियों-स्मृतियों को आधार बनाकर आर्य-अनार्य का भेद उत्पन्न किया गया।"

"संस्कृत की तो उत्पत्ति का इतिहास ही कपोल कल्पित है और उसका विकास ग्रीक-लैटिन व अरबी-फारसी के साथ-साथ अथवा पीछे-पीछे हुआ है।

संत थॉमस बोलते जाते, बपतिस्मा की विधियाँ बोलते जाते यजुर्वेदीय मंत्रों की तरह और क्राइस्ट सिर हिलाते रहते एवं भक्तों को दीक्षा-संस्कार प्रदान कर ईसाई धर्म में परिवर्तित करते जाते।

संस्कारों द्वारा संस्कारों का प्रवर्तन भी, परावर्तन भी और भक्त कृतार्थ होकर घर जाते कि वे आर्य नहीं रहे, सो कितना अच्छा हुआ न रंग-भेद, न भाषा-भेद, न धर्म-भेद, न जाति-भेद तथा आर्थिक भेदभाव की भी समाप्ति शीघ्र संभव है। अगस्त्य तीर्थ से चले विष्णुस्वामी तथा नांबि परंपरा के भक्त राम-नाम का जप करते तथा बीच-बीच में

परशुराम की जय का उद्घोष करते। अलवार के भक्तों की टोली को आज शिवरात्रि मेले में शिव की पूजा-अर्चना करनी थी और वहीं रात्रि विश्राम करना था तथा कलियुग में पाप से मुक्ति में राम-नाम की महिमा पर संतों से प्रवचन कराना था।

आज उन्हें यह देखकर बड़ा आश्चर्य हुआ कि उनके रामभक्त और युग-युग से शिव-पार्वती को पुरुष-प्रकृति का योग माननेवाले सिद्ध संत और योगी-समुदाय के सारे लोग थॉमस-कुटीर के अंदर बपतिस्मा समारोह में बैठे-बैठे उस घड़ी की प्रतीक्षा कर रहे हैं, जब उन्हें पूर्ण, पुष्ट सहभोज मिलेगा, संपूर्ण शरीर के लिए वस्त्र मिलेगा तथा पर्याप्त धन भी प्राप्त कराया जाएगा। कुछ अलवार भक्त 'जय श्रीराम' बोलते हुए अंदर प्रविष्ट हुए और कुछ योगियों-साधुओं, कुछ तांत्रिकों-मांत्रिकों को देखकर उनसे बातें करने लगे।

कुछ सीधे-सादे भक्त तो यह कहते मिले—महात्मन्, ये प्रभु-पुत्र यीशु तो बताते हैं कि हमारे ये वेद-पुराणादि, श्रुति-स्मृति आदि, उपनिषद्-वेदांतादि सब हाल की बात है—सिनॉय की पहाड़ी पर हुई स्वयं परमेश्वर द्वारा संत मूसा महोदय को दिए गए उपदेशों के बाद की कृतियाँ और उनका मानना है कि भाषा-विज्ञान तथा तत्कालीन भाषाओं के व्याकरणों के वैज्ञानिक अध्ययन से सिद्ध हो जाएगा कि वेदों और वेदांतों की सारी बातें बाइबिल की बातों के आधार पर गढ़ी गई बातें हैं।

धीरे-धीरे वातावरण में जैसे कोई जहरीली गंध प्रवेश कर गई। कानोकान बातें होती गईं और भारतीयता के भक्त और भक्तों की भक्ति भावना विद्रोही रूप-सी धारण करने लगी। संत थॉमस ने स्थिति भाँप ली, पहले तो सँभालने का प्रयास किया, किंतु जब देखा कि विद्रोह विस्फोट पैदा कर सकता है तो धर्मांतरण का कार्यक्रम अगली सूचना तक के लिए स्थगित कर दिया।

□

17

धर्म के नाम पर वाग्युद्ध आज किसी तरह विस्फोट करते-करते थम गया। किंतु थॉमस जानता था कि यह दुनिया का सबसे बड़ा तथा सबसे पहला वाग्युद्ध नहीं था, जो एक तथाकथित चर्च या मंदिर या चैपेल में कभी हुआ। उसने सुन रखा था एक और भी वाग्युद्ध, जिसमें मचे कोलाहल से ईश्वर को भी किसी अनागत, अशोभन घटना की आशंका हुई थी और उसने चैपेल का निर्माण बीच में ही रोक दिया था तथा मंदिर टूट-फूटकर मिट्टी में मिल गया था। वह मंदिर था बेबिलोन का ही नहीं, इस संसार का सबसे पहला धर्मस्थान, जो प्रभु और इनसान के बीच वार्त्तालाप का सेतु बनते-बनते नहीं बन सका। उस मंदिर में कोलाहल मचानेवाले लोग अथवा धर्म प्रचारक चाहे जितने भी हों, प्रमुख भाषाएँ उसमें तीन ही बोली गई थीं—ग्रीक, लैटिन और अरबी। आज के तथाकथित मंदिर में बहुत सारी भाषाओं के विध्वंस से निर्मित कोलाहल को सुनकर लगता था कि आज के मंदिर का कोलाहल कम-से-कम तिगुनी संख्या की भाषाओं का समवेत अर्थहीन कोलाहल तो अवश्य था, जिसको सुनकर धरती पर अवतरित होनेवाला पुरुषवंशी ईश्वर डरा नहीं, तो सोचता जरूर रहा—

—इस युद्ध को वाग्युद्ध या भाषा संघर्ष नहीं कहकर शायद धर्मयुद्ध या भाषायुद्ध कहना चाहिए।

—यदि इस युद्ध को धर्मयुद्ध की मान्यता दे दी जाए, तब तो धर्मांतरण करना-कराना एक ईश्वरीय आदेश के रूप में मान्य हो जाएगा और इसमें व्यक्ति या किसी धार्मिक शक्ति या धार्मिक संगठन पर इनसान के कल्याणार्थ धर्मांतरण करना उसका आवश्यक धर्म घोषित होना पड़ेगा।

ईश्वर सामने तो किसी के नहीं आया, किंतु अपने धर्मपुत्र के माध्यम से अपनी बातों को समझाता रहा, कभी ग्रीक में, कभी लैटिन में, कभी अरबी में, कभी पर्सियन में, कभी संस्कृत में, कभी तमिल में और कभी-कभी तो तेलुगु, कन्नड़ और मलयालम में भी। इसीलिए आज का वाग्युद्ध या धर्मयुद्ध मात्र एक धार्मिक कुचक्र का उदाहरण बनकर रह गया। बस ईश्वर ने अपने पुत्र के मुख से सबको कहा—

"दुनिया के मनुष्यो, ध्यान से सुनो। मैंने आज से छह सौ वर्षों पूर्व एक बार सिनॉय की पहाड़ी से कुछ धर्मवाक्य बोले थे—अपने प्रिय पुत्र मूसा को संबोधित कर। मूसा ने ये वचन संगृहीत कर रखे हैं और इस हेतु आप सभी लोग ओल्ड टेस्टामेंट का श्रवण-मनन किसी धर्म पुरोहित के मुख से सुनना चाहें तो सुन सकते हैं। प्रभु-पुत्र इनसानो, आज तुम्हारे ईश्वर को यह अनुभव हुआ है कि भारतीय भाषाओं में भी वे सभी वचन अनूदित कर दिए जाएँ। मेरा आदेश है कि इस काम को दुनिया भर में भ्रमण कर मेरे द्वारा मनोनीत बारह संत, भक्तों के बीच इन वचनों को प्रचारित करें और इस तरह एक धर्मग्रंथ 'बाइबिल' बने। पुन: ओल्ड टेस्टामेंट के साथ न्यू टेस्टामेंट में इन बारह संतों के वाक्य भी जोड़े जाएँ और संपूर्ण ग्रंथ को 'बाइबिल' धर्मग्रंथ नाम दिया जाए।"

आवश्यकतानुसार दुनिया के अंदर आगे आनेवाले समय में भी विभिन्न भाषाओं के विभिन्न संतों की वाणियाँ धर्मग्रंथों का नामकरण ले सकेंगी, किंतु सबका आधारग्रंथ बाइबिल ही होगी।

किंतु विष्णुस्वामी जैसे रामभक्त तथा अलवारी धर्मगुरु नांबि जैसे महापुरुषों के अनुयायी जीसस को ईश्वर का दूत अथवा उसका अवतार मानने को प्रस्तुत नहीं थे। उनका मानना था कि हम आर्य हैं—ऋषियों के पुत्र और उनके पुत्रों के पुत्र। हमारे ऋषियों के सारे वचन हमारे धर्मग्रंथों-वेदों, उपनिषदों, पुराणों से होते हुए स्मृतियों तथा रामायण-महाभारत जैसे महाकाव्यों तक में बाइबिल की उत्पत्ति के बहुत पूर्व से अंकित हैं। हमारा आर्य धर्म तो यही कहता है कि आर्षवाक्य पर संदेह नहीं। ऋषियों के वचन को वे अक्षरश: मानेंगे यों अन्य किसी धर्म से आर्य धर्म अर्थात् सनातन धर्म का कोई विरोध नहीं है।

विष्णु स्वामी के अनुयायी तथा इन अलवारी संतों के लिए वेद वाक्य ईश्वर के वचन की तरह हैं—संतों-ऋषियों के मुख से नि:सृत अवश्य हैं, किंतु हैं वे अंतत: परमात्म-वचन। संस्कृत भाषा के मर्मज्ञ विद्वान् इन तमिलभाषी संतों की यह भी मान्यता थी कि व्याकरण या वेदांग शास्त्रों के अन्वय और तत्पश्चात् विश्लेषण से ज्ञात होता है कि यदि पाणिनि को चौबीसवाँ व्याकरण अथवा वेद-वचन का साक्षी मानकर भी वेदों का काल-निर्धारण किया जाए तो ऋग्वेद के प्रारंभिक मंत्रों की उम्र कम-से-कम ईसा से पचास हजार वर्ष पुरानी होगी। हम ईश्वर अथवा परमात्मा से नि:सृत सबसे प्रारंभिक वचनों से लेकर संतों-ऋषियों के मुख से नि:सृत वचनों को ही वेद मानते हैं और दुनिया भर के ग्रंथों में यदि कुछ भी ज्ञेय वस्तु है तो वह वेदों के मंथन के पश्चात् निकली हुई ईशवाणी है अर्थात् खुदा की आवाज है इनसानों के कल्याण के लिए। थॉमस अपने लंबे भारत प्रवास से इस तथ्य को स्वीकारने के पश्चात् वैदिक सत्य के रूप में वेद वचनों का समावेश अपनी भाषा और अपने प्रवचनों में करने लगा था।

वेदों की रचना के काल-निर्धारण में संत थॉमस का भाषण और प्रभु-पुत्र यीशु का मौन उन्हें बहुत रहस्यात्मक लगा, वैदिक धर्म को निशाना बनाकर उसपर आक्रमण करने जैसा लगा। उन्होंने यह महसूस करना आरंभ कर दिया कि भारत के कोने-कोने में शैवभक्ति अथवा वैष्णव भक्ति का अलख जगाने और वैदिक संस्कृति की सार्वभौमिकता की रक्षा करने के सिवा अन्य कोई विकल्प ही नहीं है। उन्हें यह भी लगने लगा कि वैदिक धर्म अथवा सनातनी सामाजिक-आध्यात्मिक वैदिक व्यवस्था पर होनेवाला यह आक्रमण इतिहास के सच को उलट देने जैसा है। वैश्विक राष्ट्रवाद अर्थात् 'वसुधैव कुटुम्बकम्' का दर्शन देनेवाले वैदिक साहित्य के विरुद्ध इस षड्यंत्र का प्रत्युत्तर भक्ति की शक्ति ही दे सकेगी, ऐसा वे अकसर बोलते रहते थे।

भारतीय योगशास्त्र प्रेमयोग, राजयोग, भक्तियोग, कुंडलिनी योग, सांख्य योग, कर्मयोग तथा तंत्र-मंत्र योग की विभिन्न विधाओं की साधना में तल्लीन था। अलवार के संत और रामभक्त ये भक्तियोगी, जिन्होंने दक्षिण भारत तक अपने को सीमित रख छोड़ा था; कंदराओं, गुफाओं, मंदिरों तथा तपस्थलियों को त्यागकर बाहर निकलकर दूर यात्रा पर चल पड़े पूरे भारत को जगाने, पूरे भारत को अपने अतीत के गौरव की याद दिलाने और एक आदर्श धर्म के स्थापन हेतु रामावतार अथवा कृष्णावतार की गुहार लगाने पूरे भारत में। उनका सर्वत्र स्वागत हुआ और संपूर्ण भारत अपने धर्म के रक्षार्थ एक साथ एक मोरचे पर खड़ा हो गया।

सारा भारत, पूरी आर्य संस्कृति, समग्र वैदिक साहित्य, समस्त भारतीय चेतना, संपूर्ण अध्यात्म विज्ञान, सबकुछ इस एक आंदोलन के अनेक मोरचों पर कटिबद्ध खड़ा हो गया और प्रतीक्षा करने लगा अधर्म के अंत की तथा वैश्विक धर्म की संस्थापना की।

संत थॉमस का पहला आक्रमण वेदों तथा उनके इतिहास पर, उनके सामाजिक-सांस्कृतिक पक्ष पर, उनके राष्ट्रवादी स्वरूप पर, उनकी अहं ब्रह्मस्मि और उनकी 'सर्वं ब्रह्म' वाली वैदिक चेतना पर था तथा जीसस के सामने यह प्रदर्शित करना भी था कि वह अरस्तू का प्रपौत्र होने के कारण उन विज्ञानों से कितना अवगत था, जिनके आधार पर बाइबिल में ईश्वरीय कथाओं तथा ईश्वरीय नियमों की परिस्थापना की जा सकती थी।

जिस तरह जीसस के साथ वह ग्रीस से भागकर भारत आया था, उसी तरह वह जीसस को लेकर उत्तर भारत के भ्रमण पर निकल पड़ा। थॉमस और जीसस साथ-साथ काशी, प्रयाग, मथुरा एवं अयोध्या गए और वैदिक अवधारणाओं की समझ विकसित करने में सिद्ध संतों, योगियों, शैवों, शाक्तों, बौद्धों, जैनों, सबके महात्माओं से उनकी भक्ति और उनसे संबद्ध साहित्यों से आवश्यक ज्ञानार्जन किया।

जब जीसस ने शारदा पीठ तथा तक्षशिला से आगे बढ़कर बौद्ध कश्मीर और गांधार में वैष्णव धर्म का प्रभाव देखा तो उन्होंने थॉमस से वादा किया कि नई बाइबिल

की ग्रंथमाला में अब आगे एक और पुस्तक संत थॉमस के नाम से भी लगाई जाएगी। उस पुस्तक में एक सार्वभौम सामाजिक व्यवस्था के हित में भारतीय उपासना-पद्धति से जहाँ भी हमारा मतांतर है, उसके अनुरूप सार्वभौम आचरण का निर्देश हम अपने सारे अनुयायियों को देंगे। जीसस भारत में रहकर अपनी जन्मभूमि-कर्मभूमि और धर्मभूमि के नाम इस भक्ति की ज्ञानधारा में जोड़ना चाहते थे। अत: जीसस ने इच्छा व्यक्त की कि थॉमस उसे एक सुरक्षाकर्मी के साथ अपने देश लौट जाने की अनुमति दे और भारत में ईसाई धर्म को आगे बढ़ाने में जैसा उसका व्यावहारिक अनुभव कहता हो, वैसा कदम उठाता रहे।

प्रभु-पुत्र को रोम भेजकर थॉमस जैसे स्वयं प्रभु-पुत्र बन गया और चेन्नई स्थित उसका यह जीसस कुटीर ईसाई धर्म का सबसे बड़ा मठ और सबसे बड़ी एकेडमी-प्लेटो की एकेडमी से भी बड़ी अकादमी बन गया।

कालक्रम से वैदिक दर्शन-साहित्य, वैदिक धर्म साहित्य कहा जाने लगा और वैदिक विज्ञान, धर्मविज्ञान। जब भी वेदों की व्याख्या होती तो वैज्ञानिक दृष्टि के साथ-साथ आध्यात्मिक दृष्टि की भी प्रबलता होती थी। जहाँ-तहाँ संतों की सभाएँ होने लगीं, भागवत की कथा व्यापक रूप से जनग्राह्य होने लगी और फलत: पूरे भारत के जन-जीवन में भक्ति आंदोलन का उफान और जन-जन का जागरण। फिर आगे का चिंतन तो और भी सर्वजनीन।

❑

18

थॉमस आश्वस्त था और बार-बार जीसस को समझाता कि आनेवाला इतिहास उसका और उसके ईसाई धर्म का है। तर्क और विश्वास के चिंतक, प्रसिद्ध शास्त्रकार तथा वैज्ञानिक चिंतक उसके परदादाजी एवं उनके गुरु प्लेटो व सुकरात की भी यही मान्यता थी कि वैज्ञानिक सोच की कसौटी पर जो शास्त्र अथवा साहित्य सच्चा सिद्ध नहीं होगा, उसे नई दुनिया कदापि स्वीकार नहीं करेगी।

"जीसस, आपके आशीर्वादों का चामत्कारिक प्रभाव दुनिया देख चुकी है, उसे दु:खों व पापों से मुक्ति दिलानेवाला कोई गुरु चाहिए और यह गुरु यदि ईश्वर का प्रतिरूप अथवा ईश्वर का पुत्र बनकर सामने है, नंगी आँखों के सामने साक्षात्-प्रत्यक्ष तो वह जो भी बोलेगा, वही आज से धर्म कहा जाएगा। आम आदमी अरस्तू-प्लेटो या सुकरात-सिद्धार्थ नहीं खोजता, उसे तो बस एक ऐसे गुरु की आवश्यकता होती है, जो उसे प्रभु के पास पहुँचा दे। ये प्रबुद्ध मानव ही जिस मार्ग पर चलकर उसे सही सिद्ध कर देते हैं, उन्हीं की वाणी धर्म की वाणी होती है तथा उन्हीं का दिखाया मार्ग धर्म का मार्ग होता है—'महाजनो येन गत: स पन्था:' भारत एक बहुत बड़ा देश है जीसस, यदि भारत ने तुम्हें स्वीकार कर लिया तो दुनिया में तुम्हारी वाणी ही धर्म की वाणी हो जाएगी और जब तुम भारत से वापस रोम और यूनान पहुँचोगे तो वहाँ तुम्हारे धर्म वचन धर्मबाण बन चुके होंगे।"

"थॉमस, तुम तर्कशास्त्र परिवार के वंशज हो, तुम जुबानी निष्कर्ष-निगमन चाहे आगमन निकालकर संतुष्ट हो सकते हो, किंतु साक्ष्यों से मानव-समाज जिन वचनों और जिन घटनाओं को व्यावहारिक दृष्टि से कारगर देखता आया है, उसे दुत्कार कर वह हमारे पीछे-पीछे चल देगा, इसमें मेरा विश्वास नहीं है, प्रभु की इच्छा भी ऐसी नहीं।"

"जीसस, मुझे सूचना मिलती रही है कि संपूर्ण यूनान और रोम ही नहीं, मिस्र से बेबिलोन, पर्सिया एवं युगोस्लाविया तक, स्कैंडिनीविया ही क्या पैसिफिक और अटलांटिक के पार तक लोग क्राइस्ट के दर्शन के लिए व्याकुल हैं। आप भारत को मेरे जिम्मे छोड़ दीजिए और मैं आपको बारह प्रचारकों की सुरक्षा में मिस्र, बेबिलोन, एशिया

माइनर और यूनान के क्षेत्रों में सर्वत्र घूमकर ईश्वर के वचनों को प्रचारित करने के लिए इस काशी की ज्ञानभूमि में छोड़कर अपने कार्यक्षेत्र द्रविड़िस्तान देश के लिए प्रस्थान करता हूँ। भारत का नया इतिहास, जो बुद्ध, जरथूस्त्र और अरस्तू-प्लेटो, हेरोडोटस-पाइथागोरस के साक्ष्य में ईसा से छह सौ वर्ष पूर्व शुरू होता है—उसे सारी दुनिया क्राइस्ट युग का अवदान कहकर पुकारेगी। हाँ जीसस, इसी भारत के लोग, जो इसकी संस्कृति को पच्चीस हजार वर्षों से भी अधिक पुरानी मानते हैं, थॉमस के प्रचार एवं जीसस के प्रभाव के चलते पाँच सौ वर्ष ईसा पूर्व की संस्कृति कहकर गौरवान्वित होते रहेंगे और विंध्याचल से उत्तर तो नहीं, किंतु दक्षिण आधा भारत ईसा मसीह के पूजास्थलों—चर्चों, चैपलों, कैथेड्रलों, पैरिशों आदि से वैसे ही भर जाएगा, जैसे रोम, यूनान व तुर्की का इस्तांबुल।"

"थॉमस, मैंने काशी में रहकर खाक नहीं छानी, शास्त्रों को देखा और शास्त्रोचित जीवन-शैली को जीवन की राहों पर देखा, शास्त्रों में स्थापित तथा निर्धारित एवं सर्वसम्मत विधि से पूजित देव-देवियों, उनके मंदिरों और पवित्र पूजास्थलों को देखा। तुम भी इन्हें देखो थॉमस और चिंतन करो—क्या हमारे-तुम्हारे द्वारा प्रचारित यह नया धर्म उनके मन-मंदिर में बैठे इन देवी-देवताओं को हटा सकता है? धर्म-परिवर्तन के पहले तो यह कर ही लेना चाहिए। थॉमस, तुम सतर्क रहकर धर्म का काम करो, किंतु मस्तिष्क में हरदम इस बात से सचेत रहो कि अन्य देशों की संस्कृतियाँ, जो कमजोर विश्वास तंतुओं से बुनी हैं, भारतीय संस्कृति का एक-एक विश्वास प्रतीक इसलिए पूजा जाता है, क्योंकि वह प्रतीक ज्ञान-विज्ञान के तत्त्वों की आधारशिला पर खड़ा रहता है। भारतीय देवताओं—पृथिवी, अग्नि, वायु, गगन, सूर्य, चंद्र इन्हीं के केवल विभिन्न नामों पर सोचो, चिंतन करो। ये नाम ही तुम्हें इतिहास के उन सभी पड़ावों पर पहुँचाकर यह सिद्ध कर देंगे कि वैदिक संस्कृति किसी बुद्ध, महावीर की नहीं, युग-युग में नई-नई मान्यताओं की याद दिलानेवाले ऋषियों-सप्तर्षियों के वैज्ञानिक चिंतन की देन है। भारत अपनी संस्कृति को वैश्विक संस्कृतियों की जननी कहता है, थॉमस? इसी भारत के पूर्वी क्षितिज पर जिसे दुनिया का उदयाचल समझा जाता है, किसी मित्र, किसी आदित्य, किसी सूर्य अथवा किसी मार्त्तंड का उदय हुआ था, जो अस्ताचल के देशों में कहीं 'मिथर' बनकर, कहीं 'रा' बनकर, कहीं 'ज्यूस' (द्यौ) बनकर, कहीं 'अपोलो' बनकर सारी दुनिया को ज्ञान-मार्ग पर चलना सिखाता रहा, सही-सही रास्ता दिखाता रहा। सूर्य, वरुण, इंद्र, वायु, पृथिवी, आकाशादि ये बारह देवता यदि रोम-यूनान में विधिवत् चार हजार वर्षों से, मिस्र-बेबिलोन में सात हजार वर्षों से पूजित होते आ रहे हैं तो कैसा आश्चर्यजनक संयोग है। यह देखो कि ये ही बारह देवता आर्य देश में भी पिछले पचास हजार वर्षों से पूजित होते रहे हैं। मैं आश्वस्त नहीं हो पा रहा कि इस आर्य धर्म, इस सनातन-शाश्वत आध्यात्मिक

जीवन-शैली को कैसे कोई पूरे संसार का धर्म बन जाने से रोक देगा। किंतु चलो, हम अपना काम करें। जो सही धर्म होगा, उसे दुनिया एक-न-एक दिन धारण कर ही लेगी।"

"देखिए जीसस, आप चेन्नई में धर्म-परिवर्तन के दृश्य देख चुके हैं और देख चुके हैं कि कैसे एक शिवमंदिर, जहाँ काशी के विश्वनाथ मंदिर की तरह शिवरात्रि का मेला लगता था, लाखों भक्तों का वह मेला कैसे देखते-ही-देखते मरघट की वीरानगी में परिवर्तित हो गया और कैसे एक झोंपड़ी, एक कुटी, एक चैपेल में चलनेवाला एक सामान्य पूजास्थल रोम के बाद पूर्वी संसार का एक बड़ा चर्च। प्रभु-पुत्र, आप चाहेंगे तो हम पूरी दुनिया को रोमन राज्यों की तरह एक ईसाई राज्य, एक ग्लोबल गाँव, एक ओलिंपस, एक वेटिकन अथवा एक हेलियोपोलिस बना ही लेंगे कभी-न-कभी।"

जीसस शीघ्र रोम लौटने की और अपनी प्रतीक्षा कर रहे लोगों के बीच अपने पुनरुदय की सार्थकता सिद्ध करने की बेचैनी में थे तथा अपने विरोधियों के बीच भी प्रभु की इच्छा एवं उसके संदेश पहुँचाने की चिंता में। अयोध्या, मथुरा, प्रयाग, काशी का सच लगता था कि उनके अस्तित्व तथा उनके विचारों को नितांत असत्य और असंभव सिद्ध कर देगा, किंतु चलो, उन्होंने सोचा कि किसने, कितने यूनानियों ने काशी देखी है। जीसस ने अब तक तो मित्रवत्, किंतु चलते वक्त शिष्यवत् थॉमस से कहा—

"संत थॉमस, तुम भी भारतीय ग्रहों-नक्षत्रों की तरह अब मेरे बारह सत्यदर्शी संतों में एक समझे जाओगे, तुम अपने धर्मग्रंथ को पूरा करो, मैं तुम्हें अमृत-वितरण की पाँत में अवश्य स्थान दूँगा और तुम अमरत्व को प्राप्त हो जाओगे, किंतु राहु की भाँति अमृत की बूँदें तुम्हारे वक्ष में उतरें, उसके पहले ही तुम कहीं 'केतु' न बन जाओ, सतर्क रहना, संत थॉमस।"

यह कहते हुए आगे-आगे जीसस और पीछे-पीछे उनकी सुरक्षा अथवा सेवा में जा रहे बारह जीवनदानी नौजवान नव ईसाई चल पड़े—मथुरा, तक्षशिला, कांधार के रास्ते खुर्रम, खैबर और बोलन दर्रों की टोह में।

कई दिनों की यात्रा के बाद जब यह टोली सप्तसिंधु से होते हुए झेलम के किनारे बसे तक्षशिला की विद्यास्थली पहुँची तो जीसस ने विराम की इच्छा प्रकट की और दो-तीन दिनों की थकावट से विश्राम हेतु कोई उपयुक्त स्थान खोज निकालने की इच्छा व्यक्त की—

प्रभु के भक्तो, हम तक्षशिला पहुँच गए। तक्षशिला, वेदांगों तथा वेद-वेदांत से लेकर कई आधुनिक विद्याओं की भूमि रही है। सुना है, इधर कई दशकों से यहाँ की पहचान कर सकने के लिए प्रसिद्ध शैव-दर्शन के पंडित अपना धर्म-परिवर्तित कर बौद्ध हो गए हैं। यह भी कहा जाता है कि विदेशी हुण शासकों ने भी अपनी गृहनीति को सुदृढ करने की नीयत से बौद्ध धर्म को राजधर्म के रूप में अंगीकार कर लिया। यहाँ तक कि

बौद्ध धर्म का चौथा धर्मचक्र-प्रवर्तन भी कश्मीर में ही किया गया और इसके बाद से तो सनातन धर्म का जो ह्रास हुआ है, वह अकथनीय है। हाँ, बौद्ध धर्म भारत से बाहर भी खूब फैला है और विभिन्न देशों की भाषाओं में बौद्ध धर्म के शास्त्रों के अनुवाद हुए हैं, यद्यपि ऐसी ही आवश्यकता सनातन धर्मियों द्वारा अनुभव नहीं की जा सकी है। आप लोग पूरे तक्षशिला और आस-पास के क्षेत्रों में उपलब्ध बौद्धों-जैनियों तथा हिंदू जातियों के धर्मदर्शन के ज्ञाता विद्वानों से मुझे मिलवाने का प्रयास करें। साथ ही आप सबकुछ ऐसा भी करते चलें कि रोम के रास्ते में हम अपने धर्म का विस्तार करने में अभी तक प्राप्त वे सारी जानकारियाँ प्राप्त कर लें, जो धर्म के हित में उपयोगी हो सके। जीसस ने मन की बात खोल दी—

"भक्तो, हम दो दिन फारस में रुकेंगे, ओमर खय्याम के फारस में नहीं, जरथूस्त्र के फारस में, फिर तीन दिन बेबिलोन में, हैंगिग गार्डेन वाले या सात समुंदर पार कर चुके गिलगमेश के बेबिलोन नहीं, उस बेबिलोन में जहाँ आज से पाँच हजार वर्ष पहले एक मंदिर बनते-बनते स्वर्ग की ऊँचाइयों की कल्पना के साकार होते-होते मिट्टी में मिल गया था। हाँ भक्तो, हम सिनॉय की पहाड़ियों को देखेंगे और फिर एलेक्जिंडिया में एक सप्ताह रहकर उसके नष्ट-ध्वस्त पुस्तकालय को देखेंगे, जहाँ सिकंदर के सारे हवाई-सपने टूटकर चूर-चूर हो गए थे तथा जहाँ उसकी मिट्टी की देह राख में मिल गई थी। चेन्नई से रोम तक का यह व्यापारिक रास्ता दो सौ वर्ष पहले से हमारा परिचित रास्ता रहा है और भारत से निर्यात किए गए दो हजार से अधिक मसालों एवं जड़ी-बूटियों के लिए इस मार्ग के दोनों ओर के निवासी हमारी ओर दृष्टि फैलाए रहने के आदी रहे हैं। यदि हम उन्हें एक ऐसे स्वाद की जड़ी खिला दें, जो जन्म-जन्मांतर के हर पाप को हर सके तो वे हमारे ईश्वर के सामने हमारे साथ प्रार्थना में सम्मिलित होकर अपना जीवन धन्य क्यों नहीं करेंगे?

संत थॉमस ने यह काम पहले ही कर लिया था और सभी विरामस्थलों पर स्थानीय जन-गण के साथ ईसाई पुरोहित भी वहाँ उपस्थित दिखे। प्रभु के पुत्र ने सबको सबके कल्याण का आशीर्वाद दिया और पुरोहितों ने सभी चाहनेवालों का धर्म-परिवर्तन का औपचारिक कर्मकांड संपन्न किया।

यात्रा पूरी हो गई और जीसस का डगमग करता विश्वास का जहाज जैसे सही समय पर अपने सही ठिकाने पर पहुँच गया। रोम जीसस क्राइस्ट की इस रोम वापसी को वर्षों तक एक त्योहार की तरह मनाता रहा। पर्सिया, ईरान, बेबिलोन, मिस्र, ग्रीस और रोम में ही नहीं, भारत सहित संभवत: पूरे संसार में ही भारत में महायान की पहचान ध्यान-विज्ञान के पथ से विचलित होकर तंत्राधारित वज्रयान नामक मंत्र-तंत्र वाले किसी पंथ के यात्रा की तरह दिग्भ्रांत हो ही चला था, सनातनी शैव-वैष्णव धर्मी भी योग-साधना

और वाममार्गी-हठयोगी सिद्ध और नाथ शैव-शाक्त साधक बनकर सस्ते चमत्कारों का प्रदर्शन करने लगे थे।

किसी को पता ही नहीं चला, यज्ञों-पूजा-त्योहारों में नाट्यशास्त्र के भरतवाक्य का वाचन करते-करते जीसस कब प्रभु के पास चले गए और कब एक व्यक्त सिद्ध संत से पलक मूँदते प्रभु से एकाकार होकर एक अव्यक्त मसीहा बन बैठे। हरक्यूलिस, जिउस, डायोनिसस और अपोलो की पूजाएँ भी चलती रहीं, उनके मंदिरों में भी पूर्ववत् प्रार्थनाएँ होती रहीं। पंचाधिक सदियों तक जैसे ईसा मसीह के आने और उनके धार्मिक वचन तथा चमत्कारपूर्वक कष्ट निवारण की घटनाओं की चर्चा चलती रही, किंतु फिर भी वे सबके मसीहा स्वीकृत नहीं हो सके और कई धर्मों में मसीहा, अपने-अपने मसीहा, अपने-अपने लोगों के मन के अनुरूप वचनों को प्रभु की इच्छाओं को उसी तरह सुनाते रहे, जैसे ओल्ड टेस्टामेंट के प्रारंभिक दिनों में। ईश्वर ने सोचा—अंधकार भागे, प्रकाश जागे और वैसा ही हुआ, किंतु मानवता बँट गई, धर्म बँट गया—देशों में, जातियों में, वर्गों में और नस्लों में तथा हर देश, हर जाति, हर नस्ल, हर वर्ग का कोई-न-कोई मसीहा दिखाई या सुनाई पड़ने लगा। इसी अस्थिरता के दौर में देखते-देखते बँटा विश्वास धर्मों में विलीन हो गया, धर्म संप्रदायों में, संप्रदाय पंथों में और ज्ञान-विज्ञान कर्मकांड में, पाखंडों में। भारत में भी ज्ञानियों-विज्ञानियों के नाम पर स्थापित बुद्धों, सिद्धों और योगियों की चमत्कारी साधना जन-गण के आकर्षण के केंद्र में स्थान लेने लगी। वैदिक-सनातन और उपनिषद्-वेदांत सब उपेक्षित और पूरी संस्कृति—धर्म-संस्कृति, अर्थ संस्कृति, वर्ण संस्कृति, आश्रम संस्कृति इस उपेक्षा का शिकार।

☐

19

बिशप जॉन और फादर वासुदेवन चोल नरेश राजसेन के समक्ष अपने संस्थान के व्यापार के सभी अभिलेखों सहित पूरी तैयारी के साथ उपस्थित थे। संत थॉमस के पिता और उनके दादा के समय के वे अभिलेख भी जॉन की संचिका में उपलब्ध थे, वे प्रारंभिक अभिलेख, जो ईसवी सन् के पूर्व ही पल्लव नरेश सिंहविष्णु के द्वारा हस्ताक्षरित थे, जिनके आधार पर पूरे द्रविड़-देश के एक-चौथाई जंगल के उत्पादों को खच्चरों की पीठ पर या अनुज्ञप्तिधारी नौकाओं पर लादकर उन्हें निर्धारित मात्रा में भारत के बाहर व्यापार हेतु ले जाने का शतवार्षिक अनुज्ञप्ति-पत्र प्राप्त था। बिशप जॉन का कहना था कि पंचाधिक सदियों से लगातार महान् दार्शनिक संत अरस्तू से महान् धार्मिक संत थॉमस तक एक प्रबुद्ध दार्शनिक तथा धार्मिक परिवार पर पल्लव राजा सिंहविष्णु से लेकर चोल नरेश राजसेन तक की कृपा रहना कम-से-कम यह इंगित तो करता ही है कि काव्यशास्त्री एवं राजनीति विज्ञान तथा दर्शनशास्त्र के संत-महापुरुष के विचार दर्शन और उसी परिवार के स्वघोषित उत्तराधिकारी व्यापारी धार्मिक संत थॉमस के धर्म एवं विचारों से भारत विशेषकर दक्षिण भारत की संस्कृति का एक गहरा लगाव अवश्य है। उन्होंने कहा—

"राजाधिराज, दो संस्कृतियों की यह लंबी सहयात्रा निराधार और अकारण नहीं हो सकती। जिस तरह सनातन आर्य धर्म अपनी सर्वग्राह्यता के लिए भारत में प्रसिद्ध और लोकप्रिय है, ठीक उसी तरह ग्रीस व रोम का प्राकृत मानव धर्म भी और बाद का ईसाई धर्म भी। किसी क्षेत्रीय पूर्वग्रह के कारण समय-समय पर जिस व्यक्ति को आर्य धर्म या आर्ष जीवन-शैली स्वीकार्य नहीं होती, वह व्यक्ति सामान्यत: केवल ईसाई धर्म की ओर ही दौड़ता है। ये दोनों धर्म उदार विचारों के माननेवाले हैं—यह ईसाई धर्म की एक अतिरिक्त विशेषता है कि वह अपने अनुयायियों को आर्थिक दृष्टि से भी मदद करता है, धन दान देता है, धन के लिए रोजगार की व्यवस्था करता है और सामाजिक संबंधों की वर्णाश्रमीय सीमाओं को तोड़कर नया विस्तार देता है, नया आकाश देता है।"

"राजन्, आज आपके इस न्यायालय में न अरस्तू हैं, न थॉमस, किंतु उनकी

आत्माएँ सदियों से आज तक हमारे अंदर जाग्रत् रहकर हमें समानता, स्वतंत्रता, सुरक्षा, सुख और शांति की दिशा में चलते रहने का संदेश दे रही हैं। आप हमारी अनुज्ञप्ति को अगली सदी के लिए नवीकृत कर दें और साथ-साथ 'वसुधैव कुटुम्बकम्' के सनातन धर्म संदेश को भी हमें आगे बढ़ाने का अवसर प्रदान करें।"

राजसेन ने बिशप से जानना चाहा कि अरस्तू और थॉमस के परिवार की कौन सी पीढ़ी का कौन व्यक्ति आज के दिन उनके काव्यशास्त्रीय एवं नीतिशास्त्रीय विचारों और व्यापारों का संचालन कर रहा है। इसके उत्तर में बिशप जॉन ने कहा—

"महाराज, अरस्तू ने तो सारी धन-संपदा होते हुए एक फकीर का जीवन व्यतीत किया और दुनिया को वह सबकुछ—सोने-चाँदी एवं हीरे-जवाहरात से भी मूल्यवान् धन सामान्य जनों में वितरित कर दिया, पोएटिक्स, रेटरिक तो दिया ही, दुःख-दुःखांत जीवन कथाओं से भी आत्म-मंथित विशुद्धीकृत अमृत-रस निकाला और सारी दुनिया के मन-मानस को एक रस से, जिसे वे पर्गेशन कहते थे तथा एक रस-प्रक्रिया केथार्सिस से सींच दिया। थॉमस तो परमहंस हो चुके थे महाराज, भारत के असली मसालों का व्यापारी, ईश्वर के असली वचनों की सवारी बनकर स्वयं जीवन के अंतिम दिनों में हवा पीकर जीते रहे और अपना सारा धन उदारवादी कैथोलिक चर्च को दान कर एक दिन पूर्वजन्मवाले जीसस की तरह शहीद हो गए। अब तो केवल स्मृतियाँ हैं संत थॉमस की और उनका एक स्मारक है, यह थॉमस कुटीर, जिसे आज 'थॉमस चर्च' के नाम से सभी जानते हैं। हम विनम्रतापूर्वक कह सकते हैं कि पॉएटिक्स देकर अरस्तू अमर हैं, आदृत हैं, किंतु पूजे नहीं जाते। आधे भारत की आधी आर्य जनसंख्या को जीसस और फिर संत थॉमस 'गॉड' से सीधा संयोग कराकर अमर बन गए हैं। आपको जानकर आश्चर्य हो सकता है कि यद्यपि थॉमस उन बारह मूल संतों में नहीं थे, फिर भी संत थॉमस और उनके वचन 'न्यू टेस्टामेंट' के अभिन्न अंग माने गए। संत थॉमस के धर्मवचनों को बाइबिल में जोड़कर संत ल्यूक स्वयं रोम से भारत आए थे और यह ग्रंथ ईसाई भक्तों द्वारा श्रद्धापूर्वक पूजा व पढ़ा जाने लगा।

"महाराज, यदि धृष्टता क्षमा करें तो हमें यह सगर्व कहना चाहिए कि पूरी दुनिया के ईसाई समाज तथा धर्मगुरु पोप ने इस हेतु भारत को यह पुरस्कार और सम्मान प्रदान किया है कि संपूर्ण पूर्व संसार का कैथोलिक समाज अब अपने पूर्वी क्षेत्रीय मुख्यालय के रूप में प्रति वर्ष केरल पधारता है तथा कोई केरलवासी धर्मगुरु इस क्षेत्र के सर्वोच्च गुरु होते हैं। आपके सामने विशप वासुदेवन हैं, जो एक दिन संत थॉमस के धार्मिक उत्तराधिकारी हो सकते हैं।" राजसेन ने व्यंग्य किया।

राजसेन—"थॉमस की यह उपलब्धि तो सचमुच सिकंदर से भी बड़ी उपलब्धि समझी तथा मानी जानी चाहिए।"

बिशप जॉन—"क्यों नहीं महाराज, सिकंदर तो वस्तुत: भारत में प्रवेश भी नहीं कर सका, पीछे लौटकर अपनी स्वप्ननगरी मिस्र की एलेक्जिंड्रिया में कुछ ही वर्षों में दम तोड़ बैठा। वस्तुत: वह विश्वविजय तो नहीं किया, किंतु अगर किसी ने तो सिर्फ संत थॉमस ने, जिसकी याद में आज भी दुनिया भर के ईसाई अनुराग और अनुग्रह के आँसू बहाते हैं, हजारों-लाखों मोमबत्तियाँ जलाते हैं।"

राजसेन—"हाँ बिशप जॉन, किंतु यही विषय विश्वविजय संबंधित यदि हो तो इस पर एक छोटी टिप्पणी यह होगी मेरी कि यह पश्चिमी दृष्टि से विजय कही जाती होगी, धन और रोजगार देकर धर्मांतरण करना-कराना तो भारतीय दृष्टि में दंडनीय अपराध ही नहीं, एक जघन्य पापकर्म है। इस अपराध में और इस पाप में तो सुनता हूँ, संत थॉमस का ही नहीं, उनके तथाकथित परपितामह अरस्तू की भी अप्रत्यक्ष सहभागिता रही है। सबसे बड़ी भूमिका तो उस प्रभु-पुत्र की रही है, जिसने भारतीय इतिहास के उन पन्नों पर बड़े-बड़े अक्षरों में लिखे सत्य वचनों-भाववचनों पर अमिट स्याही पोत दी और इतिहास की आत्मा की हत्या कर दी। प्रभु-पुत्र के रूप में यह घोषणा कर कि पूरी वैदिक चेतना और उसकी संस्कृत भाषा तथा साहित्य ईसा के जन्म के पाँच सौ वर्ष के भीतर की ही बातें हैं। बिशप जॉन, ईसा के जन्म के चार सौ वर्ष पूर्व सिकंदर भारत-विजय का स्वप्न लेकर मेसीडोनिया से चला था और उसके पीछे-पीछे चला था उसका सहपाठी और अरस्तू का ही शिष्य समकालीन इतिहास लेखक मित्र—मेगास्थनीज। मेगास्थनीज की 'इंडिका' में नालंदा, विक्रमशिला, कांचीपुरम् स्थित विश्वविद्यालयों तथा पुस्तकालयों का जो उल्लेख है, उसके रहते ईश-पुत्र अथवा संत थॉमस का यह धर्मांतरण का पाप। क्या दुनिया इस पाप से जीसस क्राइस्ट और थॉमस को क्षमा कर देगी? ईश्वर तो क्षमा नहीं करेगा।"

बिशप जॉन सबकुछ सुनते जा रहे थे मौन होकर। राजसेन तो स्वयं संस्कृत साहित्य के एक बहुत बड़े विद्वान् थे—अश्वघोष, कालिदास और बाणभट्ट की पंक्ति के। उन्होंने राजा की मुद्रा में नहीं, अपने अंदर बैठे ज्ञानी व्यास, गौतम और जैमिनी की शैली में तथ्यों के उदाहरण देते हुए तथा पाणिनि की शैली में भाषा का अन्वय और अर्थ का विश्लेषण करते हुए विनम्रतापूर्वक कहा—

"बिशप जॉन, क्षुद्रतापूर्ण धार्मिक और क्षेत्रीय प्रतिद्वंद्विता में भूल गए थॉमस तक और फिर आप तक सबके सब कि भारत में बुद्ध की विचार क्रांति भले संपूर्ण विश्व के लिए प्रथम नवजागरण थी, किंतु भारत के लिए वह वैयक्तिक महत्त्वाकांक्षा के सिवा कुछ नहीं थी। इस प्रहार का प्रधान लक्ष्य था—पचास हजार ईसा पूर्व से अधिक पुराना वैदिक साहित्य और पाँच सौ से पाँच हजार वर्ष तक पुराना पुराण साहित्य। यह तो धार्मिक सुधार का एक बहाना था भारत में। हेरोडोटस और पाइथागोरस सहित पश्चिम के लिए वे बुद्ध

की तरह भले ज्ञान का सूर्य बनकर आए हों, पर भारत के लिए तो वे वैदिक गणित और वैदिक साहित्य के विद्यार्थी से अधिक कुछ भी नहीं थे। ठीक उसी प्रकार जैसे बुद्ध एक चक्रवर्ती राजपद के महत्त्वाकांक्षी थे। हाँ बिशप जॉन, मैं यह नहीं कहना चाहता कि मैं प्लेटो-अरस्तू को बड़ा दार्शनिक नहीं मानता। मैं आज भी उनका आदर करता हूँ और मसालों की अनुज्ञप्ति थॉमस के कारण नहीं, उनके कारण थॉमस के किसी परपौत्र या किसी अधिकृत प्रतिनिधि को मात्र तीन वर्षों की अवधि के लिए नवीकृत करता हूँ।"

असली गरम मसालों और वशीकरण औषधियों जैसी सारी अलभ्य सामग्रियों की अनुज्ञप्ति, जो अब तक थॉमस के नाम थी, अब प्रपौत्र विलियम के नाम स्वीकृत की जाती है।

फादर विलियम भी तो स्वयं कैथोलिक चर्च के एक विद्वान् फादर सुपीरियर माने जाते थे। इस तरह चलता रहा भारत के गरम मसालों, असली इंडिया के मसालों के नाम का व्यापार और उसी व्यापार से अर्जित अनैतिक धन से पूरबी संसार का धार्मिक मुख्यालय भी बन गया केरल और बहुत से तथाकथित विद्वान् मिशनरी इस विषय पर जनश्रुतियों को आधार मानते हुए शोध करने में लगा दिए गए, ताकि संत थॉमस की सोच और जीसस की वाणी किसी भी तरह गलत सिद्ध नहीं हो। इस दिशा में काम करने के लिए कुछ अन्य धर्मों के तथाकथित मिशनरी और यहाँ तक कि कुछ बिकनेवाले भारतीय विद्वानों को भी क्रय करने के बारे में सोचा जाने लगा।

किंतु आज बिशप जॉन बहुत खुश नहीं, बहुत उदास थे और उन्हें चिंता होने लगी थी इस बात की कि यदि फादर वासुदेवन ने राजसेन की बातें सबको बता दीं तो इसकी प्रतिक्रिया दक्षिण भारत के उन वासियों पर क्या होगी, जिन्हें अप्रत्याशित धनराशि देकर आर्थिक परतंत्रता, सामाजिक विषमता से तो मुक्त किया गया था तथा जन्म-जन्मांतर से किए जाते रहे पापकर्मों से भी मुक्त हो जाने की घोषणा की जा चुकी थी। किंतु डरना विलियम को था और वह जानता था कि थॉमस की तरह धर्म के नाम पर शहीद होने की कला एवं इसका परिणाम सदैव शुभ होता है।

□

20

विश्व के इतिहास में गौतम बुद्ध द्वारा प्रवर्तित नवजागरण की विचारधारा एक क्रांति बनकर आई थी और स्वाभाविक था सभी प्रबुद्ध देश इस ज्ञानधारा से अपनी संस्कृति का परिमार्जन कर सांस्कृतिक दौर में अपनी अग्रणीयता स्थापित करने में चूकना नहीं चाहते थे। ऋषियों की धरती की चिंतनधारा इतनी गहरी, इतनी विस्तृत तथा इतनी गतिमान थी कि अन्य देशों की ज्ञानधारा बरसाती नदियों की तरह उमड़कर अट्टहास तो पैदा कर देती अनेक तथाकथित नई विचारधाराओं की तरह; किंतु भारत के समृद्ध इतिहास के सामने खुद उपहास बनकर मुख्यधारा में विलीन हो जातीं। भारत में बौद्ध धर्म भी गरजकर काले बादलों की तरह उमड़ा अवश्य, राजधर्म भी बना रहा कई शताब्दियों तक, किंतु बरसा बस कहीं-कहीं, कभी गहरी फैली हिमालयी उपत्यकाओं में, कभी निरुद्देश्य पसरे पठारों पर तो कभी विस्तृत पहाड़ी पर और दूर प्रदेशों में। पहाड़ों को पार कर, समुद्रों को लाँघकर बौद्ध धर्म चीन गया, जापान-वियतनाम गया, कोरिया-कंपूचिया गया, लंका-लाओस गया, यहाँ तक कि इंग्लैंड-फ्रांस गया, आस्ट्रिया-जर्मनी गया और वहीं नहीं, अमरीका एवं रूस-युगोस्लाविया भी पहुँच गया। किंतु भारत के अंदर बौद्ध धर्म कभी सर्वोच्च धर्म का स्थान प्राप्त नहीं कर सका। थॉमस की ऐसी ही समझदारी थी, जो सिकंदर से कम नहीं थी और इसलिए नहीं थी कि सिकंदर व थॉमस दोनों की जीवन प्रणाली में कहीं-न-कहीं कुछ-न-कुछ अरस्तू का चिंतन-तत्त्व प्रवाहित था। सिकंदर ने हार स्वीकार कर सुरा-सुंदरी के अंक में बद्ध असमय मृत्यु को वरण कर लिया, थॉमस धर्म की छद्म लड़ाई में अंतिम दम तक लड़कर शहीद के उच्चासन पर पदस्थ हो गया और पवित्र धर्मग्रंथ बाइबिल का संत बन गया। आधे भारत की आधी जनसंख्या ईसाई बन गई सौ वर्षों के अंदर, किंतु लगभग हजार वर्षों के राजकीय संरक्षण तथा राजकोष से पालित-पोषित होने के विपरीत भी बौद्ध धर्म भारत के सीमांत प्रदेशों में लिपटा-सिमटा रह गया और समय-समय पर सनातनी प्रहार से नहीं, ईसाई प्रचार तथा इस्लामी दुर्व्यवहार से इस तरह प्रताड़ित होता रहा कि महायान पर सवार होकर वह कभी बर्मा, वियतनाम, सिलोन, लाओस, हिंदेशिया तो गया ही, चीन-जापान पहुँचकर भी अपना ठिकाना खोजने में लगा रहा।

थॉमस ही नहीं, मुहम्मद तथा मुहम्मद के अरबी-इराकी खलीफे इस बात से अवगत थे कि बौद्ध धर्म वस्तुत: सनातन अथवा हिंदू धर्म का ही एक काषाय आवरण धारण करनेवाला एक अभिन्न अंग है। अत: इन दोनों ने जब भी भारत में धर्म परिवर्तन का आंदोलन छेड़ा तो उसे जिहाद कहा और जिहाद का शिकार हिंदुओं और बौद्धों-जैनियों, सबको ही समान रूप से होना पड़ा।

ईसा की प्रारंभिक शताब्दी के चार सौ वर्ष पहले से ईसा की नवीं शताब्दी के प्रारंभ तक ईसाई धर्म और हजरत मोहम्मद के जन्म से लेकर नवीं शताब्दी के दौर तक पहुँचकर ईसाई धर्म व इस्लाम दो ही नहीं, बल्कि तीसरे धर्म बौद्ध धर्म ने अपने-अपने धर्मग्रंथों में नए-नए पन्ने तो जोड़े ही अपने धर्मों और धर्मग्रंथों में परिवर्तन-परिवर्द्धन की नीयत से अपने से भिन्न धर्मों के धर्मग्रंथों का भी अनुवाद अपनी भाषाओं में खूब किया और इस कार्य में भारतीय भाषाओं के विभाषा (भाष्य) प्रवीणों की खूब चली। आठवीं शताब्दी के अंतिम दशक में बगदाद में इस्लाम के हित में बड़े-बड़े विद्वानों को संस्कृत-प्राकृत से अरबी-फारसी में अनुवाद के काम में लगाया गया। उसी तरह कश्मीर में वसुमित्र तथा पद्मसंभव जैसे विद्वानों को चीनी प्रशासन तंत्र द्वारा पहले से चल रही अनुवाद क्रांति को आगे बढ़ाने के लिए नए प्रयास होने लगे। यही काम जो कभी यूनानी, मेगास्थनीज से शुरू होकर संत थॉमस और संत ल्यूक जैसे लोग ईसाई धर्म के लिए कर रहे थे तो फाहियान से शुरू होकर ह्वेनसांग, इत्सिंग तक चलकर वसुगुप्त व पद्मसंभव जैसे अनुवाद प्रवीण और दिङ्नाग, असंग जैसे ज्ञान-विशारद भी करने लगे थे। यह महज संयोग नहीं था कि कच्छ से लेकर कश्मीर-कांधार तक, तिब्बत-भूटान से लेकर नेपाल-आसाम तक और आसाम-अरुणाचल से लेकर कलिंग-कोरोमंडल तक भारत की सीमांत रेखाओं पर बौद्धों का जमावड़ा था और ह्वेनसांग-इत्सिंग एवं कुषाण-राजा कनिष्क बौद्ध धर्म का ध्वज हाथों में लेकर हिंद सागर से लेकर चीन-सागर तक द्वीपीय देशों में भ्रमण के बाद भ्रमण का दौर लगाए हुए थे।

शिवगुरु के रामकथा वाचन और भागवत पुराण कथा यज्ञ तथा ऐसे ही विष्णुस्वामी जैसे कुछ संतों एवं राज-राजेंद्र जैसे कुछ राजाओं के धर्मकथाओं के वाचन-पाठन से चाहे जो भी असर पड़ा हो इन तीनों धर्मों के प्रचारकों के बीच, किंतु विशिष्टा के आँगन में और नंबूदरि-गौड़पाद के वंश में एक प्रतापी बालक का अवतरित होना केवल तत्कालीन योगियों-संन्यासियों के बीच ही एक स्वागतेय घटना नहीं थी, वरन् यह घटना भारत के सांस्कृतिक-इतिहास तथा सनातन धर्म के जीवन में एक मंगलसूचक घटना होगी, यह अब जन-गण-मन के बीच चर्चा का विषय होने लगा था। नक्षत्रशास्त्री वराहमिहिर तथा गणितज्ञ-वैज्ञानिक आर्यभट्ट के शिष्य तो गणना करके अपनी भविष्यवाणी प्रमाणित करने के निमित्त इस नवजात की जन्मकुंडली लेकर आए ही थे। इसी तरह शैव सिद्ध

कापालिक तथा शक्ति सिद्ध योगिनियाँ भी कहतीं कि ध्यान की चरम स्थिति में जो दृश्य प्रकाशित होता है, वह सत्य के अतिरिक्त कुछ नहीं होता। भले ही इसे आप रहस्य-ज्ञान, अध्यात्म ज्ञान अथवा चिंतन कथा कहकर टाल दें। वैष्णव साधु-संत तो यहाँ तक कहते थे कि यह नवजात शिशु साक्षात् शिव का अवतार है और यह लोक अथवा वसुधा लोक को एक सूत्र में बाँधकर संसार को संसार का नया अर्थ समझाने आया है। इसी तरह बौद्ध तथा जैन साधु भी जातक को महाप्राण, अर्हत अथवा बोधिसत्त्व के समकक्ष बताते थे।

यह सबकुछ सबको प्रिय ही लगता, किंतु थॉमस के पुरोहितों और शिष्यों तथा मोहम्मद के खलीफों एवं जिहादी धर्म-पुत्रों को यह सब कपोल कल्पना लगती तथा उन्होंने सप्तर्षियों द्वारा युग-युगांतर में बदलते विज्ञानी दृष्टि संपन्न ऋचाकार ऋषियों की सृष्टि के अंदर झाँककर देखे गए सारे सत्य को, सारे आर्ष पश्यंती वाक् को मतिभ्रष्ट साधकों की गल्प कथा अथवा गलत कथा कहकर उन्हें टाल दिया, थोड़ी सी दिशा दिखाई अरस्तू के शिष्यों ने, थोड़ा सा हाँ-में-हाँ मिला दिया यीशू ने, थोड़ा सा मार्ग बदल लिया हीनयानी बौद्धों ने एवं थोड़ी सी नहीं, बहुत ही बुद्धिमानी से काम लिया संत थॉमस ने और फल यह था कि सारे संसार में संदेश जाने लगा कि वेदों का रचना-काल ईसा से पाँच सौ से एक हजार वर्ष पुराना हो सकता है, किंतु इसका कोई भाषा वैज्ञानिक अथवा पुरातात्त्विक प्रमाण नहीं है। छनकर यही भर संदेश निकला कि संस्कृत-साहित्य रामायण से तथा महाभारत से शुरू होता है, जो अधिक-से-अधिक ईसा से दो सौ वर्ष पुराने हैं।

नवजात शिशु शायद सुन तो कुछ नहीं रहा था, किंतु यह सारा षड्यंत्र उसके अंतस्तल में चुनौतियों के रूप में स्थापित होता जा रहा था। वह जानता था कि सत्य को खोज निकालना तथा उसपर जन-गण का अनुमोदन प्राप्त कर लेना बहुत कठिन नहीं, भले ही इसमें समय जितना लगे। ज्योतिषियों का यह वचन कि उसकी जन्मकुंडली के अनुसार उसका जीवन मात्र सोलह वर्षों का ही होगा, यह गलत हो सकता है, ऐसा मान लेना भी उसके संस्कार में नहीं था। माता-पिता दोनों भार्गव और वसिष्ठ-पराशर संस्कार धर्मी थे और वे अपने पूर्वजों से भी उनके बारे में यही सुनते आ रहे थे, जो थॉमस के धर्मानुरागी आज कहा करते हैं। द्वैपायन कृष्ण व्यास भगवान् ने यह चुनौती स्वीकार ली और काल-निर्धारण करते हुए ऋग्वेद से अथर्ववेद तक के वैदिक साहित्य को अलग-अलग सद्ग्रंथों के रूप में संपादित कर राजा परीक्षित के हाथों में संरक्षणार्थ सौंप दिया। फिर क्या था, वेदों की व्याख्या और भाष्यों के लिए ऋषियों ने जिन वैज्ञानिक व्याकरण संपन्न कुंजी ग्रंथों की रचना की थी, उन विज्ञानों को वेदांगों के नाम से तैयार कर रख दिया। फिर वेदों के सार मंत्रों को संगृहीत करने के लिए इन सारी पांडुलिपियों को तक्षशिला, नालंदा, विक्रमशिला, कांचि आदि ग्रंथागारों में अध्ययनार्थ सुरक्षित कर दिया।

चीनियों ने ह्वेनसांग और इत्सिंग को बौद्ध संन्यासी के रूप में भारत भेजकर चीन निर्यात के उद्देश्य से इन बहुमूल्य नए धर्मग्रंथों को चुराया, भारतीय बौद्ध विद्वानों ने खंडन-विखंडन किया, थॉमस व उसके शिष्यों ने उसके तत्त्वों को, उसकी उदारवादी आत्मा को, रत्नों की तरह अथवा मक्खन मलाई की तरह निकालकर बाइबिल को समृद्ध किया, जीवंत किया, इस्लाम और यहूदी धर्मों को नीचा दिखाया तथा मोहम्मद के लोगों ने तो ग्रंथागारों तथा मंदिरों में घुसकर सोना-चाँदी आदि तो लूटे ही, पुस्तकालयों को आग में जलाकर इस अमूल्य ज्ञान-संपदा को नष्ट कर दिया।

नवजात के माता-पिता समझ रहे थे, जो भी काम पूर्वज व्यास शेष छोड़ गए हैं अथवा जो भी काम उनके प्रतिद्वंद्वी जोड़ गए हैं, उन्हें सँभालकर संसार और समाज के समक्ष रख देना उसकी जिम्मेवारी है तथा यह महदाकार जिम्मेदारी उसे सोलह वर्षों में निभा देनी है।

सात सतयुग के सात सप्तऋषियों ने वेदवाणी को ईश्वर-उद्भूत वाणी मानते हुए स्वीकार किया कि वेद मनुष्य-निर्मित नहीं, परमात्मा के अंतर से निकली तथा सप्तर्षियों के मुख से मुखरित ईश्वरीय वाणी है और यदि एक सतयुग का काल निर्धारण चार हजार आठ सौ वर्ष भी होता है तो यह वेदवाणी पैंतीस हजार वर्षों की सप्तर्षि साधना का फल है और यदि सात-सात त्रेता, द्वापर और कलियुग की अवधियों को जोड़ दिया जाए तो यह काल विस्तार पचास हजार वर्षों पुराना है, इसमें संदेह कहाँ है?

वेदवाणी अर्थात् सनातन वाणी अर्थात् परमात्मा के वचन का माध्यम कोई ऋषि हो सकता है, कोई छंद हो सकता है, कोई देवता भी हो सकता है, किंतु यह वचन, यह पश्यंती वाक्, यह मंत्र किसी मनुष्य की भाषा नहीं, यह एकमात्र परमात्मा का वचन होता है और इसीलिए इस वचन को काल की किसी सीमा में बाँधकर नहीं रखा जा सकता, इसे इतिहास की तरह नहीं पढ़ा जा सकता, इतिहास की दृष्टि सीमित होती है, वह शाश्वत को समेट ही नहीं सकती। नवजात शिशु के लिए इतिहास को स्वीकार करते हुए भी इतिहास की सीमाओं को सदैव दृष्टि के केंद्र में रखना ही था, अपनी ही दृष्टि नहीं, नई दुनिया की दृष्टि में भी।

जन्म के पहले उत्सव अर्थात् छठी और छठी के बाद के आज छठे दिन के संस्कार-कुंडली निर्माण के अवसर पर जो भी कहा-सुना जा रहा है, वह अर्थहीन नहीं, पर्याप्त सारगर्भित वचन है और बहुत सारी धर्म की उपधाराओं के बीच परस्पर समानता का द्योतक है। शिव गुरु ने कहा—

"धार्मिक विचारों एवं उनके कर्मकांडों-परंपराओं के ऊपर-ऊपर यदि कोई गंगा, कोई यमुना प्रवाहित दिखती है तो इनके अंदर-अंदर आस्था और एकता की एक सरस्वती भी तरंगित होगी, यह भी हमें मान ही लेना चाहिए। आप द्वारा प्रस्तुत जातक के

जन्म-कर्म और इन दोनों के नियंता किसी सर्वशक्तिमान सत्ता की स्थापना भी असंभव नहीं। किंतु आपको एक-न-एक दिन यह भी मानना ही होगा कि इस सर्वशक्तिमान असीम सत्ता को मनुष्य की तथाकथित अनुमान-धारित साधना और विपासना से निरंतर गतिशक्ति प्राप्त करना सामान्य जन के लिए कदापि संभव नहीं। हमारे चिंतन में ही कोई दोष है, जो आदम और ईव के स्वर्ग में शैतान सर्प की तरह छिपा बैठा है। सर्वशक्तिमान के साथ सामान्य का मिलन अथवा साधारणीकरण तभी संभव है, जब भक्ति और प्रेम की गंगा-यमुना बहती चले।"

यह भक्ति-संतों, योग-साधना के मार्ग से सामान्य जनों को उपलब्ध नहीं हो सकती। हमारे भारत में व्यास से लेकर गोविंद पाद तक तथा नारद से लेकर विष्णुस्वामी तक भक्ति की शक्ति को यों ही नहीं करते। भक्ति की शक्ति और सर्वशक्तिमान का मिलन-बिंदु है योग और ज्ञान की साधना के मध्य भक्ति तथा प्रेम की भावधारा का मार्ग है— वंदना, अर्चना, आराधना और उपासना के द्वारा जगाया गया, आत्मा-परमात्मा के मध्य प्रेम व भक्ति का संचार। और इसीलिए व्यास ने भी भागवत कथा कही, शुकदेव ने भी, गौड़पाद ने भी, गोविंदपाद ने भी। भक्ति नहीं तो शक्ति नहीं, शक्ति नहीं तो शक्तिमान की सत्ता में समा जाना संभव नहीं और उस भक्ति का मूल तत्त्व है प्रेम एवं आत्म-समर्पण।

सभी संत एवं सभी धर्मों के छोटे-बड़े महात्मा मौन सुन रहे थे मुनि की तरह बोलते गुरु-शिवगुरु को। भागवत कथा को प्रेम और भक्ति से जोड़कर सभी धर्म यदि प्रभु की आराधना करें तो व्यक्ति का जीवन तो सार्थक हो ही, सभी धर्मों से जुड़े लोग भी सुखी हो सकते हैं।

और यह सूचना आज ही शिवगुरु द्वारा सभी मतावलंबी संतों को दे दी गई कि जातक के सभी सोलह संस्कारों के अवसर पर भागवत कथा संपन्न होगी, इसी तरह और मात्र इसी तरह एक-न-एक दिन सभी धर्म धर्म से आगे बढ़कर आस्था, प्रेम एवं सौहार्द्र में परिवर्तित हो जाएँगे।

◻

21

पौत्र-परपौत्र थॉमस और विलियम का दादा-परदादा अरस्तू एवं वंश के मूल संस्कार से जुड़े रहना तथा ऐसी स्थिति में शिष्य सिकंदर की तरह विश्वविजय का सपना देखना शायद संस्कारोचित नहीं था, किंतु किसी धर्म का संस्थापक-प्रचारक होकर किसी वंश का पूरे विश्व पर छा जाना तो जैसे प्लेटो की राजनैतिक नीति और आध्यात्मिक विचारधाराओं के गुणा-भाग के पश्चात् केवल इतना ही था, जिसका 'शेष' शून्य आता था। अरस्तू ने धन और ज्ञान दोनों में धन को तुच्छ समझकर ठुकराया, किंतु अथाह धन-संग्रह करने के बाद भी थॉमस को ज्ञान के स्थान पर धर्म ही अधिक प्रिय था और उसने भारत के असली मसालों के व्यापार से जो भी धन-संग्रह किया, उसे असली ईसाई धर्म के विस्तार एवं सारे संसार में एक धर्म ईसाई धर्म की आवश्यकता के सिद्धांत के संदर्भ में समर्पित कर दिया।

थॉमस का चेन्नई धर्मकुटीर, जो अब कैथोलिक ईसाई समाज का सबसे बड़ा धर्मस्थान समझा जाने लगा था, से प्रस्थान करते हुए नम आँखों से यीशु ने स्वगत कहा—"प्रिय थॉमस, पता नहीं तुम्हारे धर्म के रास्ते विश्वविजय का प्रतिफल क्या होगा, जबकि इसी धर्म के तीन ध्वजधारी अपना-अपना अलग ध्वज लेकर विश्वविजय हेतु निकलने के लिए बेचैन हैं और पता नहीं, ऐसी स्थिति में प्रभु का क्या निर्देश हो? भारत को छोड़ते-छोड़ते प्रभु की ही कृपा से मैं इस निष्कर्ष पर पहुँचा हूँ कि थॉमस ने अभी तक जो भी उपलब्धि धर्म के क्षेत्र—भारत में प्राप्त कर ली है, वह यश-प्राप्ति तो सिकंदर को नहीं प्राप्त हो सकी थी। तुम सिकंदर से बढ़कर एक महान् राजशक्ति नहीं तो धर्मशक्ति के जीवंत प्रतीक तो हो ही।"

"जीवन के सबसे बड़े क्षेत्र, धर्मक्षेत्र में तुम्हारा थॉमस नाम जीवन के सबसे महान् तथा विश्वविजय को चरितार्थ करनेवाले महाभारत विजय के प्रतीक अर्जुन की तरह ही होगा, ऐसा मेरा विश्वास है। चलो, हम इन बारह संन्यासियों के माध्यम से इस धर्मस्थल से संपर्क बनाते रहेंगे। हाँ थॉमस, मैं अब तुम्हें 'संत' घोषित करने के अनुकूल अवसर की प्रतीक्षा में हूँ, तुम बाइबिल के लिए 'संत थॉमस' के धार्मिक एवं आध्यात्मिक अनुभवों की बातें लिखते चलो। तुम्हारा सपना पूरा हो!"

काशी से दक्षिण-पूरब चल पड़े थॉमस और उत्तर-पश्चिम जीसस क्राइस्ट। जीसस यूनान पहुँचने के लिए बेचैन थे, किंतु अंदर का भय बाहर जैसे निकलना ही नहीं चाहता था। बहुत तेज चलते थे जीसस और कभी-कभी सह संन्यासियों को दौड़ना पड़ जाता था। कई सप्ताह पैदल-यात्रा समाप्त कर जीसस जेंद अवेस्ता की जीवंत धरती पर पहुँच चुके थे। जरथूस्त्र के अनुयायी प्रात:कालीन सूर्य को योगविज्ञान के निर्देशों के अनुसार 'सूर्य नमस्कार' की योग क्रियाओं में लगे थे। देवी-देवताओं, संत-महात्माओं की कथाएँ उतनी ही लोकप्रिय थीं तब के विश्व में, जितनी वहाँ की परीकथाएँ और प्रेतकथाएँ। जीसस की इच्छा थी, कहीं रुकते अवेस्ता को एक नजर देख लेते और इस धर्म के विषय में यह गुणा-भाग कर सकते कि भविष्य में पारसी धर्म इसी धर्म के साथ विलय कर लेगा या भारत के सनातन धर्म की ओर झुक जाएगा। पर्सिया नहीं तो पारसी धर्म तो हमारा अंग बन ही सकता है न!

किंतु इससे भी अधिक बेचैनी जीसस को थी। सिनाई की पहाड़ियों पर ठहरकर कुछ दिनों तक विश्राम करने की और यह अध्ययन कर लेने की कि आज से एक हजार वर्ष पूर्व इसी पहाड़ी पर उतरकर परमात्मा प्रभु ने संत मूसा अथवा संत मोजेज को क्या संदेश दिया था, कैसे दिया था, क्यों दिया था और क्यों नहीं दिया था।

सिनाई की पहाड़ियाँ इन साठ हजार चार सौ सत्तावन फुट ऊँची, दो हजार पाँच सौ फुट चौड़ी पहाड़ी पर्वत श्रृंखला की सुंदरता, उसकी नीरवता, उसकी रमणीयता देखकर जीसस को उन दंतकथाओं पर विश्वास होने लगा कि पिता परमेश्वर को जब अपने पुत्रों के कल्याण के लिए कोई विचार अपनी अभिव्यक्ति हेतु उन्हें बेचैन कर देता तो वे सिनाई की इन पहाड़ियों पर उतर जाते, किसी फराऊ के महल की छत पर नहीं, क्योंकि स्वर्ग से यरुशलम जाने का रास्ता सीधे सिनाई से होकर गुजरता था और सिनाई की पहाड़ी की किसी गुफा में बैठकर जो शब्द परमात्मा जैसे सद्गुरु के मुख से निकलता, वह उनके भक्तपुत्रों के कानों में गूँज उठता और तब क्या था, भक्त व भगवान् का मिलन जैसे हो ही जाता। लोगों का विश्वास था कि यरुशलम के मंदिर में ध्यानस्थ भक्तों को भी सिनाई में उच्चरित प्रभु की वाणी स्पष्ट सुनाई पड़ती।

ऐसे भक्तों की श्रेणियाँ प्रभु द्वारा विभाजित नहीं होने पर भी भक्त अंदर-ही-अंदर तीन प्रमुख श्रेणियों में विभाजित हो चुके थे, दक्षिण-मध्य एशिया के अरबी मूल निवासी, जो मिस्र से ग्रीस की सीमा तक और मिस्र से अरब एवं अरब से बेबिलोन होते हुए इरान तक एक श्रेणी के परिगणित थे तो दूसरी में ग्रीस, रोम से चलकर जूडा-रव्वान तक और फिर इरान-फिलीस्तीन के मूलवासी तथा तीसरी तरह के वे लोग, जो असीरिया, बेबिलोन होते हुए इरान-अफगानिस्तान आदि देशों के वासी थे। तीनों मन-ही-मन सिनाई और फिलीस्तीन के यरुशलम के साथ इस पूरे शोध पर अपना अधिकार जमाए रखना चाहते थे।

प्रभु को इस धर्म संकट का समाधान करने हेतु सिनाई की पहाड़ियों पर स्वर्ग से नीचे उतरना पड़ा था और दस अनुदेश देने पड़े थे तथा मोजेज के माध्यम से यह समझाना पड़ा था कि वे अपने-अपने अनुयायियों के लिए अलग-अलग मंदिरों की व्यवस्था करें तथा इन्हीं मंदिरों के अंदर बैठकर प्रभु से बातें करें, उनकी बातें सुना करें, अपनी बातें सुनाया करें। प्रभु मूसा से यह कहना चाहते थे—"मेरे प्यारे पुत्रो, तुम सब एक पिता अथवा एकमात्र निर्माता ब्रह्म अथवा ईश्वर के पुत्र हो, एक परिवार—मात्र एक ही परिवार—विश्व परिवार के सदस्य हो और इस कारण जीवन जीने की तुम सबकी शैली एक है, एक ही होनी भी चाहिए। इसी वैश्विक जीवन और वैश्विक जीवन-शैली को तुम मानवमात्र का 'धर्म' कह सकते हो। किंतु एक शर्त है पुत्रो, और शर्त यह है कि तुम लोगों के चाहने पर भी 'मैं' तुम सबका पिता एकमात्र पिता होने के कारण अलग-अलग धर्म चलाने की अनुमति नहीं दे सकता।"

किंतु पुत्रों ने ईश्वर की इस शर्त की उपेक्षा की और उनके तीन बेटों ने तो उसी दिन अपने तीन रास्ते खोज लिये। शायद तब, उस समय तक यह मुहावरा बना नहीं था कि 'सभी रास्ते रोम ही जाते हैं, रोम ही जाएँगे'।

जीसस को लगने लगा कि थॉमस ने उनके साथ 'ईश्वर' की बिना अनुमति से एक अलग धर्म—ईसाई धर्म घोषित कर एक अनर्थ को जन्म दे दिया। चेन्नई की धर्मांतरण सभा में आर्यावर्त्त के धर्म को 'हिंदू धर्म' कहकर उन्होंने आर्य धर्म अथवा आर्यों द्वारा संचालित 'विश्वमार्य' धर्म अथवा मानव धर्म माननेवाले आर्यों के बीच एक विवाद की संभावना को तो जन्म दे ही दिया था। ख्रिस्ट ने जब अपनी गलती स्वीकारी, तब प्रभु ने कहा—

"जाओ ख्रिस्ट, अब तुम रोम जाओ और एक सुदृढ रोमन साम्राज्य का निर्माण करो तथा इसे उस वैदिक परंपरा से समृद्ध कर शाश्वत, सनातन धर्म का एक मजबूत अंग बनो। मैं तुम्हारे और सिनाई के पठार पर मेरी बातों को सुननेवाले सभी भक्तों-धर्मों की उपलब्धियों की समीक्षा करूँगा। अब हजार वर्ष नहीं, केवल पाँच सौ वर्षों की। यदि इन तथाकथित धर्मों ने वैश्विक धर्म से अपने को नहीं जोड़ा तो बुद्ध से लेकर ख्रिस्त तक तथा ख्रिस्त से लेकर मोहम्मद हजरत तक सब धर्माधिकारियों को आदेश दूँगा, यहीं सिनॉय के इसी पठार पर—

"हे प्रभु-पुत्रो, तुम ध्यान से सुनो, मैंने तुम्हारे धर्म को विश्वमार्य धर्म के रास्ते से भटकता देख तुम्हारे लिए भारत के उदयाचल के विस्तृत क्षितिज पर एक नए सूरज के उदय का आदेश तैयार कर लिया है। यही सूरज तुम्हारा भी सूरज है, उसी द्वारा प्रदर्शित धर्म तुम्हारा भी धर्म है, अब उसके बताए रास्ते से चलो और प्रभु के साम्राज्य की राजधानी रोम पहुँच जाओ।

एक हजार वर्षों में मूसा की संततियाँ अरबी और हिब्रू के अतिरिक्त किसी अन्य

भाषा में न तो बोल सकती थीं, न किसी अन्य भाषा को समझ सकती थीं, वे प्रभु से अपने लिए किसी अन्य धर्मग्रंथ को अपनी भाषा में प्राप्त करना चाहती थीं, हिब्रू भाषा-भाषी, लैटिन भाषा-भाषी और पर्सियन भाषा-भाषी सबके अंदर अलग-अलग मंदिर, अलग-अलग उपासना-पद्धति तथा अलग-अलग धर्मग्रंथ की प्रार्थना थी। जीसस के पास इस संकट का समाधान अभी तक प्रभु ने प्रकट नहीं किया था। वे आगे बढ़ते गए, किंतु सबसे पहले वे अपने पिता संत जोसेफ के घर बेथेलहम पहुँचे, जहाँ से यरुशलम होते हुए ग्रीस व रोम और आश्चर्य की बात थी कि उनकी प्रतीक्षा में आकुल उनके भक्त एवं उनकी भक्तिनों ने उन्हें घेर लिया। उनके स्वागत में धर्मसभाएँ कीं और तय किया कि भारत से ज्ञान तथा अनुभवों से संपन्न होकर लौटे जीसस क्राइस्ट के जन्म को ही आधार मानकर अब वे वर्तमान और अतीत की दुनिया के धर्मों का इतिहास निर्धारित करेंगे। जीसस ने विनम्रतापूर्वक अपने प्रथम संबोधन में कहा—

"प्रभु भक्तो, अपने भारत-भ्रमण और भारत-भ्रमण के क्रम में आधी से अधिक दुनिया के भ्रमण के पश्चात् अब अपने को यह कह सकने के योग्य समझ कर और धर्मों के इतिहास को, इतिहास के उलझे सूत्रों और नहीं खुल रही कई गाँठों को अपनी आँखों से सुलझते देखने के बाद यह कहना जरूरी लगता है कि ईश्वर जो सबका पिता है—सारी दुनिया के सारे लोगों का—वही मात्र एक पिता है, अद्वैत है, उसकी कहानियाँ भी अपरंपार है, जितने धर्म, जितनी परंपराएँ, जितनी मान्यताएँ, जितने विश्वास, जितनी कथाएँ, उतनी ही कहानियाँ। जब ईश्वर अज्ञेय है, अविनाशी है तो उसकी उम्र निर्धारित करना कितना बेमानी हैं! फिर भी इतिहास तो पूछेगा ही ऐसे ईश्वर की भी आयु और उस ईश्वर को भी, कोई उत्तर तो देना ही चाहिए। इसलिए इस यात्रा से वापस लौटते हुए मैं वहाँ, उस पवित्र पहाड़ी को प्रणाम करने पहुँचा, जहाँ एक दिन स्वर्ग से उतरकर उसे अपने भक्तों से मिलने नीचे उतरना पड़ा था और वही स्थान है सिनाई की पहाड़ी शृंखला—सुंदर, सत्य और शांति का एक जीवंत समन्वय स्थल। संत मूसा, जिन्हें हम मोजेज कहते हैं, को ईश्वर ने भक्तों के बीच मतभेदों को भुलाकर रहने और दस वचनों को धर्मसूत्र समझकर जीने की शिक्षा दी। उन्होंने मोजेज से कहा कि दुनिया के किसी धर्म के मूलभूत सूत्र ये ही हैं, दस सूत्र या टेन कमांडमेंट्स अर्थात् 'दशकं धर्मलक्षणम्'। भारत की तरह और भारत के धर्मगुरु व्यास की तरह न तो किसी 'ब्रह्मसूत्र' की चर्चा थी, न इसकी आवश्यकता महसूस की गई। दुनिया के अधिक्षेत्र संतों-विद्वानों तथा मोजेज का मानना है कि संत मूसा से ईश्वर की मुलाकात आज से प्राय: एक हजार वर्ष पहले हुई थी और उन्होंने हिब्रू भाषा में अपने अनुदेश जारी किए थे। अत: भारतवासियों को छोड़कर शेष सारी दुनिया मानती है कि ईसा से एक हजार वर्ष पूर्व कोई धर्मशास्त्र लिखा ही नहीं गया, कहीं भी, किसी भी भाषा में।

एक भक्त के मन में प्रश्न उठा—ईश-पुत्र, यह तो ठीक है, किंतु ईश्वर का वचन

उन लोगों के बीच भी तत्त्वत: मान्य नहीं हो सकता, जिन लोगों ने मोजेज के साथ बैठकर उनके वचन सुने थे। कुछ ही दिनों के अंदर तो एक ऐसी आग लगी सिनाइ की घाटियों में, उससे जुड़े पठारों पर और आस-पास के नगरों-गाँवों में, यहाँ तक कि आस-पास के जंगलों में कि मोजेज की वही संतानें तीन हिस्सों और तीन हिस्सेदारों में बँट गईं। प्रभु-पुत्र, अब आपके समक्ष भारत के संदर्भ में उठे प्रश्न ही नहीं, आपके अपने ही लोगों के दिलों में अपने पड़ोसियों के विरुद्ध जो आग लगी है, उसे बुझाना पहली और बड़ी ही विकराल समस्या बन गई है। मात्र कुछ महीनों के अंदर अब जूडा के निवासी अपने धर्म को जुडाई या यहूदी धर्म कहना चाहते हैं, अरब के निवासी इस्लाम और यूनान-रोम एवं उनसे जुड़े लोग ईसाई।

अब मिस्र, अरब, बेबिलोन, पर्सिया किसका और रोम यूनान किसका तथा जूडा-यरुशलम किसका ? ये प्रश्न उठने ही वाले हैं। इन्हें तो सुलझाने के लिए हो सकता है कि परमेश्वर को सिनाई नहीं, सिनाई की पहाड़ियों से भी नीचे धरती पर अवतरित होना पड़े।

ईश-पुत्र सोचने लगे, यदि सिनाई सूत्र से बँधी दुनिया एक नहीं हो सकती तो भारत के लोग, जिन्हें अपने अनंत अतीत और उसके इतिहास पर गर्व है, ईसाई धर्म को मान लेंगे ? अब तो लगता है, जैसे बड़ा अनर्थ कर दिया मैंने, जो असंख्य निष्पाप तथा मासूम लोगों को धन और भौतिक सुख का लालच देकर धर्म परिवर्तित कर दिया। अब कभी कहीं धर्म परिवर्तन भी ईश्वर की इच्छा का अनुसरण मान लिया गया तो यह पवित्र समझ करार दिया गया धर्म-सेवा का कार्य भी धार्मिक अशांति और संघर्ष का कारण बन जाएगा। ईश बेचैन हो उठे। मन-ही-मन सोचने लगे कि यह इतना बड़ा अनर्थ तेरे पुत्र के द्वारा कैसे हो गया, प्रभु परमात्मन्! यह धर्म परिवर्तन का काम मुझसे कराकर थॉमस ने वही काम किया है, जो आदम और ईव के साथ स्वर्ग में रहनेवाले सर्प ने किया था। नहीं थॉमस, मैं तुम्हें संत नहीं मानता, मैं तुम्हारे लेखों को भी बाइबिल में जोड़ने के नए नियमों के आदेश नहीं दूँगा। यह सारी दुनिया एक प्रभु की छाया है और इसका संचालन एक प्रभु-निर्मित नियमों से होता है। यह क्या करवा दिया मुझसे थॉमस, तुमने! पूरी धरती के इनसान मात्र एक परमात्मा, एक अद्वैत परमात्मा के पुत्र हैं तो सबका धर्म तो एक ही होगा न!

थॉमस, तुमने प्रभु के धर्म के नाम पर धर्म परिवर्तन का कार्य मुझसे कराकर शांति के मंदिर में आग लगा दी और इनसान को धरती के नीचे नरक के कुंड में धकेल दिया। थॉमस, तुमने एक ब्रह्म परमात्मा के पुत्रों के एक धर्म के विरुद्ध अनेक धर्मों का राग छेड़कर सबको आपस में लड़ा दिया।

प्रभु-पुत्र की आँखें बंद थीं और लगता था, वे इस लोक से दूर कहीं अन्यत्र प्रस्थान कर चुके हैं।

22

भारत-भ्रमण के रूप में चेन्नई के बाद काशी, प्रयाग, मथुरा और उज्जैन में ऋषियों-मनीषियों, मंदिर के पुजारियों, तीर्थाटन के क्रम में मिले गृहस्थों-संन्यासियों से जो भी कुछ विचारों का आदान-प्रदान हो सका था, इस परिप्रेक्ष्य में सिनाई के पठार पर एक हजार वर्ष पूर्व मूसा को दिए गए प्रभु के प्रवचन कभी-कभी ठीक उसी प्रकार के उपदेश प्रतीत होते, जो भारत के धार्मिक लोगों के अनुसार उसी तरह के वचन थे, जो कभी सपनों में तो कभी शून्य ऐकांतिक घड़ियों में, तो कभी योग-साधना के किसी दौर में, तो कभी किसी मंदिर में स्वयं ईश्वर के मुख से या कभी किसी पुजारी के मुख से कहे जाते रहे हैं। उसने मन-ही-मन सोचा, यह ईसाई धर्म यदि किसी देवी-देवता, किसी भूत-प्रेत, किसी साधु-संन्यासी, किसी योगी-दार्शनिक के कथोपकथन से भिन्न नहीं हो तो इसे तो यूनान और रोम के लोग ही ठुकरा देंगे, जहाँ राजा अगस्तस को किसी भी ईश्वर से कम नहीं समझा जाता। 'सर्वदेवमयो राजा' तो भारतीय विचारधारा की एक मान्य परंपरा है ही। उसे रोमन दार्शनिक सिसेरो के शास्त्रीय ग्रंथ 'ऑन दि नेचर ऑफ दि गॉड्स' के वे शब्द अत्यंत ध्यातव्य लगने लगे कि देवताओं के वचनों और उनके स्वभावों को समझ पाना अभी खेल नहीं है तथा उन्हें समझे बिना तो रोम में ही ईसाई धर्म को ठीक से स्थापित करना बहुत कठिन है। जहाँ अभी भी लोग ओडिन के ओकवृक्ष के तले भविष्यवाणियाँ श्रवण करने के लिए ध्यानस्थ बैठते हों, वहाँ देवी-देवताओं को तिरस्कृत कर एक ईश्वर के राज्य की स्थापना करना भी बहुत कठिन काम है—मिस्र, पर्सिया, बेबिलोन और भारत के न तो देवी-देवता हमारे धर्म को आगे बढ़ने देंगे और न वहाँ के लोग ही। क्राइस्ट ने मन-ही-मन निर्णय लिया कि इधर-उधर नहीं भटककर उसे रोम के विषय को ही रोम के राजाओं की तरह मर्यादित तथा शक्ति संपन्न करने में लग जाना आवश्यक होगा।

अब क्राइस्ट यह सोचने में तो पर्याप्त समर्थ हो गए थे कि असीर-वनीर, ओसिरिस-आइसिस, मर्करी-मार्स, ज्यूस-एफ्रोडाइट आदि देवता तो पहले समाप्त हो ही नहीं रहे तो फिर अग्नि-मित्र, पृथ्वी-आकाश, वरुण और इंद्र जैसे देवता, जो भारत की उपासना में ही नहीं, उसकी चिंतन-प्रक्रिया में, उसकी आस्था और सबकी आत्मा में बैठे हैं, कैसे

भगाए जा सकते हैं। 'यीशु, तुम कहाँ भटक रहे हो, पहले रोम को सँभालो, मिस्र को देखो, यरुशलम की पवित्रता को बचाओ, फिर देखा जाएगा—भारत को भी?' उसने मन-ही-मन कहा।

यीशु सिनॉय के पठार पर एक पुराने ओक की छाया में बैठे प्रभु परमात्मा से जैसे बातें करने लगे हों—

"प्रभु, आपने मूसा के कानों में क्या-क्या न कह दिया या उसने क्या-क्या न सुन लिया! आज उसी सिनॉय की पहाड़ियों की शृंखला में वृक्षों की छाया में बैठा, भारत-भ्रमण से निराश लौटा मैं आपका एकमात्र पुत्र शांति के स्थान पर मानसिक पीड़ा से ग्रस्त हो आपकी अमृतवाणी के लिए तरसता हूँ। आपने तो मूसा को दस अनुदेश देते हुए इस बात पर बल दिया था कि वह स्वयं अपने पड़ोसी पर दया रखे, क्षमा भाव रहे और तब से आज तक हजार वर्ष हो गए मूसा के बच्चे पीढ़ी-दर-पीढ़ी एक-दूसरे की जान के प्यासे हो चले हैं, एक-दूसरे की संपत्ति हड़प लेने पर उतारू हैं, यहाँ तक कि वे सभी एक साथ एक पूजा-उपासना पद्धति के अनुसार तुम्हारा भी धन्यवाद करने को प्रस्तुत नहीं हैं। पिता परमात्मा, यह कितना दु:खद है कि मूसा की तीनों संततियाँ तीन दिशाओं में चल पड़ी हैं। पहली संतति तुम्हारे अनुदेशों को धर्मग्रंथ मानकर जूडा, यरुशलम की ओर मिस्र छोड़कर, मिस्र से निष्कासित होकर कन्नान या फिलीस्तिन तथा आज के इजराइल की ओर चल पड़ी है। दूसरी संतति मेसिडोनियाँ और रोम की ओर जा चुकी है, किंतु इस उम्मीद में कि तुम्हारे भेजे गए नए-नए संत तुम्हारे नए-नए अनुदेशों के साथ रोम और यूनान पधारेंगे तथा नए टेस्टामेंट के साथ अपने नए धर्म का नया धर्मग्रंथ एक नई बाइबिल को नया रूप दे सकेंगे। प्रभु परमात्मा, मैं तुम्हारा प्रिय पुत्र तुम्हारे कथनानुसार मानव-मात्र की सेवा में तुम्हारी कृपा के बल पर, तुम्हारे आशीर्वादों की शक्ति से दीन-हीनों की सेवा में लगा हूँ। किंतु मेरी सेवा और तुम्हारे आशीर्वाद की तुलना तो बस पितरों-प्रेतों तथा साधु-संतों के आशीर्वाद मात्र से की जाती है। कभी-कभी तो मुझे ही ढोंगी घोषित कर राजदंड का भागी भी बना दिया जाता है।

"प्रभु, तुम्हारी तीसरी संतति मिस्र, अरब, असीरिया, बेबिलोन, ईराक, ईरान और पर्सिया को तो अपना घर कहती है और रोम, यूनान, जूडा-कन्नान को अपना परिवार तथा शेष पूरे विश्व को अपना साम्राज्य। इस तीसरी संतति की मान्यता है कि अपना घर-परिवार अपना घर है, समझौता संभव है, किंतु शेष संसार तो बस साम्राज्य है—जैसे बढ़े, बढ़ाना है, प्रभु का योग्य पुत्र बन जाना है, धर्म-प्रचार, धर्म विस्तार, धर्म प्रवर्तन, धर्म-परिवर्तन, सब प्रभु के काम हैं। इन्हें धर्मयुद्ध या जेहाद समझकर तलवार के सहारे भी जीवन में सार्थक सिद्ध करना है। उसका विश्वास है, उसकी मिट्टी की गंध है, उसकी अंतरात्मा की आवाज है, प्रभु कि दुनिया का हर इनसान उसका भाई है, बशर्ते वह बड़े भाई के धर्म

को अपना धर्म मान ले, अंगीकार कर ले। नहीं करे तो वह भाई कैसा? तब तो वह सिर्फ काफिर है और काफिर का स्वागत मौत से करने में कोई पाप नहीं। एक हजार वर्षों तक हमारे साथ-साथ रहकर भी वह हमारी बातों को मानने को तैयार नहीं। साम्राज्य को बढ़ाना इनसान का पहला धर्म है। इधर तो दुनिया का विभाजन गोरे-काले, पाश्चात्य-पौर्वात्य, धनी-गरीब, सभ्य-असभ्य कई प्रकार की उपधाराओं में होता रहा है, किंतु अभी की ताजा खबर है कि दुनिया का इनसान मुख्य रूप से दो धर्मों के ही झंडे के नीचे खड़ा है, एक है अरबी-इराकी और दूसरा है भारतीय। हे ईश्वर पिता! दुनिया के लोग इस विचार के साथ नहीं होना चाहते और इसलिए अरबी-इराकी देशों के प्रधानों का पहला निशाना हिंदुस्तान या भारत है। हम इस वैमनस्य को रोक सकते हैं, किंतु यह सदियों पुराना रोग है, छूट जाएगा तो उसी की नींव पर धर्म के मंदिर-मस्जिद इत्यादि भी बनेंगे। धर्म पर शास्त्रार्थ होना जरूरी लगता है, ताकि सद्धर्म और अपधर्म को अलग-अलग दृष्टि मिल सके। मैं अपने दो शिष्यों फादर जॉन और फादर स्मिथ के साथ कन्नान प्रस्थान कर रहा हूँ, फिर मेसीडोनिया, जूडा और अंततः रोम। अन्य दस धर्मशिष्यों को पाँच टोलियों में विभक्त कर दो को स्लेवोनिया, साइबेरिया, दो को उत्तरी यूरोप, मुख्यतः जर्मन देश, फिर दो की एक टोली मंगोल शमनों के देश, दो अफ्रीका के मूलवासियों के मूल धर्माचरण और दो पूर्व चीन तथा दक्षिण-पूर्व द्वीपों के देशों में धर्म के प्रचारार्थ भेज रहा हूँ। इन्हें निदेश है कि ये हमारे साथ ही अपने-अपने कर्तव्य क्षेत्रों को निकल पड़ें और धर्म का रोमन साम्राज्य बनाने की दिशा में अपनी सफलता तथा अपनी समस्याओं के साथ मुझसे रोम में मिलें।"

"पिता प्रभु, मैं इनके कार्यों की समीक्षा कर यथासमय आपकी सेवा में उपस्थित होकर आपके दस धर्मादेशों के आलोक में अद्यतन उपलब्धियों के विषय में रोम के चर्च से या यरुशलम के मंदिर से विस्तृत प्रतिवेदन प्रस्तुत करूँगा। किंतु एक प्रार्थना और प्रार्थना के साथ पीड़ा तो निवेदित कर ही लूँ—

"मैं अब्राहम व मूसा की तरह ही आपका प्रिय पुत्र यीशु हूँ और लोग मुझे आप जैसे ही सम्मान देते हैं, आप जैसी आस्था मेरी बातों में भी रखने लगे हैं, विश्वास प्रकट करने लगे हैं, आपका धन्यवाद तो करना ही चाहिए। मैं एक सौभाग्यशाली या सच कहूँ तो आपका सबसे अधिक सौभाग्यशाली पुत्र तो घोषित हो ही चुका हूँ। किंतु पिताश्री, मेरे भगवन्, कुछ तो, कमी इस पुत्र में अवश्य ही है, अन्यथा इसी पठार पर मेरी ही तरह आपकी याद में संन्यस्त बैठे मोजेज से आपने इतनी सारी महत्त्वपूर्ण और लंबी वार्त्ता की थी, जिसे यहूदी और ईसाई समाज ओल्ड टेस्टामेंट कहकर श्रद्धापूर्वक पूजन एवं आचरण करता है तथा एक मैं हूँ आपका ही पुत्र, जिसे नई जिंदगी तो दे दी आपने, किंतु इतना बड़ा आपका काम भारत जैसे देश में रहकर मैंने कर दिखाया आपको, आपने मुझसे इसी पठार पर उतरकर कुछ बातें कर लेना, मेरी पीठ थपथपा देना, क्या उचित नहीं समझा! मैं

समझ तो नहीं पाता, किंतु कोई-न-कोई प्रमाद तो किया है। प्रभु, मैंने भारत-यात्रा के दौरान कोई-न-कोई गलती तो अवश्य की है, जिसके कारण आप इतने नाराज हैं।"

आर्त होकर ईशा ने कुछ कहा था। परमपिता का हृदय पिघल गया और वे सिनाइ के पठार पर एक बार फिर उतर गए और बोलने लगे—

"यीशु, स्वर्ग तो स्वर्ग होता है, सर्वसुख संपन्न, पूर्ण शांति संव्याप्त, किंतु तुम्हें तो मालूम ही है कि स्वर्ग में आदम और ईव के साथ-साथ एक शैतान भी नागछला की तरह चलता रहता है। आदम शैतान की ओर देखे और जैसे ही उसके शब्द कानों से सुने कि स्वर्ग की ऊँचाइयों से नरक की गहराइयों में लुढ़क जाए!"

"मुझे लगता है, तुमसे प्रमाद हुआ है और प्रमाद यह हुआ है कि तुम मुझसे पूछे बिना एक शैतान के बहकावे में गलत दिशा में विचलित हो गए। ठीक उस प्रथम मानव-मानवी के जोड़े की तरह, जिसने मेरे पूर्वादेश की उपेक्षा कर स्वर्ग के बाग में फले एक आकर्षक सेब के फल को तोड़कर चख लिया था। हाँ ईशु, तुमने अपने नियम की रचना कर ली। इस नियम का उपयोग व्यापार की तरह करने का सुझाव जब थॉमस ने तुम्हें दिया था और तुम मानसिक द्वंद्व से उद्विग्न हुए थे, किंतु उस दिन तुमने अपने पिता की ओर देखा तक नहीं, स्मरण भी नहीं किया और जिस भारत ने सहस्राब्दियों से मानव धर्म, विश्वधर्म की कल्पना को सप्तर्षियों ने ज्ञानालोक में युग-युगांतर तक ढालकर मिट्टी को सोना में परिवर्तित करने में सफलता पाई थी, उस मानवधर्म के साथ सहयोग या जीवन-शैली में कर्तव्य पालन करने के प्रतिकूल उसका सर्वनाश करने पर तुल गए। तुमसे पूछकर थॉमस ने भारत के गौरवमय इतिहास की मर्यादा को समाप्त करने हेतु ग्रीस और रोम तथा अरब और बेबिलोन के सभी बड़े-बड़े दार्शनिकों-विचारकों का दुरुपयोग किया। प्रमाद तो हुआ तुमसे और सबसे बड़ा यह प्रमाद हुआ कि तुमने उसपर विश्वास कर उसे अरस्तू का वंशज मान लिया। सत्य के विरुद्ध चलना धर्म नहीं यीशु, किसी भी जाति-समुदाय का धर्म नहीं। तुम से गलती तो हुई पुत्र, किंतु अब जब तुम्हारी गाड़ी जंगल की यात्रा तय करने को है, अब पीछे देखने का समय नहीं, समय बहुत आगे चल चुका, अब अपनी राह पर आगे, वहाँ आगे बढ़ो तुम और अपने साथ अपने प्रारंभिक बारह प्रेरित प्रभु-पुत्रों को लेकर उनके साथ विचार-विमर्श करते हुए आगे बढ़ते चलो। तदनुसार सद्विचार और क्रिया को संतुलित कर समयानुसार अपनी गलतियाँ सुधार लेना। प्रेरित पुत्रों के साथ-साथ इन छह टुकड़ियों में विश्व-भ्रमण पर निकले इन बारह ईश-पुत्रों के भी अनुभवों को तौलो और सबको तथा उन सब सुझावों को ध्यान में रखते हुए धर्म की गाड़ी को आगे बढ़ाओ।

"मैं उचित समय पर फिर तुमसे मिलूँगा और स्वयं आवश्यक निर्देश दूँगा। कल्याण हो तुम्हारा प्रिय पुत्र!" यह कहते हुए प्रभु परमात्मा अंतर्धान हो गए।

□

23

सिनाय के पठार से ऊपर, बहुत ऊपर ईश्वर का कोई घर था, बहुत बड़ा घर दुनिया की नस-नस में फैले प्रदूषणों से बहुत दूर सर्वथा प्रदूषण मुक्त, हरे-भरे फूलों और फलों से संपन्न एक पूर्ण प्रसन्न गाँव में। देवों-मनुष्यों के लिए सर्वसुविधा संपन्न व्यवस्था थी। 'स्वर्ग' नाम था घर का। वहाँ सूर्य था, चंद्र था, पवन था, पावक था, इंद्र था, रोशनी थी, हरियाली थी, विशुद्ध पानी था, शीतल मंद-मंद मलयानिल था, क्या नहीं था, सबकुछ था। यदि कुछ नहीं था तो उसके कहने भर की देर थी रोशनी हो जा, रोशनी हो जाती, पानी सर-सरिता-समुंदर बनकर प्रवाहित हो जाता, वृक्ष मधुर-मधुर अमृत-फलों से लद जाते, ईश्वर को कहने भर की देर थी, जो कुछ नहीं था, सबकुछ दिखाई पड़ने लगता सामने।

किंतु पता नहीं क्यों, ईश्वर ने स्वर्ग में किसी मनुष्य को नहीं देखकर ऐसा कभी नहीं कहा—हे स्वर्ग, तू भर जा मनुष्यों से! शायद उसे या तो अपनी चैतन्य शक्ति पर विश्वास नहीं था या उस मनुष्य पर, जो जड़ता के लिए विख्यात था और इसलिए उसने बुद्धिमानी दिखाई व सोचा कि यह आदमी ही तो विश्व का अर्थात् इस जड़-जगत् का वास्तविक नियंता होगा और इसलिए यदि इसके निर्माण में कोई कमी या चूक हो गई तो सारा विश्व अशांतिमय हो जाएगा एवं परिणामत: वह और उसका सुंदर-सुंदर निर्मित यह स्वर्ग भी।

और इसलिए उसने अपने हाथों से, अपने आदर्शों के अनुकूल दो मनुष्यों का निर्माण किया था एक नर, दूसरी मादा, एक का नाम रखा ऐडम और दूसरी का 'ईव'। स्वर्ग के एक सुंदर कक्ष में उन्हें रख दिया—एक हरे-भरे फूले-फले वृक्षों से संपन्न बाग में। उन्हें समझाया—देखो, तुम लोगों को यहाँ किसी वस्तु का स्वयंमेव अभाव नहीं होगा, तुम स्वर्ग की सुंदरता तथा पवित्रता की रक्षा करना और यदि कुछ जैसे उस लाल-लाल सेब का फल ठीक सामने वाले फल पर मन व्याकुल हो जाए और लालच नंगा, तब भी इस फल को तोड़ना नहीं, चखना-खाना नहीं, क्योंकि जैसे ही तुम इस फल को तोड़ोगे तुम्हारा दैवी नंगापन तुम्हारी राक्षसी भूख को तीव्र कर देगा और तुम कुछ करो, इसके पूर्व ही तुम्हें स्वर्ग से नीचे-धरती, वीरानी धरती पर सदा के लिए धकेल कर गिरा दिया जाएगा।

कहते हैं कि ईश्वर की कोई सतर्कता, कोई अनुदेशादेश काम नहीं आया और मनुष्य, जिसे अपनी ही आकृति-प्रकृति में ईश्वर ने अपने हाथों से जिम्मेदार कलाकार की तरह बनाया था, अपनी ही करनी के कारण सदा-सदा के लिए अभिशप्त हो गया। वह सोचने लगा, बड़ा विचित्र प्राणी है यह आदमी भी! इसे अच्छा बनाकर भी इससे अच्छे-अच्छे कार्यों की आशा रखना बेकार है। स्वर्ग की मिट्टी में उद्भूत यह आदमी भी तो किसी शैतान की इच्छा का शिकार हो गया। यह तो 'धर्म' के घर में शैतान का वास है और यह आदमी हो गया शैतान का दास।

आज सिनाय से लौटकर तो वह और भी दु:खी और निराश था—कैसे विश्व का कल्याण होगा यदि मनुष्य तो मनुष्य है, जिसे मैंने अपने पुत्र के रूप में धरती पर भेजा, उसने भी एक स्वयं का अपना सिक्का चला दिया। अपने नाम पर एक 'धर्म'—ईसाई धर्म खड़ा कर लिया और इसकी देखा-देखी तो बस धर्मों की बाढ़ आ गई। यह ईसा धरती पर जाकर एक धर्म का प्रवर्तक हो जाएगा, यह तो उम्मीद नहीं थी। थी तो वस्तुत: उन दूसरे-दूसरे प्रेरित प्रतिनिधियों पैगंबरों से थी कि वे सबके सब मेरा नाम लेकर स्वर्ग में अपने सेवकों के निमित्त कोई मरणोपरांत निवास आरक्षित करने लगेंगे। यह तो छोटा अनर्थ हो सकता है, किंतु धर्म का सिक्का इस तरह चलता रहे तो जिस विश्व को स्वर्ग में परिवर्तित कर सकने की क्षमता मनुष्य में प्रदत्त है, उस क्षमता का दुरुपयोग धार्मिक संघर्षों में इस तरह होने लगेगा, इसकी तो कल्पना भी नहीं की थी ईश्वर ने। जहाँ एक ईश्वर, एक विश्व, एक जीवन-शैली, एक जीवन, एक धर्म, एक दर्शन, एक वैश्विक परिवार का आदर्श सामने था—वहाँ यह क्या हो गया, आज ईश्वर की समझ में भी यह बात नहीं आ पा रही थी। एक हजार वर्षों से आरंभ परमात्मा की योजना पर ग्रहण-सा लग गया, दु:खी कैसे नहीं होता परमात्मा! हजार वर्षों तक मूसा और उनके पुत्रों-मित्रों को देखा और सात सौ वर्षों तक ईसा और मुहम्मद, बुद्ध और महावीर, कन्फ्यूसियस और जरथूस्त्र, कपिल-कणाद, गौतम और जैमिनी तथा उनके शिष्यों को देखा एवं प्रतिफल में मिले—

'छिद्रेष्वनर्था बहुलीभवंति।'

धर्म का मुख्य धर्म व्यक्ति, समुदाय-समाज, देश-राष्ट्र अथवा अंतरराष्ट्रीय स्तरों पर शांति की स्थापना करना है, यह मानते हुए भी धर्म और धर्मों के अंदर तथा बाहर सर्वत्र जैसे जिहाद का साम्राज्य दिखने लगा। अरब-इराक-इरान के अंदर ही नहीं, हिंदू, बुद्ध-जैन तथा चार्वाकादि धर्म अंदर-अंदर नहीं खुलेआम युद्धरत थे। बौद्ध धर्म तो जैसे राज्यधर्म बनकर राज ही करना चाहता था या करने लगा था। आर्यावर्त्त-ब्रह्मावर्त्त की भूमि पर यथासंभव जैन और भारत के शैव-शाक्त एवं वैदिक माने जानेवाले सभी धर्म आपस में द्वेष से पीड़ित थे तथा भारत-विजय की घोषणा किसी भी दिन कर देने को

बेचैन, किंतु व्यस्त थे, अपने-अपने प्रतिद्वंद्वियों के बीच शास्त्रार्थों में तल्लीन थे। बौद्ध धर्म की चार संगीतियों के पूर्ण हो जाने की स्थिति में दुनिया भर के बौद्ध धर्मावलंबी आश्वस्त होने लगे थे कि भारत में बुद्ध का राज है और इसके कारण हिंदू धर्म प्रपीड़ित।

शैव-शाक्त, सिद्ध और तांत्रिक-योगी भी कहीं आपस में लड़ाई की मुद्रा में थे तो कहीं बौद्धों के साथ, कहीं ईसाइयों के साथ, तो कहीं इस्लाम के साथ। चीनियों को शायद ऐसा लगने लगा था कि बौद्ध धर्म का कवच लेकर वे सनातन भारत पर विजय प्राप्त कर वैश्विक धर्म का राजमुकुट अवंती से शंघाई लेकर चले जाएँगे और वैश्विक परिवार के अगुआ बन बैठेंगे। वहीं इस्लामधर्मियों को लगता था, जैसे वे जिहाद की तलवार के बल पर मिस्र-बेबिलोन इराक को एक साथ जोड़कर बड़ी आसानी से अफगानिस्तान और सिंध का सीना तोड़कर सारे दक्षिण-पश्चिम एशियाई प्रायद्वीप पर अपनी धर्मध्वजा फहरा देंगे। किंतु असली प्रतिद्वंद्विता विश्व की धर्मध्वजा फहराने को लेकर थी, जो भारतीय सनातन धर्म तथा यूरोपीय ईसाई धर्म के बीच थी और मौन तूफान की तरह विस्फोट करने की स्थिति में थी।

विचित्र समय था, जब ईश्वर, अल्लाह और गॉड कहा जानेवाला सारे संसार का एक स्वयं प्रकाशित सर्वशक्तिमान स्वामी अपने अस्तित्व को बचा लेने की पीड़ा और योजना से परेशान व तल्लीन था, किंकर्तव्यविमूढ़ था कि सीधे पीठ थपथपाए किसी की अथवा अपना सिर पीटे-फोड़े। चंद्रगुप्त मौर्य से चलकर अशोक और अशोक से आगे बढ़कर संपूर्ण भारतवर्ष पर कीर्ति ध्वज फहरानेवाले चंद्रगुप्त विक्रमादित्य और पुन: हर्ष और भोजराज तक शास्त्रमंथन करनेवाले पंडित अपनी-अपनी विद्वत्ता की ताल ठोक रहे थे—कुछ भयभीत, कुछ अभिजीत मुद्रा में। वे भूल गए थे कि किस तरह भारत के दक्षिणापथ पर क्रॉस ध्वज फहरा रहा है तो किस तरह संपूर्ण उत्तरापथ और संपूर्ण भारत की चौहद्दियों को चीनियों के बौद्ध प्रभाव ने घेर रखा है तथा साथ ही सिंध, अफगानिस्तान एवं कश्मीर के रास्ते इस्लाम राजपुताना होते हुए पाटलिपुत्र की विजययात्रा के लिए बेचैन।

केवल बगदाद में इस्लाम का अनेक वर्षों तक चलनेवाले धर्मग्रंथ मंथन तथा अनुवाद का सम्मेलन ही नहीं चल रहा था, वरन् रोम में भी और भारत के अंदर भी, जहाँ जाने-माने वैदिक विद्वानों तथा बौद्ध विद्वानों को चीनी भाषा में वैदिक साहित्य के साथ वेदांगों-पुराणों आदि का अनुवाद कार्य चीनी तीर्थयात्री तथा चीनी बोधिसत्त्व इत्सिंग के नेतृत्व में जारी था। लगता था जैसे भारत पर बाहर से चौतरफा आक्रमण की आपदस्थिति आ चली हो और अंदर गृहयुद्ध जैसी स्थिति हो।

बुद्ध की ज्ञान-ज्योति फैलने के पूर्व से ही फाहियान ने जो पहाड़ों और जंगलों से गुजरते हुआ भारत-यात्रा आरंभ की थी, वह एक हजार वर्ष बाद तक चलती ही नहीं,

दौड़ती रही, थकने का नाम ही नहीं लेती। फाहियान तीर्थयात्री बनकर भारत नहीं आया था ह्वेनसांग और इत्सिंग की तरह, वरन् वह इतिहास का चीनी राजदूत बनकर आया था मेगास्थनीज की तरह, अलबरुनी की तरह और पूरे भारत का सर्वेक्षण वर्षों तक करने के पश्चात् बहुत सारे प्रतीक चिह्नों तथा मानचित्रों के साथ चीन लौट गया। ह्वेनसांग बौद्ध विद्यार्थी तीर्थयात्री की तरह आया ज्ञानार्जन व तीर्थाटन करने और लौटा खच्चरों की पीठ पर लादे नालंदा एवं अन्य विद्यापीठों के अमूल्य ग्रंथों के साथ प्राध्यापकों की तरह। ताओइस्ट व्यवस्था में भी उसकी अनुशंसाओं को माना गया और अनेक बौद्धिक व बौद्ध ग्रंथों के अंग्रेजी एवं चीनी भाषा में अनुवाद के कार्य प्रारंभ कराए गए। रास्ते चलते उसके साथियों ने एक और काम किया—सनातन देवी-देवताओं की मूर्तियों को देवस्थानों से उठाकर नदियों की धारा में प्रवाहित कर दिया। सबसे हद तो कर दी इत्सिंग ने, सिलोन से लेकर उदयाचल और उदयाचल से लेकर अरुणाचल के सीमावर्ती क्षेत्रों को बौद्ध मठों एवं मठाधीशों से भर दिया। सीमावर्त्ती पूर्वांचल से तिब्बत और कश्मीर होते हुए गांधार और गांधार से सिंधकच्छ की बौद्ध-पट्टी जैसी घेराबंदी कर दी। गांधार, तक्षशिला, विक्रमशिला, दार्जिलिंग, शिलांग सब जगह जाने-माने वेदों और शास्त्रों के विद्वानों को धर्म-परिवर्तन कर उन्हें बोधिसत्त्व बनाने का लालच दे चीनी एवं अंग्रेजी भाषाओं में अनुवाद के काम में लगा दिया गया। इत्सिंग ने युद्ध की शैली में व्यूह-रचना की और स्वयं हिंद सागर के द्वीप-देशों में धर्म प्रचार तथा धर्मांतरण करने में लग गया। चीनी ताओवाद का यह भारतीय चेहरा संस्कार-संस्कृति के विरुद्ध लगता था, जैसे कोई युद्ध रणनीति काम कर रही हो। इत्सिंग शायद सोच रहा था कि अंदर-अंदर यदि उत्तर भारत से वैदिक धर्म उखड़ ही चुका है और चौहद्दियाँ चीन के हाथों में हैं तो यहाँ भारत की अखंडता एवं उसका संपूर्ण अस्तित्व सीमांत पर ही हो तो वह दिन देखने को मिल जाए, जब हिमालय पर ही नहीं, विंध्याचल पर भी ताओवादी ध्वज फहर जाए।

प्राचीन सभ्यताओं के बीच सर्वाधिक प्राचीनता का श्रेय स्वयं लेने की होड़ में भारोपीय परिवार का निर्माण कर रोम, यूनान, मिस्र तथा जर्मनी जिस तरह शक्तिसंपन्न लगते, वह आधिपत्यवादी स्थिति ताओ धर्म के संदर्भ में चीन की नहीं बनती थी और इसलिए ह्वेनसांग ने वैदिक संस्कृति पर आक्रमण करने के निमित्त ताओ धर्म से अधिक श्रेयस्कर बौद्ध धर्म को अपना हथियार बनाना कारगर समझा और भले ही भारत ने अपनी मूल संस्कृति को सोना मानकर उसको किसी अन्य धातु से बदलना उचित नहीं समझा हो, चीन में तो भारतीय विद्या का स्थानांतरण ही होने लगा।

आज कलाड़ी में शिवगुरु द्वारा अपने घर पर संपन्न भागवत कथा एवं भजन का आयोजन और उस कथा के अवसर पर यज्ञ में संपूर्ण दक्षिणापथ के विष्णु स्वामी पंथ के तथा विशेषत: अलवार के और आस-पास की वैष्णव एवं शैव भक्त मंडलियों के साथ-

साथ चोलराजा राजसेन की नेतृत्वपूर्ण भागीदारी में उच्चरित भागवत जयध्वनि जब गुंजरित हो रही थी, ढोल-करताल बज रहे थे, शंख फूँके जा रहे थे तो लगता था, नई रोशनीवाला प्रतापी कोई सूर्य उदयाचल के क्षितिज पर उदित हो गया है, लगता था सारा अंधकार शीघ्र ही दूर होगा, तथाकथित धर्मों का धर्मों पर आक्रमण रुक जाएगा और एक मात्र एक धर्म मानवधर्म के युग का सूत्रपात होगा। उधर शिवगुरु प्रसन्न मुद्रा में साधु-संतों को दान-दक्षिणा के साथ विदा दे रहे थे, कोई छूट न जाए और इधर विशिष्टा देवी उत्फुल्ल उन्हें सहयोग देने में व्यस्त। विशिष्टा कभी अपने सपनों की बातों में डूबती-उतरातीं, कभी योगियों, सिद्धों-संतों की भविष्यवाणियों में और कभी गौड़पाद व गोविंदपाद के बीच होते रहे वार्त्तालाप के चरितार्थ अथवा अचरितार्थ होने की संभावनाओं में। विशिष्टा पितृऋण से उऋण होने के प्रति बड़ी प्रतिबद्ध थीं, हे परमेश्वर पिता, ऐसा करना कि सनातन चिंतन तथा जीवन-पद्धति को बचा लेने की शक्ति देना मेरे पुत्र को, ऐसा न करना कि वह भी कई प्रसिद्ध संतों और दार्शनिकों की तरह बहुधर्मवाद के भँवर में फँस जाए एवं भारत की प्रलय के दौरान निर्माण के काम में लगी नौका उसी भँवर में डूब जाए। मेरा पुत्र धर्मपुत्र हो तथा ईश्वर और मानवमात्र के एक धर्म मानवधर्म को स्थापित करे।

सोने के बहुमूल्य आभूषणों को तिजोरी से निकालतीं विशिष्टा और शिवगुरु के हाथों में पकड़ा देतीं, कोई अप्रसन्न नहीं लौटे, स्वामी। फिर एक बार यह सारा दृश्य टुकुर-टुकुर निहार रहे छह दिन के पुत्र की आँखों को निहारतीं और मन-ही-मन कहतीं—

'बेटे, कुलदेवता गुरु व्यास की आत्मा अभी तक अतृप्त मृत्युलोक में भटक रही है, परदादा गौड़ पाद तथा दादा गोविंदपाद की आत्माएँ भी क्षुब्ध हैं, पाँच हजार वर्ष व्यतीत हो गए, अब तक व्यासकृत 'ब्रह्मसूत्र' का भाष्य नहीं हो सका। जानते हो बेटे, क्यों नहीं लिखा जा सका ? लिखना कठिन नहीं था, क्योंकि विषय तो सीधा है, बिल्कुल स्पष्ट, किंतु समय बदलता गया और बदलते समय के अनुसार स्थितियाँ बदलती गईं। आज के ब्रह्मसूत्र की व्याख्या करते भारत में विदेशियों के प्रवेश तथा उनके व्यापार से उत्पन्न स्थितियाँ अपनी भी व्याख्या चाहेंगी। यवन, शक, कुषाण एवं इस्लाम आदि के प्रवेश स्थिति को तो प्रभावित करते रहे। बेटा, तुम ब्रह्मसूत्र का भाष्य अवश्य पूर्ण कर दोगे, ऐसा मेरा आशीष है और ऐसा मेरे तथा पिताश्री के जीवन काल में ही कर दिखाना। ब्रह्मसूत्र की व्याख्या अत्यंत आवश्यक है पुत्र, इसलिए नहीं कि तुम्हारे कुल-ऋण की अदायगी हो जाए, वरन् इसलिए भी कि सारे संसार के धर्मों, विश्वासों, मनुष्यों की समझ में यह बात आ जाए कि सारे संसार के सभी जीवों का मूल एकमात्र-एक ब्रह्म है, वही ब्रह्म, जो किसी को ईश्वर लगने लगता है, किसी को पितर, किसी को ईश्वर-पुत्र। ब्रह्म एक अंड की तरह का एक वृत्त है, जिससे सारा संसार निकला है और जिसमें सारा

संसार समा जाता है। फिर तो एक ही सत्य है, वह है 'एकोब्रह्म द्वितीयो नास्ति' अथवा 'ब्रह्मसत्य जगन्मिथ्या'।

मेरे बेटे, तुम दुनिया को मात्र एकधर्म ही नहीं, सर्वधर्म—मानवधर्म के ध्वज के नीचे खड़ा कर सको और सनातन वैदिक धर्म को वही सद्धर्म सिद्ध कर सकोगे, इसमें आज मुझे पूरा-पूरा विश्वास होने लगा है।

पुत्र-जन्म सार्थक हो, यही तो आशीर्वाद सभी संतों-साधुओं का है।

□

24

ईश्वर के दर्शन, परामर्श और निर्देशों को उसी सिनाय की उसी पहाड़ी पर उसी वृक्ष के नीचे, जहाँ पहली बार ईश्वर से वार्त्तालाप करने का सौभाग्य मोजेज को प्राप्त हुआ था, स्वयं भी प्राप्त कर यीशु का हृदय बाग-बाग हो रहा था। दो शिष्यों को साथ रखकर तथा अन्य दस को पाँच दिशाओं में प्रस्थित कराकर ईसा चल पड़े ग्रीस और रोम के रास्ते ठीक वहीं पहुँचने की महत्त्वाकांक्षा लिये, जहाँ से कभी जान बचाने के निमित्त भागकर उन्हें भारत पहुँच जाना पड़ा था। तब उनका मार्गदर्शक था भारतीय मसालों का सबसे बड़ा व्यवसायी थॉमस। थॉमस के पास अथाह संपत्ति थी। ईसा ने अपनी आँखों से देखी थी और यह भी देखा कि किस तरह अर्थ की आधारशिला पर धर्म की इमारत देखते-ही-देखते खड़ी की जा सकती है। जब वह भारत और थॉमस के धर्म-परिवर्तन के दृश्यों के रील अपने मस्तिष्क के परदे पर चालू करता तो लगता कि भले बैबेल का चैपेल बेबिलोन में नहीं बन सका हो, वह स्वर्ग को छूनेवाली इमारत चेन्नई अथवा तिरुअनंतपुरम में तो बन ही जाएगी। किंतु उसके अंदर का जूलियस सीजर जैसे जग गया और कहने लगा—

"यीशु, यह रोम है, जहाँ ब्रूटस का भी घर है! यीशु, ईश को याद करो और इरादा बदलो। तुम्हें पहले बेथेलहम चलना चाहिए, फिर नाजरथ, फिर आगे मित्रों के गाँव और धीरे-धीरे उस स्थान पर भी, जहाँ तुम कब्र से जिंदा निकले थे, ईश्वर का आशीर्वाद लेकर ठीक वैसे ही, जैसा तुम अभी निकले हो सिनाय की पहाड़ी तथा जंगलों से आच्छन्न कठिन मार्ग को लाँघते-छलाँगते, ईश्वर का आशीर्वाद प्राप्त कर।"

ईसा ने मन-ही-मन कहा—"जूलियस, अपने राज्य के विस्तार की महत्त्वाकांक्षा ने तुम्हारी मति हर ली थी। तुमने रोम के हित को गौण कर दिया। मैंने रोम के हित को अपनी आकांक्षा के केंद्र में रखा है। मैं यह भी जानता हूँ कि रोम के धर्म ईसाई धर्म का भविष्य भारत के साथ जुड़ा है और सनातन धर्म की चिरंतन चिंतनधारा के अनुरूप ईसाई धर्म की धारा जब बहेगी, तभी ईसाई धर्म वैश्विक धर्म का आकार-विस्तार ग्रहण कर सकेगा। मैं भारत देखकर आ रहा हूँ सीजर, जहाँ पुरुषार्थों की शुरुआत ही अर्थ से होती है। अर्थ पहले, धर्म उसके बाद, परस्पर संबंध है दोनों में—धनाद्धर्मः तत: सुखम्। तुमसे बता दूँ सीजर, मन

की बात तो जान लो, मेरा पहला गुरु, पहला मार्गदर्शक ईश्वर है, जो स्वर्ग के धर्म-लोक से मेरा मार्गदर्शन करता है तथा दूसरा गुरु थॉमस है, जो पृथ्वी के अर्थलोक में बैठकर मेरी धर्म की दुनिया का निर्माण करता है और सीजर वह अर्थ लोक, रोम का अर्थलोक भारत में है एवं इस हिरण्यगर्भ लोक का हिरण्यमय ताला व्यवसाय की कुंजी से खुलता है और वह कुंजी व्यवसायी थॉमस—अब तो कहो कि संत थॉमस के हाथों में है।"

"चलो फादर वासुदेवन, चलो, हमारे रोम का राजमार्ग बेथेलहम से प्रारंभ होता है। मैं पहले अपनी जन्मभूमि तथा अपने रक्त से जुड़े परिजनों को नमन करूँगा, उनके आशीष लूँगा। कुछ दिन उनके साथ बिताकर हम मातृभूमि नाजरथ चलेंगे, जहाँ मैं मदर मेरी (मरियम) के अंक में बैठकर करुणा, प्रेम, तथा मानवधर्म की व्यावहारिक शिक्षा प्राप्त करूँगा और तब हम चलेंगे रोम, किंतु रोम, फिर वही रोम, जहाँ मुझे क्रॉस पर चढ़ाकर शहीद होना पड़ा था, वहाँ अथवा वहीं के उस कब्रगाह पर, जहाँ से प्रताड़ित होकर मुझे भारत की शरण में जाना पड़ा था। जाने के पहले मैं यरुशलम जरूर चलना चाहूँगा। वहाँ का मंदिर उन दिनों का गवाह है, जब आज से हजार वर्ष पहले यूनान, रोम, मिस्र तथा बेबिलोन के सभी ईश्वर प्रेरित उसके पुत्रों के प्रार्थना करने की एक ही पूजास्थली थी। मैं यरुशलम के मंदिर में बैठकर ईश्वर से एक बार फिर आशीर्वाद लूँगा कि वह हमारे धर्म के बिखरते सूत्रों को फिर एक साथ जोड़ दे और जोड़ की गाँठ रोम के पोप के हाथों में सौंप दे।"

"वासुदेवन, मैं अपनी आत्मा के स्तर पर अपने को भारत की चिरंतन चिंतनधारा-सनातन धारा के सन्निकट अनुभव करता हूँ और मुझे लगता है कि वस्तुत: धर्म के सभी रास्ते रोम जाते हैं तो रोम से भी निकलकर एक रास्ता भारत जाता है और वही रास्ता हमें सीधे उस पिता से जोड़ता है, उस पिता से, जो सबका पिता है—पिता, एक पिता, वह अद्वैत, जिसे भारत के लोग ब्रह्म, शिव अथवा अद्वैत मानते हैं।"

बिशप जॉन तथा फादर वासुदेवन के कंधों पर हाथ रखे ईसा चल पड़े रोम की राह पर और पाँच अन्य ठिकानों के रास्ते पाँच अन्य टुकिड़यों को उनके रास्ते पर रवाना करते हुए कहा—

"हमारा रास्ता सीधे रोम जाएगा। आप सबके भी सभी रास्ते रोम ही जाएँगे, किंतु सीधे नहीं। आप पाँच अपने-अपने रास्तों पर चलकर जब मुझसे रोम में मिलेंगे तो हम सब एक साथ महसूस करेंगे कि प्रभु ने जो रास्ते मुझे दिखाए थे ध्यान की अवस्थाओं में, वे कितने सत्य हैं। फिर तो हमें भारत चलना ही है, यात्रा को तीर्थयात्रा में ढालने के उद्देश्य से। हमारी कोशिश होगी कि हम भारत और रोम का सूत्र जोड़ दें और संपूर्ण विश्व को एक धर्म के अनुशासन में निबद्ध कर दें, भले ही इस लक्ष्य की प्राप्ति के लिए ईसा को, संत थॉमस को अथवा आप सबको कई-कई बार मरना पड़े, कई-कई बार जन्म लेना पड़े।

□

25

शिव गुरु के घर लंबी प्रतीक्षा के उपरांत एक विशिष्ट शिशु का अवतरण हुआ था। बहुत दिनों के बाद सूना-सूना एक अंक भर आया था दिव्य रत्नों से पूरित एक झोली की तरह एक पुत्र रत्न से। मन को लगता कभी-कभी कि यह साधारण अवतरण अथवा जन्म नहीं, किसी अति विशिष्ट आत्मा का कई जन्मों से प्रतीक्षित एक देवपुरुष का जन्मांतरण हुआ है किसी महान् उद्देश्य को पूरा करने के निमित्त, जो पिछले कई जन्मों से अधूरा नहीं, बहुत चाहने के विपरीत बिल्कुल अछूता रह गया है। शिव-गुरुकुल का एक अत्यंत महत्त्वपूर्ण काम है—गुरुश्रेष्ठ गुरुवर्य कृष्ण द्वैपायन के हाथों से फिसलकर छूट गई किसी योजनगंधा मत्स्य कुमारी की तरह एक काम युग-युगांतर से अछूता। शुद्ध सोने-सी मूल्यवान् एक मीना कुमारी की, जो न शुकदेव की पकड़ में आई, न गौड़पाद के न्याय-जाल में फँसी, न गोविंदपाद की सिद्ध गांडीव-सी अध्यात्म दृष्टि में उतरी, न भट्टपाद, न कुमारिल भट्ट की मीमांसा विश्लेषण क्षमता में समा सकी। छह-छह बड़े-बड़े दर्शनकार आए और अपने-अपने दर्शनों के भाष्यकार बनते-बनते रह गए। क्या-क्या रच दिया था इस रचनाकार ने एक छोटी सी कृति 'ब्रह्मसूत्र' में, पता नहीं कितने सूत्रों से कैसे-कैसे कस दिया था इस सूक्ष्म गाँठ को कि एक लंबी गुरु परंपरा अतीत के गह्वर में समा गई, किंतु सब शायद यही कहते-कहते चले गए—'स्थास्यति कोऽपि समानधर्मा।'

विशिष्टा विदुषी थीं, किंतु वैदुष्य के सूर्य पर जैसे पृथ्वी की छाया-मातृत्व का ग्रहण लग जाए, सोचतीं बार-बार कि यह कोई साधारण अवतरण अथवा अवतार नहीं, कहीं यह शिशु साक्षात् शिव तो नहीं! शिशु की आँखों में एक विशिष्ट लक्षण दिखता, वह किसी को देखता, किसी पशु, किसी पक्षी, किसी मनुष्य को तो कभी-कभी देखता ही रह जाता, आँखें टिक जातीं कहीं तो जैसे मधु में फँस जातीं मधुमक्खियाँ। छह दिनों का शिशु, पंडितों-पुरोहितों, सिद्धों-संतों, याजकों-याचकों सबको देखता तो कहीं गहन अंतर में किसी दार्शनिक-सा किसी गंभीर चिंतन में उलझ जाता।

उसकी षष्ठी पर भागवत कथा हुई, हरिकीर्तन हुआ, भजन गाए जाते रहे, सोहर-

मंगल हुआ, पामरिये नाचे और सबको बधावा में बहुमूल्य उपहार मिले। लोग जाते रहे, आते रहे और उसके दिव्य ललाट तथा तीक्ष्ण दृष्टिवाली आँखों पर दृष्टि दौड़ाते रहे। माँ विशिष्टा से आज रहा न गया, उनको अपनी माँ की उनके बचपन में कही गई बातें स्मृति-पटल पर उभर गईं—आओ पुत्र, सबसे पहले तुम्हारे गौर-दीप्त ललाट पर यह काजल तो लगा दूँ। विशिष्टा देवी ने एक बार आगे बढ़कर कुछ और भी कर दिया, ललाट पर ही नहीं, उन गहन दृष्टिवाली दोनों आँखों की पुलकती पलकों को भी काजल से भर दिया।

किंतु कभी-कभी जब विशिष्टा का वैदुष्य मातृत्व के ग्रहण से उबरता तो वे महसूस करने लगतीं कि नहीं, अवतार तो केवल 'विष्णु' का ही होता है, पालनहार का अवतार। किंतु क्षण में ही उनका कुल-संस्कार जग जाता, भरद्वाज का संस्कार, बृहस्पति का संस्कार और वे सोचने लगतीं, यह शिशु आकृति से लाघव है तो क्या, विचार से, प्रकृति से तो अवश्य ही उद्धव है और ध्यान-चिंतन निदिध्यासन में जाने पर जैसे साक्षात् माधव, शिशु हरिहर अथवा कुछ नहीं तो साधारण गुरु तो नहीं, गुरुवर्य गुरुश्रेष्ठ, गुरुगौरव, जिसे भक्तजन कभी गुरु कहते हैं, कभी सद्गुरु तो कभी—

गुरुर्ब्रह्मा, गुरुर्विष्णु, गुरुर्देवो महेश्वरः

गुरुर्साक्षात् परब्रह्मा कहकर कहने लगते हैं—

तस्मै श्रीगुरवे नमः।

भागवत कथा में रमे हुए तथा परिवार के परिपालन में सहायक पुरोहिती-यजमानी वृत्ति-व्यवस्था न तो विशिष्टा की आकांक्षा-महात्त्वाकांक्षा की उपज थी, न कुल-ऋण से उऋण होने की जिम्मेदारी से अभिभूत अथवा ग्रस्त शिवगुरु के मन-मानस की। पता नहीं क्यों और कैसे रम गए, रमते गए शिवगुरु पुरोहिती कर्म में और 'ब्रह्मसूत्र' की गाँठें, जो कई पीढ़ियों के दौरान सामान्य से बढ़ती-बढ़ती इतनी गँठीली हो गई थीं कि उनके खुलने की स्थिति ही नहीं थी।

लगता था, पति-पत्नी दोनों की इसी कोई अतृप्त कामना का फल था इस असामान्य शिशु का जन्म और वस्तुतः इसी शिशु की आँखों में दिखती थीं उन्हें वे समस्त संभावनाएँ, जो 'ब्रह्मसूत्र' की गाँठों को खोल सकें और अतृप्त कामनाओं को तृप्ति प्रदान कर सकें। षड्दर्शनकार कपिल, कणाद, गौतम, जैमिनी, बुद्ध और महावीर गाँठ के सूत्रों को सहेजते-सहेजते परस्पर उलझते गए सात अंधों के गज-परीक्षण की कथा की तरह—कोई किसी एक अंग को पकड़कर घोषित कर देता कि हाथी का आकार अमुक प्रकार का है और सर्वज्ञता कोसों दूर की वस्तु बनी रही। ब्रह्मज्ञान की व्याख्या और ब्रह्मसूत्र का भाष्य नहीं लिखा जा सका। आज इस शिशु की दृष्टियों की विचित्रता देखकर दोनों, शिवगुरु तथा विशिष्टा, पति-पत्नी अत्यंत प्रसन्न थे, किंतु व्यास की पाँच हजार वर्ष पुरानी चिंता

ब्रह्मसूत्र को सर्वसुलभ करने की चिंता और ब्रह्म के ज्ञान के अभाव में नित्य बढ़ते हुए दर्शनों वादों-विवादों, पंथों-संप्रदायों के कारण नित्य बढ़ते हुए धर्मों की आड़ में मानव धर्म के खो जाने की चिंता 'वसुधैव कुटुम्बकम्' वाले एक धर्म, एक विश्व, एक ब्रह्मा की और एक परिवार के उभरकर खड़ा हो जाने की चिंता का समाधान उन्हें इसी शिशु में जैसे केंद्रित दिखाई पड़ता। संपूर्ण कठिन काम तो गुरु व्यास ने ही कर दिया था। ऋग्वेद से चलकर उपनिषदों तक के ज्ञान को ब्रह्मसूत्र में बाँधकर रख दिया था, हजारों वर्षों के चिंतन से प्राप्त ज्ञान को अंगिरा, पुलह, पुलस्त्य, वसिष्ठ आदि ऋषियों की दृष्टि से उपजे ज्ञान को। एक ऐसा समय आ गया था, अब जब एक घराने विशेष द्वारा यह प्रचारित किया जाने लगा था कि ब्रह्म अथवा ईश्वर के होने की कथा चाहे जितनी प्राचीन हो, उसके प्रत्यक्षत: दिखाई पड़ने की कथा मात्र ईसा से एक हजार वर्ष पहले की कथा है और ईश्वर द्वारा उसके दस नियमों के मूसा के माध्यम से प्रवर्तन के साथ ही धर्मों के उद्भव की कहानी प्रारंभ होती है।

'ब्रह्मसूत्र' में विश्व के कारण उद्भव और उद्देश्य सभी रहस्यों के सूत्र संगृहीत थे और इसलिए दोनों पति-पत्नी शिवगुरु और विशिष्टा के अंदर और बाहर आनंद का वातावरण परिव्याप्त था और दोनों को लगता था, जैसे उनका यह पुत्र ज्ञान की ब्रह्मगाँठ को खोल देने तथा हर सूत्र की व्याख्या-मीमांसा करने के उद्देश्य से ही आया है।

'ब्रह्मसूत्र' का एक सहज-सुलभ भाष्य नहीं हो पाना ही वह कारण है देश-देश के बीच, वर्ण-वर्ण के बीच, जाति-जाति के बीच धर्म के अनेक परस्पर विरोधी रूपों में प्रतिभासित होने का।

शिवगुरु ने कहा, "हाँ देवि! आपने आज विश्व में फैली अशांति और अविश्वास के मूल कारण की ओर संकेत किया है। ब्रह्मसूत्र की सही व्याख्या होगी तो यह स्पष्ट होगा कि यह विश्व ही वस्तुत: यथार्थ नहीं है, किंतु यदि साक्षात् प्रतीति को आधार मानकर इसे यथार्थ मान लिया जाए, तब भी इस पूरे ब्रह्मांड का धर्म तो एक ही होगा, ईश्वर तो एक होगा ही। अव्यक्त अनभिव्यक्त अद्वैत अपनी अंतर्भूत शक्ति की प्रतीति विश्व के रूप में करता है, किंतु वह वस्तुत: यथार्थ नहीं मिथ्या है और जो मिथ्या है, उसके नाम पर स्थापित प्रवर्तित ये धर्म कैसे सत्य होंगे?"

विशिष्टा ने शिवगुरु की बातों की पुष्टि की—"मेरे पिताश्री भी यही कहते थे कि यह विश्व ब्रह्म की ही शक्ति प्रकृति की माया का एक खेल है और इस खेल को खेलनेवालों को अनुशासन में रखने के लिए एक आचरण पद्धति निर्धारित है, जिसे हम सनातन धर्म कहकर पुकार सकते हैं, पुकारते रहे हैं। इस सनातन धर्म को तोड़ने अथवा प्रदूषित करनेवाले धर्मों, तथाकथित धर्मों के खेल को ही तो गीताकार ने 'अभ्युत्थानमधर्मस्य' कहकर ब्रह्म के ईश्वर बनकर मनुष्य रूप में अवतरित होने की बात कही है। हाँ देव,

यही अनुशासन धर्म है, जिसे धारण कर अनंतकाल से मनुष्य चल रहा है, सनातन काल से सनातन समय तक चलनेवाला यह धर्मानुशासन ही वेदांत है।"

"हमारा यह पुत्र अपने दिव्य चक्षु और ज्ञान-शक्ति के प्रयोग से विश्व में व्याप्त सभी धर्मों, संप्रदायों, पंथों और जातियों के बीच मचनेवाले संघर्ष को रोक देगा और ब्रह्मांड के पर्याय संपूर्ण विश्व को 'वैश्विक परिवार' बनाकर उसे एक धर्म मानवधर्म के धागों में बाँध देने में समर्थ हो सकेगा। ऐसा आभास उसकी आँखों को ही देखने से मिलने लगता है। मिथ्या जगत् तथापि दृश्यमान इस संसार का तथाकथित सच है, एक शक्ति है, जिसे हम प्रकृति कहते हैं और अव्यक्त प्रकृति पूर्णत: ब्रह्म में अंतर्भुक्त है। यही शक्ति कभी-कभी विभिन्न प्रकार के ईश्वरों में भी अभिव्यक्त होती है, जिसे विभिन्न दर्शनकार या दृष्टिधारी अपने-अपने ईश्वर और अपना-अपना धर्म कहकर पुकारते हैं। ब्रह्मसूत्र की गाँठ खुलने ही वाली है। ऐसी ही भविष्यवाणियों, ऐसे ही स्वप्नों, ऐसी ही ऐतिहासिक स्थितियों, ऐसी ही परंपराओं, ऐसी ही ज्ञानधाराओं के अधीन यह शिशु विशिष्टा की कोख में अँकुरा था और ऐसी ही स्थिति-जनित संभावनाओं को सार्थक करने की आशाएँ जगाता उनकी गोद में आज मुस्कुरा रहा था वह एक सहस्रदल कमल की तरह।"

□

26

बहुत दिनों के बाद जब शिवगुरु कांची से कलाड़ी लौटे थे, शास्त्राचार्य की परीक्षा में प्रथम उत्तीर्ण होकर और उनके पिता देवगुरु ने उनके विवाह के लिए अपने वचन के अनुसार अपने विद्यार्थी जीवन के सहपाठी भरद्वाज गोत्रय मित्र वेंकटेश रमन की पुत्री सुभद्रा के साथ पुत्र के विवाह संपन्न करने की घोषणा कर दी। ऐसी भीड़ और ऐसा उत्सव किसी नंबूदरि परिवार में अब तक संपन्न हो नहीं सका था। देवगुरु स्वयं साहित्य के साथ-साथ ज्योतिष के एक विख्यात आचार्य थे और वह भी कांची विद्यापीठ से जिसकी प्राचीनता तथा जिसकी विद्या के क्षेत्र में उत्कृष्टता से प्रभावित न केवल यूनानी मेगास्थनीज, चीनी विद्वान् ह्वेनसांग और बोधिसत्त्व इत्सिंग ने भी बहुत ज्ञानार्जन किया था, वरन् बहुत सारे पीठों में कांची की श्रेष्ठ शिक्षा प्रणाली पर टिप्पणियाँ अंकित की थीं। देवगुरु और उनके मित्र वेंकटेश रमण जब कभी एक साथ होते, किसी यज्ञ में तो उन्हें देखने और सुननेवाले दोनों सामान्यतया पूरे दक्षिणापथ के विद्वान् मनीषी होते हैं और यदि किसी बिंदु पर दोनों में शास्त्रार्थ हो गया, तब तो यज्ञ ऐतिहासिक हो ही जाता है।

यह जानने के बाद कि पंडित श्री वेंकटेश रमण अपनी विदुषी पुत्री के विवाहार्थ तिलक करने के निमित्त कलाड़ी पधार रहे हैं। कलाड़ी के लोगों ने अपने दूर-दूर के संबंधियों को विद्यार्थियों के साथ-साथ आचार्य के रूप में दर्शनार्थ अपने गाँव पधारने के निमंत्रण भेज रखे थे। शिवगुरु के सबसे समीपी विद्वान् चाचा धर्मप्रियन नंबूदरिपाद को अभी तक उस समारोह के दृश्य स्मरण में थे और बड़े गर्व से वे ग्रामीणों अथवा पास के गाँवों के बच्चों के बीच इसका सगर्व उल्लेख किया करते। आचार्य देवगुरु पुत्री के विवाह के कुछ ही दिनों पश्चात् इस संसार को छोड़ चले, किंतु अभी तक वेंकटेश रमण जीवित थे और सौभाग्य से आज अपने दौहित्रा के नामकरण संस्कार में उपस्थित थे। वे ही नहीं उनके साथ आचार्य दधीचि भी पधारे थे, जिनकी ज्योतिषीय भविष्यवाणियों के अनुसार दक्षिण देश के कृषक अपनी कृषि के मौसम की प्रतीक्षा करते रहते।

इसी देश-विश्रुत ज्योतिष पंडित दधीचि से पंडित शिवगुरु ने पुत्र की जन्मकुंडली बनवाई थी। संध्या समय जब राजा राजसेन तथा दूर-दूर से पधारे सभी अतिथि प्रस्थान

कर चुके और जब दोनों ज्योतिष-मार्त्तंड अपनी वैश्विक पारिवारिक समाचार-संप्रेषण करने में व्यस्त थे तो पंडित वेंकटेश ने पंडित दधीचि से कहा, "दधीचि, तुम आज की रात मेरे साथ बिताओ। अब कल प्रात: हम दोनों यहाँ से साथ ही कांची वापस लौटेंगे और हाँ दधीचि, एक कार्य भी तो अभी शेष रह गया, जातक की कुंडली के आधार पर ग्रहों-नक्षत्रों की चर्चा, शुभाशुभ कथन तथा अशुभ तथा अशोभन को शुभ तथा शोभन बनाने के उपायों से मेरी पुत्री सुभद्रा तथा मेरे जामाता शिवगुरु को अवगत करा देना।"

"यह तो मेरे लिए सौभाग्य की बात होगी आचार्यवर, आप जैसे आचार्य मार्त्तंड के संपर्क में एक रात बिता लेना मेरे जीवन में घर जाकर बैठे अंधकार के अनेक राक्षसों को दूर भगा देने जैसा ही होगा। फिर कल हम दोनों साथ कांची लौटेंगे और मैं कुछ ऐसा कार्यक्रम बनाऊँगा कि आप मेरे साथ विद्यापीठ पधार सकें विद्यापीठ के विद्वानों के लिए दधीचि और वेंकटरमण दोनों आचार्य आज कलाड़ी में रात्रि विश्राम हेतु सहमत हो गए।

प्रात:काल नित्यक्रिया तथा पूजा-पाठ से दोनों आचार्य निवृत्त थे। पंडित श्री वेंकटेश ने पुत्री विशिष्टा तथा जामाता शिवगुरु दोनों को पुकारा और पुत्र को आदेश दिया कि पंडितजी दधीचि से जन्मकुंडली का फलितादेश निकलवा लें एवं उन्हीं की हस्तलिपि में उक्त फलितादेश के आलोक में आवश्यक निराकरण सुझाव भी प्राप्त कर लें। ध्यान रखा जाए कि यद्यपि यह गणना किसी मनुष्य द्वारा तैयार की गई है। इसमें कोई हेर-फेर, यदि इसी उद्‌देश्य से एक बार पुन: अवतरित हो तो जाँच गुरुदेव व्यास देव के अतिरिक्त और कोई नहीं कर सकता। इस दधीचि को भी सुभद्रे, वही दधीचि समझो, जिनकी हड्डियों से राक्षसों के विनाश हेतु देवताओं ने अपने वज्र सदृश अमोघ तथा कठोर शस्त्र बना रखे थे।

सुभद्रा आगे-आगे पुत्र को अंक से सटाए और पीछे-पीछे शिवगुरु जातक की जन्मकुंडली को दोनों हाथों से खोलते-उभारते पंडितद्वय के सामने उपस्थित हो गए। दधीचि ने कुंडली जैसे ही देखी, वे कुछ सहम से गए।

"क्यों दधीचि, अपनी लिपि देखकर सहम क्यों गए? तुम्हारी हस्तलिपि तो कभी भी बहुत विशिष्ट नहीं रही। मुझे स्मरण है कि सुलेख की कक्षा में कैसे मुझे तुम्हें डाँट पिलानी पड़ती।" वेंकटेश ने परिहास की मुद्रा में कहा।

दधीचि को स्मरण हो गए वे फलितादेश, जिसका उल्लेख उन्होंने जानबूझ कर जन्मकुंडली में नहीं किया था, रंग में भंग न होने पाए षष्ठी के शुभ अवसर पर तथा नामकरण जैसे संस्कार समारोह में, जहाँ हजारों की संख्या में स्वजन-परिजन ही नहीं दुष्टजन भी कुछ अप्रिय सुनने की प्रतीक्षा में कान लगाए बैठे हों। किंतु आज की प्रात तो कुछ भी छिपाने को नहीं था, वह भी तब जबकि ठीक बगल में बैठे ज्योतिष विद्या के प्रकाश पुरुष पं. वेंकटेशजी विराजमान हों। दोनों पंडितों ने साथ-साथ कुंडली देखी,

उसका गंभीर परीक्षण किया और दधीचिजी महाराज फलादेश ग्रह योगानुसार बोलते गए तथा निराकरण के उपायों के साथ एक अलग पृष्ठ पर लिखते चले—

"जातक का जन्म वैशाख मास के शुक्ल पक्ष में होना तथा रवि, चंद्रमा, बृहस्पति तथा शनि चार उत्तम ग्रहों का रहना इस बात पर जोर देता है कि जातक परशुराम, राम, बुद्ध जैसा कोई प्रबुद्ध संत होगा, जिसकी ओर सारा संसार देखता रहेगा, प्रतीक्षा करता रहेगा, सही दिशा-निर्देशार्थ।"

वेंकटेश को कुंडली प्रदर्शित करते हुए दधीचि ने कहा, "जातक धर्मगुरु के साथ-साथ एक आत्मगुरु होगा, जिसके विश्वास और आचरण तक पहुँचते-पहुँचते किसी भी धर्म का अपना अस्तित्व समाप्त हो जाएगा और वह जगद्धर्म में विलीन हो जाएगा। हाँ मित्र वेंकटेश, हम आप भी तो गुरु और आचार्य कहलाते हैं, देवगुरु भी बहुत बड़े आचार्य थे, शिवगुरु भी वैसे ही महान् आचार्य हैं, किंतु हम सबसे आगे बढ़कर गुरु गोविंद पाद, गौड़पाद, शुकदेव, वेदव्यास से भी आगे बढ़कर यह जातक एक ऐसा आचार्य गुरु बनेगा, जिसे सारे संसार के धर्म और धर्माधिष्ठाता अपना गुरु स्वीकार करेंगे। हाँ गुरुवर, इस जातक में जगद्गुरु होने के लक्षण विराजमान हैं, जगद्गुरु अर्थात् वह गुरु, वह सद्गुरु, जिसके व्यक्तित्व में लगे होकर सारे धर्म उस एक प्रत्यय, जिसे ब्रह्मांड कहते हैं, वेदांत कहते हैं, में लय-विलय होकर अपना अस्तित्व खो देते हैं, तब सामने होता है, एक ब्रह्म, एक ईश्वर, एक जगत्, एक धर्म और सब एक-दूसरे के पर्याय।"

"किंतु मेरी गणना के अनुसार इस जातक की कुंडली में अत्यल्प जीवन का संकेत है अर्थात् कुल सोलह वर्षों के अल्प वयकाल में ही इसे दो-दो बार मृत्यु योग है—प्रथम आठ वर्ष की आयु में तथा द्वितीय सोलह वर्ष की आयु में।"

वेंकटेश तथा शिवगुरु दोनों मृत्यु-योगों के भय से सिहर गए, किंतु ज्योतिष के विद्वान् घबराए नहीं। मृत्यु-योग निवारण तथा उपायों की चर्चा करते हुए कुंडली विचार के अध्याय को बंद कर दिया, ताकि विशिष्टा कुछ जान-समझ नहीं पाए और घबराकर सारी खुशी को, एक युग के बाद घर में पहुँची सारी खुशी को क्षणभर में विषाद में ढाल न दे। विशिष्टा को अंदर से बाहर निकलकर अपनी ओर कान लगाकर झुकती देख दधीचि ने कहा, "बड़े भाग्य से ऐसा प्रतापी पुत्र वशिष्ट के कुल और विशिष्टा के अंक में परमपिता के प्रसाद स्वरूप प्राप्त हुआ है। वशिष्ट कुल ही वस्तुतः वसुधा का गुरुकुल रहा है, विशिष्टा। वसिष्ठ, पराशर, वेदव्यास, शुकदेव, गौड़पाद गोविंदपाद और गुरु-देवगुरुपाद जैसी गुरुपरंपरा का उदाहरण पूरे विश्व में कहाँ कहीं मिलेगा? अब तो सारा संसार गुरुकुल के इस नए अर्थ को तब समझ पाएगा, जब उसके समक्ष विश्वगुरु या जगद्गुरु अर्थात् शिवगुरु के इस सूर्यकांत मणि के आलोक से विश्व का कोना-कोना जगमगा उठेगा। हाँ विशिष्टा, तुम सौभाग्यशाली हो, तुम्हारे घर इस नए युग के प्रथम सूर्य

का अवतरण हुआ है, यह तुम्हारा पुत्र नहीं स्वयं परम ब्रह्मा की छाया स्वरूप है, इसे सँभालकर पालो-पोसो और वसुधा के कल्याणार्थ इसे संसार के हवाले कर दो।"

"मैंने समझी नहीं चाचा, बेटे को संसार के हवाले क्यों कर दूँ मैं?" कहा विशिष्टा ने।

"हाँ विशिष्टे, भृगुकुल ने प्रारंभ से अब तक ऐसा ही तो किया है। अंतर एक ही है और वह यह कि भृगु, भरद्धाज, प्रभृति युग पुरुष भारत को समर्पित थे। उसी कुल का यह युगपुरुष, तुम्हारा प्रतापी पुत्र संपूर्ण विश्व, संपूर्ण पृथ्वी के कल्याणार्थ अवतरित हुआ है।"

"किंतु मुझसे कुछ छिपा रहे हैं शायद आप! मेरे पुत्र को कितनी आयु मिली है प्रभु से, मुझे स्पष्ट बताइए।"

"हाँ विशिष्टा, तब तो यह सुनो कि तुम्हारा पुत्र चिरंजीव होगा, कृपाचार्य और अश्वत्थामा की तरह और तब तक जीवित रहेगा, जब तक यह संपूर्ण वसुधा एक साथ एक परिवार में परिवर्तित नहीं हो जाए। इस संसार के सभी तथाकथित धर्मों का अस्तित्व समाप्त होकर धर्म एक वैश्विक धर्म में परिवर्तित न हो जाए। यह बहुत बड़ा काम है देवि, विश्व का एक स्वरूप में, एक इकाई में परिणत हो जाना और इस संदेश को लेकर संसार सागर में डूबने-उतराने के लिए निर्भय होकर छोड़ दो इस शिशु को।"

तत्पश्चात् पुनः-पुनः विशिष्टा और आज प्रथमोच्चरित नामकरण शंकर को कोटिशः आशीष देते हुए वेंकटेश तथा दधीचि कांची स्थित भद्रतुंग आश्रम के लिए प्रस्थान कर गए।

□

27

गोमती-गंगा-गोदावरी की मिट्टी और भद्रा के पवित्र जल से सनी इस महिमामयी मिट्टी की एक सीधी-सादी प्रतिमा सुभद्रा, जब सुभद्रा से विशिष्टा बनी थीं, विविध रंगों में रँगी और रंगीन वस्त्रों में सजी-निखरी तो तब उसे कुछ अटपटा-सा लगा था। फिर भी उसने हरिगुरु के स्नेहसिक्त आग्रहों और शास्त्र-सम्मत तर्कों से सिद्ध इस प्रस्ताव को अंगीकृत कर लिया था, जब स्वयं हरिगुरु ने भी हरिगुरु के बदले अपने शिवगुरु नाम को स्वीकार कर लिया। किंतु अंदर-अंदर वह जीवन भर भद्रा की सुभद्रा ही बनी रही। तुंगभद्रा की पुत्री, गंगा संस्कृति की प्रतिमा माननीय-पूजनीय भी उसी तरह, किंतु उससे भी कुछ अधिक मानिनी और फिर कुछ अधिक सम्मानिनी, स्वाभिमानिनी, पर सबकुछ बस अंदर-अंदर।

आज जब मौसी की पुत्री भद्रा की बेटी सुभद्रा गंगा माँ बन गई थी और उसके अंक में भीष्म-सा कोई प्रतापी पुत्र आ चुका था, तो किसी ने न जाना, उसने भी नहीं, शिवगुरु ने भी नहीं कि देखते-देखते एक देवकी कैसे यशोदा बन गई, एक मरुभूमि कैसे सुंदर सुमनों और उनकी मादक सुरभि से संपन्न एक शाद्वल स्वप्न-सुंदरी हो गई। वीरान मन के नहीं, सूखे पड़े आँगन में गुलाब। मन के तिरस्कार भरे तालाब में शत-शत शतदल का एक सहस्रदल कमल खिल उठा, खिलखिला उठा। प्रात:काल तैयार शतदल पालने में सूर्योदय की प्रतीक्षा में आँखें खोलता और देर-देर तक सूरज की किरणों से खेलता रहता, सुभद्रा गृहस्थी सँभालती रहती और बीच-बीच में कभी-कभी पालने को हिलाती-अगराती-हलराती-मल्हराती रहती, ठीक यशोदा की तरह।

शिवगुरु नित्यक्रिया के उपरांत पूजा-पाठ में लग जाते और तत्पश्चात् सारा दिन परशुराम वेद-विद्याश्रम के ब्रह्मचारियों को वेद-वेदांगों की शिक्षा देते। विद्याश्रम की निर्धारित कार्यतालिका चलती रहती—'सह नौ अवतु सहनौभुनक्तु सहवीर्यं करवावहै।'

चलता रहा विद्याश्रम, मानो चलता रहा एक विश्वाश्रम, एकमात्र विश्वासाश्रम। इस विद्यालय को केवल विद्यार्थियों का विश्वास ही नहीं, उनके अभिभावकों का भी विश्वास खूब मिला था। वेद-वेदांतादि की पढ़ाई तथा उसका लोक प्रदर्शन तो होता ही, सम्मेलन-

कक्ष के विचार-विमर्शों में यह चिंता जरूर व्यक्त की जाती कि वैदिक सभ्यता-संस्कृति संकट में है और इसका समाधान अब अत्यावश्यक है।

जो भी व्यक्ति शिवगुरु से मिलता, एक ही समस्या के संबंध में चिंता व्यक्त करता, वह थी यही सांस्कृतिक संकट की समस्या। समस्या वैदिक संस्कृति की थी, चिंता वैश्विक संस्कृति की और चिंता राष्ट्रीय, भारतीय, क्योंकि समाधान का सूत्र भारत में था, भारत की भूमि में था, वेदों-उपनिषदों के सूत्रों में था—सूत्रों की सम्यक् व्याख्या में था। सही भाष्य में था और कुछेक भारतीय विद्याओं, कुछ दार्शनिक ज्ञानधाराओं के दिग्भ्रमित संप्रदायों, धर्मों की विपथ-यात्रा को नियंत्रित करने में था, सही दिशा देने में था। शिवगुरु अकेले नहीं थे, सारे शास्त्र तथा सारे शास्त्रज्ञ उनके साथ थे। शिशु शंकर सबकुछ देख रहा था, सुन रहा था, किंतु मौन था, मुसकुराता रहता, हँसता रहता, खिलखिलाता रहता। यह सबकुछ सुभद्रा को खूब भाता, शिवगुरु भी पूर्ण रूप से प्रसन्न जीवनचर्या में व्यस्त तथा आनंदित रहते।

भगवान् परशुराम के नाम से जुड़ा यह वेद विद्याश्रम का आकार-विस्तार एक बड़े किसान के बथान से मिलता-जुलता था। गायें थीं तथा उनके लिए गोशाला भी थी। अंतेवासियों की आवश्यकतानुसार पास के खेतों में हरी सब्जियाँ फलतीं, नारियल लटके रहते, जैसे बड़ी-बड़ी कामधेनुओं के थन, केले के बड़े-बड़े घौद, कसैली के वृक्ष, लौंग-इलाइची, अनार, आँवले, क्या-क्या नहीं। प्रात: और संध्या शिवगुरु कंधे पर बेटे को बिठाए जब बागों में घूमते तो वह ऐसे हाथ बढ़ाता, जैसे कुछ नारियल तोड़ ही लेगा। फूल, फल, सब्जियाँ, गोशालाएँ, रसोई तथा भोजनालय इस तरह जुड़े हुए थे, जैसे सब का नियंत्रण सूत्र विशिष्टा के हाथ में हो और उसकी उँगलियों के नियंत्रण में।

शंकर को भ्रमण में बड़ा आनंद आता। अब वह पालने को छोड़कर अपने पैरों से ठुमकना जान गया था, विशिष्टा बहुत सतर्क रहतीं कि कहीं जंगल की ओर न भटक जाए। किंतु शंकर को लगता कि जंगल ही उसका असली घर है। बाग-बगीचे से लौटकर शंकर थक जाने के कारण सो जाता और कभी-कभी तो गहरी नींद में। नींद में भी शांत कहाँ रहता, कभी पैर उठाता, कभी हाथ। कभी हँसता तो नसें तन जातीं। कभी-कभी तो कुछ बोलता भी, किंतु उसकी भाषा का भाष्य कठिन था। शिवगुरु ने मुसकुराते हुए कहा, "देखिए, विशिष्टा देवी, आपका मुन्ना कुछ बोलना चाहता है, जैसे किसी शास्त्रार्थ में बैठा कोई विद्वान् प्रतिभागी।"

"आप ही तो स्वप्नों की मीमांसा के विशेषज्ञ ठहरे, शंकर की भाषा, स्वप्नों की भाषा को लिपिबद्ध करने का कोई यंत्र होता तो जान सकते कि किस विषय पर इसका शास्त्रार्थ किस विद्वान् या विदुषी देवी से चल रहा है।"

"इसके अंतर में सरस्वती का जैसे निवास हो और वह ज्ञान की संपदा को जन-

समुदाय के बीच लुटाना चाहता हो। आप भी स्वप्नों में जब बड़बड़ाने लगतीं तो मुझे ऐसा ही लगता कि आप सो तो रही हैं, किंतु आपके अंदर सोई सरस्वती जग गई हैं। हाँ देवि, ऐसा होता है, मुझे भी कभी-कभी ऐसा अनुभव हुआ है। अनुभव अतीत में पहुँचकर चैतन्य की किसी गुफा में विश्राम करना चाहते हैं, किंतु धरती का यथार्थ जब उन्हें ललकारता है तो वे स्वप्न बनकर फूट पड़ते हैं।"

"ज्योतिर्विदों तथा सिद्धसंतों की गणना एक ही जैसी है और वे सब भी तो यही मानते हैं कि यह शिशु बाल्यावस्था में ही ज्ञान के शिखर पर आसन जमाएगा और सारे संसार को एकता-शांति का मार्ग दिखाएगा। मैं उन्हीं दिनों की प्रतीक्षा में हूँ, जब लोग कहें कि वेदव्यास के कुल में विश्व व्यास अवतरित हुआ है, जो सारे संसार के धर्मों का सार एक धर्म मानवधर्म, एक ईश्वर, शिवोऽहम् तथा जगत् बस ब्रह्मांड, जगत्, जो तत्त्वत: मिथ्या है वस्तुत: सत्य का संदेश पूरे विश्व को देता। इसे बड़ा होने दीजिए देवि, अब तो यही बताएगा कि ये ज्ञान और मुक्ति के जो अनेक रास्ते हैं, वे तत्त्वत: कहाँ जा रहे हैं, वस्तुत: कहाँ?"

"अब तो इस योग्य हो ही गया है कि इसे आपके वेदविद्याश्रम में विद्यार्थी के रूप में प्रवेश दे दिया जाए।"

और शिवगुरु ने विशिष्टा की बातें स्वीकार लीं। शंकर अब विद्यार्थी था, परशुराम वेदविद्याश्रम का।

☐

28

अंगिरा बृहस्पति अथवा भरद्वाज गौतम के आनुवंशिक प्रतिभा-प्रकाश से देदीप्यमान ज्योतिष रत्न आचार्य वेंकटेश और देवीभद्रा, आत्मजा, सुभद्रा के जागरण में आचरण और सुसुप्ति में स्वप्नों के साथ चैतन्य-अचैतन्य दोनों की तहों तथा तलों से प्रतिक्षण कुछ-न-कुछ तत्त्वज्ञान सीखता शंकर अब पाँचवें वर्ष में प्रवेश कर रहा था। उसकी शिक्षा का पर्यवेक्षण परीक्षण कर रहे थे, स्वयं उसके पिताश्री शिवगुरु। गुरुकुल अंगिरा-बृहस्पति का और गुरु वसिष्ठ तथा व्यास जैसे, जबकि ज्ञान का विषय वेद-वेदांग, उपनिषद-पुराण, आत्मा-परमात्मा, ब्रह्म और जगत्, द्वैत-अद्वैत एवं अस्ति-सर्वास्ति, अस्ति-नास्ति इत्यादि तथा शिष्य स्वयं शिवगुरु का पुत्र शंकर। बीज में भी जीव होता है, आँखें होती हैं, तभी तो आँख आती है, हृदय होता है, तभी तो वह कुलबुलाता है, सुगबुगाता है, हँसता है, मस्तिष्क होता है, तभी तो वह क्रिया-प्रतिक्रिया में अभिव्यक्त होता है, जिजीविषा और जिज्ञासा होती है, तभी तो वह जीता है, सीखता है, पढ़ता है, बढ़ता है और अपने संस्कारों के अनुरूप जीवन की मेधा परीक्षाओं की सूची में कोई प्रथम होता है और कोई द्वितीय-तृतीय या कोई अंतिम, कोई अनुत्तीर्ण, कोई जीर्ण, कोई शीर्ण। पाँचवें वर्ष में यज्ञोपवीत के पश्चात् कुछ विद्यार्थी गुरुकुल में प्रवेश करते हैं और पूरा एक आश्रम-काल बिता देते हैं और तब भी विद्यार्थी ही बने रह जाते हैं। शंकर का भी यज्ञोपवीत संस्कार सबकी तरह और गुरुकुल प्रवेश भी अन्यों की ही तरह हुआ था, किंतु उसने गुरुकुल की सारी पढ़ाई दो वर्षों में ही पूरी कर तथा सारे वेद-वेदांगों का अध्ययन कर सातवें वर्ष कांची से कलाड़ी वापस आ गया। वह बहुत सारी खुशियाँ लेकर कलाड़ी लौटा था, किंतु घर पहुँचते ही उसे यह आघातपूर्ण समाचार मिला कि उसके पिता मात्र नहीं, उसके आदिगुरु श्री शिवगुरु इस संसार में नहीं रहे। बालक शंकर माँ के कलेजे में सट गया और बिलख-बिलखकर रोने लगा। रोती-बिलखती माताश्री को उसने सांत्वनाएँ दीं, अनेक सांत्वनाएँ, किंतु यह स्पष्ट किया—

"माते, पिताश्री की सबसे बड़ी अपेक्षा जो मुझसे रही है, उसे बिना पूरा किए मेरा व्यास कुल में जन्म लेना सार्थक नहीं होगा। माते, गौतम बुद्ध और महावीर ने अनास्था का ऐसा भूकंप उत्पन्न किया कि उसने जैसे हमारी पूरी संस्कृति के भवन की गहरी

आधारशिला को ही हिलाकर रख दिया और इसका सीधा प्रतिफल यह हुआ कि कई विदेशी—यवन, शक, हूण, कुषाण जैसी ताकतों ने भारत में प्रवेश कर राजसत्ता पर अपना प्रभुत्व तो जमा ही लिया, अपने-अपने धर्म और अपनी-अपनी संस्कृति हम पर लादने-थोपने का प्रयास करने लगे। माँ, यही उचित समय है ब्रह्मसूत्र का भाष्य लिखने का, जब विश्व की तीन प्रमुख धार्मिक शक्तियाँ—ईसाई, इस्लाम और बौद्ध अपनी सारी शक्ति लगाकर भारत के सांस्कृतिक स्वरूप को विनष्ट करने पर तुली हैं। मैं सबकुछ देखता रहा हूँ और सारे वेद-वेदांगों और धर्मशास्त्रों के अतिरिक्त त्रिपिटकों, बाइबिल, कुरान आदि विश्व के सभी धर्मों के ग्रंथों-शास्त्रों का अध्ययन करने के बाद मैं जानता हूँ—ब्रह्मसूत्र का भाष्य-रचना होकर रहेगा। इस भाष्य को पढ़नेवालों के मन-मस्तिष्क में यह स्पष्ट हो जाएगा कि परम सत्ता एक ही है, ब्रह्म और संसार भर के लोग भिन्न-भिन्न पूजा-पद्धतियों के मार्ग पर सवार होकर इसी ब्रह्म-ब्रह्मांड अथवा इसी 'परमात्मा' के परमानंद लोक को प्राप्त होते हैं।

"माँ, रोओ नहीं, मेरा उत्साहवर्द्धन करो और मुझे आशीर्वाद दो कि मैं पिताश्री द्वारा छोड़े गए सारे अधूरे कार्यों को पूरा कर सकूँ।"

"यह कार्य मेरे परिवार के किसी एक बच्चे से संभव नहीं प्रतीत होता, शंकर! इसके लिए एक समर्पित विद्वानों की टोली का मिला-जुला सहयोग आवश्यक है। तुम अपना घर-परिवार देखो, बेटे। पिताश्री के पास तुम्हारी माता को भी तो पहुँचना और साथ-साथ होना आवश्यक था, किंतु मैंने तुम्हारी अनुपस्थिति में सती-धर्म को भी अपूर्ण छोड़ दिया। तुम घर पर रहो और यहीं एक गुरुकुल जैसी संस्था खड़ी करो, बच्चों को वेद-वेदांगों और शास्त्रों-धर्मशास्त्रों की शिक्षा दो तथा शिष्यों के सहयोग से इस ब्रह्मसूत्र भाष्य को मेरी आँखों के सामने पूरा कर दो।"

"नहीं माँ, यह कार्य कोई हलका-फुलका कार्य नहीं; इस कार्य के लिए मुझे संन्यास लेना पड़ेगा। तुम मुझे संन्यास के लिए अपना आशीर्वाद दो और मेरे मस्तक पर विजय का तिलक लगाकर मुझे तपस्या व ज्ञान-साधना के लिए विदा कर दो।

कलाड़ी नदी का पश्चिमी छोर मालाबार था तो पूर्वी छोर अलवार का प्राचीन नगर, जिसे केंद्र बनाकर विष्णु स्वामी की शैव भक्ति ही दक्षिण देश पर विष्णु की ध्वजा फहराने लगी थी। कहीं विष्णु महायज्ञ, कहीं शिवार्चन यज्ञ मानो शिव और विष्णु दोनों के बीच कोई अंतर ही नहीं हो। जब से थॉमस के कैथोलिक धर्म ने चेन्नई के आस-पास के क्षेत्रों में अपना पैर पसारना आरंभ किया, तब से मालाबार से अलवार तक ही नहीं, कन्याकुमारी से अगस्त्य तीर्थ तक का भारत अपने आंतरिक भेदभाव को भुलाकर जैसे एक साथ वैष्णव हो गया। गोदावरी, कावेरी और उनकी उपनदियाँ सब गंगा कहलाने लगीं। शैव भी जैसे वैष्णव बन गए और आर्य-अनार्य, ब्राह्मण शूद्र, काले-भूरे सब एक

साथ एक स्वर से राम और कृष्ण को एक हरि स्वरूप मानकर भक्ति के गीत गाने लगे। छुआछूत और ऊँच-नीच का भेद मिटने-पटने लगा। बड़े-बड़े शूद्र जन संतों के रूप में उभरने लगे और अपना संबंध काशी, मथुरा, वृंदावन, द्वारका, जगन्नाथपुरी आदि वैष्णव तीर्थों से जोड़कर उत्तर-दक्षिण के बीच की दीवार को ध्वस्त करने में लग गए।

विशिष्टा कलाड़ी नदी को गंगा की उपधारा मानतीं और उसे गंगोत्रा कहतीं और शंकर उनके साथ प्रात:काल कलाड़ी जाते, साथ-साथ स्नान-ध्यान तथा मार्गस्थित मंदिरों के देवताओं की पूजा करते हुए घर पहुँचते तथा विद्यालय के कार्यों में व्यस्त हो जाते। उनका अनुमान था कि इसी व्यस्तता में रमकर तथा इसी व्यस्तता में जमकर वे ब्रह्मसूत्र का भाष्य लिख भी देंगे और विद्यार्थियों के साथ भाष्य की वैभाषिक पूर्णता-अपूर्णता पर भी विमर्श कर उसे विद्वत् समाज के सम्मुख प्रस्तुत कर देंगे। माँ, मंदिर, मूर्ति-पूजन के रास्ते ब्रह्म से साक्षात्कार की कल्पना भी करना उनकी चिंतनधारा में कहीं नहीं था। उन्होंने माता से संन्यास लेने तथा संन्यासी जीवन में रहकर यह गुरु-ऋण चुकाने की जब भी अनुमति माँगी, माँ की आँखों से जैसे गंगा-गोमती की धारा फूट पड़ती। पति से बिछोह, पुत्र का संन्यास, ग्रामीणों की उपेक्षा और सहधर्म की राह पर चलते रहना सब एक साथ कहाँ संभव था? उन्होंने माँ गंगा को अंदर से पुकारा, "जटाशंकरी माते, मुझे वयधन नहीं दिया जगद् पिता ने, जनधन भी नहीं दिया तो इतनी सारी अपेक्षाएँ क्यों दे दीं, इतनी महत्त्वाकांक्षाएँ क्यों दे दीं? आज तू मुझे चाहे अपने अंतर में समेट ले, चाहे मेरी माँ की बुद्धि में प्रवेश कर उससे कहला दे कि बेटा, तुम संन्यास पर जाओ, किंतु माँ के प्रति जो पुत्र के धर्म हैं, उनका क्या होगा? माँ गंगे, तुम्हीं कोई रास्ता निकालो।"

विशिष्टा स्नान कर चुकी थीं और सूर्यदेव की आराधना में ध्यानमग्न थीं कि एकाएक नदी के तट पर उपस्थित लोगों में एक हाहाकार-सा मच गया। शंकर का एक पैर किसी मगरमच्छ ने पकड़ रखा था, बालक चिल्ला रहा था, लोग हाहाकार मचा रहे थे, किंतु मगर से मुक्ति नहीं मिल पा रही थी। विशिष्टा सारे दृश्य का अवलोकन कर जोर-जोर से रोने-चिल्लाने लगीं, उन्होंने गंगा को दुहाई दी, "हे माँ गंगे! इस जन्म का मेरा पुत्र शंकर पूर्वजन्म का तेरा पुत्र देवव्रत ही तो है माँ, इसकी प्राणरक्षा करो, माँ।"

इसी बीच शंकर ने विशिष्टा से कहा, "माते, तुम माँ गंगा से वादा करो कि यदि मैं मगर के मुख से निकल सका तो तुम पूरे आर्यावर्त्त को अधर्म के मगर के मुख से और आर्यावर्त्त की सनातन संस्कृति को बाहर निकाल लेने के निमित्त मुझे संन्यास के पथ पर चल पड़ने की अनुमति प्रदान कर दोगी।" माता के पास विकल्प ही क्या था? उसने यही गुहार गंगा से लगा दी, गंगा ने सुन ली और मगरमच्छ शंकर को मुक्त कर जल में समा गया।

विशिष्टा उदास-उदास-सी दिखतीं और शंकर किंकर्तव्यविमूढ़, किंतु एक संन्यासी

जो शंकर के चित्त पर सवार था, उसे बेचैन किए रहता। एक दिन प्रातःकाल शंकर दैनंदिन पूजा-पाठ से निवृत्त अपनी माँ के सामने खड़ा हो गया—

"माँ, कुल देवता व्यास मुझे संन्यास के मार्ग से चलकर अपने पास पहुँचने का संदेश बार-बार दे रहे हैं। मुझे ब्रह्मसूत्र का ब्रह्म प्रकाश जलाकर पूरे विश्व को एक परिवार के रूप में प्रदर्शित करने की जिम्मेदारी दी है कुल-पिता ने। मैं संन्यासकाल में कांची कामकोटि की श्रृंगेरी पर्वत श्रेणियों की किसी गुफा में निवास करूँगा और माँ तुंगभद्रा, जो गंगा-कावेरी की ही उपधारा हैं, की गोद में बैठकर अपने जीवन का सबसे बड़ा काम 'ब्रह्मसूत्र' की व्याख्या, उसका सर्वमान्य भाष्य लिखने का काम पूरा कर पितृऋण से मुक्त हो जाऊँगा। वहीं संन्यासी तथा वेदांत के सर्वश्रेष्ठ विद्वान् गोविंदपादाचार्य का मार्गदर्शन भी मुझे प्राप्त होता रहेगा। मैं तैयार हूँ माँ, मुझे आशीर्वाद दो कि मैं शारीरक भाष्य पूरा करने के बाद ही यह शरीर छोड़ूँ।"

विशिष्टा की आँखों से गंगा-यमुना और मुख से गोमती फूट पड़ी—"जाओ बेटे, तुम जिस पवित्र लक्ष्य को लेकर मेरे अंक में आए थे, मेरे अंक से निकलकर उस लक्ष्य को अत्यल्प अवधि में पूरा करो और व्यास तथा वसिष्ठ के कुल गौरव के रूप में हिमालय के शिखर पर मार्त्तंड बनकर आलोक का विस्तार करो। किंतु बेटे, हर माँ और हर बेटे के अंतर में प्रवेश कर पूछो, देखो, क्यों हलचल है, क्या नीतियाँ हैं, क्या जीवन-शैली है, कितना भटकाव है योगियों-संन्यासियों के जीवन में भी।"

माँ द्वारा संन्यास की अनुमति मिल जाने का सीधा अर्थ था विशिष्टा के सारे दैहिक, दैविक और भौतिक तापों का अंत होना।

माँ किनारे पर भक्ति स्वरूपा पुत्र मगर के मुख से अर्थात् सांसारिकता के धर्मसंकट से बाहर गंगा के अंक में खड़ा, मातृधर्म और संन्यास के विषमतापूर्ण संबंधों के बीच यह शपथ ले रहा था—

"मैं शंकर, माँ गंगा की गोद में छाती भर जल में खड़ा होकर यह शपथ लेता हूँ कि मेरे भौतिक-आध्यात्मिक जीवन में, 'मातृदेवो भव' मेरा प्रथम धर्म होगा और सत्य देवो अर्थात् ब्रह्मदेवो अर्थात् ब्रह्मलीनो भव द्वितीय।

"मैं शिवगुरु-विशिष्टा पुत्र शंकर सृष्टि को मिथ्या मानते हुए भी अथवा सृष्टिकर्ता के मनोरंजन हेतु आयोजित एक नाटक मानते हुए भी इस नाटक के मंचन में अपनी भूमिका प्रस्तुत करने में कोई संकोच नहीं करूँगा।

"यह मानते हुए कि ब्रह्म अथवा परमात्म देव अथवा विश्वदेव तक पहुँचना बड़ा दुष्कर है तथा यह स्वीकारते हुए कि इस ब्रह्मसत्य तक पहुँचने के लिए सबको अपने-अपने लिए सुगम मार्गों की खोज की छूट है और ये सभी रास्ते घूमते-घुमाते ब्रह्म अथवा परमब्रह्म तक पहुँच जाते हैं।

"यह मानते हुए कि मंत्रों, कर्मकांडों एवं ज्ञान प्रक्रिया में देशकाल की विभिन्नताओं का होना स्वाभाविक है और इस कारण पूजन पद्धति अथवा जीवन-शैली के अंतर को लेकर होनेवाले विवाद तर्कहीन हैं, मैं विशिष्टा पुत्र शंकर संपूर्ण सृष्टि को एक परिवार बताकर इस जीवन-लीला को भी उसी तरह आनंदमय बनाने के लक्ष्य को सामने रखूँगा, जिस तरह के आनंद की प्राप्ति परम सत्ता से आत्मा के चरम मिलन पर होती है।

"एक संन्यासी के रूप में जीवन समर्पित करने की वास्तविक सार्थकता संसार की असत्यता के बावजूद संसार को एक हँसते-खेलते परिवार में परिवर्तित कर देने में है।"

शपथ क्रिया समाप्त कर शंकर माँ के चरणों पर गिर गए, अपने संकल्पों को मन-ही-मन दुहराया और माँ के साथ मंदिर-मंदिर घूमते-भटकते हुए घर पहुँचे। ग्रामीणों तथा परिजनों को शंकर और देवगुरु की कुलगत श्रेष्ठता खलती रहती, उन्होंने पास के गाँव की एक विधवा नारी के हाथ में एक मात्र पुत्र होने से संबंधित अपने सारे कर्तव्य सौंप दिए।

अगले प्रात:-प्रात: नहीं, उषाकाल जब पूर्वी क्षितिज उदयाचल की उपत्यकाओं को सप्तरंगी किरणों से उषा सुंदरी को जीवन मंच पर उतारने के निमित्त सजा रहा था, एक आठ वर्षीय वैदिक विद्वान् बहुत सारे संकल्पों को अपने मन-मस्तिष्क में सँजोए चला जा रहा था, अकेला, एकदम अकेला शांति और सत्य की खोज में, जीवन के कोलाहल के बीचोबीच संन्यास के गिरि पथ पर।

□

29

ईसा रोम पहुँच चुके थे और ईश्वर का आशीर्वाद कारगर सिद्ध हुआ सा लगने लगा था। कब्र से पुनर्जीवन प्राप्त कर बाहर निकलते समय उन्हें कुछ भक्त-भक्तिनों ने देखा था और इन लोगों ने इनके पीछे-पीछे दौड़कर बहुत दूर तक उन्हें रोकने हेतु प्रयत्न किया था। किंतु ईसा बहुत तेज चलते और भयग्रस्त होने के कारण भागते-भागते कहीं अदृश्य हो गए थे। किंतु वे नहीं जान पाए कि लोग इनका स्वागत करेंगे, इन्हें नमन करेंगे, इन्हें ईश्वर का पुत्र घोषित कर इनके आशीर्वाद से कृत्कृत्य होंगे, इनके चमत्कारों से लाभान्वित होंगे। ईसा की आज की मन:स्थिति भी ठीक वैसी ही थी। किंतु उन्हें आश्चर्य हुआ था, जब लोग उनपर फूलों की वर्षा करने लगे और राज्यकर्मियों के आदेशों की अवहेलना एकाधिक वर्षों की जुदाई के कारण ईसा की लोकप्रियता का इतना बड़ा कारण बनेगी, इसकी कल्पना तक उन्होंने नहीं की थी। उन्होंने बिशप जॉन से कहा, "जॉन, भारत के लोगों पर मेरे व्यक्तित्व का असर आपने देखा था और यहाँ भी देख रहे हैं, क्या लगता है?"

जॉन ने कहा, "प्रभु-पुत्र, प्रभु को सभी देखते नहीं, प्रभु-पुत्र को देख रहे हैं, मिल रहे हैं, आशीष ले रहे हैं तो स्वाभाविक है, उन्हें लग रहा है कि वे साक्षात् ईश्वर से मिल रहे हैं। आप ईश्वर से कम थोड़े हैं, प्रभु? मुझे लगता है कि थॉमस ने इतिहास का काल विभाजन यों ही आपके होने, आपके ऐतिहासिक महापुरुष होने के कारण से नहीं जोड़ा था, वस्तुत: संसार के इतिहास का होना ईसा के होने से जुड़ गया है ईसा पूर्व और ईसा के पश्चात्। सिनॉय की पहाड़ियों पर आपके एक बार पुकारने से प्रभु का आपके सामने अवतरित होना भी तो इसी बात की पुष्टि करता है!"

थॉमस भी साधारण व्यक्ति तो नहीं, प्रभु-पुत्र। यों भी अरस्तू-कुल में और अरस्तू के जीवन काल में उनकी प्रेरणा और आशीष के बल पर अर्थ और धर्म दो पुरुषार्थों का धनी थॉमस ने ऐसे ही थोड़े आपके महान् पुरुष होने की भविष्यवाणी की होगी और आपको ईश्वर की तरह महान् मान लिया होगा? पूरे विश्व में इतिहास रचनेवाले गौतम बुद्ध मिट सकते हैं—मिट नहीं तो अपना प्रताप क्षीण कर ही सकते हैं, किंतु जिस तरह

बुद्ध का होना ब्रह्मा, विष्णु और महेश जैसी देवशक्तियों को मिटा सकता है, बड़े-बड़े ऋषियों—अंगिरा, भृगु, बृहस्पति, वसिष्ठ आदि को हवा में विलीन कर सकता है, उसी तरह ईसा का होना और ईसा के सिर पर थॉमस के बहाने अरस्तू का हाथ, बुद्ध के प्रबुद्ध भारत के इतिहास को भी मिटा सकता है।

"प्रभु-पुत्र, इतिहास रचने में बड़ी शक्ति लगती है। बुद्धिमान् जन इतिहास रचने में शक्ति नहीं लगाकर इतिहास को बदल देने में जी-जान लगाना अधिक श्रेयस्कर समझते हैं। इतिहास की रचना आत्मशक्ति के साथ-साथ यथार्थ शक्ति के सम्यक् उपयोग से होती है, इतिहास में बदलाव हुनर का खेल है, एक पुरजा हटाया, दूसरा लगा दिया और भविष्यत् वर्तमान हो गया।"

"इतिहास काल की शक्ति से आंदोलित होता है, जॉन। इतिहास पर परदा डाला जा सकता है, परदा डालकर, धूल झोंककर उससे अस्थायी लाभ उठाया जा सकता है, किंतु इतिहास की रचना के पीछे ईश्वर की प्रेरणा होती है। जॉन, इतिहास को मिटाया नहीं जा सकता, थोड़ी देर के लिए उसे झुठला भले दिया जाए।"

"बदला तो जा ही सकता है, प्रभु-पुत्र। और जब इतिहास को बदलकर प्रस्तुत करनेवाले लेख पर सिकंदर, अरस्तू, प्लेटो या हेरोडोटस जैसे लेखकों की मुहर हो तो असली इतिहास भी बनावटी लगने लगता है। असली इतिहास के पैर के नीचे की जमीन खिसक गई तो उसके आधार को बज्रशिला कहाँ से और कब तक मिलेगी, कोई नहीं जानता। थॉमस का कहना सत्य की तरह स्थायी क्यों नहीं होगा प्रभु-पुत्र, जब उसकी पुष्टि प्रभु के वचनों से की गई हो। सिनॉय में दो-दो बार प्रभु का अवतरित होना—तब तो इस सत्य के आगे भी अज्ञानी जन ही प्रश्नचिह्न खड़े कर सकते हैं!"

"अच्छा जॉन, अभी इस विषय पर भरत-वाक्य लंबित रखो, लौटने दो उन पाँच टोलियों को, जिन्हें पाँच प्राचीन और प्रभावपूर्ण ऐतिहासिक क्षेत्रों के भ्रमणार्थ भेजा गया है धर्म के दूतों की तरह।"

"पाँच टुकड़ियाँ आपके निदेशानुसार यरुशलम पहुँच चुकी हैं, प्रभु-पुत्र और वहीं आपके अगले आदेश की प्रतीक्षा कर रहे हैं, जो प्रभु की इच्छा है और प्रभु की कृपा भी।"

"प्रभु ईसा, प्रभु ईश चाहते हैं कि पुराणों के रचनाकार व्यास के लेखन को इतिहास कदापि नहीं माना जाए, व्यास तथ्यों के आधार पर नहीं कल्पना के आधार पर इतिहास गढ़ना चाहते हैं। इतिहास तो संजय की साक्षात् दिव्य तथा तीक्ष्ण दृष्टि की देन है, जिसका उपयोग कुरुक्षेत्र के धर्मक्षेत्र में होता है। किंतु प्रभु-पुत्र, इतिहास पहले कुरुक्षेत्र है, तब धर्मक्षेत्र। क्या आदेश है प्रभु-पुत्र, हम बारह धर्मदूतों के लिए? आज हम आप जैसे सद्गुरु के समक्ष दीक्षांत की प्राथना लेकर खड़े हैं।"

"पहले तो जॉन, मैं इन पाँचों टुकड़ियों को तुम्हारी टुकड़ी के साथ बैठाकर सुनूँ तो सही कि क्या निष्कर्ष इतिहास बदलने के बिंदु पर निकलता है। फिर मैं आप सबको संत थॉमस के पास धर्मक्षेत्र के युयुत्सुओं की तरह पहुँच जाने की आज्ञा दे ही दूँगा।"

"ठीक कहा प्रभु-पुत्र आपने, किंतु यह भी तो जानना चाहेंगे मुझ जैसे इतिहास के विद्यार्थी कि कहाँ से आते हैं, ये युयुत्सु, कहाँ निवास करते हैं तथा फिर वापस कब और कहाँ चले जाते हैं?"

"जॉन, यह सब रहस्य तुम्हारी आँखों के सामने घटित होगा, जब इतिहास के वास्तविक रचयिता इतिहास लेखन के इतिहास से ही एकाएक अनुपस्थित हो जाएँगे। इतिहास के रचयिता ही नहीं इतिहास में ऐसा भी समय आता है, जब स्वयं इतिहास से इतिहास होने की मान्यता एक दिन छिन जाती है। ऐसे दिन भी आ सकते हैं भक्तो, जब देखते-देखते व्यास तो व्यास उनके इतिहास के बाप-दादे तक से इतिहास कहलाने की मान्यता छिन जाएगी और यह सारा-का-सारा इतिहास मिथक कहलाने लगेगा। सूर्य, चंद्र, वायु, पृथ्वी, आकाश, अग्नि, वरुण, इंद्रादि अब इतिहास कहाँ माने जाते हैं? यही संसार की रीति है, जॉन। बदलने दो इतिहास को, बदलो इतिहास को और फिर उसे रोके रहो, इस परिवर्तित इतिहास को, इसे मिथक कभी नहीं बनने दो। इतिहास बदलना आसान नहीं, जॉन। इतिहास रचने और इतिहास लिखने-लिखाने की विद्या एवं बुद्धि थॉमस के पास है। आप छहों टुकड़ियों के सदस्यों को आज से बिशप के रूप में प्रोन्नत कर थॉमस कुटीर जाने का आदेश है, किंतु उनके अनुभव क्या हैं, यह तो जानूँ?"

"फादर पीटर, आपने अरब की प्राचीन धरती की संस्कृति और इतिहास के विषय में क्या-क्या जानकारियाँ प्राप्त कीं और अरब के देशों में हमारे प्रस्तावित-प्रारंभिक ईसाई धर्म के प्रति क्या धारणा है?"

पीटर कहने लगे—

"प्रभु-पुत्र, पूरे अरब प्रायद्वीप के आस-पास के मिस्र, बेबिलोन, इरान, इराक और फारस के देशों के मन और मानस अरबी एकता के एक सूत्र में बँधे हैं, कसे हैं, एक समृद्ध इतिहास भी है इनका और एक सर्वशक्तिसंपन्न विश्वास भी तथा यह इतिहास और विश्वास उनके रोम-रोम में जगा रहता है। अरब का इतिहास मिस्र की ममियों और उसके हजारों वर्ष पुराने फराउ महलों में आज भी दर्शनीय है। अरबी संस्कृति का दूसरा आयाम बेबिलोन के महलों, शिलालेखों और पर्सिया की जीवंत नगरीय जीवन-शैली में देखा जा सकता है। किंतु सबसे बड़ी संपदा तो अरब के पूजास्थलों में सजी-सजाई पड़ी है, जिसकी विरुदावली वहाँ के सूर्य संतों और राजे-महाराजों की जीवन-शैली में वैदिक मंत्रों की पवित्रता के समान अक्षुण्ण पाई जाती है। सूर्य और चंद्रमा तो जैसे मिस्र में, वैसे ही

बेबिलोन में, वैसे ही पर्सिया में पूजे जाते हैं और लगता है कि संस्कृति की वह महाधारा, जो ब्रह्मावर्त्त से उमड़कर अरब सागर में लय हुई थी, वही धारा इन खाड़ी देशों से गुजरती आज पूरे यूरोप में विद्यमान है। सूरज व चंद्रमा, पृथ्वी और अग्नि, वरुण एवं इंद्र सचमुच विश्व संस्कृति के इतिहास के जिंदा युयुत्सु हैं।"

"तब तो विलियम, ईसाई धर्म का भविष्य मुझे इस पूरे अरबी क्षेत्र पर अंधकारमय लगता है।" इस पर विलियम ने अपनी प्रतिक्रिया यों दी—

"प्रभु-पुत्र, ऐसा हो तो सकता है, किंतु ऐसा नहीं हो, इसी उद्देश्य से न संभवत: ईश्वर ने आज से एक हजार वर्ष पूर्व धर्म की पहली शिक्षा अरबीय क्षेत्र में ही अवतरित होकर दी—अरबी भाषा में, मोजेज के कानों में, सिनॉय की पहाड़ियों पर। अगर इसमें संदेह भी संभव हो तो हमारी दृष्टि के समक्ष ही तो आपको प्रभु का एकमात्र उत्तराधिकारी बनाकर कानों में पुन: ईश्वर को कुछ क्यों कहना पड़ता? ईसाई धर्म का असली भविष्य गढ़ना पड़ेगा हमें अरब में प्रभु-पुत्र और संसार के नए इतिहास को इसी अरब की धरती पर अपने पर्यवेक्षण में लिखवाना होगा। प्रभु-पुत्र, अब तो इतिहास नई सृष्टि का नया इतिहास कलम का दास होकर ही जिंदा रह सकता है और उसकी शुरुआत हेरोडोटस कर चुके हैं और इसी अरबी प्रायद्वीप की धरती पर पर्सिया में रहकर।"

"फादर जोसेफ, आप तो स्कैंडिनेविया के देशों, विशेषकर जर्मनी देखकर आए हो, आप बताओ कि जर्मनी और उसके पूरब-स्लाव-यूक्रेन एवं पश्चिम आस्ट्रियन-नार्वेजियन संस्कृतियाँ हमारे ईसाई धर्म का स्वागत करेंगी या विरोध?"

जोसेफ ने कहा, "प्रभु-पुत्र, इतिहास के लिए मिथक मूल्यवान् संपत्ति है, ठीक है, किंतु वर्तमान के प्रौढ़ स्वर के सामने अतीत की शरणस्थली में बसा मिथक कभी-कभी धर्मक्षेत्र के युद्ध में हारकर मृत्यु का भी शिकार होता है तथा सेना युद्ध छोड़कर जंगलों में भाग जाता है, भुला दिया जाता है।"

जर्मनी के असीर और वनीर के मिथक थक चुके। जर्मनी, ऑस्ट्रिया, स्वीडेन, नार्वे के सारे लोगों ही नहीं, पूरब के पूरे स्लोभाक देशों और पश्चिमी यूरोप अब अपनी परंपराओं की आधारशिला ही अपने को एक भाषा परिवार तथा एक धर्म परिवार के रूप में विकसित करने को आजाद हैं। वे ईसाई धर्म का स्वागत करेंगे ही। साथ ही अब उन्हें एक शक्तिशाली धर्म की आवश्यकता है। उज्ज्वल भविष्य है ईसाई धर्म का इन देशों में, प्रभु-पुत्र।"

"तब तो फादर जॉन, फिलिस्तीन, ग्रीस, रोम आदि देश तो हमारे आर्थिक सिद्धांत के दास हैं, थॉमस ठीक कहता है, आगे आनेवाली एकाधिक सहस्राब्दियों के अंदर वैश्विक स्तर पर ईसाई धर्म की ही जय-जय होगी। हमें संघर्ष करना पड़ेगा, परिश्रम

करना होगा, प्रयत्न करना पड़ेगा; किंतु यह तो निश्चित है कि तीसरी सहस्राब्दी का विश्व ईसाई जनसमुदाय का होगा और वैश्विक धर्म ईसाई धर्म होगा।"

"ग्रीस और रोम का इतिहास गौरवशाली रहा है—पूरे विश्व में सबसे श्रेष्ठतर और जिसका अतीत गौरवमय होता है, उसके भविष्य में भी अमित विशिष्टताएँ व स्वर्णिम संभावनाएँ होती हैं। तुम्हें विदित होगा कि रोम की राजशाही जितनी प्रसिद्ध रही है, उतनी ही रोम की लोकशाही, जितना ही अधिनायकवाद उतना ही लोकतंत्रवाद। अपोलो, नेप्चून, मर्करी, वीनस और मिनर्वा जितने प्रिय उतने ही जुलियस सीजर, उतने ही ऑक्टेवियो, उतने ही बूरटस। संसार में जब सर्वत्र जंगल का कानून था, तब भी रोम में न्यायिक प्रक्रिया स्थापित थी, संसार का सबसे पुराना लोकतंत्र भारत से पहले भी लोकतंत्र की अमर लता रोम में फैल चुकी थी। लोक प्रशासन और न्याय प्रणाली रोम ने विश्व को दिए हैं तो नया वैश्विक परिवार और नया वैश्विक धर्म भी रोम ही देगा। हाँ, हो सकता है कि इसकी उद्घोषणा अरब में हो और इसका प्रशिक्षण भारत में प्रारंभ हो।"

"चौंको नहीं फ्रांसिस, प्रभु की ऐसी ही इच्छा है। संभवत: तभी तो इस ईसवी सहस्राब्दी के इतिहास की शुरुआत प्रभु ने अरब के सिनॉय से की है। सिनॉय की पहाड़ियों से और तभी तो ईसाईकरण की शुरुआत भारत जैसे देश से हुई, जो सनातन संस्कृति की जन्मभूमि है, वैदिक अर्थात् प्राकृत सभ्यता की कर्मभूमि है। बुद्ध, जरथूस्त्री, कन्फ्यूसियस, प्लेटो, अरस्तू जैसे प्रबुद्ध चिंतक तथा कपिल-कणाद और गौतम-जैमिनी जैसे वैज्ञानिक बुद्धि-प्रवीण संत महात्मा लगता है साथ बैठकर इस वैश्विक परिवार की संकल्पना को सार्थक करने लौटें तो चलो, हम भी प्रभु के आशीर्वाद के साथ इस कल्पना को सत्य में ढाल देने में अपनी भूमिका अदा करें।"

"किंतु प्रभु-पुत्र, हमें अरब और आर्यावर्त्त में प्रयत्न-प्रयास भर ही नहीं, थॉमस के सिद्धांतों के आलोक में अपने आर्थिक पुरुषार्थ का अधिक-से-अधिक प्रदर्शन करना होगा। हृदय खोलकर भी और तिजोरी खोलकर भी। धर्म के पुरुषार्थ की प्रबलता अर्थ पुरुषार्थ की सामर्थ्य पर निर्भर है। पहले अर्थ तब धर्म, तब काम और सबसे अंत में मोक्ष।" प्रभु-पुत्र ईसा थोड़ी देर के लिए गंभीर हो गए, कुछ सोचा और फिर बोलने लगे—

"यह काम तो बहुत कठिन है, जॉन। किंतु हमारा अर्थ-पुरुषार्थ भी कम मजबूत नहीं है, अर्थ का मंत्र थॉमस है और बिशप थॉमस मात्र एक साधारण बिशप नहीं, भारत ही नहीं ईसाई धर्म के समस्त पूर्वीय प्रक्षेत्रों का अधिष्ठाता-नियंता के रूप में थॉमस कार्यरत है। अरबीय देशों के अतिरिक्त भारत और उत्तर-पूर्व एशिया में हमें सफलता मिलनी ही है। थॉमस इतिहास बदलना जानता है और यह अभियान ब्रह्मावर्त्त-आर्यावर्त्त के सनातनी

धर्मक्षेत्र से नहीं, दबे-कुचले, दलित-शोषित दक्षिण के नागक्षेत्र से शुरू हो चुका है। आप सभी भारत लौट जाएँ और थॉमस की शक्ति और कार्य-संस्कृति का उपयोग कर नागक्षेत्र को युद्धक्षेत्र से निकालकर एक नया वैश्विक परिवार बनाने में अपनी भूमिका अदा करें, थॉमस को विजयी बनाएँ। भारत भूमि का प्रताप तथा थॉमस का अर्थ पुरुषार्थ का प्रभाव एकलय होगा तो उससे जो संगीत नि:सृत होगा, उसमें जादू का असर कैसे नहीं होगा?"

"थॉमस की भारत-विजय ही मानव इतिहास की वह पहली घटना होगी, जो वैश्विक धर्म की परिकल्पना को जमीन पर खड़ी करेगी। भारत के बड़े-बड़े दार्शनिक जब तक ब्रह्म सत्य और जगत् मिथ्या की बात करते रहेंगे, तब तक पूरा विश्व अनेक धर्मों, विश्वासों, परंपराओं, अंधविश्वासों एवं सभ्यों-असभ्यों के छोटे-छोटे लोकों में बँटा हुआ दिखेगा ही। वह एक परिवार के रूप में कैसे सामने आएगा, इसे ईसाई धर्म ही निर्धारित करेगा, प्रभु, ईश्वर की भी यही इच्छा है।"

आज के समय की जरूरत है कि हम विश्व-परिवार की दार्शनिक अवधारणा को, जो भारतीय दर्शन और सांप्रदायिक विचारों के कारागार में कैद है, बाहर निकालें। इसके लिए हमें दूर-दूर के देशों में थॉमस की तरह अर्थ-पुरुषार्थ के महापुरुषों को खोज निकालना होगा।

भारतीय धर्मों का पौराणिक साहित्य विश्वसनीय नहीं है और समय-समय पर आवश्यकतानुसार परिवर्तित तथा पुन: परिभाषित होता रहा है। पुराणों में चार युगों की चर्चा है—सत्युग, त्रेतायुग, द्वापरयुग और कलियुग—जिसकी एक यात्रा तेरह हजार ब्रह्मा वर्षों की होती है और अब तक संभवत: अनेक बार यह यात्रा-क्रम चल चुका है। यह तो लाखों वर्षों की कहानी मात्र कपोल कल्पना ही हो सकती है। अत: मानव मात्र के इतिहास की सही अवधारणा उसी दिन से प्रारंभ मानी जाएगी, जिस दिन प्रभु ईश्वर ने अपनी आकृति के प्रतिरूप प्रथम मनुष्य का सृजन किया और सही धर्म की अवधारणा उस दिन से प्रारंभ मानी जाएगी, जिस दिन प्रभु ने सिनॉय की पहाड़ियों पर स्वयं उतरकर धर्म का संदेश हमारे पूर्वज मोजेज को दिया था अर्थात् ईसा के अवतरित होने के एक हजार वर्ष पहले। हमारी गणना के अनुसार तो नोआ के समय जो जल प्रलय हुआ था, वह ईसा के 1001 वर्ष पहले हुआ था। फिर तो आर्यों के द्वारा किए गए काल निर्धारण को हम कैसे मानेंगे?

ईसा ने अपना दीक्षांत भाषण समाप्त कर दिया और निर्देशानुसार रोम ने कैथोलिसिज्म अर्थात् पूर्वीय आर्थोडॉक्सी अर्थात् रोमन उदारवाद तथा भारतीय विश्वासवाद की जय ध्वनि गूँजने लगी। सभी बारह पुरोहित इन वचनों को ब्रह्म वाक्य मानकर भारत के लिए प्रस्थान कर गए।

"फादर जॉन, आप फादर वासुदेवन के साथ मुझे रोम के मेरे भक्तों को सौंपकर जब भारत लौटें तो संत थॉमस का साथ पकड़ लें और उनकी सुरक्षा की गुप्त व्यवस्था अवश्य सुनिश्चित कर दें, यह मेरा अनुरोध भी है और आदेश भी।" ईसा कहने लगे, "हाँ जॉन, अपनी चमत्कारी कार्यक्षमता से थॉमस ने न केवल भारत में ईसाई धर्म की जड़ें मजबूत की हैं, बल्कि उसने अपनी व्यावसायिक संगठन को दातव्य संस्थान के रूप में परिवर्तित कर दिया है। संस्थान की आय अब थॉमस की नहीं, अपितु थॉमस के नहीं रहने पर भविष्य में ईसाई धर्म की होगी और उसका व्यय आज ही नहीं, भविष्य में भी भारत के उपेक्षित वंचित समाज के धर्मांतरण तथा उनके सुखद जीवनयापन की व्यवस्था पर होगा। वस्तुतः ईसाई धर्म का भविष्य ऐसी ही संस्थाओं पर निर्भर होगा, जो ईसाई मिशनरियों के रूप में कार्य करेंगे, प्राथमिकता भारत को देंगे, किंतु पूरे विश्व के किसी भी देश में कार्य करेंगे।"

यह बोलते हुए ईसा चल पड़े बेथेलहम और अपनी योजनानुसार नाजरेथ यरुशलम और तब यूनान होते हुए रोम। ईसा जहाँ भी जाते एक महानायक की तरह आदृत-समादृत होते। नाजरेथ तथा बेथेलहम में तो उनके लोगों ने स्वागतार्थ चर्च, चैपल, कैथेड्रल ही बना रखे थे। किंतु फिर भी रोम से डर लगता था उन्हें, जहाँ ब्रूटस जैसा साथी भी साथी से घाती बन जाता है। किंतु आगे बढ़ती गई ईसा की टोली और मार्गों में लोग फूलों के साथ उनकी अगवानी में प्रतीक्षा करते मिले।

अब तो आगे रोम ही था और उस कब्रिस्तान पर पहुँचने में अब विलंब नहीं था और तब तक एक यूनानी भक्त ने ईसा को प्रणाम करते हुए कहा, "ईश-पुत्र, आपके स्वागत में सारे यूनानवासी महाज्ञानी अरस्तू के पौत्र महाजन थॉमस के घर के सामनेवाले विस्तृत भूखंड पर आपकी प्रतीक्षा कर रहे हैं। वस्तुतः यह सब थॉमस की व्यवस्था थी, थॉमस जो अभी तक एक धनी व्यापारी के रूप में ही विख्यात था, संत के रूप में नहीं। संत तो उसके काल्पनिक परदादा अरस्तू जैसे महान् विद्वान् भी घोषित नहीं हो सके थे।"

ईसा अब अपने कब्रिस्तान की सभा में उपस्थित थे, जहाँ उन्हें पुष्प तथा पुष्प गुच्छों से बड़े-बड़े लोगों ने सम्मानित किया। ईसा के सम्मान में रोम के बड़े-बड़े महंत तथा संत उपस्थित थे, जो उन्हें राजधानी ले जाना चाहते थे। किंतु उस भक्त के आग्रह पर ईसा को थॉमस के घर जाना ही पड़ा, जहाँ उस भक्त ने यह सूचना दी—

"भगवान् यीशु, मैं भारत से आया हूँ, फादर कृष्णन्। मैं इस दुःखद संवाद को आप तक पहुँचाने के लिए चेन्नई चर्च द्वारा प्रतिनियुक्त हूँ कि ईसाई धर्म को विश्व का धर्म बनाने की महत्त्वाकांक्षा पालनेवाले भारतीय चर्च के पालनकर्ता हमारे पिता फादर थॉमस अब नहीं रहे। चेन्नई चर्च के प्रांगण के पुराने मंदिर के सामने के चबूतरे पर जब

वे ईश-प्रार्थना में लीन थे, तीन हत्यारों ने अचानक आक्रमण कर उनकी गरदन धड़ से अलग कर दी और उसे वे अपने साथ लेते गए। घोर अनर्थ कर दिया, सहिष्णुता, करुणा और प्रेम के लिए प्रसिद्ध भारत के भारतीय अपराधी तत्त्वों ने।

"मैं यह भी सूचित करने आया हूँ, ईश-पुत्र कि हम सभी ईसाइयों ने ईश्वर से प्रार्थना की है आपको साक्षी मानते हुए कि वह आतंकी हिंदुओं को सुबुद्धि दे और इनके अपराध के लिए इन्हें क्षमा प्रदान करे। इन चंद आतंकी हिंदुओं को हमने क्षमा-दान दे दिया है तथा उसी चर्च के परिसर में फादर थॉमस की अंत्येष्टि क्रिया संपन्न कर दी है एवं संकल्प लिया है कि उसी पुराने मंदिर में उनकी प्रतिमा लगाएँगे और उन्हें मृत नहीं मानकर धर्मस्थापन तथा धर्मांतरण की उनकी सारी योजनाओं को पूरी करेंगे।"

ईसा की आँखों से आँसू की बूँदें छलक पड़ीं, किंतु धैर्य धारण करते हुए उन्होंने संत ल्यूक को अपने समीप बुलाया और कहा, "संत ल्यूक, आप भारत जाने की तैयारी करें आज ही इसी दूत के साथ मेरा प्रतिनिधि दूत बनकर। मेरे पास थॉमस की डायरी है, जिसमें उसके जीवनानुभव अंकित हैं—उसके द्वारा रचित प्रार्थनाएँ हैं। इन सबको एक पुस्तिका का रूप दें, वह रूप जो हमारे धर्मग्रंथ बाइबिल का है।"

"मेरी इच्छा है, उस ईश्वर की भी इच्छा है, जिसने हम सबको यहाँ भेजा है कि यह पुस्तक बाइबिल का एक महत्त्वपूर्ण अंग बने और इसके रचनाकार को आज से संत कहकर पुकारा जाए। शहीद की आत्मा जब संत की उपाधि से विभूषित होती है तो उसका संपर्क सीधे ईश्वर से स्थापित हो जाता है।"

ईसा ने सबको मौन धारण कर ईश्वर से प्रार्थना करने को कहा, "हे पिता!, अपराधियों को क्षमा दो और संत को अपने अंतर में प्यार भरा स्थान दो। तुम्हारी जय हो!"

❑

30

निराला है ईश्वर और गजब की है उसकी प्रकृति, उसका स्वभाव। देखता रहता है सबकुछ, बोलता नहीं, मूक की तरह; प्रार्थना करो, सुनता नहीं, बधिर की तरह, कभी-कभी तो हजार वर्ष लग जाते हैं कोई क्रिया-प्रतिक्रिया होते। उसके आदेशों, उपदेशों और निर्देशों का उल्लंघन करते रहते हैं, अनर्थ करते रहते हैं, दुष्कृत्य करनेवाले पापी, ईश्वर स्वर्ग की शांति और सुख-भोग में इस तरह तल्लीन होता है कि कुछ करता ही नहीं। बैठे-बैठे भी तो दंड दे सकता था पापियों को, किंतु वैसा कुछ नहीं करता हजार-हजार वर्षों तक। उसके अस्तित्व को चुनौतियाँ मिलती रहती हैं, 'अस्ति' पर प्रश्नचिह्न लगता रहता है, 'आस्था' हिलने-डोलने लगती है, किंतु वह हिलता नहीं, स्थिर रहता है अव्यय पुरुष बनकर, पूर्ण की तरह पूर्णमदः, पूर्णमिद्म, अक्षय-अक्षर, अद्वैत बना रहता है। चार हजार वर्षों के बाद एक बार हिला था, सृष्टि के वाहक नूहवाले प्रलय के बाद जब मोजेज ने किंकर्तव्यविमूढ़ होकर अंतर से स्मरण किया था, पूछना चाहता था कि सृष्टि विकास-पथ पर कैसे आगे बढ़े। ईश्वर ने धर्म के न्याय पर दस नियम बताए थे। किंतु धर्म-पथ पर उसके साथ चलनेवाले सहधर्मी ही उसके साथ चलने को उद्यत नहीं होते। एक हजार वर्ष के मोजेज जैसे महापुरुष का प्रयास निष्फल रहा। सहधर्मी आपस में उलझते रहे। ईश्वर ने तब अपने पुत्र को भेजा, 'सन ऑफ गॉड' को सबको साथ ले चलने के मंत्र के साथ। पुत्र की हत्या हो गई। प्रभु ने उसे कब्र से पुनः जगाकर खड़ा कर दिया, किंतु प्रतिफल बिल्कुल प्रतिकूल।

प्रभु-पुत्र, एक दिन उस पहाड़ी पर पहुँचकर, ठीक उसी सिनॉय की पहाड़ी पर उसी वृक्ष के नीचे, जहाँ मोजेज को दीक्षित करने के लिए उतरा था, ईश्वर ने उसे आर्त स्वर में पुकारा और सृष्टि की दयनीय दशा की सूचना दी तो ईश्वर को दया आ गई। थोड़ी देर के लिए वह आया, बेटे के कंधे पर हाथ रखा और उसे भी उसी तरह दीक्षा दी, जिस तरह मोजेज को दी थी तथा फिर वापस स्वर्गपुरी प्रस्थान कर गया, यह कहते-कहते—

"घबराना नहीं यीशु, एक हजार वर्ष का समय मोजेज ने नष्ट कर दिया, अपने विवेक का कोई उपयोग नहीं किया, किंतु तुम्हारे पास अभी तीन हजार वर्ष पड़े हैं, तुम

चाहोगे तो ईसा की चौथी सहस्राब्दी तुम्हारी होगी, तुम्हारे धर्म की होगी और तुम्हारा धर्म ही विश्व का धर्म बनेगा। ईश-धर्म और तुम्हारे धर्म, ईसा के धर्म, ईसाई धर्म के द्वारा ही वैश्विक समाज अथवा वैश्विक परिवार की परिकल्पना साकार होगी।" अपने बारह साथियों को भारत वापस भेजने के क्रम में ईसा को स्मरण हुआ था—बुद्ध का नाम और कृत्य तथा इस आशंका से उसका अंतर काँपने लगा था कि जिस गति से बौद्ध धर्म, ईश्वर के अस्तित्व को नकारनेवाला बौद्ध धर्म आगे बढ़ रहा है, उसी गति से यदि चलता रहा सबकुछ तो सहस्राब्दी के अंदर ही संसार से ईश्वर का अस्तित्व ही नहीं, धर्म नाम नहीं, बल्कि धर्म शब्द ही समाप्त हो जाएगा। किंतु ईसा ने उन्हें कुछ कहा नहीं, मन-ही-मन कहा होगा और वहाँ कहा होगा कि वही जो ईश्वर चाहेगा, हमें उसके निर्देशों का अनुपालन करते रहना चाहिए। अभी तो एक हजार वर्ष ही हुए हैं धर्म का जन्म हुए, तीन हजार वर्ष धर्म का साम्राज्य खड़ा करने के लिए कम नहीं होते।

और धर्म अपने अनेक रूपों में जगने लगा—ईश्वर के आदेशों को सार्थक करना था, प्रेरितों को सक्रिय करना था, पुत्र को शक्तिशाली बनाना था। मिस्र जगा, अरब जगा, इरान जगा, यरुशलम जगा, ग्रीस जगा, रोम जगा और जगने लगा सारा पश्चिमी संसार तथा जर्मनी, स्पेन, आस्ट्रिया, स्लोवानिया, फ्रांस, इंग्लैंड, सब जगे। पश्चिम में धर्म की हवा बही तो पूरब कब पीछे रहता, पूरब में भी धर्म, दर्शन तथा विज्ञान, सबके-सब धर्म का मायावी रूप धारण कर खड़े हो गए। दर्शन का नाम, विज्ञान का नाम, प्राकृतिक शक्तियों के नाम बदलने लगे। बुद्ध के जीवनकाल में ही बौद्ध दर्शन बौद्ध धर्म हो गया, जैन दर्शन जैन धर्म, वैदिक दर्शन वैदिक धर्म, वैष्णव दर्शन वैष्णव धर्म, शैव-दर्शन शैव धर्म, शाक्त दर्शन शाक्त धर्म और सनातन दर्शन सनातन धर्म।

पश्चिम में ईश-पुत्र और उसके माध्यम से ईशवचन में आश्चर्यजनक निष्ठा पनपी, निष्ठा, आस्था, विश्वास ऐसा कि ईसा ही ईश की तरह पूज्य हो गए, जो ईसा कह दें, वह तेज हवा के पंखों पर बैठकर दूर-सुदूर देशों तक पहुँचने लगा और पूर्वी देशों से सर्वथा भिन्न एक धर्म उत्पन्न हो गया, विकसित होने लगा तेजी से निष्ठा-आस्था और विश्वासियों का धर्म। द्वैतवादी स्पष्ट था, किंतु किसी के मन में यह प्रश्न नहीं उठा कि अस्ति, नास्ति-अस्ति-नास्ति, नास्ति-नास्ति, कोई प्रश्न नहीं, जबकि इन्हीं सारे विवादों से उलझा रहा भारत और प्रभावित रहा पूर्ण ब्रह्मांड का पूरा अर्धांश-अर्धांश।

अनास्था-आस्था, विश्वास-अविश्वास, तर्क और अंधविश्वास, विज्ञान एवं कर्मकांड के संघर्ष से पूर्वी-मानस परेशान था, हैरान था, किंतु बुद्ध और बुद्ध के पहले महावीर तथा महावीर से पहले कपिल, कणाद, गौतम, जैमिनी आदि भौतिकवादी दार्शनिकों के आ जाने से बुद्ध और बौद्ध धर्म का झंडा लगता था कि पूरे विश्व पर लहरा जाएगा।

उसी ध्यानवादी और विपासनासाधक बुद्ध के अनुयायी आठवीं सदी के प्रारंभ से अर्थात् एक हजार वर्ष पूरा करते-करते वज्रयानी अर्थात् योगी बनते-बनते वामाचारी तांत्रिक होकर भारत के कोने-कोने में सिद्ध योगियों के रूप में तरह-तरह के पाखंडों एवं भ्रष्ट आचरणों में लिप्त हो गए। आश्चर्य होता है यह सोचकर कि जिस बौद्ध धर्म ने मगध साम्राज्य के स्वर्णिम काल में सम्राट् अशोक, सम्राट् कनिष्क, विक्रमादित्य, हर्षवर्द्धन और मिहिरभोज के शासन-कालों ने भारतीय साहित्य-समृद्धि को आकाश की ऊँचाई दी थी, उसी बौद्ध धर्म को यह क्या हो गया ?

यह एक सहस्राब्दी का काल किसी भी धर्म के जीवन में बड़ा परिवर्तनकारी और बड़ा ही प्रलयकारी समय बनकर आता है, जैसे एक हजार वर्ष तक जिस ईसाई धर्म ने मोजेज जैसे सत्पुरुष तथा उनके वंशजों को दिग्भ्रमित बनाकर रखा, उसी धर्म को एक हजार वर्ष क्या बीते, लगा जैसे विस्तारवाद के तेज डैने कहाँ से आकर लग गए और उसने पूरे यूरोप में जैसे रोमन कैथोलिक चर्च की जय-जय कर दी। विस्तारवाद के इस पक्ष की दृष्टि में आगामी एक हजार वर्ष के समय में पूरा पश्चिमी संसार था और अगली दो सहस्राब्दियों के अंदर संपूर्ण पूर्वी संसार का साम्राज्य।

दुर्भाग्य था धर्म का—दुनिया भर के धर्मों का कि जिस तरह भारत का बौद्ध धर्म आठवीं शताब्दी का अंत होते-होते अपनी विकृति के चरम पर पहुँच गया था, ठीक उसी प्रकार ईसाई धर्म भी अंतर्कलह के चरम पर। जिस परम पिता ने एक हजार वर्ष पहले मोजेज जैसे सत्पुरुष के कानों में पड़ोसी के साथ प्रेम और सद्भाव भरा संदेश दिया था, उसी के वंशज आपस में घृणा और दुर्भाग्य के साथ इस तरह एक-दूसरे से लड़ने लगे, जैसे कि ईश्वर समझा जानेवाला व्यक्ति ही धर्म के सिक्के का ही कोई सर्वथा भिन्न दूसरा पहलू हो।

नवीं और दसवीं सदी, आते-आते तो यह नफरत की आग ऐसी लपटें लेने लगी कि एक मूसाई धर्म के तीन टुकड़े हो गए—तीनों आज के अलग-अलग अंगारों की तरह इस्लाम, यहूदी और ईसाई।

यह एक विचित्र संयोग था, इतिहास के एक ही कालखंड में बगदाद इस्लाम को विश्वव्यापी धर्म में परिवर्तित करने के उद्देश्य से अपने धार्मिक साहित्य को समृद्ध करने हेतु बारह वर्षों के लिए धर्मसभा लगाकर बैठा था, वहीं गांधार में पद्मसंभव वेदाचार्य से धर्म परिवर्तित कर बौद्धाचार्य बने महापंडित चीनी यात्री बोधिसत्त्व इत्सिंग के निर्देशन में वैदिक साहित्य का अनुवाद चीनी भाषा में करने हेतु विद्वानों की एक बड़ी टोली का संगम बनकर व्यस्त थे और ठीक उसी समय वेटिकन सिटी में बैठी बिशपों की एक टोली न्यू टेस्टामेंट को सर्वदेशीय एवं सर्वजनोपयोगी धर्मग्रंथ बनाने की चिंता में लगी हुई थी। कई कथिताकथित संतों के वचन बाइबिल में जोड़े जा रहे थे।

और इन्हीं संयोगों का एक संयोग यह भी था कि जिस दक्षिण-भारत को पूर्वी कैथोलिक क्षेत्र का मुख्यालय घोषित किया गया था तथा जिस दक्षिण भारत की आधी आबादी ईसाई और इस्लाम धर्म में परिवर्तित हो चुकी थी, उसी दक्षिण भारत के पूर्वी कोने से अलवार क्षेत्रीय वैष्णव संतों ने तथा पश्चिमी कोने से कलाड़ी नदी की घाटी से शैव संतों ने एक साथ ज्ञान का नवदीप जलाकर अद्वैतवादी संतों की एक बड़ी टोली के रूप में पूरे भारत को एक सांस्कृतिक सूत्र में पिरोने का संकल्प लेकर चतुर्दिक्-विजय का शंख फूँक दिया और दोनों टोलियाँ एक साथ उत्तर भारत की ओर चल पड़ीं एक साथ—पहली, भक्ति का उपदेश ले तथा दूसरी, ज्ञान का संदेश लेकर। आज आषाढ़ की पूर्णिमा थी, शंकर का संन्यास और शंकर का जीवन दोनों अपने अवसान पर थे। किंतु जिस मुख्य संकल्प व्यासकृत ब्रह्मसूत्र का भाष्य लिखने का कार्य लेकर शंकर संन्यास पर निकले थे, वह कार्य आचार्य गोविंदपाद के संरक्षण में पूर्ण हो चुका था।

कांची कामकोटि में आज व्यासोत्सव था, व्यासासनस्थ यतिवर गोविंदपाद के करकमलों में शरीरक भाष्य का समर्पण हो रहा था यज्ञमंडप के ऊपर लगता था, जैसे महामुनि व्यास हाथों में छत्र लेकर छा गए हों।

गोविंदपाद द्वारा भाष्य की पांडुलिपि कर कमलों में थामते ही उनके श्रीमुख से निकला—

'त्वदीयं वस्तु गुरुदेवो, तुभ्यमेव समर्पये।' यह विचित्र दृश्य था—गोविंदपाद के मानस पर विराजमान थे गुरुप्रवर भगवान् व्यासदेव और उनके चरणों को पकड़े झुके थे शिष्यवर यतिवर शंकराचार्य।

"शिष्य शंकर, तुम परीक्षोत्तीर्ण हुए, मेरा आशीष है, प्रभु की कृपा है, इस आर्यभूमि पर तुम्हारी आवश्यकता है, शंकर, तुम और सोलह वर्ष जीओ तथा विकृति को प्राप्त हो रहे तथाकथित धर्मों को ज्ञान-मार्ग पर भक्ति की लहर बहाकर विषय-विकृत शास्त्रों में संशोधन के लिए 'संगच्छध्वम्' को नई दिशा दो और पूरे विश्व में एक मानव धर्म की स्थापना करो।"

"तुम इस तुमुल कोलाहल से ग्रस्त संसार के वसुधा परिवार के सर्वप्रथम गुरु होगे; शंकर, प्रथम आद्यजगद्गुरु।" इतना बोलते-बोलते व्यास अंतर्धान हो गए। शिष्य मंडल व्यास के दर्शनार्थ उमड़ा तो किंतु क्षण में ही कुछ-से-कुछ। अपने आसन पर गोविंदपाद थे और अपने आसन पर शंकराचार्य एवं शिष्यमंडल के मुख से जयघोष निकल रहा था, 'जयगुरुदेव व्यास, जय गोविंदाचार्य, जय शंकराचार्य!'

□

31

आर्यों के यज्ञ, यक्षस्थल और तद्धित, जितने भी कर्मकांड थे, कर्मकांड से भी अधिक थे, वे सभी होते थे—ज्ञानकांड। ज्ञानकांड अर्थात् ज्ञानयज्ञ और कर्मकांड अर्थात् कर्मयज्ञ। कर्म जीवन को सार्थक करते थे और यज्ञ उसको पूर्ण। जब कर्ता अर्थात् यजमान यह अनुभव करता था कि कर्म मनुष्य का कर्तव्य या स्वभाव है, कर्म करना और उसके फल को स्वयं न भोगना, यज्ञ भगवान् को सौंप देना। कोई भी यज्ञकांड कम-से-कम चार ज्ञानियों का एक कर्मकांड होता था। मंत्रों के उच्चारण से लेकर यज्ञ की प्रक्रिया और उसके क्रम संपादन में शास्त्रार्थ और यज्ञ तथा कर्म दोनों की मीमांसा भी चलती रहती और प्रधानाचार्य के फलादेश भविष्य के लिए उदाहरण बन जाते। फिर भी कर्मकांडों की हँसी उड़ाई गई, उन्हें व्यर्थ भी कहा गया, उनका विरोध भी हुआ, उनके विरुद्ध आंदोलन भी चले और इसका सर्वाधिक श्रेय मिला गौतम बुद्ध को एवं उसके बाद भी किमाश्चर्यमतः परम कि गौतम बुद्ध भी कर्मकांड करते रहे, उनके जीवनकाल में ही उन्हीं के चरणों की पूजा अथवा उनके जीवनोपरांत भी पूजा का कर्मकांड चलता रहा बढ़-चढ़कर। जब कार्य होगा, कर्म निष्काम-निष्पक्ष होगा तो वह पूजा कहलाने लगेगा, यज्ञ कहलाने लगेगा और जब यज्ञ होगा तो वह एक संगम का रूप धारण कर लेगा—पंडितों, ज्ञानियों का एक संगम।

गंगा और गोदावरी नदियों के तटों पर प्रयाग, हरिद्वार अथवा नासिक में तो संगम अर्थात् ज्ञानियों का जमघट लगने की एक परंपरा-सी कई सहस्राब्दियों से चलती रही है। प्रयाग को तीर्थराज कहा गया है, क्योंकि वही सबसे महत्त्वपूर्ण यज्ञस्थल है, ज्ञानस्थल है और गंगा-यमुना-सरस्वती का संगमस्थल है, अन्यथा है तो यह कुंभ।

बुद्ध और बौद्ध धर्म के लाखों अभियान चलते रहे, किंतु यह संगम कर्मकांड भी चलता रहा और पूरे आर्यावर्त्त की आँखों के सामने चलता रहा, कभी-कभी तो महीना-महीना भर लगातार उत्सव-जैसा ज्ञान का यह यज्ञकांड, यज्ञ का यह कर्मकांड और यज्ञ, भगवान्, यजमान और कर्म जैसे विषयों पर विचारों का आदान-प्रदान, शास्त्रार्थ नहीं।

प्रयाग के इसी संगम तट पर एक संन्यासी की कुटिया थी। संगम समाप्त हो

जाता तो भी संन्यासी का यहीं-के-यहीं दैनिक कर्मकांड-यज्ञकांड यथावत् चलता रहता, यजमान, ज्ञानवान, भगवान् सब आते-जाते रहते, देखते-सुनते रहते। कुछ जिज्ञासु रुकते और अपनी जिज्ञासा की तुष्टि भी प्राप्त करते। कहते हैं कि मथुरा से काशी लौटने के क्रम में बोधिसत्त्व इत्सिंग भी यहाँ आए थे और अपनी जिज्ञासाओं का उचित समाधान प्राप्त किया था। कहते तो यह भी हैं कि संभवत: इत्सिंग को लगता था कि वे और कुछ बार उनसे मिलें तो वे बौद्ध धर्म भी ग्रहण कर लें। किंतु इत्सिंग संगम तट आने से लोकापत्ति के भय से आशंकित होने के कारण स्वयं तो नहीं आ सके, किंतु अपने जालंधर महाविहार के ज्ञानसंगम समारोह में मुख्य अतिथि के रूप में उपस्थित होने का आमंत्रण लेकर अपने प्रतिनिधि स्वरूप अपने धर्म के सर्वाधिक लोकप्रिय पंडित पद्मसंभव महोदय को भेजा था। संन्यासी ने उत्तर दिया—पद्मसंभव मेरे चित्त पर तो यह कुश की कुटिया ही चिता भार-सी तनी लगती है मेरी मुक्ति के मार्ग में, मैं यह संगम तो अब तभी छोड़ूँगा, जब मेरी आत्मा को लगे कि परमात्मा ने अपने घर का मुख्य द्वार उसके स्वागतार्थ खोल दिया है और उसमें समाकर उस परम ब्रह्म में लय हो जाने का उचित समय सामने है।

संन्यासी का नाम था कुमारिल भट्ट और यह कुटिया थी तक्षशिला नालंदा की तरह ही कोई बड़ा विश्वविद्यालय का प्रतिरूप, जहाँ के हजारों शिक्षकों-आचार्यों की जगह एक ही आचार्य पर्याप्त होते थे और शिष्यों की जिज्ञासा में उच्चारित जिनकी वाणी आर्षवचन ही नहीं, ब्रह्मवाक्य की तरह युग-युगांतर में सम्मानित होती थी। पद्मसंभव काषायवस्त्र धारी मुंडमस्तक संन्यासी ने अपना शीश गुरुचरणों में समर्पित कर दिया और बोलने लगे—

"गुरुदेव, मैं आपका पुराना शिष्य तथा आजीवन सेवक योगी पद्मानंद हूँ और गुरु जलंधरनाथ से तंत्रज्ञान प्राप्त कर अपने जीवन का अधिकांश समय लगता था, जैसे चमत्कार साधना में गँवा दिया हो कि चीनी बोधिसत्त्व इत्सिंग महोदय से मेरी भेंट शारदा पीठ में हो गई। इत्सिंग भारतीय षड्दर्शन तथा वैदिक साहित्य के अध्ययन और ज्ञान में प्रवीण किसी ऐसे विद्वान् की खोज में थे, जो संपूर्ण वैदिक साहित्य का अनुवाद चीनी भाषा में कर सके तथा अपने इने-गिने शिष्यों से करा सके और मुझे इस कार्य हेतु सर्वथा योग्य मानकर उसने जालंधर ज्ञान-संगम का अध्यक्ष नियुक्त कर दिया।

"अब मेरे ज्ञान की गरिमा को मापने के लिए उसकी इच्छा है कि इस अंतर ज्ञानधारात्मक विषय की जाँच वह आपसे कराकर मुझसे निश्चिंत हो जाए। गुरुदेव, मेरा भी अनुरोध है कि आप शारदा पीठ अवश्य चलें और वहाँ चलकर फिर गंगा-यमुना संगम तट पर नहीं, सदा-सदा के लिए सरस्वती की स्रोतस्विनी बिंदु सरस्वती के तट पर शारदा पीठ के सर्वज्ञ आसन पर आसीन होकर शोभायमान हों। हाँ, गुरुदेव कश्मीर के शैवों ने बड़ी श्रद्धा के साथ शारदा मंदिर बनाया था, जिसका मुख्य आसन आपके बिना आज तक रिक्त है।"

"पद्मानंद, तुम आनंद थे तो क्या कम थे? ज्ञान की चरम परिणति आनंद है। तुम इत्सिंग को वैदिक ज्ञान तथा भारतीय दर्शन का सम्यक् ज्ञान कराना, तभी तुम्हारा पद्मसंभव नाम सार्थक हो सकेगा, किंतु पद्मसंभव, आत्म-प्रवंचना से बचो, इत्सिंग न बुद्ध है, न बोधिसत्त्व है, चीनी पहले है, बोधिसत्त्व बाद में, ताओ पहले, कन्फ्यूशियस पहले, बौद्ध बाद में। मेरे पास अब समय नहीं है, पद्मसंभव, अन्यथा मैं कश्मीर तो नहीं गांधार जरूर जाता, खुरासान, तुर्किस्तान, जरूर चलता और हिरण्यगर्भ योग विज्ञान का जो दुरुपयोग कर श्रमण संस्कृति का विस्तार किया जा रहा है, उसे अवश्य रोकता।

"यही किया हूणों ने, यही किया शकों ने, यही कर रहे हैं कुषाण और यही कर रहे हैं फाहियान, यही ह्वेनसांग तथा यही करेंगे तुम्हारे इत्सिंग महान्, किंतु पद्मसंभव वे दिन चले गए। अब शारदा पीठ पर आसीन होने के निमित्त कोई अन्य शारदा-पुत्र जन्म ले चुका है, कोई व्यास, कोई गौड़पाद, कोई गोविंदपाद कोई कुमारिल भट्ट। तुम शारदा पीठ में प्रतीक्षा करना आर्यावर्त्त के इस नए सूर्योदय की।

"इत्सिंग को बोधिसत्त्व की उपाधि से अलंकृत किया था चीनी बौद्धों ने उसी तरह, जिस तरह थॉमस को संत की उपाधि से विभूषित किया था वैटिकन ने। इत्सिंग बौद्ध धर्म के लिए कम अपने देश के लिए अधिक भक्ति की भावना से कार्य कर रहा है और उसने चीन के साम्राज्य विस्तार के लिए तुम्हें अपना प्रतिनिधि नियुक्त किया है, बौद्ध धर्म के विस्तार के लिए नहीं। मैंने सुना है कि आजकल इत्सिंग ने भारत सागर के द्वीप देशों में चीनी साम्राज्य के विस्तार का काम अपने हाथों में ले रखा है, जबकि भारत के सीमांचलों में कश्मीर से कन्याकुमारी, कन्याकुमारी से कलिंग-कामाख्या होते हुए तिब्बत पर बौद्ध विस्तारवाद का प्रभार तुम्हें सौंप दिया है। यह तुम्हारे धर्म, देशधर्म और तुम जैसे विद्वान् के ईमान की परीक्षा है, पद्मसंभव।"

पद्मसंभव ने कहा, "गुरुदेव, बुद्ध का समय बुद्धि का युग था, ज्ञान के विस्फोट का युग था। आज का समय धर्म का है, धर्म के विस्तार का है, धर्म के प्रचार का है। धर्म के रास्ते चलकर ही किसी भी देश के लिए अपने प्रभाव का साम्राज्य बनाना अब एकमात्र रास्ता है, सभी धर्मों के नाम पर साम्राज्यवादी विस्तार का कार्य चल रहा है, धर्मसभाएँ हो रही हैं, अध्ययन-मंडल बन रहे हैं और अनुवाद समितियाँ काम कर रहीं हैं।

"रोम में, इराक में, कश्मीर में, चेन्नई में कहीं ईसाई, कहीं इस्लाम, कहीं बौद्ध, कहीं हिंदू, सब अपनी-अपनी धर्म-क्रांति प्रारंभ करना चाहते हैं।

"किंतु ईसाई रोम, इस्लामी इराक और बौद्ध चीन सबकी गृद्ध दृष्टि भारत पर है, बहुत दिनों से है और चारों दिशाओं से साथ-साथ है। पश्चिमी सीमा पर, पश्चिमोत्तर सीमा पर, उत्तरी सीमा पर, पूर्वोत्तर सीमा पर यह आक्रमण है, और यह एक प्रकार का सांस्कृतिक आक्रमण है—असंगठित, किंतु फिर भी कमजोर नहीं, क्योंकि ये सभी चेहरे

एक ही दानव के हैं और वह दानव है—श्रमण संस्कृति, जो आर्य संस्कृति को मिटाकर संसार से मानव संस्कृति को समाप्त कर देने को उतारू है। भारत की रक्षा भी अब धर्म ही कर सकता है, ज्ञान नहीं। ज्ञान की नियंत्रण रेखा के भीतर धर्म के जगने-जगाने का समय आ चुका है, नहीं तो पद्मसंभव, आर्य जीवन-शैली अर्थात् ब्राह्मण संस्कृति अर्थात् ब्राह्मण धर्म अर्थात् जिसे लोग हिंदू धर्म कहने लगे हैं की रक्षा की क्रांति भक्ति आंदोलन के रूप में आलवार-चेन्नई से क्यों होती? तुम्हें भी आर्यधर्म के साथ होना चाहिए था, पद्मसंभव। आसेतु हिमालय भारत को एक साथ होकर इस भयंकर स्थिति को सँभालना होगा, दबाना होगा, हराना होगा धर्म के पथ पर, ज्ञान के मार्ग पर चलते-चलते, अन्यथा विष का वृक्ष पल्लवित होता जाएगा और पुष्पित-फलित होकर एक दिन भारत के अस्तित्व को तथा विश्व के भविष्य को संकट में डाल देगा।"

कुमारिल ने सुन रखा था कि अबकी बार माघ मास में जो कुंभ लगेगा प्रयाग की संगमभूमि पर, वह महाकुंभ होगा तथा सिद्ध व नाथ, शैव, वैष्णव और शाक्त-कापालिक एवं शैव कापालिक के अतिरिक्त सारे नागा संन्यासी कुंभ में एक साथ मिलेंगे और भारतीय अस्मिता तथा भारतीय धर्म की रक्षा के उपायों पर चिंतन करेंगे।

पद्मसंभव कुमारिल भट्ट के शिष्य थे, उन्हें ठीक से जानते-पहचानते थे, किंतु भट्ट संभव ने कुमारिल का अर्थ आज समझा। कुमारिल भट्ट होने का अर्थ बोलते जा रहे थे, कुमारिल—पद्मसंभव, तुम जाओ वापस जालंधर तथा इत्सिंग द्वारा सौंपे गए कार्यों को संपादित करो, किंतु अनुवाद का कार्य है, ईमानदारीपूर्वक कराना और ऐसा करोगे तो भी भारत की ही सेवा होगी। जाओ, किंतु आगामी कुंभ, अगले महाकुंभ के समय तुम अवश्य आओ एक बार संगम देखने। मैं इसी संगम की प्रतीक्षा में हूँ, दक्षिण से आलवार संत और उत्तर से कश्मीरी शैव दार्शनिकों के अतिरिक्त नागाओं की नागसेना भी पहुँचेगी, पूरब से कामाख्या के शाक्त-शैव कापालिक और बल्लभी से पश्चिम का प्रतिनिधित्व करती सिंधु-सरस्वती के इतिहास को अब तक कलेजे से चिपकाए संतों की मंडली। अवश्य आना तुम और अपने साथ श्रमणों की संस्कृति की झंडाबरदारी करनेवाले उन तथाकथित विद्वानों को भी लाना, जिनका चरण वंदन कर कनिष्क और उसके वंशजों ने उन्हें भारतभूमि पर बसा दिया। मैं कुंभस्नान की प्रतीक्षा में नहीं हूँ, पद्मानंद (पद्मसंभव)। मैं कुंभ और मकरस्नान के साथ संगम ही नहीं, यह संसार और यह भौतिक शरीर भी छोड़ दूँगा एवं मुझे आशा है कि इसी संगम से मुझे क्यों, इस आर्य भूमि को, नहीं पद्म, आर्यभूमि ही नहीं संपूर्ण जगत् को पथ दिखलानेवाला एक नया सूर्य मिलेगा।

पद्मसंभव का मरुस्थल-सा हृदय भीगकर पिघल गया, उसकी वीरान आँखें नम हो गईं और नतमस्तक पदमानंद लौट चला वापस जालंधर।

□

32

पद्मिनी नायिका-सी रूपगर्विता नागभूमि सिंहल की पद्मावती और तमिल देश की श्यामवर्ण सुंदरियाँ—मणिपल्लवी, मणिमेखला आदि महान् महाकाव्यों की नायिकाएँ, वह भी संत कवियों के प्रतिनिधि महाकाव्यों की नायिकाएँ यों ही नायिकाओं की भी नायिकाएँ तो नहीं बन गई होंगी और यों ही नागिन-सी रूपसी-रूपगर्विता कोई प्रेम में पागल सौंदर्य की राजकुमारी जैसी उपमा बनकर साहित्य के किसी नाग के मंदिर में यों ही बस तो नहीं गई होगी और वह भी कुरुवंशी राजा जन्मेजय के नागयज्ञ के बाद। यह सबकुछ सोचने को विवश तो करता ही है कि कौन सा ऐसा आकर्षण था उसके लावण्य में कि जिस पद्मावती को कभी देखा तक नहीं था, एकपलक, फिर भी पागल हो गए राजा रतनसेन एक तोता के कहने पर सुदूर मरुस्थल राजपुताना के किसी राज्य में? कौन सा आकर्षण ऐसा था, जो कभी सूर्यवंशी चोल राजा राजेंद्र नागवंश की रूपकन्या मणिमाल्य पल्लवी, नागकुल की लावण्यमयी राजकुमारी पर कुछ यों मुग्ध हुए कि अपने वंश का नामांतरण पल्लवी वंश में करके चोल से पल्लववंशी हो गए और राजा सिंहविष्णु के उत्तराधिकार के साथ चोलवंश पल्लववंश हो गया। विशेष उल्लेखनीय तो यह है कि दक्षिण के राजवंशों ने जो कुछ भी दिया इस आर्यभूमि को, उसमें सबसे अगली पंक्ति में पल्लववंशी राजे ही आते हैं। उन्होंने कांची विद्यापीठ दी, उन्होंने पहलवी भाषा दी, पहलवी संस्कृति दी और दक्षिण की संस्कृति को उत्तर की संस्कृति से जोड़ा। और भी एक महत्त्वपूर्ण, अत्यंत ही गौरवपूर्ण, अति अमूल्य वरदान दिया पल्लवों ने और यह था—भारत को ऐसा एक गुरुपद दिया, जो घोषित हुआ पूरे विश्व का गुरु 'आद्य जगद्गुरु' एक ऐसा सूर्य, जो जब से उगा, जलता रहा, चलता रहा और जिसका स्थान आज तक किसी नक्षत्र ने नहीं लिया।

सुनते हैं कि आर्यावर्त्त क्षेत्र में दो राजकुलों में कभी कोई युद्ध हुआ था, एक कुल का पौरोहित्य वसिष्ठ को मिला था तो दूसरे कुल का भृगु को और उस कुल को लेकर भृगु दक्षिण चले गए तो कुछ को बाद में लेकर भरद्वाज पश्चिम चले गए। कहते हैं, यही दूसरा राजकुल था नागवंश, जो आज तक दक्षिण देश में पल्लववंशीय सूर्यकुलीन

सिंह विष्णु और उनके वंशजों के सुसज्जित साहित्य और शैव संस्कार के लिए भारतीय संस्कृति के इतिहास में शिखरस्थ है। महाकवि माघ की रचनाएँ, त्रयोगुणाः रचनाएँ आज भी इस सत्य की साक्षी हैं। भरद्वाज के नेतृत्व में जो नागकुल पश्चिमोत्तर गया, वह आज भी जरथूस्त्र के वंशजों के नाम से फारस में सभ्यता-संस्कृति के शिखर पर है। दक्षिण के इन सूर्यवंशी-पल्लववंशी राजाओं और पुरोहितों के वंशज अपने सूर्यवंशी राजकुल तथा भृगुवंशी गुरुकुल गौरव की गाथा बने हुए हैं और यह गौरव संपूर्ण आर्यकुल का गौरव है, जिसे देखकर श्रमण संस्कृति के पोषक आज भी द्वेष रखते हैं, देख-देखकर जलते रहते हैं। यह दुःखद बात है कि कुछ लोग इसी वंश के शोषित-दलित-पिछड़े समुदायों को निम्न श्रेणी में परिगणित करने लगे, जैसे नागपुर-छोटानागपुर उपक्षेत्र के नागवंशी, जिनके रक्त की रवानी में भृगु हैं, भरद्वाज हैं, द्रोण-अश्वत्थामा हैं, जमदग्नि-परशुराम हैं, वही नागवंशी किसी सूर्यवंशी से भिन्न कैसे हो सकते हैं?

इसी सूर्यवंशीय सिंहविष्णु के कुल में एक संत ने भी अवतार लिया था, विष्णुस्वामी नामक संत ने, जिसने भारत की मूल संस्कृति वैष्णव संस्कृति को श्रमण संस्कृति द्वारा आयोजित विनाश की बाढ़ में डूबने से उबारा था। गज को जैसे विष्णु ने ग्राह के ग्रह से बचाया था कभी, दक्षिण की इस पल्लवित-पुष्पित सांस्कृतिक धरती, आलवार से।

एक बार फिर ग्राह ने गज को घेर लिया था जल के अंदर चारों दिशाओं से और अब की बार आक्रमणकारी केवल घर के अंदर के दुर्लभ ही नहीं, घर की चारों सीमाओं से सटे दुश्मन ही नहीं, दूर देश से आए बड़े-बड़े कई व्यापारी और उपद्रवकारी ग्रह भी थे। मांत्रिकों ने मंत्र प्रयोग किए, तांत्रिकों ने तंत्र प्रयोग, किंतु मंत्र-तंत्र कुछ काम नहीं आया और जहाँ कोई विद्या-बुद्धि सब तंत्र विफल हो जाए, वहाँ के लिए तो बस एक ही तंत्र शेष रह जाता है, लोकतंत्र अर्थात् जनमानस का जागरण, लोकशक्ति की तंद्रा तोड़कर उसे युद्ध क्षेत्र में खड़ा कर देना। आलवार के वैष्णव भक्त इसी आंदोलन को तेज करने में लगे थे—शैव और वैष्णव के भेद को भूल जाना था, दक्षिणदेशी शैव और कश्मीरी शैव के अंतर को मिटा देना था, कापालिक तंत्र एवं शाक्त तंत्र के भेद को समाप्त कर देना था और यह सबकुछ एक साथ कुंभ के संगम पर एकत्र होकर प्रदर्शित कर देना था। आलवार के भक्त ही नहीं, संपूर्ण दक्षिण देश के सनातन संस्कारयुक्त लोगों के जत्थे प्रयाग के लिए निकलने लगे—'हरे राम, हरे राम, राम-राम हरे-हरे' और 'हरे कृष्ण, हरे कृष्ण, कृष्ण-कृष्ण हरे-हरे' का भक्ति गायन करते। भक्ति की नदी जब आत्मा के अंदर से फूटती है तो फिर रोके नहीं रुकती। भक्तिधारा कांची से चलकर अगस्त्य तीर्थ तथा महेंद्र पर्वत एवं विंध्याचल को लाँघती विंध्यवासिनी के चरणों में पहुँची, फिर वैष्णवी, शिवा, काली, कपाली, काली कराली बनती अयोध्या, फिर काशी, फिर मथुरा लगता कि जैसे कोई पहाड़ का बाँध टूटा हो और भक्ति की धारा ने डुबो दिया हो पूरी धरती को अपने अंक में।

गोविंदाचार्य समाधिस्थ हो रहे थे, पुनः शरीर में वापस नहीं लौटने का संकल्प था, किंतु समाधि लगी नहीं, लग ही नहीं रही थी। उन्हें तुरंत इसका कारण दिखा—"अरे, मैंने गुरु की भूमिका तो स्वीकारी थी, गुरु के कर्तव्य का संपादन भूल गया" अपने आप से बोलते-से लगे—

"शंकर, गुरु व्यास ने तुम्हें जो अतिरिक्त सोलह वर्ष का जीवन दिया है, उस अवधि के सदुपयोग के लिए तुम्हारी कार्य योजना पर अपना मंतव्य देना मैं उचित समझता हूँ।"

शंकर बोले, "मैं धन्य हुआ गुरुदेव, आपने मुझे पूरे विश्व में धर्म के संस्थापन का कार्य तो दे दिया, कैसे मुझे क्या-क्या करना होगा, इसकी एक कार्य योजना तो गुरु-अनुमोदित होनी ही चाहिए।"

गुरुगोविंद बोले, "शंकर, हमारा कुल शैव है, अद्वैतवादी शैव, जहाँ ब्रह्म के अतिरिक्त कुछ भी सत्य नहीं है। ज्ञान योग का मार्ग हमें 'ब्रह्म' अर्थात् 'शिव' से जोड़कर ब्रह्ममय कर देता है—'अहं 'ब्रह्मस्मि' अथवा 'शिवोऽहम्' की आध्यात्मिक स्थिति। महासमाधि में जाकर हमारे सामने कोई विकल्प नहीं होता, केवल निर्विकल्प अवस्था होती है—ब्रह्म में लय हो जाना। किंतु निर्विकल्पावस्था में होने के पूर्व का एक विकल्प 'जगत्' के रूप में होता तो है ही, यद्यपि यह मिथ्या है। द्वैतवादी इस विकल्प को स्वीकार करते हैं और ज्ञान योग एवं भक्ति के योग से इस विकल्प को मिटा देते हैं। भक्ति हमारे मार्ग में अवरोधक तत्त्व नहीं, सहायक तत्त्व का काम करती है, शंकर।

"तुमने इसे अपने जीवन में, अपने पूर्वजों के जीवन में, अपने माता-पिता के जीवन में समीप से अनुभव किया है। हम आलवार से निकले भक्ति आंदोलन को अपने लक्ष्य का साधन तो बना ही सकते हैं। तुम भक्ति आंदोलन के साथ चलो— मथुरा चलो, वृंदावन चलो, अयोध्या चलो, जनकपुर चलो, कामरूप चलो, कश्मीर चलो, जालंधर चलो, और रुको नहीं, फारस चलो, बेबिलोन चलो, मिस्र चलो, फिलिस्तीन चलो, रोम चलो, ग्रीस चलो। भक्ति की छाया में सबको बिठाओ और संपूर्ण समाज को बताओ कि जब तक जीवन है, सबका लक्ष्य एकमात्र प्रकल्प वही एक विश्व है, वही जगत् है, जो अहं ब्रह्मास्मि का भाव होते ही शून्य में अर्थात् ब्रह्म में विलीन होना है।"

शंकर बोलने लगे, "गुरुदेव, आपने मेरे मन की बात कह दी। मैं सबकुछ करना चाहता हूँ, किंतु इसके लिए मुझे एक नहीं, कई जीवन धारण करने होंगे। आपकी आज्ञा हो तो अभी मैं आर्यावर्त्त देश को अपना लक्ष्य रखूँ और चारों सीमाओं पर श्रमणों का जो अड्डा जम गया है, उसे तोड़ दूँ तथा भारत को 'आनो भद्राः क्रतवो यन्तु विश्वतः' के योग्य सुरक्षित कर लेने के बाद एक सर्वथा नवीन विश्वांगन में कूद सकूँ।"

"तुम्हारी परियोजना उचित है, शंकर। तुम इस काम में लगो, किंतु प्रयोग करने का समय नहीं है। तुम अब उस बेचैन आत्मा की छाया में पहुँचो, जो प्रयाग के संगम तट

पर तुम्हारे पहुँचने की प्रतीक्षा कर रही है, ठीक वैसे ही जैसे मेरी आत्मा महासमाधि की अवस्था में परमात्मा में प्रवेश और भौतिक शरीर को तुम्हारे पास छोड़ देने को विकल। तुम कुमारिल से दृष्टि प्राप्त करने हेतु शीघ्र प्रयाग पहुँचो, यही कहते-कहते गुरुगोविंद ने शंकर का साथ छोड़ दिया।"

संन्यासी शंकर को लगा, जैसे उनके मानस में बसा-बैठा कोई सोन पंखी हंस उड़ गया, कहीं दृष्टि से निकलकर अनंत आकाश के अदृश्य लोक में। गोविंद हो गए, गोविंद गुरु।

☐

33

सिनॉय की पहाड़ियों की ऊँचाई और उनकी शृंखलाबद्ध अवस्थिति बड़ी सुहावनी-मनभावनी थी। वहाँ से जो हवा चलती, वह चारों दिशाओं में फैलती, दिव्यभाव का स्पर्श देती, बादलों के साथ कभी घाटियों-समतलों पर उतरती, कभी रिमझिम तो कभी झमझम बरसकर हृदय-स्थल में बस जाती, सरस जाती, समरस जीवन का रस पिला जाती। किंतु पता नहीं क्यों, हवा जब आधारस्थल छोड़ती तो गरम होती और धीरे-धीरे शीतल होती आगे बढ़ती, जितनी ही दूर कोई देश, उतनी ही शीतलता से आप्यायित होता।

नया-नया धर्म का उद्भव हुआ था—पास-पास उष्णता, दूर-दूर शीतलता पसरती रही। अरबिस्तान में गरमी फैली, उसी हवा से पूर्व दिशा चीन-जापान में शीतलता-स्नेह, करुणा, सेवा, यह बौद्ध धर्म था और वह इस्लाम, वह दयामूलक ईसाई धर्म तथा यह उग्रता, कठोरता एवं निर्ममता का प्रतीक। हवा वही, बादल वही, किंतु पर्यावरण, कहीं का रूखा-सूखा, तो कहीं का शीतल-कोमल।

प्रभु-पुत्र या धर्मदूत या सद्गुरु, ओल्ड टेस्टामेंट और न्यू टेस्टामेंट का संघर्ष था, किंतु युद्धक्षेत्र में उतरने की स्थिति नहीं थी, मजबूरी भी नहीं थी, चलता रहा धर्म एक पगडंडी पर सँभल-सँभलकर एक ही इनसान कहीं ईसाई कहलाता, कहीं यहूदी, कहीं यहूदी ईसाई। एक ही आदमी कभी चर्च में, कभी सिनागॉग में जाता। एक ही आदमी कभी धर्म स्वयं परिवर्त्तित कर देता, आज ईसाई से यहूदी, कल यहूदी से ईसाई और इसका नमूना तो स्वयं बिशप थॉमस था। यहूदी की पहचान थी भारत जाने के पहले थॉमस की, किंतु जब ईसा साथी हो गया तो थॉमस ने अपने को घोषित कर दिया रोमन कैथोलिक और साथ-ही-साथ घोषित कर दिया अपने को प्रकृतिधर्मी अरस्तू का परपोता मेसिडोनिया को जोड़ लिया सीधे असीरिया से। वह सीरियाई था और सीरिया में यहूदी बहुसंख्यक, किंतु सीरिया के चारों ओर इस्लामी बहुसंख्यक से घिरा-घिरा, डरा-डरा—मिस्र, इराक, इरान, सब नाराज।

ईश्वर ने ईसा को युवराज क्या कह दिया, पूर्व से ही उत्तप्त अरब की रेतीली धरती में तूफान उठ गया, हुक्म जारी हो गया, समय सीमा निर्धारित हो गई, यहूदियो, मिस्र

छोड़ो, सीरिया छोड़ो, इराक छोड़ दो और अपना देश बना लो इजराइल में। स्वाभिमानी, बुद्धिजीवी यहूदी समुदाय ने खुलकर अपना धर्म यहूदी धर्म समाज के मेधावी एवं प्रबुद्ध ईश्वर द्वारा चयनित लोगों का एकमात्र धर्म अलग खड़ा हो गया। किंतु थॉमस उसी दिन से अपना कभी का यहूदी मूलवाला नकाब चेहरे से उतार दिया और संयोग यह कि उसे सहारा की आवश्यकता हो गई, ईश्वर के उस पुत्र को जिसमें ईश्वर की आत्मा बसती थी, पवित्रआत्मा, होलीस्पिरिट और उस धर्म के संरक्षक जीसस से उसकी मित्राता हो गई।

जीसस रोम वापस पहुँच चुके थे और उन्हें वापस पाकर वैटिकन में एक स्वागत समारोह आयोजित हुआ, जो धर्म सभा के रूप में परिणत हो गया। हिब्रू में लिखा ओल्ड टेस्टामेंट अस्वीकृत तो नहीं हुआ, किंतु न्यू टेस्टामेंट को समृद्ध करने हेतु संसार के सभी लोकप्रिय धर्मों का मंथन-कार्य चलने लगा और मुख्य सहयोगियों के विचारों का पुस्तकों के बहाने संतों के नाम उसमें जुड़ने लगे।

जीसस ने भारत में थॉमस के नेतृत्व में चल रहे धर्म-प्रचार आंदोलन की चर्चा करते हुए यह निर्देश भी दे दिया कि एक पुस्तक नई बाइबिल में थॉमस के अनुभवों से संबंधित लेख भी जोड़ दिया जाए। इस तरह थॉमस को किए गए अपने वादे को ईसा ने ईमानदारीपूर्वक निभा दिया। जीसस के अपने इस निर्णय से पता नहीं क्यों प्रसन्नता की अनुभूति नहीं हो रही थी, क्योंकि बाइबिल के पवित्र धर्मग्रंथ में थॉमस की साझेदारी के निमित्त जीसस को वैश्विक संगठन के मानसिक विरोध के सामने थॉमस जैसे व्यापारी पूँजीपति को संत की श्रेणी देनी पड़ी। सब लोगों द्वारा इस निर्णय के प्रति साधुवाद पाकर भी जीसस को लगता था कि ईश्वर उसे क्षमा नहीं देगा। उसने अपने आपको धिक्कारा और निर्णय लिया कि कल संध्या वह पवित्र माता मरियम के सामने प्रार्थना के बाद अपने पाप-कर्मों को स्वीकार करेगा और क्षमा-याचना करेगा। उसे लगता कि किसी भी धर्म प्रचारक की धार्मिक सेवा ही तो उसको संत बनाती है, थॉमस संत तो है ही।

प्रातःकाल ही ईसा ने मरियम के मंदिर, माँ के घर, अपनी जन्मभूमि के लिए प्रस्थान कर गया और आज सांध्य-प्रार्थना के बाद जीसस माता मरियम की करुणा की छाया में ध्यानस्थ बैठ गया। संत ल्यूक का गौस्पेल भी आज ही बाइबिल का एक अंश बनकर उससे जुड़ा था और उसमें ल्यूक की होली मदर मेरी को संबोधित प्रार्थना की पंक्तियाँ उसके स्मृति-पटल से उतरती ही नहीं थीं।

पवित्रता की मूर्ति मेरी माता, पवित्र माता मेरी! तू कितनी भाग्यवान है माते! और कितना सौभाग्यशाली है जीसस। तुम्हारी कुक्षि में फला-बढ़ा एक फल, एक मीठे फल का वृक्ष। पवित्र माँ, मुझ पुत्र की मुक्ति की प्रार्थना में तू भी शामिल है। उसने मन-ही-मन सोचा, थॉमस के पक्ष में लिये गए निर्णय के लिए मैं दोषी तो हूँ ही, चलो, यह प्रार्थना जीवन भर जारी रखो।

प्रार्थना चल रही थी केवल रोम में ही नहीं, नाजरेथ में भी, बेथेलहम में भी, यरुशलम में भी, विश्व के सभी कैथोलिक चर्चों में और चल रही थी चेन्नई के थॉमस कुटीर में भी, जहाँ 'होली मदर' नहीं, ईश्वर को संबोधित प्रार्थना चल रही थी—

दया के, करुणा के सागर

सर्वशक्तिमान संसार के पिता, प्रभु

आज का दिन, आज का शुक्रवार का दिन

एक काला दिन

क्रूस पर ईसा चढ़ा दिए गए जैसे

तलवार के घाट उतार दिए गए,

मनुष्यता के सेवक फादर सुपीरियर

बिशप थॉमस

कुछ नासमझ विधर्मियों के हाथों,

करुणा सागर प्रभु

क्षमा कर दो उन्हें

और शांति प्रदान करो,

अपनी छाया दो हमारे कल्याण के लिए शहादत को प्राप्त

बिशप थॉमस को

शांति दो प्रभु, संसार में तुम्हारी

शांति व्याप्त हो थॉमस

(संत थॉमस की याद से)

जीसस के सामने जैसे साक्षात् खड़ा था थॉमस, इस्टर्न ऑर्थोडॉक्स रोमन कैथोलिक धर्म का जन्मदाता फादर थॉमस। थॉमस प्रसन्न था, उसने अपना धर्म और संकल्प पूरा कर दिया, अब प्रभु जीसस की शरण में है। जीसस ने धर्मसभा को संबोधित करते हुए कहा, "भाइयो, धर्म का कोई प्रचारक, कोई महाप्रचारक, जिसे यह गौरव प्राप्त हो कि उसने किसी प्रतिकूल संस्कृति में जीने वाले किसी भू-भाग पर अपने धर्म ईसाई धर्म की विजय पताका लहरा दी और इसी क्रम में उसे शहादत की राह पकड़नी पड़ी तो वह महामानव देवता संत नहीं होता, वह कोई विशिष्ट संत होता है। क्योंकि जब-जब वहाँ का धर्म किसी प्रतिकूल परिस्थिति में पड़ जाता है, तब-तब उसे किसी-न-किसी रूप से व्यक्त अथवा अव्यक्त रूप से धर्म के संस्थापन तथा विस्तार हेतु सधर्मियों को रास्ता दिखाना पड़ता है। थॉमस की आत्मा में मेरी आत्मा और प्रभु की आत्मा दोनों की ही आत्माएँ निवास करती हैं।"

ईसा ने घोषणा की कि चूँकि भारत में फैल रहे इस कैथोलिक पंथ का जन्म से लेकर अब तक का विकास थॉमस और थॉमस परंपरा के नेतृत्व में हुआ है तथा इस विकास में स्थानीय लोगों की युग-युग से प्रचलित परंपराओं एवं रिवाजों की भी प्रबल भूमिका रही है, अत: प्रथमत: तो इस कैथोलिक धर्म को रोम कैथोलिक धर्म का एक उदाहरण थॉमस कैथोलिक मिशन के रूप में समझा जाएगा और थॉमस के द्वारा रखी गई आधारशिला पर ही भविष्य का ईस्टर्न या ओरिएंटल ऑर्थोडोक्स कैथोलिक धर्म कहा जाएगा।

आगे उन्होंने यह भी कहा कि मध्य और उत्तर भारत के अन्य धर्मों के लोग, जो कैथोलिक धर्म को नहीं जानते, आज भी थॉमस द्वारा स्थापित इस कैथोलिक मिशन को मालाबार आधारित होने के कारण मलंकारी चर्च कहकर पुकारते हैं। कुछ सीरियाई मूल के यहूदी धर्मियों को इस थॉमस कैथोलिक धर्म को नसरानी या एसानिल की संज्ञा देते हैं, शायद यह मानकर कि इस नवोदित शाखा का मूल नाजरेथ में है। थॉमस के पूर्वजों की भूमि भी रही है—नाजरथ और माँ मरियम की पवित्र जन्मभूमि भी।

जो भी हो, इस पंथ का मूल धर्म कैथोलिक, धर्मग्रंथ बाइबिल तथा भाषा मलयालम होगी और मेरी इच्छा है कि संपूर्ण पाश्चात्य संसार का हर ईसाई संगठन थॉमस के द्वारा स्थापित-पोषित इस धर्म को संपूर्ण पौर्वात्य संसार का कैथोलिक धर्म का आधार स्तंभ मानेगा और समस्त पौर्वात्य क्षेत्र में यह धर्म छा जाए, इसके लिए तन-मन-धन न्योछावर कर देगा। उन्होंने आगे कहा कि ईश्वर के भक्तो, हमारा धर्म उस विश्वास के आधार स्तंभ पर टिका है एवं विकास-विस्तार पा रहा है, जिसे हमारे आलोचक अंधविश्वास भी कह लेते हैं। किंतु हम जिस ईश्वर का साक्षात् दर्शन पाते हैं, जो हमें अपने पापों को स्वीकार कर लेने मात्र से हमें क्षमादान देकर अपने प्रेम की छाया में स्थान देता है, उसके प्रति विश्वास को अंधविश्वास कैसे कह सकते हैं? लोग समझते नहीं, महसूस नहीं करते कि विश्वास और अंधविश्वास के बीच एक झीना परदा टँगा है—आलोचकों को जो अविश्वास और अंधविश्वास का भाव होता है, वह इसी परदे के कारण होता है। आँखें मूँदो, प्रभु का स्मरण करो, परदा गायब, अविश्वास, अंधविश्वास सब हवा।

हम थॉमस को भी इसी विश्वास की अंतर्दृष्टि से देखेंगे, उसी अंतर्दृष्टि से, जिससे हम सब ईश्वर को देखते हैं। आज हम संकल्प लेते हैं कि ईसा की तीसरी सहस्राब्दी के अंत के पूर्व ही हम पूरे पौर्वात्य देशों को थॉमस के इस्टर्न या ओरिएंटल कैथोलिक धर्म और उसके चर्चों से भर देंगे।

ईश-पुत्र ने फिर कहा, "ईश्वर, थॉमस को अपना आशीर्वाद दे।" उसने आगे कहा, "भविष्य में थॉमस की आत्मा ही संपूर्ण पूर्वी कैथोलिक धर्म को मार्ग दिखाएगी और वह इस्टर्न ऑर्थोडोक्स कैथोलिक ईसाई धर्म का एकमात्र मसीहा होगा। पूरब का ईसाई धर्म

संपूर्ण पूरब पर जब तक नहीं छा जाएगा, तब तक थॉमस के समर्थन और सहयोग में पूरे पश्चिमी संसार के धर्मधुरीणों के साथ साम-दाम-दंड-भेद सारे मार्ग अपनाकर काम करना होगा।

"शहीद के मिशन को पूरा करना ही मिशनरी का प्रथम कर्तव्य होता है। आप सब इस संदेश को अपने-अपने देशों में प्रचारित करें तथा इस मिशन को ही धर्म का प्रथम कर्तव्य मानें।

प्रभु, थॉमस की आत्मा को शांति दे, शक्ति दे!"

तत्पश्चात् सभा समाप्त हो गई।

☐

34

श्रद्धा और विश्वास यदि निवेदन के अंदर व्याप्त हैं तो यही निवेदन बन जाता है—मंत्र और जहाँ मंत्र का प्रयोग होता है, वहाँ उसके विरुद्ध चलनेवाले सारे अस्त्र-शस्त्र एवं सारे-के-सारे तंत्र-यंत्र विफल हो जाते हैं। विश्वास 'शिव' है, श्रद्धा शक्ति—'श्रद्धा-विश्वास रूपिणौ।' शिव शक्तिशाली हो जाता है श्रद्धा के योग से और श्रद्धा सर्वव्याप्त विश्वास के संयोग से। वैदिक ऋचाओं में यही श्रद्धा सर्वव्याप्त हो जाती है शिव के संयोग से। इन ऋचाओं में यही श्रद्धा और विश्वास का बल है, जो बहुत प्रभावकारी सिद्ध माना गया है। फिर भी इस पर प्रश्नचिह्न खड़ा तो होता ही रहता है और मापी जाती है इसकी शुद्धता तथा इस शुद्धता की माप के लिए भारतीय चिंतन ने छह वेदांगों एवं छह दर्शनों का सृजन किया है। मंत्र के छंद, देवता-ऋषि, उसकी संवेदना की जाँच वेदांगों के साथ-साथ षड्दर्शनों से छंद से, व्याकरण से, सांख्य से, न्याय से, मीमांसा से की जाती है, उसे इन विभिन्न प्रकार की कसौटियों पर कसा जाता है, परखा जाता है। सारे वेदवचन, सारे आर्षवचन ईश्वर के वचन मान लिये जाते हैं, किंतु उन्हें इन सारी प्रक्रियाओं से गुजरते हुए अपनी अधिकाधिक शुद्धता तो सिद्ध करनी पड़ती ही है। वेदों को ईश्वर की रचना मानने के पीछे यही श्रद्धा और विश्वास आग में तपकर निकली श्रद्धा है एवं श्रद्धा की गंगा में नहाकर निकला शांताकार विश्वास है।

इस संसार में बहुत सारे धर्म हैं, जो ऐसी धारणाओं से संचालित हैं, किंतु सारे नहीं। कुछ ऐसे भी हैं, जो किसी मसीहा, किसी पैगंबर, किसी साधु, किसी फकीर के मुँह से निकले वचन को जाँचने के लिए ईश्वर के वचन पर प्रश्नवाचक चिह्न लगाना आवश्यक मानते हैं। जो खुदा ने कह दिया और जिसे पैगंबर ने सुना दिया, वह भी सत्य है और सत्य के सिवा कुछ नहीं है, क्योंकि यह खुदा में इनसान के यकीन का सवाल है और यकीन पर सवाल का सवाल ही नहीं उठता।

इस दुनिया में जन्म लेनेवाला हर इनसान मुसलमान है और हर किसी का धर्म इस्लाम है तथा यह खुदा का वचन है, जिसे मुहम्मद के मुख से उसी ने सुनाया है और इस पर यकीन न करने का कोई सवाल नहीं है। मुहम्मद का हुक्म हुआ, खलीफाओं के

हुक्म चलने लगे—दुनिया के सभी इनसानों को इस्लामधर्मी बनाओ, सारी बाधाओं का दमन करो, विनाश करो और इसके लिए यदि तलवार भी चलानी पड़े तो चूको नहीं। किंतु इसका प्रयोग उनके विरुद्ध नहीं हो, जो मूलत: यकीन धर्मी और एक मूल के रहे हैं और जिनका मजहब में 'यकीन' का सिद्धांत अर्थात् हमारा ही सिद्धांत है।

और इस सिद्धांत का सबसे पहला और सबसे बड़ा शिकार आर्यावर्त्त-ब्रह्मावर्त्त कहलानेवाली धरती है, जिसे वे सभी हिंदुस्थान या हिंदुस्तान या हिंद अर्थात् सिंध, अर्थात् सिंधु नदी का देश कहते थे। सबसे पहला आक्रमण सिंध पर, सिंधु विजय के बाद कांधार पर, फिर कश्मीर पर और विजयश्री प्राप्त होने तक जो आक्रमण सतत जारी रखा। यकीन का आक्रमण विश्वास पर चलता रहे, इस तरह इसके लिए तैयार नहीं था यह भारत, यह हिंदुस्तान, यह आर्यावर्त्त। और इसीलिए इसके विरुद्ध धर्म विरुद्ध चक्की चल रही थी। दक्षिण में कोई आग जल चुकी थी आलवार से एक आंदोलन के रूप में, जिसके पीछे खड़ा था संपूर्ण भारतवर्ष और खड़े थे संत विष्णु स्वामी, संत नांबि, गोविंदपाद और द्वैपायन व्यास, पीठासीन मुनि शुकदेव, जो मौन तोड़कर सुनाने लगे थे कभी राजा परीक्षित को भागवत कथा। भगवान् राम और भगवान् कृष्ण का आह्वान होने लगा था, क्योंकि भगवद्गीता में उन्होंने स्पष्ट शब्दों में अर्जुन को ऐसा आश्वासन दिया था—

यदायदा हि धर्मस्य ग्लानिर्भवति भारत

अभ्युत्थानमधर्मस्य तदात्मानं सृजाम्यहम्।

और अर्जुन रणक्षेत्र के लिए नहीं, धर्मक्षेत्र में कूदने के लिए तैयार हो रहे थे। सिंधविजय ने एक साथ दो धर्मों पर विजय का आनंद दिया—ब्राह्मण धर्म और बौद्ध धर्म—ब्राह्मण राजा दाहिर और जाट जाति से धर्म परिवर्तित बौद्ध जनता। दाहिर की दिखावटी बड़ी सेना और उसके अंदर आपसी फूट पहला युद्ध था। पराजित जनता को या तो इस्लाम स्वीकार करना पड़ा या मौत। आर्यावर्त्त के इतिहास में यह पहली घटना थी, जिसका परिणाम आर्य धर्म पर पड़ा। आर्य धर्म, जिसे अरबी लोग सिंध या हिंद और हिंदू का धर्म कहते थे। भेद की नीति के सहारे दुर्ग विजय आसन्न था और युद्ध से थकी-हारी रानी अब जौहर की तैयारी में थी। युवकों को या तो खतना स्वीकार करना पड़ा या तलवार। खलीफा को मिली सात सौ कुमारी सुंदरियाँ और अथाह धन-दौलत। देवल मंदिर मस्जिद में बदल गया। सिंध के दक्षिण गुर्जर-प्रतिहार वंश के अमोधवर्ष जैसे राजा की शासन कुशलता चरम पर होने के कारण न तो गुजरात में अरबों की दाल गल सकी न चालुक्य नरेश पुलकेशिन द्वितीय के सामने कर्नाटक और महाराष्ट्र में। इसी बीच उनका मसालों और घोड़ों का व्यापार भी तो चलता ही रहता था। राजा का संरक्षण मिलता रहा और धर्म परिवर्तन भी होता रहा, जो 'इंडियन इस्लाम' के नाम से जाना जाता था। सिंध की जीत अरबों के लिए हिंद की ही जीत थी, किंतु अरबी अर्धार्धचंद्र कभी पूर्ण चंद्र नहीं

हो सका। फिर भी अरबिस्तान निराश नहीं था—वह हाथ-पैर मारता ही रहा, विशेषकर उत्तर गांधार और कश्मीर में। वहाँ भी दिद्दो रानी का ब्राह्मणवंशीय शासन समाप्त हुआ और बहुसंख्यक बौद्ध आबादी को इस्लाम धर्म अपनाना पड़ा।

इस तरह ईसा के आगमन से अब तक लंबे प्रयास के साथ 'इस्टर्न ऑर्थोडॉक्स', जो यद्यपि देर से धर्म परिवर्तन अभियान में जुड़े 'इंडियन इस्लाम' से बहुत आगे था, किंतु दोनों मिलकर भारत की संस्कृति पर बहुत बड़ा खतरा थे, यह बात बिल्कुल स्पष्ट थी।

ब्रह्मसूत्र भाष्य की रचना हाथों में लिये शंकर को लगता, जैसे उसके हाथों में सारा संसार आ गया हो, आज वे अपने शिष्यों की एक टोली के साथ विश्राम की मुद्रा में बैठे थे। मन करता, 'शरीरक भाष्य' कोई सुनता, त्रुटियों की ओर संकेत करता, अच्छाइयों के गुणधर्म पर टिप्पणी करता। मन करता कि कोई शरीरक का भी भाष्य लिखता, कोई कारिका। मन करता कि बुद्ध होते और उनसे मिलकर अपने ब्रह्म की व्याख्या करता तथा उन्हें यथावश्यक प्रभावित करता, कपिल होते तो उनसे पुरुष एवं प्रकृति की अनावश्यक दुरूहताओं को सहज बुद्धिगम्य करता, गौतम होते तो उन्हें साक्षात् ज्ञान की अनुभूति कराता, जैमिनी होते तो उनसे कहता कि वेदों की मीमांसा और उनकी प्रविधियों पर चर्चा करें।

किंतु जब उसने आलवार के भक्ति आंदोलन को समझा तो उन्हें लगने लगा कि 'ब्रह्मसूत्र' के सूत्रों, उपनिषद् के मंत्रों की व्याख्या तथा वेदों की ऋचाओं के ज्ञान एवं पुन: उस ज्ञान से हिरण्यगर्भ की उक्तियों और पतंजलि की युक्तियों के प्रयोग का प्रभाव तो सामान्य जन तक संप्रेषित करने के निमित्त समाज के बीच जाना होगा। इतना ही नहीं, यदि इस प्रयोग भर से 'सोऽहम्' नहीं मिला तो ज्ञान को भक्ति की धारा में घोलकर बहाना तो होगा ही न!

मन-ही-मन सोचा 'आलवार से अपना जन्म से जुड़ाव है—भक्तियोग, कृष्ण कथित भक्तियोग को समझाओ उन्हें, शायद यह भक्ति का आंदोलन ज्ञान का आंदोलन बन जाए, भक्ति योग ज्ञाता और ज्ञेय के बीच जीवन सागर में खड़े-गड़े ज्ञान के स्तंभ से जोड़ देने की शक्ति बन जाए, ज्ञान का कटु, कठोर हिमखंड भक्ति की भावना की ऊष्मा से पिघलकर भाव-सागर के साथ तरंगायित होने लगे, भाव-महाभाव का रूप धारण कर ले और महासमाधि की महाशून्यता में बैठा 'तत्त्वम्' सोऽहम् बन जाए। मुझे आलवारों से इस शुभ कार्य हेतु तो मिलना ही होगा न!'

"किंतु शंकर, तब तो तुम्हें व्यास के 'ब्रह्मसूत्र' के चिंतन के ही क्रम में एक और भाष्य की रचना करनी होगी—'श्रीमद्भगवद् गीता' के भाष्य की। यही नहीं, एक बार पुन: यजुर्वेद और सामवेद, कर्मकांड एवं कर्मकांडों से जुड़ी उपासना पद्धति को चिंतन में स्थापित करना होगा।"

गोविंदपाद नर्मदा तट की उस तपस्थली के लिए विद्यापीठ के पाँच शिष्यों के संरक्षण में आज ही विदा हुए थे अंतिम समाधि-महासमाधि में निमग्न होने के लिए। उदासी बहुत थी, लक्ष्य बहुत दूर, बहुत ऊँचा, बड़ा कठिन और पंथी अकेला। आलवार जाने को सोच ही रहे थे कि आलवार से ही कुछ भक्त पहुँच गए कांचिपुरम्।

"आचार्यवर, मैं आलवार की भक्ति सभा का एक भक्त सैनिक ध्रुव हूँ, ध्रुवनंदन नांबियार और ये हैं सिंध अर्थात् हरप्पा अर्थात् हर्यूपिया अर्थात् सिंधु स्थान से पधारे हमारे अतिथि रणविजय सिंह। रणविजय अपने एक सहस्र सिंधु स्थानवाले साथियों के साथ कांचिपुरम् तीर्थस्थान आए हैं, किंतु न तो शिव मंदिर में और न विष्णु मंदिर में, कहीं भी आपके पुजारी इन्हें प्रवेश नहीं करने दे रहे हैं, इनमें एक दोष पाया गया है, इनके पूर्वजों को शताधिक वर्षों पूर्व अरबी खलीफा हज्जाज और बगदादी सेनापति इमादुद्दीन के आदेश से धर्मांतरण के बाद इस्लामधर्मी बना दिया गया था। इनका कहना है कि पूर्वज अब नहीं रहे, हमने या हमारे बच्चों ने खतना नहीं कराया और न मस्जिद में प्रार्थना करने जाते हैं, भले ही इस सुविधा के लिए हमें 'जजिया' देना पड़ता हो। किंतु सिंध तो सिंध, हमारे अपने इतने बड़े देश के लोग हमें हिंदू नहीं मानते तथा सनातन, शैव अथवा वैष्णव स्वीकार नहीं करते और आज तो हमें अपने ही देश में मुसलमान अथवा विधर्मी कहकर तिरस्कृत किया जाता है, देवस्थानों में पूजा-उपासना से रोका जाता है।

शंकर ने कहा, "यह तो उचित नहीं लगता, किंतु आप उन्हीं पुरोहितों-पंडितों से इसका कोई निवारण या कोई समाधान निकालने को क्यों नहीं कहते?"

"हम उन्हें कुछ नहीं कहना चाहते। हम कांचीपीठ के विद्वान् पंडितों के समक्ष स्वयं इसका निदान प्राप्त करना चाहते हैं, किंतु वे भी हमारी सहायता के लिए तैयार नहीं हैं। हम उसी निदान का अनुमोदन आपसे चाहते हैं। शास्त्रों में यदि यह व्यवस्था नहीं हो तो शास्त्रों में संशोधन अथवा प्रावधान की प्रार्थना करना चाहते हैं।"

"आचार्यवर, हम ही नहीं सहस्र-सहस्र सिंधुस्थानी हिंदू धर्म परिवर्तन कर मुसलमान बने। हिंदू अपने आदिधर्म, अपने आर्य धर्म, अपने वैदिक धर्म, अपने सनातन धर्म में पुन: वापस होना चाहते हैं और यह सबकुछ शंकराचार्य के पर्यवेक्षण में संपन्न कराने हेतु आपके समक्ष नतमस्तक हैं।"

"रणवीर, मनुष्य जाति अन्य जीवों की तरह ही एक जीव है, किंतु दो विशिष्ट गुणों के कारण मनुष्य अन्य जीवों से भिन्न माना गया है, एक है, अधिकार के प्रति उसकी सतर्कता तथा दूसरा है, कर्तव्य के प्रति उसकी प्रतिबद्धता। सामान्यत: वह अपने अधिकारों के प्रति सतर्क तो होता है, किंतु कर्तव्यों के प्रति प्रतिबद्ध नहीं होता। इसी कारण शास्त्रों ने कर्तव्य को बना दिया है सबसे बड़ा धर्म। शास्त्रों ने धर्म अर्थात् कर्तव्यों को प्रमुखता देकर जीने की जो शैली निर्धारित की, वही तो धर्म है। पाश्चात्य देश धर्म को

जिस तरह विखंडित करके देखते हैं, वह धर्म नहीं हो सकता। सारी धरती 'माँ' है और धरती के लोग उसी एक माँ के पुत्र, सबकी जीवन-शैली एक है, सबका धर्म एक है। धर्म परिवर्तन तो एक भ्रामक कर्म के अतिरिक्त कुछ नहीं है। भारत तो एक मनुष्य जाति, एक मानव संस्कृति और एकमात्र एक धर्म में विश्वास रखता है। एक ही परमेश्वर, एक ही धरती, एक ही आकाश, एक ही ब्रह्मांड, फिर एक से अधिक धर्म कैसे हो सकता है?

"हमारा प्रयास होगा कि हम संसार से धर्म और धरती के आधार पर बाँटनेवाली सारी दीवारों को तोड़ दें तथा एक मनुष्य और एक धरती का एक ही धर्म हो, जो मानव धर्म कहा जाए। किंतु जब तक हम यह नहीं करते, तब तक तो धर्म रहेंगे ही, किंतु किसी धर्म विशेष द्वारा ऐसा किया जाना ही सर्वथा गलत है। आप अपने धर्म में, अपने देश में, अपनी जन्मभूमि में वापस लौटना चाहें तो कोई भी बाधक क्यों होगा? आप अपने धर्म में पुनः वापस आ सकते हैं, पुरोहितों को धर्माचरण सिखाने की आवश्यकता नहीं होनी चाहिए।"

दूसरे दिन प्रातःकाल कांची कामकोटि में सभी सिंधु स्थानियों को मंत्रों से शुद्धीकरण करते हुए उनकी धर्म वापसी हो गई, मंदिर के सभी द्वार उनके लिए भी खुले थे, जैसे सबके लिए। धर्म वापसी के बाद सभी घर वापसी पर चल पड़े थे, किंतु यह समाचार जंगल की आग की तरह पूरे दक्षिण देश एवं पश्चिम प्रदेशों में फैल गया, देश-प्रदेश ही क्यों अंतरदेशीय घटना बनकर बगदाद और तुर्की ही नहीं, रोम तक की शांति को जैसे भूकंप की तरह हिला दिया। आश्चर्य की बात थी कि इस घटना का पल्लववंश के राजा ने हृदय से स्वागत किया और अपने पूरे राज्य में यह संदेश प्रेषित कर दिया कि अपने मूल धर्म में वापस होना व्यक्ति का मौलिक और जन्मजात-जन्मसिद्ध अधिकार है। उधर जब यह समाचार बगदाद पहुँचा तो हलचल मच गई उस सेना में, जो इस्लाम के साहित्य-संवर्द्धन तथा वैश्विक स्तर पर प्रचार को लेकर वर्षों से चल रही थी। लगा कि जिहाद की तलवार उठ गई और सिंध में भगदड़-सी मचने लगी, सर्वत्र आतंक के काले बादल छा गए।

पल्लव राजा राजराजा ने राष्ट्रकूट के राजा अमोघवर्ष, चालुक्य वंश के महाराज पुलकेशिन द्वितीय, प्रतिहार वंश के राजा वत्सराज एवं छछ राजवंश के अंतिम राजा दाहिर के परपौत्र अनय सिंह को स्थिति की सूचना दी और तब के सबसे प्रभावशाली राजतंत्र के प्रधान आर्यावर्त्त के महाराजाधिराज घोषित प्रतिहारवंशीय वत्सराज से अनुरोध किया कि वे या तो पल्लवराज की राजधानी कांचीपुरम् में अथवा प्रतिहारवंश की राजधानी कन्नौज में दक्षिण देश के सभी राजाओं की एक महासभा आयोजित करें, जिसमें आर्थिक प्रलोभन अथवा भय से धर्मांतरण नहीं होने तथा अपने धर्म, अपने मूल धर्म में वापस होने से संबंधित विषयों पर विचार-विमर्श हो और भारतीय संस्कृति एवं आर्यधर्म के संरक्षण से संबंधित आवश्यक निर्णय लिये जाएँ।

रोम भी बौखलाया था और बगदाद भी, किंतु दोनों का आर्थिक जीवन दक्षिण देशों से होनेवाले व्यापार पर आश्रित था, दोनों धीरे-धीरे सुविचारित मार्ग मध्यम वर्ग की तलाश में लग गए।

भारत राष्ट्र के इतिहास का संभवत: यह पहला राष्ट्रीयतावादी निर्णय था, जो कारगर सिद्ध हुआ। धर्म-परिवर्तन अथवा धर्मांतरण बहुत नियंत्रित हो गया। रोम ने नीतियों में परिवर्तन किए और बगदाद ने अपनी नीति नहीं, अपने धर्म प्रतिस्थापन, धर्म परिवर्तन और धर्मांतरण की दिशाएँ एवं स्थान भी, फिर तो ऐसे भी दिन आए कि अरबी रातों की कहानियाँ भारतीय भाषाओं में और चरक के चिकित्सा विज्ञान जैसी पुस्तकें अरबी में अनूदित हुईं।

खलीफा का ध्यान सिंध से उठकर कांधार और कश्मीर पर केंद्रित हो गया। दक्षिण भारत यदि एक महाराज्य हो चुका होता तो शायद कश्मीर में आतंक और भय का प्रवेश ही नहीं हुआ होता, किंतु यहाँ तो स्थिति विपरीत थी, पाटलिपुत्र का गौरव धूल-धूसरित हो चुका था और बौद्ध धर्म एक ऐसा रोग बनकर भारत की आत्मा में प्रविष्ट था तथा भारत अकर्मण्यता से पीड़ित-प्रभावित, जैसे किसी विदेशी शक्ति के आह्वान की प्रतीक्षा में खड़ा हो।

☐

35

वैदिक एवं बौद्ध दोनों दर्शन तथा दोनों साहित्यों के बहुत बड़े ज्ञाता थे—पद्मसंभव, संभवत: अपने समय के सबसे प्रबुद्ध ज्ञाता और बोधिसत्त्व की उपाधि से विभूषित अपने समय के चीनी तथागत थे—इत्सिंग। किंतु रहते थे दोनों साथ-साथ और पूर्णत: मित्रवत्, जालंधर के बोधिबिहार में।

बोधिसत्त्व बोलने लगते तो बुद्धिसत्त्व मौन हो जाते, अनुशासित शिष्य, अभिभूत श्रोता। प्राचीन संस्कृति के ज्ञान एवं विज्ञान के धनी, चीन देश से आए थे, बोधिसत्त्व जो भी बोलते, ब्रह्मवाक्य बन जाता, आर्षवचन बन जाता, किंतु वैदिक धारा की गंगा नहीं, उसके समानांतर बनती चलती एक बरसाती पहाड़ी नदी अथवा एक प्रवाह, जिसे देखकर पद्मसंभव भी भयभीत हो जाते, जैसे ह्वांगहो में बाढ़ आने लगी हो। एक दिन प्रात: ध्यानादि से पूर्णत: मुक्त इत्सिंग बोलने लगे—

"पद्मसंभव, तुम व्यर्थ डर जाते हो, कभी-कभी ज्ञान की धारा गंगा भी हो सकती है, मान लूँगा कहोगे तो, किंतु धर्म की धारा गंगा, यमुना, सरस्वती अथवा 'त्रिवेणी' से अधिक क्षिप्र, तीव्र तथा भँवर के चक्रों में चलती जाती कोई ह्वांगहो ही होती है और ह्वांगहो किसी दिन गंगा में समा जाए तो क्या होगा, जानते हो, वैदिक ज्ञान होकर रह जाएगा, बस एक बहुत विशाल ढूह रेत का और जब तक यह नहीं होगा, बौद्ध यान लहरों एवं भँवरों के बीच डगमगाता रहेगा, हरदम डूब जाने के भय से ग्रस्त ठीक तुम्हारी तरह। पद्मसंभव, बौद्ध यान, आज का बौद्ध यान, अब बुद्ध का यान नहीं रहा, जो एकचक्रा था, एक चक्र से चलता था। आज का बौद्ध यान चलने लगा है चार चक्रों की मिली-जुली शक्ति से, गति से, कहीं हीनयान अपना काम कर रहा है, कहीं महायान अपना काम, कहीं वज्रयान, कहीं काल चक्रयान, जान लो, ह्वांगहो की बाढ़ में सबकी नौकाएँ डूब जाएँगी और यह चार चक्रों पर चलता जहाज सात समुंदर पार पहुँच जाएगा। तुम गंगा को खँगालो मित्रवर, मैं समुद्र-यात्रा पर निकलता हूँ तुम्हारे ऋषि—अगस्त्य की तरह, और देखो, इस चार चक्रोंवाले यान का चमत्कार, कैसे जीतकर ला देता हूँ बुद्ध की मुट्ठियों में सारे चीन सागर के द्वीप देशों को एक साथ। लौटने दो मुझे और तब तक

तुम संपूर्ण वैदिक साहित्य के बचे अंशों के अनुवाद और इन अनुवादों को अपने बौद्धिक विचारों, बुद्ध के विचारों से जोड़कर संसार के सामने रख दो। संसार की आँखें खोल दो पद्म संभव, ताकि वे बाढ़ की विभीषिका के शिकार होने से बच जाएँ और हीनयान में सवार होकर बार-बार जन्म लेने के दु:ख से मुक्त हो जएँ। हाँ, इसी बीच तुम बुद्ध-दर्शन के विश्वविश्रुत विद्वान् कुमारिल भट्ट को किसी तरह बौद्ध धर्म से जोड़ लो, मुझे वापस लौटने दो, तब तुम दोनों गुरु-शिष्य को मैं एक साथ ही 'बोधिसत्त्व' की उपाधि से विभूषित कर दूँगा और तुम 'अमिताभ' एवं 'अवलोकितेश्वर' की जोड़ी बन जाओगे, गुरु अमिताभ-सा, शिष्य अवलोकितेश्वर-सा और तुम्हारे गुरुदेव चाहेंगे तो अबकी बार की बौद्ध संगीति त्रिवेणी के तट पर होगी एवं इस पाँचवी संगीति की अध्यक्षता तुम्हारे पूज्य गुरुवर करेंगे तथा संचालन हमारे ये नए अवलोकितेश्वर—ज्ञानेश्वर पद्मसंभव।"

इत्सिंग के प्रोत्साहन तथा प्रलोभन से प्रभावित पद्मसंभव बहुत निराश होकर लौटे थे त्रिवेणी तट से। निराश इसलिए नहीं कि कुमारिल ने पाँचवीं संगीति के मुख्य अतिथि बनने का प्रस्ताव ठुकरा दिया था उस मधुकर की तरह, जिसे धर्मफल खोजते-खोजते अंबुज फल-सा अमृत फल मिल चुका था और फलत: जिसने करील फल को दूर से ही अस्वीकार कर दिया था। वैदिक ग्रंथों के अनुवाद का काम चलता रहा और यदा-कदा बाहर-भीतर भ्रमण कर पद्मसंभव यह आँकते रहे, यह मूल्यांकन करते रहे कि भारत के अंदर तो छा ही गया होगा बौद्ध धर्म, बाहर के देशों—अरब, मिस्र, यूनान, रोम आदि में भी वह विकल्प बन चुका है या नहीं, हिंदू धर्म का, पतनोन्मुख आर्य धर्म का, मृतप्राय सनातन धर्म का। कभी-कभी पद्मसंभव की आत्मा उन्हें धिक्कारती—'प्रलोभन में आ गए, ज्ञानेश्वर?' पूछने लगता उनके अंदर से कोई नामदेव उन्हें, मत्स्येंद्र नाथ से जैसे पूछते थे गोरखनाथ— 'गुरु निकले थे तो हरिभजन को और ओटन लगे कपास—पड़ गए, फँस गए किस आभा-जाल में मत्स्येंद्र?'

वैदिक दर्शन, हिंदू दर्शन, हिंदू धर्म तथा तथाकथित सनातन और यथाकथित आर्य धर्म फँस गया था बुरी तरह षड्चक्रों के जाल में, पंचकोषों के जंजाल में और घिर गया था, रुक गया था रास्ते पर, रास्ते को छेंक लिये हठधर्मी हठ योगियों द्वारा जलाए जा रहे हठ के उत्तप्त ज्वाल में। उनके द्वारा परोसा गया ज्ञान का फल शुष्क काष्ठ में फला हुआ ज्ञान और विज्ञान का शेषफल था, भक्ति और ज्ञान का योगफल नहीं, जो चित्रकूट के कँटीले बेर-वृक्षों में फलता है।

दु:ख से मुक्ति पाने की राह तपस्या में, साधना में खोजते थक जाते थे संन्यासी, साधु, संत, मुनि जन्म-जन्मांतर, किंतु मुक्ति नहीं मिलती, कोई सिर के बल खड़ा, कोई एक पैर पर खड़ा, कोई अग्नि के मध्य, कोई बर्फ की शिलाओं के बीच, पर नहीं मिलती थी मुक्ति। सात वर्ष तक भटकते रहे महात्मा बुद्ध को भी कहाँ मिला मुक्ति का मार्ग,

परमात्मा पर विश्वास होता था, वह भी उठ गया, बुद्ध नास्तिक हो गए, चार्वाक नास्तिक, बृहस्पति नास्तिक, षड्दर्शनकार, कपिल, कणाद, गौतम, जैमिनी, बुद्ध, महावीर सबके सब।

हिरण्यगर्भ द्वारा दिखाया, पतंजलि द्वारा समझाया एक साधना का मार्ग निकला योग, योगीश्वर शिव तथा योगेश्वर कृष्ण द्वारा आजमाया मार्ग। पंचकोषों तथा षड्चक्रों के बीच सुषुम्णा और इड़ा-पिंगला के साथ बढ़ता हुआ एक मार्ग ठीक लगा मुक्तिकामियों को। सबने अपने-अपने अनुसार ज्ञान, प्रेम, भक्ति, कर्म के माध्यम से मुक्ति की खोज कर ली, बुद्ध ने ध्यान योग खोजा, आत्मावान् ने भक्ति योग, अज्ञानी ने ज्ञान योग और सब लगा कि रास्ते लग जाएँगे अपने-अपने। किंतु रास्ता लंबा होता गया, लक्ष्य दूर। परम तत्त्व—शिव किसी को नहीं मिला तो खोज की विधि ही बदल दी, सब जैसे दक्षिण मार्ग को त्यागकर वाममार्गी होने लगे। सिद्धि लेकर सिद्ध आए, तंत्र लेकर तांत्रिक, कोई शाक्त बनकर कोई शैव, कोई ओंकार लेकर सामने आया तो कोई पंचमकार लेकर। क्या बौद्ध, क्या जैन, क्या मांत्रिक, क्या तांत्रिक सबके सब या तो अंधकार में भटकते हुए प्रकाश का पाठ पढ़ाते, पाखंड का खेल दिखाते या सब पथ-भ्रष्ट। सामान्य जन-जीवन भी अस्त-व्यस्त, सब मुक्ति चाहते, किंतु इस हठयोग, इस भ्रष्ट योग, इस दुरूह साधना से अलग कोई सहज मार्ग खोजते।

पद्मसंभव वैदिक साहित्य एवं दर्शन के पारंगत पंडित थे और सारा जीवन अध्ययन, अध्यापन और चिंतन-साधना में बिताया था, उन्हें स्वयं पता नहीं कि कैसे-कैसे वैदिक कर्मकांडों से उनके अंदर एक विद्रोह-सा उठा और उन्होंने ह्वेनसांग तथा उनके द्वारा अनूदित साहित्य से प्रभावित होकर चीनी भाषा नालंदा विश्वविद्यालय में सीख ली और संस्कृत से चीनी भाषा में अनुवाद के कामों में लीन हो गए। इसी बीच वे बौद्ध भी हो गए, किंतु अभी भी उनके अंदर वैदिक साहित्य एवं संस्कृति के प्रति आकर्षण गया नहीं था, कभी-कभी सोचते, शायद बौद्ध धर्म अपनाकर मैंने कोई सांस्कृतिक प्रमाद कर दिया।

उन्होंने इत्सिंग से कहा, "मित्रवर, आप तो बोधिसत्त्व हो, मुझे यह बताओ कि आपका अत्यधिक आकर्षण है वैदिक ज्ञान एवं साहित्य की ओर अथवा आपकी अर्थात् चीन देश की कोई सांस्कृतिक नीति अथवा दार्शनिक आवश्यकता अथवा शासन व्यवस्था की कोई सोच की ओर, जिस कारण आप संस्कृत-प्राकृत से चीनी भाषा में अनुवाद पर तो बहुत बल देते हैं, आप ही नहीं, आपके पूर्वज सांस्कृतिक दूत भी, किंतु आप चीनी भाषा से भारतीय भाषाओं में अनुवाद करने पर कोई गंभीरता नहीं प्रदर्शित करते?"

"आपने उचित कहा, पद्मसंभव, किंतु हमारी सोच आपसे थोड़ी भिन्न है, किंतु अधिकांशत: आपसे मिलती-जुलती। आप जानते हो कि विश्व स्तर पर अभी भारतीय ज्ञान-विज्ञान-वाङ्मय का अनुवाद कार्य चल रहा है—रोम में, बगदाद में तो यह

कार्य योजनाबद्ध रूप से अगले अज्ञात वर्षों के लिए संकल्पित है। सभी चाहते हैं कि पहले अपने विश्वविद्यालयों-पुस्तकालयों को भारतीय ज्ञान-विज्ञान से समृद्ध कर दें, तब अपने वाङ्मय के विषय में सोचें। चीन की भी यही सोच है, किंतु हम सहमत हैं आपसे और भारतीय साहित्य का भी अनुवाद कार्य आपके हाथों ही प्रारंभ करना चाहते हैं, चीनी साहित्य से संस्कृत अनुवाद तो मैं स्वयं भी करूँगा, मैं लौट तो आऊँ पूर्वी सागर की विजय कर। आखिर मेरी यह विजय भी तो भारत की ही विजय कही जाएगी, मित्रवर।"

"उचित ही कहता आपके इस वचन को, किंतु मन की बात तो यह है मित्र कि यह संकल्पित विजय न तो चीन की होगी, न भारत की, यह विजय बौद्ध धर्म की कही जा सकती तो शायद अंशत: उचित, किंतु अधिकांशत: दोषपूर्ण कही जाएगी। धर्म मनुष्यमात्र का एक ही तो होता है, फिर किसकी विजय किस पर? मैं इस विजय को वैश्विक धर्म, मानव धर्म, वसुधैव कुटुम्बकम् का विस्तार कहना चाहता हूँ। मेरी कामना है कि बौद्ध धर्म एक दिन वैश्विक धर्म बनकर पूरी पृथ्वी का धर्म बन जाए।"

"किंतु मैं बार-बार सोचता हूँ कि हमारी आशा के विपरीत इस युग के मनीषी, चिंतक तथा विद्यावारिधि विद्वान् कुमारिल ने अपने जीवन के सांध्यकाल में पहुँचकर यही निर्णय लिया कि सभी धर्मों का धर्म आर्य धर्म ही है और इसी कारण उन्होंने हमारा 'बोधिसत्त्व' होने का प्रस्ताव भी ठुकरा दिया। यह तो युग-युगांतर में सिद्ध होगा ही कि अंतत: वैश्विक धर्म अर्थात् सभी धर्मों का धर्म मानव धर्म कौन सा धर्म है। बगदाद और रोम में ही नहीं, बल्कि जैसे-जैसे सभ्यता का विकास हो रहा है, वैसे-वैसे विश्व के सभी देश और सभी विचारक इस पर निर्णय लेंगे। किंतु मुझे पता नहीं क्यों, लगता है कि उनके शोध का फल निकलेगा—एक अनंत फल, विश्वबंधुत्व का अमृत फल और वह मिलेगा भारतीय ज्ञान तथा विद्या के अतलांत वैदिक महासागर में।"

"छोड़िए इन विवादास्पद बातों को, मैंने आपके वचनानुसार अनुवाद की योजना सोच ली है और वह है वैदिक वाङ्मय के साथ-साथ लौकिक संस्कृत वाङ्मय— अश्वघोष, चाणक्य, वात्स्यायन, कालिदास, वाण, भारवि, दंडी, भवभूति, और नाट्य साहित्य-शास्त्र के आनंदवर्द्धन, उद्भट, भामह, दामोदर सदृश काव्यशास्त्रियों की कृतियों के भी अनुवाद हों।"

"क्या योजना सोची है, पद्मसंभव! थोड़ा संकेत करेंगे?"

"बोधिसत्त्व, मेरी योजना है कि इस महान् कार्य के लिए संपूर्ण भारत में बिखरे साहित्यों का क्षेत्रीय स्तर पर संग्रहण और अनुवाद का कार्य उपलब्ध चीनी-संस्कृत द्विभाषा-वेत्ताओं के करकमलों से हो। मैं चाहता हूँ कि इस महायोजना का पहला केंद्र कांचिपुरम् हो और इस केंद्र का समन्वयन कार्य प्रसिद्ध बौद्ध विद्वान् दिङ्नाग के हाथों

में हो। पल्लववंशी राजाओं के राज-पुस्तकालयों में अमित मूल्यवान् साहित्य-सामग्री संग्रहीत है। राजराजा वहाँ के राजा हैं, उनका भी सहयोग हमें मिलता है।"

"और, और कौन से केंद्र कहाँ होंगे, पद्मसंभव?"

"विद्या के केंद्र हमारे सात विद्यापीठ हैं—सातों बनेंगे केंद्र, किंतु कहाँ का समन्वय तथा निर्देशन कौन करेंगे, यह मैं आपसे मिलकर आपके अनुमोदन के पश्चात् निश्चित कर लूँगा। किंतु सबसे प्रमुख तो है—आप द्वारा लिया गया नीतिगत निर्णय।"

"पद्मसंभव, हमारे नीतिगत निर्णय शंघाई में होते हैं और निर्णय करती है सत्ता, शासन व्यवस्था और शासन के नियम-कानून। चीन नियमों, विधानों से चलता है, किंतु किसी समस्या का क्या समाधान है अथवा किसी प्रमाद का क्या दंड, यह निर्णय संबंधित लोगों के चतुर्दिक् फैले तत्कालीन वातावरण से प्राप्त संदेश या संकेत के आधार पर लिया जाता है। हमारे देश की मूल संस्कृति तो यहाँ तक मानती है कि कोई भी निर्णय मनुष्य स्वयं नहीं लेता, कोई-न-कोई आध्यात्मिक शक्ति होती है, जो हमारे पुरखों-पूर्वजों की आत्मा में निवास करती है। पद्मसंभव, चीन यह कभी नहीं जानता, स्वयं ही नहीं जानता कि वह किस विषय पर कब कौन सा निर्णय लेगा। कालचक्र स्वयं निर्णय पर पहुँचा देगा, इसीलिए हमने ईश्वर नाम की किसी संस्था को कभी मान्यता नहीं दी और बुद्ध की ओर झुक गए।"

"छोड़ो पद्मसंभव, तुम संस्कृत वैदिक वाङ्मय, लौकिक संस्कृत वाङ्मय के साथ-साथ यह देखो कि प्राकृत और पाली यहाँ तक कि अपभ्रंश भाषाओं में भी जो कुछ मूल्यवान् लेखन हुआ है तो इस संपूर्ण साहित्य का अनुवाद चीनी भाषा में हो ही जाए, यह सुनिश्चित कर चीन देश की सहायता भी करो।"

इत्सिंग पूर्व के द्वीप देशों में बौद्ध धर्म-महायान शासन का परचम लहराते रहे, किंतु सात वर्षों के बाद जब वे भारत लौटे, तब तक पूरा भारत वैष्णव भक्ति की धारा में बहने लगा था और बौद्ध धर्म की नौका डगमग करने लगी थी। मुगलों से लड़ते और मिलते रहने के क्रम में ऐसा हुआ कि हिंदू धर्म ने भारत का मुख्य धर्म बनकर अपनी पहचान बचाए रखी। किंतु बौद्ध धर्म लुप्त होते-होते समाप्त मात्र ही हो गया और निराश तथा उदास एक अति उदास बोधिसत्त्व चीन वापस लौट गया।

☐

36

रानी बाई के जौहर का प्रकाश तो आकाश में बिखरकर संपूर्ण आर्यावर्त्त की बंद आँखों को खोल ही चुका था, उसके ताप का प्रवाह धरती के अंतस्तल तक को छू गया, एक मौन प्रतिक्रिया, एक अर्थपूर्ण सन्नाटा था सिंध में, किंतु एक हलचल-सी उठी, एक लंबे आंदोलन की शुरुआत थी, विशेषकर राजपुताना में और आश्चर्यत: उससे भी अधिक दक्षिण के देशों तथा राजाओं में। इस्लाम सहमा, बगदाद ने ठंडे दिल से विचार किया और अपने व्यापारिक भविष्य एवं धर्मप्रचार को तादात्म्य तत्त्व मानते हुए राजपुताना या दक्षिण में अनुकूल वातावरण का अभाव, बल्कि प्रतिकूल स्थितियों का उद्भव होना देखकर भारत-विजय का रास्ता सुदूर उत्तर-पश्चिम कांधार से चलकर कश्मीर पहुँचना आसान समझ लिया। सिंध के शासन में एक भ्रामक नरमी नजर आई, वहाँ की थकी सेनाओं को वहीं छोड़ दिया गया और कांधार की सीमाओं पर सशस्त्र बल का जमावड़ा शुरू हो गया।

कांधार में तब तक कश्मीर के करकोट वंशी दुर्लभ वर्द्धन ही नहीं, उत्पलवंशी ललितादित्य मुक्तापीठ का शासन भी समाप्त हो चुका था और बौद्ध मौर्य राजा अशोक एवं राजा (कुषाण) कनिष्क के प्रयासों से सारा गांधार जैसे महायानी बौद्धों से पट गया था। बौद्धों को युद्ध नहीं करने की दीक्षा थी। स्वभावत: भारत प्रवेश का मार्ग अरबों को निष्कंटक लगा। लड़ाई शुरू हुई और देखते-देखते बौद्ध भिक्षु या तो शांतिदूतों की तरह धर्म की राह पर खड़े तलवार के घाट उतार दिए गए या उन्होंने इस्लाम को अंगीकार कर लिया और देखते-ही-देखते शतक संख्या में निर्मित शिव-मंदिर, अर्धशतक विष्णु मंदिर तथा कई विश्वविश्रुत मार्त्तंड मंदिर जैसे अनेकानेक मंदिरों के नामोनिशान मिटा दिए गए, अनेक बौद्ध विहारों को विनष्ट कर दिया गया।

दुरुपयोग तो बहुत हुआ कश्मीर के राजा का, किंतु इसका असर वह नहीं हो सका भारत पर, जो हो सकता था। सिंध में जले जौहर के अग्निज्वाल से कनिष्क के वंशज हनिष्क भागे अपने देश, यही नहीं, शक भागे, कुषाण भागे, हूण भागे, इस्लाम की भारत-यात्रा इसी आंतरिक पथ से जारी रही। बौद्ध संन्यासी भी भागे कन्नौज-थानेश्वर की शरण में, सब भागे कांधार छोड़कर। किंतु अपने घर में बैठे रहे कश्मीर के पंडित अपने-अपने

परिवारों के साथ। उद्भट, वामन, आनंदवर्द्धन, दामोदर कहाँ भागते अपना घर छोड़कर! सो ऐसा हुआ कि पंडितों का यह राज देर-देर तक पंडितों का ही राज बना रहा कश्मीर में। रेशमी मार्ग की तरह ही एक नया रेशमी मार्ग बन गया कश्मीर के अंदर-अंदर और दूर-दूर तक आर्यावर्त्त के हृदयप्रदेश में बनने लगा, बढ़ने लगा। इन्हीं भागकर, कश्मीर की घाटियों में स्थित अपने घरों में भागकर और अपने-अपने पूजा-स्थलों में बैठकर उपासना करनेवाले कई पंडित ऐसे भी थे, जो पूजा-उपासना में विश्वास नहीं रखते थे, कुछ तो ईश्वर में भी नहीं। इनमें आचार्य लोकक्षेम जैसे कुछ महायानी बौद्ध भी थे और ज्ञानगुप्त जैसे कुछ अद्वैत शैव भी, जो थोड़ी-बहुत पूजा-अर्चना भी कर लेते, किंतु बुद्धभद्र नामक कुछ ऐसे ध्यानयोगी भी थे, जो विपासना और ध्यान की बारहों अवस्थाओं तक पहुँचकर महासमाधि जैसी अवस्था को भी प्राप्त कर लेते। बुद्धभद्र लोकक्षेम के विचारों के विरोधी थे।

पद्मसंभव ने इन दोनों आचार्यों को बोधिसत्त्व इत्सिंग के निर्देश सुनाए तथा उन्हें श्रीनगर छोड़कर जालंधर बुलाया। अरबों के भय से आतंकित दोनों आचार्य अनुवाद और वह भी वामन, उद्भट आनंदवर्द्धन जैसे काव्यशास्त्रियों का अनुवाद करना स्वीकार कर जालंधर पहुँच गए। लोकक्षेम ने पद्मसंभव को नमस्कार किया—

"आचार्यवर, वैदिक साहित्य और सनातन धर्म से संबंधित ग्रंथों के चीनी भाषा में अनुवाद का काम फाहियान एवं ह्वेनसांग ने बहुत कराया और इसे धर्म का काम समझकर कई विद्वानों ने इस कार्य को निष्ठापूर्वक संपन्न किया तथा ऐसे धर्मपरायण लोगों में मेरा नाम भी परिगणित होता है। संभवत: इसके पीछे भावना यह रही है कि हमारे देश में पनपा एक धर्म अन्य देशों की मिट्टी में भी ऐसे ही लहलहाएगा, जैसे भारत में। मुझे लगता है कि कहीं ये चीनी विद्वान् हमारे ज्ञान कोष का उपयोग अपने हित में तो करते ही हैं, हमारा ज्ञान एवं हमारा साहित्य भारत से हटाकर अपने ज्ञान की श्रेष्ठता के साथ वैश्विक समाज पर लादना तो नहीं चाहते? नालंदा विश्वविद्यालय तथा अन्य भारतीय विद्यापीठों की ज्ञान संपदा का बहुत बड़ा अंश अब तक शंघाई भेजा जा चुका था। मैंने तो सुना यह भी है कि अभी-अभी बगदाद में जो धर्मसभा इस्लामधर्मियों ने लगाई है, उसने भी चरक और सुश्रुत तथा विष्णु शर्मा के ग्रंथों का अनुवाद करा लिया। ये सारे ग्रंथ उन्हें देवल के मंदिर से प्राप्त बताए जाते हैं। ईसाई धर्म ने तो वैदिक-सनातन के नाम से ख्यात भारत के उदार धर्मशास्त्र के नियमों को अपने धर्म के नियमों में समाविष्ट भी कर लिया है, जिस कारण उनकी वैचारिक दूरी इस्लाम से बढ़ने लगी है। अपने ग्रंथों के आधार पर संसार को चलना सिखाना तो धर्म का काम ही है आचार्य, किंतु ज्ञान-ग्रंथों का इस तरह भारतीय ग्रंथागारों से निकलकर बाहर चले जाना भी उचित नहीं।

अब इत्सिंग महोदय यदि हमारे शास्त्रों-वेदांगों को भी चीन लेकर चले जाएँ तो इस अपराध को न तो सिंधु क्षमा करेगी, न सरस्वती।

"लोकक्षेम, आपने कांधार में रहकर वैदिक ज्ञान का विस्तार चीन और अरब देशों में फैलाकर संपूर्ण विश्व में भारतीय ज्ञान की ध्वजा लहराई है, आप ऐसा क्यों सोचते हैं?"

"इसलिए पद्मसंभव, मुझे यह आशंका होती है कि जिस तरह आज हमें अपना सबकुछ छोड़कर कांधार से कश्मीर भागना पड़ा है, उसी तरह एक दिन कश्मीर और केदारनाथ छोड़कर कहीं मथुरा और अयोध्या तथा कामरूप छोड़कर कलिंग की ओर न खदेड़ दिया जाए। धर्म के बहाने आज की साम्राज्यवादी सभ्यता के लोग धर्म के रास्ते अपनी-अपनी राज्य सीमाओं का विस्तार करने में लगे हैं, अन्यथा ताओ धर्म को त्यागने अथवा कन्फ्यूसियस-पर्सियस की सामाजिक व्यवस्था को भूलकर बौद्ध संस्कृति का ध्वज उठाने की बेचैनी ही क्या हो सकती है? पद्मसंभव, अरबों की सिंध विजय और बगदाद की सांस्कृतिक तैयारी देखकर अब कांधार से विदा होने एवं उसे खो देने में संदेह कहाँ है?"

"बौद्ध धर्म का हीनयान पुराना हो चला। चीन महायान और नित नवीन कालचक्र यानों पर सवार है तथा स्वयं आर्यावर्त्त वज्रयान के सहारे तिब्बत-भूटान की तरह तंत्रयान में फँसा अकर्मण्यता अथवा भोग-विलास में लिप्त हो मुक्ति के मार्ग से भटक गया है।"

"सिंधु का वैभव लुट गया आचार्य, अब लक्ष्मी के बाद बस सरस्वती की बारी है। मुझे खेद के साथ गोरखनाथ का रास्ता अपनाने का निर्णय लेना पड़ सकता है। मैं भारतीय धर्म और संस्कृति की यथासंभव सेवा करने हेतु पुन: अपनी जन्मभूमि कश्मीर की शैव-संस्कृति एवं आर्य धर्म में वापस लौटना चाहूँगा।"

पद्मसंभव ने बुद्धभद्र की ओर देखते हुए उनकी प्रतिक्रिया जाननी चाही।

"आचार्य बुद्धभद्र, तरह-तरह के कर्मकांडों तथा पाखंडों से पीड़ित सनातन धर्म की स्थिति को देखते हुए आप जैसे ध्यान और विपासना के महान् साधक को क्या लगता है, आचार्य लोकक्षेम की निराशाजनक सोच पर क्या कहना चाहेंगे?"

"आचार्य पद्मसंभव, सिंधु की लक्ष्मी पर विजय प्राप्त कर सरस्वती पर दृष्टि उठाते इस्लाम को सभी देख रहे हैं। मुझे लगता है कि इस्लाम ने जैसा व्यवहार सिंध के बौद्धों और हिंदुओं के साथ किया है, उसी को कांधार में दुहराए जाने की आशंका है तथा हमें कांधार से वापस होकर फिर कश्मीर के पुराने घर में लौटने के अतिरिक्त कोई रास्ता नहीं सूझता।"

"मेरा विश्वास है, आचार्य कि स्वयं बुद्ध भी ध्यान की बारहवीं अवस्था में कभी नहीं पहुँच सके होंगे, मैं तो इस विद्या का विशारद माना जाता हूँ, किंतु मुझे भी ऐसी अवस्था में पहुँचकर न तो महाशून्यता का भान हो सका, न महाशांति का और तब निर्वाण का क्या सोचना? मुझे भी लगता है, आचार्य कि ज्ञान और भक्ति की योगदशा किसी भी पंथ की महादशा या महाभाव या महासमाधि की अवस्था से अधिक श्रेयस्कर है।"

"मुझे भी सनातन के अपने घर में वापस होने तथा कांधार से कश्मीर लौट आने की स्वीकृति दी जाए।"

पद्मसंभव, चिंता में पड़ गए, वह तो संन्यास की अवस्था में बौद्ध धर्म में प्रवर्तित ही हुए हैं, पता नहीं, उनका रास्ता किधर जाता है?

पद्मसंभव, लोकक्षेम तथा बुद्धभद्र—तीनों कश्मीर की प्रतिष्ठित पंडित-परंपरा के शिखर पुरुष थे, अज्ञात अतीत से शैव-अद्वैतवादी शैव परंपरा के शिखर पुरुष। तीनों बाल्यकाल से ही अपने परिवार और माता-पिता के मुख से सुनते आ रहे थे कश्मीर के अतीत की कथा बिंदुसागर से सिंधुसागर तक अपनी संस्कृति के विस्तार की कथा अर्थात् सरस्वती और ब्रह्म और ब्रह्मावर्त की कथा। उनके संस्कार से जुड़ा हुआ था, ब्रह्म अर्थात् शिव अर्थात् एक बिंदु, जिसके अंत:संघर्ष के फलस्वरूप दो नदियाँ, एक पश्चिम दिशा की ओर दो धाराएँ बनकर बहती हुई महासागर में लय हो जाती थीं—सरस्वती और सिंधु। बिंदु और सिंधु के बीच का क्षेत्र सिंधुप्रदेश अथवा सरस्वतीप्रदेश के रूप में अभिज्ञात होता था और यही सिंधु-सरस्वती का क्षेत्र आज तक 'सैंधव संस्कृति' के नाम से अभिज्ञात रहा है। इसी सैंधव संस्कृति को नाम दिया गया था—शैव संस्कृति और इसी से तीनों पंडित जुड़े हुए थे—पद्मसंभव लोकक्षेम तथा बुद्धभद्र। किंतु तीनों अब आज शैव नहीं, बौद्ध हो चुके थे और कांधार, कश्मीर से लेकर कच्छ तक, कश्मीरी शैवपंथ का ही बोलबाला था। वर्तमान स्थिति तो यह थी कि जिससे वे आजन्म जुड़े रहे थे, के विरुद्ध ही बौद्ध शून्यवाद, मध्यमवाद अथवा तंत्रवाद के मार्ग का नेतृत्व करने लगे थे।

पद्मसंभव चाहते थे कि ये सभी पंडित शून्यवाद तथा माध्यमिकवाद प्रभावित महायानवाद अथवा तंत्र प्रभावित बज्रयानवाद के सिद्धांतों को दृष्टि में रखते हुए अनुवादों को व्याख्या से जोड़कर ही रचना कर्म करें, ताकि अनुवादों में भारतीय दर्शन की मूलधारा दिखाई पड़े कम-से-कम दिव्य दृष्टि से। इसीलिए तब उन्होंने ज्ञानगुप्त से संपर्क किया, जो शैव-दर्शन के अपने समय के शिरोभूषण समझे जाते थे और उन्हें भी जालंधर पहुँचने का आमंत्रण भेजा। ज्ञानगुप्त के जालंधर पहुँच जाने से अनुवाद के पूर्व की भूमिका प्रारंभ हो गई। लंबे समय तक विचार-विमर्श चलाते-चलाते ये सभी कश्मीरी शैव एक विचारधारा के पोषक जैसा अनुभव करने लगे। उनके मन में आता कि बौद्ध संगीतियों की तरह एक शैव-संगीति कराकर इस शैव अद्वैतवाद को सामने रखकर ही कोई अनुवाद कार्य हो और अनुवाद का कार्य जैसे स्थगित हो गया तथा मुख्य चिंतन का विषय ब्रह्म, ब्रह्मावर्त्त एवं सैंधव प्रदेश हो गए।

पद्मसंभव ने लोकक्षेम से पूछा, "लोकक्षेम, आपने काबुल-कांधार छोड़ने के पश्चात् बौद्धों की सुरक्षा तथा सैंधव संस्कृति की संरक्षा के लिए कुछ व्यवस्था अवश्य कर ली होगी?"

"पद्मसंभव, यह राजा के दरबार में बिना किसी काम के निःशुल्क और राजसी भोजन करनेवाली बौद्धों की सेना, बौद्ध ही नहीं जैनियों की भी तथाकथित सेनाएँ मुसलिम तलवारों की शिकार हो जाएँगी, हथियार नहीं उठाएँगी, उन्हें तो हाथ में भोजन का कोई पात्र भी रखना भारी लगता है। मुझे लगता है कि कांधार में बसे शक, हूण और कुषाण, जो हाल में ही बसे हैं, ब्रह्मावर्त्त में वे भी अपनी सारी शक्ति और जीवन रक्षा के हित में परदेश छोड़कर अपने प्रदेश लौट जाएँगे।"

"तब तो लोकक्षेम, आपको एवं बुद्धभद्र को अपने पास उपलब्ध सारे ग्रंथों को साथ लेकर अपने पुराने घरों में वापस हो ही जाना चाहिए। हम अपनी संस्कृति की स्वर्णिम भूमि कश्मीर के वैभव को ही बचावें। किंतु अभी आप-हम सब अपने धर्म में वापसी नहीं करेंगे, जब तक बौद्ध धर्म की पाँचवीं संगीति अथवा शैव धर्म की पहली संगीति में शास्त्रार्थ कराकर उचित निर्णय नहीं ले लिया जाए।"

पूर्व समुद्र की विजय से संबंधित संदेश तो मिलते रहे, किंतु इत्सिंग अब तक भारत लौटे नहीं थे।

अब तो किसी शैव संगीति अथवा सिंधु संस्कृति की संगीति की प्रतीक्षा थी जालंधर में। जालंधर में स्वयं जालंधरनाथ, मत्स्येंद्रनाथ और गोरखनाथ के इस केंद्र के चतुर्दिक् चर्चित नामों के साथ जमघट था नाथ संप्रदाय का और जीवन भर बौद्ध रहनेवाले शैवधर्मी गोरखनाथ तथा उनके वरिष्ठ हठयोगी मत्स्येंद्रनाथ का प्रभाव क्षेत्र था। गोरख ने हठयोग तथा तंत्र का मार्ग इसलिए पकड़ा था कि हठ के सामने 'शिव' को भी झुक जाना पड़ता था, गुरु को शिष्य क्या खोजे, गुरु ही स्वयं सद्गुरु 'शिव' ही खोजते-फिरते कभी-कभी—गोरख, गोरख, गोरख, तुम किधर चले गए, मुझे अपने साथ रखो, गुरु अर्थात् गो और 'रक्ष' अर्थात् 'संगच्छध्व' अर्थात्

सहनौ अवतु, सहनौ मुनक्तु, सहवीर्यं करवा वहै।
तेजस्विनौ अधीतमस्तु, मा विद्विषावहै॥

गांधार कुछ नहीं था जालंधर के सामने और इसीलिए शारदापीठ भारत की सारी विद्यापीठों में श्रेष्ठ बनी रही।

प्रतीक्षा कर रही थी, जैसे शारदा, सरस्वती, प्रतीक्षा किया करती थी 'शिव' की, ब्रह्म की, ब्रह्मप्रदेश की स्वर्णिम उपत्यकाओं के बीच और 'शिव' विचरण करते रहते सिंधु-सरस्वती की किसी सुरम्य घाटी में और जिस 'शिव अर्थात् सुख की चर्चा सुन बेचैन हो जाते थे—सारे अरबी, इराकी, इरानी, फारसी और यूनान तथा रोमवासी।

शारदापीठ पर प्रतीक्षा थी 'शिव' की—इत्सिंग का आना, न आना अप्रासंगिक बना रहा।

□

37

धार्मिक विद्वेष के बीच परस्पर टकराते और राजनैतिक अस्थिरता के बीच टूटते-जूझते, बनते-बिगड़ते सांस्कृतिक संकट का एक युग था यह, अधोमुख था या ऊर्ध्वमुख, पतनोन्मुख था अथवा विकासोन्मुख, कहना कठिन लगता था। वैसे मौर्य सम्राट् चंद्रगुप्त और अशोक, गुप्त सम्राट् चंद्रगुप्त विक्रमादित्य और हर्षवंशीय सम्राट् हर्षवर्द्धन, जिस कालखंड के नायक रहे हों, उस युग को पतनोन्मुख विशेषण देना उचित नहीं लगता। किंतु दुर्भाग्य ही था कि इन महान् विभूतियों के सत्तासीन रहने के बावजूद ब्रह्मावर्त्त और आर्यावर्त्त की मूल संस्कृति, ब्रह्मा की संस्कृति, अर्थात् शैव संस्कृति को अक्षुण्ण नहीं रखा जा सका। ब्रह्मावर्त्त की संस्कृति, आर्यावर्त्त की संस्कृति अर्थात् शिव संस्कृति अर्थात् शैव संस्कृति के नाम से ख्यात होने के पूर्व यह ब्रह्म-संस्कृति रही थी, इसमें भी कोई संदेह नहीं होना चाहिए था किसी को भी, क्योंकि वह संस्कृति बिंदु या बिंदुसरोवर से निकली थी और जिस लोक में बही थी सरस्वती बनकर, वह ब्रह्मांड का लघु रूप था। यह युग तो और भी पराभूत हो गया, अपने ही घर में उपजी एक ऐसी संस्कृति के सामने, जो संस्कृति के रूप में उभरी और धर्म के कुटिल कूटनीतिक कुचक्रों के बीच पनपी तथा फिर धर्मों के जंजाल में स्वयं फँस गई, ऐसी कि अपने तो शिकार बन ही गई विधर्मियों के बाण की, ब्रह्मावर्त्त-आर्यावर्त्त की संस्कृति को भी विदेशियों और विधर्मियों के मछलीघर की एक सुनहली मछली के रूप में उनके मनोरंजन की वस्तु अथवा उनके विश्वविजय की एक प्रतीक-चिह्न बनाकर रख दिया। और एक समय अब ऐसा भी आ गया कि वह शैव अथवा ब्रह्म संस्कृति तथाकथित हिंदू संस्कृति के मकड़जाल अथवा हिंदूधर्म में बदलती स्वयं भी तंत्र, हठ और पंचमकारों के धर्म में बदलती सड़े-गले पंक में बजबजाती नाली में दम घुटती-सी छटपटाने लगी। गुप्तवंश हो, चाहे वर्द्धनवंश, चाहे भोजवंश किसी के किसी अवतंश ने उस विदेशी मछलीघर में कैद सोनमछली को मुक्त कराने की हिम्मत नहीं दिखाई।

किंतु परिवर्तन-चक्र जैसे किसी नई चेतना के साथ अंगड़ाई लेने लगा था। उत्तर भारत की सांस्कृतिक मणिमेखला अब दक्षिण देश में तुंगभद्रा बनकर पहुँच चुकी थी और सिंह विष्णु के साथ पल्लववंश को सांस्कृतिक आकाश देते हुए राजराजा तक, चालुक्य

वंशीय पुलकेशिन द्वितीय से प्रारंभ होकर तत्कालीन विश्वस्तरीय चार सम्राटों के शीर्ष पर आजीवन नए समय के नए सूर्य की तरह उद्दीप्त राजा अमोघवर्ष तक और प्रतिहार वंश के प्रतिभा संपन्न राजा वत्सराज तक पहुँचाकर एक बार यह सोचने को विवश कर दिया कि पतनोन्मुखता समाप्त होनेवाली है। सिंध की रानी—रानीबाई ने संसार के सामने जौहर का पहला उदाहरण प्रस्तुत कर यह सिद्ध कर दिया था कि आर्यावर्त्त की संस्कृति मरी नहीं, डरी भी नहीं, मरेगी भी नहीं, डरेगी भी नहीं।

यह एक विचित्र संयोग था कि दक्षिण के पल्लव साम्राज्य में पल्लवित यह संस्कृति भी शैव संस्कृति ही थी, वही ब्रह्मावर्त्त आर्यावर्त्त में जनमी, उसी संस्कृति का एक रूप कुछ अतिरिक्त विशेषताओं के साथ, इस संस्कृति और समय के साथ दक्षिण वंशीय वैष्णव संस्कृति में आर्यावर्त्त की संस्कृति के बीच अंतरों को अंतर नहीं, विशिष्टता माना गया और यह ऐक्य-भाव, यह अपनत्व भाव उस संयुक्त मंच से मुखरित हुआ, जो दक्षिणदेशीय मंच था और जो कांचिपुरम् में खड़ा हुआ था।

छह सौ वर्षों में चोलों-पांड्यों के वैभव की साक्षी कांची के पल्लव राजभवन में आयोजित इस ऐतिहासिक महासभा की अध्यक्षता पल्लव सम्राट् राजराजा कर रहे थे और इस सभा में सहभागी प्रतिहार सम्राट् 'आर्यावर्त्त के महाराजाधिराज' की उपाधि से विभूषित आदिवाराह वत्सराज, चालुक्यराज और पुलकेशिन द्वितीय के उत्तराधिकारी सम्राट् अमोघवर्ष। कहा जाता है कि अमोघवर्ष अपने समय के विश्वप्रसिद्ध चार महासम्राटों के बीच शीर्ष स्थान पर परिगणित होते थे। आज की महासभा को देखकर लगता था, जैसे पुराने पाटलिपुत्र में सोलहों जनपदों के राजाओं की उपस्थिति हो, जिनकी अध्यक्षता की बागडोर संघशक्ति के प्रतीक के रूप में सम्राट् चंद्रगुप्त मौर्य सँभाल रहे हों।

कांची की सांस्कृतिक धरती पर दक्षिण देश के राजाओं का स्वागत-अभिनंदन करते हुए वत्सराज ने अरबों की सिंधु विजय से लेकर रानीबाई के जौहर का विस्तृत विवरण प्रस्तुत किया और सभा के समक्ष अपनी चिंता व्यक्त की कि किस तरह इमादुद्दीन के सेनापतित्व में सिंध को अरबों ने लूटा-खसोटा तथा किस तरह वहाँ की बहुसंख्यक आबादी को या तो तलवार के घाट उतार दिया या उन्हें ही नहीं, प्राय: पूरे सिंध को इस्लाम धर्म में परिवर्तित कर लिया। उन्होंने सभा को यह भी सूचना दी कि अधिकांश सिंधुवासी जनता पुन: इस्लाम त्यागकर अपने मातृधर्म में वापस लौटने को दृढसंकल्प है और कांची मंदिर के प्रधान पुजारी के निर्देशन में उनकी घरवापसी का कार्यक्रम आरंभ हो चुका है। इसकी प्रतिक्रिया इस्लाम की ओर से हो सकती है और फिर क्रिया-प्रतिक्रिया का एक लंबा सिलसिला आरंभ हो सकता है।

भारतीय आर्य संस्कृति को सुरक्षा देने के प्रश्न पर विचार-विमर्श हेतु यह सभा आयोजित है, आपके विचारों का स्वागत है। वत्सराज बोले, "प्रतिहार वंशी पुलकेशिन

द्वितीय को हर्षवर्द्धन जैसे साम्राज्यवादी अश्वमेध यज्ञ के अश्व को नर्मदा तट पर बाँधकर उत्तर को पहली बार दक्षिण के स्वाभिमान से समझौता करने को विवश करने का श्रेय देते हुए महावाराह वत्सराज का आह्वान किया—

"महाराज वत्सराज, आपको आर्यावर्त्त का महाराज, प्रथम महाराज होने का श्रेय प्राप्त है और यह श्रेय उत्तर भारत के किसी सम्राट् को नहीं, दक्षिण के किसी सम्राट् के नाम जुड़कर पूरे भारत में यह संदेश देता है कि भारत उत्तर एवं दक्षिण दो विभागों में कभी नहीं बँटेगा, वरन् कश्मीर से कन्याकुमारी तक गंगा की घाटी से नर्मदा-गोदावरी, कृष्णा-कावेरी, सुभद्रा-तुंगभद्रा की तलहटियों तक एक ही प्राण साँसों में धड़कता है और वह भारत की संस्कृति, जो आज आर्य संस्कृति तथा हिंदू धर्म कहला रही है, पूरे भारत की संस्कृति है, पूरे भारत का धर्म है।"

"मेरी सोच है, वही संस्कृति, वही सांस्कृतिक धर्म आज सिंधदेश, हिंददेश या सिंधुधर्म या हिंदूधर्म का प्रतीक बनकर सर्पमुख पर मेढ़क जैसा चीख रहा है—हमें कुछ तो करना होगा, आर्यावर्त के महाराजाधिराज ?"

"पल्लवराज, आपने ठीक ही कहा, सिंधुधर्म यदि हिंदू धर्म समझा गया, अपनी सैंधव संस्कृति यदि हिंदुस्तान की संस्कृति समझी जाती है तो यह तो एक बहुत बड़ा सच है कि जिसे अरब प्रायद्वीप ही क्या संसार के सातों सागरों-महासागरों के देश हिंदू धर्म मानते है तो हम उन्हें साधुवादी दें। किंतु कब और किस ऐतिहासिक-प्रागैतिहासिक राजा के समय उनके ये तथाकथित आर्य सिंधु-सरस्वती की घाटी में अचानक कुछ यायावरों की तरह घोड़ों पर सवार अपनी पेट की आग बुझाने के लिए शिकार खोजते हमारे ब्रह्मावर्त्त में घुस गए और इतनी बड़ी सजी-सँवरी शक्तिशाली सभ्यता को परास्त कर उसके निवासियों को विंध्याचल के दक्षिणी हिस्से में खदेड़ दिया, यह तो कम-से-कम बगदाद व रोम में चल रहे संबोधनों के शोधार्थियों को संसार के समक्ष अब भी रख देना चाहिए। मेरा अनुरोध है कि इस प्रस्ताव पर भी अन्य सहभागी देशों का समर्थन आपको लेना चाहिए।"

"अन्य विषयों पर मैं पूर्णतः आपसे सहमत हूँ और यदि पूरे भारत में सिंध की तरह अधर्म का नंगा नृत्य होगा तो हमारा घर-वापसी का कार्यक्रम भी कैसे रोका जा सकेगा? धर्म किसी भी व्यक्ति का निजी तथा जन्मसिद्ध अधिकार है और उसे किसी धर्म के नाम पर आतंक फैलाकर तलवार के बल पर कदापि छीना नहीं जा सकता। कन्नौज पूरी शक्ति के साथ रानीबाई के जौहर की तरह धर्म की रक्षा हेतु आपके साथ है।"

यह सब सुनते-सुनते चाल्युक्य राज सम्राट् अमोघवर्ष अचानक उमड़ पड़े—

"पल्लवराज, मिथकों के इतिहासीकरण की चर्चा तो सामान्यतः सुनने को मिला करती है, किंतु इतिहास का मिथकीकरण ऐसा कभी न देखने को मिला, न सुनने में

कभी आया। सोलह सौ वर्ष पुराना ही तो अरबों-रोमनों-यूनानियों का इतिहास है न! कौन थे इनके आर्य-ऋत या ऋचा या ऋत्विक या ऋषि,कौन थे? वही हूण, वही शक, वही कुषाण, वही यवन, जो उन्हीं इस्लामधर्मियों के कांधार आक्रमण पर कांधार से खिसककर अपने-अपने देशों में भाग गए? अभी तो कितने नए मिथक और पुराने इतिहास के किस्से गढ़ने बाकी हैं, जो बगदाद, रोम तथा कई अन्य देशों के विद्वानों द्वारा अब परोसे जाएँगे। ब्रह्मावर्त्त की संस्कृति सिंधु-सरस्वती प्रदेश तक सीमित थी। किंतु आर्यों की यह संस्कृति आर्यावर्त्त का नाम ओढ़कर पूरे भारतवर्ष की संस्कृति बन गई, इसी इतिहास का मिथकीकरण करने में पूरा अरब-यूरोपीय परिवार लगा है और इसका अर्थ यह है कि ये सभी देश भारत की अखंडता का स्वरूप प्रदूषित करना चाहते हैं।

"सिंध की घटना की पुनरावृत्ति नहीं हो, इसके लिए हम सब आपके विचार से प्रतिबद्ध हैं। किंतु इस सुझाव पर जो निर्णय हो, उन्हें धर्म का आदेश समझकर अनुपालन करने का हमें संकल्प भी लेना चाहिए।

"कांचिपुरम् विद्या का केंद्र है और ऐसे सात केंद्रों को भी एक साथ होकर इसी तरह राजाओं की एक धर्मसभा बुलानी चाहिए तथा स्मृति ग्रंथों में संशोधन करते हुए धर्मांतरण और धर्म में पुनरागमन की नियमावली तैयार कर देनी चाहिए।"

राष्ट्रकूट के राजा ने इन सभी राजाओं के प्रस्ताव को अपना समर्थन दिया। उन्होंने कहा कि राष्ट्रीय अखंडता के क्षरण को रोकने के लिए 'आर्यावर्त्त के महाराजाधिराज' के नेतृत्व में एक राष्ट्रीय सेना कन्नौज में आर्यावर्त्त की सुरक्षा के निमित्त गठित कर दी जाए, जिसके सभापति कन्नौज के सेनापति होंगे और जो प्रतिहार राजा के आदेशानुसार काम करेंगे। उन्होंने कहा, "महाराज वत्सराज, राष्ट्रकूट अपने शासन में सर्वाधिक बल राष्ट्रीय सुरक्षा पर देने का समर्थक रहा है और उस नाते मैं अपना प्रथम धर्म यह मानता हूँ कि अब भारत की सीमाओं पर बढ़ रहे विधर्मी और विदेशी आक्रमणों की ओर इस महासभा का ध्यान आकृष्ट करूँ। महावाराह, अब तो सिंध के बाद इस्लाम की दृष्टि सीधे राजस्थान तथा उसी क्रम में मध्यदेश की ओर है, क्योंकि इन्हीं दो क्षेत्रों में इस राष्ट्र की लक्ष्मी और सरस्वती दोनों बस गई हैं। राजाओं के घरों में सोने, चाँदी, हीरे-जवाहरात सबकुछ हैं, किंतु अब तक रचित समग्र संस्कृत वाङ्मय की अमूल्य संपदा को बचाकर किसी तरह तक्षशिला के प्रबुद्ध आचार्य कन्नौज और काशी में लाकर मंदिरों, पूजास्थलों तथा बौद्ध विहारों में सुरक्षित रखे हुए हैं। अब राष्ट्रीय अस्मिता का भार, उसकी सांस्कृतिक संपदा की प्रतिरक्षा का प्रभार प्रतिहार ही सँभाल सकता है। हाँ महाराज, भारत की प्रतिरक्षा के निमित्त तैयार हो जाने का उचित समय यही है। सिंध पर यह आक्रमण, सिंध पर नहीं, पूरे आर्यावर्त्त, पूरे भारत वर्ष पर है। रास्ते खुले हुए हैं, सिंध नहीं तो मालाबार की ओर देखो और मालाबार भी नहीं तो गांधार की ओर देखो, कठिनाई कोई है नहीं, आया-गया रास्ता है, आए-गए लोग

हैं, जाना-पहचाना रास्ता, जाने-पहचाने लोग, काम धर्म का, इच्छा खुदा की महाराज, दक्षिण में कांची पर गृद्धदृष्टि है तो उत्तर में इस संसार का स्वर्ग कश्मीर की खिलखिलाती वादियाँ खतरे में हैं, संकटापन्न हैं, आतंक के दंश से पीड़ाग्रस्त कश्मीर को बचाने की चिंता करनी चाहिए। भारत के रत्न जटित राजमुकुट की, उसकी घाटियों में यत्र-तत्र निर्मित सुंदर मंदिरों की और उसके ज्ञानपीठ में सुरक्षित अमूल्य ज्ञानग्रंथों की, शैव-दर्शन की, तंत्र साधना की, अपने राष्ट्रीय गौरव और अपनी अमूल्य अस्मिता की रक्षा अनिवार्य है।"

सभी सभासद मंत्रमुग्ध हो सुन रहे थे राष्ट्रकूट की आत्मा की पुकार। राष्ट्रकूट, जिसने अपने कलेजे से चिपकाकर बचा रखी है आज तक अपनी एलोरा और एलिफैंटा की कला तथा संस्कृति की गौरवगाथा।

करतल ध्वनि से सबने राष्ट्रकूट की राष्ट्रवादी सोच का समर्थन किया। पुनः वत्सराज बोलने लगे, यह प्रस्ताव तो ध्वनिमत से स्वीकार हो गया, किंतु कांची की ओर से भी एक प्रस्ताव है और वह यह है कि आज से हम अब दक्षिणदेश की ही नहीं, संपूर्ण भारतदेश की सुरक्षा की सोचें। मेरा प्रस्ताव है कि भारत की चारों दिशाओं के केंद्रीय स्थल पर जैसे उत्तर में हिमगिरि के ज्योतिपीठ के जोशीमठ में, पूरब के कामरूप में, दक्षिण देश की कांची में, उत्तरस्थ शारदापीठ जालंधर में और सभी समान दिशाओं के लिए देश के केंद्र काशी में हमें प्रतिरक्षा केंद्र के रूप में विद्यापीठों की स्थापना करनी चाहिए। यह प्रस्ताव भी उसके सामने विचारार्थ प्रस्तुत हुए कि अब धर्म में वापसी से संबंधित सारी औपचारिक विधि-विषय देश के किसी भी केंद्र से प्रारूप के रूप में प्रस्तुत किए जा सकेंगे और काशी या कांची की धर्मसभा में अनुमोदित होने के बाद पूरे देश में देश के विधि-विधान का निर्माता धर्म होगा तथा धर्म के विधि-विधान का सम्मान पूरा देश करेगा। कन्नौज संघ की केंद्रीय प्रतिरूप शक्ति के रूप में कार्यशील होगा।

यह भी निर्णय लिया कि इस राष्ट्रीय सुरक्षा परिषद् की बैठक प्रतिमाह होगी और भविष्य में कन्नौज के राजा ही इस बैठक का संयोजन करेंगे तथा संकटकालीन स्थिति में तो यह सभा कभी भी आहूत हो सकेगी।

तब से भारत के ईसोत्तरकालीन इतिहास में संघात्मक शक्ति की जननी तथा प्रथम महासभा एवं राष्ट्र की प्रथम राष्ट्रवादी संरचना होने का श्रेय इसी परिषद् को जाता है। सभी राज्याध्यक्षों ने यह भी आशा प्रकट की कि कांची विद्यापीठ के कुलाधिपति से पल्लवराज महाराज स्वयं संपर्क स्थापित कर उनसे आग्रह करेंगे कि वे धर्मशास्त्रों में उन विधि-विधानों को जोड़कर उनका आवश्यक परिवर्द्धन करा दें और अपने मूल धर्म में सहर्ष विधिवत् पुनरागमन की खुली व्यवस्था कराकर भारत के सभी राज्यों तक तथा सभी विद्यापीठों को भी तदनुसार काररवाई हेतु अनुरोध-पत्र प्रेषित करने की कृपा करें।

□

38

विद्वान् होना बहुत ही बड़ी बात है, दुर्लभ होते हैं, बहुत ही दुर्लभ, इस लोक में विद्वान् सर्वत्र पूजे जाते हैं। राजा तो केवल अपने राज्य में पूजनीय होता होगा, पर ये लोग देवता हैं, सर्वत्र पूजनीय। किंतु विद्वान् से भी उच्चतर स्थान होता है आचार्य का, (प्राचार्य का तो उससे भी उच्चतर आसन है) क्योंकि वह अपनी विद्वत्ता में आचरण का अमृत घोलकर अपने को लोकनायक से ऊपर उठा लेता है, आचरण में भी घोल लेता है गरिमा की सुगंध और ज्ञान-गांभीर्य के गौरव की गुरुत्वाकर्षण शक्ति। तब तो वही विद्वान् एक दिन बन जाता है—गुरु, गुरुवर्य, गुरुदेव अर्थात् सद्गुरु अथवा वाहे गुरु—'जिन सद्गुरु दियौ बताय।' विद्वान् ही जब दुर्लभ हैं तो सद्गुरु मिलना असंभव के अंदर व्याप्त शायद कोई कठिन संभावना। अत: किसी गुरु को सद्गुरु के रूप में स्वीकार पाना आसान नहीं, स्वीकार करने में संदेह की संभावना तो छिपी ही रहती है।

आदिनाथ के शिष्य थे—मत्स्येंद्रनाथ और मत्स्येंद्रनाथ के शिष्य थे—गोरखनाथ। मत्स्येंद्र के आचरण में प्रज्ञता का अनूदय तो दीखता था, किंतु संदिग्ध। इतने विरल गुरुत्व-व्यक्तित्व पर भी संदेह उठना स्वाभाविक नहीं होता तो वाहे गुरु जैसा संबोधन, 'ऐ गुरु', 'क्या गुरु', 'वाह रे गुरु' जैसी व्यंजनाओं का भी क्यों वाचन होता? जब गुरु मत्स्येंद्रनाथ हो जाता है तो शिष्य उससे विद्वत्ता, प्रज्ञता, ज्ञान तो ले लेता है, किंतु आचरण तथा कर्तव्य-भ्रष्ट विद्वान् भी तो नित्य तिरस्कृत होते ही रहते हैं। मत्स्येंद्रनाथ तथा शंकर दोनों शिष्य थे आदिनाथ के, किंतु मत्स्येंद्रनाथ विद्वान् तथा प्रज्ञ ही बने रह गए, अब तक नहीं कहला सके कभी ब्रह्मा, विष्णु या महेश और उनके पीछे शिवावतार बनकर जीवन भर उन्हें ही दिग्भ्रमित होने से बचाते रहे गुरु गोरख। किंतु नाथ संप्रदाय के नेतृत्व की कमान मत्स्येंद्रनाथ के हाथों में ही थी। स्वीकृत लोकमत भी शिष्य गोरख के साथ था और जब भी मत्स्येंद्र आचरण भ्रष्टता की ओर झुकते, लोग कहने लगते, 'भाग मछंदर, गोरख आया।'

शंकर को भी योग-विद्या-प्रवीणता तथा आचरण में उसकी सिद्धता के लिए लोक-प्रसिद्धि प्राप्त होने लगी थी, किंतु शंकर का संसार न तो जालंधर से कामरूप

तक सीमित था और न कश्मीर से कन्याकुमारी तक। शंकर ने कभी मंत्र-तंत्र और योग या योगातियोग हठयोग की भी सफल साधना की थी, किंतु उनकी मान्यता थी कि ईसा की तरह हठयोगी चमत्कार का प्रदर्शन कर तथा रोगग्रस्त लोक की दुर्बल मन:स्थिति का दुरुपयोग कर हिंदू धर्म में उसकी सनातन परंपरा की गति को विच्छिन्न नहीं किया जाए। ऐसा करने से गुरु की गुरुत्वाकर्षण शक्ति क्षीण होने लगती है और वह तथाकथित गुरु लोकापमान का शिकार। किंतु एक प्रश्न जो शंकर के सामने खड़ा था, वह यह था कि मंत्र-तंत्र की विद्या यदि ईसाई तथा इस्लामधर्मी चमत्कार तक ही सीमित रह गई तो वैदिक सनातन संस्कृति के अस्तित्व पर मृत्यु के जोखिम की घटा मँडराने लगेगी। अत: उन्हें आवश्यक लगने लगा कि इस मंत्र-तंत्र की रहस्यमयी विद्या की दुनिया का रहस्योद्घाटन् भी करना ही पड़ेगा और उन्होंने निश्चित किया कि वे कामरूप जाएँगे एवं मत्स्येंद्र से इस बिंदु पर शास्त्रार्थ कर लोक के सामने ब्रह्म की सर्वव्यापकता तथा 'सर्वं खल्विदं ब्रह्म' का सिद्धांत स्थापित करेंगे, लोक को जाग्रत् करेंगे।

इधर 'भगवद्गीता' का भाष्य भी उनके हाथ में था, जिस पर कुमारिल भट्ट की स्वीकृति प्राप्त करनी थी और उधर आलवार से चला भक्ति का आंदोलन। दक्षिण भारत से अपने आंदोलन की स्वीकृति प्राप्त कर संपूर्ण भारतवर्ष में धर्म की एकमात्र ध्वजा फहराते हुए वह उत्तर भारत की ओर बढ़कर बाबा विश्वनाथ के मस्तक पर गोदावरी, कृष्णा, कावेरी का जल ढालते हुए यह बोलना चाहते थे—

"बाबा विश्वनाथ, सारे विश्व को एक इकाई, एक परिवार एक गाँव में परिवर्तित कर, सारी मानवता को दिग्भ्रमित करनेवाले धर्मों को चलाते हुए सभी धर्मों के लिए एक वैश्विक धर्म के अक्षयवट के नीचे सभी धर्म के पूर्वग्रहियों को एक साझा मंच पर खड़ा कर दो, तुम विश्वनाथ हो, बाबा काशी के विश्वनाथ, विश्व को सही दिशा दो।"

बारह वर्षों के उपरांत पूर्ण कुंभ का अवसर था। वैष्णव धर्म का ध्वज हाथों में सँभाले स्पृश्य-अस्पृश्य, सवर्ण-अवर्ण, वैश्य-शूद्र, दास-स्वामी, दस्यु-अदस्यु, और स्त्री-पुरुष सबके भेदभाव को भुलाकर नए वैष्णववाद के अनुसरण में कुछ ईसाई धर्म की धर्मांतरण नीति को देखते हुए और कुछ बौद्ध वज्रयानियों के तंत्र-पाखंड के माध्यम से विदेशी प्रचारकों सिंहलवासियों को त्रेतायुगीन पुराने मतांतरों का प्रत्युत्तर देते तथाकथित निम्नवर्गीय समाज को दिग्भ्रमित करते देखते हुए तथा सबसे बड़ी बात तो यह कि पूरे सिंध प्रदेश एवं पूरे गांधार पर इस्लामधर्मियों की विजय को देखते हुए आलवार और पूरा पल्लव राज्य जैसे आंदोलित हो कुंभ के लिए प्रस्थान करने को तैयार था।

थॉमस कुटीर और अब थॉमस कैथोलिक चर्च के रूप में विख्यात इस्टर्न ओर्थोडॉक्सी मिशन कार्यालय की ठीक बगल में निर्मित प्राचीन मंदिर का भी अब कायाकल्प हो चुका था और कुंभयात्रा वहीं से निकलनी प्रस्तावित थी। पल्लवराजा

वत्सराज कांचीपुरम् के गुरु आचार्य शंकर की प्रतीक्षा कर रहे थे और भीड़ अनियंत्रित होने जैसी हो चली थी। 'शंकर' के साथ भी अपने शैव शिष्यों की एक विशाल मंडली थी। शंकर का स्वागत करते हुए वत्सराज ने सादर उन्हें मंच पर विराजमान किया, स्पष्ट लग रहा था, व्यवस्था धर्मप्रधान थी, जय शिवशंकर और हर-हर महादेव के जयघोष के साथ शंकराचार्य का स्वागत किया गया तथा धर्माचार्य के स्वस्तिवाचन और शांतिपाठ के पश्चात् धर्मसेवकों के संरक्षण में भक्ति की धारा कुंभमुखी हो चली। एक समय था, जब मैत्रावरुण अगस्त्य को लेकर कुंभ उत्तर भारत से दक्षिण की ओर चला था। आज लगता था, पूरा दक्षिण सागर अपनी सभी सरिताओं की धारा लेकर कुंभ में समाने के लिए कटिबद्ध हो, सिंधु बिंदु में जैसे परिवर्तित होनेवाला हो। राजा वत्सराज ने सबको साधुवाद देते हुए शंकराचार्य से कहा, "अत्रभवान् आचार्यवर, आप और आपके शिष्यों की मंडली तो अद्वैत ब्रह्म की साधना में विश्वास करती है, पतंजलि और आदिनाथ की योग-साधना में आप शैवों की उपासना पद्धति से तो शायद समझौता कर भी लें, वैष्णव संप्रदाय के कर्मकांडों, अंधविश्वासों तथा तज्जनित सुधारों की विविध विचारधाराओंवाले वैष्णव संप्रदाय से आप कैसे समझौता करने की बात सोचने लगे हैं, यह सुनकर आपसे और बहुत सुनने की जिज्ञासा है। आपको इस मिली-जुली हिंदू भीड़ को संबोधित करने का आग्रह कर उनके इस अपूर्वदृष्ट ऐक्यभाव के भंग होने के भय से मैंने इस विषय को अभी छेड़ना उचित नहीं समझा। किंतु आपको कुंभ में तो इस बिंदु पर कुछ-न-कुछ संबोधन स्वरूप कहना ही पड़ेगा। राजनीति कहती है कि धर्म की रक्षा करो, धर्मनीति से राजनीति का संचालन करो, किंतु धर्म को राजनीति का मुहरा नहीं बनने दो, किंतु आचार्यवर, ये सब उक्तियाँ सत्युग की पुरानी तथा जंग लगी अनुपयोगी उक्तियाँ हैं। कलियुग में तो धर्म का मुहरा नहीं रहे तो न समाज में गति रहेगी, न राज्य-साम्राज्य के निर्माण का कोई भविष्य, न कोई मुद्दा, न कोई नीति, न कोई नियम।"

शंकर बोले, "पल्लवराज, धर्म का राज, राजनीति नहीं जानता। धर्म तो पूरी पृथ्वी के सभी पृथ्वी-पुत्रों का एक ही होता है। फिर राजनीति का स्थान धर्म में कहाँ? और फिर धर्म क्यों बने राजनीति का हथियार? कुंभ में तो मैं यही बात कहूँगा कि भारत के सभी धर्मों का एक कुंभ में बैठकर कुंभ-पुत्र होना तो पहले सार्थक करें। फिर सारी दुनिया के मनुष्यों को एक कुंभज संस्कृति से जोड़ने का काम बच जाएगा, जिसे आपने दक्षिण देश को एक कर एक शुरुआत तो कर दी है। धर्म का राज्य धर्म में साम्राज्यवाद की नीति नहीं जानता, धर्म की संस्कृति एक परिवारवादी संस्कृति है, मानववंश, मानव परिवार, मानवजाति, मानव का विश्वास, इत्यादि इसकी रीतियाँ हैं।"

"आचार्य, किंतु वास्तविकता तो यह है कि पृथ्वी के अलग-अलग हिस्सों में रहनेवालों की प्रकृति, उनके धर्म, उनकी रीति और उनकी नीतियाँ सब भिन्न-भिन्न

हैं। पृथ्वी को हम सबने अर्थात् पृथ्वी-पुत्रों ने अक्षांशों-देशांतरों में राग-द्वेष की तरह पुरुष-स्त्री, श्वेत-श्याम, ऊँच-नीच तथा नित्य बदलनेवाली प्रकृति के अनुसार विभक्त कर दिया है। किंतु राजन्, सभी जानते हैं कि ये विभाजक रेखाएँ काल्पनिक हैं, सत्य नहीं, दृश्य हैं भी तो पूर्णरूपेण मिथ्या। इसी तरह देशों-देशांतरों, धर्मों-विधर्मों में बँटा यह विश्व कल्पनाधारित है। विश्व अथवा ब्रह्मांड ब्रह्म की एक क्रीड़ा है, खेल है, जादूगरी है, किंतु यह मनुष्य जादूगर के खेल से बिल्कुल भिन्न खेल है, आँखें मूदो, खेल शुरू, आँखें खोलो, खेल खत्म। जिनकी आँखे बंद हैं, वे विश्व को, ब्रह्मांड को बँटा देख रहे हैं। जादूगर कैसे दिखाता है, एक गरदन कटा मनुष्य और कैसे फिर दिखा देता है उसी आदमी की गरदन को धड़ में पूर्ववत् पूर्ण। ठीक वैसे ही जो धर्म धर्म को जादू का खेल बताकर अपने मतलब का खेल खेलना चाहते हैं, वह धर्म को तो क्या, अपने ब्रह्म, अपने परमात्मा, अपने ईश्वर को बाँटकर चल रहे हैं। शैव अद्वैत में विश्वास रखते हैं, अद्वैत ब्रह्म जो सबका निर्माता है, स्रष्टा है और अपने तथा लोक के मनोरंजन हेतु जगत् को एक खेल की तरह प्रदर्शित किए हुए है। इसीलिए राजन्, हमारा कोई विरोध किसी की उपासना-पद्धति से नहीं है या किसी तथाकथित धर्म से। सभी धर्म तो वहीं पहुँचने के लिए प्रयासरत हैं, जहाँ हमारे गुरु-सद्गुरु तथा ब्रह्म का निवास है।"

दक्षिण भारत की आत्मा शैव जीवन-शैली, चिंतन, मनन और निदिध्यासन ध्यान के मार्ग से ज्ञान की चरमावस्था तक पहुँचना जानती है, उत्तर भारत अर्थात् आर्यावर्त्त अर्थात् सिंधु प्रदेश की आत्मा की ही तरह।

"हम अंतरतम से भक्ति आंदोलन के साथ हैं, क्योंकि यही भक्ति जादूगर के गरदन काटोवाले खेल की पोल खोलेगी और दक्षिण एवं उत्तर के सिर व धड़ को जोड़कर संसार के सामने खड़ी कर देगी उस जीवंत प्रतिमा को, जिसे हमे आर्य संस्कृति अर्थात् पृथिवी-संस्कृति अथवा ऋत्, ऋचा और ऋषि की संस्कृति मानकर गर्वोन्नत अनुभव करते हैं।"

"आचार्यवर, यह तो ठीक है किंतु, धर्म का विभाजन है तो दुराग्रह भी तो है। अभी जो रक्त की धारा बहाकर सिंध और कांधार में लूट-खसोट तथा धर्मांतरण का नंगा नृत्य हुआ है, वह तो मनुष्यता पर तलवार चलाने जैसा कृत्य है। इसे रोकने के लिए कुंभ मेले में कोई रास्ता तो निकल ही सकता है। अभी कश्मीर और उसके मूलवासी पंडित समुदाय के सामने अरबी-ईरानी फारसी-तुर्किस्तानी घोड़े पर सवार लुटेरों के कहर का साया है—भय और आतंक का साया। पहाड़ों पर इस्लामधर्मी विदेशी कबायलियों को बसाया जा रहा है और पंडितों के सामने अब एक ही विकल्प है—इसे अपनाओ या गरदन गँवाओ। अति तो यह देखो कि ये ही विदेशी-विधर्मी लुटेरे आजकल अपने को आर्य भी कहने लगे हैं। उनकी समझ है कि जब तक इस देश का नाम आर्यावर्त्त रहेगा और इस

देश की संस्कृति का नाम आर्य संस्कृति, तब तक ये भी आर्य संस्कृति से जाने जाते रहेंगे और आर्यावर्त्त के मूल निवासी कहे जाने के अधिकारी होंगे। इस अभियान को वे धर्मयुद्ध कहते हैं—'जिहाद' जिस शब्द को सुनकर भी कश्मीर के पंडित आतंकित हो जाते हैं। आचार्यवर, धर्म की लड़ाई है तो इसका उत्तर भी तो भारत के धर्म को ही देना होगा, यह समय कश्मीरी शैव मत को दक्षिणदेशीय शैव मत से जोड़कर इस्लाम के तथाकथित 'जिहाद' का उत्तर देने का समय है। वे कहते हैं, कांधार का एक हिस्सा है कश्मीर। हमारा कहना है, शैव-दर्शन की जन्मभूमि कश्मीर उत्तरावर्त्त है एवं कर्मभूमि दक्षिणावर्त्त। सभी दक्षिणदेशीय राजा इस बिंदु पर एकमत हैं और हम सभी आपके साथ रहेंगे।"

"हमारा भी जीवन किसी धर्म से जुड़ा माना जा सकता है, राजन्। धर्म तो प्रकाशदीप है—राजा के मार्ग में नीतियों का प्रकाशदीप। हम भी आश्वासन देते हैं कि हम दक्षिण-उत्तर, पूरब-पश्चिम चारों दिशाओं में धर्म और नीति का आलोक फैलाएँगे तथा भारत का 'भारत' नाम सार्थक करेंगे।"

शंकराचार्य ने अपने पट्टशिष्य पादपद्म को पुकारा और सारी भक्त मंडली भक्ति आंदोलन के अग्रदूतों के साथ चल पड़ी काशी-प्रयाग और मथुरा-वृंदावन की यात्रा पर।

आगे-आगे चल रहे थे अलवार के बारह वरिष्ठ आचार्य भक्त, किंतु सभी एक वेश में, एक देश में, एक मुद्रा में युवा सैनिकों की तरह—गेरुआ वस्त्र, माथे में पगड़ी, हाथ में पोथियों की झोली, शस्त्र नहीं शास्त्र-संपन्न। प्रति एक शतक भक्तों का एक दल एक केसरिया ध्वज और एक परिचय पट्ट हाथों में लिये आगे-आगे चल रहा था। परिचय पट्ट पर लिखा था—'भारतीय भक्ति आंदोलन पदयात्रा—कन्याकुमारी कश्मीर काकेशश मानसरोवर, विश्राम तीर्थराज प्रयाग।' प्रत्येक शतक के प्रारंभिक भक्तों का वेश—माथे में पगड़ी, हाथ में झोली। लगता था, जैसे पुराने जमाने के अलवार, सरयोगी, महद् योगी और भक्ति सार का पुनर्जन्म हो चुका है। पुन: उसी द्रविड़ देश में शठकोप, मधुर कवि, कुलशेखर, विष्णु चित्र और गोदा (विष्णु चित्र की कन्या) के रूप में भक्तों की शृंखला-रंग योगिवाह एवं परकाल के वंश में। भक्ति आंदोलन वस्तुत: वर्णाश्रम व्यवस्था में वर्ण-व्यवस्था के विरुद्ध एक आंदोलन बनकर चला था, जो इस सिद्धांत में विश्वास रखता था कि संपूर्ण भारतवर्ष का एक धर्म है, सनातन धर्म; एक जाति है, आर्यजाति; एक देवता है, विष्णु और एक परिवार है—संपूर्ण ब्रह्मांड, संपूर्ण पृथ्वी, संपूर्ण वसुधा तथा एक सिद्धांत—

सर्वे भवंतु सुखिन: सर्वेसंतु निरामया:।

वस्तुत: अलवार स्वयं एक भक्त संत थे, जिनसे भारत की आचार्य-परंपरा की ही शुरुआत होती है। किंतु यह आचार्य परंपरा केवल धर्मग्रंथों तक सीमित नहीं अथवा धर्मग्रंथों की अंध स्वीकृति देनेवाली परंपरा नहीं थी। आचार्य विष्णु स्वामी तथा आचार्य

नांबि से वर्ण विभेद मिटाने का जो आंदोलन चला था, वह जैसे-जैसे ईसाईकरण अथवा इस्लामीकरण की प्रक्रिया तेज होती गई, वैसे-वैसे वर्ण और जाति, स्पृश्य-अस्पृश्य, पुरुष व स्त्री के समानाधिकार आदि की माँग के साथ जोर पकड़ता गया। स्मृतियों के प्रावधान विस्मृत होने लगे। संशोधन सिर पर सवार थे और आगे-आगे थे, शूद्रसंत पल्ली, चक्रपाणि, परकोटि एवं कारी तथा उनके पुत्र कारि पुत्र। शंकराचार्य शैव थे, अद्वैतवादी थे, वैष्णवों द्वारा वर्ण और जातिभेद के विरोधी थे, किंतु थे तो शैव, कैसे उन आचार्यों की पंक्ति में खड़े हो जाते ? इसी कारण शंकर सबसे आगे पहुँच गए थे काशी, किंतु सारनाथ में बौद्ध साहित्य का सिंहावलोकन करके उन्हें पता चल गया था कि सनातन धर्म, मानवधर्म जैसे धर्म भी स्पृश्य-अस्पृश्य, ब्राह्मणों-वैश्यों के विभेद को मान्यता नहीं देते। शंकर को वह रामायण की कथा याद आ गई, जब स्वयं शिव ने विष्णु को अपना आराध्य स्वीकार किया था तथा धीरे-धीरे शैव और वैष्णव का अंतर, ब्राह्मण और शूद्र का अंतर समाप्त होने की दिशा में तत्पर होने लगा था।

मन-ही-मन उन्होंने पल्लव नरेश की प्रशंसा भी की और मार्ग में आगे बढ़ते चले काशी की ओर, उसके भी आगे प्रयाग तीर्थ के कल्पवृक्ष की ओर।

□

39

ज्ञान बोध अथवा 'बोधि' ज्ञान, गहन-गंभीर घटाटोप अंधकार के बीच सहज अकस्मात् किसी प्रकाश के विस्फोट जैसी किसी क्रिया का घटित होना है, बिजली के कौंध जाने जैसी कोई घटना, जिसे शब्दों में व्यक्त करना अथवा परिभाषात्मक सूत्रों में बाँधना बड़ा कठिन होता है। ध्यान आत्ममंथन की एक अनवरत क्रियारत साधना-प्रक्रिया का नाम है, जिससे प्राप्त ज्ञान को सूत्रबद्ध करना कठिन तो है, किंतु संभव है, सहज है, सामान्य-सुलभ है। वही किसी विपुल वाङ्मय का अध्ययन-चिंतन और मनन कर फिर उसे सूत्रों में बाँधना तुलनात्मक दृष्टि से बहुत-बहुत कठिन। वेदों-उपनिषदों का मंथन तथा चिंतन लेखन और पुनः उसे सूत्राबद्ध करना तो सामान्य मनुष्यों के लिए असंभव कहा जाता रहा है। किंतु यह भी कहा जाता है कि गुरुश्रेष्ठ व्यास ने यह सबकुछ 'अथातो ब्रह्म जिज्ञासा' के साथ संभव कर दिखाकर अपने नाम के साथ 'भगवान्' शब्द जोड़ देने को प्रेरित कर दिया। सरस्वती जगी हुई रह गईं और गणेश ने लेखनी पटकी नहीं, धारा प्रवाह 'सूत्र' निकलते गए और 'ब्रह्मसूत्र' रच गया, फिर बँध गया यह सोचकर कि कोई तो कभी होगा न, जो जानता होगा खोलना, टूटे को जोड़ना, जोड़े को तानी भरनी पर चढ़ा देना और झीनी-झीनी अपनी चदरिया बुन लेना, अपनी ही क्यों, सबके उपयोग के लिए एक बड़ी चादर उपलब्ध करा देना। किंतु हजारों वर्ष बीत गए थे, गठरी भी नहीं खुल सकी किसी से युग-युगांतर तक और व्यास निराश-से रहते हुए अपने वंशजों की ओर टकटकी लगाए देखते रहे, दिखते रहे।

शंकर ने गठरी खोली, सूत्रों को सुखाया-सुलझाया और कांची में बैठकर भाष्य को संभव कर अपने को व्यास कुलोद्भूत होना सार्थक कर दिखाया। पांडित्य का मार्त्तंड मध्याकाश में स्थित रहकर प्रचंड ज्ञान के प्रकाश बिखरे रहा, उसे अन्वित, व्याख्यायित करता जा रहा था, भाष्य रच तो गया, पर पुनरपि परिभाषित होने की आवश्यकता से परिपूर्ण। 'शरीरक भाष्य' परिवेष्ठित कर पीठ पर बाँधे शंकर बड़ी आशा लिये बढ़े चले जा रहे थे, काशी पीठ की ओर। कांची पीठ का शरीरक कहीं काशी पीठ का कोई पंडित कारिकाबद्ध कर दे और यदि काशी से भी पंडितों का पलायन हो चुका हो तो 'संगम'

में किसी-न-किसी पंडित-आचार्य से तो मिलना होगा ही और फिर कोई भाष्य, भाष्य का भाष्य या कारिका का कर्ता कभी-न-कभी तो मिलेगा ही, कान्य-कुब्ज है, पाटलिपुत्र है, मथुरा है, यही विश्वास लिये भक्ति-आंदोलन के रथ पर सवार शंकराचार्य कांची से काशी पहुँच गए थे और सप्तपुरियों के शीर्ष काशी तथा शिव के त्रिशूल पर सप्ततीर्थों के तीर्थ काशी का दर्शन करने में मग्न थे। गंगा की गोद में वैसे ही आनंद लूट रहे थे, जैसे यशोदा के अंक में कभी कृष्ण, कौशल्या की गोद में कभी राम। अभी संगम में डुबकी लगाने में पर्याप्त विलंब था। किंतु काशी भी तो एक संगम ही है—ज्ञान, भक्ति और मुक्ति का अतुल्य संगम—परमात्मा का ध्यान, बाबा विश्वनाथ का नाम और गंगाजल का पान कर मुक्ति-मार्ग पर प्रस्थान कर चुके लोगों का संगम। यवनों, शकों, हूणों तथा कुषाणों के भय से तक्षशिला को छोड़कर भागे विद्वान् हों, चाहे अरबी-तुर्किस्तानी बर्बर मुसलमानों के डर से गांधार से भागे आनंदवर्द्धन और दामोदर गुप्त तथा मम्मट और वामन जैसे काव्य-अलंकार के राजाश्रित गुरु खानदान, सबकी शरणस्थली काशी, शंकर के त्रिशूल से सुरक्षित काशी, सचमुच ज्ञान की संगमभूमि और ज्ञान का तीर्थस्थान तो थी ही, ऐसा तीर्थस्थान, जो अद्वैतवादी शंकर के लिए तो बस संगम का एकमात्र मुक्ति-धाम ही थी। सभी धर्मों के केंद्र-स्थान में बसी काशी इसी कारण युग-युगांतर से मुक्ति-धाम बनी रही। ज्ञान की नगरी काशी, समाधि की नगरी काशी, भक्ति की नगरी काशी, मुक्ति की नगरी काशी, मस्ती की नगरी काशी, सीढ़ियों और घाटों, साँढ़ों और संन्यासियों की नगरी काशी, बौद्धों व जैनियों की नगरी काशी, पंडितों तथा मुल्लाओं की नगरी काशी, वस्तुत: भारत एवं भारती दोनों की केंद्र, स्वर्ग और अपवर्ग की केंद्र, रामनगर के सवर्ण राजा तथा मणिकर्णिका घाट के श्वपच राजा दोनों के जन्म-जन्मांतर के सहजीवी राजाओं एवं धर्मों की केंद्र काशी। काशी-शिवनाथ की तो काशी शवनाथ की भी। कामरूप से, कश्मीर से, कच्छ से, कलिंग से लोग जिज्ञासाओं से मुक्ति हेतु ज्ञान के केंद्र की ओर चल देते और अनायास काशी पहुँचकर आँख खोलते तो पता चलता कि यही है वह मुक्ति-धाम, जो पंचम धाम था वैदिक युग में भी और पंचम धाम के रूप में विख्यात था। आज भी जब कांची से चलकर एक जिज्ञासु दक्षिण से उत्तर को जोड़ने के संकल्प के साथ काशी पहुँचा था, भारत के एक ऐसे केंद्र में जो ज्ञान का संगमतीर्थ के नाम से प्रसिद्ध था। कांची और काशी चार-चार मात्राओं के दो शब्द भर का साम्य, सुवर्ण निर्मित सप्तपुरियों में श्रेष्ठतर या श्रेष्ठतम दो पुरियों भर का साम्य अथवा देवताओं के दो स्वर्ग के नाम से जाना जानेवाले साम्यवाली दो पुरियाँ थीं, जहाँ की विद्यापीठों की शिक्षण-व्यवस्था में भी साम्य था। अंतर यदि कोई था तो मात्र यह कि दोनों के ग्रंथागारों में ग्रंथ कहीं किसी दर्शन विद्या के अधिक थे तो कहीं अन्य दर्शनविधा के, जिस कारण दोनों विद्यापीठों के आचार्य परस्पर आवागमन द्वारा भी पूर्ण नहीं कर पाते थे। आवासीय व्यवस्था भी विद्यापीठों में

आचार्यों के लिए तथा अन्य छात्रों के लिए पर्याप्त थी। जब कांची से चले शंकर तो उनके शिष्यों ने कहा, "आचार्यवर, आपके काशी प्रवास में हम लोग भी चलना चाहते हैं। कांची में अनुपलब्ध जिन-जिन ग्रंथों के अध्ययन का संकेत आपने दिया था, उन ग्रंथों का अध्ययन करने का मौका हमें भी मिल जाएगा। ऐसे शिष्यों में आनंद गिरि तथा पद्मपाद जैसे अनेक पट्टशिष्य भी शामिल थे। शंकराचार्य ने कहा, "चलो आनंद, चलो, काशी अवश्य चलो। मैंने कहा था न कभी प्रलय हुआ था तो सारे पर्वत जल में विलीन हो गए और उनके अंक में बसी, सजी-धजी सारी पुरियाँ भी! किंतु तब भी एक पर्वत ऐसा था, जो जल में डूबा तो अवश्य, किंतु स्थल भ्रष्ट नहीं हो सका और इसका कारण था कि इस सुमेरु नामक पर्वत पर शिव तपस्यारत थे तथा सामने उनका त्रिशूल पृथ्वी में गड़ा खड़ा था। इसीलिए कहा जाता है कि काशी शिव के त्रिशूल और स्वर्ण के पर्वत सुमेरु शिखर पर अवस्थित है।"

आनंद—"सुमेरु पर्वत पर बसी सुवर्ण सुंदरी काशी धन्य है! काशी सुंदरी के और भी तो वैभव होंगे, गुरुवर?"

शंकर—"आनंद, तुम अपनी कक्षा के सभी साथियों को साथ लो और संगमतीर्थ जानेवाले दक्षिण के सभी वैष्णव तथा शैवभक्तों को लेते हुए काशी पहुँचो। मैं पहले से वहाँ विराजमान रहूँगा और तुम लोगों के लिए आवासीय व्यवस्था सुनिश्चित रखूँगा। काशी के वैभव की कथा क्यों, उसका यथार्थ देखो और तब भी मुझे बहुत कुछ शेष वैभव कथा तो कहनी ही पड़ेगी। फिर भी इतना तो जान लो कि काशी स्वर्ण पर्वत के शिखर पर बसी है, यह काशी की देवी स्वर्णवस्त्रों तथा आभूषणों से सजी है और जिस तरह यह काशी की पुरी चार मात्राओं का एक योग है, काशी चार रत्नों-स्फटिक, वैदूर्य, रजत एवं स्वर्ण चार रत्नों से जटित एक मुद्रा में है और जिसकी चारों दिशाओं में चार सरोवर हैं—दुग्ध, दधि, मधु और सोमरस के सरोवर। हाँ आनंद, काशी के चार उद्यान भी दर्शनीय रहे हैं—नंदन, चैत्ररथ, वैभ्राजक और सर्वतोभद्र। सुमेरु पर्वतों का राजा है और काशी विद्यापीठों की रानी। काशी का आनंद लो और आनंद लो स्वर्णपुरी के सौंदर्य का, फिर प्रयाग तीर्थ में संगम की मिट्टी का। आचार्य कक्षाओं में किसी भी विषय पर व्याख्यान देने के पूर्व किसी का उपाख्यान अवश्य सुनाते रहते। शंकर थे और शंकर के साथ उनके असंख्य शिष्य थे, जिन्हें गंगा-विश्वनाथ मंदिर जाने के लिए बने मुख्य मार्ग से होकर जाना पड़ता था, शिवनाथ से शवनाथ तक। आज शिष्यों के बीच अध्ययन का विषय था धर्मशास्त्र और वर्ण-विचार तथा कक्षा में गुरुदेव शंकर सनातन धर्म में परिव्याप्त वर्ण-विभेद की कटु आलोचना करते हुए यह मंत्र स्थापित करना चाहते थे कि अद्वैत सिद्धांत के अनुसार वर्ण एवं वर्ण-विभेदों के बीचोबीच मानव धर्म के विरुद्ध रंग, रक्त और वर्ण का भेद धर्मों का षड्यंत्र था।

कक्षा के अंदर चल रही शिक्षा के क्रम में गुरु शंकर ने मध्याह्न बेला की किसी क्रिया विशेष को संपन्न करने हेतु शिष्यों को अपने साथ मणिकर्णिका घाट की ओर चलने का निर्देश दिया, मणिकर्णिका घाट जो शिव का क्रीड़ास्थल था और जहाँ तांडव नर्तन के क्रम में शिव की मणिजटित कान की कर्णिका टूटकर कहीं खो गई थी एवं जिस कारण इस घाट का नाम ही मणिकर्णिका घाट पड़ गया था। 'शिव' नाम के इस नृत्य मंच को लोग शवनाथ की राजधानी कहते थे। शिष्यों को क्या बताना शेष रह गया था, इसी का एक व्यावहारिक दृश्य था शंकर के भूतभावन भगवान् विश्वनाथ का स्थान अर्थात् शिवनाथ पहुँचने के पहले शवनाथ का यह सत्य प्रदर्शन।

कक्षा में आचार्य ने आज पुन: अद्वैत वेदांत के मूल सिद्धांत की व्याख्या की थी—

न ब्रह्मा विष्णु: रुद्रा: न सुरपति सुरा: न पृथ्वी न चापो
नैवाग्निनापि वायु: न च गगन तलम् नो दिशं नैव काल:।
नो वेदा नैव ज्ञान च रविशशिनौ नो विधि नैव कल्पा:
स्व: ज्योति: सत्यम् एकम् जयति तव पद्म सच्चिदानंद मूर्ते॥

और यह स्पष्ट किया था कि अद्वैत वेदांत के विद्वानों और तत्त्वज्ञानालोकित महायोगियों के अति श्रेष्ठ अनुभवों पर आधारित चरम सत्ता एक कालदिक् रहित अनंत, शाश्वत किसी प्रकार के भेद अथवा प्रक्रियाविहीन स्वयं प्रकाशयुक्त सच्चिदानंद चैतन्य मानी गई है। उपनिषदों ने शब्दों के माध्यम से इसी तथ्य को वाणी दी है। दृश्यमान सारा संसार बहुआयामी तथा बहुरंगी दीखने के बाद भी देहदृष्टि, जीवदृष्टि और आत्मदृष्टि की विभिन्नताओं में स्वयंप्रकाश की सत्ता में कहीं भेद-विभेद का कोई स्थान नहीं। उन्होंने धर्मशास्त्रों में स्थापित वर्णभेद की विशेष चर्चा की थी और इस भेद-विभेद से किसी प्रकार प्रभावित हुए बिना 'अहं ब्रह्मास्मि' के सिद्धांत को जीवन में उतारने की शिक्षा शिष्यों को दी थी।

काशी और काशी की विद्यापीठ संस्कृति भी कथनी व करनी में समानता का पाठ भी पढ़ाती और आचार्यों, बड़े-बड़े विद्वानों को भी सत्य को आचरण में उतारे बिना आचार्य कहलाने का विरोध करती रही है, बाबा विश्वनाथ की भी यही सीख रही है। किंतु व्यावहारिकता में जब आचार्यों में आचरण दोष दिखाई देता है तो मनुष्य की क्या बिसात! सच्चिदानंद को यही बताना अभीष्ट था आचार्य शंकर के निमित्त भी और इसीलिए शिव ने एक खेल रचा तथा शंकर में भी संभावित आचरण-प्रमाद की ओर संकेत किया।

भगवान् भूतनाथ ने मणिकर्णिका के राजा श्वपच चांडाल का रूप धारण कर सभी शिष्यों के समक्ष शंकर की काशी परीक्षा लेनी चाही। विश्वनाथ मंदिर मार्ग के एक तिराहे पर काशी विश्वनाथ इस विश्व के परम सत्तासीन परम पुरुष 'शिव' श्वपच का रूप स्वयं धारण कर विशालाकार श्याम वर्ण श्वानों सहित खड़े थे। जन्म-जन्मांतर से शंकर कुल

पर आरूढ़ उनके ब्राह्मण वर्ण रक्त संस्कार ने उन्हें अचानक रास्ते पर रोक दिया और उन्होंने श्वपच को संबोधित करते हुए निवेदन किया—"गच्छदूरम्, गच्छदूरम्।"

श्वपच ने ऐसे दंडी स्वामी गैरिक वस्त्रधारी वाक्चतुर संन्यासी से साश्चर्य पूछा—

"गच्छदूरमिति देहमुताहो देहिन परिजिहीर्षसि विद्वन्।
भिद्यते अन्नमय तो अन्नमयं किं साक्षिणश्च पतिपुंगव साक्षी॥"

हे विद्वान्, कृपया मुझे यह समझाने का कष्ट करें कि क्या एक अन्नमय प्राणी दूसरे अन्नमय प्राणी से भिन्न है और इसलिए घृणा का पात्र भी? उसने पुनः प्रश्न किया—

"ब्राह्म्य श्वपच भेद विचारः प्रत्ययात्मनि कथं तत्युक्तः।
बिंबितेऽम्बरमणौ सुरनद्यामंतर किमपि नास्ति सुरापाम्॥"

क्या प्रत्ययात्मा (ब्रह्म) के विषय में ब्राह्मण और चांडाल का भेद आप जैसे अद्वैतवादी पंडित के लिए उचित है और गंगा में तथा मदिरा में प्रतिबिंबित एक ही सूर्य को आप दो कहेंगे? ऐसे प्रश्नों को सुनकर और वह भी एक चांडाल के मुख से शंकराचार्य की बंद होती आँखें जैसे जाग्रत् हो गईं। उन्होंने उत्तर दिया और सटीक उत्तर दिया—

"भाति यस्य तु जगाह दृढ़बुद्धेः सर्वमप्यविश्वमात्म तथैव।
स द्विजोस्तु भवतु श्वपचो वा वंदनीय इति में दृढनिष्ठा॥"

उत्तर से संतुष्ट प्रश्नवंती श्वपच की ओर नतमस्त्क आचार्य ने जैसे नजरें दौड़ाईं एक चमत्कार-सा जैसे घटित हुआ—श्वपच के स्थान पर स्वयं भूतभावन भगवान् विश्वनाथ उन्हें आशीर्वाद देने की मुद्रा में खड़े थे।

"शंकर, तुम विश्वाचार्य की प्रवेश परीक्षा में उत्तीर्ण हुए, तुम्हें जगद्गुरु के रूप में स्मरण किया जाएगा। जगत् और ब्रह्म के अंतर्संबंधों के प्रथम साक्षी तुम घोषित हुए। तुम्हारी वाणी और तुम्हारे संदेश का इस संसार में एक मानव, एक धर्म के रूप में जाना जाएगा। किंतु शंकर, आज की परीक्षा तो प्रवेश परीक्षा भर थी। तुम्हें पग-पग पर परीक्षा के लिए प्रस्तुत रहना पड़ेगा। सफलता के पूर्व तुम्हें कई बाधा दौड़ जैसी परीक्षाओं को उत्तीर्ण करना होगा। अब तुम शरीरक भाष्य के भाष्य और उसकी कारिका की रचना हेतु विद्वानों की खोज करो। अपने वैदिक धर्म को पुनः परिभाषित करने की सोचो, किंतु सबसे पहले तुम विभिन्न ज्ञानपीठों में जाकर शास्त्रार्थ पद्धति से अपनी विजय की ध्वजा तो फहराओ। किंतु सबसे पहले तो तुम तीर्थराज प्रयाग का भ्रमण करो। हाँ शंकर, तुम अवश्य जाओ और जितना शीघ्र हो सके, उतना शीघ्र तथा वहाँ के ब्रह्मज्ञानी विद्वान् कुमारिल भट्ट के दर्शन करो।" अंत में अष्टमूर्ति भगवान् भूतभावन यह कहते हुए अचानक विलुप्त हो गए—

"सुनो शंकर, संसार में ज्ञान के केंद्र तो अनेक हैं, किंतु ज्ञान के लिए अब तुम स्वयं

तीर्थ बनो और बस दो स्थानों पर निवास करो। आधी जिंदगी काशी में और आधी कांची में, आधा जीवन वचन को दो, शेष आधा रचना को तथा वचन से अधिक रचना को महत्त्व दो। वचनामृत के प्रयोग से विचारों को जीतो और रचनाकृत प्रयोग से पूरे संसार को अपने दर्शन की छाया में एक-एक कर अपने चरणों में स्थान दो।"

शंकर दौड़ चले भगवान् के चरणों की ओर और वहीं मूर्च्छित पड़े रहे, आँखें खुलीं तो शिष्यगण तो थे, किंतु सद्गुरु-निराकार में लय हो चुके थे।

परीक्षा में उत्तीर्ण होने का जो आनंद साधक को मिलना चाहिए था, वह भी मिला, विश्वनाथ का प्रसाद भी प्राप्त हुआ, किंतु परीक्षा क्यों देनी पड़ी शंकर को, क्यों लेनी पड़ी विश्वनाथ बाबा शिवनाथ को, यह बिंदु शंकर के अंतस्तल को कहीं बेधता रहा, छेदता रहा, कचोटता रहा। कभी-कभी उन्हें लगता कि वैश्विक धरातल पर विश्व के विभिन्न धर्मों के बीच समभाव की मर्यादा स्थापित कर पाने में संभवतः कुछ त्रुटियाँ थीं, शंकर के चिंतन में। शंकर ने सोचा, यही समय है जब काशी की पुण्यभूमि में बैठकर वे सर्वप्रथम भगवद्गीता की भाष्य रचना पूरी करें और संतों की संगति में रहकर ज्ञान, कर्म एवं भक्ति के योग का मानव-जीवन में वैश्विक स्तर पर क्या उपयोग हो सकता है, इसका समुचित आकलन-मूल्यांकन कर लें। उन्हें लगता था, वैश्विक धर्म के स्तर पर कुछ करने योग्य होने के पूर्व विश्व के विचार तंत्र पर वचनामृत की विजय तो हो, अभी तो शैवतंत्र, कश्मीरी शैव विचारतंत्र, काशी और कांची दोनों की विचारधाराओं से भिन्न दर्शनतंत्र एक भिन्न 'तांत्रिक शैवमत' नाम से विदेशों में यह संदेश भेज रहा था कि भारत स्वयं बहुधर्मी, भिन्न-भिन्न प्रकार के देव-देवियों की पूजा-उपासना पद्धति में आपस में ही संघर्षरत है, वह तो शैव-दर्शन है के नाम पर भी विभाजित है। उत्तर का शैव-दर्शन तंत्रवादी शैव-दर्शन है और दक्षिण और शेष भारत के भक्ति-परक शैव-दर्शन से ही कोई समन्वय या कोई समरसता स्थापित नहीं कर सका है, वह वैश्विक धर्म का मार्ग कैसे देगा?

शंकर ने निश्चय किया कि अब वे काशी को केंद्र बनाकर कश्मीर, कामरूप, कलिंग, कन्याकुमारी, कच्छ और कांधार सभी जगहों पर जाएँगे और विचारतंत्र को अपने वचन मंत्र से जीतकर सर्वधर्म समभाव की स्थापना करेंगे। उन्होंने यह भी निश्चय किया कि अपने संस्कारों को दबाने के बदले अपने संस्कारों के प्रकाश में वैदिक जीवन-शैली को भक्ति की अमृतधारा में स्नान कराकर उसे विश्व पुरुष, परम पुरुष, परम आत्मा की चरम सत्ता से जोड़ेंगे और इस प्रकार पूरे भारतवर्ष को एक धर्म के सूत्र में माला की तरह पिरोएँगे। भारत के सभी धर्म एक होंगे, तभी तो भारत विश्व को भी एक धर्म, एक वैश्विक परिवार के लिए एक मानव धर्म का स्वरूप दिखा सकेगा।

सबसे बड़ा रचनामृत अब काशी में रहकर तैयार करना था—'गंगा लहरी' की अमृतांजलि इसी मणिकर्णिका, इसी दशाश्वमेघ, इसी कामेश्वरी मंदिर में रहकर और

भगवद्गीता की टीका इसी काशी के पड़ोसी मथुरा-वृंदावन का भ्रमण करते हुए पूर्ण करने के बाद ही अब विचार विजय की यात्रा प्रारंभ होगी।

अभी तक तो काशी में दक्षिण के तीर्थयात्रियों की भीड़ उमड़ चुकी थी, संगम स्नान के लिए तीर्थराज प्रयाग में सबको आमंत्रण था त्रिवेणी का और शंकर को तीन-तीन ग्रंथों के साथ पहुँचना था कुमारिल भट्ट के संगम कुटीर—शरीरक भाष्य, भगवद्गीता भाष्य और 'गंगा लहरी' की भक्ति-मिश्रित स्वर लहरी का अमृतोच्छ्वास लेकर।

□

40

श्रृंग गिरि की तपस्थली और उसके गौरव रहे ऋषि शृंगी को नमस्कार कर, उनकी पुण्यपूर्ण चरण-धूलि से त्रिपुटी का शृंगार कर एक तपस्वी आ गया था सुमेरु गिरि की तलहटी की छाँव में, जहाँ श्रीखंड से नहीं, विभूति से मंडित त्रिपुंड से मस्तक तक की पहचान होती है, मार्गी को देखकर मार्ग का संकेत मिलता है और आवरण-लेखा से शास्त्र और दर्शन का अनुमान लगा लिया जाता है। चंदन-लेपन तप के ताप को चंद्रिका की शीतलता प्रदान करता है, विभूति घर्षण अंतस् ताप को उत्तप्त तो नहीं करता, किंतु उसे बचाकर तो रखता ही है संध्या-प्रात: यज्ञाग्नि को सुलगा लेने के लिए। एक तपस्वी आ गया था तुंगभद्रा को नमस्कार कर गंगा के अंचल में, शिव की साधना भूमि में मणिमेखला के माया-जाल को झटकार कर मणिकर्णिका, दशाश्वमेध घाटों के मुक्त परिसर में। ज्ञान की तीर्थ-यात्रा में ज्ञान की मातृधारा गंगा को समर्पित करने—'त्वदीयं वस्तु माता हे, तुभ्यमेव समर्पये'। तपस्वी स्वगत संभाषण कर रहा था—

"मुझसे पहले तुम्हीं पहुँच गई, माँ भद्रे, तुम कितनी प्यारी हो, अपने सौभद्र का प्रणाम लो, माँ और हो गई इसी भाव-प्रवाह में एक काव्य व भक्ति की एक पूरी प्रार्थना कथा, कुछ ही दिनों में 'गंगा लहरी' पूरी। गंगा की लहरों से शिव की नगरी को धो-धोकर काशी के तत्त्व सौंदर्य को निखारने में निमग्न शंकर रचना में ऐसे लगे कि एक-पर-एक स्तोत्र-ग्रंथ एवं तत्त्व विज्ञान संबंधी गंभीर ग्रंथों की एक शृंखला ही खड़ी हो गई। विवेक चूड़ामणि, सर्ववेदांत सिद्धांत सार, सौंदर्य लहरी, आनंद लहरी, कालभैरवाष्टक, शिवानंद लहरी, तत्त्वबोध आदि रचनाएँ पूर्ण हो गईं।

कांची से चलते समय उन्होंने संकल्प लिया था कि सबसे पहले वे भगवद्गीता की टीका रचेंगे। शंकर इस कठिन कार्य में निरंतर लगे रहे और संगम के समय काशी से प्रयाग प्रयाण एवं प्रयाग से मथुरा जाने के पूर्व उन्हें यह टीका समाप्त कर लेनी थी। गीता की यह टीका लेकर शारदापीठ तथा कश्मीर का भ्रमण भी उनके संकल्पित भ्रमणों में था। गीता की टीका के साथ शंकर के अंदर-अंदर वंश-वंशांतरों से ज्ञान की चट्टानों से लड़ती-भिड़ती भक्ति-गंगा गोमुखी फूट पड़ी। भक्ति की अजस्र धारा शंकर ज्ञान वेदांती

से अधिक भक्ति वेदांती प्रतीत होने लगे। ऊपर-ऊपर तैरती हिम की मोटी-मोटी चट्टानें और उनके अंदर बहती गंगा की अजस्र धारा। शंकर गंगा को जटाओं में कब तक बाँधे फिरते, पूरे देश में गंगा-ही-गंगा—कभी त्रिपथगा, कभी सप्तधारा, कभी सहस्रधारा, कभी सिंधु में, कभी बिंदु में।

ब्रह्म-ज्ञान का बचा-खुचा, लुका-छिपा अहं-अभिमान एवं ब्राह्मण वर्ण की विशिष्टता का वृथा भान श्वपच चांडाल के चरणों पर गिरकर काँच के पात्रों की तरह टूटकर चूर-चूर हो चुका था और अब ऐसा लगने लगा था शंकर को कि ज्ञानमार्ग पर चलकर ब्रह्मविद एवं 'ब्रह्मविद' से 'ब्रह्म' होना भी तांत्रिकों अथवा हठयोगियों के चक्रमार्ग के घनचक्कर में फँसकर अंधकार अथवा शून्य में खो जाने से कम दुष्कर नहीं था—मूलाधार से आज्ञा, आज्ञा से सहस्रार, सहस्रार से ललना और ललना से गुरुचक्र तक का घनचक्कर तथा बीच में सिद्धियों की मायापुरी का आकर्षण। मोक्ष का पथ छूट जाने की आशंका प्रबल लगती, विशेषकर उन सामान्य मनुष्यों के लिए, जिनके अंदर किसी सहज-सुकर सूक्ष्म मार्ग से आत्मदर्शन के रास्ते परमात्म दर्शन तक पहुँच जाने की स्वाभाविक संभावना प्रतिबिंबित होती रहती। काशी विश्वनाथ का दर्शन विश्वनाथ मंदिर पथ पर, जिसके आगे गंगा की पवित्र धारा प्रवाहित है और जहाँ दशाश्वमेघ तथा मणिकर्णिका के विस्तृत तट एवं उनकी सर्पीली प्रौढ़ियाँ शोभायमान हैं, विश्वनाथ तत्त्व अथवा परमात्व तत्त्व का साकार दर्शन ही तो था! और आज लगा शंकर को कि यह दर्शन सहज-सुकर भी संभव था, किंतु यह संभव तभी था, जब 'शिव' विश्वनाथ के नाथ की तरह स्वयं गुरु की भूमिका में उतर आएँ। शंकर ने स्वीकार कर लिया—

गुरुमेवाचार्यं शमदमापि संपन्नमभिगच्छेत्।
शास्त्रज्ञोपि स्वातंत्र्येण ब्रह्मज्ञानान्वेषणम् न कुर्यात्॥

ज्ञानयोग में कर्मयोग और कर्मयोग में भक्तियोग के सम्मिलन को ही गीता भी जीवन के मोक्षमार्ग के रूप में अनुशंसित करती है, मान लिया शंकर ने याज्ञवल्क्य की तरह—

"अयं तु परमोधर्मः यद् योगेनात्मदर्शनम्।"

अर्थात् आत्मदर्शन अर्थात् बुद्धि का सूक्ष्मीकरण अर्थात् स्थूल चित्त से कामनाओं-एषणाओं का बहिष्करण है और इसका शेषफल है—अहं ब्रह्मास्मि (ऋ.), तत्त्वमसि (साम॰), सोऽहम् (यजु) एवं अयमात्मा ब्रह्म (अथर्व) सबका सार्थकीकरण।

शंकर को यह भी स्वीकार करना पड़ा कि सद्गुरु के बिना यह सामान्य मानव के लिए संभव नहीं और शिष्यों की साधना का संचालन गीता के भाष्य में तल्लीन हो गए। गीता का भाष्य चलने लगा, चलता रहा और अनजाने-अनसोचे भाष्य की भाषा, भक्ति की भाषा, भक्ति के स्तोत्रों-मंत्रों की काव्यभाषा में गोमुखी से निःसृत गंगा की अंतर्धारा

की तरह प्रवाहित होने लगी एवं सींचने लगी तंत्र-मंत्र, सिद्धि-निधि, दक्षिण-वाम, शैव-शाक्त के परस्पर बढ़ते द्वेष और पाखंड से तप्त हो रही भारत-भूमि को—भक्ति की, प्रेम की, करुणा की, सर्वनिरामयता तथा सर्वकल्याण की अमृतधारा से।

शंकर ने काशी में एक नई कांची बसा ली, वेद विद्यालयों और गुरुओं-आचार्यों की संख्या बढ़ने लगी, योगियों-संन्यासियों के अध्यात्म, प्राण-पिपासु जुटने लगे, कुछ ज्ञानार्जन के लिए, कुछ शास्त्रार्थों के माध्यम से अपने-अपने धर्मों-विचारों के पुनर्स्थापन अथवा मुख्यधारा में सम्मिलन की कामना लेकर। बड़ी-बड़ी बातें सुनी थीं शंकर ने, सप्तपुरियों की ही नहीं, ज्ञान-विज्ञान के तीर्थस्थलों की ही नहीं, सांस्कृतिक केंद्रों तथा ऐतिहासिक-राजनैतिक राजधानियों के विषय में भी—गांधार की, जालंधर की, तक्षशिला की, मथुरा की, कामरूप की, मगध की, वैशाली की, श्रावस्ती-अयोध्या की तथा कान्यकुब्ज की, किंतु काशी अनोखी लगी, एक विशिष्ट गुरुत्वाकर्षण से संपन्न। वैशाली और मगध के मध्य लोग कहा करते कि कोई स्थान है—'कोन्हारा' अर्थात् कौन हारा? बड़े गर्व से कहते वैशाली के लोग, 'ग्राह हारा' और ग्राह की तरह ही मगध भी नतमस्तक हुआ था हरिहरनाथ के चरणों में। किंतु काशी की पहचान—'कौन हारा?' नहीं—'कौन नहीं हारा?' थी, कौन नहीं आया सिर ताने और किसका मस्तक नहीं झुक गया विश्वनाथ के चरणों में। शंकर ने भी अपना माथा टेक दिया काशी-विश्वनाथ के चरणों में और आँखें मूँद लीं, प्रत्यक्ष की आँखें मुँदीं और सूक्ष्म की आँखें खुल गईं, स्वयं के प्रकाश से अंतर नहा गया एवं अहं का बृहस्पति लगा कि विलीन हो गया प्रकाश के असीम आकाश में और शंकर का आत्मदर्शन परमात्म में मिलकर 'एक तत्त्व' हो गया तथा 'अहं' 'अहंब्रह्मास्मि' बनकर सप्ताकाश के सूर्य की तरह आलोकित हो उठा। सारे भारत को पहली बार भारत होने का भान होने लगा तथा भारत के सभी विद्या केंद्रों पर शंकर के प्रति 'सम्मान' भाव परिव्याप्त हो चला।

शंकर सबकुछ जानते हुए काशी आए थे। अब शंकर अवगत थे भलीभाँति कि वे सप्तपुरियों की सबसे श्रेष्ठपुरी काशी में निवसित हैं, स्वर्गपुरी नहीं, स्वर्णपुरी भी नहीं, इंद्रपुरी भी नहीं, सबसे विशिष्ट एक पुरी, एकात्म-परमात्म की पुरी शिवपुरी-काशीपुरी में। काशीपुरी, बाबा विश्वनाथ की काशी थी यह—विश्वनाथपुरी-विश्वपुरी अर्थात् पूरा विश्व लगता था कि सिमटकर, सिकुड़कर, समन्वित होकर, एक नूतन अवतार की तरह एक वैश्विक पुरी, एक वैश्विक गाँव, एक वैश्विक संस्कृति के रूप में अवतरित हो रहा हो। इस वैश्विक गाँव में क्या नहीं था, रोम नहीं था कि चीन नहीं, अरब नहीं कि फिलीस्तीन नहीं, इरान नहीं कि खुरासान नहीं, सीलोन नहीं कि जापान नहीं। सब थे इस एक गाँव में, छोटे-छोटे टोले थे, कहीं कांधार तो कहीं कश्मीर, कहीं कच्छ तो कहीं कन्याकुमारी, कहीं

कोंकन तो कहीं केरल, कहीं कोरोमंडल, कहीं कलिंग तो कहीं कामरूप कामाख्या। कहीं था, मृगदाय बुद्ध का बिहार, कहीं महावीर का परिवार, कहीं कांची काशी, कहीं कन्नौज। कहीं सँपेरों का खेल चल रहा था, कहीं सिद्धों की बाजीगरी तो कहीं नाथों का चमत्कार। कहीं ऋषियों की तपस्थली थी, तो कहीं मुनियों की रचनाभूमि, कहीं विष्णु, कहीं ब्रह्मा और सबसे अंत में सबका शीर्षक, सबका सार—विश्वनाथ का नामोच्चार—गंगा का पतितोद्धार तथा कल्पवृक्ष की अमर छाँवतले कथा का वरदान। सब गाँवों का एक गाँव, सब धर्मों का एक धर्म, सब जातियों की एक जाति—सनातन गाँव, सनातन जाति, सनातन धर्म, वैश्विक गाँव, वैश्विक धर्म, वैश्विक जाति, सब सनातन, सब शाश्वत। जब से एकात्म ईश्वर ने अपनी आँखों से यह सबकुछ देखा तो अपनी आकृति की प्रतिकृति के रूप में एक मनुष्य का सृजन कर कहा कि लो, यह रहा तुम्हारा वैश्विक गाँव, यह रहा तुम्हारा अपना परिवार—

अयं निज: परोऽवेति गणना लघु चेतसाम्।

उदार चरितान्तु वसुधैव कुटुम्बकम्॥

तभी तो भारतीय संस्कृति ने इस असार संसार को संसार करने के उद्देश्य से एक आदर्श पुरी की कल्पना की है—

असारे खलु संसारे सारमेतच्चतुष्टयम्।

काश्यांवास: सतां संगो गंगाभ्य: शिवपूजनम्॥

शंकर यह सबकुछ जानते हुए काशी आए थे और अब यह सबकुछ देख रहे थे, किंतु वह जो कुछ भी देख रहे थे, वही तो जगत् था, 'जगन्मिथ्या'। अभी तो बहुत दूर था वह सत्य, जिसे वे ब्रह्म कहा करते थे।

शंकर इसी तरह दक्षिण भारत को जीतकर चले थे, काशी और काशी जीतकर मन-ही-मन यह कल्पना करते रहते कि वे ठीक इसी तरह शेष भारत और तत्पश्चात् शेष विश्व भी जीत लेने के आनंद की सुखानुभूति से भी अभिभूत हो सकेंगे। काशी को निवास बना लिया, गंगा का दर्शन, गंगाजल का सेवन तथा शिवपूजन भी कर लिया था शंकर ने। अब शेष था—सतां संग:। किंतु दशाश्वमेध काशी के एक चांडाल ने तो जैसे उनकी दिग्विजयी आत्मा को अश्वमेध के अश्व की भाँति घेर लिया और घेरकर बाँध दिया—"शंकर, एक ही परमात्मा आत्मस्वरूप होकर सारे लोक में अवलोकनीय होता रहता है तो तुम जैसा ब्रह्मदर्शी एक चांडाल आत्मा को अछूत समझकर क्यों दूर भगाने लगे थे, क्या सचमुच तुम्हारे अंदर का पराशर तुम्हारे नश्वर शरीर के अंदर का व्यास वर्णभेद और छूत-अछूत के दूषण से ग्रसित होकर ऐसा कृत्य कर बैठा। शिष्यों के सामने एक चांडाल से पराजित शंकराचार्य लज्जित भाव से गंगा की ओर बढ़ने लगे। अब वे

मणिकर्णिका के तट पर पहुँचनेवाली सीढ़ियों पर उतरने लगे थे, तेज गति में थे शंकर, ताकि छात्रगण उनकी पराजित मन:स्थिति को भाँप न सकें।"

एकाएक एक चौताल पर पैर रखने ही वाले थे कि उनके अग्रगामी पैर पश्चगामी हो गए—"अरे बाप रे, भागो···आगे नहीं बढ़ो," किंतु पंचमुखी शंकर स्वयं भी आगे नहीं बढ़ सके। सीढ़ियों में यों उलझकर गिरे, जैसे रस्सियों से उलझकर गिर जाता है या बाधा-दौड़ में भाग रहा कोई तेज धावक। शिष्यों ने सँभाला उन्हें, बेहोश शंकर ने फिर उनसे कहा, "अरे, साँप-साँप···भागो-भागो!" वे होश में आए तो सीढ़ियों पर बैठे-बैठे सामने खड़े तीन श्यामल वर्ण, मुंडित मस्तक, काषाय वस्त्रधारी याचक संन्यासियों को देखकर साश्चर्य पूछा—"हे योगिवर, आपने उन तीन विषधरों को देखा, किधर चले गए वे?"

"यहाँ तो कोई साँप नहीं दिखा है, हम तो आपको चिल्लाते देखते भागते-गिरते-उठते देखकर स्वयं आश्चर्यचकित हैं। आश्चर्यचकित हम यह देखकर हैं, विद्वन् कि आप वेश से ब्राह्मण प्रतीत होते हैं और शिष्यों को साथ देखकर यह भी स्पष्ट है कि आप किसी विद्यास्थली के आचार्य भी हैं। यदि आप ब्राह्मण हैं और आपकी आत्मा ब्रह्म या ब्रह्म का अंश है तो आत्मा को इस तरह भयभीत होना युक्तिसंगत नहीं लगता। नाग के दंश मार देने से ही ब्रह्ममय आत्मा को क्या हो जाएगा? आपके शिष्य भी आपसे इस प्रश्न का उत्तर माँगेंगे, आचार्य।"

वसुवंधु के इस प्रश्न के बाद बोलने लगे नागार्जुन—"आचार्य, आप यदि ब्रह्मवादी हैं तो निश्चय ही आपका ब्रह्म 'शिव' की संज्ञा से अभिहित होता होगा। आप यदि नाग से यों डरेंगे तो आप नाग-शोभित शिव में लय-विलय कैसे हो सकेंगे, आचार्यवर?"

शंकर ने सबकुछ समझते हुए भी कुछ उत्तर नहीं दिया, लज्जित अवश्य हो गए थे।

शंकराचार्य ने सबसे लंबे कद के संन्यासी से इतना मात्र पूछा, "आप कौन हैं संन्यासी, आपके भिक्षाटन पात्र और वेशभूषा से तो लगता है कि आप अवश्य ही कोई बौद्ध संन्यासी हैं तथा भ्रमणार्थ मणिकर्णिका घाट आए हैं।"

"आपने ठीक ही कहा आचार्य, मेरा नाम वसुवंधु है और मेरे साथ मेरे दो वरिष्ठ संन्यासी, बाईं ओर नागार्जुन और दाहिनी ओर दिङ्नाग हैं। बहुत वर्षों से भू-गर्भ साधना में लीन हम तीनों संन्यासी आज शुद्ध वायु के सेवन हेतु गंगा किनारे पहुँचे थे, वापस जा रहे हैं।"

"मैंने तो अभी-अभी आपके स्थान पर तीन भयंकर काले नागों को भुजंगासन में यहीं देखा है। यदि आप थोड़ा समय दें योगिवर, हम आपसे कुछ पूछना चाहेंगे।"

"हमारी साधना का समय हो रहा है, आचार्य। अब तो ठीक इसी बेला कल यदि हमारे आश्रम—मृगदायवन आ सकें तो वहीं आएँ, हमारी बातें हो सकेंगी।" फिर 'बुद्धं

शरणं गच्छामि'"''कहते तीनों संन्यासी आगे बढ़े और देखते-देखते कहाँ अंतर्धान हो गए, कुछ पता ही नहीं चला। शंकर के शिष्य सबकुछ आश्चर्यचकित निहारते रहे और आचार्य के आदेशानुसार गंगा तट पहुँचे तथा उस ओर चलते चले गए, जहाँ गंगा का पूरा पाट पद्मपुष्पों से शोभित हो रहा था। मध्य दिवस का कर्मकांड समाप्त कर शिष्यों के साथ आचार्य पुन: विद्यालय लौटे, किंतु मानसिक संतुलन जैसे असामान्य हो, उन्होंने आज मध्याह्न के बाद की कक्षाएँ निलंबित कर दीं और स्वयं एकांत में जाकर ध्यानस्थ हो बैठ गए।

□

41

बालुका से पत्थर और पत्थर से प्रेताकृति और तत्पश्चात् मानवाकृति धारण करने वाला 'अहं' का संभ्रम ज्ञान की समाधि-महासमाधि के चरम तक की महायात्रा में घिसते-घिसते अथवा भवसागर से प्रेम-भक्ति के भावसागर के मंथन के क्रम में वही 'अहं' कब 'अहं' बन गया और कब विगलित होकर 'ब्रह्मास्मि' बन गया, यह विषय शंकराचार्य जैसे सिद्ध योगी के सोचने का विषय नहीं रह गया था। बुद्ध ने 'ध्यान' के शून्य की बारह अवस्थाओं को पार कर 'निर्वाण' और 'बोधि' का ज्ञान प्राप्त किया था, उससे बहुत आगे का एक बोध था ब्रह्म का सत्य, जिसमें शंकर का 'अहं' कब गलकर लय हो चुका था, अस्तित्वहीन हो चुका था और तब एक शब्द विस्फोट हुआ था—'अहंब्रह्मास्मि', 'तत्त्वम्' की तरह, 'सोऽहम्' की तरह। ब्रह्मसूत्र की भाष्य-रचना के क्रम में अहम् का विलय सम्पुष्ट भी हो चुका था, फिर यह कौन सा अहम् था, 'अहं' अथवा 'अहम्' जो काशी पहुँचकर एक चांडाल गुरु की परीक्षा में असफल हो गया अथवा यह कैसा 'ब्रह्मास्मि' का महाभाव था, जो 'ब्रह्मास्मि' की भावधारा से फिसलकर 'ब्राह्मणास्मि' की भवधारा में प्रवेश कर गया, वेदोपनिषदों की महावाणी को विस्मृत कर, शास्त्रों और स्मृतियों की जीवन-शैली की ओर विचलित होने लगा अथवा यह कैसा ब्रह्मबल था, यह कैसा आत्मबल था, जो सर्प और सर्पदंश के भय से भाग चला, मणिकर्णिका के गंगा तट से जीवन के जंगल की ओर।

आज का अपराह्न गहन निराशा के अंधकार से आच्छन्न रहा। शंकर यह समझ नहीं पा रहे थे कि काशी पहुँचते ही उन्हें यह क्या हो गया। वसुवंधु की त्रिमूर्ति ने चलते-चलते जहाँ चलने का संकेत दिया था, वह शंकर का गंतव्य नहीं था, किंतु जब भी ऐसा कुछ बोलना चाहते, उनके अंदर बैठा वसुवंधु भी बोलता, "गंतव्य तो ऐसा मेरा भी नहीं था आचार्य, जब मैं अयोध्या में रहकर विष्णुदेव की आराधना-उपासना में मस्त था। मेरे बड़े भाई असंग जब बौद्ध हो गए तो उन्होंने मुझे भी निर्वाण का वही पथ सुझाया, जिस पर गड़े शिलापट्ट पर लिखा था—'बुद्धं शरणं गच्छामि', ऐसा तो नहीं है न, आचार्य कि आप भी उसी पथ के पथिक हों।"

"नहीं-नहीं, ऐसा कदापि संभव नहीं।" यह कहते-कहते शंकर यातना की किसी काली कोठरी से निकल आते। किंतु वसुवंधु, नागार्जुन और दिङ्नाग जैसे प्रेतनागों का सामना करने का साहस पर्याप्त था आचार्य में और उन्हें आत्मविश्वास भी था कि उनका चिंतन-मनन-निदिध्यासन उन्हें कभी धोखा नहीं देगा। इस आत्मविश्वास को अपार शक्ति दी थी भगवद् गीता ने भी, जिसके भाष्य-लेखन में वे अभी तल्लीन थे।

रात गई, उषा आई। प्राची के ललाट पर बालारुण की स्वर्णिम किरणें जैसे लाल गुलाब की तरोताजा पंखुड़ियाँ बरसा रही थीं, कलकल किल्लोल करते पक्षीकुल मुक्ति-गान में मस्त थे और शिष्यों के साथ कक्षा से मृगदाय वन की यात्रा पर निकल पड़ा गुरुकुल का कोई ऋषिगुरु, जैसे कुछ सीखने के लिए नहीं, वसुवंधु और नागार्जुन, दिङ्नाग से, वरन् यह बताने के लिए कि साँप के डर से भागना यदि श्रेयस्कर हो तो भागना और उसके मार्गदर्शन में जीवन के मोह-जाल में फँस जाने से बच जाना ही बुद्धिमत्ता है। कुमार्ग से भागना, विकर्मों से बचना यदि आवश्यक है तो यह भी स्वाभाविक तथा आवश्यक है कि हम पाप मार्ग पर चलने से बचें।

मृगदाय वन वही वन है, जहाँ बुद्ध ने अपने पाँच साथी संन्यासियों की उपस्थिति में अपनी 'संबोधि' के मज्झिम निकाय का प्रवर्तन किया था, काशी के अनेकानेक शिवभक्तों के बीच में और उस धर्म प्रवर्तन का विशेष आकर्षण यह था कि इसमें उस सुजाता का पूरा परिवार भी सम्मिलित था। सुजाता का क्षीर भोजन 'बोधि' के प्रेरक तत्त्वों में था, ऐसा सिद्धार्थ गौतम ने स्वयं भी स्वीकारा था। ऐसा माना जाता रहा है कि 'निर्वाण' अथवा 'सम्यक् संबोधि' की यात्रा में भटकी पुण्यात्माएँ या धर्मात्माएँ कर्मानुसार पुनर्जीवन धारण करने हेतु इसी मृगदाय वन में अपने पुनर्जन्म की प्रतीक्षा करती रहती हैं और वे ही आत्माएँ कभी-कभी अपने पाप कर्मों के अनुसार शैतान अथवा सर्प का रूपाकार ग्रहण कर पुण्यात्माओं को पुण्य पथ से विचलित करने का प्रयास करती हैं। उन्होंने शिष्यों से कहा, "चलो शिष्यो, हो सकता है कि आज मृगदाय वन में कल की घटनाओं की कोई व्याख्या हमें मिल जाए।

"यह विचित्र नगरी है—काशी, मेरे प्रिय शिष्यो! एक छोर पर गंगा, दूसरे छोर पर वरुणा। मंदिरों की नगरी उन्मुक्त गंगा तट-सीढ़ियों से गंगा में उतरने का आनंद, कहीं जीवन का यज्ञ, कहीं मुक्ति का कर्मकांड, कहीं गंगा की लहरों में साहित्य-संगीत की स्वर लहरी, कहीं शिवराज, कहीं यमराज।"

काशी-योगियों की नगरी, काशी-सिद्धों का तीर्थधाम, काशी-नाथों की तपस्थली, काशी-वेदाध्यायियों का स्वर्ग, काशी विष्णुधाम, काशी शिवधाम, काशी कामाक्षी धाम, काशी अश्वमेध की भूमि, काशी मुक्तिधाम। उसी काशी विश्वनाथ का एक छोर है काशी सारनाथ, जिसे कभी मृगदाय वन के नाम से जाना जाता था। कुछ बात थी

काशी की ससारता की बात, तभी तो देव-बहुदेवोपासना के विरोधी सिद्धार्थ गौतम ने भी मगध से बाहर जाकर काशी के अंदर स्थानीकृत असार संसार को पार करनेवाले अपने 'धम्म' का धमाका करने का निर्णय लिया होगा। यही मन में सोचते-सोचते पहुँच गए शंकराचार्य—'धम्म' का विकल्प निर्विकल्प ब्रह्ममय विश्व की सुचिंतित-सुनिश्चित अवधारणा धारण किए मृगदाय वन अर्थात् सारनाथ और रास्ता का पता करते-करते उस स्थान पर जहाँ बैठकर बुद्ध ने बौद्ध धर्म का प्रवर्तन किया था, अपने प्रारंभिक पाँच परिव्राजकों के साक्ष्य में।

शंकराचार्य सारनाथ में पहुँचकर उस सार तत्त्व का अनुभव करना चाहते थे, जिसकी अनुभूति बोधि-संबोधि की ज्ञानरश्मि के विस्फोट के रूप में बुद्ध को बोधिवृक्ष के नीचे हुई थी और जिसके प्रकाश में नहाकर बुद्ध को लगा था कि यही अवस्था निर्वाण की अवस्था है। दु:खमय और असार संसार से मुक्ति का विकल्प—जिसे उन्होंने निर्वाण की संज्ञा दी और जिसे शंकराचार्य निर्विकल्प समाधि की अवस्था मानते थे। शंकराचार्य आचार्य थे आज, केवल शंकर नहीं और उनके साथ थी सिद्ध शिष्यों की जिज्ञासु मंडली, जो आचार्य के सारनाथ भ्रमण की ससारता-निर्वाण की अवस्था और समाधि की अवस्था, अहंब्रह्मास्मि अथवा सोऽहम् के अंतर को समझना चाहती थी। आचार्य इस तथ्य तक पहुँचने के लिए वसुवंधु, दिङ्नाग और नागार्जुन नामक उन तीन संन्यासियों से मिलने को व्यग्र थे, जिनसे उनकी भेंट कल मणिकर्णिका के तट पर हुई थी। सारनाथ के मुख्य विहार के द्वार पर पदासीन भिक्षु से उन्होंने सबसे पहले वसुवंधु से मिलने की इच्छा व्यक्त की तो द्वारपाल के होंठों पर बुद्धवाली मुसकुराहट-हलकी-हलकी हँसी, व्यंग्यपूर्ण हँसी के साथ फूट पड़ी—

"यतिवर, मेरी हँसी को अन्यथा नहीं समझें, मुझे हँसी इसलिए आ गई कि आप और आपकी शिष्यमंडली की वेश-भूषा से मुझे आभास हुआ था कि आप ज्ञान के साधक हैं, सुपठित आचार्य भी हैं—आपने बौद्ध दर्शन का भी अवगाहन अवश्य किया होगा और आपने युग के 'द्वितीय बुद्ध' के रूप में सुख्यात आचार्य वसुवंधु का परिचय कैसे नहीं प्राप्त किया होगा! मुझे आपको खेद सहित यह जानकारी देनी पड़ रही है कि वसुवंधु मृत्यु का ग्रास तो नहीं बन सके, किंतु उन्होंने अपना भौतिक अस्तित्व आज से चार से अधिक शताब्दी पूर्व त्याग दिया। अब तो उन्हें आप उनकी गाथाओं में ही देख सकते हैं।"

"तो आप हमें दिङ्नाग तथा नागार्जुन से ही साक्षात्कार करा दें, शायद वे भी हमारी जिज्ञासाओं की पूर्ति कर दें।"

द्वारपाल फिर मुसकुराया—

"आचार्य, दिङ्नाग और नागार्जुन भी आपकी ध्यानावस्था की वस्तु हो चले हैं।

उन्हें ध्यान में खोजिए अथवा नालंदा बिहार के ग्रंथागार में, जहाँ उनकी पांडुलिपियाँ सुरक्षित हैं। यह भी संभव है, आचार्य कि वे पांडुलिपियाँ ह्वेनसांग के साथ शंघाई चली गई हों और उनका अध्ययन करने हेतु आपको चीन की यात्रा करनी पड़े। किंतु अच्छा होगा आचार्य, आप विस्तृत जानकारी सारनाथ के प्रधान भिक्षु शेषनाथ से प्राप्त कर लें, जो अंदर जाते ही दक्षिण दिशा में खुले ग्रंथागार के अध्यक्ष तथा सुपठित संन्यासी हैं।"

शंकराचार्य ने बुद्ध के जीवन और बुद्ध के दर्शन का गंभीर अध्ययन ही नहीं, उसपर गहन चिंतन-मनन भी किया था, किंतु आज उन्हें लगा कि अभी तो ज्ञान के महासागर का एक चुल्लू भर पीया है, समुद्र चुलुक बनना अभी बहुत दूर है, उनके सामने अगस्त्य ऋषि अपने त्याग, साधना और तपस्या के पूँजीभूत रूप में जैसे खड़े थे। द्वितीय बुद्ध वसुवंधु ही नहीं, इसी कड़ी में दिङ्नाग, नागार्जुन द्वारा प्रदत्त निखिल साहित्य का अध्ययन अभी बाकी है। अभी काशी-वास छोड़ने का प्रश्न ही कहाँ है ?

शंकराचार्य सारनाथ ग्रंथागार के अध्यक्ष शेषनाथ के सामने थे। अपना परिचय देते हुए उन्होंने नागार्जुन और दिङ्नाग के विषय में कुछ पृच्छाएँ प्रस्तुत कीं "भिक्षुवर शेषनाथ, आर्यावर्त्त की सनातन ज्ञानधारा, जो वेदों के ज्ञान का वहन करती ब्रह्मावर्त्त स्थित गंगोतरी से फूटी उस ज्ञान-गंगा में, जो अनेक उपधाराएँ मिलती गईं, गंगा हो गईं। अनेक धाराएँ गंगा से भी फूटीं, त्रिपथगा-सप्तपथगा हुईं, किंतु गंगा ही कहलाती रहीं, मानी जाती रहीं। मुझे लगता है, बौद्ध धर्म की मुख्यधारा किसी मरुभूमि में फँस गई और उसकी उपधाराएँ फूटीं तो किंतु मुख्यधारा से सर्वथा भिन्न नामों से आज तक प्रचलित-प्रसारित होती रही हैं। हम जानना चाहते हैं, भिक्षुवर कि ये नागार्जुन, ये दिङ्नाग, ये असंग, ये कात्यायनी पुत्र, ये धर्मकीर्ति, ये चंद्रकीर्ति जैसे चिंतक जिन्होंने सर्वास्तिवाद, माध्यमिकवाद, शून्यवाद, विज्ञानवाद, महासुखवाद आदि अनेक वाद खड़े कर जो उपधाराएँ प्रवाहित कर दीं, क्या इन उपधाराओं का कोई संबंध बुद्ध द्वारा प्रचलित-प्रचारित थेरवाद अथवा स्थविरवाद से रह गया है अथवा हम इन धाराओं को स्वतंत्र धाराएँ मान लें।"

शेषनाथ ने उत्तर दिया, "आचार्य, आपके प्रश्न का उत्तर कुछेक शब्दों में नहीं, अशेष ग्रंथों में सन्निहित है तथा इनके समुचित उत्तर के लिए आपको सारनाथ में प्रवास, लंबा प्रवास करना पड़ेगा। हो सकता है, हमें आपको कुछ वर्षों के लिए नालंदा विश्वविद्यालय भेजना पड़े और यह भी हो सकता है कि आपको शंघाई की यात्रा करनी पड़े, यदि आप मूल संस्कृत में लिखित कुछ बहुत महत्त्वपूर्ण ग्रंथों का अवगाहन करना चाहते हों। वैसे यदि आप चीनी-भाषा के ज्ञाता हों तो आप शारदापीठ स्थित विभाषा ग्रंथागार में बैठकर वैभाषिक वाद के माध्यम से भी अपनी जिज्ञासाओं को परितृप्त कर सकेंगे।"

"तब तो यह एक और वाद-वैभाषिक वाद भी बढ़ गया, भिक्षुश्रेष्ठ! मैं तो सोचता था कि यह हीनयान, महायान, वज्रयान जान लिया, तो जान लिया बौद्ध धर्म को। अब तो स्थविरों की परीक्षा में प्रश्न होंगे, कालचक्रयान, तंत्र, हठयोग तथा महासुखवाद के और यदि बुद्ध स्वयं भी परीक्षार्थी हों तो परीक्षा में उत्तीर्ण नहीं हों। शेषनाथ, हम सबने मिल-जुलकर किस यंत्रणा में फँसा दिया तंत्रविरोधी ध्यानवादी महात्मा बुद्ध को?"

"फिर भी आपका परामर्श शिरोधार्य है। हमारे सारनाथ प्रवास की कुछ व्यवस्था हो जाए तो हम अपने अधूरे ज्ञान को पूर्णता तक पहुँचा सकें।"

शेषनाथ ने कहा, "योगिवर, यह मृगदाय वन कभी मृगों-हिरणों का ही नहीं, बड़े-बड़े हिंस्र पशुओं का गृहदाय वन भी हुआ करता था, जिसमें घातक हथियारों के साथ भी प्रवेश करने में बड़े-बड़े शिकारी भय खाते थे। किंतु वे सम्राट् अशोक के पहले के दिन थे। अशोक के शासनकाल और उसके बाद तो बौद्ध साधकों, भिक्षुओं-भिक्षुणियों की संख्या में सहसा ऐसी वृद्धि हुई कि आज के इस मृगदाय वन में अब मृग भी नहीं देखे जाते, जितने एकांत और सुनसान स्थान थे, वे पर्ण कुटीरों अथवा ध्यान केंद्रों में परिवर्तित हो चुके थे, जितनी चट्टानी-पहाड़ी कंदराएँ, गुफाएँ थीं, सब साधक-साधिकाओं के साधना स्थलों में बदल गईं। आज आप हमारे अतिथि के रूप में सामने की अतिथिशाला में निवास करें और रात्रिकाल मृगदाय वन का भ्रमण कर अपने लिए भी कोई ध्यान-केंद्र खोज निकालें। आज का बौद्ध धर्म महाकाश्यप के दिनों का बौद्ध धर्म नहीं रहा, जब या तो राजकुल की रानियाँ और राजमाताएँ या गणिका वृत्ति से निराश गणिकाएँ ही भिक्षुणियाँ हुआ करती थीं। अब तो यह मृग विहार वन सबके लिए मुक्त विहार का खुला स्थान है। जैसे-जैसे योगशास्त्र का साधना संस्कार लोकप्रिय हुआ है, नित्य नवीन भागवत धर्म की राधिकाओं की तरह बौद्ध धर्म में भी साधिकाओं की संख्या बहुत बढ़ी है, बढ़ती जा रही है। बौद्धों को राज्य सरकार से भी अनेक सुविधाएँ प्राप्त हैं।

शंकराचार्य शिष्य-मंडली सहित आज सारनाथ में निवास करने को तैयार हो गए। रात भर शिष्यों सहित शिकारियों की तरह या किसी बड़े मेले के बीच घूमते हुए बच्चों की तरह शंकराचार्य साधकों-साधिकाओं के साधना स्थलों को देखते रहे। हिंदुओं के संसार में नौ नाथ और चौरासी सिद्धों की चर्चा बहुत बड़ी साधना की घटनाएँ हुआ करती थीं। हठयोगी होते तो थे, किंतु संतों की तरह कभी-कभी ही देखने को मिलते। ये बौद्ध हठयोगी, ये बौद्ध कापालिक, ये बौद्ध योगी और साथ-साथ ये कापालिकाएँ, ये योगिनियाँ, इनके सामने कि जैसे वे नगण्य हों।

शंकराचार्य ने नाथों-सिद्धों सबकी संगति में उच्चतम कोटि की सारी साधनाओं में सिद्धि प्राप्त की थी।

किंतु सिद्ध और नाथ तथा योगी और योगिनी यहाँ भी वैसे ही भरी हैं, यह देखकर वे आश्चर्यचकित रह गए।

दूसरे दिन शेषनाथ से वार्त्ता के क्रम में यह निष्कर्ष सामने था कि वैभव और पराभव दोनों धर्मों के अंदर चरम तक पहुँच चुके थे।

मणिकर्णिका घाट पर अमावस्या की आधी रात जितनी जीवंत होती हैं, शंकर ने सारनाथ के जंगल में भी ठीक वैसा ही दृश्य देखा। सारनाथ में शव-साधना तो नहीं थी, किंतु उसके स्थान पर आसव-साधना और आसव ही क्यों मांस-मत्स्य मद्य-मैथुनादि सबकी संयुक्त शक्ति से बौद्ध-भिक्षु और भिक्षुणी सिद्धियों को प्राप्ति की दिशा में नए-नए प्रयोगों में लगे थे। ये थे तो बौद्ध, किंतु प्रेतों का आह्वान मंत्रों से कर रहे थे और आधी रात की प्रतीक्षा कर रहे थे, जब सभी साधक-साधिका साथ बैठकर प्रसाद के रूप में मद्य-मांसादि ग्रहण करेंगे और तत्पश्चात् अपनी-अपनी गुफाओं में 'महासुख'—महायान के यान पर सवार हो 'रसोऽवैस:' अथवा आनंद की मधुमती भूमिका में प्रवेश कर जाएँगे।

योगियों की अष्टांग साधना, सिद्धों की चमत्कार-साधना, हठयोगियों की कठिन तपसाधना सबका समाहार, यही मधुमती भूमिका की प्राप्ति में था। हीनयान पर सवार थेरवाद क्यों धीरे-धीरे सर्वास्तिवाद और महायान पर सवार नागार्जुन का माध्यमिकवाद कैसे-कैसे शून्यवाद-विज्ञानवाद और योगाचारी तर्कपुंगव दिङ्नाग, सब जैसे अप्रासंगिक हो चले और सर्वत्र योगी-योगिनी, कापालिक-कापालिका, भिक्षु-भिक्षुणी धर्मों-पंथों-संप्रदायों की सीमाओं को लाँघकर योग नहीं भोगमय हो गए, इसका मूर्तिमान स्वरूप दर्शनीय था—आज के मृगदाय की तपोभूमि में।

आचार्य यह सोचने को विवश थे कि क्या गौतम बुद्ध के चिंतन, दर्शन अथवा धर्म की परिणति वही थी, जो सनातन धर्म अथवा तथाकथित हिंदू धर्म की!

सारनाथ के मृगदाय वन में आधी रात के सन्नाटों के बीच बैठा-बैठा एक परिपक्व दार्शनिक, एक प्रबुद्ध आचार्य यह सोच-सोचकर मन-ही-मन प्रसन्न था कि यदि बुद्ध धर्म और हिंदू धर्म का विकृत-संस्करण समान था तो उनका प्रकृत रूप तो समान होगा ही। उन्हें लगने लगा कि यही तादात्म्य भाव विश्व के अन्य धर्मों के बीच भी संभावित होना ही चाहिए।

□

42

किसी स्थान विशेष का पर्यावरण, उस स्थान और पर्यावरण विशेष में निवसित मानव-समुदाय तथा उस समुदाय विशेष द्वारा धारण की गई जीवन-शैली एवं उपासना पद्धति के बीच स्थापित विशिष्ट अनुकूलता के लिए यदि एक शब्द का प्रयोग करना हो तो उस समुदाय विशेष को 'राष्ट्र' कहा जा सकता है और इसी राष्ट्र की रक्षा एवं विकास तथा विस्तार करना उस समुदाय विशेष का धर्म है। वैश्विक सभ्यता और संस्कृति के विकास की दौड़ में ये राष्ट्र और धर्म ही हैं, जिन्हें साधक होना चाहिए था, बाधक हो जाते हैं और फल यह होता है कि वैश्विक संस्कृति, वैश्विक राष्ट्र अथवा वैश्विक धर्म की प्रतीति दुर्लभ होकर रह जाती है। इन समुदायों अथवा तथाकथित राष्ट्रों का विलय भी एक राष्ट्र में, एक वैश्विक राष्ट्र में होना ही है; चूँकि यह विश्व अथवा यह संसार अर्थात् यह ब्रह्मांड एक ईश्वर अथवा एक अद्वैत सत्ता की प्रतिच्छाया है, अभिव्यक्ति है। अंड भी वस्तुत: एक पिंड भर है और पिंड का विस्तार संसार है, पिंड का संकुचन संसार का संहार तथा अंड के सूक्ष्मीकृत स्वरूप को अद्वैतवाद ब्रह्मांड कहते हैं।

स्थान विशेष का विस्तार तथा उसका धर्म अपनी केंद्रीय सत्ता की शक्ति के अनुसार अपने से बड़ी राष्ट्रशक्ति में एक-न-एक दिन विलीन हो ही जाता है तथा अपने से लघुतर राष्ट्रशक्ति को अपने गुरुत्वाकर्षण से अपने में विलीन कर लेता है। यह क्रिया-प्रतिक्रिया की प्रक्रिया अनंत रूप से चलती-चलती एक दिन संस्कृति और राष्ट्रीयता का वैश्विक स्वरूप धारण कर लेती है। इसी प्रक्रिया में मूसा से ईसा और ईसा से इस्लाम तक एक ओर तो दूसरी ओर ईश से 'ईशावास्यमिदम् सर्वम्' तक ब्रह्मांड से संसार तथा संसार से ब्रह्मांड तक, वेदों से उपनिषदों तक और उपनिषदों से सांख्य, न्याय, योग-मीमांसा तक, वैदिक धर्म से बौद्ध धर्म, जैन धर्म और हिंदू धर्म के विविध रूपों की क्रिया-प्रतिक्रिया देखते-देखते भारतीय जीवन में एक ऐसा काल आया और एक ऐसा काल पुरुष उत्पन्न हुआ, जिसने यह व्रत ले लिया कि कुल राष्ट्रों को एक राष्ट्रकुल, कुल धर्मों को एक वसुधा धर्म तथा कुल संस्कृतियों को एक संकुल संस्कृति में परिवर्तित कर संपूर्ण मानव-समुदाय को एक राष्ट्र में परिणत करेगा।

उसी संकल्प की एक रजत-रश्मि आज मृगदाय वन के पतित अथवा पतनोन्मुख उपासना-साधना पद्धति में देखने को मिली थी शंकराचार्य को। विचार क्रांति की दुनिया में बौद्ध धर्म तथा गौतम बुद्ध का चिंतन एवं उनकी जीवन-दृष्टि ईसवी सभ्यता-संस्कृति की सिरमौर आज भी समझी जाती थी, जबकि साधना में ध्यान का स्थान सिद्धों की जीवन-शैली ने ले लिया था और इसका एक नंगा दृश्य रात, आधी रात को मृगदाय वन में देखकर शंकराचार्य लज्जित और चिंतित थे। जिस अतिथिशाला के बरामदे के एक कोने में इस पतनशीलता के विषय में सोच-सोचकर चिंतित बैठे थे, वही कई विदेशी राष्ट्रीयताधारी, कई भ्रमणार्थी, कई साधक-संन्यासी भी उन्हें मौज-मस्ती की मुद्रा में आते-जाते दिखते और इस बीच ऐसे चिंता-निमग्न भारतीय संन्यासी को देखकर आपस में हँसते-मुसकुराते प्रतीत होते। कई देशी-विदेशी बौद्ध-जैन संन्यासी भी दिखते, किंतु उनके मुखमंडल पर न तो कोई हर्ष दिखता, न कोई विस्मय।

"महोदय!" जोर्डन से सारनाथ के मृगदाय वन पहुँचे भ्रमणार्थी याकूब ने कहा।

"आप कोई हिंदू संत अथवा कोई बहुत बड़े आचार्य तो जरूर हैं। आप भी कल रात बौद्धों की तंत्र साधना के सजग साक्षी हैं। मुझे लगता है कि ये साधक अपनी साधना के द्वारा प्रभु ईश्वर की शक्तियाँ प्राप्त करने के आकांक्षी हैं। वे चाहते हैं कि उनके हाथों में भी वह जादुई शक्ति आ जाए, जिसके बल पर वे जिसे चाहें सर्व सुख संपन्न कर दें, जिसे नहीं चाहें, उसे बिल्कुल विपन्न। ये किसी अंधे को आँख देने की शक्ति चाहते हैं, किसी कुष्ठ रोगी को निर्मल काया और उसके बदले में चाहते हैं थोड़ा सा मांस-मत्स्य युक्त भोजन अथवा थोड़ी सी मदिरा अथवा...महोदय, ये प्रभु ईश्वर बन जाना चाहते हैं क्या? आप जैसे आचार्य और संत इस विषय पर क्या सोचते हैं?"

"याकूब महोदय, ये बौद्ध साधक हैं—योगाचारी हैं, योगियों और सिद्धों से प्रभावित साधक। योग की साधना में प्रत्याहार, धारणा और समाधि की अवस्थाओं की साधना तथा समाधि के ऊपर उठकर चैतन्य सत्ता से एकरूप होना, बड़ी कठिन साधना है। ये योगाचारी वाममार्गी हैं और पंचमकार-पंचविकार के शिकार हैं। ये भारतीय साधना की मुख्यधारा के साधक नहीं, भटके हुए लोग हैं। आप के धर्म में भी तो ऐसे साधक होते होंगे, कौन-सा धर्म है आपका और आप किस देश के निवासी हैं?"

"मैं यहूदी धर्म का एक अदना सा प्रचारक हूँ, महाचार्य। यहूदी इस विश्व की सबसे प्रबुद्ध तथा सबसे शुद्ध सुसंस्कृत जाति का नाम है, जिसे प्रभु ईश्वर का यह वरदान प्राप्त है कि ये सभी धर्मों और सभी पंथों की धार्मिकता और एक ईश्वर के नाम पर मनुष्य द्वारा होनेवाली जादूगरी, बाजीगरी को धर्माचरण नहीं मानेंगे, एक ईश्वर से अपना सब सुख-दुःख सुनाएँगे और उनके बताए मार्गों पर चलते हुए उनकी दया तथा कृपा की प्रतीक्षा करेंगे—

ईश्वर के तुल्य कोई नहीं
वह महिमा से विभूषित होकर
बादलों पर आरूढ़, आकाश के मार्ग से
तुम्हारी सहायता करने आता है।
शाश्वत ईश्वर तुम्हारा आश्रय है
उसका बाहुबल निरंतर सक्रिय है
प्रभु द्वारा रक्षित प्रजा
इस्रायल, तुम धन्य हो
तुम्हारे तुल्य कौन है ?
वह तुम्हारी ढाल है, तुम्हारा सहायक
और तुम्हारी विजयी तलवार है
तुम्हारे शत्रु तुम्हारी चाटुकारी करेंगे
और तुम उनके देश के पर्वतों पर
पैर रखोगे।"

"यह हमारे धर्मशास्त्र की वाणी है, हम केवल प्रभु ईश्वर की कृपा के आकांक्षी लोग हैं। हम प्रभु से उसकी प्रभुसत्ता पर किसी प्रकार कोई अतिक्रमण करने में न विश्वास रखते हैं न इसके आकांक्षी ही हैं।"

"आप अपना शत्रु किसे मानते हैं ? सबको धरती-पुत्र अथवा अपना भाई क्यों नहीं मानते, हमारी तरह—माता भूमिः पुत्रोऽहम् पृथिव्याः।

हमारा तो विश्वास है—अयं निजः परोऽवेति गणना लघुचेतमासम्। उदारचरितान्तु वसुधैव कुटुम्बकम्।

याकूब ने आगे कहा, "संपूर्ण धरती तथा समस्त संसार को हमारे पूर्वज अपना घर मानते रहे और जहाँ कहीं अनुकूल वातावरण मिला, वहीं बस गए। हम पर प्रभु ईश्वर की कृपा तो थी ही, हम जहाँ बसे, वहीं आकाश को छूने लगे। बहुत से राजे-महाराजे डर गए। उनकी गद्दी हिलने लगी आपके इंद्र जैसी और तब उन्होंने निश्चय किया कि वे हमें अपनी भूमि से खदेड़कर बाहर कर देंगे अथवा हमें तलवार के घाट उतारकर हमारी अड़ियल श्रेष्ठता के अपराध में हमारी कौम का नामोनिशान ही मिटा देंगे। हमने उनका सामना करने का निर्णय किया। पूरा समुदाय युद्ध के लिए तैयार था। किंतु ईश्वर को ऐसा स्वीकार नहीं हुआ। वह स्वर्ग से उतरा और अग्नि के यान पर सवार आकाश से सिनाई की पहाड़ी पर उतर गया। उसने हमारे अग्रणी पूर्वज पूज्यवर मोजेज (मूसा) को अपने पास बुलाया और युद्ध में जाने से रोक दिया। ईश्वर भी चाहता था कि हमारा भी एक देश हो, एक राष्ट्र हो, एक धर्म हो, एक विश्वास हो और हम सब मानवता की

सेवा में संलग्न हो जाएँ। किंतु ऐसा हुआ नहीं और शुरू हो गया मिस्र, सीरिया, अरब, इरान आदि देशों से यहूदियों का निष्कासन। निष्कासन नहीं, बहिर्गमन और वह भी स्वयं निर्णीत, प्रभु प्रेरित।"

"ऐसा होने पर आपके प्रभु ने आपके लिए भी तो कुछ किया होगा, याकूब महोदय और जो भी किया होगा धरती पर शांति बनाए रखने के लिए किया होगा।"

"हाँ, ऐसा ही हुआ आचार्य, यह प्रभु ईश्वर का ही निर्णय था। उसने सिनाई की पहाड़ी पर मूसा को बुलाया, उसके कंधे पर हाथ रखा और कहा, चलो मूसा, मैं तुम्हारे साथ हूँ, मैं इन उजाड़ बस्तियों और पहाड़ी परिवेश से दूर तुम्हें तथा तुम्हारे वंशजों को ऐसा स्थान दूँगा, जहाँ का वातावरण शांत और मनोहर होगा, जहाँ की नदियों का जल मीठा होगा—

प्रभु सेनइ से आया
वह सेईर से उन पर उदित हुआ
पाराना पर्वत से उसकी महिमा प्रकट हुई
वह कादेश से मरीबा पहुँचा
वह दक्षिण पर्वत से उनके पास आया

और इस तरह ईश्वर मूसा और मूसा के वंशजों के साथ मोआब देश में पहुँचा, फिर होर पर्वत से प्रभु ने घोषणा की कि वह सामने दिख रहा कन्नान देश इस्राइलियों को देता है। तत्पश्चात् मूसा की तो मृत्यु हो गई, किंतु प्रभु ईश्वर ने याकूब के बाद यशुरून, रूबेन, मेनयाथीन, यूसूफ और नफताली इत्यादि वंशजों को पर्वत पर बुलाता रहा तथा सामने फैले देशों का स्वामी बनाता रहा, समुद्र से धन निकालता रहा और इस्राइलियों के ऊपर बरसाता रहा। मूसा ने भी अपने वंशजों की शत्रुओं पर विजय के आशीर्वाद दिए। प्राण छोड़ने के पूर्व मूसा ने नेगे और जर्दन की घाटियों से लेकर पश्चिमी समुद्र तक वैसे उन प्रदेशों को दिखाया, जिसे प्रभु ने इस्रायलियों को सौंप दिए थे। आचार्यवर, यह उस प्रभु ईश्वर की कृपा है और उस महान् पूर्वज मूसा का आशीर्वाद, जो अब तक प्रभु की न्याय संहिता के रूप में यहूदियों के बीच सम्मानित है, लागू है।

ऐसा कोई यहूदी नहीं, जो ईश्वर के दिए विधान को नहीं माने, किंतु ऐसा भी कोई यहूदी नहीं मिलेगा, जो मिस्र, जोर्दन, सीरिया और अरब की धरती पर हुए अपने अपमान को कभी भी भूल सकेगा और अपने शत्रुओं के साथ खड़ा हो सकेगा। प्रभु का स्पष्ट आदेश है कि कोई यहूदी, लड़का अथवा लड़की अपने कुनबे के बाहर के किसी व्यक्ति से वैवाहिक संबंध स्थापित नहीं करेगा।

"याकूब, यह शत्रुता तो अब तक आपकी किसी धर्म के साथ शत्रुता में परिवर्तित हो चुकी होगी। अब तो उस क्षेत्र विशेष में कई धर्म खड़े हो चुके होंगे।"

"आपने ठीक सोचा आचार्यवर, यह क्षेत्र आज मुख्यत: इस्लाम धर्मावलंबियों के अधीन है और हमारे शत्रु इस्लाम धर्मी सारे लोग हैं।"

"और ईसाई धर्मावलंबियों के साथ आपके संबंध कैसे हैं? यदि हम एक प्रभु, एक पुत्र, एक मानवधर्म और एक वैश्विक परिवार में पूरे संसार को समेटें तो यहूदियों को तो धार्मिक दृष्टि से कोई कठिनाई नहीं होनी चाहिए। क्या ईसाई आपका साथ इस अभियान में देने को सहमत हो सकते हैं?"

"आचार्यवर, सहमत तो दोनों को, मुसलमान को और ईसाई को भी होने में कोई बाधा नहीं दिखती। आखिर हमारे साथ मूसा के द्वारा दिखाई गई राह पर, जो प्रभु ने मूसा को दिखाई थी, ये भी एक हजार वर्षों तक हमारे सहयात्री तो रह ही चुके हैं। यह तो मात्र सात-आठ सौ वर्षों की स्वतंत्र यात्रा है ईसाइयों की और मात्र तीन सौ वर्षों की इस्लामधर्मियों की, जो विलग रही है। आचार्य, ये दोनों आज हमारे शत्रु हैं, किंतु ऐसा कोई मुसलमान अथवा ईसाई नहीं, जिसकी रगों में पूर्वजों का दिया, यह यहूदी रक्त प्रवाहित नहीं हो रहा हो।"

याकूब बोलते रहे, "मैं पिछले दस महीनों से भारत-भ्रमण पर हूँ। आपको शायद विदित हो, आचार्य कि भारत में ईसाई धर्म का सबसे बड़ा प्रवर्तक थॉमस रहा है और थॉमस का पूर्वार्द्ध जीवन यहूदी का रहा, ईसाई तो वह ईसा के साथ अपनी दोस्ती के बल पर हो गया। ईसा ने अपने को प्रभु-पुत्र बताया तो थॉमस ने अपने को अरस्तू का वंशज। यूनानी ऋषिकुल-गुरुकुल का बृहस्पति। इतना ही नहीं, थॉमस ने ईसा को बताया कि उसे अरस्तू की मेधाशक्ति विरासत स्वरूप प्राप्त है, जिसे सँजोकर रखा है उसने। किंतु उसके पास देवी मिनर्वा का दिया अपार धन है, जिसे उसने भारत के मसालों के व्यापार से स्वयं कमाया है और जिस धन का व्यय वह बिना किसी से पूछे, धर्म के प्रचार हेतु कर सकता है। आप जानते हैं कि किस तरह चेन्नई में आज से सात सौ वर्ष पहले वह हिंदूधर्मी भक्तों के द्वारा लोभ-लालच देकर हिंदुओं को ईसाई बनाने के अपराध का शिकार हो गया। ईसा ने वादा किया था कि वह थॉमस को संत का पद देकर पवित्र बाइबिल में उसके आलेखों को स्थान देगा। आपको यह भी पता चला होगा आचार्य कि जब ईसा को क्रॉस पर चढ़ाया जा रहा था तो उसके बारह शिष्यों में से जो सात भाग खड़े हुए थे, उनमें एक थॉमस भी था। थॉमस का परिवार यहूदी था और भारत में रहकर मसालों का व्यापार करता था, उसे मौका मिला, उसने ईसा को वांछित सुरक्षा भी दी और उसे लेकर भारत भाग आया।"

"भारत का ईसाई धर्म तो इन कायर भगोड़ों द्वारा व्यापार की तरह चलाया हुआ धर्म है।"

शंकराचार्य ने थॉमस के विषय में बहुत कुछ सुन रखा था, उसकी पुष्टि आज एक यहूदी के मुख से हो गई। उन्होंने शिष्यों को आश्रम वापस भेज दिया, किंतु स्वयं सारनाथ

की अतिथिशाला में ही जमे रह गए। आज आचार्य अतिथिशाला से बाहर निकले ही नहीं, बुद्ध की तरह ध्यानलोक में विचरते तथा कभी मूसा से कुछ बतियाते तो कभी प्रभु से कुछ पूछते, प्रभु ईश्वर, विचित्र है तू भी, तुझे समझ लेना, तुम्हें जान लेना आसान नहीं, तुम्हें पा लेना तो असंभव-सा लगता है। फिर भी एक बात तो बता प्रभु, तू तो इस पृथ्वी पर दिखते सभी मनुष्यों का पिता है, तुमने अपने पुत्रों के बीच भेदभाव का बीज-वपन क्यों कर दिया, वैर तो तुम्हारा धर्म नहीं था, वैर कैसे उत्पन्न कर दिया, हम सबकी पृथ्वी माता को कई टुकड़ों में क्यों विभाजित करके रख दिया, फिर सबको आशीर्वाद भी दिया ? मैंने तो तुम्हें कभी जाना ही नहीं, जाना भी तो केवल एक अद्वैत शक्ति के प्रतिनिधि अर्थात् प्रतिरूप स्वरूप। तुमने अपने एक धर्म को कई नाम क्यों दे दिए। उत्तर दो प्रभु, उत्तर दो, अन्यथा मुझे बुद्ध के शून्य में समा जाने दो, मैंने ब्रह्म को स्वीकारा है, उसकी माया, यह तो मैं सोच भी नहीं पाता।

ध्यान में पड़े रहे, खोए रहे शंकर ठीक उसी तरह, जैसे बुद्ध संसार से सर्वथा दूर, बहुत दूर, बहुत अलग हों। पता नहीं चला ध्यान से समाधि में कब प्रवेश कर गए, कब महासमाधि में चले गए। किंतु उनकी आँखें खुलीं तब, जबकि उनके अंदर एक नाद, एक वीणा का स्वर जैसा मधुर संगीत स्वर-सा फूटा—'अरे, इस वीणा से तो ओ३म् की ध्वनि आ रही है!' आँखें खुल गईं शंकराचार्य की और वे खुली आँखों से उन समस्याओं का समाधान खोजने लगे, जो प्रभु-पुत्रों के विभाजन का कारण बन गई हैं।

"हाँ प्रभु, हाँ मेरे तत्सत्! प्रभु-पुत्रों के लिए पूरी पृथ्वी को टुकड़े-टुकड़े कर देगा, ऐसा मेरी आत्मा नहीं मानती, नहीं कहती। प्रभु, तुम्हारा तो संदेश है—

"किसी पापी से बदला क्या लेना, उसे बदलना उसका प्रत्युत्तर होता है न!"

"याकूब महोदय, अरे ओ, वह यहूदी पुरोहित याकूब महोदय, किधर चले गए, मेरी जिज्ञासाओं का उत्तर तो मेरा ईश्वर, सारे संसार का केंद्र बिंदु बार-बार एक ही संदेश देता है—'अयं निज: परोऽवेति गणना लघुचेतसाम्' मनुष्य 'लघुचेत' हो सकता है—प्रभु ईश्वर, परमात्मा, तत्सत्! यह क्या हो गया!"

याकूब कहीं अन्यत्र चले गए थे, किंतु आचार्य की पीड़ा को भाँपते, बड़ी देर से सबकुछ देख रहे ईसाई पुरोहित से नहीं रहा गया—

"आचार्यवर, मैं याकूब और आपके बीच चल रही वार्त्ता का साक्षी विशप कृष्णन हूँ। 'बाइबिल' हमारा धर्मग्रंथ है, विशेषकर उसका नया संविधान आपकी सारी जिज्ञासाओं का उत्तर देता है, महाराज! एक हजार वर्षों तक हम सब साथ-साथ चलते रहे—प्रभु के पुत्रों की तरह अर्थात् परस्पर बंधु-बांधवों की तरह। मतांतर हुए, किंतु हम साथ रहे।"

आज आपको जिस बिंदु पर चिंता है, उसी बिंदु पर उसी ईश्वर ने हमारी भी चिंता देखी-परखी-समझी थी और हम सबको एक रास्ते पर लाने के आदेश दिए। किंतु जब

हम भाइयों ने ईश्वर पर भी संदेह किया तो ईश्वर ने कहा, "लो, मैं अपने पुत्र को एक मसीह के रूप में भेज रहा हूँ। तुम ईसा से मेरे निर्देश सुनो और सब साथ रहो! याकूब महोदय, उन भाइयों के अधिकारों के रक्षक अभिरक्षक हैं, जो पाप नहीं पापियों से बदला लेने को बेताब है, खून के लिए खून, दाँत के लिए दाँत। हम ईसाई लोग ईश्वर प्रदत्त नए संविधान को ईश्वर तथा संतों (ईश्वर के प्रतिरूपों) का आदेश-निर्देश मानकर संसार का संचालन-परिचालन करने के पक्षधर हैं। हमारा भी तो विश्वास ठीक आप ही की तरह है—"मैं तुम लोगों से, जो मेरी बात सुनते हैं को कहता हूँ कि अपने शत्रुओं से प्रेम करो। जो तुमसे बैर करते हैं, उनकी भलाई करो। जो तुमको शाप देते हैं, उनको आशीर्वाद दो। जो तुम्हारे साथ दुर्व्यवहार करते हैं, उनके लिए प्रार्थना करो। जो तुम्हारे एक गाल पर थप्पड़ मारता है, दूसरा भी उसके सामने कर दो। दूसरों से अपने प्रति जैसा व्यवहार चाहते हो, तुम भी उनके प्रति वैसा ही करो। क्योंकि वह भी (प्रभु भी तो) कृतघ्नों और दुष्टों पर दया करता है।"

"अब बस कीजिए, विशप। किंतु अब तो मुझे यहूदी पुरोहित तथा किसी अरबवासी मुल्ला से एक साथ, वह भी आप ही नहीं, इस सारनाथ बौद्ध विहार के महापुरोहित की उपस्थिति में विस्तृत विमर्श करना आवश्यक हो गया है।"

"लक्ष्य एक है, रास्ते अनेक। गंतव्य पर तो सभी यात्रियों को मिलना ही है। मैं उस दिन की प्रतीक्षा करूँगा और आप सबका सहयोग चाहूँगा। सर्वे भवंतु सुखिन:।"

आज की वार्त्ता यहीं समाप्त हो गई, एक वृहत्तर धर्मसभा एक सार्थक शास्त्रार्थ, विमर्श, नवचिंतन तथा नवयुग के निर्माण के लिए!

□

43

'आ ए थे हरि भजन को, ओटन लगे कपास।' शंकराचार्य गुरुदेव व्यास का आशीर्वाद लेकर, तुंगभद्रा को प्रणाम कर गंगा की गोद में पहुँचे थे, कांची को नमस्कार कर काशी के चरणस्पर्श को। सोचा था कि गुरुदेव का ऋण उतर गया, ब्रह्मसूत्र का भाष्य गोविंदपाद से अनुमोदित भी हो चुका। साधुओं-संन्यासियों की भविष्यवाणियाँ भी पूरी हो गईं, अब विष्णुलोक, शिवलोक की यात्रा होगी, किंतु गुरु व्यास की ही इच्छा हो गई, अभी तो धर्मग्रंथ गीता का सर्वसम्मत महाभाष्य का कार्य शेष है, अभी तो धरती की छाती पर गड़े त्रिशूल पर बसे शिवलोक का दिग्दर्शन बाकी है, अभी तो अपने को अनीश्वरवादी माननेवाले बुद्ध के निर्वाण और ध्यान की पुनर्व्याख्या शेष है, अभी तो दक्षिण और उत्तर में बँटे शैव-विचार का एकीकरण हुआ ही नहीं—"अरे ओ शंकर, अभी तो तुम्हारे जन्म लेने की सार्थकता, सर्वधर्म समन्वय अर्थात् 'धरती पुत्रों का एक धर्म—मानवधर्म' धरती माता को सौंप देने का कार्य लंबित ही है, नहीं पुत्र! अभी तुम्हें जाना नहीं, अभी तो सोलह वर्ष ही पूरे हुए और सोलह वर्ष तुम्हें इन लंबित कार्यों को संपन्न करने के लिए विधाता के आशीर्वाद स्वरूप प्रदान किए जाते हैं। इन कार्यों को पूरा कर व्यासाश्रम में गुरु के दर्शन करो, सद्गुरु को साथ लो और विष्णुलोक होते हुए 'शिवलोक' में अपने को समाधिस्थ कर परमात्म ब्रह्मलोक में अधिष्ठित हो!"

गुरु का आशीर्वाद, गुरु की कृपा और गुरु के निर्देशों को लक्ष्य बनाकर आ गए थे काशी, शंकराचार्य महाराज, किंतु फँस गए काशी में षड्चक्रों और षट्धर्मों के 'हठ-चक्कर' में, चक्कर भी नहीं, जाल में, जाल में भी नहीं, मकड़जाल में और सुलझाने लगे यहूदी, ईसाई और इस्लाम के उन सूत्रों को, जो काते तो गए थे एक ही 'ईश्वर' की तकली से, किंतु उनसे बुने गए वस्त्रों में कोई रेशमी था, कोई खादी तो कोई जूट। रेशमी वस्त्रधारी अपने समुदाय को राष्ट्र कहते, श्रेष्ठ कहते, शीर्ष मानते और अपने धर्मसूत्रों को ईश्वर का आशीर्वाद तथा अपने वस्त्रों को ईश्वर के अनुराग का प्रमाण, वे श्रेष्ठों और शीर्षों के अतिरिक्त अन्य लोगों में अपने विस्तार के पक्षधर नहीं थे। दूसरे प्रकार के बुनकर खादी वाले थे, सबको साथ लेकर चलना चाहते थे, किंतु उन सबके हृदयों को

जोड़कर नहीं, उनकी आवश्यकताओं और उनकी विवशताओं का सौदा कर, उन्हें सुनहरे सपने दिखाकर, उनके सुप्त लालचों एवं सुप्त इच्छाओं को जगाकर। तीसरे बुनकर, जो सबसे बाद में धर्म और राष्ट्रवाद के छद्म साधकों के साथ सामने आए; वे तो कहते कि सारी पृथ्वी हमारी, सारे पृथ्वी-पुत्र हमारे, अत: जो हमसे अलग हों, उन्हें धर्म की संस्था से, समुदाय अथवा राष्ट्र से जोड़ना हमारा पहला तथा सबसे महत्त्वपूर्ण आदेश होगा, दस आदेशों के सिर पर एक आदेश—'धरती के सारे इनसान, जन्म से मुसलमान' स्वयं आ जाएँ तो हार, नहीं आएँ तो तलवार। तीनों के रगों में एक ही रक्त, किंतु तीनों के लिए आदेश पूर्णत: अलग-अलग।

सारनाथ की अतिथिशाला में ध्यानस्थ शंकराचार्य का ध्यान क्षण भर के लिए लगता और प्रहर भर के लिए टूट जाता, कहर-सा, मस्तिष्क में छा जाता जहर-सा और वे सोचने लगते, ऐसे में ही तो मनुष्य भी एक कंठ विषपायी बन सकता है। इस्लाम में हर इनसान को मुसलमान बना लेना सबसे बड़ा धर्म है, अहिंसा से हो तो अच्छा, हिंसा से भी हो तो बहुत अच्छा। अरब और इराक के पैगंबर तथा खलीफों द्वारा धर्म का नाम लेकर सिंध में मचाए गए तांडव का आँखों देखा हाल सुन चुके थे शंकर कांची की उस महासभा में, जिसमें दक्षिण देश के सभी राज्यों ने भागीदारी की थी।

शंकर का अंतर अशांत था ठीक उसी तरह, जैसे भारतभूमि का अंतर और शंकर का बाहर अशांत था, ठीक उसी तरह, जैसे भारत से बाहर का संसार। अंतर में संघर्ष था ही, बौद्ध धर्म और दर्शन एवं हिंदू धर्म और दर्शन के बीच-बाहर में भी तो संघर्ष ही था, इससे भी बड़ा संघर्ष, यहूदी और इस्लाम के बीच, ईसाई एवं यहूदी के बीच था। अंतर में हिंदू बैठा था, हिंदू धर्मशास्त्री, स्मृतियाँ, प्राचीन मान्यताएँ, विश्वास, परंपरा और बाहर खड़ा था आक्रामक मुद्रा में आर्य चतुष्ट्य एवं अष्टांग दीक्षा, अंदर का परमात्म बाहर निकल नहीं पाता था बाहर से आत्मषष्ठ और पंचतत्त्व के घेरे के साथ। आत्म भारत की आत्मा में बसा था, अनात्म बुद्ध के पूरे दर्शन में—चाहे सर्वास्तिवादी हों, चाहे महाशून्यवादी, चाहे योगी, चाहे सिद्ध, नाथ, तांत्रिक कापालिक तथा अघोरपंथी, सबके लिए पर्याप्त स्थान था और वे यह भी जानते थे कि ये सभी साधनापंथी योग के साधक थे। योग की साधना द्वारा चित्त-वृत्तियों का निरोध पूर्ण रूप से हो जाना ही 'समाधि' है और समाधि आत्म-परमात्म और आत्मा से परमात्मा के योग की जन्मभूमि है।

बुद्ध चित्त वृत्तियों के निरोध हेतु योग का मार्ग नहीं अपनाकर ध्यान का मार्ग अपनाते हैं और योग की उच्चतम अवस्था के समतुल्य स्थिति में पहुँचकर बोधिसत्त्व की स्थिति को प्राप्त होना मानते हैं।

शंकराचार्य बुद्ध से संबुद्ध होना अथवा बोधि से बोधिसत्त्व को प्राप्त होना अथवा ऐसी स्थिति में पहुँचने को प्रज्ञा, शील, समाधि कहना अथवा महाकारुणिक हो जाने का

सीधा संबंध समाधि की महादशा, भावदशा अथवा रसदशा, रसोऽवैसः तथा तुरीयावस्था से जोड़ते हुए इस निष्कर्ष पर पहुँच चुके थे कि बुद्ध और सनातन धर्म अंततः एक ही लक्ष्य के दो संधानी हैं।

आज उन्होंने निर्णय लिया कि वे सबसे पहले दोनों धर्मों के गुरुवर्य कोटि के साधकों से शास्त्रार्थ करेंगे और उन्हें उपनिषदीय ज्ञान, योग, प्रेम-योग तथा भक्तियोग; जिनकी चरम परिणति—मृत नादोपनिषद्, नादविंदूपनिषद्, ध्यानविंदूपनिषद्, योग चूड़ामण्युनिषद् आदि में स्पष्टतः अंकित है, को स्वीकारते हुए सनातन वैदिक जीवन दर्शन पद्धति को अपनाएँ। गौतम बुद्ध के धर्म की नियति यहीं पहुँचती थी।

आज न तो योग-क्रिया हो सकी और न ध्यान-क्रिया, क्रिया-योग की तो मुद्रा ही नहीं जग सकी, पूरे भारत देश की एकता-अखंडता शंकराचार्य की दृष्टि में थी, किंतु प्रश्न था, लक्ष्य तक पहुँचने का मार्ग क्या हो? उन्होंने शेषनाथ से पुनः संपर्क किया—

"अर्हत, आयुष्मान अथवा महास्थविर, आप जो भी हों भिक्षु शेषनाथ। मैं आपके माध्यम से मृगदाय वन स्थित इस महाबोधि विहार के प्रति कृतज्ञता ज्ञापित करता हूँ, जिसके उदारतापूर्वक किए गए सहयोग के कारण मैं अब यह पूरी दृढता से कहने की स्थिति में हूँ कि धर्मगुप्तक निकाय के प्रवर्तक नागार्जुन, जैसे माध्यमिकवादी अथवा विज्ञानवादी तथा दिङ्नाग जैसे तर्कपुंगव न्याय मीमांसक योगाचारी-महायान के इन दोनों शीर्ष संन्यासियों ने उसी तरह सारनाथ में अपने विचारों तथा मतवादों का प्रवर्तन किया है, जैसे गौतम बुद्ध ने 538 ईसा पूर्व में सारनाथ में किया था। तब गौतम के मतवाद को स्थविरवाद अथवा थेरवाद कहा जाता था। यही थेरवाद बाद में सर्वास्तिवाद की संज्ञा से भी अभिहित हुआ।

"किंतु मुझे लगता है, भिक्षुश्रेष्ठ कि एक समय ऐसा भी आया था भारत में, जब नागार्जुन की तूती बोलती थी, देश में भी, विदेशों में भी और बड़े-बड़े बौद्ध संत, जैसे धर्मकीर्ति, शांतिरक्षित, कमलशील, चंद्रकीर्ति तथा दिङ्नाग जैसे योगाचारियों ने या तो अपने मतवाद का प्रवर्तन किया या दो मतों के बीच शास्त्रार्थ द्वारा उसका समर्थन या विरोध। थेरवाद से चलकर शून्यवाद, विज्ञानवाद तथा हीनयान से चलकर महायान और महायान से वज्रयान तथा कालचक्रयान तक की यात्रा वस्तुतः न तो बुद्ध के संबुद्ध होने अथवा बोधि से सम्यक् संबोधि का कोई विकास है और न बौद्ध धर्म का। शेषनाथ, मैंने काफी समीप से सनातन धर्म और बौद्ध धर्म को देख-परखकर यह धारणा बनाई है कि बुद्ध और बौद्ध धर्म की मुख्यधारा अपनी पूर्णता पर पहुँचकर अब एक ही स्थान पर उमड़-घुमड़ रहने को विवश है। सभी बुद्ध अब सिद्ध और नाथ योगी हो गए हैं तथा सभी शून्यवादी-विज्ञानवादी समाधि अथवा महासमाधि की सनातनवादी योगदशा को अंगीकार करने को विवश हैं।

"अब समय आ गया है, भिक्षुश्रेष्ठ कि हम दोनों धर्म के माननेवालों के बीच एक शास्त्रार्थ हो और शास्त्रार्थ के निर्णयानुसार हम या तो बौद्ध होकर सारे संसार को धर्मपथ पर आरूढ़ करें अथवा सभी बौद्ध सनातन धर्म स्वीकार कर लें और वेदोपनिषदीय व्यवस्था को स्वीकार कर वैश्विक परिवार के निर्माण में लग जाएँ। यह व्यवस्था परिवर्तन तो स्वयं भी घटित होना है, शेषनाथ! मुझे आपके माध्यम से शास्त्रार्थ की सहमति कुछ महाभिक्षुओं से लेनी है, उनसे मेरा संपर्क स्थापित कराने की कृपा करें।"

महाभिक्षु शेषनाथ ने शंकराचार्य की बातें ध्यानपूर्वक सुनीं और थोड़ी देर मौन रहे, कुछ सोचा-विचारा, फिर कहा, "आचार्यवर, मैं विगत पच्चीस वर्षों से सारनाथ महाविहार के ग्रंथागार का अध्यक्ष हूँ। इसके पूर्व मैं नालंदा विश्वविद्यालय के ग्रंथागार का प्रभारी था और साथ-साथ 'अभिधर्मकोष' के विशेषज्ञ होने के कारण अध्यापन कार्य से भी जुड़ा रहा। मैं यह कह सकने की स्थिति में हूँ कि नागार्जुन के निर्वाण के बाद से ही यह अनुभव होता रहा है कि बौद्ध धर्म ने बुद्ध-काल की अपनी आक्रामक मुद्रा छोड़ दी है, सनातन धर्म के प्रति स्वयं बुद्ध ने भी अपने निर्वाण के पूर्व अपने आचरण से यह संकेत दे दिया था कि वे ब्राह्मण धर्म का विरोध मात्र विरोध के लिए किए जाने के पक्षधर नहीं हैं। जहाँ-जहाँ ये अच्छाइयाँ स्पष्ट हैं, वहाँ हमें सनातन धर्म को स्वीकार ही नहीं, आचरण में भी उतारने की आवश्यकता है। आप तो जानते ही होंगे आचार्य, बुद्ध ने अपने प्राण छोड़ते-छोड़ते ऐसे कई आदर्शों को अपने आचरण में उतार भी लिया था।

"मैं चाहूँगा कि शास्त्रार्थ नहीं, आपकी एक लंबी बातचीत ही यदि आज बौद्ध धर्म के सर्वज्ञ महापंडित आचार्य पद्मसंभव से हो जाए तो संभवत: आपके मन में दोनों धर्मों के ऐक्य का जो स्वप्न है, वह सार्थक हो जाए।"

"मेरी एक ऐसी ही अंतर्वीक्षा आप क्यों नहीं यथाशीघ्र करा दें, महोदय!" शंकर ने कहा।

"मैं अभी काशी प्रवास में हूँ। यदि ऐसा कुछ संभव हो गया तो मैं काशी-प्रयाग की यात्रा को एक साथ जोड़कर सबसे पहला काम सारनाथ में रहकर ही करूँगा। जहाँ विरोध का बिगुल बजा था, वहाँ हजार वर्षों के बाद ही सही सम्मिलन की भी उद्घोषणा संभव हो सकती है।" शेषनाथ ने कहा, "एवमस्तु, मैं संपर्क करता हूँ पद्मसंभव से और आपको तथैव कुछ समय के अंदर सूचित करने का प्रयास कर रहा हूँ।"

शंकराचार्य कुछ दिनों के लिए सारनाथ में ही प्रवासित रहे और ग्रंथागार में बैठकर बौद्ध ग्रंथों का अवगाहन करते रहे। इसी बीच शेषनाथ ने उन्हें सूचित किया कि बोधिसत्त्व इत्सिंग का पूर्व सागर के देशों के प्रवास की अवधि आगे बढ़ जाने के कारण महापंडित

पद्मसंभव ने स्वयं ही ऐसा निर्णय लिया है कि वे इस बार की वैशाख माह की पूर्णिमा नालंदा या सारनाथ में बिताएँगे और दोनों स्थानों में से कहीं एक स्थान पर 'महासंगीति' की पूर्वपीठिका स्वरूप सभी बौद्ध विद्वानों को एकत्र कर बौद्ध दर्शन और साहित्य पर विमर्श करना चाहेंगे।

शंकर और पद्मसंभव के सम्मिलन से एक ऐसे सांगीतिक समारोह संपन्न होने की संभावना स्पष्ट दिखने लगी।

शंकराचार्य ने कुछ दिन सारनाथ की अतिथिशाला में ही निवास करने का निर्णय लिया। वे यह सोच-सोचकर चमत्कृत अनुभव करते कि ये दोनों धर्म कितने समीप हैं, पर कितने दूर हो गए हैं। वे उस रहस्यलोक के सत्य से साक्षात्कार करने को विकल थे, जिसमें पहुँचकर सम्यक् संबुद्ध कहे जानेवाले महात्मा बुद्ध ब्राह्मण जैसी मन:स्थिति में उतर जाते, यजुर्वेदीय कर्मकांडों और उपासना विधियों में विश्वास करने लगते। वे समझ नहीं पाते कि विरागी बुद्ध ने द्रोणग्राम से वैराग्य का आरंभ कर पुन: द्रोणग्राम में ही अपने वैराग्य को क्यों तोड़ दिया, जन्मभूमि तथा कुलदेवताओं के समक्ष पुन: मस्तक क्यों झुका दिया। आज अपने कक्ष में एकांत बैठे शंकर ने अपने विरागी मन को जैसे मुट्ठी में कस लिया और पूछने लगे, "ओ मेरे चिरसाधित पूर्णत: सफल वैराग्य! मेरे अंदर सतत जाग्रत् मेरे 'अद्वैत', मेरे दर्शन के पुजीभूत रूप 'शिव'—क्या तुम्हारे पास पहुँचने के लिए ईश्वर, उपासना और गुरु-सद्गुरु को नकार देना आवश्यक है?

"तुम क्या हो मेरे अद्वैत ब्रह्म—तुम अंड हो, शब्द हो, प्रकाश बिंदु हो या ज्ञानपुंज हो—तुम क्या हो कि मनुष्य जैसे कमजोर प्राणी तुम्हें पा लेने के बाद भी तुम्हें त्यागकर ब्राह्मण संत से श्रमण भिक्षु के रूप में अपने को परिवर्तित कर लेते हैं। मुझे बता, मेरे ब्रह्म कि क्यों ब्राह्मण से बौद्ध बने साधक कुमारिल भट्ट पुन: बौद्ध से ब्राह्मण हो गए और बौद्ध से ब्राह्मण बने संत पद्मसंभव पुन: बौद्ध हो गए? यह ब्राह्मण और बौद्ध क्या एक ही सिक्के के दो पहलू हैं?

"मुझे यह भी बताओ मेरे ब्रह्म—क्या बात है कि सनातन धर्म के सिद्ध योगी—सिद्ध और नाथ आज वैसे ही पंचमकार और पंचविकार के शिकार हो गए हैं, जिसके शिकार होते गए हैं—हीनयान से महायान और महायान से वज्रयान पर सवार होनेवाले यात्री? मुझे बताओ मेरे अद्वैत—तुम 'पिंड' में अपने को क्यों अभिव्यक्त करते हो? यदि पिंड ही अंड है और अंड ही पिंड तो दोनों का यह परस्पर परिवर्तन होते रहना तुम्हारे मनोरंजन की कोई क्रीड़ा है क्या अथवा यही 'प्रकृति और पुरुष के बीच का आकर्षण है, क्रीड़ा है अथवा यही माया है यही 'मार' है, यही 'काम' है, यही 'रति' है, यही भोग है, यही सुख है और यदि यह सुख ही महासुख है तो अनीश्वरवादी बौद्ध धर्म अथवा ईश्वरवादी सनातन धर्म अथवा अद्वैतवादी धर्म क्या एक नहीं हैं, यह सभी क्या एक नहीं हो सकते कभी?"

शंकराचार्य आज खोए रहे दिन भर, सारनाथ में बैठे तो थे, किंतु सारनाथ में केवल पंचतत्त्वों का पिंड भर था—'रय' भर प्राण तत्त्व, चेतन तत्त्व, सारनाथ से बहुत दूर-दूर, बहुत ऊपर कभी सप्ताकाश में तो कभी बहुत नीचे सप्तपाताल में।

दोनों धर्मों को एक ही ग्रहण लगा था—महासुखवाद का, जिससे बुद्ध डरते थे, जिससे नागार्जुन डरते थे, जिससे दिङ्नाग भय खाते थे, जिससे वसुवंधु सतर्क रहते थे और जिसे समझने-जानने के लिए आज भी जिनकी आत्माएँ सर्प बनकर गुरु की खोज में काशी की गलियों तथा मणिकर्णिका की सीढ़ियों पर भटक रही थीं।

एकाएक उनकी तंद्रा टूटी, ध्यान भंग हुआ तो वे शेषनाथ की खोज में ग्रंथागार की ओर बढ़ चले—

"भिक्षुश्रेष्ठ, मुझे 'अभिधर्म कोष' उपलब्ध कराइए, वसुवंधु द्वारा रचित कोष, जिसमें शून्यवाद, माध्यमिकवाद, विश्वासवाद, उत्तर बौद्ध युग के ग्रंथों के सारांश मिल जाएँ। मुझे 'राजगृह' में संपन्न बौद्ध धर्म की प्रथम संगीति के निष्कर्षों को भी जानना है, भिक्खु तथा दूसरी-तीसरी संगीतियों में स्मृतियों की तरह प्रस्तुत सारग्रंथों के तत्त्वों को भी।

"मेरी सोच है कि आचार्य पद्मसंभव से वार्त्ता-विमर्श होने के पूर्व मैं इन ग्रंथों का अवलोकन कर लूँ और इनका एक तुलनात्मक अध्ययन सनातन धर्म के धर्मशास्त्रों के तथ्यों को सामने रखकर कर लूँ। मुझे ऐसा आभास होता है, भिक्षुश्रेष्ठ कि वह समय दूर नहीं है, जब आपके बुद्धदेव सनातनधर्मियों के ही किसी देवस्वरूप बनकर खड़े हो जाएँ और तब हम मिल-जुलकर इस भारतभूमि को महासुखवाद के विकर्मों से मुक्त कर पूरे विश्व के एकीकरण की दिशा में प्रवृत्त हो सकें।"

फिर तो वहीं ग्रंथागार में ही कहीं खो गए शंकराचार्य!

□

44

सारनाथ (मृगदाय वन) जो बुद्ध के काल से ही धम्म, दर्शन, विचारधारा तथा संप्रदायों-उपसंप्रदायों के प्रवर्तन-अनुप्रवर्तन, संशोधन, पुनर्नवीकरण का केंद्र तो था ही, वन में अवस्थित होने के कारण विपस्यना की साधना तथा ध्यान के ऊर्ध्वीकरण के लिए भी व्यावहारिक शिक्षा की दृष्टि से महत्त्वपूर्ण नालंदा और विक्रमशिला के दो-दो विश्वविद्यालय समान सिद्धांत के दो प्रतिरूप हो चले थे। हर्षवर्द्धन कालातीत हो चुके थे, मिहिर भोज भी स्वर्ग सिधार चुके थे, बंगाल के पालों और सेनों का भी जमाना समाप्त था, ह्वेनसांग भी चीन वापस जा चुके थे, नागार्जुन एवं दिङ्नाग बीती बात हो चले थे तथा बौद्ध धर्म उन सारी विकृतियों का शिकार हो चुका था, जिन विकृतियों को लेकर सनातन धर्म पूरे संसार में एक पतनशील धर्म—हिंदू धर्म के नाम से एक प्रदूषित धार्मिक व्यवस्था बन चुका था तथा अनेक देव, अनावश्यक कर्मकांड, मंत्र-तंत्र, आगम-निगम, दक्षिण-वाम आदि सहज सुखवादी, व्यभिचारी तथा अनाचारी संप्रदायों के रूप में जाना जाने लगा था। सारनाथ में रहकर शंकराचार्य ने जब बौद्ध धर्म की विविध मार्गीय साधना-पद्धतियों का समीप से निरीक्षण-परीक्षण किया तो उन्होंने पाया कि यह बौद्ध धर्म तो अब एक प्रच्छन्न हिंदू धर्म और वह हिंदू धर्म का मात्र एक प्रच्छन्न बौद्ध धर्म होकर विश्व में प्रचलित सभी धर्मों के लिए उपहास की वस्तु हो गए हैं। इन्हीं स्थितियों में पड़कर कई महान् हिंदू धर्मी विद्वानों ने बौद्ध धर्म अंगीकार कर लिया तो बहुत सारे बौद्ध पंडितों ने हिंदू धर्म—कुमारिल भट्ट प्रच्छन्न बौद्ध तथा गोरखनाथ प्रच्छन्न हिंदू के रूप में अभिज्ञात हो चुके थे।

प्रसिद्ध हिंदू योगी जिस समाधि की दशा को महासमाधि या भावसमाधि कहते थे, वही सिद्ध बौद्ध इसे वज्रयान संप्रदाय से जोड़कर ध्यान की आठवीं अवस्था—जिसे वे ज्ञान की अंतिम अवस्था की विपस्यना साधना भी मानते थे, योगी से भी अधिक भ्रष्ट योग होने लगा था और विपस्यना केंद्रों पर भिक्षु एवं भिक्षुणियों की भूमिका वामाचार की योगी-योगिनियों की भूमिका से तनिक भी भिन्न नहीं थी। निगम आगम हो गया था, आगम सुगम, वेदोपनिषदों में निहित प्रकाश बिंदु और नाद-संगीत अप्रासंगिक लगते थे,

अव्यावहारिक, दु:खदायी और पंचमकार की साधना सुखदायी, विमुक्ति कारक, हठयोग की तो हँसी उड़ाई जाती थी। महायान पर सवार बुद्ध की सवारी जिस किसी देश में उतरी, उसी की रूपाकृति में ढल गई, उसी के रंग रँग गई और उसी के आचरणों में चरण मिलाकर चल पड़ी—लंका, चीन, वियतनाम, बर्मा, इंडोचीन, सिंगापुर, हांगकांग, किंतु महायान पर जो लोग चढ़ सकने में विफल हो गए, वे वज्रयान पर सवार, यंत्रों-तंत्रों-मंत्रों के नाम पर महासुखवादी, आगममार्गी, वामाचारी होकर मत्स्य, मदिरा, मांस, मुद्रा और मैथुन में उसी सुख के भोग का स्वाद लेने तिब्बत पहुँच गए, जो सुख महासाधक योगियों को सद्गुरु की कृपा से ही प्राप्य था। बुद्ध ने ध्यान की बारहवीं अवस्था में पहुँचकर मैत्री, करुणा और प्रज्ञा की प्राप्ति की थी, जबकि भिक्षुक-भिक्षुणी पाँचवीं-छठी अवस्था में पहुँचते ही महाभोग की वैतरणी में बह जाते ठीक वैसे ही, जैसे ज्ञान और भक्ति की योग साधना में बैठे योग साधक तंत्रों एवं तांत्रिक चमत्कारों के प्रदर्शन कर जीवन-निर्वाह करने में। चौरासी सिद्ध इसी कोटि के साधक थे, जबकि नौ नाथ संत हो गए, सद्गुरु बन गए और शिव-परमात्मा के साथ लय हो गए—लयमय हो रहे।

सारनाथ में रहकर बुद्ध के बाद भारत में पनपे प्राय: सभी तथाकथित धर्म इसी पतनशीलता के शिकार हो चले थे और जात-पात, धर्म-विधर्म, कर्म-अपकर्म के जाल में फँसे कराह रहे थे। यह इस पतनशीलता का ही प्रतिफल था कि भारत के दक्षिणी और पश्चिमी क्षेत्रों के विदेशों से आए धर्म अपना साम्राज्य बढ़ाते आगे बढ़ने की मुद्रा में थे। हजारोहजार वर्षों से आस्था, विश्वास, परंपराओं और पूजा-पद्धतियों को जिंदा रखनेवाला वैदिक जीवनदर्शन, एक सार्वभौमिक तथा सार्वकालिक जीवन-पद्धति पर चारों दिशाओं से आक्रमण और 'वसुधैव कुटुम्बकम्' का एक संकल्प हाथों में लिये, जैसे कोई वैश्विक जीवन-शैली का गला घोंट रहा हो।

शंकराचार्य को यहाँ सारनाथ में सभी धर्मों के संत, आचार्य, प्रचारक तथा विचारक सब मिल गए थे। उन्होंने यहूदी पुरोहित याकूब से कहा, "याकूब महोदय, आज विजयादशमी है—विजय का पर्व, जो पूरे भारत देश में हर्ष और उत्साह से मनाया जानेवाला पर्व है। राम ने आज ही के दिन बुराई के प्रतीक, अशुभ के प्रतीक, अन्याय और शोषण के प्रतीक रावण का वध किया था तथा लंका का राज्य विभीषण को सौंपकर सीता के साथ अयोध्या वापस लौटे थे। आज आपने बौद्धों को भी देखा होगा त्योहार मनाते, जैनी, हिंदू, सभी मिलकर यह पर्व मनाते हैं। आगे दीपावली है—राम के राज्यारोहण की तिथि। आज के दिन अज्ञान और अँधियारे के ऊपर ज्योति की दीपमालिका जलाकर भारत के लोग लक्ष्मी का आह्वान करते हैं। धर्मों की सीमाएँ, दीवारें टूट जाती हैं ऐसे पर्व-त्योहारों पर। मुझे आज के दिन विश्व के प्राय: सभी धर्मों के आचार्यों को उपस्थित देखकर बड़ा आनंद प्राप्त होता है। क्यों नहीं, हम सब दीपावली को एक साथ एक ऐसा दीप जलाएँ,

जिसके प्रकाश के प्रभाव से सारे विश्व का अंधकार, अज्ञान और भेदभाव का राक्षस यह संसार छोड़कर कहीं दूसरे लोक में भाग जाए।"

"मैं बिशप पीटर, जो वैटिकन के पुजारियों में से एक हैं, से कहूँगा कि यह प्रकाश का पर्व है, इसे तो ईसाई लोग रोज ही मनाते हैं या ईसा के जन्मदिवस पर विशेष समारोह के साथ। हम यहूदी भी मोमबत्तियाँ जलाकर ही किसी शुभ अथवा किसी सांस्कृतिक उत्सव की शुरुआत करते हैं। क्यों न मैं आप से उन्हें मिला दूँ, आचार्यवर!"

"आप ऐसा करें कि सारनाथ में उपस्थित सभी पादरियों एवं भक्त पुजारियों से इसी अतिथिशाला के सम्मेलन कक्ष में उपस्थित होने का निमंत्रण दे दें। आज ही मैं विधिवत् सभागार के सामूहिक उपयोग हेतु आवश्यक अनुमति भिक्खु शेषनाथ से ले लेता हूँ। मैं यह भी प्रयास करता हूँ कि जैन परिव्राजकों को स्वयं ही सभा में आने का न्योता दे दूँ और आप भी प्रयास करें कि इस्लामधर्मी यदि कोई मुल्ला-मौलाना यहाँ आए हों तो उन्हें भी यह खबर कर दें कि इस धर्म-सम्मेलन में उनका स्वागत है।"

याकूब ने कहा, "परिवर्तन के प्रतीक इस युगाब्द संवत्-संवत्सर और इस ईसवी संस्कृति के जनक हैं गौतम बुद्ध। उनके द्वारा प्रवर्तित बौद्ध धर्म से तो सभी धर्मों को कुछ-न-कुछ प्राप्त करना ही है। अत: सभी धर्मों के पुजारी-पदाधिकारी यहाँ आते रहते हैं।"

इस पर शंकराचार्य बोलने लगे, "याकूब महोदय, आप बौद्ध धर्म से कुछ सीखते हैं। इसका एक अर्थ यह भी है कि आप इस देश के मातृधर्म सनातन धर्म से ही कुछ सीख रहे हैं। बौद्ध धर्म सनातन धर्म है अथवा वैदिक धर्म—विद्या-विधान एक, संस्कृति एक, पद्धति एक, विश्वास एक, परंपरा एक और एक श्रद्धा की नींव पर खड़ी संस्कृति, जो दो धर्मों के ऐक्य की प्रतीक है।

"इसी वैदिक संस्कृति के प्रतिरोध में बौद्ध धर्म का उदय हुआ, तभी से संभवत: इसका नाम सिंधु सभ्यता पर आधारित नाम हिंदू धर्म हो गया। सहस्राब्दियों के प्राकृत विश्वासों से आत्म-परमात्म संघर्षों से निर्मित भारत की वैदिक संस्कृति एक व्यक्ति विशेष के ध्यान में जली एक बोधि दीप, अत:दीप के प्रकाश स्पर्श से ही जैसे कुम्हलाकर ज्योतिहीन हो गई और बौद्ध धर्म के साथ उसका विभाजक नामकरण 'हिंदू धर्म' हो गया।"

याकूब बोला, "आचार्यवर, वस्तुत: सारे विश्वासों, सारी परंपराओं, सारे विधि-विधानों को तिलांजलि देने के बाद ही प्रभु पिता के आदेश से जीवन को संचालित करने का जो तंत्र मिलता है, जो एक शैली, एक दैनिक जीवन पद्धति बन जाती है, जो उपासना का विधि-विधान बन जाता है, उसी का नाम धर्म है। सारे संसार के विभिन्न मानव समुदायों के अपने-अपने विश्वास हैं, अपनी-अपनी मान्यताएँ हैं और अपनी-अपनी परंपराएँ हैं, अपने-अपने विधि-विधान हैं। यदि हम उनका गहराई से संधान करें तो उन

विश्वासों, परंपराओं आदि को एक सूत्र में जोड़नेवाले तंतु भी मिल ही जाएँगे, किंतु प्रभु का आदेश—अपने प्रिय धर्मपुत्रों को, अपने मसीहाओं को, अपने पैगंबरों को, जैसा जहाँ प्राप्त होता है, वहाँ का धर्म वैसा ही हो जाता है। प्रभु ने मूसा से जो कुछ कहा, वह हमारा यहूदी धर्म हो गया, ईसा से जो कुछ कहा, ईसाई धर्म हो गया, मोहम्मद से कहा तो इस्लाम धर्म हो गया। बुद्ध से तो प्रभु ने कुछ नहीं कहा, फिर बौद्ध धर्म को धर्म की मान्यता कहाँ से मिली? आचार्य, यही जानने-समझने हम इतनी दूर से चलकर सारनाथ पहुँचे हैं। यह लीजिए, आ ही गए बिशप पीटर।" पीटर और शंकर ने एक-दूसरे को नमस्कार कर हाथ मिलाए।

शंकराचार्य बोले "याकूब महोदय, प्रभु, परमात्मा, ईश्वर-परमेश्वर अथवा खुदा नामक कोई जीव किसी ने देखा अथवा उसे कुछ कहते सुना, इसका भी तो कोई प्रत्यक्ष प्रमाण नहीं है। फिर किसी धर्मदूत अथवा किसी धर्मपुत्र अथवा किसी पैगंबर की बातों को धर्म का नाम, अर्थात् धारणा की अपरिहार्यता-अनिवार्यता कहना युक्तिसंगत नहीं लगता। बौद्ध धर्म के पहले भारत में जो जीवन के विधि-विधान स्वीकार्य-अपरिहार्य माने गए हैं, वे धर्म नहीं, संस्कार और विश्वास कहे जाते रहे हैं। ये वैदिक वचन, ये औपनिषदिक सत्य विश्वास इसलिए कहे जाते रहे हैं, क्योंकि ये किसी-न-किसी संत, किसी-न-किसी ऋषि, किसी-न-किसी विद्वान् के चिंतन, दर्शन अथवा मनन-निदिध्यासन के परिणाम हैं और आज भी वे आर्षवचन, वैदिक दर्शन, औपनिषदिक सत्य उन्हीं संतों, महात्माओं और ऋषियों के नाम से, दर्शन के देवता एवं दर्शन के छंद से जोड़कर व्याकरण के नियमों के अधीन व्याख्येय हैं। क्या ऐसे विश्वासों को तिलांजलि देकर किसी धर्मपुत्र की बिना स्वत: अनुभूत कथन को भी स्वीकृत कर लेना धर्म है? यदि प्रकृति में उपस्थित ऋषि, देवता और छंद किसी वाक्य के साक्षी हैं तो ऐसे विश्वास को त्याग देना सबसे बड़ा अधर्म कहा जाना उचित लगता है। यदि वैदिक संस्कृति को हम धर्म कहें तो मेरी समझ में तो विश्वसनीय और धारणीय धर्म यदि इस धरणी तल पर कोई है तो वह वैदिक धर्म ही कहा जाना चाहिए और उसे हम सबको अपनी-अपनी जीवन-पद्धति में इन विश्वासों के अनुरूप धर्म के नियम, सामान्य नियम निर्धारित करने की आवश्यकता है। हम सभी आदमी हैं, मनुष्य हैं, मानव हैं, धरती-पुत्र हैं और हम सबका एक धर्म तो होना चाहिए, याकूब!"

"आइए, हम सारनाथ नाम को सार्थक करें और पूरे विश्व के विभिन्न धर्मों के सारतत्त्व अर्थात् विश्वास-तत्त्वों को एक साथ जोड़ दें और उसे एक धर्म—जगद्धर्म या वैश्विक धर्म या वसुधा धर्म घोषित कर पूरे विश्व को एक कुटुंब में परिवर्तित कर दें।"

"किंतु इसके पहले तो बिशप पीटर के विचार जान लेना आवश्यक होगा। क्यों बिशप? वैटिकन की प्रतिक्रिया क्या होगी, यदि सारनाथ में सभी धर्मों का निर्णय यह हो जाए कि वैश्विक विश्वासों, विचारों, उपासना-पद्धतियों को एक साथ जोड़कर पूरी

मानवता के लिए एक सर्वमान्य जीवन-शैली निर्मित की जानी चाहिए और उसे मानव का एकमात्र धर्म मान लेना चाहिए।"

बिशप पीटर बोला, "आचार्यवर, ईसा से एक हजार वर्ष पूर्व सिनॉय की पहाड़ियों पर प्रभु ने कुछ कहा था, ईश के वे ही वचन यहूदी धर्म कहे जाते हैं। ईश के इन वचनों की विश्वसनीयता एक हजार वर्ष के अंदर समाप्त हो गई तो प्रभु को किसी संत नहीं, स्वयं अपने पुत्र यीशु को भेजना पड़ा और कालक्रम से यीशू ने जो कुछ कहा, उसे तथा जो ईसाई संतों ने कहा उसे भी विश्वसनीय मानकर एक विशाल मानव समूह ने अपना धर्म मान लिया, जो ईसाई धर्म के नाम से ख्यात है, किंतु यह व्यवस्था भी पाँच सौ वर्षों के बीतते-बीतते प्रश्नवाचक हो चली और प्रभु को अपनी बात किसी पैगंबर के कानों में कहनी पड़ी। पैगंबर की वाणी को प्रभु का वचन माननेवाले अनुयायी ईसाई धर्म को छोड़कर इस्लामधर्मी बन गए। अभी तो स्थिति यह है आचार्य कि दो हजार वर्ष के अंदर तीन धर्म और तीनों के अंदर अनेक धर्म-उपधर्म बनते-बनते धर्मों-उपधर्मों के बीच संघर्ष इतने आत्मघाती हो चले हैं कि विश्वास तो खंड-खंड हो ही चला, देश भी टुकड़े-टुकड़े होने लगे हैं। बौद्ध धर्म की देखा-देखी यह पूरी मानवता धर्मों की फाँस में फँसी कराहने लगी है और मुक्त होकर फिर अपने-अपने विश्वासों, परंपराओं, पूजा-पद्धतियों के बीच लौटना चाहती है। प्राकृत धर्म धर्म नहीं; किंतु हम धर्म को 'रेलिजियन' नहीं 'पाइटी' अर्थात् स्वाभाविक या प्रकृतिगत विश्वास कहकर फिर आदिमानव संस्कृति की आदिम स्थिति में पहुँच जाएँ तो संसार असार हो जाए और असार संसार का सार सारनाथ बन जाए, जैसा कभी का यह मृगदाय वन।"

स्थविर शेषनाथ ने सारनाथ के सम्मेलन कक्ष का प्रभारी शंकराचार्य को ही बना दिया और शंकराचार्य के नेतृत्व में सारनाथ 'सर्वधर्म समन्वय' की दिशा में कार्यशाला एवं विमर्शशाला के एक वैश्विक चिंतन केंद्र का काम करने लगा।

शंकराचार्य ने भगवा वस्त्रों के साथ वस्त्र-शैली ही नहीं, अपनी जीवन-शैली, ध्यान और समाधि-शैली भी बदल दी। हिंदू उन्हें प्रच्छन्न बौद्ध कहते और बौद्ध उन्हें प्रतिबद्ध हिंदू। कुछ लोग तो उन्हें कुमारिल भट्ट का पट्टशिष्य कहते, किंतु सभी धर्मों के लोग यह मानते कि इस संन्यासी का यदि कोई धर्म था तो वह था—मानव धर्म, जगद्धर्म और धीरे-धीरे विभिन्न धर्मावलंबी उन्हें पूरे संसार के धर्मों को एक सांस्कृतिक व्यवस्था, एक वैश्विक व्यवस्था से जोड़नेवाले गुरु के रूप में देखने लगे थे। वैश्विक जीवन-शैली अर्थात् आदिम जीवन-शैली का सार अर्थात् प्रकृति की जीवन-शैली में आदिम मानव जैसा आधुनिक मानव का विश्वास यही मान लिया जाए तथा मानवधर्म इसी दिशा में चल पड़े, सबके गुरु—जगद्गुरु शंकराचार्य'।

❑

45

शंकर न तो प्रच्छन्न बौद्ध थे, न प्रतिबद्ध हिंदू। बुद्ध ज्ञानी थे पूर्णत:, किंतु बुद्ध और शंकर में एक अंतर था—बुद्ध ध्यान के मार्ग से ज्ञान की अवस्था को प्राप्त होते थे, बोधि-संबोधि, बुद्ध-संबुद्ध की अवस्था जिसकी प्राप्ति का अर्थ होता था, उनके जीवन-संबंधित सारे प्रश्नों के उत्तर, सारे दु:खों का समाधान। शंकर योग-साधक थे तथा उनके ज्ञान-प्राप्ति का मार्ग था—ध्यान, धारणा और समाधि का मार्ग, जो ज्ञानावस्था तक पहुँचते ही ज्ञान से ब्रह्मज्ञान अथवा ज्ञानानंद से ब्रह्मानंद तथा 'ब्रह्मानंद' से 'अहम् ब्रह्मास्मि' बन जाता था अर्थात् जहाँ 'अहं' तथा अहम दोनों पूर्णत: तिरोहित होकर तुरीय अर्थात् केवल 'ब्रह्मास्मि' अथवा 'अहम् ब्रह्मास्मि' तथा 'आत्म' को स्वयं में परम आत्म विलीन कर लेता था। सारनाथ में कई मास बिताते हुए योगी ध्यानी बन गए और तौलने लगे—'अत्तदीपावस्था' को 'अहम् ब्रह्मास्मि' की परमात्मावस्था से। उन्हें यह विश्वास होने लगा कि दोनों अवस्थाएँ समान अवस्थाएँ हैं, भले ही कोई एक को 'ध्यान' कहे तो कोई दूसरे को समाधि-महासमाधि, भावदशा-महादशा, तत्सत् या तत्त्वम् या सोऽहम् या शिवोऽहम्।

भारत के बाहर के देशों से सारनाथ पधारे बहुत सारे धर्माचार्य, जो शंकराचार्य को कोई बड़ा बौद्ध साधक समझ बैठते थे और जब 'विपस्यना' की साधना में होते शंकर तो वे संभवत: इस लोक में नहीं होते।

अभी-अभी ध्यान से उठे थे आचार्य और अन्य ध्यानियों के साथ सम्मेलन-कक्ष की ओर जा रहे थे कि उनके मन का सूत्र जुड़ गया शेषनाथ से। जैसे ही दोनों की दृष्टियाँ टकराईं, शेषनाथ बोल उठे, "क्यों आचार्य, आप तो धर्म परिवर्तन के पूर्व ही बुद्ध की 'बोधि' की ऊँचाइयों को छूने लगे। बिना किसी गुरु के मार्ग प्रदर्शन किए ज्ञान की यह उपलब्धि क्या यह सिद्ध नहीं करती कि यह लोकोक्ति—'बिन गुरु होहिन ज्ञान' तर्क आधारित नहीं है।"

"नहीं महासंन्यासी शेषनाथ, शायद आपने अभी तक यह अनुभूति नहीं प्राप्त की कि जिस ज्ञान के पीछे गुरु रहता है, वह ज्ञान की अवस्था प्राप्त होते ही 'ज्ञान' ज्ञान नहीं

रहकर 'ब्रह्म' हो जाता है और ज्ञान का साधक अहं व साधना का पथप्रदर्शक दोनों के अस्तित्व समाप्त होकर 'शिव' में समाहित हो जाते हैं। यही तो छोटी सी एक विभाजक रेखा है—सनातन धर्म और बौद्ध धर्म में, जिसे समाप्त कर दोनों धर्मों के अस्तित्वों का भी विलय करने का प्रश्न विचारणीय हो जाता है। मेरे सारनाथ में केंद्रित होने के पीछे यह विषय प्रमुख है, मैं महान् योगाचारी साधक तथा बौद्ध धर्म के सर्वप्रधान संन्यासी भिक्षु पद्मसंभव तथा बोधिसत्त्व इत्सिंग से उचित विमर्श एवं शास्त्रार्थ के पश्चात् दोनों धर्मों का विलय संभव कर देने की दिशा में अपने चिंतन को एक मूर्त स्वरूप प्रदान करने का पक्षधर हूँ।"

"क्या उत्तर भेजा है पद्मसंभव ने? वे सारनाथ तो आएँगे, किंतु इत्सिंग के साथ रहते हुए हम हृदय खोलकर शायद उनसे बातें नहीं कर सकेंगे।"

"आचार्यवर, इत्सिंग के कार्यक्रमानुसार अभी वे निकट भविष्य में भारत लौटने की स्थिति में नहीं हैं, पहले वे शंघाई पहुँचेंगे और चीन देश में आयोजित एक सर्वधर्म सम्मेलन में भाग लेने के बाद ही भारत की यात्रा पर आएँगे। चीन के वर्तमान राजा इस बात के पक्ष में नहीं हैं कि चीन देश की अर्थव्यवस्था के अस्थिर होने की स्थिति में चीनी कोष से किसी तरह का व्यय भारतीय धर्मों के प्रचार-प्रसार तथा भारतीय साहित्य के रूपांतर-अनुवाद के मद में किया जाए। उनका मानना है कि कन्फ्यूसियस की आर्थिक और न्यायिक दृष्टि किसी भी देश की दृष्टि से अधिक जनोपयोगी है, अत: चीन का धन चीन की प्रगति के निमित्त ही व्यय हो।"

"शेषनाथ, कन्फ्यूसियस बुद्ध नहीं थे, वे संत कम, शासक अधिक रहे हैं, अत: उनकी दृष्टि में राष्ट्र का धन अपने धर्म पर, अपने राष्ट्र के हित में, राष्ट्र के मूलवासियों के हित में, चीन के लिए खर्च होना ही चाहिए, किंतु वर्तमान राजा के पहले जिन राजाओं ने चीन का धन बौद्ध धर्म के प्रचार-प्रसार में व्यय किया, इसके पीछे भी उनका राष्ट्रीय हित अथवा स्वार्थ ही था। भिक्षुवर, यही कारण है कि मैं पद्मसंभव से इत्सिंग की अनुपस्थिति में कुछ बातें करना चाहता हूँ और तब दोनों धर्मों के एकीकरण का प्रस्ताव उनके समक्ष रखना चाहता हूँ। यदि चीन अपने राष्ट्र का धन बौद्ध धर्म पर व्यय करता है तो इसमें चीन राष्ट्र का कोई-न-कोई हित अथवा स्वार्थ अवश्य होगा, अन्यथा कन्फ्यूसियस की शासन-प्रणाली इसमें व्यवधान उपस्थित करती है। चीन का मूल धर्म ताओ अथवा दाओ अर्थात् चीन की मूल प्रकृति उसी व्यय को उचित मानती है, जो चीन राष्ट्र अथवा चीनी साम्राज्य-विस्तार के हित में होता हो।"

"मैं पद्मसंभव से यह समझने के लिए व्यग्र हूँ कि महायान का धर्मगुप्तक निकाय अर्थात् माध्यमिक निकाय अथवा शून्यवादी निकाय, जिसका प्रवर्तन नालंदा विश्वविद्यालय के सर्वश्रेष्ठ आचार्य नागार्जुन ने इसी सारनाथ में किया था और जो बुद्ध

का 'मंझिम निकाय' के नाम से अभिहित होकर संपूर्ण संसार में सर्वाधिक लोकप्रिय धर्म बना, वह चीन में मान्य क्यों नहीं हुआ? चीन में कात्यायनी पुत्र-रचित 'ज्ञान प्रस्थान शास्त्र' के चीनी अनुवाद (विभाषा) पर आधारित आचरणों वाले धर्म को 'महायान' की स्वीकृति दी गई। चीन ने दिङ्नाग जैसे तर्कपुंगव के तर्कों की भी अनसुनी की और आचार्य मैत्रेयनाथ द्वारा प्रवर्तित, वसुवंधु तथा दिङ्नाग द्वारा प्रचारित योगाचार पद्धति की उपेक्षा करते हुए संपूर्ण बौद्ध दर्शन को कुछ आचरणों में ढालकर बौद्ध धर्म का प्रचार तिब्बत, भूटान, बर्मा, वियतनाम, कंबोडिया, जावा, सुमात्रा आदि देशों से लेकर कश्मीर, कांधार तथा मध्य एशिया तक फैलाने का बीड़ा उठा लिया। फिर आचरणों में होते जा रहे स्खलनों को रोका नहीं, उसे प्रोत्साहित किया, जिसका प्रतिफलन पंचमकारी आचरणों तक उतर गया और जिसके फलस्वरूप बौद्ध धर्म पंचविकारों का घर हो गया, महासुखवाद मोक्ष या निर्वाण का पर्याय, मन और इंद्रियों को स्वच्छंदता मिल गई, श्रमण संस्कार छा गए एवं कापालिक-कापालिनी, योगी-योगिनी की कामाचारिता भिक्षु-भिक्षुणियों, श्रावक-श्राविकाओं में व्याप्त हो गई। इससे चीन का साम्राज्य अवश्य फैला, किंतु बौद्ध धर्म, हिंदू धर्म, सनातन धर्म अथवा वैदिक धर्म में ऐसी गिरावट आज व्याप्त है, जिससे भारत को मुक्त कराना अत्यावश्यक है। आप सबसे पहले मुझे पद्‌मसंभव से मिलाइए। अब बौद्ध संगीति की तरह भारत में एक सर्वधर्म संगीति तथा सर्वधर्म का सार—एक धर्म के भारतीय आदर्श को सार्थक करने का समय आ गया है।

शेषनाथ को लगा वे ज्ञान तथा आचरण विदग्ध किसी विरागी आचार्य की कक्षा में बैठे हैं और ज्ञान का अमृत पान कर रहे हैं। उन्होंने कहा, "आचार्यवर, जीवन का अधिकांश वेदोपनिषदों के अध्ययन तथा चिंतन-मनन में व्यतीत करने के उपरांत बौद्ध धर्म के शरण में आए पद्‌मसंभव निकट भविष्य में आयोजित संगम महोत्सव के अवसर पर अपने पूर्व गुरुदेव कुमारिल भट्‌ट के अंतिम दर्शनार्थ प्रयाग आ रहे हैं और उनका एक लंबा प्रवास सारनाथ में प्रस्तावित है। मेरी कामना है कि आप तीनों महाचार्यों का त्रिवेणी-संगम भी अबकी बार के महाकुंभ के अवसर पर सारनाथ में हो जाए। यद्यपि जीवन के अंत में कुमारिल बौद्ध नहीं रहे, जैसे पद्‌मसंभव हिंदू आचार्य नहीं रह सके, किंतु मुझे विश्वास है कि शंकराचार्य दोनों आचार्यों के जीवन के अंत में परिपक्व ज्ञान की गंगा और बुद्धि की सरस्वती में प्रेम की यमुना का सम्मिलन कर एक ऐसी धारा को प्रवहमान करेंगे, जो वैदिक ही नहीं, वैश्विक संस्कृति की धारा बनकर सारी सृष्टि को अमृत-रस से सींचेगी।"

"मेरा विचार है आचार्यवर कि आप सारनाथ में आयोजित होनेवाले सर्वधर्म समन्वय महासभा की कोई तिथि माघी पूर्णिमा के उत्सव के अवसर पर निर्धारित करें तो श्रेयस्कर हो।"

"भिक्षुश्रेष्ठ, एवमस्तु, किंतु मैंने इसके अतिरिक्त भी कुछ जिम्मेदारियाँ पहले से स्वीकार कर रखी हैं। मेरी वे जिम्मेदारियाँ मुझे सारनाथ छोड़कर काशी और शीघ्र ही काशी छोड़कर प्रयाग प्रस्थान के लिए आवाहित कर रही हैं। आलवार के वैष्णव भक्त बड़ी संख्या में काशी पहुँच चुके हैं और उन्हें नेतृत्व देकर मुझे संगम-तट पर आयोजित संतों की महासभा में सम्मिलित होना है। काशी में प्रवास कर रही मेरे शिष्यों की टोली के कुछ सदस्य यह संवाद लेकर आ गए हैं। मैं अतिथिशाला छोड़कर अपने काशी-आश्रम के लिए शीघ्र प्रस्थान करना चाहता हूँ।"

जिन शिष्यों के साथ शंकराचार्य सारनाथ आए थे, उन्हीं शिष्यों के साथ आज सारनाथ से काशी वापस लौट रहे थे। वे सारनाथ आए थे वसुवंधु, दिङ्नाग तथा नागार्जुन से मिलने। आज काशी लौटते समय उन्हें लग रहा था कि जैसे वे तीनों आचार्यों की भटकती आत्माओं को शांति-मंत्र सुनाकर लौट रहे हों। इन तीनों महात्माओं ने ज्ञान-साधना में अपना पूरा जीवन खपा दिया। अध्यापक तथा प्रचारक की भूमिकाएँ भी निभाईं, किंतु शून्यवाद, माध्यमिकवाद, विज्ञानवाद धरा-का-धरा रह गया और चीनी तीर्थयात्रियों के प्रचार-प्रोत्साहन के बल पर बुद्ध धर्म के नाम पर स्वच्छंद आचरणवाद पूरे पूर्व तथा पश्चिम एशियाई देशों में फैल गया—पंचमकार तथा पंचविकार की आचरण-पद्धति के अंगीकार किए जाने तक। शून्यवाद (नागार्जुन) और योगाचारवाद (वसुवंधु और दिङ्नाग), जो बौद्ध धर्म के मर्म थे, वे निर्यातित नहीं हुए और कारण था—ताओवाद तथा कन्फ्यूसियसवाद के साथ बौद्ध धर्म को एक मेल खानेवाले धर्म के रूप में प्रस्तुत करना।

दम तोड़ती, घुटती-भटकती तीन आत्माएँ तृप्त हुईं, प्रेतयोनि से मुक्त हुईं अथवा नहीं, यह तो सबके सामने था। अब यह बात भी मन में घर बनाने लगी कि क्या ये तीर्थयात्री फाहियान, ह्वेनसांग तथा इत्सिंग कन्फ्यूसियसवाद के राजदूत थे या ताओवाद के धर्मदूत अथवा चीन के तत्कालीन राजसत्ताधारियों के साम्राज्यवादी स्वराज्य को यथार्थ में परिणत करनेवाले राजनयिक? यदि इत्सिंग उसी लक्ष्य को आगे बढ़ाने के उद्देश्य से बोधिसत्त्व की पदवी धारण कर भारत आए थे, जिस लक्ष्य के चलते नालंदा विश्वविद्यालय की सैकड़ों पांडुलिपियों को लेकर ह्वेनसांग शंघाई चले गए और बौद्ध दर्शन को वैभाषिकवाद के कारागार में बंद कर दिया।

भारत की उत्तरी सीमा पर कांधार-कश्मीर से लेकर कामरूप तक वैभाषिक आचरण बौद्ध धर्म बनकर खड़ा हो गया था, यह आशंका शंकर को सताने लगी थी। उन्हें तो यह सब भी आलवार से प्रयाग पहुँचे कुछ संतों से विदित हो चुका था कि ह्वेनसांग के सहयोगियों ने ही आतताइयों की मुद्रा में चीन लौटते समय ऋषिकेश तथा बदरीनाथ में पूजित विष्णु की प्रतिमाएँ उखाड़कर गंगा में क्षतिग्रस्त प्रवाहित कर दी थीं।

ये सारी बातें कुमारिल भट्ट से मिलने के बाद संपुष्ट होंगी और यह संपुष्टि

पद्मसंभव के समक्ष हो सकेंगी, वह समय अब बिल्कुल समीप है, यह सोच-सोचकर शंकराचार्य अति संतुष्ट थे अपने इस लघु सारनाथ-प्रवास से, किंतु इस महात्मा ने कभी भी यह सोचा तक नहीं था कि भारतीय सनातन संस्कृति पर इस प्रकार विदेशी आक्रमण होगा, विशेषकर ईसाई धर्म का और इस्लाम का तथा उन्हें इस आक्रमण में बौद्ध धर्म का सहयोग मिलेगा। बौद्ध धर्म वेदोपनिषदिक शास्त्र एवं संस्कृति का विरोधी होने के कारण उन्हें सहयोग दे सकता था, यह सोचकर इन दोनों धर्मों के संत तथा मौलवी-मुल्ला सारनाथ में अड्डा मारे बैठे रहते और यह सब शंकराचार्य ने अपनी आँखों से देखा। ऐसी स्थिति में उन्हें लगने लगा कि दक्षिण के भक्ति आंदोलन को मौन प्रोत्साहन देकर उन्होंने कोई गलती नहीं की है। आज उन्होंने तय कर लिया शिष्यों के बीच बैठकर कि वे कुमारिल भट्ट के संगम आश्रम पर साथ-साथ रहेंगे और हिमालय की पहाड़ी तपोभूमि से पधारे नागाओं, वैष्णव संतों तथा सिद्ध योगियों के साथ मिलकर हिंदू धर्म की मौलिक अवधारणा पर समवेत शास्त्रार्थ के बाद विचार करेंगे एवं यदि आवश्यक हुआ तो भक्ति आंदोलन को गति देकर विदेशी धर्मों को खाली हाथ अपने-अपने देश वापस कर देंगे। इस वैदिक संस्कृति की गंगा-यमुना, वैष्णव, शैव, शाक्त देवी-देवताओं की उपासना के साथ वापस तो होगी ही, बौद्ध धर्म के साथ-साथ वैदिक अथवा सनातन संस्कृति में जो विकृतियाँ आई थीं, को दूर करने का भी एक वातावरण तैयार होगा, जिसे देखकर ही ईश्वर और देवी-देवताओं की उपेक्षा पर आधारित ईसाई तथा इस्लाम धर्मों को चक्कर आने लगेगा और एक बार फिर भारतभूमि पर वैदिक संस्कृति की वाटिका खिलखिला उठेगी।

काशी में शंकराचार्य ने आलवार से आए संतों एवं भक्तों का खुले हृदय से स्वागत किया। यह सब सारनाथ में रहकर बिल्कुल समीप से बौद्ध धर्म की गिरावट तथा ईसाई एवं इस्लाम धर्मों की साम्राज्यवादिता के अध्ययन का परिणाम था।

□

46

आज प्रात: शंकराचार्य ने शिष्यों के साथ असी घाट जाकर डुबकी लगाई और कटि भर जल में खड़े होकर उदीयमान सूर्यदेव को अर्घ्य दिया। प्रकाश और ऊर्जा के देदीप्यमान देवता से उन्होंने प्रार्थना की कि वे ज्ञान के प्रकाश से पूरे विश्व को आलोकित करें तथा ऊर्जावान् करें। फिर गंगातट पर आयोजित आरती कार्यक्रम में भाग लिया। कामेश्वरी मंदिर में सरस्वती की पूजा की और लौटते समय बाबा विश्वनाथ का अभिषेक किया तथा पूरे विश्व में शांति एवं सुख के प्रसार हेतु अंतरतम से प्रार्थना की।

और यह सबकुछ जैसे एक ही भाव प्रवाह में संपन्न हो गया। बीच-बीच में वे देवताओं के अनुसार मंत्र स्वयं बदलते—कभी गुनगुनाते, कभी गाते तो कभी जैसे आत्मा से कोई पुकार-सी निकलती, प्रार्थना के भाव के तरंगानुसार। उनके सबसे प्रिय शिष्य पादपद्म से रहा न गया, उसने पूछ ही दिया, "गुरुदेव, आज तो पूजा-अर्चना-प्रार्थना में आपने विश्वनाथ मंदिर के मुख्य पुजारी को भी भक्ति-भाव-विह्वलता के प्रदर्शन में मात दे दी।"

"प्रदर्शन कहकर मेरी भक्ति-भावना का अपमान न करो, पादपद्म। शंकर अद्वैत का मौन आह्वान तथा उद्भ्रांत आलिंगन जिस भाव-विह्वल मन के मौन से करता है, उतने ही मुखर मंत्र स्वर से उसे उस अद्वय अज्ञात को रिझाना, नचाना और बहलाना-फुसला भी जानता है। तुम पूछोगे कि यह कला कब सीखी, कहाँ सीखी, तो यह भी सुन लो। इसी कला और भावप्रवाह के साथ जन्म-जन्मांतर से हमारे पूर्वज ये सब करते रहे हैं और इस भक्ति योग से जो शक्ति मिलती है, उसी शक्ति से अपना तथा समाज का कल्याण भी करते रहे हैं। यह भक्ति-भावना, मंत्र-प्रार्थना, कल्याण-कामना अनायास स्फुरित होती है, ऋतु, मौसम तथा अवसर के अनुसार यही कारण है पादपद्म कि हमारे वैदिक विनय के जितने भी मंत्र हैं, सबके ऋतु के अनुसार देवता हैं और देवता के अनुसार छंद हैं तथा छंद एवं उसके शब्दों को देखकर हम बता सकते हैं कि इस विनय के ऋषि कौन हैं ? ध्यान, धारणा और समाधि अंतर्मुखी साधना है, मंत्रपाठ और प्रार्थना बहिर्मुखी समर्पण, किंतु प्रदर्शन वस्तुत: किसी में नहीं है।

"गुरुदेव, यह स्वत:स्फूर्त है तो सबमें भक्ति-भाव अथवा समान भक्ति-भाव कहाँ होता है? भक्ति, मंत्र, जप-जाप तो किसी के लिए मुक्ति तथा आनंद का द्वार खोल देते हैं, जबकि किसी-किसी के लिए तो बस—

'शुष्कं काष्ठं तिष्ठति अग्रे।'

"देखो पादपद्म, यह पूजा-अर्चना, यह पाप स्वीकार, यह इच्छा-आकांक्षाओं को पूर्ण करने का भाव-योग, यह सब केवल वेदों की विशेषता नहीं, सभी कालों के, सभी समुदायों के लोगों में रही है। वेद सबसे प्राचीन है और वैदिक विनय हमारे पूर्वजों ने सहेजकर संरक्षित करने का काम किया है। बस अंतर है तो इतना ही कि हमारी प्रार्थना व्यथित आत्मा की करुण पुकार भर नहीं; यह मंत्र है छंदों के अनुशासन आबद्ध तथा देवता और चिंतक ऋषि, द्रष्टा ऋषि के नामों के साथ संरक्षित, जैसे हमारा वेदमंत्र—

'तत्सवितुर्वरेण्यं भर्गोदेवस्य धीमहि।
धियो यो नः प्रचोदयात्।'

ऋषि विश्वामित्र, देवता सविता तथा छंद गायत्री के साथ संरक्षित हैं।

पादपद्म बोले, "वेद कितने प्राचीन हैं तथा अन्य समुदायों-संस्कृतियों की प्रार्थनाओं से प्राचीनतर हैं, यह हम उनके समक्ष कैसे सिद्ध कर पाएँगे, गुरुवर? यह सभी को जानना चाहिए।"

शंकर बोले, "जानना चाहिए, यह तो उचित है, किंतु इसके लिए जिज्ञासु को वेदांगों के अध्ययन तथा अध्ययन के व्यावहारिक प्रयोग की शिक्षा आवश्यक है। व्याकरण और छंद शास्त्रों के पंडित उन्हें सिखा देंगे कि आधुनिक लौकिक संस्कृत से कथित वैदिक संस्कृत और संस्कृति की उम्र कितनी पुरानी है तथा अर्थ निकालने की कला सिखा देंगे कि कोई विशेष मंत्र किस ऋषि की दृष्टि् का उत्पादन है, किंतु पादपद्म ऐसे हलके प्रश्न करें, यह तो कोई रहस्य जैसा प्रतीत होता है।"

पादपद्म बोले, "क्षमा करें गुरुदेव, किंतु पादपद्म पर गुरुदेव का अन्यथा सोचना, इसकी व्याख्या तो गुरुदेव ही कर सकते हैं। यह काशी नगरी है, गुरुदेव, बड़े-बड़े लोगों को अचंभित-स्तंभित कर देनेवाली विचित्र नगरी, साँढ़, सीढ़ी, संन्यासी से लेकर असी से अश्वमेध तक, कहीं धुनी लगाए, कहीं मौन धारण किए योग साधना में, कहीं संगीत मंडली में रामभजन, कहीं गंगा मइया की महिमा, कहीं भोले भंडारी की माया, कहीं शव-साधना में रत अजीब-अजीब प्रकार के लोग। नगर के अंदर चौक-चौराहों, लस्सी और मलाई-रबड़ी की दुकानों, पान के बीड़ों से लार टपकाते लोग साधारण नहीं न होते हैं, गुरुदेव? ये लोग विचित्र प्रश्नों के विचित्र उत्तरों के चलते-फिरते विश्वकोश होते हैं और अपनी भाषा संस्कृत बोलते हैं तो लगता है कि कोई आभूषण का व्यापारी एक के बाद एक मूल्यवान्-से-मूल्यवान् हीरे-सोने के भूषण परोस रहा है और ये ही लोग जब

लोकभाषा बोलते हैं तो कभी-कभी लगता कि जैसे लाठियाँ बरसा रहे हैं। काशी संसार के सभी विद्या-केंद्रों की शिरोमणि है, गुरुदेव।"

"हमारे केरल में रोम-यूनान और अरब-ईरान के व्यापारी पादरियों एवं मुल्लाओं के वेश में गरम मसालों को जितना महत्त्व देते हैं, उससे अधिक महत्त्व देकर वे काशी के इन सांस्कृतिक-साहित्यिक आभूषणों का व्यापार भी करना चाहते हैं, किंतु गरम मसालों की तो ढुलाई खच्चरों और घोड़ों पर भी हो सकती है, पर ऐसे आभूषणों को लेकर यूनान, रोम तथा अरब-इरान तक की यात्रा जोखिम भरी भी हो सकती है। इसी मार्ग में वे सभी लुटेरे—शक, हूण, अरबी घोड़ों पर सवार इराकी लुटेरे, मंगोल और तुर्किस्तानी डाकू, जिन्होंने भारत को लूटा, इन पहाड़ी-पथरीली राहों में टोह लगाकर बैठे रहते हैं। ये सभी कभी-न-कभी काशी के आभूषणालयों में भी घूमते-टहलते मिल ही जाएँगे। यह भी विचित्र ही बात है, गुरुदेव कि ये सभी गरम मसालों और स्वर्णाभूषणों के व्यापारियों-पादरियों और मुल्लाओं के वेश में काशी में सहस्राब्दियों से अड्डा जमाए हुए हैं। अभी बगदाद में जो 'हाउस ऑफ विज्डम' वर्षों से भारतीय धर्मग्रंथों की तस्करी और अनुवाद के कार्यों में लगा है, इस कारण भी तो इन दिनों यहूदी, ईसाई और इस्लाम धर्म के बड़े-बड़े ज्ञाता काशी में हैं। आपका सारनाथ में कुछ ऐसे धर्मप्रचारकों से तो सामना अवश्य ही हो चुका होगा!"

"नहीं पादपद्म, किंतु मैंने भी सारनाथ में तब तक अड्डा जमाए रखने का निर्णय ले रखा है, जब तक मैं विमर्श अथवा समवेत विचार-मंथन अथवा शास्त्रार्थ द्वारा उन्हें यह बता न दूँ कि विश्व के कल्याण का मार्ग वेदोपनिषदों के महासागर से गुजरकर ही मिलता है, जिसमें डूबना तो डूब जाना ही होता है, किंतु डूबकर उबर आना मुक्ति, मोक्ष या निर्वाण अथवा कम-से-कम पृथ्वी-पुत्रों का समवेत कल्याण हो जाने जैसा होता है, किंतु इस महासागर से पार करानेवाला कर्णधार, जिसे हम गुरु कहते हैं, वह भारत के अंक में ही अवतार लेता है।

"वे जानते नहीं कि ज्ञान का वह सप्तसागर तो भारत में है, वेदों-उपनिषदों में है, वेदांगों-धर्मशास्त्रों में है। उन्हें चाहिए था पादपद्म कि यह हाउस ऑफ विज्डम के शोध और अनुवाद का कार्य सारनाथ में बैठकर ही करते। फिर भी रोम-यरुशलम या बगदाद को भारत का संदेश तो काशी का यह सारनाथ भेजेगा ही, ऐसा मेरा विश्वास है।"

"ऐसी क्या कमी है पाश्चात्य धर्मशास्त्रों अथवा अरब देशों के धर्मशास्त्रों में और क्या विशेषता है हमारे वेदों-वेदांगों अथवा हमारे उपनिषदों में, जिनके ज्ञान के बिना उनका 'हाउस ऑफ विज्डम कार्यक्रम' भी पूरा नहीं कर सकेगा, गुरुदेव, यह तो हमें भी जानना चाहिए तथा जानकर उन संस्कृतिधर्मियों को भी बताना चाहिए। हम क्यों नहीं सारनाथ में शिविर लगाएँ और उन पादरी अथवा मुल्ला-मौलवियों के माध्यम से ऐसा एक आग्रह का संदेश इराक के खलीफा को भेज दें।

"यह सत्य है गुरुदेव कि आपके नेतृत्व में सामान्य लोगों से लेकर विशिष्ट विद्वानों तक में वेदों-वेदांगों, उपनिषदों आदि की समझ बढ़ी है, किंतु मुझे लगता है कि सामान्य विद्वज्जन भी हमारी वैदिक संस्कृति के साथ-साथ औपनिषदिक ज्ञान होने या नहीं होने के अंतर को नहीं समझ पाते।"

शंकराचार्य ने असी के तीर पर ही आज प्रात:कालीन कक्षा लगा दी और पादपद्म को भी कक्षा में बिठा दिया। उन्होंने पादपद्म के इस प्रश्न को पर्याप्त महत्त्व देते हुए सभी शिष्यों को वेद से लेकर वेदांत तक, आर्ष दृष्टि से जुड़े सूत्र-मंत्रों से लेकर ब्रह्मसूत्र तक के सभी पठित पाठों पर सतर्क प्रश्नोत्तर की अभ्यास कक्षा लगा दी। सभी शिष्य एकांत-एकाग्र विषय पर ध्यान केंद्रित हो गए तो गुरु ने आज तक की पढ़ाई का सार एक बार पुन: दुहराया—

"देखो शिष्यो, जैसे ही तुम अपने वेदों की रचना का काल ईसा से मात्र पचास हजार वर्ष पूर्व भी बताते हो, अवैदिक संस्कृतिधर्मियों में हायतौबा मच उठती है, कान खड़े हो जाते हैं और वे वेदों के सत्य पर सवाल उठाते हुए भारतीयों की हँसी उड़ाने लगते हैं। कहते हैं कि एक तरफ वेदांत ब्रह्मसूत्र और एक सौ आठ उपनिषदों का सारतत्त्व— सोऽहम्, तत्सवितुर्वरेण्यं, सच्चिदानंदानंत स्वरूपम्, नित्य शुद्ध बुद्ध मुक्त स्वभावम्, अद्वितीय अनुभव, निराकार, अज, निर्मल, निरामय, परमेश्वर, परब्रह्म तो दूसरी ओर परमेश्वर से परमैश्वर्ययुक्त स्थिर सुख की एषणा-कामना-प्रार्थना। जब प्रार्थना जीवन की एषणाओं की पूर्ति के लिए होगी तो 'तत्त्वम्'—'तत्त्वमसि' कैसे होगा? फिर इन वैदिक मंत्रों की क्या आवश्यकता, क्या आवश्यकता सूर्य को अर्घ्य देने की, इंद्र को पत्र-पुष्प अर्पित करने की, क्या आवश्यकता आर्त पुकार की, क्यों यह आरती-वंदन, ये आँसुओं की झड़ी? जब ध्यान, धारणा, समाधि के मार्ग से ही सत्-चित्-आनंद स्वरूप ब्रह्म की प्राप्ति होनी है तो इन सब कर्मकांडों की क्या उपयोगिता? ये सारे प्रश्न उपनिषद्, ब्रह्मसूत्र या वेदांत की चर्चा चलते ही तुम्हारे समक्ष बरसने लगेंगे, क्या उत्तर दोगे?" गुरु ने शिष्य पृथ्वीधर को उत्तर हेतु संकेत दिया।

पृथ्वीधर बोला, "गुरुदेव, ब्रह्मसूत्र भाष्य की रचना के बाद अब यह पूर्णत: स्पष्ट हो चुका है कि ब्रह्म ही एकमात्र सत्ता है! यह सत्ता पूर्णत: चैतन्य है। नाना रूपात्मक इस जगत् की स्वप्नवत् सत्ता नहीं है, क्योंकि जगत् अथवा विश्व के रूप में जाना जानेवाला विचार में चैतन्य का पूर्ण अभाव नहीं है, जबकि ब्रह्म संपूर्ण चैतन्य सत्ता है। यहाँ यह प्रश्न उठना स्वाभाविक है कि तब इस चेतन सादृश्य अचेतन दृश्य जगत् की उत्पत्ति कैसे होती है? ब्रह्मसूत्र भाष्य में आपने स्पष्ट किया है कि चैतन्य ब्रह्मा, जिसे परम पुरुष भी कहते हैं, की शक्ति 'माया' संसार की कारण-शक्ति बन जाती है। जगत् का निर्माण-स्थिति और विनाश तीनों 'प्रकृति' की स्वभावगत विशेषताएँ हैं, ये सत्ता नहीं, सत्य नहीं-

सत् भी नहीं, किंतु असत् भी नहीं। फिर भी हैं यह नाना रूपधारी, ब्रह्म निर्गुण, निराकार इन दो विरोधी पक्षों को माया अर्थात् प्रकृति की शक्ति जोड़ देती है। माया से मुक्त ब्रह्म को ही हम ईश्वर कहते हैं, चूँकि यह ईश्वर प्रकृति से जुड़ जाता है, अत: ईश्वर ब्रह्म से जुड़ने एवं उन तक पहुँचने का एक ही मार्ग है और वह है—प्रकृति। प्रकृति क्षिति है, जल है, पावक है, समीर है, गगन है, सूर्य है, चंद्र है, पहाड़ है, फूल है, नदी है और समुंदर है। जीव प्रकृति में ईश्वर को खोजते-खोजते जब विह्वल होता है तो इस प्रक्रिया में जीव की आत्मा धुलकर निखर जाती है और गुरु के माध्यम से उसका ईश्वर से मिलना सुकर हो जाता है, संभव हो पाता है।

"वैदिक मंत्र इसी प्रकृति की पूजा-अर्चना-वंदना के मंत्र हैं, जिन्हें ऋषियों की कृति होने के कारण ऋचा कहा गया है। इन मंत्रों की भी सार्थकता है, ये सीधे हमें प्राकृतिक सत्ता से जोड़ देते हैं और इससे हमारा चैतन्य जाग्रत् होकर ईश्वर या ब्रह्म की ओर उन्मुख हो जाता है तथा सद्गुरु उसे विलय करा देते हैं एवं उसे परम चैतन्य या ब्रह्मस्वरूप बना देते हैं।"

पृथ्वीधर की व्याख्या सभी शिष्य संपूर्ण ध्यान को केंद्रित कर सुनते जा रहे थे। बीच में आचार्य ने उन्हें रोककर आनंदगिरि को पुकारा, "आनंद, यह प्रकृति बड़ी विचित्र है, माया की तरह शक्तिशाली, माया ही क्यों ईश्वर की प्रकृति तो ईश्वर की ही तरह सत्ताशाली भी होती है और जीव की प्रकृति जीव की ही तरह कामी, क्रोधी, निर्दय, पापी एवं अपराधी भी। किंतु चैतन्य-महाचैतन्य की प्रकृति निष्काम, निश्छल, सदय, सद्कर्मी और ऊर्ध्वमुखी। उसे आराधिए, उसे पूजिए, उसे प्रसन्न कीजिए, उसमें विलीन हों तो वह आपको महाचैतन्य से जोड़ देगी।

"ब्रह्मसूत्र के भाष्य में महाचैतन्य और उसकी प्रकृति के सीधे संबंध को व्याख्यायित किया गया है। तुम बताओ, आनंद हमारी सनातन संस्कृति, जिसे अब हम भी धर्म कहने लगे हैं, में प्रकृति की वंदना-आराधना और प्राकृत देवी-देवताओं का जो विधि-विधान है, उसकी व्यावहारिक उपयोगिता क्या है ?"

आनंद बोला, "आचार्यवर, हमारी वैदिक संस्कृति, हमारी मान्यताएँ, हमारी प्राचीन-प्राचीनतर परंपराएँ और कुछ नहीं, प्रकृति एवं महाचैतन्य के विलय की कथाएँ, कथाएँ क्यों विलय या मिलन की वैज्ञानिक व्याख्याएँ हैं। सूर्य, चंद्रमा, पृथ्वी, वरुण, इंद्र, अग्नि प्रभृति, जो हमारे प्राकृतिक देव हैं, वे उस महाचैतन्य के महाआसन के स्तंभ ही तो हैं, जिन्हें पकड़कर या जिनके सहारे ऊर्ध्वमुखी हमारी आत्मा असीम की सीमा को माप लेती है और गुरु के सहयोग से परमात्म सत्ता से एकाकार हो जाती है। गुरुदेव, यह प्रकृति-पूजन अथवा महाचेतन के प्रति आत्म समर्पण अर्थात् परमसत्ता में आत्मा के महामिलन का स्वरूप संसार की छोटी-बड़ी सभी संस्कृतियों में उसी तरह विद्यमान रहा

है, जिस तरह वैदिक संस्कृति में। अंतर सिर्फ इतना ही है कि ईसा के एक हजार वर्ष पूर्व किसी ईश्वर ने संत मूसा के कानों में क्या कुछ कह दिया और फिर एक हजार वर्ष पूरा होते-होते मूसा की संततियों के चरित्र से विश्वास उठ जाने के कारण अपने किसी 'पुत्र' के जिम्मे मनुज जाति के लिए कुछ ऐसे कर्तव्य निर्धारित कर दिए कि मनुष्यों की ही कुछ जातियों ने प्रकृति प्रदत्त नियमों की रचना कर ली, कभी कैथोलिक परम उदार या ईसाई धर्म की और फिर कुछ पाँच-छह सौ वर्ष होते ही इन्हीं में से कुछ जातियों ने इस्लाम धर्म का निर्माण कर लिया।

"आचार्यवर, हमें पता नहीं संस्कृतियों के भेद के अनुसार संस्कृतियों की संततियाँ संस्कृति नहीं होकर धर्म कैसे हो गईं, क्या वे आर्य संस्कृति अथवा वैदिक संस्कृति की तरह ही यहूदी संस्कृति, ईसाई संस्कृति या इस्लामिक संस्कृति नहीं हो सकती थीं। पुन: यदि ईश्वर के प्रवेश के चलते संस्कृतियों ने अपना नामकरण धर्म कर लिया तो ईश्वर को नकारनेवाले बौद्ध, जैन और चार्वाक ये भिन्न-भिन्न सांस्कृतिक इकाइयाँ, कैसे धर्म के रूप में ख्यात हो गईं? अब तो मुझे यह भी आशंका होने लगी है, आचार्यवर कि ये जातियाँ हम सनातनी संस्कृति अथवा वैदिक संस्कृति के प्रवक्ताओं को भी न कहीं धर्म के संकीर्ण सुरंगों में बंद कर दें।"

शंकराचार्य बोले, "तुमने उचित कहा आनंद, आज सारा संसार धर्मों की संकीर्ण चहारदीवारियों के अंदर घिरकर टुकड़े-टुकड़े में बंद हो चुका है।

"हमें या तो इन दीवारों को ध्वस्त कर पुन: परम चैतन्य, एक चैतन्य-प्रकृति तथा एक चैतन्य संस्कृति अर्थात् एक वैश्विक संस्कृति की ध्वजा हिमालय के शिखर पर फहराते हुए 'उदार चरितांतु वसुधैव कुटुम्बकम्' का जयघोष करना पड़ेगा अथवा इन सभी धर्मों की एक सर्वधर्म समन्वय सभा आयोजित कर एक सर्वस्वीकृत वैश्विक धर्म की नई नियमावली अभिनव 'मनुस्मृति' बनाकर सारे विश्व में एक मानव धर्म का दीप जलाना होगा, ताकि अज्ञान और अन्याय का कोलाहलयुक्त अंधकार संसार को छोड़कर कहीं अन्यत्र आश्रय ले। तुमने तो देखी है यह अभिनव मनुस्मृति, जिसे कांची और दक्षिण देशीय लोग 'शंकर स्मृति' कहकर अपने जीवन में उतारने लगे हैं।

"किंतु मेरे प्यारे शिष्यो, इस महान् कार्य के लिए इस विश्व की चारों दिशाओं में ज्ञान के चार तंतु यंत्र संपन्न विचार संचरण दीपस्तंभ गाड़ने होंगे, अखंड दीप जलाने होंगे, उत्तर को दक्षिण से मिलाना होगा, पूरब को पश्चिम से और पुन: इस ज्ञान-विज्ञान के चक्र को चलाते चलना होगा, अखंड दीप को जलाते चलना होगा, उस लक्ष्य तक अनवरत पहुँचना होगा, जिसके आगे रास्ता नहीं होता, होता है तो केवल एक चैतन्य, शुद्ध चैतन्य या महाचैतन्य होता है, ब्रह्म होता है और जहाँ अहं नहीं, सोऽहम् होता है, तत् नहीं तत्त्वम् होता है, 'तत्सत' होता है। इन चार ही तंतु संपन्न स्तंभों को हम चार पीठ या चार धाम

कहकर चारों को चार क्षेत्रों के संवाद के साथ 'एक ब्रह्म, एक विश्व, एक धर्म' लेकर आगे बढ़ेगे और अंततः पूरे विश्व को एक केंद्र तथा उस केंद्र को चार पीठों या चार क्षेत्रों में बाँधकर एक परिवार में परिवर्तित कर देंगे। मेरे प्यारे शिष्यो, योग की उच्चतम अवस्था प्रकाश की एक तंतु प्रवाहयुक्त एक दीप स्तंभ है, जिसका विस्तार यह संसार है और यह विस्तार प्रकाश का है, ज्ञान का है, आनंद का है। बिंदु ब्रह्म है एवं संसार, ब्रह्मांड, जो चारों दिशाओं से संवाद लेता है और चारों दिशाओं को संवाद देता है। ब्रह्म ही सत्य है, ब्रह्म ही विश्व है, ब्रह्म ही सारतत्त्व है तथा यही अद्वैत ही सबका धर्म है।"

असी के घाट से अश्वमेध-दशाश्वमेध पर होनेवाले यज्ञ अब तक पूर्ण हो चले थे और यज्ञकर्ता वापस लौटने लगे थे।

आचार्य भी शिष्यों सहित अपने आश्रम को वापस हो गए और संध्या की दैनिक क्रिया में लीन हो गए।

□

47

अलवार के वैष्णव भक्त प्रतिवर्ष बड़ी संख्या में महीनों पूर्व कांची से प्रयाग की तीर्थयात्रा पर निकलते, किंतु इस वर्ष यह संख्या हजारों-हजार के कई झुंडों से बनी एक बहुत बड़ी संख्या थी, न जाने क्यों पूरे दक्षिण भारत के सनातन धर्मी शैव और वैष्णव दोनों, पुरुष व नारी दोनों, बड़े उत्साह में थे। इसी वर्ष धर्म की रक्षा को ध्यान में रखते हुए दक्षिण के सभी प्रमुख राजाओं की एक शीर्ष सभा भी कांची में हो चुकी थी। कांची के पल्लव सम्राट् राजराजा तीर्थयात्रियों की टोलियों को विदाई देते तथा उनके तीर्थ-यात्रा के बाद सकुशल वापस लौटने की शुभकामनाएँ भी देते। सबसे पहले प्रस्थान करनेवाली टोली को विदा देने के साथ तो चालुक्यराज अमोधवर्ष स्वयं ही पधारे थे। कांची मठ के प्रधान महंत ने स्वयं कुमारिल भट्ट से अनुरोध कर यह सुनिश्चित कर दिया था कि संगम पर ठीक कुमारिल भट्ट की तपस्थली से सटे कांचीपुरम् के भक्तों को भजन-गायन हेतु एक बड़ा पंडाल लगवा दिया जाए, जिसमें भजन-गायन, नाटक-मंचन तथा विचारमंथन हेतु अलग-अलग मंच बनवाए जाएँ। सभी तीर्थयात्रियों को काशी से शंकराचार्य के नेतृत्व में संगम-तट पहुँचना था। शंकराचार्य अपने शिष्यों के माध्यम से प्रयाग प्रस्थान के पूर्व सभी भक्तों की गिनती करने के बाद प्रस्थान कराना चाहते थे। कुछ तीर्थ-यात्री गंगा घाटों पर टिके थे, कुछ सारनाथ में तो कुछ नगर के अंदर की धर्मशालाओं में। दिन भर गिनती होती रही और यात्रियों को प्रस्थान के सारे नियम तथा प्रयाग में विश्राम की सारी अनुशासन संबंधी हिदायतें दे दी गईं। दो आचार्य पहले से ही प्रयाग पहुँच चुके थे तथा दो-तीन आचार्य साथ चल रहे थे। आगे-आगे शंकराचार्य की घोड़ागाड़ी भी चल पड़ी थी। सभी तीर्थयात्री देर-सवेर संगम की पूर्व संध्या में अपने शिविर पर पहुँच गए। प्रात:काल त्रिवेणी स्नान का शुभ समय आया तो सबने स्नान किया, दान-दक्षिणा की और अपने-अपने शिविर लौट गए। पुन: शिविर से दूसरे शिविरों पर घूमते रहे। कहीं जादू का खेल हो रहा था, कहीं बाजीगर दवाएँ बेच रहे थे, कहीं गरदन में नागों को पहने कोई साधु घूम रहा था, तो कहीं कीर्तन, कहीं भजन, कहीं प्रवचन, कहीं हिमालय की गुफाओं से प्रयाग पहुँचे शतवर्षाधिक साधु-संन्यासी

उपदेश देते, किंतु हर शिविर में यही चर्चा थी कि कांचीपुरम् से एक बहुत बड़े महात्मा आए हैं—शंकराचार्य, उनका भी अभिभाषण त्रिवेणी तट पर कांचीमठ द्वारा लगाए गए शिविर में होगा।

× × ×

आज स्नान-ध्यान से निवृत्त होकर संपूर्ण भारत से त्रिवेणी तट पहुँचे आर्य संस्कृति के विविध रूपों, रंगों, समुदायों के लोग कांची शिविर में स्थान ग्रहण करने लगे, कश्मीर के तांत्रिक शैव से लेकर महाराष्ट्र के तांत्रिक तथा हठयोगी, मगध के बौद्ध तथा गुजरात के जैनधर्मियों से लेकर ऋषिकेश व बदरीधाम के वैष्णव, मथुरा-वृंदावन के राधाकृष्ण भक्त तथा अयोध्या, जनकपुर के सीताराम भक्त तक, सब शंकराचार्य के मुख से सुनना चाहते थे कि विशुद्ध वैदिक पंथ क्या होता है। वे जानना चाहते थे कि क्या होती है, आर्य संस्कृति की सच्चाई, जिसे मिटाने पर आमादा हैं बाहर से भारत में प्रवेश करनेवाले मात्र हजार-डेढ़ हजार वर्ष पुराने धर्म—यहूदी, ताओ, ईसाई व इस्लाम और यह भी कि पूरे विश्व, पूरे ब्रह्मांड का यदि एक ही सत्य, एक ही चैतन्य, एक ही परमसत्ता, एक ही परमेश्वर कारण स्वरूप है तो पूरे ब्रह्मांड की एक ही संस्कृति क्यों नहीं है, एक ही धर्म क्यों नहीं है? तरह-तरह की जिज्ञासाओं के साथ तरह-तरह के लोग आज कांची शिविर से शंकराचार्य महाराज के मुखारविंद से वैश्विक शांति का संदेश—

द्यौशांतिरंतरिक्ष शांति: पृथिवी शांतिरापोशांतिरोषधय: शांति: ।
वनस्पतय: शांतिर्विश्वेदेवा: शांतिर्ब्रह्म शांति: सर्वं शांति:
शांतिरेवशांति: सा मा शांतिरेधि ॥

सुनने की प्यास लेकर प्रयाग पहुँचे थे, वेदों का संदेश भी, किंतु वेदांत के साथ उपनिषदों के संदर्भ में वैश्विक सत्ता, यदि परमात्म स्वरूप है तो विश्वमानवात्मस्वरूप और इस प्रकार जो संस्कार अथवा जो धर्म वैश्विक सत्ता अर्थात् ब्रह्म अर्थात् परमात्मा का होगा, वही धर्म विश्व मानवात्मा का भी तो होना चाहिए। ऐसा क्यों नहीं है, ऐसा कैसे संभव हो सकता है, यह जिज्ञासा लेकर वे भारत के कोने-कोने से प्रयाग पहुँचे थे और संभवत: इसी कौतूहल का आनंद लेने पहुँचे थे कुछ यहूदी संत भी, कुछ ताओ धर्मी भी, कुछ ईसाई भक्त भी, कुछ इस्लामिक मिलादी प्रवचनकर्ता भी, किंतु भारत के कोने-कोने से जो जिज्ञासु त्रिवेणी-तट पहुँचे थे, उसमें अधिकांश भक्त थे—मुक्तिकामी और अंशत: भारत के सभी समुदायों के चिंतक-विचारक-साधक, योगी-वियोगी-संन्यासी, जो भारत की एकता-अखंडता तथा शांति-समृद्धि के आकांक्षी थे तथा भारत को ऐसे राष्ट्र के रूप में ढालना चाहते थे, जो विश्व का आदर्श रूप बन सके।

शंकराचार्य शिविर के पास की कुटिया में संत कुमारिल भट्ट के साथ इसी विषय

पर सत्संग कर रहे थे। जब श्रोताओं की भीड़ उमड़ने लगी तो आचार्य आनंदगिरि कुटिया के अंदर प्रवेश कर बोले, "गुरुवर शंकराचार्य महाराज को सुनने के लिए संपूर्ण भारतवर्ष प्रतीक्षा में रत है। क्या आज्ञा है, देव!"

"मुझे यतिवर गुरुवर भट्टपाद से आज्ञा लेने दो, आनंद।"

"गुरुवर, मुझे पुन: मिलने की आशा के साथ आज्ञा चाहिए।"

"देखो शंकर, मुझे संगम के मुख्य लग्न, काल और नक्षत्र में ही यह पंचतत्त्व त्यागना है। अब हम शायद ही इस शरीर से मिल सकेंगे, किंतु हम दोनों मिलेंगे और मिलकर सदा के लिए एक हो जाएँगे।"

"कल प्रात: बेला का समय दीजिए मुझे, गुरुदेव। मुझे उन सभी करणीय कर्मों को करने की शक्ति दीजिए, जो आपका धर्म बन रहे हैं।"

यह कहते हुए शंकराचार्य ने यतिवर का चरण-स्पर्श किया और शिविर के मंच की ओर आनंदगिरि के पीछे-पीछे चल पड़े। सत्रह वर्ष का एक सिद्ध यति, एक संपूर्ण साधना सिद्ध पातंजल योगिवर, गेहुँआ-गोरा रंग, गठीला बदन, बड़ी-बड़ी दो रत्नों-सी चमकती आँखें, आकाश की तरह खुले विस्तृत ललाट पर तीनों लोकों के प्रतीक तीन पड़ी पंक्तियोंवाला लाल चंदन तथा नासिका के ऊपर दोनों भ्रूकुंजों के मध्य काला टीका लगाए एवं हाथों में संन्यासी का गुण-प्रतीक दंड धारण किए जब शंकर कुमारिल की कुटिया से बाहर निकल रहे थे तो लगा, जैसे अमर-कथा का अमृतपान कर ऋषि भरद्वाज, ऋषिवर्य याज्ञवल्क्य के आश्रम से बाहर निकल रहे हों। शंकर बाहर से तो प्रसन्न दिख रहे थे, किंतु अंदर-अंदर इस बात से पीड़ित व चिंतित कि कुमारिल कुछ और दिन रह जाते तो शंकर का काम बहुत आसान हो जाता।

महाकुंभ के महापंडाल में संपूर्ण भारतवर्ष से पधारे भक्तों तथा संपूर्ण संसार से आए जिज्ञासुओं की अपार भीड़ अपलक शंकराचार्य के मंच पर पधारने की प्रतीक्षा कर रही थी, ठीक वैसे ही, जैसे सूर्यदेव की पूजा के पर्व छठ त्योहार में भक्तों, भक्तिनों की भीड़, सूयदेव की लंबी प्रतीक्षा। अपार श्रद्धा और अनवगाह्य आस्था तथा विश्वास लिये धीरे-धीरे जैसे कोई बालारुण ऊषा-सुंदरी के घुँघराले काले बालों के अंदर से निकलकर आकाश के भाल पर लाल टीके की तरह उदित होकर मंचासीन हो गया तथा दोनों लंबे-लंबे दो हाथों को जोड़े और ऊपर उठाकर चारों दिशाओं में घूमकर जैसे भारतमाता के चरणों में झुककर सप्रेम प्रणाम समर्पित किया एवं आसन पर सजी व्यासपीठिका पर आसीन हो गया। सत्रह वर्ष का एक युवा संन्यासी व्यासासन पर बैठा क्या कि सभा मंडप के बीच शताधिक-शताधिक वर्षीय संन्यासी उसके सम्मान में खड़े हो गए। उसने सबको सादर नमन किया और बोलने लगा तो उसे बोलते हुए देख लगा कि जैसे उनके सामने

किसी मंदिर के ऊँचे आसन पर भारतमाता बैठी है, किंतु माता के मुखमंडल पर प्रसन्नता के बदले उदासी छाई हुई है, धूल की छाप है, धूप और धुएँ से लाल हुआ-सा लगता है गोरा-गोरा, चाँद-सा मुखड़ा, साड़ी पर पेबंद लगे हैं, आँचल कई जगह दरका हुआ है, शरीर पर घाव के निशान हैं, सिद्धों व नाथों का देश और माँ अनाथ-सी!

शंकराचार्य ने अपना संबोधन यों शुरू किया, "संपूर्ण भारत के कोने-कोने से पधारे संत-महात्माओ, बहनो और भाइयो, सबको शंकर का सादर नमन स्वीकार हो, साथ ही भारत के बाहर विशेषत: लंका, चीन, वियतनाम, बर्मा, तिब्बत, नेपाल इत्यादि देशों तथा मुख्यत: फारस, अरब, मिस्र, फिलीस्तीन, इज्राइल तथा यूनान एवं रोम से पधारे प्रचारक, पुरोहित तथा तीर्थयात्री बंधुओं को मेरा सादर प्रणाम स्वीकार हो। ऋषियों के देश भारत देश के एक छोटे से धर्मप्रचारक के रूप में आज आपके समक्ष धर्म, भारत का धर्म और वैश्विक धर्म एवं आप सबके धर्मों को संदर्भ में रखते हुए आपको संबोधित करते हुए ठीक वैसा ही लग रहा है, जैसे कि मैं संपूर्ण भारत ही नहीं संपूर्ण विश्व के लोगों को एक साथ देख रहा हूँ। भारत की तीन पवित्र नदियों के संगम पर भारत के लोगों के कुंभ का आयोजन त्रेतायुग से अबाध घटित होता आ रहा है। कुंभ-महाकुंभ त्रिवेणी की तलहटी पर कुंभ अर्थात् पूरी पृथ्वी के ऐक्य अर्थात् वसुधैव कुटुम्बकम् का प्रतीक है। सारा भारत एक साथ उठे, एक साथ चले, एक साथ रहे, एक साथ खाए, एक बलवान् परिवार बने, 'सहनौ अवतु, सहनौभुनक्तु सहवीर्यं करवाव है। तेजस्विनावधीतमस्तु मा विद्विषावहै' और किसी सदस्य से कोई किसी तरह का विद्वेष भाव नहीं पाले। भूमंडल का यह दुर्भाग्य है कि आज की स्थिति इसके विपरीत है और इसका मुख्य कारण यह है कि हमारे देश में एक संस्कृति की जगह अनेक धर्म खड़े हो गए हैं और अपने आपको पूरे भारत या पूरे विश्व का ही धर्म घोषित करने को व्यग्र हैं। वैदिक संस्कृति अथवा सनातन अर्थात् सार्वभौमिक संस्कृति बहुत पीछे छूट गई है और अनेक धर्म कुकुरमुत्तों की भाँति छाता तानकर अपने को भारत का धर्म घोषित करने के काल्पनिक संसार में राज करने की कल्पना का सुख उठा रहे हैं।"

एक चीवर वस्त्रधारी कोई धर्म-प्रचारक बीच में खड़ा हो गया और बोला, "यतिवर, ऐसे कुकुरमुत्ते धर्मों की चिंता क्यों होती है वैदिक धर्म जैसे पुरातन धर्म को? ऐसे धर्म तो बिना बीज के उगते हैं और बिना किसी सहारे-सहयोग-समर्थन स्वयमेव समाप्त भी हो जाते हैं।"

आचार्य ने उत्तर दिया, "आपका प्रश्न उचित है, किंतु संस्कृति और संस्कार के स्थान पर धर्म एक ऐसा विष-वृक्ष बनकर छा गया है कि इसके उन्नायक, समर्थक बातों-बातों में ही देखते-ही-देखते खड़े हो जाते हैं और प्रयास में लग जाते हैं कि वे ही

भारत का मुख्य धर्म बन जाएँ। वस्तुत: भारत में 'धर्म' आज के धर्म के अर्थ में तो कभी प्रयुक्त ही नहीं था। धर्म का अर्थ ही कर्तव्य था, कर्तव्य के अर्थ में कई बार प्रयुक्त यह शब्द गीता जैसे ग्रंथ में भी अवलोकनीय है, अनेक बार कृष्ण 'स्वधर्म' पर जोर देते हुए कर्तव्य-पालन की दुहाई देते हैं। सच्चाई यह है कि वैदिक संस्कृति अथवा भारत की प्राचीन संस्कृति तो (सनातन संस्कृति) विस्मृत अतीत से आज तक निर्मल गंगा की अविरल धारा-सा प्रवाहित है, किंतु कुछेक प्रदूषित तत्त्वों के कारण प्रदूषित गंगा को बाँधकर एक धर्म का आह्वान ईसा से पाँच सौ वर्ष पूर्व एक राजा ने साम्राज्यवादी आकांक्षाओं की पूर्ति करने हेतु एक धम्म की अधिघोषणा कर दी—वैश्विक धर्म नहीं, बौद्ध धम्म और सनातन संस्कृति की धारा में तरंगित ईश्वर के विरुद्ध लड़ाई शुरू कर दी तथा अनीश्वरवादी कई धर्म पूरे विश्व में खड़े हो गए। धर्म वहीं बसता है जहाँ ईश्वर का सहारा मिले, किंतु ईश्वर के अस्तित्व को नहीं स्वीकारने के विपरीत भी ये धर्म बौद्ध धर्म, जैन धर्म, चार्वाक धर्म आदि ने वितंडा खड़ा कर दिया।"

इस पर प्रश्नकर्ता ने पुन: एक प्रश्न दाग दिया, "यतिवर आचार्यवर, मेरे पिता सनातनधर्मी हैं, मैं बौद्ध। वे ईश्वर को मानते हैं, मैं नहीं मानता। संसार भौतिक तत्त्वों की क्रिया-प्रतिक्रिया से बना एक जीवंत अस्तित्व के रूप में दृश्यमान है, इसे किसी ईश्वर ने नहीं बनाया और न इसका पर्यवसान किसी ईश्वर के करने या चाहने से हो सकता है। ईश्वर की उपस्थिति किसी सांसारिक क्रिया-प्रतिक्रिया के दौरान मान लेना एक भ्रामक स्थिति है।"

"यह विवाद का का विषय है बौद्ध संन्यासी। मैंने इस विषय पर बौद्ध धर्म के शीर्षस्थ ज्ञाताओं के साथ कई शास्त्रार्थ किए हैं। एक शास्त्रार्थ का आयोजन तो निकट भविष्य में कराए जाने का सुझाव सारनाथ के बौद्ध ग्रंथालय के प्रभारी भिक्षुश्रेष्ठ शेषनाथ को दिया है, किंतु आपके सोचने के लिए मैं एक छोटी सी समस्या आपके सम्मुख रखता हूँ और समय निकालकर हम-आप बात कर लेंगे। समस्या है कि बुद्ध के अनुसार यह चेतन जगत् भौतिक तत्त्वों के मिलने से निर्मित हुआ है, इसमें चैतन्य की कोई भूमिका नहीं रही है। आप इस बिंदु पर सोचिए कि चैतन्य जगत् चैतन्य तत्त्वों के बिना कैसे निर्मित हो गया?

"मुझे आज के पवित्र दिन को पूरे संसार से मिलने का सुख पाने दीजिए, बौद्ध संन्यासी। मुझे लगता है कि बौद्ध धर्म गौतम बुद्ध से लेकर आज तक वैसे ही चलता रहा है, जैसे हिंदू धर्म या सनातन धर्म या वैदिक धर्म। जो बुद्ध स्वयं भी ब्राह्मण धर्म का विरोध करते अपने निजी जीवन में आर्य धर्म का पोषण करते रहे तथा साथ-साथ ब्राह्मण धर्म के सारे कर्मादेशों का पालन करते रहे। वैयक्तिक जीवन में तो वे ब्राह्मण कर्मकांडों का

पालन करते ही रहे, वैदिक मान्यताओं और परंपराओं को भी ढोते रहे। सबकुछ होने के बाद भी हम बुद्ध को एक प्रच्छन्न ब्राह्मण कहें तो कोई अत्युक्ति नहीं होगी।"

शंकराचार्य ने आगे बताया, "आज के सनातन धर्म में जितने भी दुर्गुण देखे जा रहे हैं, प्राय: वे सभी बौद्ध धर्म से होकर सनातन धर्म में आए हैं।

"आज तो सिद्ध योगियों और बौद्ध संन्यासियों में जो वामाचारिता आई है, पंचमकार तथा पंचविकारों का जो जहर समाज के मानस-मस्तिष्क तथा आचरण-व्यवहार में आया है, ये कारण बौद्ध धर्म में अनुशासन की कमी की ओर इंगित करते हैं।

"मैं बौद्ध विचारकों के संपर्क में हूँ तथा मुझे विश्वास है कि या तो संपूर्ण बौद्ध धर्म पुन: हिंदू अथवा सनातनी व्यवस्था के अधीन आ जाए अथवा संपूर्ण सनातनी व्यवस्था बौद्ध धर्म की तरह हो जाए।

"काफी अध्ययन एवं चिंतन-मनन के पश्चात् मैं इस निष्कर्ष पर पहुँचा हूँ कि चूँकि इस्लाम, यहूदी तथा ईसाई धर्म ईश्वर को मानते हैं, वह भी मात्र एक ईश्वर को, अत: उनके तथा सनातन धर्म के एकीकरण के मार्ग में भी कोई कठिनाई नहीं है। मैं विदेशों से पधारे सभी अन्य धर्म के माननेवालों से अनुरोध करूँगा कि वे यदि पूरे विश्व के एक ईश्वर को अपना मालिक मानते हैं तो पूरे विश्व के लिए एक धर्म के गठन पर मिल-जुलकर सोचें।"

"बगदाद के 'हाउस ऑफ विज्डम' में यही प्रश्न उठा था, आचार्यवर कि इराकी मुसलमान दूसरे धर्मों तथा देशों के लोगों से धार्मिक एकीकरण का सांस्कृतिक आधार की खोज करें और यदि यह आधार मिल जाए तो यहूदी और ईसाई बंधुओं से आग्रह किया जाए कि वे सब लोग संत मूसा के पहले अर्थात् इब्राहिम और इसमाइल के दिनों में लौट जाएँ तथा सारी दुनिया को एक धर्म के झंडे के नीचे एक जगह ला दें। इस्लाम की सबसे पुरानी मान्यता भी यही है कि इस धरती पर जो भी इनसान अल्लाह भेजता है, वह मुसलमान होता है और उसका मौलिक धर्म इस्लाम होता है। यदि गलती से वह किसी अन्य धर्म को अपना ले तो उसे वापस लेने का आदेश है और अल्लाह के ईमान के अनुसार उसे भाई मान लेना है। यदि वह अपने मौलिक धर्म के घर वापस नहीं होता है तो उससे जजिया प्राप्त कर उसके अपने धर्म में जीने की छूट दी जा सकती है। जजिया स्वजनों के लिए एक सुविधा है, विधर्मियों के लिए एक अनुशासन और इस अनुशासन के अनुसार उसे अपना धर्म छोड़कर इस्लाम धर्म अपना लेना होता है तथा इस अनुशासन की उपेक्षा करनेवालों के लिए मौत की सजा निर्धारित है। यदि इन विधर्मियों का कोई सामाजिक संगठन है अथवा उन्हें किसी राज्य या किसी राजा का संरक्षण प्राप्त है तो उस राजा और उस राज्य के विरुद्ध 'जिहाद' छेड़ने का प्रावधान है। वैदिक संस्कृति में धर्म

जहाँ अहिंसा है, वहाँ का सिद्धांत है कि धर्म राजा है, अहिंसा रानी।"

"किंतु खेद के साथ कहना पड़ रहा है, आचार्यवर कि इस सुझाव का कोई प्रभाव यहूदी अथवा ईसाई अथवा इस्लामी भाइयों पर नहीं पड़ा।"

"आपको भी निराशा ही हाथ लगेगी, ऐसी ही संभावना प्रतीत होती है।"

"आप किस देश के निवासी हैं, बंधुवर और आपका नाम तथा आपका काम क्या है, कृपया मुझे बताना चाहेंगे।"

"मुझे खलीफा हिसाम द्वारा स्वयं सिंध की वर्तमान स्थिति का निरीक्षण करने तथा जन-जीवन में इस्लाम के प्रभाव को देखते हुए यदि आवश्यक लगे तो इस एकीकरण के सूत्र को अस्वीकार कर इस्लाम द्वारा स्थापित उसके उसूलों पर चलने का प्रस्ताव विश्व के सामने प्रस्तुत करने हेतु भेजा गया है।"

शंकराचार्य को थोड़ी निराशा का अनुभव तो हुआ, किंतु उन्होंने अपने एकीकरण अभियान को जारी रखने का निर्णय किया था। अत: उन्होंने पूछा, "यदि यहूदी अथवा ईसाई धर्मों के कोई प्रतिनिधि संगम पधार सके हों तो मैं उनकी भी बात इस खुली सभा में सबके समक्ष रखना चाहूँगा।"

इस आह्वान को महत्त्व नहीं देते हुए यहूदी और ईसाई दोनों धर्मों ने इस विषय पर पूर्व घोषित सारनाथ की सर्वधर्म सभा में अपनी बातों को रखने का आग्रह किया।

संध्या आ चली थी, प्रतीची के मस्तक पर लगा सूरज का लाल टीका श्यामल होने लगा और इसी बीच आचार्य आनंदगिरि ने यतिवर को सांध्य कर्मों का स्मरण दिलाया।

आचार्यवर ने सबको सांध्य-क्रिया के लिए छुट्टी दे दी और स्वयं अपने शिविर को प्रस्थान कर गए।

❑

48

समुदाय, जाति, पंथ, संप्रदाय, मत और मार्ग बहुतेरे दिखाई पड़ते थे, किंतु इनमें कौन गंतव्य तक मार्ग-निर्देशन कर सकता है, यह योग्यता किसी भी संप्रदाय या पंथ में दीखती नहीं थी, जो कुव्यवस्था इन धर्मप्रचारकों के तथाकथित धर्म में दिखाई पड़ती थी, ठीक वैसी ही कुव्यवस्था तथा अविश्वास का वातावरण सामाजिक जीवन में भी परिव्याप्त था। वैदिक धर्म अथवा सनातन धर्म तब अपनी अभिधेयात्मक विशालता का परदा उठाकर हिंदू धर्म के रूप में पहचाना जाने लगा था, हिंदू धर्म जिसे सिंधु और सिंधुघाटी की विनष्ट सभ्यता से संबंधित बतानेवाले अरबी-बगदादी लोग उसकी क्षेत्रगत लघुता की हीनता सिद्ध करने के उद्‍देश्य से इस नाम से पुकारने लगे थे। धर्म के वर्तमान अर्थ में जिस भारत में कभी कोई धर्म ही नहीं हुआ था, उसी भारत में धर्म के गुणों के पूर्ण अभाववाले मत अथवा विचार अथवा दर्शन अथवा चिंतन पद्धति—जैसे बौद्ध, जैन, चार्वाक आदि दर्शन कहलाते-कहलाते धर्म बन बैठे थे और उन्हीं की पंक्ति में बहुत सारे अन्य अनीश्वरवादी विचार भी धर्म बन गए।

आस्था, विश्वास, श्रद्धा आदि ईश्वर के गुण होते थे और इसीलिए हर विश्वासधर्मी विचार भी धर्म कहलाने लगा। बात यहाँ तक गई कि धर्म और विश्वास पर्याय बन गए तथा जहाँ विश्वास, वहाँ ईश्वर और जहाँ ईश्वर, वहाँ धर्म की धारा-सी बह गई। इस्लाम हो चाहे यहूदी अथवा ईसाई सबके पीछे एक ईश्वर लगा था, एक विश्वास काम कर रहा था और इसलिए इस्लाम, यहूदी तथा ईसाई विश्वास भी धर्म बन गए एवं बुद्ध के अनीश्वरवादी होने के बावजूद बौद्ध तथा जैनों का बुद्ध और महावीर के उपदेशों में होनेवाला विश्वास धर्म बन गया।

शंकराचार्य वैदिक विश्वास तथा भक्ति परंपरा के गुरु थे, किंतु इस्लाम आदि धर्मों में 'विश्वास' का भाव भी था और ईश्वर की उपस्थिति का भाव भी अर्थात् ये धर्म एकेश्वरवादी-अद्वैतवादी संस्कृति के प्रति समर्पित धर्म थे। ऐसा ही धर्म ताओ भी था, शिंतों और ऐसा ही धर्म हिंदू भी। शंकराचार्य सोचते थे कि सभी धर्मों को सारनाथ अथवा प्रयाग अथवा किसी अन्य स्थान पर मिलकर सनातनी हो जाने में कोई व्यवधान नहीं था।

यदि व्यवधान था भी तो वह था बौद्ध-जैन और चार्वाक धर्मों आदि के संदर्भ में, चूँकि वे सभी अनीश्वरवादी थे।

इस्लाम धर्म के प्रणेता हजरत मोहम्मद का जन्म 570 ई. में हुआ था और इसके 570 वर्ष पूर्व ईसाई धर्म का पौधा लग गया था। इससे भी लगभग एक हजार वर्ष पूर्व यहूदी धर्म का बीजवपन और ये तीनों धर्म इस बात से पूर्ण सहमत थे कि तीनों धर्मों के पूर्वज—आदम, अब्राहम, नूह, इसमाइल, इजाक और मूसा एक ही 'विश्वास' के अधीन चलनेवाले संत थे। ये सभी विश्वास को 'ईमान' कहते थे और इनसान और इहसान के हिमायती थे, तीनों के उपास्य एक ही थे, अल्लाह या गॉड—ईमान अर्थात् विश्वास के केंद्र का अक्षय कोष। सारनाथ में रहकर शंकराचार्य ने बौद्ध साहित्य तथा उपनिषदों का तो मंथन-पुनर्मंथन किया, साथ ही विश्व के अन्य मुख्य धर्मों के धर्मग्रंथों का भी गहन अध्ययन किया। सर्वधर्म समभाव की स्थापना में उन्हें सबसे कम आशा-अपेक्षा थी तो वह इस्लाम से थी और इसलिए इस्लाम किसी भी स्थिति में अल्लाह या ईश्वर के अतिरिक्त किसी अवतार अथवा किसी प्राकृतिक शक्ति को उपास्य नहीं मान सकता था। उन्होंने पन्ने पलटे कुरान के तो पाया कि 'अल्लाह ही है, जिसके सिवा कोई उपास्य नहीं। वह परोक्ष और अपरोक्ष को जानता है। वही अनंत कृपा करनेवाला है और वही बार-बार दया करनेवाला है।

वह बादशाह है, स्वयं पवित्र है तथा दूसरों को पवित्र करता है। वह निष्कलंक है तथा दूसरों को सुरक्षित रखता है। वह सबको शांति देनेवाला है और सबका निरीक्षक है। वह प्रभुत्वशाली है तथा टूटे हुए समस्त दिलों को जोड़ता है।'

(वार 28 : सूर : अलमुस्तहिन 60, कुरान मजीद)

शंकराचार्य जानते थे कि मिस्र और अरबवासियों के बीच युद्ध के दौरान इस्रायलियों द्वारा अल्लाह के प्रति ईमान के उचित भंडार का जैसे अभाव था। इतिहास से सिद्ध है कि प्राचीनकाल में जब इस्रायली लोग स्वदेश त्यागकर मिस्र पहुँचे तो उन्होंने वहाँ धीरे-धीरे इतना अधिकार जमा लिया कि मिस्र के राजा बन गए। बाइबिल में भी लिखा है कि इस्रायल की संतान फली-फूली और असंख्य एवं शक्तिशाली हो गई तथा वह देश उनसे भर गया।

किंतु जब वहाँ के प्राचीन वाशिंदों ने उनपर मिस्र छोड़ने का दबाब डाला तो वे शक्ति का प्रयोग करने को प्रस्तुत हो गए। तब मूल मिस्रवासी अरबी संस्कृति और इस्रायलियों में युद्ध और विनाश की स्थिति उपस्थित हो गई तो अल्लाह को सिनाई की पहाड़ियों पर उतरकर संत मूसा को कुछ उपदेश देने पड़े तथा यह संकेत देना पड़ा कि अल्लाह उनके बसने के लिए बहुत बड़ी दुनिया दे रहा है और इस विश्वास के साथ इस्राइली लोग मिस्र छोड़कर जोर्डन नदी के पार जाकर बस गए।

कुरान के अनुसार एक बात सबके एक होने में बाधक भी है, क्योंकि कुरान की स्पष्ट मान्यता है कि—"हे मोमिनो! मेरे तथा अपने शत्रुओं को गहरा मित्र न बनाया करो! तुम तो उन्हें प्रेम के संदेश भेजते हो, हालाँकि वे उस सत्य के इनकारी हैं, जो तुम्हारी ओर आया है। वे तुम्हें और रसूल को घरों से केवल इसलिए निकालते हैं, क्योंकि तुम सबके सब अल्लाह पर, जो तुम्हारा रब्ब है, ईमान ला चुके हो।"

फिर भी यहूदी और इस्लाम दोनों धर्मों की एकता असंभव नहीं। शंकर को ऐसी प्रतीति होती ही रही, क्योंकि दोनों धर्मों के एक पूर्वज संत मूसा हैं और कुरान में ऐसा लिखा भी है।

"हालाँकि इसके पहले मूसा की किताब आ चुकी है, जो पथ-प्रदर्शक भी थी और वह रहमत भर थी तथा यह कुरान एक ऐसी किताब है, जो अपने से पहलेवाली किताबों की सत्यता सिद्ध करती है और अरबी भाषा में है, ताकि जिन लोगों ने अत्याचार किया, उन्हें डराए तथा जो लोग अल्लाह की आज्ञा के अनुसार काम करते हैं, उन्हें शुभ समाचार सुनाए।"

(वार 26-अलअहकाफ)

ईसाइयों के बारे में भी कुरान पूरी आस्था तो नहीं जताता और उन ईसाइयों में से कुछ लोग ऐसे हैं, जो इस पर ईमान लाएँगे तथा कुछ ऐसे हैं, जो इस पर ईमान नहीं लाएँगे और तेरा रब्ब फसाद करनेवालों को भलीभाँति जानता है।

(वार 17 यूनुस 10)

किंतु कुरान की ही मान्यता है कि ईसाइयों में से जो अनपढ़ हैं, वे केवल अटकलपच्चू बातें करते रहते हैं और मान लेते हैं कि अल्लाह मुरदों को भी जीवित करता है और तुम्हें अपने चमत्कार दिखाता है।

इस्लाम का विश्वास है कि हजरत मसीह जीवित ही फाँसी से उतर आए थे, जबकि यहूदियों का यह मानना है कि हमने मरियम के पुत्र ईसा का कत्ल कर दिया है और जैसा कि ईसाई कहते हैं कि वह हमारे पापों का वफारा होने के लिए मर गया।

किंतु फिर उसी कुरान में अंकित है कि 'जो लोग ईमान लाए हैं और जो यहूदी हैं तथा ईसाई व साबी हैं, उनमें से जो संप्रदाय भी अल्लाह पर और कयामत के दिन पर कामिल ईमान रखता है तथा उसने ईमान के अनुकूल कर्म भी किए हैं। निस्संदेह उनके लिए रब्ब के पास उचित प्रतिफल है।'

(अलबकर 2)

अलबकर के इस कथन से आचार्य को लगा कि वैश्विक धर्म की दिशा में अभी रुकने का कोई प्रश्न नहीं है और इस बात का प्रयास तो करना ही चाहिए कि मूलत:

ये तीनों धर्म एक मंच पर बैठें और सारी मानवता के कल्याण के विषय में सोचें। तीनों धर्म—यहूदी, ईसाई तथा इस्लाम मुश्रिक अर्थात् (अनेकेश्वरवादी) नहीं हैं। अत: तीनों की मित्रता संभव है, किंतु पास का हिंदू धर्म अथवा जरथूस्त्र का पारसी धर्म, जहाँ उपास्य देवी-देवता अनेक हैं, कभी भी सहृदय नहीं, निस्संदेह इब्राहीम अल्लाह के लिए विनम्रता अपनानेवाला एवं सदा ही अल्लाह का पूरा आज्ञाकारी था और वह मुश्रिक में से नहीं था। (अनेकेश्वरवादी)

शंकराचार्य के मस्तिष्क में यह बात स्पष्ट थी कि ये तीनों धर्म तो एकेश्वरवादी होने के आधार पर तथा ईश्वर में ईमान के आधार पर एक हो जाएँगे, किंतु बहुदेववादी उपासना और एकदेववादी उपासना-पद्धति के मिलन अथवा समन्वय में ईमान अर्थात् ईश्वर के विश्वास को लेकर ही मतभेद हो जाएगा। अतएव उन्होंने निर्णय किया कि प्रयाग का कुंभ इन धर्मों को एक साथ करने के लिए उपयुक्त स्थान नहीं होगा। इसके लिए एकमात्र उपयुक्त स्थान सारनाथ ही हो सकता है। प्रयाग में तो सनातन धर्म अथवा सनातन वैदिक संस्कृति से उत्पन्न दर्शनों, वादों, विश्वासों, संप्रदायों, पंथों, मतों तथा धर्मों के अंदर बैठे विभेद के प्रदूषण की सफाई कर एक करा देना आवश्यक है। अत: कल की सभा में उन्होंने भारतीय चिंतनधारा, भारतीय सनातन धारा में धर्म की उपयोगिता विषय पर प्रवचन करने का निश्चय किया।

किंतु सबसे आवश्यक था, इस संपूर्ण चिंतन पर कुमारिल भट्ट का मंतव्य प्राप्त करना तथा उनसे दृष्टि प्राप्त करना कि हिंदू धर्म अथवा हिंदू चिंतन अथवा सनातन संस्कृति के भविष्य की दिशा क्या होगी।

यह अनुमान लगाते हुए कि गुरुदेव अब प्रात:कालीन संध्या-वंदन तथा पूजा-अर्चन को पूर्ण कर इस मुद्रा में होंगे कि इस देश की संस्कृति के हित में कुछ दिशा-निर्देश करेंगे। शंकराचार्य ने पास के कुमारिल आश्रम की ओर प्रस्थान ही किया था कि दूर से ही एक तुष का ढेर दिखाई दिया, जिसके चारों ओर भक्तजन खड़े कुमारिल भट्ट का जयगान कर रहे थे।

तुष पुंज की परिक्रमा कर रहे थे शिष्यगण और इसी बीच आचार्य पहुँच गए तथा मुखाग्नि देने से शिष्यों को रोका। उन्होंने गुरु के चरणों का स्पर्श किया और उनकी बगल में खड़े होकर कानों में कहा, "गुरुदेव, बौद्ध धर्म स्वयं तो दिग्भ्रमित और दिशांतरित हो ही चुका है, उसमें आई विकृतियाँ भारत की संस्कृति को प्रदूषित ही नहीं आत्मघाती तथा विषैली बनाने लगी हैं। आप वैदिक संस्कृति की वैज्ञानिक व्याख्या कर मुझे हिंदू संस्कृति को संसार की संस्कृति की मुख्यधारा बनाने में कुछ सहयोग कीजिए, गुरुदेव।"

गुरुदेव ने शिष्यों को कहा, "निर्धारित समय में मेरे मुख में 'अग्नि' जला देना"

और शंकर से कहा, "शंकर, तुमने काफी देर कर दी। काशी आए तो तुम्हें पहले प्रयाग आना था, तुम काशी के पंडितों के साथ उलझते रहे। तुम्हें तभी मेरे पास आना चाहिए था।"

शंकर ने पूछा, "आप नहीं रहेंगे तो आपके बाद न्याय और मीमांसा के क्षेत्र में कोई जानकारी लेनी होगी तो कहाँ जाएँगे हम आपके सारे शिष्य?"

"मेरे प्रस्थान के बाद तुम्हें इस कार्य हेतु मीमांसा की जन्मभूमि मिथिला देश के महिषी ग्राम में रहनेवाले आचार्य मंडन मिश्र तथा उनकी धर्मपत्नी भारती से सहायता लेनी होगी। ये दोनों वेद और मीमांसा के बड़े जानकार हैं।"

"और भी कोई बड़े आचार्य हैं, गुरुदेव?"

"हाँ, मिथिला देश के ही एक और आचार्य वहाँ से हटकर कुछ दूर पर रहते हैं, नाम है—वाचस्पति मिश्र। वाचस्पति मिश्र मीमांसा के सबसे बड़े ज्ञानी है।"

इतने ही में आचार्य कुमारिल का संकेत पाकर किसी शिष्य ने मुखाग्नि दे दी और देखते क्या हैं कि मुखाग्नि मुख में दी गई तो मुख से पहले पैरों ने आग पकड़ ली, पैरों का जलना आश्चर्यजनक था।

शंकराचार्य ने पूछा, "ऐसा क्यों है, गुरुदेव कि मुखाग्नि मुख में दी गई और जलने लगे दोनों पैर।"

"शंकर, अब तक किसी को नहीं बताई जो बात मैंने, उसी को छेड़ दिया तुमने, तो जान लो इसका भी रहस्य।

"शंकर, तुम्हें विदित है कि मैंने बौद्ध विद्वान् शांतिरक्षित से दीक्षा लेकर बौद्ध बनकर बौद्ध साहित्य का अध्ययन किया और बौद्ध दर्शन के विकास क्रम का शास्त्रीय अवगाहन किया, किंतु शंकर मैं वस्तुत: प्रच्छन्न बौद्ध था, धर्म तो मेरा एक ही रहा, सनातन धर्म। मैंने गुरु से झूठ बोला था और इस अपराध के कारण मेरा एक पैर जल रहा है। पुन: अंदर से सनातनी तथा ईश्वरवादी होते हुए भी मैं जो बाहर से बुद्ध वेश धारण कर बौद्ध धर्म में दीक्षित हो गया। यह दूसरा दोष था और इसके फलस्वरूप मेरा दूसरा पैर भी जलने लगा है। गुरु बड़ी पवित्र चीज है शंकर, गुरु से कभी भी धोखा नहीं करना।"

फिर क्या था-देखते-देखते कुमारिल भट्ट का स्थूल शरीर पंचतत्त्वों से एकाकार हो गया।

49

प्रवृत्ति-पथ पर चलते हुए मुक्ति के गंतव्य पर गमन आरंभ कर कब विवृत्ति का मार्ग पकड़ गया यह जाने बिना भी शंकराचार्य ज्ञान और भक्ति-मुक्ति के संसार में निवृत्ति मार्गी संन्यासी तथा निगम शास्त्रों के विलक्षण आचार्य के रूप में अभिज्ञात हो चुके थे। एक समृद्ध पुरातन परंपरा से युक्त गुरु के कुल में प्राप्त जन्म, गुरुकुल में अध्ययन-संपन्न तथा गुरुकृपा से आच्छन्न अतीत, वर्तमान और भविष्य के धनी आचार्य, जो प्रकृति से ही विनय, करुणा, प्रज्ञा तथा मैत्री आदि भाव-विभूतियों से भरे-पूरे थे, आज अपनी खुली आँखों के सामने से गुरु सदृश एक ज्ञानी को अग्नि-समाधि में प्रवेश करते देखकर अंदर-अंदर विचलित से हो गए, संन्यासी की बड़ी-बड़ी आँखों के नीले आकाश से मोती के दानों की तरह आँसू की बूँदें झड़ने लगीं। निवृत्ति मार्ग अज्ञात था, पर ऐसा था तो नहीं, किंतु कुमारिल भट्ट का साथ छूट जाना किसी पुत्र के सिर से कृपालु पिता की छाया के उठ जाने जैसा लगा। पीड़ा घनीभूत होती जाती और आँसुओं की वर्षा जैसे रुकती ही नहीं, जब वह यह सोचते कि जीवन के अंतिम क्षण में क्यों किसी ज्ञानी महाचार्य ने अपने जीवन के सबसे दुर्बल पक्ष को एक निर्मल मन अज्ञात शिशु के समक्ष खोलकर रख दिया। शंकर ने कुमारिल के अन्य शिष्यों के साथ मिल-जुलकर वैदिक कर्मकांड-पद्धति से सारे वांछित संस्कारों को पूर्ण किया। आज उन्होंने महाकुंभ के दाक्षिणात्य भक्ति आंदोलन मंच के प्रवचन कार्य से अवकाश ले लिया और शिविर पर आवंटित अपने निजी कक्ष में बैठे-बैठे आत्म-प्रवचन करते रहे, "ज्ञान के पथिक को ज्ञान-प्राप्ति के हित में गुरु के गुरुत्व के अपर्याप्त होने पर अपना मार्ग बदलना आवश्यक होता है। कभी-कभी तो किसी कर्ण को भी किसी परशुराम से अपनी जाति और अपना धर्म भी छिपाना पड़ता है, भले ही इस अपराध के लिए कठिन दंड भुगतना पड़े। ज्ञान सर्वप्रमुख है, गुरु गौण; किंतु फिर भी सभी देवों से ऊपर एक देव की तरह ही आराध्य-उपास्य।"

"शंकर, ज्ञान का गंतव्य संपूर्ण ब्रह्मांड का सत्य है, ब्रह्मांड ही व्यक्त प्रकृति है, अव्यक्त ब्रह्म और इसका ज्ञान ही सत्य है, सत्य ही सुंदर है तथा सुंदर ही सुखकर है। संपूर्ण ब्रह्मांड को सत्य, शिव और सुंदर से जोड़ने तक क्या निवृत्ति, क्या प्रवृत्ति, क्या

अद्वैत क्या विशिष्टाद्वैत, क्या द्वैताद्वैत, क्या सनातन, क्या बौद्ध, क्या ताओ, क्या यहूदी, क्या ईसाई, क्या इस्लाम, सब जब तक एक बिंदु पर नहीं मिलते, ज्ञान की यात्रा समाप्त नहीं होती। सारा संसार एक पिता का परिवार है, पूरे परिवार को उसका संसार उसके सामने खड़ा करके दिखाना होगा।"

शंकर ने आज निश्चय कर लिया कि सामान्य जन की तरह अपने अंगीकृत मार्ग से चलते हुए भी उन्हें उस बिंदु तक पहुँचना होगा, जहाँ पहुँचकर व्यक्ति की आत्मा, परम स्वच्छ तथा सूक्ष्म हो। इसके लिए भी दो मार्ग हैं—एक भजन-कीर्तन, नामजप आदि का उपासना मार्ग तो दूसरा योग का। दोनों मार्गों की सही जानकारी गुरु द्वारा ही हो, यह आवश्यक है।

शंकर ने उच्चतम कोटि की योग-साधना का अभ्यास स्वयं योगी आदिनाथ से प्राप्त किया था और सगुण भक्ति की साधना का मार्ग अपने कुलगुरुओं तथा अपने माता-पिता के जीवन में समीप रहकर देखा था।

संध्या-पूजा का समय होने लगा तो आचार्य ने विधिवत् सारी क्रियाएँ पूर्ण कीं और अपने सभी शिष्यों के साथ बैठकर आज दिन भर के क्रियाकलापों का विवरण सुनाया तथा शिविर में निवसित संपूर्ण भक्ति समाज के बीच यह घोषणा अधिसूचित करा दी कि कांची से पधारे गुरुव्यास कुलीन गुरु गोविंदपाद तथा आदिनाथ के पट्टशिष्य एवं गुरु कुमारिल भट्ट के आशीर्वाद प्राप्त आचार्य श्री शंकराचार्यजी का प्रवचन दक्षिण देशीय भक्ति मंच से प्रतिदिन अपराह्न बेला से सूर्यास्त बेला तक चलेगा। पूरे भारतवर्ष से पधारे तीर्थार्थियों तथा ज्ञान-पिपासु अन्य संप्रदायों के लिए भी इस प्रवचन से लाभ उठानेवाले जिज्ञासुओं की भी उपस्थिति सहर्ष स्वागतेय है।

ऋषिकुल के संस्कार, केरल की बहुरंगी परंपरा तथा गहरे गड़े विश्वास, कांची ज्ञानपीठ से सिद्ध आचार्यों द्वारा प्रदत्त शास्त्र ज्ञान, आदियोग गुरु हिरण्यगर्भ के निर्देशन में सतत अभ्यास से प्रवीणता प्राप्त योगाचार्य तथा काशी के विद्याभूषणालयों में निर्मित अलंकारों से सज्जित तथा सारनाथ के सारतत्त्वों से संजीवित एक ब्रह्मचर्य के तप:तेज से ऊर्जस्वित सरस्वती पुत्र, जिसकी प्रतीक्षा में पलकें बिछाए लाखों देसी-विदेशी जिज्ञासु मंच के समक्ष दृष्टिगोचर हुए थे, जैसे ही मंच पर प्रकट हुआ तो लगा कि जैसे पूरे पंडाल में सुनहली आभावाले हजारों-हजार दीप एक साथ जल गए हों।

पंडाल में पूरा भारत बैठा था तथा जिस भूमि पर आसनस्थ था, वह उस भूमि का परिमार्जन आज तीन नदियों के संगम-जल से ही नहीं, तैंतीस पवित्र नदियों के जल से पवित्रकृत था तथा लगता था कि आज के प्रवचनकर्ता गुरुर्ब्रह्मा हों तथा श्रोता तैंतीस कोटि देवता। विचित्र सौम्य, शांत तथा सुखद वातावरण के बीच एक स्नेह-स्निग्ध

आत्मीयतापूर्ण ध्वनि कानों में आई—

"भारत के कोने-कोने से तीर्थराज के तट पर उपस्थित निराकार के आकार स्वरूप दिव्यात्मा बहनो एवं भाइयो को संन्यासी शंकर का सादर नमस्कार स्वीकार हो। पवित्र नदियों के संगम, भारत के संपूर्ण पवित्र तीर्थों के संगम, सभी पवित्र धर्मों के संगम, प्राचीन, मध्यकालीन तथा आधुनिक तीनों विचारों के संगम स्थल पर आज पहली बार आप सब आत्मजनों का स्वागत करने का सौभाग्य मुझे मिला है, मैं धन्य हूँ।

"धन्य है यह तीर्थराज प्रयाग, जो कृतयुग से कलि तक तीन पवित्र नदियों—गंगा, यमुना और सरस्वती के संगम के रूप में मानवता के, मानव-धर्म के तीन सद्गुणों— करुणा, प्रेम और प्रज्ञा के संगम की एक जीवंत प्रतिकृति की तरह है और संगम पर समन्वय धर्म के स्तंभ के रूप में ख्यात है। एक समय था, जब महर्षि श्री गौतम द्वारा गंगा की एक धारा विंध्याचल के पार भी बहानी पड़ी थी गोदावरी के रूप में। मुझे आज संगम के इस मौके पर तीन नदियों का ही नहीं, सात नदियों का संगम स्पष्ट परिलक्षित हो रहा है; जिस कारण इस देश का नाम सप्तसिंधु पड़ा होगा, इस महासंगम में सम्मिलित नर्मदा, गोदावरी, कृष्णा और कावेरी का भी आज पहली बार स्वागत है। पहली बार ही एक और संगम यहाँ मुझे दिखाई पड़ रहा है—दक्षिण और उत्तर तथा पश्चिम और पूरब का भी। इस नए संगम को भी मेरा नमस्कार है, इन चारों दिशाओं के दिक्पालों तथा दृश्यों को भी।

"आज की इस महासभा में मैं चौरासी सिद्ध संतों को तथा नौ प्रसिद्ध नाथों को भी देख रहा हूँ। मेरे सामने ही यह जैन-मुनियों की टोली बैठी है और बौद्ध अर्हतों एवं श्रावकों का दल भी। थोड़ी दूर वह दाहिने शैव संप्रदाय दीख रहा है तो बाईं ओर अन्य पंथों और मतों के अनुसार निर्गुनियाँ संत भी बैठे हैं, बगल में रामाश्रयी तथा कृष्णाश्रयी वैष्णव बंधु भी, मैं सबको एक साथ प्रणाम करने का अवसर पाकर धन्य-धन्य हूँ। सभा मंडप के अंतिम हिस्से में दाएँ कोण पर मैं इस्लामधर्मी कुछ मुल्ला संतों को देख रहा हूँ तो बाएँ कोण पर ईसाई पादरी बंधुओं को भी। उन्हें भी मेरा हृदय से नमस्कार है और स्वागत है, संसार के सभी सात प्रायद्वीपों के प्रतिनिधिस्वरूप सभी धर्मों के संतों का इस संगम के तट पर।

"आज के इस महाकुंभ में उपस्थित लाखों की संख्या में उस नारी-शक्ति को भी देख रहा हूँ, जिसने छछ अथवा सिंधु देश की रानी रानीबाई के नेतृत्व में धर्म तथा राष्ट्रधर्म के नाम पर 'जौहर' का उदाहरण प्रस्तुत किया। इस महाकुंभ में एक और परिवर्तन आपको देखने को मिलेगा। इन दोनों परिवर्तनों के साथ ही इस संगम का महाकुंभ नाम सार्थक हुआ है। इस परिवर्तन का व्यावहारिक स्वरूप आपको इस महासभा में पहली बार एक साथ उपस्थित लाखों की संख्या में चतुर्वर्णों, द्विजातियों—ब्राह्मण, क्षत्रिय वैश्यों के साथ-साथ उन चतुर्थवर्गीय शूद्रों को देखकर होगा। चतुर्वर्णों का यह समवेत रूप ही

भारत है और इस कथन को सार्थक करने के लिए धर्मशास्त्रों में भी परिवर्तन का निर्णय बीते वर्ष ही कांची में आयोजित राजाओं की एक महासभा में, जिसे सभी उपस्थित सनातनधर्मी, सभी पूजा-स्थलों एवं मंदिरों में प्रवेश का एक समान अधिकार पूरे चतुवर्ण को प्राप्त है। अनेक विधि-विधानों, कर्मानुष्ठानों, न्याय-नियमों, रीति-व्यवस्थाओं और धर्माज्ञाओं की एक धमक एवं आहट भी कल्पसूत्रों के इस नए युग में दर्शनीय है। मैं जोर देकर कहना चाहता हूँ कि गुरु व्यास ने स्वयं 'ब्रह्मसूत्र' का प्रणयन कर इस दिशा में ज्ञान की एक नई ज्योति जलाई है और इसी निर्णय के आलोक में 'ब्रह्मसूत्र' के क्रम में और अन्य सूत्रग्रंथों के प्रावधानों के आलोक में सनातन धर्म में नया बदलाव आया है।

"आप सब तक इन 17 सूत्रों-सूत्रग्रंथों में निहित विधान सुगम हो सके, इस हेतु 'ब्रह्मसूत्र' तथा अन्य सभी ग्रंथों का 'भाष्य' लिखने का कार्य कुछ हो चुका है, हो भी रहा है। दक्षिण देशों से भक्ति आंदोलन के रूप में जो नई धारा बही है और आज के त्रिवेणी-संगम में अवलोकनीय है, वह आगे बढ़ने लगी है कन्याकुमारी से कच्छ तक, कच्छ से कांधार-कश्मीर तक, कश्मीर से केदार-कैलाश-कामरूप तक, कामरूप से कलिंग कोरो मंडल तक और सबका केंद्र है, सबका संगम—प्रयागराज। वही धारणा अब नए भारत के सप्तसिंधु नाम को नई परिभाषा देगी। आप देखेंगे, धीरे-धीरे यह धारा नदियों के संगम को लाँघकर सात समुंदरों के संगम में परिवर्तित हो जाएगी। सूत्रग्रंथ विश्व में एक नए प्रात: के अवतरण के प्रतीक हैं।

"मुझे विश्वास है, प्रयाग का यह तीर्थराज भविष्य में विश्व की तैंतीस नदियों के संगम के रूप में वैश्विक मानव-धर्म की स्थापना का श्रेय प्राप्त करेगा और मिसीसिपी से ह्वांगहो तक, वोल्गा से गंगा तक, टेम्स से दजला-फुरात तक तथा नील नदी से कृष्णा-कावेरी तक को एक साथ एक महाकुंभ के रूप में एक जगह किया जा सकेगा।

"मैं यह जो भी कह रहा हूँ, बहनो और भाइयो, यह सबकुछ अपनी बंद आँखों से देख चुका हूँ और मुझे आशा है कि वह दिन दूर नहीं, जब यह विविध रंग-रूपों का संसार एक ब्रह्मांड के एक धर्म के एक रूप में परिणत दिखेगा।

"आज मैंने आपका बहुत सारा समय यही स्वप्न-दर्शन करने में व्यय कर दिया, किंतु सच मानिए बंधुओ, ये सपने नहीं, यही सत्य है, जिसे चरितार्थ होना है। इस विषय पर आने के लिए मुझे सांख्य, न्याय, वैशेषिक और मीमांसा की ओर जाना पड़ेगा तो हम चलेंगे, किंतु पहले मुझे अपने पास बैठे संतों-महात्माओं का परिचय कराना आवश्यक है, जिनके अभिभाषणों से हमारी कथित कार्ययोजना पूर्ण हो सकेगी।

"मंच पर उपस्थित सभी गुरुओं को नमस्कार किए बिना हम आगे बढ़ने की धृष्टता नहीं करेंगे। इन गुरुओं में मैं आप सबकी ओर से 'परब्रह्म' के दर्शन करते हुए 'श्री गुरवे नम:' बोल रहा हूँ।

"इन गुरुओं में ही कोई-न-कोई ब्रह्मा हैं, विष्णु हैं, महेश हैं। कोई योग गुरु है, तो कोई नाथ गुरु है, कोई सिद्ध गुरु है, कोई बौद्ध गुरु है तो कोई जैन गुरु है। बड़ी महिमा होती है गुरु की। वैष्णवों के गुरु विष्णु हैं, राम हैं, कृष्ण हैं तो महेश के अवतार गुरु गोरखनाथ हैं, सरहपा हैं, सूफी संत हैं, सिद्ध शाक्त हैं।

"ये सभी गुरु सद्गुरुओं की श्रेणी में आते हैं। इन्हीं सद्गुरुओं की तरह सद्गुरु हैं, ईसामसीह जैसे संत अथवा मुहम्मद पैगंबर अथवा अनेकानेक पीर-औलिया। ये सभी ब्रह्मा के ही प्रतिरूप हैं और ब्रह्मात्म से हम आत्माओं को मिलाकर हमें जीवन के मोहबंधन से मुक्ति का वरदान प्रदान करते हैं।

"आज का दिन इन्हीं सद्गुरुओं के नाम समर्पित है। सद्गुरु जो स्वयं तो लय हो ही जाते हैं उस एकमात्र सत् या सत्य में, जिसे ब्रह्म की संज्ञा दी गई है, साथ ही विलीन कर देते हैं अपने पीछे-पीछे चलनेवाली सभी आत्माओं को, सभी जीवों को, संपूर्ण जगत् को। प्रतिफल है—ब्रह्म सत्यम् जगन्मिथ्या। सभी धर्म और सभी संप्रदाय के एक-एक प्रतिनिधि अब क्रमशः अपना-अपना विचार प्रस्तुत करेंगे।"

यही कहते हुए तथा सभी को नमस्कार-धन्यवाद कहते-कहते शंकराचार्य ने आज व्याख्यान समाप्त कर दिया।

□

50

बुद्ध-महावीर-चार्वाकादि अनीश्वरवादी थे। बौद्ध सर्वास्तिवादी थे, फिर वैभाषिक, महाशून्यवादी अथवा विज्ञानवादी होते हुए योगाचारी हो गए, ध्यानी-योगाचारी होना जैसे एक ही बात थी। जैनी अहिंसावादी होकर रह गए, 'अहिंसा परमोधर्मः'। चार्वाक पंथी सहजयानी, सुखवादी, सहज-स्वच्छंद महासुखकारी आचरण में आनंद धर्मी आस्तिक अथवा ईश्वरवादी नहीं होने पर भी ये अपने को दर्शन कम, धर्म अधिक मानते थे और धर्म ही कहे जाते थे, कहे जाते रहे।

बौद्ध धर्म के प्रवर्तक, सिद्धार्थ गौतम स्वयं ध्यान की चरमावस्था को प्रज्ञा, पारमिता, मैत्री, मुदिता तथा करुणा की चरमावस्था के रूप में ग्रहण करते, आचरण में उतारते थे। महावीर की अहिंसा, जीवमात्र के प्रति परमोधर्मः होकर वही संदेश देती, जो करुणा और मैत्री के बहाने बुद्ध।

बुद्ध और महावीर का धर्म उस अर्थ में नहीं था, जिस अर्थ में धर्म शब्द का प्रयोग उन विचार तथा आचरण पद्धतियों के प्रतिपादक धर्मों ने किया, जो अपने को 'धर्म' मानने के पीछे अपना विश्वास 'ईश्वर', अल्लाह या गॉड की अवधारणा में करते और 'ईश्वर' को स्वीकार करने का सीधा अर्थ होता है, सबसे मैत्री, सबके प्रति करुणा और इसीलिए इन सभी धर्मों में ईश्वर प्रसन्नता, प्रेम, मुदिता तथा करुणा के रूप में देखा जाता रहा।

महात्मा बुद्ध ने जब अपने 'धर्म्म' का प्रवर्तन करना चाहा तो उन्हें सबसे महत्त्वपूर्ण या सहज सुलभ स्थान सारनाथ का मृगदाय वन ही लगा था, जिस मंच से बुद्ध ने यह घोषणा की थी कि मनुष्य होने का अर्थ है—बीमार मानवता को सेवा, दया, ममता, मैत्री तथा करुणा से सींचना। इसी दया, क्षमा, करुणा तथा मैत्री का संदेश ईश्वरीय संदेश है और यही संदेश 'धर्म' का भी होता है। धर्म वे सभी हैं, जिनके अंदर प्रेम, मैत्री, करुणा और मुदिता की अंतर्धारा बहती रहती है त्रिधारा की धारा बनकर। इन्हीं धर्मों की तरह एक धर्म है हिंदू धर्म भी, जो कहीं अद्वैतवादी है, कहीं द्वैत, कहीं द्वैताद्वैत, कहीं विशिष्टाद्वैत, फिर भी ईश्वर के बिना कहीं भी नहीं।

शंकर मूलतः अद्वैत किंतु ईश्वर को अस्वीकार नहीं करनेवाले अद्वैतवादी थे, बुद्ध

शून्यवादी, किंतु ईश्वर के धर्म और धर्म के ईश्वर के चरित्र को मैत्री, पारमिता, प्रज्ञा, मुदिता और करुणा को अस्वीकार नहीं करनेवाले अनीश्वरवादी।

शंकर ने अपने आचार्य शिष्य आनंदगिरि से कहा, "आनंद, मैं चिंतित था और इसलिए चिंतनरत भी कि अंतत: कोई-न-कोई मिलन-स्थल तो अवश्य है तथा हम वेदांतियों में अनीश्वरवादी बौद्धों, जैनियों जहाँ पहुँचकर एक का योग और दूसरे का योगाचार, दोनों विकार अथवा भ्रष्टाचार व्यभिचार के शिकार हो जाते हैं।"

आनंद बोला, "गुरुवर, मुझे लगता है कि हमारे अद्वैतवादी योग साधक महासमाधि की भावदशा को प्राप्त होने के पहले ही बौद्धों द्वारा अपनाई गई ध्यान पद्धति के सातवें स्तर पर पहुँच जाते हैं तथा महासुखवादी हो जाते हैं और मांस-मत्स्य-मदिरा-मुद्रा एवं मैथुन की ओर प्रवृत्त हो जाते हैं। वहीं बौद्ध भिक्षु योग की सिद्धि और समाधि के बीच अर्जित शक्तियों का उपयोग समाज के बीच अपनी सिद्धि के प्रदर्शन तथा आर्थिक लाभ और आजीविका अर्जित करने के उद्देश्य से करने लगते हैं या तो महासमाधि की भावदशा का आनंद लिये बिना सिद्धों की भाँति योगभ्रष्ट हो जाते हैं या बौद्ध तांत्रिकों की तरह पथभ्रष्ट।

शंकर बोले, "आनंद, बौद्ध तांत्रिक ही नहीं, 'सिद्ध' कहे जानेवाले हिंदू योगी-योगिनी तांत्रिक, वज्रयानी समझे जानेवाले बौद्ध तथा शैव कापालिक, कापालिनी सबके दर्शन और सबकी भक्तिवादिता को व्यभिचार के कोढ़ ने पकड़ लिया है, जिससे उबरने का मार्ग अपनी दार्शनिक एवं आध्यात्मिक संस्कृति धारा की रक्षा करते हुए निकालना आवश्यक हो गया है। यह कोढ़ तो पहले से ही विश्व के अनेक प्रमुख धर्मों में प्रच्छन्न रूप से व्याप्त है। इसका आसान निदान खोजना तथा समाज को सुधारना तुम्हारी पीढ़ी की जिम्मेदारी होगी।"

आनंद बोले, "और किन-किन धर्मों में यह रोग किस रूप में फैल रहा है, इस पर प्रकाश डालिए, गुरुदेव।"

शंकर बोले, "आनंद, यह नैतिक गिरावट प्राय: सभी धर्मों में देखी जाने लगी है। यही कारण है कि लोकजीवन में चर्चित बड़े-बड़े धर्मों में भी अकसर यह देखने-सुनने को मिलता रहता है कि अमुक प्रसिद्ध संन्यासी विद्वान् ने अमुक धर्म छोड़कर कोई दूसरा धर्म अंगीकार कर लिया। जीवन भर बौद्ध ज्ञानी के रूप में प्रसिद्ध गोरखनाथ को सुना है, बौद्ध धर्म छोड़कर हिंदू धर्म में वापसी कर ली। इसी तरह प्रसिद्ध हिंदू पंडित पद्मसंभव तो हिंदू धर्म छोड़कर बौद्ध धर्म के सबसे ऊँचे अर्हत के पद पर योगदान कर लिया। आनंद, इस तरह हुए धर्म प्रवर्तन और इस प्रकार नित्य प्रति हो रहे धर्म परिवर्तनों को नई दृष्टि देने की आवश्यकता का समय आ गया है। जब आम जन की तरह ही ज्ञानी जन

धर्म परिवर्तन करने लगें तो समझना चाहिए कि युग-परिवर्तन का समय आ चुका है, सबको युगधर्म अपने अंक में स्वागतार्थ समाहित करने को आतुर प्रतीक्षा में रत है और वह युगधर्म है, मानवमात्र का एक, केवल एक धर्म—मानवधर्म है।

"आवश्यकता है, छोटे-छोटे अनेक धर्मों को प्रेरित कर मानवमात्र को मूल धर्म में वापस होने की। वास्तव में धर्म तो पूरे विश्व का, पूरी मानवता का एक ही होना चाहिए। टूटे हुए धर्मों को जोड़कर एक वैश्विक मानव-धर्म की स्थापना कैसी होगी, इस विषय पर संगम के सम्मेलन से लाभ लेते हुए आवश्यक चिंतन होना चाहिए।"

आनंद बोला, "मुझे तो गुरुदेव, ऐसा लगता है कि वैश्विक मानव-धर्म के विचार को भी विश्व के सिर पर थोपने से अच्छा होगा, अनावश्यक फैल रहे धर्मों की बाढ़ को रोका जाए और मनुष्यता के मार्ग में बाधक बननेवाली अनावश्यक खड़ी की गई धार्मिक दीवारों को तोड़ा जाए और एक मानव-धर्म के मुक्ताकाश के नीचे शुद्ध प्राकृतिक धर्म का निर्माण किया जाए। इस नए धर्म का नाम भी प्रकृति के साथ जोड़कर बन सके तो यह श्रेयस्कर भी होगा, प्रेयस्कर भी।"

शंकर बोले, "यह हुई न तथ्यों से जुड़ी और विचारों पर खड़ी एक बात, जो धर्म कहलाने के लिए चिंतन की माँग करती है। वस्तुत: आनंद, यह ब्रह्मांड जिसे 'शिव' कहते हैं, का एक ही धर्म होता है, जिसे प्रकृति कहा गया है। जिस ब्रह्मांड को हम 'शिव' कहते हैं, कपिल उसी ब्रह्मांड को 'पुरुष' की संज्ञा देते हैं। ब्रह्मांड-पुरुष को अभिव्यक्त रूप ही प्रकृति है और प्रकृति ही संसार है, 'क्षणं-क्षणं यन्नवतामुपैति।' प्रकृति क्षण-क्षण अपना रूप बदलकर पुरुष को अपनी ओर आकृष्ट करती है, ताकि यह ब्रह्मांड पुन: अपने अव्यक्त मूल रूप में वापस नहीं हो, किंतु ऐसा भी कहाँ होता है, संसार भी सृजन-पालन-संहार की तीन प्रौढ़ियों पर चढ़ता-उतरता एक-न-एक दिन संहार को प्राप्त हो जाता है और अपने मूल रूप, जिसे हम अद्वैत कहते हैं, को प्राप्त हो जाता है। यह ब्रह्मांड का परम रूप है, परमात्मा का रूप।

"परमात्मा का एक ही धर्म संभव है—परमधर्म। परमधर्म का यथार्थ है—परमानंद परम सत्, परम चित् तथा परम आनंद।"

आनंद बोला, "किंतु गुरुवर्य, यह संसार इतना विराट्-विलक्षण है और इसके ऊपर इतने समुदाय रहते हैं कि उनकी जीवन-शैली अर्थात् उनका जीवन धर्म एक नहीं हो सकता।"

शंकर बोले, "यह समझ सकने और समझाने के लिए हमें सनातन धर्म को समझना होगा। सनातन धर्म अर्थात् वैदिक धर्म अर्थात् वह धर्म, जो हम जीवन, मानव जीवन प्राप्त करने के साथ या जिसके कारण ही धारण कर लेते हैं और चूँकि हम सब मनुष्य होते

हैं अत: हमारे धर्म भी समान होते हैं। समान परिस्थितियों में हम समान रूप से सुखी या दु:खी होते हैं, समान रूप से संसार के प्रति आकृष्ट होते हैं अथवा विकृष्ट होते हैं, अर्थात् स्नेह, करुणा, दया, ममता, मैत्री इत्यादि भाव हमारे अंदर हैं, जिनकी हम दूसरों से अपेक्षा करते हैं। ऋषियों-संतों-महापुरुषों, महात्माओं ने इसीलिए कहा कि दूसरों के प्रति वही व्यवहार करो, जिसकी अपेक्षा तुम उनसे करते हो। इसी धर्म को भारत वैदिक धर्म अथवा सनातन धर्म कहता है, किंतु ये धर्म केवल वैदिक ही है, ऐसी बात नहीं, ये ही बातें संसार के सभी धर्म ग्रंथों द्वारा कही गई हैं—ईसाई, यहूदी, इस्लाम, कन्फ्यूसियस, जरथूस्त्र सभी धर्म और संत-महात्मा यही कहते हैं। असल में यही बात हमारी प्रकृति कहती है, हमारा पर्यावरण कहता है, ये बातें ही हमारे अस्तित्व के साथ हममें आकार लेती हैं और साथ-साथ हमारे पर्यावरण द्वारा धारण भी की जाती हैं। यही शिव का शिवा रूप है, पुरुष का प्रकृत रूप है और यही हमारा प्राकृत धर्म है। प्राकृत धर्म अर्थात् मानवमात्र का प्रकृति धारित धर्म। उगते हुए सूर्य से विकास और डूबते हुए सूर्य से विश्राम, अंधकार से अशांति एवं भय, प्रकाश से शांति और सुख इत्यादि प्रवृत्तियाँ प्राकृत धर्म है तथा यह प्राकृत धर्म ही जब ऋषियों द्वारा अनुभूत-अभिव्यक्त होते हैं तो ये ही ऋचा कहे जाते हैं, मंत्र कहे जाते हैं और इन्हें कुछ कर्मकांडों द्वारा हम ग्रहण करते हैं, कुछ आचरणों द्वारा जीवन में उतारते हैं, हम अर्थात् सारे संसार की मनुष्य जाति के लोग।

"यही है सनातन धर्म, जिसमें जीवन आचरण और कर्म के रूप में बँधा है, ऋतुओं के आगम-प्रस्थान के साथ आता-जाता है और बदलता भी रहता है, अक्षांश और देशांतर के भेद-अभेद के अनुसार।"

आनंद बोला, "तब तो गुरुदेव, आपके इस विचार में बहुत बड़ी सच्चाई छिपी है कि पूरे संसार का, तीनों लोकों का, सातों द्वीपों का मनुष्य धर्म बस एक है और वह धर्म है—प्राकृत धर्म। जब तक जीवन है, तब तक यह धर्म भी है और यह धर्म धारण कराने का काम गुरु का होता है, जो धर्म के रास्ते पर चलते हुए हमें अर्थात् प्रकृति-पुत्रों को परमेश्वर अथवा परम सत्ता अर्थात् ब्रह्मांड में विलय करा देता है।"

शंकर बोले, "हाँ आनंद, किंतु वह गुरु आचार्य से भिन्न होता है, आचार्य तो शिक्षक है, गुरु परमात्मा का अंग जो आत्मा को खींचकर परमात्मा में लय कर देता है। इसी गुरु के विषय में कल तुषानल पर जलने के पूर्व गुरुदेव कुमारिल मुझसे कह रहे थे। गुरु के इस रूप को शास्त्रों ने सद्गुरु कहा है—

"गुरुर्ब्रह्मा, गुरुर्विष्णु:, गुरुर्देवो महेश्वर:"—ब्रह्मा, विष्णु और महेश कभी-कभी सद्गुरु बनकर अवतरित होते हैं तथा आत्मा को योग्य बनाकर परमात्मा में लय कर देते हैं। इसीलिए गुरु साक्षात् परब्रह्म के समकक्ष माना जाता है, जिसकी लय हो जाने का अर्थ होता है इस प्राकृत जीवन से मुक्ति अथवा मोक्ष।

“आनंद, धर्म की यह परिभाषा तथा यह व्याख्या जब विश्व के सभी द्वीपों तक पहुँचेगी तो धर्मों के बीच की दीवार स्वयमेव ध्वस्त हो जाएगी और संसार के सारे लोग एक धर्म—मानव-धर्म में विश्वास करने लगेंगे और संसार से धर्मों के बीच जो कटुता है, वह समाप्त हो सकेगी तथा विश्व बन जाएगा—‘उदारचरितान्तु वसुधैव कुटुम्बकम्।’

“यह काम एक आचार्य से संभव नहीं हो सकेगा और इसके लिए शिष्यों की एक अनंत श्रृंखला तैयार करनी होगी। इसके लिए एक शंकराचार्य पर्याप्त नहीं, शंकराचार्यों की भी एक अनंत श्रृंखला खड़ी करनी होगी। अभी तो मैं चाहता हूँ कि इस संकल्प से कुंभ तीर्थ पर एकत्र हुए सभी धर्मों के लोगों को अवगत कराया जाए।”

आनंद बोला, “पूरे विश्व को भी तो इस महान् संकल्प को जीवन में उतारने के लिए प्रशिक्षित करने की व्यवस्था करनी होगी, आचार्यवर।”

शंकर बोले, “हाँ आनंद, इसकी भी योजना मैंने बना रखी है। मैं निकट भविष्य में ही सारनाथ के मृगदाय वन में विश्व के सभी प्रमुख धर्मों की एक धर्म महासभा लगाना चाहता हूँ और इसका आयोजन बौद्ध धर्म के मुख्य बोधिसत्त्व पद्मसंभव की अध्यक्षता में निकट भविष्य में संभव है।

“आज मैंने इस कार्यक्रम का पूरा विवरण तुम्हारे सामने इसलिए प्रस्तुत किया कि आज इस संगम-तट पर मेरे पहुँचने के पूर्व तुम तीर्थयात्रियों को इस योजना एवं संकल्प से पूर्णत: परिचित करा दो और तब मुझे मंच पर बुला लो। मैं आज से लगातार भागवत की कथा की तरह यह मानव धर्म महाकथा गोष्ठी एक पक्ष तक लगाऊँगा और पूर्णिमा को एक संकल्प के साथ इसे पूर्ण करूँगा। इसी यज्ञ से उत्पन्न होगा नए युग का नया भगवान्, एक ऐसा भगवान्, एक नया वेद-भगवान्, जिसके उपांग होंगे, सभी पाँच मुख्य धर्म-सनातन, ताओ, ईसाई, यहूदी और इस्लाम। सनातन धर्म मुख्य होगा और वैश्विक मानव-धर्म का आधारस्तंभ।”

आनंद एक कर्तव्यनिष्ठ, कर्मठ और योग्य शिष्य की तरह मंच की ओर प्रस्थान कर गए तथा शंकराचार्य चिंतन-मन निमग्न आनंद की बुलाहट की प्रतीक्षा करते रहे।

□

51

वैदिक युग नहीं, पुरुष और प्रकृति की मित्रवत् अव्यक्त-व्यक्त सहकर्मिता तथा मनुष्य और पर्यावरण की मैत्रीपूर्ण सहभागिता का युग नहीं था तब। ऋषियों द्वारा अंतस् की दृष्टि से देखा गया सत्य मानस पटल से मानव के बौद्धिक पटल पर उतारकर जनजीवन में ढाल देने का युग अथवा मनुष्यों द्वारा संपूर्ण प्रकृति और पर्यावरण के समानांतर एक जीवन को अपने अंतर में उतार लेने का युग। आर्ष दृष्टि और आर्षवचन स्वयंसिद्ध होते थे—पूर्णत: अपौरुषेय जैसे और इसीलिए वेदों को अपौरुषेय अर्थात् ईश्वरीय कहा जाता है। युग बदला था अथवा बदला नहीं पूर्णत: एक युग ने मात्र करवट बदली थी तथा वेदांगों की रचना होने लगी थी अपौरुषेय के समान। वेदों को मानव-बुद्धि सुलभ बनाने के लिए उसे ज्ञान के छह साधक अंगों में ढालकर समझा जाने लगा, फलस्वरूप छह वेदांगों की रचना हो गई—शिक्षा, कल्प, व्याकरण, निरुक्त, छंद और ज्योतिष। यह उत्तर वैदिक युग था—ब्राह्मण, आरण्यक, उपनिषद् से आगे वेदांगों की रचना का युग। वेदों की अंतिम कड़ी होने के कारण उपनिषदों को वेदांत कहा गया।

उत्तर वैदिक युग भी समाप्ति पर ही था, जब बृहदारण्यक, मुंडक, तैत्तरीय तथा कठोपनिषद् प्रभृति ग्रंथों के माध्यम से अपरा विद्या से उच्चतर श्रेणी की 'परा' विद्या—तप, श्रद्धा, सत्य और ब्रह्मचर्य से आत्मज्ञान तथा आत्मसमर्पण से ब्रह्मज्ञान एवं अनुभूति सम्यक् होने का संदेश लोक को प्राप्त हो चुका था, जब नचिकेता और वाजश्रवा के बीच विचार-संघर्ष का निर्णय हो चुका था तथा जब गुरु व्यास कल्पसूत्रों में श्रेष्ठ ब्रह्मसूत्र की रचना कर रहे थे और इसीलिए उनकी इच्छा थी कि कोई-न-कोई ऐसा बहुज्ञ आचार्य इसका भाष्य या व्याख्या कर वैदिककालीन ज्ञान को अद्यतन परिवर्तित काल के अनुरूप भाष्य प्रस्तुत करे और बहुत दीर्घ विलंब के बाद एक समय आया, जब उन्हीं की शिष्य-परंपरा के आचार्य कांची मठ के स्थायी शंकराचार्य ने इस ऐतिहासिक कार्य को पूर्ण किया। ऐसी ही आवश्यकता के संदर्भ में अपने काशी प्रवास में उन्होंने भगवद्गीता का भी भाष्य लिख दिया। अब उन्हें यह भी आवश्यक लगा कि काशी प्रवास में ही वे प्रयाग तीर्थ पर इसी वर्ष आयोजित संगम-सभा के माध्यम से भाष्य के परिवर्तित अंशों से संबंधित

आवश्यक संदेश भारत के कोने-कोने तक पहुँचा दें। चाहते तो वे यह भी थे कि चूँकि ब्रह्मसूत्र और गीता की नई व्याख्याओं के आलोक में पूरा विश्व उन्हें एक परिवार की तरह दिख रहा था, यह संदेश भारत के बाहर के सभी देशों व धर्मों तक पहुँच जाए और आनेवाला युग पूरे विश्व को एक परिवार के रूप में ढाल सके।

आज की संगम सभा के मंच पर यही विषय लेकर उतर रहे थे आचार्यवर। कुमारिल भट्ट के आशीर्वचन के बाद तो उन्हें लगने लगा था कि योगियों के ज्ञानयोग, प्रेमियों के प्रेमयोग, कर्मयोगियों के कर्मयोग अथवा भक्तों के भक्तियोग सबका सारार्थ अथवा सारांश एक ही था, व्यक्त का अव्यक्त से विलय हो जाना, प्रकृति का पुरुषतत्त्व में अंतर्भुक्त हो जाना, पार्वती-शक्ति का 'शिव' को समर्पित हो जाना, उसमें विलीन हो जाना, शून्यावस्था के पार उस महादशा को प्राप्त होना, जिसका सार अर्थ है असार का संसार हो जाना अर्थात् सत् और चित् का आनंद, प्रज्ञा, पारमिता, मैत्री, करुणा का एक लय हो जाना अर्थात् एक ब्रह्मांड का ब्रह्म हो जाना, ब्रह्म का एकलय हो जाना और अंत में मान लेना, स्वीकार लेना कि लयमय तत्त्व परमात्मा है, ईश्वर है, भगवान् है, ब्रह्म है। यही ब्रह्म कभी अवतार बन जाता है, कभी पैगंबर, कभी रसूल, कभी मसीह और कभी गुरु अर्थात् सद्गुरु, भटकती आत्मा को परमात्मा के समीप कर दोनों का लय-विलय करा देता है।

आज प्रवचन का केंद्रबिंदु यही था, बोले जा रहे थे आचार्य, बुद्धि में जैसे ब्रह्मा बैठे हों और वाणी में जैसे स्वयं सरस्वती, जैसे कोई कथा चल रही हो—अमरकथा और जैसे कथावाचक स्वयं शिव हों तथा श्रोता स्वयं पार्वती एवं जैसे यह कथा केवल त्रिवेणी के तट पर नहीं चल रही हो, बल्कि बोल्गा के तट पर भी, ह्वांगहो, टेम्स, दजला, नील, जोर्दान के तट पर भी और सभी श्रोताओं के अंतर में एक समान हलचल उत्पन्न हो रही हो। सारी श्रोतात्माएँ एक साथ यह अनुभव कर रही थीं कि उनके सद्गुरु मिल गए हैं—कहीं ब्रह्मा, कहीं विष्णु, कहीं शिव, कहीं राम, कहीं श्याम, कहीं गोरख, कहीं मछंदर, कहीं बुद्ध, कहीं महावीर और वहीं कहीं कोई दृष्टि, कोई मोहम्मद और ऐसे ही अनेकानेक अन्य गुरु।

शंकर ने कुमारिल भट्ट को स्मरण किया और कहने लगे, "कुमारिल, जिसने जीवन भर न तो ईश्वर को माना था, न गुरु को; आज त्रिवेणी तट पर आत्म-स्वीकार और आत्म पश्चात्ताप के साथ कहा कि शंकर, तुम्हारी दृष्टि में ऋषियों की दृष्टि का तेज है। मुख में अग्नि और दोनों पैरों का स्वत: जलने लगना जानते हो, नहीं जानते तुम और नहीं जानता कोई भी यह रहस्य। शंकर, मैंने सत्य को जानने के क्रम में दो अपराध किए, परमात्मा को नहीं मान सका और नहीं स्वीकार कर सका उस सद्गुरु को भी, जो परमात्मा से मिला सकता है। मेरे दोनों पाप, दोनों प्रमाद, दोनों अपराध आत्म स्वीकार

से कट चुके हैं और दोनों चरणों से इस पाप का मूल्य चुकाकर मैं परमात्मा में लीन हो रहा हूँ, शंकर।

"तुम सबको बता दो इस रहस्य का सच। तुम चाहो तो इस पाप और इस पापनिषेध के गूढ़ार्थ की संपुष्टि मेरे दो मीमांसक शिष्यों मंडन तथा वाचस्पति से भी मिलने पर कर लेना।"

करतल ध्वनि से श्रोताओं ने स्वागत किया और जयकार लगाने लगे, जय हो कुमारिल भट्ट की, जय हो शंकराचार्य की, जय हो मंडन-वाचस्पति की!

शंकर प्रवचन-प्रवीण थे, योग-ध्यान, धारणा, समाधि-पारंगत, ज्ञान-समृद्ध, अंतर्ज्ञान-जाग्रत्। बोलने लगते तो लगता, संपूर्ण वातावरण शांतचित्त, ध्यान स्थित बाहर कान खोले और अंदर प्राणों को जगाए अपनी आत्मा की ध्वनि उनके अमृतवचन स्वरूप पान कर रहा है। किंतु पूर्णतः अप्रत्याशित एक विदेशी जिज्ञासु ने अचानक खड़े होकर एक प्रश्न पूछने की अनुमति चाही। शंकर सहमत थे। कहने लगा जिज्ञासु—

"आचार्यवर, मैं यूनानी मूल का एक भारतीय ईसाई पुजारी फादर ऐण्टनी हूँ और वर्तमान में केरल देश में धर्मप्रचारक के रूप में कार्यरत हूँ। आप जब प्रवचन करते हैं तो श्रोतागण जैसे मंत्रमुग्ध हो जाते और यह जादू के किसी प्रभाव-सा होता है, मंडप में श्मशान-सी शांति और आत्मा जैसे किसी परमात्मा के सामने खड़ी हो प्रार्थनारत हो जाती है, 'सुखे-दुखे समे कृत्वा लाभालाभौ जयाजयौ।' मैं जानना चाहता हूँ कि ऐसा प्रभाव किस कारण पड़ता है। यह भी जानना चाहता हूँ कि किसी सिद्ध संगीतकार के संगीत का जादू पेड़-पौधों और जंगल के जीव-जंतुओं पर ऐसा पड़ता है कि वे अपनी हिंसक-अहिंसक वृत्ति-प्रवृत्ति को त्यागकर अपने कानों में ईश्वरीय आशीर्वाद के अमृत-अक्षर-तादात्म्य आनंद के लाभ में लीन हो जाते हैं। व्यक्ति पर्यावरण की उत्पत्ति है और उसको अपने जीवन में संभव कर सकने का काम जो कर दिया है।"

"फादर ऐण्टनी, वस्तुतः ऐसी स्थिति केवल इसलिए उपस्थित होती है कि पर्यावरण और मनुष्य के जीवन के तार एक ही तत्त्व के बने होते हैं, अतः क्रिया-प्रतिक्रिया के बीच तादात्म्य संबंध छूटता नहीं। विश्व पुरुष, जिसे भारत ब्रह्म कहता है, का ही एक प्रतिफल प्रकृति है। ब्रह्म की एक अनुकृति, किंतु समान एवं समानांतर कृति, सगुण कृति। प्रकृति स्वभाव से चंचल होती है, माया, मोह, प्यार, घृणा, प्रतिशोध आदि सबको अपने अंदर छिपाए हुए रखती है। पुरुष की गति में प्रकृति प्रवेश कर उसके गुणों की भी स्वामिनी हो जाती है और पेड़-पौधे, नदी-पर्वत, सूर्य-चंद्र के रूप में पुरुष अपने प्राकृत रूप को व्यक्त करने लगता है, किंतु जब वह सिकुड़ता है तो सारी-की-सारी प्रकृति एवं जीव-जंतु ब्रह्म के मुख में समा जाते हैं। यह ब्रह्म मुख आश्चर्यजनक गुरुत्वाकर्षण-शक्ति से संबलित है और संपूर्ण जगत् का अस्तित्व इसके स्पर्श मात्र से शून्य में परिवर्तित हो जाता है। जगत्

का ब्रह्म में विलय एक ऐसी अवस्था है, जब प्रकाश और अंधकार दोनों एक जैसे हो जाते हैं, सुख-दुःख, होना-न होना, सब समान।

"हम इसीलिए ऐण्टनी, प्रकृति के इन ब्रह्म प्रतीकों को देवी-देवता या रसूल-मसीहा या ईश्वर-भगवान् मानकर उनकी उपासना करते हैं और मानते हैं कि यही उपासना हमारे व ब्रह्म के तारों को जोड़ देगी तथा हम मुक्त हो जाएँगे जीवन-मरण के परस्पर गमनागमन से।"

ऐण्टनी बोले, "विश्व के अन्य धर्म भी तो प्रकृति के धर्म को अस्वीकार कहाँ करते हैं। सूर्य की उपासना जिस अंतरतम से भारत में की जाती है, उसी अंतरतम से यूनान, रोम, तुर्की, ईरान, इजरायल, फारस, सब जगह की जाती है। उसी तरह चंद्र, वरुण, मित्र, मरुत, बादल, वर्षा आदि-आदि जिस तरह भारत में पूजित हैं, उसी तरह यूनान और रोम में भी।"

"भारत का 'मित्र', फारस का 'मिथर' है, भारत का 'सुर' वहाँ 'अशुर' है, 'अशुर वनिपाल' है। भारत का रवि मिस्र का रॉ है, भारत का द्यौ यूनान का जिउस है, रोम का जूपिटर है। भारत की पार्वती, लक्ष्मी और सरस्वती तीनों मिलकर रोम की एक देवी मिनरवा हैं। प्राचीन संस्कृति विभिन्न देशों की मूलतः एक जैसी है।"

शंकर बोले, "फादर, इसीलिए हमारी मान्यता है कि संपूर्ण ब्रह्मांड एक है, संपूर्ण विश्व की प्रकृति-संस्कृति एक है और इसका इतिहास ही प्राकृत प्रतीकों की उपासना से शुरू होता है। हमारी योजना है कि निकट भविष्य में एक संसार के सभी धर्मों का सम्मेलन सारनाथ में हो और धर्म के सर्वमान्य तत्त्वों की पहचान की जाए।"

ऐण्टनी बोले, "किंतु ईसाई, यहूदी तथा इस्लाम धर्म, जो विश्व के बड़े-बड़े धर्मों के भी धर्म हो गए हैं, आज बहुदेववाद के कट्टर विरोधी हैं। इस्लाम तो मुश्रिकों को अपना शत्रु मानता है, और ऐसी स्थिति में आपके वैश्विक मानव-धर्म की परिकल्पना का क्या होगा?"

शंकर बोले, "फादर, ये तीनों धर्म जैसे मूलतः एक हैं, एक ईश्वर में अपने अस्तित्व को विलय कर देने तथा पापों को क्षमा कर जन्नत में स्थान सुरक्षित करने के तीन साधन, ठीक वैसे ही एक ब्रह्म में अथवा परम पुरुष परमात्मा में अपने अस्तित्व का विलय कर देने के भी ये बहुत से देव साधनमात्र हैं। भगवद्गीता मेरे कथन की पुष्टि यों करती है—

"न मे विदुः सुरगणाः प्रभवं न महर्षयः।
अहमादिहि देवानां महर्षिणा च सर्वशः॥"

"सुरगण तथा महर्षिगण के भी प्रतिनिधि सुर हैं, महर्षि हैं और बह्वंगी तथा बहुरंगी प्रकृति के भी श्रेष्ठ प्रतिनिधि स्वरूप हैं, जिनके होने से परमात्मा अथवा परम ब्रह्म के

पास पहुँचानेवाले साधनों की बहुलता लघुता में परिवर्तित हो जाती है। भगवद्गीता में भी अंकित है कि परमात्मा अपने को प्रकृति के प्रतिनिधि रूपों में ढाल देते हैं और गुरुओं तथा देवताओं को सद्गुरु के प्रतिनिधि रूप में ढालकर भक्ति योग के द्वारा आत्मा-परमात्मा को अद्वैतावस्था में पहुँचा देते हैं।

"जब सहस्रों आदित्यों के प्रतिनिधि एक विष्णु, अनेक वेदों का प्रतिनिधि बृहत् साम, अनेक इंद्रियों का प्रतिनिधि मन, अनेक रुद्रों के प्रतिनिधि शंकर, अनेक यक्षों-राक्षसों के प्रतिनिधि कुबेर, पुरोहितों में बृहस्पति, सेनानियों में स्कंद, महर्षियों में भृगु, यज्ञों में मौन उपासना, महीनों में मार्गशीर्ष तथा ऋतुओं में कुसुमाकर जैसे प्रतिनिधियों के माध्यम से परमात्मा को साधा जाएगा तो यही प्रतिनिधि बाधक देवतादि साधक बन जाएँगे।

"यही कारण है फादर कि भारत ने प्रकृति को ही पुरुष को साधने का साधन बना लिया, अनादि काल से आज तक यह अद्वैत तक पहुँचने का सबसे सुगम मार्ग है। इसी कारण हम इस धर्म का नाम वैदिक धर्म से भी अधिक संगत सनातन धर्म मानते हैं और एक दिन सभी धर्म सहमत होंगे कि जब पूरा विश्व एक परिवार बनेगा तो उस परिवार का धर्म यही सनातन धर्म होगा, भले ही उसे हम मानव धर्म कहकर पुकारें।"

शंकराचार्य का प्रवचन द्वैताद्वैत के प्रसंग में दर्शनशास्त्रों को आधार मानकर करने से दुरूह हो जाने की संभावना थी, किंतु शंकर का प्रवचन दर्शनशास्त्रों को किनारे रखकर नदी की मध्यधारा की तरह धाराप्रवाह चल रहा था। कपिल की प्रकृति ने ही उनके पुरुष को साध लिया था और पुरुष ने चंचल मन प्रकृति को ज्ञान की डोर से बाँध लिया था, विहार करने की छूट थी, किंतु भक्ति और योग के अनुशासन की सीमा में, उपासना के क्षेत्र में, धर्मशास्त्र तथा योग के क्षेत्र में अष्टांग योग के सूत्रों के निर्देशन में। यह प्रवचन बौद्ध, जैन, नाथ, सिद्ध, शैव-शाक्त, वैष्णव सबको समान रूप से वरेण्य लगने लगा था, क्योंकि इन सभी धर्मों, संप्रदायों अथवा पंथों के बीच पंच विकार तथा खुले व्यभिचार के दृश्य देखने को मिलते थे और इन विकारों को विधेय दिशा में प्रवाहित करना युग की माँग थी।

दक्षिण देश तथा आलवार से पहुँचे भक्त तो अत्यधिक उत्साह में थे, किंतु वे चाहते थे कि वर्णाश्रम व्यवस्था में द्विजातियों और शूद्रों के बीच हो रहे भेदभाव का अंत होना चाहिए और तभी प्रस्तावित मानव-धर्म की व्यवस्था में भारत अपना नेतृत्व दे। इन भक्तों में अधिकांश शठाचार्य तथा स्वामी नांबि के शिष्य थे, जो निर्गुण भक्ति के समर्थक थे और भारतीय समाज से धार्मिक संप्रदायवाद तथा हिंदू समाज से वर्णवाद का नामोनिशान मिटाने के समर्थक थे। वे जानते थे कि वर्णवादी व्यवस्था के मूल में धर्म तो बाधक था ही, यज्ञप्रधान धर्मशास्त्र भी बाधक था, स्मृतियाँ बाधक थीं और इस बाधा का समाधान

गीता में भी नहीं था। उन्हें पूरी आशा थी कि शंकराचार्य अपने गीता भाष्य के क्रम में प्रस्तावित अनुशासन से इस बाधा को समाप्त करेंगे तथा इसका प्रतिफल होगा कि दक्षिण में राष्ट्रकूट तथा चालुक्य राज्यों से लेकर पूरब के पल्लव क्षेत्र तक इस्लाम और ईसाई धर्मों द्वारा किया जा रहा धर्म-परिवर्तन के बेलगाम आंदोलन को लगाम लग जाएगी।

सिंध के क्रूर धर्म-परिवर्तन को देखनेवाले तथा ऋषिकेश तथा बदरीनाथ में विष्णु की मूर्तियों के भंजन के साक्षी अनेक भक्त खड़े हो गए और माँग करने लगे कि धर्मशास्त्रों, धर्मसूत्रों और यहाँ तक कि गीता में भी कहीं-कहीं संभावित त्रुटियों को ध्यान में रखकर आवश्यक नया धर्मानुशासन समूचे भारत खंड में घोषित तथा लागू किया जाए। शंकर ने चारों दिशाओं में बैठे भक्तों से बार-बार प्रश्नोत्तर करने के बाद उनकी माँगों को स्वीकार कर लिया, चार दिशाओं, चार वर्णों, चार वेदों को साक्षी रखकर।

किसी पुराणपंथी को यह अनुशासन सह्य नहीं लगा तो उसने ऊँचे स्वर में प्रश्न किया, "धर्म के स्थापित अनुशासन में आप किस अधिकार के अंतर्गत स्मृतियों एवं धर्मशास्त्रों में संशोधन कर रहे हैं, आचार्य?"

शंकर बोले, "भारतभूमि के अधिकांश जन की इस प्रतिनिधि सभा में प्रस्फुटित जन-भावना का आदर करते हुए मैं कांची पीठ के शंकराचार्य काशी विश्वनाथ की सुमेरु पीठ के महंत की अतिरिक्त अधिकारिता से संपन्न संपूर्ण भारत के जन-जन का मन टटोलने के बाद यह घोषणा करता हूँ कि धर्म और ज्ञान की पीठ के आचार्यों का यह कर्तव्य है कि समय के साथ हो रहे परिवर्तनों और विगत अतीत में विदेह आहूत विद्वत्सम्मेलन तथा निकट अतीत में कांची में आयोजित राज सम्मेलनों ने यज्ञ विधान का जो भ्रमणीकरण प्रस्तावित किया, उसके आलोक में धर्म और यज्ञ के नियमों में आवश्यक संशोधन करें। निकट भविष्य में ही काशी में सभी भारतीय धर्मों की एक महासभा के सम्मुख भी इस प्रस्ताव को रखकर उनका अनुमोदन प्राप्त किया जाएगा, किंतु आज के विमर्श के पश्चात् पारित विधियों को तुरंत प्रभाव से लागू किया जाए।"

'शंकराचार्य की जय हो' की जयध्वनि से पूरा त्रिवेणी-तट गूँज उठा। शंकर ने दोनों हाथ जोड़कर मन-ही-मन अपने अद्वैत को और फिर अपने अद्वैत के इस व्यक्त रूप को नमन किया, गोरखनाथ का वचन अंतर से जैसे प्रस्फुटित हो रहा था—

अद्वैतं केचिदिच्छंति द्वैतमिच्छंति चापरे।
समं तत्त्वं न विंदंति द्वैताद्वैत विलक्षणम्॥

□

52

सारनाथ प्रवास में बौद्ध दर्शन-साहित्य के गहन अध्ययन-चिंतन तथा ध्यान-योग की साधना के बाद शंकराचार्य बौद्धों की दृष्टि में एक सिद्ध बौद्ध साधक-संन्यासी भले प्रतीत लगने लगे हों कुमारिल भट्ट, पर वैसी कोई छाप नहीं छोड़ सके। स्वयं प्रच्छन्न बौद्ध के रूप में जीवन का बहुलांश खपा देनेवाले संन्यासी ने देखते ही समझ लिया कि शंकर भी उन्हीं की तरह कल सारनाथ में बौद्ध संन्यासी था, आज प्रयागराज में वैदिक-सनातन विद्या का आचार्य। फिर भी कुमारिल के लिए शंकर के अंतरतर में वैसा ही ऊँचा स्थान था, जैसा कि अपने योगगुरु आदिनाथ के लिए। योगसाधना के दिनों में जब कभी कहीं कोई चूक की संभावना होती और वे बेचैन हो जाते तो जैसे योगगुरु उनकी शंकाओं का समाधान प्रस्तुत कर देते, प्रदर्शन कर दुहरा देते, अभ्यास कराकर सिद्ध घोषित कर देते, वैसी ही अपेक्षा की दृष्टि कुमारिल के प्रति भी थी शंकराचार्य की, किंतु गुरु से मिलने में ही अत्यधिक विलंब हो गया और गुरुवर्य पंचतत्त्व को त्यागकर परमतत्त्व में विलीन हो गए। कुछ बोल तो गए गुरुदेव, किंतु उनके वे शब्द भी बुद्धदेव, नागार्जुन, वसुवंधु और दिङनाग की तरह चार नागों को पीछे छोड़ पाँचवें नाग—शेषनाथ, शेषनाग बनकर उन्हें अकसर डरा देते, आतंकित कर देते तो वे अशांत रखने लगे। नाग देवता कुलदेवता थे पाराशर कुल के, वर्ष में एक दिन पूरी आस्था के साथ उनके घर भी नागपंचमी मनाई जाती थी। उन्हें इसी पूजा से इतनी शक्ति मिल जाती, इतना विश्वास कि वे नाग उन्हें डसेंगे कदापि नहीं। फिर भी वे डरते तो थे ही और उन मंत्रों का ज्ञान प्राप्त करना चाहते थे, जो इन पाँचों नागों के पाँच प्रश्नों के उत्तर का लावा-दूध पिलाकर अथवा मिलाकर अथवा सम्मोहित कर भय तथा आतंक से मुक्ति पा लें। पहले के चार नागों—तक्षक, वासुकी आदि को तो तृप्त करने के मंत्र थे, वे गा भी देते, उन्हें पीछा नहीं करने हेतु मना भी लेते, किंतु शेषनाथ का प्रश्न बड़ा कठिन, बड़ा जटिल था। प्रथम प्रश्न था, 'ईश्वर नाम की कोई सत्ता है और यदि है तो क्या यह सत्ता ही वह सत्ता अथवा वह चेतनापुंज है, वह समष्टि-शक्ति धारण करनेवाली चैतन्य-पिंड भी है, जिसे हम ब्रह्म कहते हैं?'

द्वितीय प्रश्न था, 'यह गुरु क्या होता है, एक शिक्षक, एक आचार्य, एक पंडित-पुरोहित, एक सिद्धिमंत्र का गुप्त कर्णभेदी संस्कारज्ञ महाराज अथवा संत के आसन पर आसीन कोई तपस्वी-मनस्वी साधक, जो ईश्वर के घर के मुख्य द्वार तक पहुँचा देता हो, अर्थात् सद्गुरु अथवा इससे भी आगे की कोई जाग्रत् आत्मा, कोई महाचैतन्य, कोई महाशक्ति?'

उत्तर चाहिए, इन पाँच नाग प्रश्नों के, पाँच यक्ष प्रश्नों की तरह, किंतु पाँच पांडवों से नहीं, पूरी पांडित्य शक्ति के वर्तमान प्रतिरूप से।

युधिष्ठिर की तरह उत्तर सबके थे, शंकर की अशेष प्रज्ञा में, अनंत मैत्री में और स्वच्छ निर्मल मानस-अतिमानस में। किंतु डर लगता कि कहीं यक्ष संतुष्ट नहीं हो तो माता कुंती की प्रबल प्यास को बुझानेवाले पवित्र कमलसर के निर्मल जल की प्राप्ति में असफल मातृधर्म का क्या होगा?

अत: उत्तर का पृष्ठ खोलने अथवा बोलने के पूर्व शंकराचार्य चाहते थे कि कोई ऐसा गुरु तो मिले, जिससे मैत्रीपूर्ण वाद-विवाद हो और यह तय हो जाए कि उन प्रश्नों का उचित उत्तर अथवा समाधान यही है और ऐसे गुरु की ओर संकेत मिल चुका था गुरुवर्य कुमारिल भट्ट का। वह गुरु थे, मिथिला देशीय महिषी निवासी प्रसिद्ध न्याय-मीमांसक आचार्य मंडन मिश्र और उनकी सहधर्मिणी विद्याधारिणी देवी भारती-उभय भारती। उत्तर शंकर के अंदर था उनके मानस में, अतिमानस में, किंतु बेचैनी भी अनिर्वचनीय-अकथनीय संभवत: वैसी ही, जिसके कारण कस्तूरी मृग वन-वन दौड़ता रहता है। शंकर चल पड़े। कहा कि चलो सनंदन, चलो आनंदन, चलो त्रोटक, चलो शिष्यो विद्यातीर्थ-तीर्थराज का अगला चरण चल पड़ा महिषी के ज्ञानक्षेत्र मिथिला की महीयसी महिषी के आँगन में, जिसे माहिष्मती भी कहते थे।

शंकराचार्य तेज गति से चल रहे थे, शिष्यगण शिथिल, क्योंकि प्रश्न तो परेशान करते ही हैं, उत्तर भी परेशान कर रहे थे। तर्कशक्ति कह रही थी, पूरब यह है, मन:शक्ति कहती, यह तो पश्चिम होना चाहिए। नदी की धारा में बहे जा रहे थे शंकर, दोनों बगल मछलियाँ तैर रही थीं।

एक ही मछली कभी प्रश्न-सी दिखती तो कभी वही मछली उत्तर लगने लगती। पकड़ना चाहते शंकर तो मुट्ठियों में शून्य आता, न सही प्रश्न, न सही उत्तर।

अपने जीवन के अंतिम दिनों में ऐसा ही हो गया था बुद्धदेव को, जिन ब्राह्मणों के विरुद्ध उन्होंने एक नए धर्म का प्रवर्तन किया जीवन के अंतिम दिनों में वे ब्राह्मण ही सर्वत्र-सर्वज्ञ उनके दाएँ-बाएँ दिखते। जिस ईश्वर और जिस उपासना पद्धति के विरुद्ध उनका आंदोलन शुरू हुआ, उसी का एक अवतार और आचार-संहिता को अपने आचरण में उतारकर वे भगवान् बन गए, पूजा-आरती पाने लगे, राज्यों द्वारा आयोजित

राजकीय सम्मान पाने लगे और वे ही नहीं, अन्य बड़े-बड़े स्थविर-स्थविरी उसी राह पर पैर बढ़ाने लगे। भगवान् को, ईश्वर को अस्वीकार करनेवाले ही ईश्वर और भगवान् की तरह अपना पैर पूजा की दिशा में आगे बढ़ाते चले गए।

माघ का महीना, रातें बड़ी, दिन छोटे। दस दिन दिन-रात चलते-चलते पहुँच गई पंडितों-आचार्यों तथा गुरुवर्य की टोली अपने लक्ष्य के समीप, शायद बिल्कुल समीप ज्ञान की महिषी, मिथिला की ज्ञान-शक्ति की केंद्रीय भूमि, महिषी ग्राम्य अंचल के अंदर। एक बड़ा सा वट-वृक्ष, दूर-दूर तक पसरा, कई वृक्षों के एक कुल-सा और उसके ऊपर कई पक्षियों के कुल, कुछ तो इन परदेशी पंडितों को, इन अतिथियों को देखते ही आनंद से प्रफुल्लित हो उठे, स्वागत के गान गाने लगे, इन्हें प्रेमपूर्वक विश्राम अथवा विश्रांति प्राप्त करने के गीत सुनाने लगे और कुछ दौड़ चले, कुछ बोलते सधी संस्कृत में, विशुद्ध संस्कृत में, माघ की संस्कृत-कालिदास की उपमा, भारवि का अर्थगौरव, दंडी का पदलालित्य सब एक साथ। गुरु तो नहीं, किंतु शिष्य सोचने लगे, ऐसा न हो कि गुरुवर्य शास्त्रार्थ में यही परास्त हो जाएँ और विश्वविजय का हमारा स्वप्न यहीं टूटकर धूल में न मिल जाए, किंतु गुरु ने कहा कि पक्षियों के जिस कुल ने हमारे आगमन की सूचना देने के लिए उड़ान भरी है, उसी कुल द्वारा शीघ्र हमें यह संदेश भी प्राप्त हो जाएगा कि किस समय और किस घड़ी हम लोगों का अतिथि-आथित्यकार का सम्मिलन संभव हो सकेगा।

"आप प्रतीक्षा करें आनेवाले संदेश की।" थोड़ी ही देर बाद तोतों का एक झुंड वटवृक्ष की पूर्वी चोटी पर उतरा और परिष्कृत संस्कृत में, "आचार्य मंडन मिश्र अभी सपरिवार एक यजन क्रिया में व्यस्त हैं, आप अभी प्रतीक्षा करें। स्वागत प्रभारी आपके स्वागत की औपचारिकताओं में लगाए जा चुके हैं। आपके सामने आपके निवास हेतु कुश कुटीर सजाकर तैयार किया जा चुका है।"

किंतु शंकराचार्य जल्दीबाजी में थे, उन्हें शीघ्र काशी लौटना था और सबसे पहले सारनाथ में पद्मसंभव से मिलकर बौद्ध व हिंदू धर्म के बीच खड़ी दीवार को ध्वस्त करना था। विश्राम करने की इच्छा नहीं होते हुए भी थोड़ी देर विश्राम के पश्चात् वे शिष्यों को वहीं ठहरने का निर्देश देते हुए महिषी ग्राम में प्रवेश कर गए। महिषी कई टोलों का एक गाँव वनगाँव का दक्षिणी टोला था। लोगों का विश्वास था कि वनगाँव गाँव बनने के पहले वन था, जहाँ तपस्वी, बड़े-बड़े मनस्वी-तपस्वी ज्ञान की साधना करते थे। जाबालिपुत्र मीमांसा-पुत्र जैमिनी का आश्रम भी वनगाँव के वन का सर्वप्रमुख आश्रम था, मंडन और वाचस्पति जैसे शिष्य इसी गुरुकुल के विद्यार्थी थे। वनगाँव गाँवों का राजा था, सरस्वती-पति ब्रह्मा के आश्रम के निकट वनगाँव की महिषी नहीं, महिषी गाँव में ज्ञान की देवी भारती का घर। इसी कारण इसका नाम महिषी हो गया। शास्त्र निर्माण का युग, वैदिक

साहित्य, वेदांग साहित्य, औपनिषदिक साहित्य के बाद का युग, जब शास्त्रों का निर्माण हुआ अर्थात् संहिताओं-स्मृतियों का युग, सूत्र साहित्य की रचना का युग और साथ-साथ भाष्य रचनाओं का काल तथा सबसे श्रेष्ठ-षड्दर्शनों के विचार-प्रसार का युग, जो मूलतः सूत्रों में ही किया गया तथा बाद में जिसकी व्याख्याएँ अथवा जिनके भाष्य या टीकाएँ आईं।

महिषी-वनगाँव—जैसे दो गाँवों का एक गाँव अर्थात् मिथिला के पूर्वी दक्षिणी कोण पर अवस्थित वह गाँव था, जिसकी मिट्टी में चंदन की सुगंध थी, जिसके वृक्षों के नीचे बैठने में कल्पवृक्ष की छाया की शीतलता थी, जिसके पैरों को स्वयं प्रक्षालित करती कौशिकी थी और जो न्याय-मीमांसा के सूत्रों की जननी थी। शंकराचार्य को बहुत माथापच्ची नहीं करनी पड़ी, गाँव की एक दही बेचनेवाली ग्वालन ने उन्हें मार्गदर्शन दे दिया था, जिस घर की बाईं बगल एक तालाब हो और सामने एक आम का छोटा बाग तथा जिससे संस्कृत-सूत्रों की स्मरण करती कपोतों-कपोतियों तथा अन्य चिड़ियाँ की बुदबुदाहट दूर-दूर तक सुनी जा सकती हो वही, बस वही है आचार्य मंडन मिश्र का आवास, ज्ञान की देवी उभय भारती का छोटा सा गुरुकुल। ग्वालन ने शंकर को बताया था कि महिषी गुरुकुलों का एक गुरुकुल था, जहाँ के शिष्य कहीं के गुरु होते, किंतु अपने ज्ञान की गहराई मापने की कामना से महिषी पहुँचते, ज्ञान के सिद्धांत पक्ष को लेकर आते और नियमन लेकर वापस होते, मंडन-भारती-युगल के चरण-स्पर्श करते। उसने यह भी चर्चा की थी कि जब न्याय दर्शन के सूत्रों का निर्माण समाप्त हो गया तो स्वयं अक्षपाद गौतम जैमिनी ऋषि के आश्रम में वनगाँव पहुंचे थे तथा तब से आज तक न्याय और मीमांसा दर्शन की तपस्थलियों की महिषी की तरह समादश्त रहा है महिषी का मंडन गुरुकुल। 'महिषी को आप मिथिला की हृदयस्थली समझें, आचार्य' कहते हुए उसने उन्हें वह रास्ता पकड़ा दिया, जिससे वे सीधे मंडन मिश्र के द्वार पर पहुँच गए थे और रुकने के संकेत की उपेक्षा करते हुए उस स्थल पर पहुँच गए, जहाँ मंडन मिश्र अपने पितरों के लिए किसी श्राद्ध कर्मकांड में लीन थे, कई अन्य ऋषिवर्य तथा कई आचार्य भी यज्ञस्थल पर विराजमान थे अपनी-अपनी भूमिकाओं के संपादन में।

एक युवा संन्यासी, जिसके आस्फालित मस्तक से तेज आदित्य-जैसी आभा प्रस्फुटित हो रही थी, की ओर आपत्तिसूचक प्रश्नवाचक दृष्टि से देखते हुए जब मंडन मिश्र ने अतिथि का परिचय जानना चाहा, इसके पहले ही बोलने लगे शंकराचार्य, "महान् दार्शनिक महामना ऋषिवर जैमिनि के मीमांसा दर्शन और ऋषिवर अक्षपाद गौतम के न्याय दर्शनशास्त्रों के सर्वश्रेष्ठ ख्यात भाष्यकार मान्यवर मंडन मिश्र और उनकी सरस्वती-स्वरूपा अर्द्धांगिनी महादेवी उभय भारती को कांची विद्यापीठ से महिषी पहुँचे शास्त्र-जिज्ञासु शंकर का शत-शत प्रणाम। मान्यवर, मैं महापंडित आचार्य कुमारिल भट्ट

के पंचभूत बंधन से मुक्त होते जीवन के अंतिम आदेश के अनुसार आपके ज्ञानालोक से लाभान्वित होने की अभिलाषा से आपके महिमामय आश्रम में उपस्थित हूँ। आपकी अनुमति हो तो मैं आपके समक्ष अपनी कुछ समस्याएँ अथवा कुछ जिज्ञासाएँ प्रस्तुत करूँ।"

आश्रम के अनुशासन के विपरीत यज्ञ के दौरान इस तरह के स्वत: प्रवेश से अप्रसन्न मंडन मिश्र ने किंचित् क्रुद्ध होते हुए कहा, "विनय तथा अनुशासन की सीमा-रेखा को तोड़नेवाले इस तरह के जिज्ञासुओं के लिए इस विद्याश्रम में कुछ सुनने-सुनाने की प्रथा-परिपाटी नहीं है, विद्यार्थी! आप खुली आँखों से देख रहे हैं, मैं किसी वैदिक कर्मकांड में व्यस्त हूँ, मेरे संपूर्ण ज्ञान क्षितिज के नियंत्रक मेरे पूज्य गुरुद्वय परीक्षकों की तरह मेरे कर्मकांड ज्ञान की व्यावहारिक परीक्षा का निरीक्षण कर रहे हैं, मेरे सहयोगी कर्मकांड विशारद अत्रि, विश्वमित्र, भरद्वाज, और धर्म की कोटि के आचार्य मेरी सहायता में संलग्न हैं, मेरी विदुषी धर्मपत्नी यज्ञ-पत्नी दक्षिणा की तरह श्राद्ध संस्कार की सामग्री और साधन एकत्र करने में दत्तचित्त आबद्ध हैं और बीच में आप अज्ञात कुलशील कोई तथाकथित आचार्य कुछ जिज्ञासा के समाधानार्थ इस संपूर्ण यज्ञ को भ्रष्ट करने के संकल्प के साथ हमारे शीश पर सवार हो गए हैं। आप दूर-सुदूर स्थित कांची विद्यापीठ के यदि सचमुच कोई विद्यार्थी हैं तो आपसे अनुरोध है कि आप आज हमारी अतिथिशाला में विश्राम करें, मैं प्रयास करूँगा कि कल प्रात:काल आपसे मेरा वार्त्तालाप हो सके। यदि आपको कोई कठिनाई हो अथवा आप अत्यधिक शीघ्रता में हों तो आपसे अनुरोध होगा कि आप काशी अथवा प्रयाग में शिविर लगाएँ। अपनी ही विद्यापीठ के आचार्य शंकर से आप वहीं संपर्क कर लें, आपकी जिज्ञासाओं का समाधान हो जाएगा, ऐसा मेरा विश्वास है।"

"आचार्यवर, मुझे क्षमा कर दें और मुझे बस इतनी भर अनुमति दे दें कि मैं भी इस श्राद्ध कर्मकांड का अवलोकन कर सकूँ। यज्ञ की पूर्णाहूति के पश्चात् ही आपके आदेशानुसार मैं मुख खोलने का साहस करूँगा।"

इसी क्रम में यज्ञ का निरीक्षण कर रहे दो में से एक श्वेतश्मश्रु संत के मुख से निकला, "मंडन, तुम यज्ञ कर्मकांड को आगे बढ़ाओ, जिज्ञासु धृष्ट नहीं, उत्कृष्ट ज्ञानी प्रतीत होता है, इसे यज्ञ का अवलोकन करने दो। जिज्ञासु, यदि मेरी आँखें मुझे छल नहीं रहीं तो तुम कांची विद्यापीठ के आचार्य शंकर ही हो न! मुनिवर जैमिनि, यही है शंकराचार्य, जिसने चिरकाल से अनस्पर्शित मेरे ब्रह्मसूत्र का भाष्य लेखन पूर्ण कर दिया है और मेरे आशीर्वाद प्राप्त कर कुछ अन्य महत्त्वपूर्ण कार्यों का संपादन करने का व्रत स्वीकार लिया है।"

शंकराचार्य ने मुनिवर व्यास के साथ-साथ यतिवर जैमिनि को देखते ही साक्षात्

दंडवत् कर ऋषिद्वय के चरणों में समर्पित हो संज्ञाशून्य हो गए। आँखें खुलीं तो दोनों मुनिवर कहीं अदृश्य हो गए थे, अंतर्धान हो गए थे अथवा देवलोक को प्रस्थान कर गए थे। मंडन मिश्र ने उन्हें सादर वहीं आसन दे दिया, जहाँ दोनों मुनिवर आस-पास थे। अनावश्यक क्रुद्ध होने पर ज्ञानी गुरु ने खेद व्यक्त किया और कथित कर्मकांड को पूर्ण करने में प्रवृत्त हो गए।

हवन की अग्नि यज्ञकुंड में प्रज्वलित हो चुकी थी। आचार्यों ने विधिवत् मंत्रों का जाप करते हुए हवन कार्य को पूर्ण घोषित कर दिया। आचार्य मंडन मिश्र ने तब अपनी अर्द्धांगिनी उभय भारती को पास बुलाया और आचार्य नहीं, आचार्यों के आचार्य शंकराचार्य का परिचय कराया, फिर शिष्यों के बीच भी उनका गुणानुवाद किया और घोषणा की कि कल से लगातार यथावश्यक कई दिनों तक आचार्य शंकर और आचार्य मंडन मिश्र के बीच मैत्रीपूर्ण शास्त्रार्थ चलेगा और तब तक चलेगा, जब तक दोनों आचार्यों में से कोई स्वयं अपनी पराजय स्वीकार नहीं करेंगे।

दोनों ही आचार्य इस बात पर सहमत हो गए कि शास्त्रार्थ न्याय शास्त्रों के सूत्रों के अनुकूल होगा और न्यायाधीश की भूमिका विद्या विनोदिनी आचार्या भारती देवी करेंगी।

युवा आचार्यों ने शंकराचार्य को सादर अतिथिशाला पहुँचा दिया।

53

परमब्रह्म परमात्मा एक संज्ञा है, एक नाम है उस परम तत्त्व का, जो अनादिकाल से मनुष्य का एक प्रमेय विषय रहा है, एक ऐसा क्लिष्ट प्रमेय, एक ऐसा विकट ज्ञेय, जिसने अब तक बड़े-बड़े ज्ञानियों को आकृष्ट तो किया, किंतु अज्ञेय का अज्ञेय बना रह गया, मापा नहीं जा सका, अप्रमेय का अप्रमेय ही बना रह गया। थक गए, हार गए अगणित अंगिरा-बृहस्पति, वह वशीभूत नहीं हो सका किसी का, असीम का असीम बना रह गया, वह परम विराट्। ज्ञेय अज्ञेय बना रह गया तो ज्ञान अजेय। बड़े-बड़े महात्मा, बड़े-बड़े साधक, बड़े-बड़े योगी जन्म-जन्मांतर ढूँढ़ते रहे बाहर और अंदर, पर वह पकड़ में नहीं आया। कपिल-कणाद, गौतम-जैमिनी, बुद्ध-महावीर, प्लेटो-अरस्तू और सुकरात सब, जिनमें उस विराट्-क्लिष्ट को जान लेने का अभिमान शेष था, वे सभी विशिष्ट काल-कालांतर में चलते-चलते निकृष्ट सिद्ध होते गए।

ऐसा ही कोई योगी-महात्मा, ऐसे ही किसी दिव्य ज्ञानी पुरुष के रूप में अवतरित एक आत्मा थे—आचार्य शंकर, कई जन्मों की साधना के बाद जो समझते तो थे कि वे जान चुके हैं उस अज्ञेय को, किंतु घोषित करने योग्य जो कुछ स्वर्ण-सा हाथ लगा था मिट्टी में से, उसे संसार के समक्ष रखने के पहले वह चाहते थे कि ज्ञान की पहचान की जितनी भी कसौटियाँ हैं, जितने निकष हैं, सब पर इस सोने से अब तक जितनी भी पंक्तियाँ खिंची गईं से एक गुरुतर पंक्ति खींच दें। इसी निकष की खोज में वे कांची से काशी पहुँचे थे, काशी से सारनाथ, सारनाथ से गंगा-यमुना-सरस्वती संगम-तट प्रयाग और प्रयाग से अब कौशिकी-तट महिषी धाम, मिथिला की पुण्यभूमि, जहाँ कभी जनमी कपिल-कणाद, गौतम और जैमिनी की ऋषि आत्माएँ ही नहीं, व्यास जैसे गुरु की मौन मुनि आत्माएँ भी उस अप्रमेय को मापते एक ज्ञानी दंपती के उत्साहवर्द्धन हेतु पधारती रहतीं, जिसे लोग मंडन-भारती कहते और ब्रह्मा-सरस्वती समझते।

कल भी आए थे तो देखा था उस साधक-युगल को और उन दो महान् ऋषि-मुनि की मौन आत्माओं को भी सशरीर उपस्थित होकर। शंकर ने पहले कौशिक की आत्मा को नमन किया और फिर कौशिकी को, गंडक तथा गंगा की त्रिवेणी में बसी मिथिला की

पुण्यभूमि पर नतमस्तक हो गए। भारती ने स्वयं उन्हें अतिथिदेव सत्कार के साथ सादर आसनस्थ किया। उन्हें और भी प्रसन्नता तब हुई, जब शंकर ने बताया कि उन्हें उनके गुरु सदृश पूजनीय ज्ञानभट्ट कुमारिल—भारती देवी के बड़े भ्राताश्री ने महिषी धाम भेजा था।

देखते-ही-देखते भारती के विद्या-मनीषी पतिदेव पं. मंडन मिश्र भी पधारे। उन्होंने ज्ञानपुंगव अतिथि शंकर का अभिवादन किया और विनयपूर्वक उनसे महिषी पधारने का संदर्भ जानना चाहा। जब शंकर द्वारा यह बताया गया कि उन्हें भारतीय विद्या के मार्त्तंड तथा उनके एवं उनकी धर्मपत्नी के बड़े भ्राता परमादरणीय ज्ञानभट्ट श्रीमान् कुमारिल भट्ट ने महिषी आने का निर्देश दिया था तो उन्हें यह जानकर गर्व तथा गौरव की एक मीठी अनुभूति हुई कि शंकराचार्य अपनी कुछ आध्यात्मिक भ्रांतियों के निवारणार्थ महिषी आ पहुँचे हैं। प्रश्नोत्तर वेद, उपनिषद् तथा शास्त्रों-धर्मशास्त्रों के आलोक में होंगे, किंतु वाद-विवाद की शैली में नहीं मैत्रीपूर्ण शास्त्रार्थ की प्रणाली में।

मंडन ने उन्हें सादर नमन किया और बताया, "आचार्य शंकर, यदि मैंने आपकी वाणी की अंतर्ध्वनि को ठीक-ठीक समझा है तो आप ब्रह्मवादी तथा वेद-शास्त्रों में विश्वास रखनेवाले एक दक्षिणदेशीय विद्वान् शैवधर्मी साधक तथा ब्रह्मांड रूपी विश्व के समकक्ष नवयुग के नायक हैं, जो धर्मों और शास्त्रों के बीच के अंतर का कारण जानकर उसका निवारण करने के पश्चात् संपूर्ण विश्व को एक मानव परिवार के रूप में ढाले जाने की दिशा में कार्य करने के पक्षधर हैं। बोलिए, मेरे साथ आप इन्हीं विषयों पर शास्त्रार्थ करना चाहते हैं न! आप आरंभ करें, आचार्य!"

शंकर बोले, "महोदय, जैसा कि मुझे आचार्य भट्ट कुमारिल ने संकेत दिया है कि आप न्यायविद् तथा आचार्य जैमिनी के प्रधान शिष्य, किंतु शिष्य क्यों, गुरु के गुरु गुरुत्वाकर्षण शक्ति से समृद्ध एक मीमांसाशास्त्र आचार्य हैं। मेरी इच्छा है कि यह शास्त्रार्थ न्याय-प्रणाली के गौतम स्थापित नियमों के अधीन हो तथा मीमांसा के कठिन तर्क-वितर्क से संयुक्त होकर एक सर्वस्वीकार्य समाधान प्रस्तुत कर सके।"

मंडन बोले, "सबकुछ उन्हीं नियमों के अनुसार तथा उन्हीं के प्रावधानों के अधीन होगा। आप प्रश्न कीजिए, आचार्य।"

शंकर बोले, "किंतु आप भूल रहे हैं, विद्वद्वाद कि न्यायसूत्र के आलोक में शास्त्रार्थों का मूल्यांकन तथा विजय-पराजय का निर्धारण करने के लिए एक न्यायाधीश का होना अनिवार्य है और बिना न्यायाधीश के न्याय-प्रक्रिया आगे बढ़ ही नहीं सकती।"

मंडन बोले, "यह तो उचित ही स्मारित किया आपने। किंतु शंकराचार्य और मंडन मिश्र के बीच के शास्त्रार्थ में न्याय करने के योग्य तो बस दो ही महात्मा हो सकते हैं, स्वयं अक्षपाद गौतम अथवा स्वयं मीमांसाकार आचार्य जैमिनी और ऐसी स्थिति में तो हमें उनकी स्वीकृति की प्रतीक्षा करनी होगी।"

शंकर बोले, "आचार्यवर, श्रेष्ठ चिंतक-लेखक श्रेष्ठ व्याख्याता-प्रवक्ता भी हो, यह आवश्यक नहीं, श्रेष्ठ शास्त्रकार श्रेष्ठ भाष्यकार हो, यह भी संभव नहीं और श्रेष्ठ भाष्यकार श्रेष्ठ न्यायकार हो, यह तो बिल्कुल आवश्यक नहीं। ज्ञान को व्यवहार में उतारनेवाली पारंगत शास्त्री परम विदुषी श्रीमती उभय भारती को क्यों नहीं हम उभय पक्ष के लोग अपना न्यायाधीश नियुक्त कर दें और उनके नियमन के आधार पर अपनी-अपनी जीत-हार स्वीकार कर लें।"

मंडन बोले, "आचार्य, भारती मेरी अर्धांगिनी हैं, बिल्कुल शिव की अर्धांगिनी शिवा की तरह और नहीं चाहकर भी वे मेरे मनोनुकूल तथा आपके प्रतिकूल नियमन दे सकती हैं। अत: अच्छा हो, यदि आप किसी अन्य आचार्य का नाम न्यायाधीश के लिए प्रस्तावित करें।"

शंकर बोले, "नहीं आचार्य, मेरा पूर्ण विश्वास है कि उभय भारती उभय पक्ष का उचित प्रतिनिधित्व करेंगी और न्याय देने में कुछ भी अवांछित नहीं करेंगी।"

मंडन और शंकर दोनों पक्षों के दोनों शास्त्रार्थियों ने हाथ जोड़कर आग्रह किया और उनके अनुरोध को अपने स्रष्टा का आदेश मानकर उभय भारती बोल पड़ीं, "जिस प्रकार संसार स्वरूप ब्रह्म-पुरुष की अभिव्यक्ति न तो प्रकृति की अपनी कोई इच्छा होती है और न पुरुष का किसी आदेश का प्रतिफल, मैं अर्धांगिनी होने की अभिमानिनी हुए बिना पति परमात्मा की मौन इच्छा को आदेश मानते हुए न्यायाधीश होना स्वीकार करती हूँ। द्वितीय पक्ष ने तो मुझे 'शिव' पुरुष की 'शिवा' अर्धांगिनी स्वीकार कर मुझे अनुगृहीत किया है, मैं उनके प्रस्ताव का भी अनादर नहीं कर सकती। मैं हूँ भी तो उभय भारती। अत: मैं पति परमात्मा के लिए अपने दैनंदिन कर्तव्यों के परिपालन करते हुए न्याय का नियमन देना चाहूँगी, दोनों पक्ष यदि मेरी शर्तों पर सहमत हों तो मुझे यह प्रस्ताव अस्वीकार्य नहीं है।"

मौन सांकेतिक प्रस्ताव की मुखर स्वीकृति और उभय पक्षों के अनुमोदन के साथ उभय भारती न्यायपीठ पर आसीन हो गईं और शास्त्रार्थ का प्रारंभ शंकराचार्य का अपने प्रश्नों अथवा जिज्ञासाओं से करने का संकेत दिया। भारती ने आश्रम प्रांगण के सरोज-सरोवर से श्वेतांबुज निर्मित दो मालाएँ बना रखी थीं, एक-एक माला दोनों शास्त्रार्थियों के गले में डालते हुए भारती ने कहा, "शास्त्रार्थी सूर्यास्त के साथ अपने वाद-विवाद समाप्त कर देंगे और अपनी मालाओं की अदला-बदली कर यह प्रमाणित करेंगे कि किसकी माला प्रफुल्लित की प्रफुल्लित है, किसकी माला मुरझा गई है और असहमत होने की स्थिति में मेरे नियमन को स्वीकार करने को विवश होंगे। जिसकी माला मुरझाई-सी हो गई, वह पक्ष पराजित समझा जाएगा।" प्रथम पक्ष अर्थात् अतिथि शंकराचार्य ने संकेत पाकर काररवाई आरंभ की—

शंकराचार्य बोले, "देवी भारति मैं पराशर कुलोत्पन्न शंकर कांची विद्यापीठ का एक विद्यार्थी विद्यापीठ की उच्चतम शिक्षा प्राप्त करने के पश्चात् भी यह निर्णय अभी तक नहीं कर पा सका हूँ कि यह विशाल संसार इस विराट् ब्रह्मांड की पिंडाभिव्यक्ति है अथवा यह विराट् अंड इस विशाल संसार का संकुचित पिंड-स्वरूप। वेदों-शास्त्रों की सामान्य धारणा है कि यह संसार परमात्मा ईश्वर की एक कृति है, जो लीला स्वरूप कभी इसका निर्माण करता है, कभी पालन एवं कभी संहार और फिर तो यह निर्माण, परिपालन तथा संहार का क्रम चलता रहता है। मैं इस निर्माण-पालन-संहार को ब्रह्मांड की प्रकृति सांख्यकार कपिल की तरह कोई ईश्वर इसका कारण है, यह नहीं मानता। मुझे यह जानकर पर्याप्त परितृप्ति का अनुभव हुआ कि ऐसा ही अनुभव बुद्ध का रहा है, महावीर का भी और पूरे दक्षिण देश में बौद्ध दिङ्नाग तथा पूरे उत्तराखंड में कुमारिल भट्ट इस ज्ञानधारा के संवाहक हैं। दिङ्नाग इतिहास के विषय हो गए, किंतु भट्ट कुमारिल संपूर्ण भारत में इस ज्ञान के ध्वज को धारण कर मुझ जैसे युवा चिंतकों के पथ-प्रदर्शक का काम कर रहे हैं। मैं इसी कुमारिल भट्ट को अपना गुरु बनाने की इच्छा से प्रयाग तक पहुँचा भी, किंतु मुझे उनके दर्शन उनकी तुषानल-चिता पर सोते-सोते हो सके। मैं ज्ञान की भूख और प्रेम की प्यास लिये जब उनके पास एक भिक्षुक की तरह समर्पित खड़ा हो गया तो उन्होंने इतना भर कहा, "पुत्र, तुमने बहुत देर कर दी, अब तो मैं आँखें मूँदने की स्थिति में हूँ और तुम्हारी जिज्ञासाओं को तृप्त कर सकने में पूर्णत: अशक्त, असमर्थ, किंतु तुम यहाँ से सीधे जनक और याज्ञवल्क्य की धरती मिथिला के महिष्मती धाम पहुँचो तथा मेरी बहन और ज्ञान की देवी भारती एवं मेरे बहनोई महाज्ञानी पं. मंडन मिश्र से मिलो। तुम्हारे सारे प्रश्नों के समाधान तुम्हें वहीं मिल जाएँगे।"

"आँखों में आँसू लिये मैं देख रहा था कि कैसे उनकी आँखें मूँदती जा रही हैं, किंतु अचानक मैंने उन्हें अंतरतम से चिल्लाते हुए समाधि-प्रवेश में बाधा डाल दी, एक प्रश्न के साथ, "यतिवर, आपको मुखाग्नि दी गई, मुख में अग्नि का प्रवेश तो हुआ, किंतु देख रहा हूँ कि आपके मुख का मुख्य देश पूर्ववत् आभामंडित है, किंतु आपके दोनों पैर जलने लगे हैं। ऐसा क्यों है, यतिवर ? मैं तो आपको गुरु बनाने की आकांक्षा लिये प्रयाग आया था, ये दोनों पैर क्यों जल रहे हैं, मुझे बताइए और कहलाइए मेरे पूज्यवर गुरुवर्य!"

"मेरी बातों ने उनकी आँखें खोल दीं, पैर जलते रहे, कुमारिल भट्ट बोलते रहे, "पुत्र शंकर, तुम्हें शिष्य कैसे कहूँ और कैसे नहीं कहूँ, किंतु इस जीवन के इस अंतिम प्रश्न का उत्तर दिए बिना मैं पंचभूत में समा गया, तब तो यह प्रश्न और मेरे उत्तर के बिना यह प्रश्न इस संसार के लोगों के लिए एक बड़ा रहस्य बनकर रह जाएगा तथा मेरे जीवन का निष्कर्ष मेरे साथ ही रहस्य लोक में प्रस्थित हो जाएगा। सुनो पुत्र, और बता दो सारे संसार के लोगों को कि "मैंने अपना जीवन बुद्ध, धम्म और संघ की शरण में

समर्पित किया और बुद्ध, नागार्जुन, दिङ्नाग, मैत्रेय आदि को मार्गदर्शक मान लिया। मैंने ईश्वर को नहीं माना जीवन भर और किसी को भी अपना गुरु नहीं मान सका। शंकर, आज अंतिम क्षण में जीवन को मैंने समझा, अनुभव किया कि ईश्वर है और ईश्वर का ही एक अंग, एक अंश, एक प्रतिनिधि सद्गुरु भी है। पुत्र, मुझसे इस जीवन में दो पाप हो गए थे, मैंने ईश्वर से दंड माँगा था, मुझे दंड मिलते तुम देख रहे हो, मेरे दोनों पैर खाक होने को हैं, मैं पूर्ण संतुष्ट एक जीवन योद्धा कुमारिल भट्ट योगाग्नि में समाधिस्थ हो रहा हूँ, बता देना सारे संसार को तुम महिषी जाना और बता देना, मंडन-भारती युगल को, न्याय-मीमांसा के प्रतीक दो प्रेमी जोड़ों को। अवश्य बता देना शंकर, मेरे प्यारे शिष्य शंकर। न्याय-मीमांसा-युगल के युगल प्रतीक मंडन-भारती तक तो मुझे अपने दो प्रश्नों के साथ उपस्थित होना ही था, कुमारिल भट्ट जैसे उद्भट दार्शनिक के संदेश वाहक के रूप में भी आपके समक्ष इन्हीं दो प्रश्नों के साथ खड़ा हूँ, मैंने सुना है कि आप का भी विश्वास न तो ईश्वर में है, न गुरु में और ऐसा होते हुए भी मुझे इन दो प्रश्नों के समाधान की आवश्यकता है। उत्तर दीजिए, यतिवर!"

"वेदोपनिषदों के समर्थक हैं आप, कट्टर समर्थक, जैसा कि मैंने आपको अपनी आँखों से कल कर्मकांड संपादन की औपचारिकताएँ संपादित करते देखा, आपके गुरु जैमिनी तथा गुरुश्रेष्ठ व्यास भी निरीक्षण हेतु सादर आमंत्रित एवं आसनस्थ थे। वेद अपौरुषेय माने गए हैं, आप भी मानते ही होंगे। फिर यह कैसी विडंबना आपके विषय में प्रचलित है और यदि समुचित है तो ईश्वर, वेदोपनिषद् तथा गुरु के संबंध में आपकी स्पष्ट अवधारणा क्या है?"

मंडन बोले, "आचार्यवर, वेदोपनिषद् ऋषि-मनीषियों के चिंतन की उपज हैं, किसी ईश्वर कृत नहीं और कर्मकांड की प्रक्रिया मनुष्य की मानसिक आध्यात्मिक एवं जन्म-जन्मांतर से अर्जित सांस्कृतिक स्थितियों की अभिव्यक्ति। मन:स्थिति के अनुरूप मनुष्य होने के कारण किए गए अपकर्म का शमन तथा मन का ऊर्ध्वीकरण ही कर्मकांड है, जिसके सही संपादन हेतु गुरु अथवा यज्ञ की आवश्यकता है, जिसे कोई ज्ञानी साधक के नेतृत्व में संपादित किया जाता है। गुरु नायक से अधिक कुछ नहीं। किंतु है आवश्यक एवं आदरणीय। अपना जीवन प्रेम रंग से परिपूर्ण कर जन्म-प्रतिजन्म और जन्म-जन्मांतर को कर्मभक्ति और प्रेमभक्ति की ओर हाथ उठाने का उचित समय पर संदेश दे देना चाहिए।

"यतिवर शंकर, मेरा विश्वास गुरु में न होकर या होकर भी यह है कि मनुष्य का गुरु उसी के अंदर है और वही अपनी शिष्यात्मा में समाकर उसे योग-समाधि से आगे ले जाता है, जहाँ जाकर जीवात्मा शिवात्मा में परिणत हो जाती है। कहाँ है कोई विरोध मेरा व्यास से, जैमिनी से अथवा ईश्वर से, यदि वह परमात्मा हो अथवा परमात्मा के रूप में

ईश्वर कहा जाता हो। ऐसे संपूर्ण ईश्वर तत्त्व को हम क्यों नहीं परमात्मा ही कहें और वैसे ही गुरुतत्त्व को सद्गुरु।"

शंकर ने क्षण भर विचारा और बोलने लगे, "तब तो ईश्वर को अथवा सद्गुरु को मान लेने और भक्ति आंदोलन की अलवार-नयनार आचार्य परंपरा में जुड़ जाने में कहाँ कोई प्रमाद किया है मैंने? ईश्वर है, और वह हमारी आत्मा के अंदर है, आत्म का ही एक हिस्सा है तथा वही सद्गुरु के रूप में आत्मा का विलय परमात्मा में संभव करता है।"

भारती बोलीं, "इस प्रश्न का समाधान दोनों पक्षों को स्वीकार्य होने के कारण इस सर्वसाधारण के हितार्थ स्वीकृत किया जाता है और यदि कोई शंका हो तो प्रथम पक्ष प्रस्तुत कर सकता है।"

यह आदेश पारित करने के क्रम में ही भारती ने दोनों पक्षों से गृहिणी-कर्म के संपादनार्थ अवकाश की घोषणा की और अपने-अपने गले की माला पर ध्यान रखने की आशंसा की। शास्त्रार्थ चलता रहा।

मंडन बोले, "आप पराशर कुल के नंबूदरि ब्राह्मण हैं, आचार्य-पराशरपुत्र व्यास, व्यास पुत्र शुकदेव और शुकदेव के दौहित्र गौड़पाद जैसे आचार्य कुल के ब्राह्मण। चारों वर्णों में ब्राह्मण की श्रेष्ठता तो गीताकार ने भी स्वीकार ही की है। शूद्रों को स्पर्शीय नहीं मानकर उनका मंदिरों में प्रवेश तक वर्जित है। अलवार के भक्ति आंदोलन से जुड़े सारे आचार्य शूद्र अथवा चांडाल होने के कारण अछूत हैं और नंबूदरिपादों को तो उनकी छाया की भी छूत लगती है। तब तो यह जानना या प्रश्न उपस्थापित करना स्वाभाविक ही है कि शूद्रवर्ण को आपका ब्राह्मण वर्ण के समान स्वीकार करना एक छलावा है? कांची के शंकराचार्य का इस संदर्भ में सुनिश्चित-सुचिंतित मत क्या है?"

शंकर बोले, "अद्वैतवादियों का मत तो इस संदर्भ में पूर्णत: स्पष्ट है और वह यह है कि मनुष्य मात्र आत्मा-परमात्मा का ही अंश है और इस तरह आत्मा का स्वरूप एक होने के कारण व्यक्ति-व्यक्ति के बीच किसी भी भेदभाव का प्रश्न ही नहीं उठता। अद्वैत विचार के अनुसार अब तो भविष्य में अलवार की आचार्य परंपरा के विकास की कड़ी के रूप में ही दक्षिण के आलवार की आचार्य परंपरा की आधारशिला पर ही संपूर्ण भारत की आचार्य परंपरा निर्धारित की जाएगी। सभी वर्ण के लोग ईश्वर की समान भक्ति, समान पूजा-उपासना के अधिकारी होंगे। ऐसी घोषणा भी तो प्रयाग तीर्थ में मेरे द्वारा 'शंकर-स्मृति' के आलोक में की जा चुकी है। अद्वैतवादी सिद्धांत के अनुसार तो भारतीय शूद्र ही क्यों, यूनानी-रोमन ईसाई, यहूदी, बौद्ध, जैन अथवा इस्लाम या सूफी अथवा शिंटो या ताओ किसी धर्म को माननेवाला कोई भी व्यक्ति अछूत नहीं हैं। मनुष्य मात्र एक जाति है और सबका एक ही धर्म है—मानव धर्म।"

मंडन बोले, "जो वेदों को नहीं मानता, जो स्मृतियों और अन्य धर्मशास्त्रों को नहीं

मानता, जो हमारी उपासना-पद्धति का उपहास करता है, उसे हम कैसे अपने समान मान सकते हैं, आचार्य? किंतु यदि सभी धर्म एक नहीं रहते तो बुद्ध विपस्यना ध्यान के मार्ग से समाधि तथा समाधि के रास्ते शून्य लोक में पहुँचकर कैसे प्रज्ञा, पारमिता, मैत्री तथा करुणा के बोधि लोक में पहुँच जाते और नागार्जुन शून्य में तथा वसुवंधु दिङ्नाग के योगाचारी अनुयायी महासुखवादी सहजयानी या बज्रयानी बनकर अंधकार और व्यभिचार के सागर में डूबते रह जाते? ईसाई धर्मानुयायी भी पापकर्म के परिणामस्वरूप अनवगाह्य शून्यांधकार में पाप स्वीकार विधि का पालन कर आत्मा की गहनांधकार निशा के पार कैसे मुक्ति-सुख के अधिकारी हो जाते? आपका अपना क्या मत है, आचार्य?"

शंकर बोले, "यह किसी धर्म का दोष नहीं, यतिवर। धर्म अनुशासन से चलता है। किसी धर्म में अनुशासन की डोर ढीली पड़ती है तो व्यभिचार बढ़ने लगता है। ऐसा व्यभिचार क्या सनातन, क्या ईसाई, क्या बौद्ध, क्या इस्लाम सबके अंदर देखा जा रहा है। एक समान धर्मानुशासन के द्वारा सारे संसार के व्यभिचार को समाप्त करने में कोई बाधा किसी धर्म द्वारा उपस्थित नहीं की गई है। इसी अनुशासन को ही तो विभिन्न मानव-समुदायों ने धर्म कहा है। इसे आप अद्वैत धर्म ही कह लें तो क्या आपत्ति है?"

सूर्यास्त का समय हो गया था। शास्त्रार्थ समाप्त हो, इसके पहले ही मंडन की माला के फूल मुरझाने लगे थे, जबकि शंकर की माला में वही तरलता, वही तरुणाई, वही प्रफुल्लता। ईश्वर को प्रश्नवाचक और कर्मकांडों का समर्थन करनेवाले मंडन की आँखों से अज्ञान का परदा उठ गया। मंडन ने मन-ही-मन अद्वैत अंशी के अंश स्वरूप मानवमात्र की आत्मा को एक स्वीकार लिया।

भारती ने दोनों आचार्यों को नमन किया और दूसरे दिन के शास्त्रार्थ की नियमावली समझाने लगीं। मंडन बोल पड़े, "नहीं देवि, अब शास्त्रार्थ नहीं, आचार्य के पादपूजन की घोषणा कीजिए। मेरी माला के फूल मुरझा चले हैं। हर मनुष्य के अंदर एक अद्वैत का अंश, एक ही आत्मा प्राण बनकर धड़कती है। मंडन अपनी पराजय स्वीकार करता है।"

'शंकराचार्य की जय हो!' मिथिला में कांची विद्यापीठ की जय की शंखध्वनि सुनकर सारी शिष्यमंडली ही नहीं, संपूर्ण मिथिलांचल आश्चर्यचकित रह गया।

□

54

गुरु की कृपा के बिना ज्ञान संभव नहीं, ज्ञान अर्थात् अज्ञेय-अजेय का ज्ञान, अज्ञेय-अजेय प्रभुसत्ता से एकाकार होकर प्रभुसत्तायुक्त हो जाने की परम स्थिति। मंडन मान गए हार अर्थात् मान गए गुरु की वास्तविक भूमिका और गुरु की शक्ति का प्रभाव—'गुरु साक्षात् परब्रह्म।' ब्रह्मादेव, विष्णुदेव को कौन कहे महोदय महादेव-महेश्वर सबके-सब गुरु के महत् प्रभुत्व से विभूषित अर्थात् परमब्रह्म के प्रतिनिधि, जिनके सहारे परमब्रह्म से संयुक्त होना, एकाकार होना सुनिश्चित है। मंडन ने गुरु की शक्ति भी जान ली, परब्रह्म की प्रभुसत्ता भी मान ली।

उन्होंने अर्द्धांगिनी उभय भारती से कहा, "देवि, आधी जिंदगी तो यों ही गँवा दी, न प्रभु का नाम लिया, न गुरु की आराधना-उपासना, न ब्रह्मा, न विष्णु, न महेश्वर, न राम, न कृष्ण, न अंगिरा, न बृहस्पति, न कुलदेव, न कुलदेवी, न गंगा, न सरस्वती-कालिंदी, न काली, न दुर्गा, न गौरी, न गणेश, किंतु इतना तो जान लिया मैंने आज कि ये सबके-सब गुरु तो हैं ही, जो परमब्रह्म तक पहुँचा देंगे। सबके-सब उसके पथ पर आरूढ़ कर देनेवाले उसी अंशी छवि की अंश प्रतिच्छवियाँ हैं। और देवि, इस बोधि, इस संबोधि, इस अंतर्ज्ञान के कारक तो बस एक ही गुरु हैं आज के—गुरु श्रीमद् शंकराचार्य!"

"तब तो असली गुरु तो हमारे शंकराचार्य ही हैं देव, जिन्होंने हमारी बंद आँखों को खोल दिया, एक साथ ब्रह्मा, विष्णु और महेश सबकुछ बनकर।" कहा भारती ने और दोनों ने ईश्वर की भक्ति में जुड़ जाने का अंतिम निर्णय ले लिया। किंतु भारती ने एक और परीक्षा लेने की बात कही, "एक बार और गुरु को देव मानने के पहले एक और परीक्षा ले लें कि यह गुरु पद पर आसीन हो सकने योग्य व्यक्ति हैं या एक सामान्य शिक्षक अथवा अधिक-से-अधिक एक सम्यक् सुपठित आचार्य—ज्ञान को आचार में, आचरण में, प्रभु और प्रभुसत्ता को व्यवहार में उतार लेनेवाला गुरु, सद्गुरु की तरह नि:स्पृह सद्ज्ञानी!"

मंडन को भारती की बुद्धि का यह चमत्कार उचित लगा, प्रसन्न मुद्रा में कहने लगे, "इसीलिए कपिल ने शायद माना था कि यों तो पुरुष की ही शक्ति से प्रकृति विविध

लीलाएँ प्रदर्शित कर पाती हैं, किंतु ज्ञानीजन भी उसे माया तथा महाठगिनी पुकारकर उसे रिझाते ही हैं। मैं सहमत हूँ देवि आपके प्रस्ताव से, किंतु अब तो शास्त्रार्थ समाप्त हो गया और शंकराचार्य विजयी घोषित एवं स्वीकृत हो चुके। अब क्या खेल, कैसे खेलना है गुरु की अंतिम परीक्षा—'सद्गुरु' अथवा 'गुरुदेव' श्रेणी की परीक्षा, किंतु पाप लगेगा मुझे, मैंने तो उन्हें गुरु मान लिया है, अब आपको जो उचित लगे, आप बिना मुझसे बताए आगे बढ़िए।"

प्रात:काल की पूजा-आराधना से निवृत्त हो शंकराचार्य पहुँच गए थे मंडन के प्रांगण में विदा होने की औपचारिकता मन में लिये, किंतु उनके कुछ कहने के पूर्व ही भारती बोल उठीं सरस्वती की मुद्रा में, "आचार्य, न्याय और मीमांसा के प्रकांड विद्वान् ब्रह्मावतार मंडन मिश्र को पराजित करने के लिए मेरी बधाइयाँ स्वीकार करें, किंतु इस संबंध में एक बात से आपको अवगत कराना अभी तक शेष ही रह गया। आचार्यवर, भले ही मैं गौरी नहीं होऊँ और मंडन मिश्र 'शिव' अथवा परमपुरुष नहीं, किंतु मेरा उनकी अर्धांगिनी होना तभी सार्थक होगा, जब उनका अर्धांग अर्थात् उनकी धर्मपत्नी भारती को भी आप पराजित कर दें। यदि आप इसे उचित समझें तो मैं शास्त्रार्थ प्रारंभ करूँ तथा यदि आप इस बात पर भी सहमत हो जाएँ कि हमारे बीच होनेवाले शास्त्रार्थ में न्यायाधीश की भूमिका और कोई नहीं, वरन् मंडन मिश्र निभाएँ।"

शंकराचार्य ने तुरंत शास्त्रार्थ की चुनौती स्वीकार कर ली एवं प्रश्न के साथ भारती देवी को मंडन मिश्र की अध्यक्षता में शास्त्रार्थ आरंभ करने का संकेत दिया और संकेत मिलने ही पूर्व से सुचिंतन-संपन्न शारदा-स्वरूपा उभय भारती ने प्रश्नों की बौछार शुरू कर दी, "आचार्यवर, कामशास्त्र के साधकों ने सिद्ध कर दिखाया है कि भोग और संभोग-पथ से चलकर समाधि की यात्रा सुखद ही नहीं, शांति-प्रदायिनी ही नहीं, ब्रह्म में विलय के लिए एकमात्र प्रकृति-प्रदत्त मार्ग है।

"आपका कठिन चक्र-साधना का अंतिम उद्देश्य यदि 'सोऽहम्' भर है तो आप काम पुरुषार्थ का मार्ग क्यों नहीं प्रशस्त करते?"

न्यायकर्ता के रूप में आसनस्थ मंडन मिश्र ने आगे कुछ और बोलने से मना करते हुए कहा, "देवि, संन्यासी के समक्ष ऐसे प्रश्न उचित नहीं! आप कामशास्त्रीय अन्य त्रुटियों के संबंध में क्यों नहीं प्रश्न करतीं?"

भारती रुक गईं, आसन का आदेश मान लिया और आगे का प्रश्न था—

"अर्धनारीश्वर 'शिव' की कल्पना के द्वारा कल्याणकारी वैश्विक समाज हेतु भारतीय चिंतन में पुरुष और नारी की समान भूमिका निर्धारित की गई है, ठीक उसी तरह जैसे सांख्य दर्शन में अव्यक्त पुरुष और व्यक्त प्रकृति की कल्पना अथवा शिव एवं शक्ति की कल्पना। वेदों में भी नारी पृथ्वी कही गई तो पुरुष आकाश, वैदिक संस्कृति

में भी जीवन यान के दो चक्रों की तरह दोनों की समान भूमिकाएँ निर्धारित हैं, दोनों को वेदाध्ययन के समान अधिकार हैं। दोनों आश्रमों अथवा गुरुकुलों में भी माता-पिता की तरह समान भूमिकाएँ निभाते रहे हैं।

"उत्तर वैदिक युग अर्थात् सूत्र-संहिता काल के दौरान नारी को अचानक उसके अधिकारों से च्युत किया गया, जैसे वर्णाश्रम अनुशासन के दौरान शूद्रों को।

"आपने अलवार संतों-आचार्यों के आंदोलन को नेतृत्व देकर शूद्रों को उनके अधिकार उन्हें वापस करने की दिशा में यथासंभव प्रयास किए और आपने अद्वैत दर्शन के सिद्धांतों में सुधारात्मक संशोधन किए, किंतु नारी जाति को उसके अधिकारों की वापसी की दिशा में कुछ भी उल्लेखनीय भूमिका नहीं निभाई। इस संदर्भ में यदि आपको पुरुष-प्रकृति अथवा अर्धनारीश्वर शिव का ढोल बजाने और नारी को ढोल की तरह पीटने की वस्तु बनाने में सहयोग देनेवाला एक धर्माधिकारी कहा जाए तो इसे आप स्वीकार करेंगे क्या ?"

शंकराचार्य बोले, "देवि, वैदिक संस्कृति क्षरित हुई है, इसमें कोई संदेह नहीं, किंतु वैदिक संस्कृति मरी नहीं है और कहीं-कहीं तो पूर्ववत् अग्रमुखी फूल-फल रही है। मिथिला की श्री संस्कृति, मथुरा की राधा संस्कृति, कांची-काशी-कश्मीर की शैव संस्कृति में सतत जाग्रत् शाक्त संस्कृति आज की भारतीय संस्कृति की प्राण-संस्कृति बनी नारी शक्ति या मातृशक्ति के अतिरिक्त और क्या है ? महिषी की मंडन-भारती जीवन-शैली उस संस्कृति का एक जीता-जागता उदाहरण है। हिमालय क्षेत्र की गार्गी-मैत्रेयी और नर्मदा-गोदावरी क्षेत्र की लोपामुद्रा, गंगा-यमुना तलहटी की सीता-राधा तथा कृष्णा-कावेरी तट की मणिमेखला संपूर्ण भारतवर्ष की गौरवशाली निधियाँ हैं। अद्वैतवाद इसी द्वैत को एकीकृत रूप में देखने का एक दर्शन है, जिसमें एक ऐसा लचीलापन है, जो दृश्यमान द्वैत को अदृश्य अद्वैत में ढालकर देखना जानता है।

"आपने भारतीय संस्कृति की जिन दुखती रगों पर उँगली रखी है, उन सभी में स्वच्छ रक्त प्रवाहित करना हमारे दृष्टिपथ पर मुख्य बिंदुओं के रूप में अंकित है। आप भारत-भारती की तरह हमें जाग्रत् रखें, हम आपका भारत आपके सामने जीवंत-प्राणवंत रूप में प्रस्तुत कर सकेंगे, ऐसा मेरा विश्वास है।"

भारती बोलीं, "आचार्यवर, आपने जिस भारतीय संस्कृति के गौरव का गुणगान किया और जिस भारतीय संस्कृति को वैश्विक संस्कृति के आदर्श आधार स्तंभ और शक्ति संपन्न आधारशिला बनाने का प्रारूप प्रस्तुत किया, उसी आदर्श के एक अर्धांश को आपने 'शिव तत्त्व' की ऊँचाई दी है और उसे ब्रह्मा, विष्णु व महादेव अर्थात् त्रिदेव बनकर पूज्यास्पदता का सिंहासन प्रदान किया है, उसी संस्कृति के अर्धांश को आपने दासी-देवदासी और चरण-धूलि को चंदन मानकर पीते रहने हेतु अपनी पूर्व से बोझ बनी

एक देवबहुल संस्कृति में एक और देवता को, मातृदेव, पितृदेव, आचार्यदेव, अतिथिदेव की सूची में एक पाँचवें देव, पतिदेव को लादने का षड्यंत्र रचा है, यही संस्कृति, क्या आपकी यह संस्कृति जिसकी आधी संख्या नारी कहलाकर तथा जिसका चतुर्थांश शूद्र व दास कहलाकर इस विश्व को उसके सपनों की 'वसुधैव कुटुम्बकम्' वाली संस्कृति की आधारशिला बन सकेगी क्या ?

"आचार्यवर, क्या आपको आपके पुराण पुरुष गुरुदेव-कुलदेव मुनिश्रेष्ठ व्यास ने सोलह वर्ष का जीवनदान इसीलिए दिया कि आप जीवन भर उनकी तथा उनकी पारंपरिक सनातन संस्कृति के आकार ग्रंथों के भाष्य लिखते रहें या उनके पारंपरिक देवी-देवताओं का चरण-वंदन करते हुए स्तोत्रों की रचना करते अपने जीवन का अर्धांश व्यर्थ गँवा दें ? क्या आपके जीवन की भी नियति मनु, बृहस्पति, याज्ञवल्क्य, चाणक्य और वात्स्यायन का समर्थन करते हुए पंचतत्त्वों में विलीन हो जाना ही है अथवा सारे विश्व को दृष्टि में रखते हुए दासता-मुक्त एक मित्र संस्कृति का प्रारूप खड़ा करना है ? क्या आप अपने आचार्यत्व को विश्व गुरु के गुरुत्वाकर्षण से संपन्न कर एक वैश्विक संस्कृति को उच्चतर आचरणों के शिलाखंड देकर उस संस्कृति सौध की आधारशिला बन जाने को महाकाल का पहला संदेश नहीं मान रहे ?"

शंकराचार्य बोले, "अद्वैतवाद का मूल सिद्धांत ही है किसी प्रकार के द्वैत का प्रतिरोध। पुरुष और नारी अथवा पुरुष और प्रकृति अथवा शिव और शक्ति में जो लोग अथवा जो भी दर्शन द्वैत का भेदभाव रखते हैं, उनके हितार्थ अद्वैतवाद की व्याख्या ब्रह्मसूत्र भाष्य में विस्तार से द्रष्टव्य है। आप तो विदुषी हैं देवी, आपको समझते देर नहीं लगेगी कि उपर्युक्त द्वैत दृष्टिदोष के कारण है अथवा पूर्वग्रह के कारण। पुरुष और नारी दोनों के समान मिलन से यह संसार निर्मित है तथा यह संसार तभी तक रहेगा, जब तक पुरुष और नारी, परमात्मा तथा परमात्म-निःसृत आत्मा, पुरुष और नारी दोनों का मूल्य एवं दोनों का भार समान होगा तथा दोनों के योग का फल सदैव एक होगा। आपने उचित ही कहा देवि कि विश्व में जहाँ कहीं भी दोनों द्वैतों के भार और मूल्य में अंतर होगा, वहाँ की संस्कृति असंतुलित होगी एवं उसका क्षरण होने लगेगा। वैश्विक संस्कृति का सौध तभी स्वस्थ तथा स्वच्छ होगा, जब यह द्वैत समान-समान मिलकर समाप्त होगा या समानता के स्तर पर एक। नारी की पुरुष के साथ समानता से संबंधित सिद्धांतों पर संस्कृतिधर्मी समाज की ओर से मनु-मन्वंतर तथा बृहस्पति-वात्स्यायन से आगे निर्विशेष अद्वैत आधारित एक नूतन स्मृति की रचना की जा रही है, आपके सपनों और भारत के दर्शनों में कैद नारी मुक्त होकर रहेगी।"

भारती बोलीं, "दर्शनशास्त्रों के अंधकूप से अथवा शास्त्रों-धर्मशास्त्रों के कारागार से यों ही मुक्त होनेवाली नारी, पुनः-पुनः उन कूपों में अथवा उन कारागारों में स्वयं

खिंचकर बंद होती रह जाएगी, आचार्यवर, जब तक उसे पुरुष के समान आर्थिक शक्ति, सांपदिक शक्ति से युक्त नहीं किया जा सकेगा। सबसे पहले तो उसे जीवनयापन स्वयं अर्जित करने के अधिकार तथा योग्यताएँ उपलब्ध करानी होंगी। आर्थिक आजादी पाने के पश्चात् ही चाहे दासों-शूद्रों का, चाहे नारी-पुरुष का अंतर समाप्त होगा और यह अंतर तब तक समाप्त नहीं होगा, जब तक स्वस्थ संस्कृति चाहे राष्ट्रीय, चाहे वैश्विक किसी का निर्माण कहीं भी, कभी भी संभव नहीं हो सकता।

"सांख्य की प्रकृति, 'शिव' की शक्ति अथवा पार्वती अथवा पुरुष-नारी के योग से अर्धनारीश्वर का रूप जीवंत होता है, किंतु यह केवल सिद्धांत में ही संभव हो पाता है, व्यवहार में नहीं। पुरुष प्रथम है, नारी द्वितीय स्थान पर; कहने को समान, किंतु सम सहअस्तित्व नहीं। ऐसे आधीन्यभाव में इस विषय पर शास्त्रार्थ करना मैं उचित नहीं समझती हूँ और इसका एक कारण है। जब वात्स्यायन जैसे शास्त्री तथा दामोदर गुप्त जैसे नीतिज्ञ ही नारी को सही स्थान प्रदान करने में चूक गए तो आप तो बाल ब्रह्मचारी हैं, आचार्यवर। पुरुष की शक्ति अथवा प्रकृति तथा प्रकृति अथवा अर्धांगिनी के रूप में वंदित नारी बौद्धों, हिंदुओं, मुसलमानों, ईसाइयों सबकी जीवन पद्धति की ऐसी भागीदार हो गई कि उसे पशुओं से भी बदतर बना दिया गया और उसी रास्ते उसे 'शिवत्व' में विलीन करने की सीख भी दी गई। माया और ठगिनी तक तो वह गिरी ही थी, वह कुट्टिनी भी बन ही गई। बौद्ध तथा हिंदू तांत्रिकों ने अथवा योगियों-सिद्धों-नाथों ने किस घृणित स्तर तक नारी का चीरहरण किया, क्या हम भी गांधारी और भीष्म की तरह अथवा कृपा-द्रोणाचार्य की तरह अथवा विदुर-कृपाचार्य की तरह बैठे-बैठे देखते ही रह जाएँगे! कामसूत्र में नारी को नरक लोक तक गिरा दिया। वात्स्यायन और दामोदर गुप्त ने तो उसे राजा के हाथ की कठपुतली बना दिया एवं राजगृह के कारागार के अंदर बंद कर दिया। इस नरक से नारी की मुक्ति क्या आप के दृष्टि-पत्र में कहीं है, आचार्य? क्या आप इस दिशा में, इस जीवनकाल में पूरे भारत का भ्रमण तथा पूरे देश को जाग्रत् कर सकने का कार्य पूर्ण कर नारी को अर्धांगिनी पद के योग्य कर सकेंगे, आचार्यवर?"

शंकराचार्य बोले, "है तो देवि, किंतु दृष्टि में, दृष्टि-पत्र में नहीं। कभी-कभी जब बीमारी इतनी स्पष्ट हो तो कारण पर आक्रमण करना भी उतना ही आसान हो जाता है। मैं जीवन भर यही कार्य और यही लक्ष्य अपने दृष्टिपथ में रखने का विश्वास दिला सकता हूँ देवि, दिलाता भी हूँ। मेरे बाद भी यह कार्य बंद कैसे होगा? मैं देश और विश्व दोनों की अलग-अलग चारों दिशाओं में परस्पर संपर्क से वैश्विक संस्कृति के निर्माण हेतु एक के बदले चार-चार शंकराचार्यों को सन्नद्ध करने का कार्य करूँगा और यह कार्य अनंत काल तक चलेगा, चलता रहेगा, चलता रहेगा, चरैवेति-चरैवेति की तरह हमारी चिंतन प्रक्रिया में और तब तो देवि, आप भी मानेंगी हमारे सपनों का मानव-समाज तथा हमारे

आदर्शों की मानव-संस्कृति अथवा मानव-धर्म की एक संस्था अवश्य ही निर्मित होकर कार्यरत हो जाएगी। कभी का एक सीमित और लघ्वाकार 'वैश्विक परिवार' ही आज के वैश्विक विस्तार के रूप में दिख रहा है। वैश्विक संस्कृति बाहर से नहीं, इसी के अंदर से स्वयं ही प्रस्फुटित-विस्फोटित होकर स्वयमेव खड़ी हो जाएगी।"

भारती बोलीं, "मैं आपकी कठिनाइयाँ समझ रही हूँ, आचार्य। इस कार्य को करने के लिए आपको एकाधिक बार और जन्म लेना पड़ सकता है तथा एकाधिक शताब्दी ही नहीं, सहस्राब्दियों तक ईश्वर की तरह धरती पर कर्मयोगी की तरह, लीलापुरुष की भूमिका में उतरना पड़ सकता है। मैं यह भी जानती हूँ कि आचार्य होना ही कठिन है, शंकराचार्य होना तो अत्यंत कठिन, विद्वान् होना सहज संभव है, शंकराचार्य होना अत्यंत विरल तथा दैवसंभव, ज्ञानी होना सहज साधना का विषय है, तत्त्वों तक पहुँचने के लिए ऋषि-दृष्टि होना अत्यंत दुर्लभ। जब दीर्घतमा गोतम हो जाए, जब विद्वान् कर्म का धर्म साध ले, जब प्रचंड तेजवाला मार्त्तंड विनय की शीतलता साधकर चंद्रिका-सा छा जाए तो समझना चाहिए कि कोई शंकराचार्य अवतार ले रहा है। वेदज्ञ देखा है, उपनिषदज्ञ भी, वेदांगी भी, वेदांती भी, विरागी भी, षड्चक्री योगी भी, षड्दार्शनिक भी, किंतु ये सब शंकराचार्य नहीं होते। प्रचंड-मार्त्तंड की तरह प्रकांड पंडित होते हैं, आचार्य, किंतु उदार, सहिष्णु और सुधार संशोधित्सु—कहाँ दिखाई देता है कोई शंकराचार्य की तरह? मैं चाहूँगी कि इस विश्व को एक परिवार में बाँधकर रखने के हितार्थ शंकराचार्य इसी तरह अवतरित होते रहें। आचार्यवर, आपके पट्टशिष्य मेरे प्रिय पति-मित्र, पतिदेव नहीं, मेरी प्रतीक्षा कर रहे होंगे, तो चलूँ मैं, आचार्य!"

"देवि, मैं भी जान चुका हूँ कि आपका अभी का पत्नी-लोक ही भविष्य का ब्रह्मलोक है, देवि कामाक्षि, महेश्वरी, सरस्वति, आपके जन्म-जन्मांतर आपके रूप-रूपांतर आपका यह भक्त शंकर आपके चरणों में रहे जीवन-जीवनांतर यह आशीर्वाद और कांची के मंदिर में स्थापित होने का वचन देते जाइए। भारती मूर्तिवत् शुभ्रवस्त्रवृता देवी की तरह खड़ी थीं और शंकर बुद्धिप्रदा के चरणों में ध्यानस्थ भक्त से दंडवत् प्रणत।"

☐

55

षड्दर्शनों की जन्मभूमि उत्तराखंड होते हुए भी इसकी अनीश्वरवादिता से दाक्षिणात्य कम नहीं, बल्कि उतना ही परिचित-प्रभावित था, जितना उत्तर, जितना कश्मीर, उतना ही कांची-कन्याकुमारी। यह आश्चर्यजनक नहीं कि वैदिक-औपनिषदिक और उत्तर औपनिषदिक संस्कृति का प्रभाव कांधार-कामाख्या, कच्छ-कलिंग, कश्मीर-कन्याकुमारी सब पर एक समान विद्यमान था, यद्यपि इतना तो अवश्य हो गया था कि वैदिक संस्कृति की जड़ में व्रात्य, बौद्ध, सिद्ध, इस्लाम, ईसाई आदि धर्मों ने पूरे देश में और विशेषकर दक्षिण देश में शूद्रों एवं दासों-दस्युओं के दुरुपयोग के फलस्वरूप कुश में मट्ठा डाल उसे उखाड़ फेंकने में कुछ उठा नहीं रखा। शूद्र सनातन संस्कृति को त्यागना नहीं चाहते थे और बृहत्तर सनातन समाज उन्हें स्वागत-स्वीकार के योग्य नहीं मान रहा था। अत: जैसे-जैसे वे इस्लाम और ईसाई प्रभाव में आने लगे, उनका बृहत्तर समाज वैष्णव, शाक्त और शैव भक्ति के उद्दाम जलप्रवाह के रूप में पूरी शक्ति के साथ फूट पड़ा। चतुर्वेदों तथा द्रविड़ोपनिषदों से उनका परिचय पुराना था और एक भक्ति सिद्ध महापुरुष, जिन्हें तमिल में अलवार कहा जाता, वे वैष्णव भक्ति का ध्वज हाथों में थाम लिया तथा उसके बाद उनके पीछे-पीछे चलते रहे सदियों तक, चलते रहे बारह वैष्णव भक्तों के नाम पर लाखों लोग और एक आंदोलन खड़ा हो गया, जिसके केंद्रीय विभूति बने शठकोप, विष्णुस्वामी या विष्णुचित्त इत्यादि बारह भक्त, जिन्हें अलवार भक्ति आंदोलन का जनक माना जाता है। इन बारह भक्ति भावकों में शठकोप और परकाल—एक पद रचनाकार तथा दूसरे गायक भाष्यकार तथा प्रवचनकर्ता के रूप में प्रसिद्ध एवं इतना कुछ साहित्य तो शठकोप ने दे ही दिया कि दक्षिण एक भक्तिमूलक भागवत धर्म की स्थापना का उसी तरह अग्रदूत बन गया, जैसा उत्तरायण था कभी।

शंकराचार्य भी कुमारिल की तरह ईश्वर और गुरु की आवश्यकता नहीं अनुभव कर रहे थे, किंतु प्रयाग-यात्रा के क्रम में जब अलवार संत नाथमुनि से उनका अनवरतकालीन मिलन हुआ तो उनकी जिज्ञासाओं का उत्तर देते हुए उन्होंने कहा, "आचार्यवर, संस्कृति समुद्र होती है, धर्म, पंथ, संप्रदाय—नद, नदियाँ, सरिताएँ, धाराएँ-उपधाराएँ, धर्म का

रास्ता बाधित होगा तो पंथ, संप्रदाय आदि अपना रास्ता अलग बनाएँगे और समुद्र पहुँचने का प्रयास करेंगे, कुछ पहुँचेगे, कुछ सूख जाएँगे, किंतु रास्ते तो फूटेंगे ही। यह और बात है कि कभी यह रास्ता गंगा-यमुना-सरस्वती बन जाता है, कभी नर्मदा, गोदावरी और कृष्णा-कावेरी एवं कभी वैतरणी भी। कभी-कभी नदी किसी बड़ी नदी तक से भी नहीं जुड़ पाती और झील, ताल, धार, मरीधार बनकर जीती है।

"ज्ञान का महासागर अनवगाह्य है, संस्कृति उसकी आत्मा है और नदियाँ उसके आचरण। नदियाँ धर्म की तरह होती हैं, ज्ञान उनकी नियति है, धर्म और धर्माचरण उनकी गति। ज्ञान और संस्कृति के रास्ते को हमने बाँध दिया तो भक्ति की गंगा फूट पड़ी, गंगा के रास्ते को बाँध दिया तो भक्ति उन्मत्त भुक्ति में परिणत हो गई। आचार्यवर, यही कारण है कि क्या वैदिक, क्या बौद्ध, क्या जैन, क्या योग, क्या सांख्य सबमें एक साथ क्षरण आरंभ हो गया—भोग, अतिशय भोग के माध्यम से—भुक्तियोग की साधना से ज्ञानयोग की महिमा तक प्रस्थान-यात्रा। भोग और भुक्तिमार्ग का परिष्कार कर उसको भक्तिमार्ग में मिलाना भक्ति आंदोलन का प्रथम चरण होना चाहिए।"

नाथमुनि शठकोप के शिष्य थे और उनके पदों के गायक-प्रचारक ही नहीं, भाष्यकार प्रवर्तक-प्रवाचक भी। महिषी से वापस होकर शंकर कांची जाना चाहते थे, किंतु वे मुड़ गए काशी की ओर, जहाँ नाथमुनि पर्यटन-तीर्थाटन का आनंद ले रहे थे। नाथमुनि से मिलकर उन्होंने मंडन का परिचय कराया और भारती से हुए शास्त्रार्थ की कथा सुनाई—"मुनिवर, भक्ति-भाव का क्षरण और भक्ति के विकल्प स्वरूप भुक्ति एवं भोगभाव का ग्रहण तथा धारण की महामारी से सारा भारतखंड सांस्कृतिक अधोपतन के चरम बिंदु पर पहुँच चुका है। यदि अपने कुछ भक्त आंदोलनकारियों को लेकर आप भारत-भ्रमण में मेरे साथ रहें तो हम धर्म और संस्कृति की सेवा में समुचित योगदान दे सकते हैं। मेरी इच्छा है कि मेरे अद्वैतवादी शिष्य और आपके भक्तिवादी अनुयायियों की चार मंडलियाँ बना दी जाएँ और अयोध्या, मथुरा, कलिंग एवं कामाख्या के तीर्थाटन पर उन्हें भागवत के यशगान तथा भगवान् राम और कृष्ण, महादेव-शिव और भगवती पार्वती की पूजा-अर्चना तथा भजन-कीर्तन के द्वारा भक्ति के सहज मार्ग से परमात्मा में आत्मा के विलय की शिक्षा दी जाए। भक्ति-भाव के साथ पूजा-अर्चना, भजन-कीर्तन के सहारे भगवान् तक पहुँचने और भगवान् अर्थात् सद्गुरु के सहारे अद्वैत सत्ता में लय होने की शिक्षा से समस्त भारत को एक साथ जाग्रत् किया जा सकता है।

"मुनिवर, मेरे पास अब केवल चौदह वर्ष बचे हैं, मैं इस पूरी अवधि को राम के समान रावण-वध हेतु जंगल-जागरण में लगा सकता हूँ, किंतु भविष्य तो आपको सँभालना है, अभी तीन सौ वर्ष बीते हैं, अभी तो दो सौ वर्ष शेष हैं आपके। आप चाहेंगे तो आप अपने जीवन काल में भारत को भक्ति के रंग में रँग देंगे, शक्ति के सूत्र में कस

देंगे और उस अद्वैत के साथ जोड़ देंगे, जिसकी मुट्ठियों में पूरा विश्व बंद है।"

नाथमुनि बोले, "इससे क्या लाभ होगा आचार्य?"

शंकर बोले, "पूरा विश्व एक परिवार है मुनिवर, जो टूटकर बिखरता जा रहा है, आप इसे भक्ति के सूत्र में गूँथिए तथा इसकी एक विशाल माला बनाकर अद्वैत ब्रह्म के गले में पहना देने का श्रेय प्राप्त कीजिए। योग, तंत्र, मंत्र, यंत्र तथा भक्ति-मुक्ति सबके-सब नव-नव व्याख्या तथा अभिनव भाष्य ग्रंथों एवं सर्वग्राही भक्ति-साहित्य का एक स्वर्णयुग आपकी प्रतीक्षा कर रहा है। सभी तीर्थाटन मंडलियों को हम दोनों साथ-साथ प्रशिक्षित करें काशी के शिवलोक में तथा इन्हें शक्ति, शिव और भक्ति लोकों की यात्रा पर भेज दें। हम दोनों और हमारी आचार्य-मंडली काशी से कांधार की ओर चले और कांधार-कश्मीर से लौटकर शारदापीठ में इस क्षेत्र के शैवाचार्यों और बौद्धाचार्यों से आवश्यक शास्त्रार्थ कर ज्ञान और दर्शन के क्षेत्रों में अभिनव अद्वैत-निर्विशेषाद्वैत तथा भक्ति के क्षेत्र में भगवद् भक्ति अथवा भागवत धर्म को प्राणिमात्र, मानवमात्र, प्रत्येक धर्म की रक्षा करते हुए एक मौलिक धर्म की स्थापना का उद्घोष करें, सर्वधर्म समान, मानवधर्म महान्, आनेवाले विश्व का एकमात्र मूल-मंत्र हो।"

नाथमुनि बोले, "आचार्य शंकर, भक्ति आंदोलन दक्षिण देश में उत्पन्न अवश्य है, किंतु यह आंदोलन पूरे भारत को प्रेम और एकता के एक सूत्र में बाँध देने का आंदोलन है। हमारी चार पंडितों की चार मंडलियाँ—प्रथम मंडली आचार्य मधुर कवि के नेतृत्व में अयोध्या, मिथिला, जनकपुर होते हुए पशुपतिनाथ जा रही है। दूसरी मंडली कामाख्या, राजगृह, पाटलिपुत्र, कलिंग भ्रमण के पश्चात् जगन्नाथपुरी में विश्राम करेगी। इस दल का नेतृत्व दिव्यज्ञान से संपन्न आचार्य कुलशेखर करेंगे, जो जाति से योगिवाह-पारिया अर्थात् चांडाल हैं, किंतु 'मुकुंदामाला' जैसे ग्रंथ के रचयिता और दिव्य ज्ञानी हैं।

"और चौथा दल मेरे पुत्र ईश्वरनाथ के नेतृत्व में आपके-मेरे अनुयायी के रूप में कांधार-काशी और शारदापीठ में भक्ति तथा भागवत धर्म का प्रचार करेगा। आचार्यवर, हमारे बारह आचार्यों में से ये चार युवतर आचार्य हमारे नहीं होने पर भी इस आंदोलन के अग्रदूत बने रहेंगे।"

शंकर बोले, "हम कांधार से कामाख्या, कामाख्या से कलिंग, कलिंग से काशी और काशी से कांची होते हुए एक बार फिर कांची में मिलेंगे और 'सर्वधर्म समान, मानव-धर्म महान्' की उपलब्धियों, उसके भविष्य तथा भावी योजनाओं को अंतिम रूप देंगे। कल प्रातः चारों दल चारों आचार्यों के नेतृत्व में चारों दिशाओं में चल देंगे।"

नाथमुनि बोले, "आचार्यवर, आपने कांची की कार्ययोजना तो बताई, किंतु शारदापीठ, कामाख्या और काशी के विषय में कुछ भी नहीं कहा। यह भी नहीं कि हमारा

दल कैसे कांधार पहुँचेगा और फिर अन्य दलों के पहले ही काशी वापस होकर सर्वधर्म सम्मेलन की व्यवस्था कैसे करेगा ?"

शंकर बोले, "मुनिवर, कांधार में हम बौद्धाचार्यों और इस्लाम धर्म के मुल्लाओं से मिलकर उनके और अपने विचारों की मौलिक एकता को स्पष्ट कर उन्हें उचित मार्ग दिखाएँगे, कश्मीर पर घिरे आतंक के संकट का समाधान करेंगे तथा कुषाणों, हूणों, शकों एवं यवनों को भारत खंड में रहकर भारतीय धर्म की दीक्षा प्राप्त करने की प्रेरणा देंगे। तत्पश्चात् हम शारदापीठ में कश्मीरी शैव अथवा शैवाद्वैत तथा दक्षिणदेशीय शैवाद्वैत का तुलनात्मक अध्ययन करने के पश्चात् उनके एक साथ लाने की दिशा में कार्य करेंगे।"

नाथमुनि बोले, "आचार्य, माना कि इस्लाम और बौद्ध धर्माधिकारी आपके साथ शास्त्रार्थ कर भी लें, किंतु इसमें न्यायाधीश तो वही व्यक्ति न हो सकेगा, जिसे वे भी एक धर्मशास्त्र आचार्य अथवा विद्वान् दार्शनिक के रूप में लोक ख्यात मान लें।"

शंकर बोले, "हाँ मुनिवर, वहाँ दो शीर्ष कोटि के विद्वान् तथा बहुश्रुत शास्त्रवेत्ता आचार्य विद्यमान हैं, काव्य में 'ध्वनि' तत्त्व के सर्वाधिक महत्त्व के प्रवर्तक 'ध्वन्यालोक' के कृतिकार आचार्य आनंदवर्द्धन तथा कुट्टनी मत के प्रचारक विख्यात कश्मीरी पंडित दामोदर गुप्त। मैंने तो सुना है, मुनिवर कि ये दोनों आचार्य तंत्रविद्या के शास्त्रीय और लोकपक्षीय दोनों सिद्धांतों के साधक भी हैं। इनसे तो हम कश्मीरी शैव सिद्धांत के विषय में भी ज्ञान प्राप्त कर सकते हैं। मेरा सीधे कांधार पहुँचने का मूल उद्देश्य इनसे मिलकर शारदापीठ के शास्त्रार्थ के विषय-बिंदुओं और कार्यविधियों की भी जानकारी प्राप्त करनी है। शारदापीठ का शास्त्रार्थ मुनिवर, एक तरह से विश्व भर के दार्शनिकों के साथ शास्त्रार्थ समझा जाना चाहिए। शारदापीठ में जीत का अर्थ होता है विश्व स्तर की जीत। मुझे विश्वास है मुनिवर, हम शारदापीठ पर विजय का ध्वज फहराएँगे ही।"

नाथमुनि बोले, "और तब हम जब कांची लौटेंगे तो सारा विश्व एक कुटुंब के रूप में एक जगह बैठने की मन:स्थिति में रहेगा, यही न!"

शंकर बोले, "हाँ मुनिवर, शारदापीठ से हम कामाख्या की ओर मुख करेंगे तथा वहाँ पहुँचकर शाक्त एवं पाशुपत साधनाओं पर स्थानीय साधक-संतों से शास्त्रार्थ कर शाक्त और पाशुपत धर्म की संकीर्णताओं तथा भ्रष्ट आचरणों एवं व्यभिचारों को मिटाने हेतु उन्हें वैदिक धर्म की राह दिखाएँगे। कामाख्या में तंत्र-मंत्र के शास्त्रों के बहाने व्यभिचार-पूर्ण आचरण में बढ़ावा मिलने लगा है और भारतीय संस्कृति पतन के गर्त में गिरती दिखती है। तंत्र के माध्यम से हम कैसे सच्चिदानंद तक पहुँचते हैं और कैसे उसके बिना भी पहुँच सकते हैं, इस विषय पर हम वहीं के किसी प्रसिद्ध तंत्र साधक से शास्त्रार्थ करेंगे। तत्पश्चात् हम कलिंग और जगन्नाथपुरी का तीर्थाटन कर काशी लौट आएँगे, जहाँ हम सारनाथ में विश्व भर के प्रमुख धर्मों के संतों का एक सर्व-धर्म सम्मेलन करेंगे। इस

सम्मेलन का आतिथ्य बौद्धाचार्य पद्मसंभव तथा अर्हत शेषनाथ (संचालन प्रभारी) पूर्व से ही नियुक्त हैं।

"चलिए मुनिवर, आप तो साथ-साथ हैं, जो भी होगा, जो भी उपलब्धि होगी, उसका अधिकांश श्रेय भक्ति आंदोलन को होगा और भविष्य में यह आंदोलन विश्व को दिशा देनेवाले एक आंदोलन के रूप में स्मरण किया जाएगा। आप चिंतित हैं, मुनिवर कि हम पदयात्रा करते हुए कैसे इस सीमित समय में इतनी लंबी दूरी तय कर लेंगे। तो इस विषय पर मैं इतना ही कह सकता हूँ कि यह काशी है मुनिवर, जहाँ संतों-संन्यासियों की चिंता बाबा विश्वनाथ करते हैं। सुमेरु मठ के अभिभावक-संरक्षक स्वयं काशिराज हैं और काशिराज के अभिभावक बाबा विश्वनाथ। हम सब संन्यासी तथा आचार्यगण काशिराज के अतिथि हैं और वह भी आचार्य अतिथि, संन्यासी अतिथि, भक्त अतिथियों के लिए कुबेर का भंडार है काशिराज के पास, जिसमें शिव की जटा पड़ी रखी है। आप सभी दलों को यथासमय यात्रा के लिए प्रस्तुत रहने का निर्देश दे दें, मुनिवर।"

दूसरे दिन प्रातःकाल निर्धारित समय पर सभी भक्त टोलियाँ अपने-अपने आचार्यों के नेतृत्व में प्रस्थान कर गईं। कोई रामधुन के दैन्यभाव के साथ तो कोई कृष्ण-राधा की प्रेमधुन के साथ, किंतु सारे दलों की पालियों के परिवर्तन हेतु हर-हर महादेव का उद्घोष होता। भगवान् गुरु, सद्गुरु के रूप में भक्ति का अंश प्राप्त करते राम और कृष्ण तो महादेव ब्रह्म के रूप में पाते सर्वस्व समर्पण।

नाथमुनि, शंकराचार्य और पट्टशिष्यों के लिए काशिराज का स्वर्णनिर्मित-रत्नजटित अश्वरथ निर्धारित समय पर सुमेरु मठ के अश्वागार में प्रतीक्षित था।

भक्तों के दल के साथ दोनों आचार्य भी चल पड़े कांधार-कश्मीर की ओर, लगता था, जैसे इंद्र-रथ पर चढ़कर चले जा रहे हों विष्णुलोक अथवा गरुड़ रथ पर सवार शिव लोक को नारद और विश्वामित्र साथ-साथ।

☐

56

ई श्वर की कृपा के नाम पर चमत्कार-प्रदर्शन और जादू-टोना, जंतर-मंतर का खेल धर्म के जन्म के साथ ही आरंभ और उसके घाती-आत्मघाती विस्तार को देखकर यह चिंता तो होने ही लगी थी कि सुखमय संसार के निर्माण हेतु जन्म लिया था जिसने, कहीं वही ईश्वर दंभ, पाखंड, छल और घृणा के रास्तों पर चलकर कभी आत्मघाती आतंक के विष से विश्व के वातावरण को आक्रांत न कर दे। सिंध को दाहिर और दाहिर-पुत्र जय सिंह की पराजय के साथ रक्त-रंजित कर तथा धार्मिक स्थलों को ध्वस्त कर सारा धन अरब-इराक तो ले ही गया इमादुद्दीन, साथ-साथ पूरे सिंध की हिंदू-बौद्ध जनसंख्या का धर्म परिवर्तन कर गया और इसका नाम दिया गया—जिहाद।

प्रतिक्रिया स्वरूप रानीबाई का जौहर और दक्षिणदेशीय राजाओं का एक मंच पर खड़ा हो जाना तथा मसालों के व्यापार में मुसलमानों के लिए प्रतिरोधी मुद्रा अपनाना जब घाटे का सौदा प्रतीत हुआ तो अरबों की दृष्टि में पूरब में राजपुताना और दक्षिण में केरल-तेलंगाना से घूमकर कांधार की ओर मुड़ गई एवं ऐसा कहर बरपा कि सारे कश्मीरी शैव अपने मूल स्थान तथा बौद्ध अपने घर, अपनी जमीन, अपनी संपत्ति छोड़कर कश्मीर की ओर भाग चले। बौद्धों की संख्या सनातनियों से अधिक होने पर भी अहिंसा तथा शांतिधर्मी बौद्ध तो बिना प्रतिरोध प्रदर्शित किए ही भाग चले और पीछे-पीछे भागते गए वे सभी पंडित तथा सभी बोधिसत्त्व, जो रेशमी मार्ग से जुड़े थे, संपूर्ण पाश्चात्य संसार से। पद्मसंभव तथा आनंदवर्द्धन ऐसे ही बोधिसत्त्व अथवा ज्ञान-पुंगव आचार्य थे, जो गांधार छोड़कर जालंधर की विद्यास्थली में शरणस्थ हो चुके थे।

शंकराचार्य का रथ जम्मू पहुँच चुका था, जहाँ सनातन धर्मी जन-समूह तथा संत उनके स्वागतार्थ उपस्थित थे। सबने मिल-जुलकर आग्रह किया कि "आचार्यवर, कांधार जैसे अब कश्मीर का अंग नहीं रहा, वैसे ही एक खतरा अब कश्मीर के शीश पर सवार है। सारे व्यवसायी और सारा बुद्धिजीवी समाज अहर्निश कांधार से पलायन पर है तथा धारा प्रवाह संस्कृत बोलते रहते कश्मीरी पंडित तो अपने घरों में घुसकर मौन हो गए हैं—सारे-के-सारे बौद्ध संन्यासी, पुरुष शून्य पुरुषपुर को छोड़कर दमघोंटू विहारों

की प्रिय नगरी में बंद हो गए हैं और लगता है, जैसे ये सबके-सब अनीश्वरवादी लोग एकाएक ईश्वरवादी हो गए हैं, प्रभु को धन्यवाद कर रहे हैं एवं नाथमुनि को रामकथा का आशीर्वाद बरसाते रहने की प्रार्थना करने लगे हैं।"

शंकर ने जम्मू में कुछ दिनों के लिए विराम की इच्छा प्रकट की और ईश्वरनाथ से आग्रह कर यह प्रचारित करा दिया कि दक्षिण देश से पधारे मुनिवर नाथमुनि जम्मू में रामकथा, एक पक्ष के लिए प्रतिदिन अपराह्न में सुनाएँगे और यदि भक्तों को कथा प्रीतिकर लगी तो कथावधि विस्तारित की जा सकेगी।

कथा शुरू क्या हुई, श्रीनगर से पंजाब और पंजाब से लाहौर तक के लोग नाथमुनि की ओर भक्ति के साथ जम्मू में उमड़ पड़े। राम ने विश्वामित्र के निर्देशन में राक्षसों से दंडकारण्य और किष्किंधा को मुक्त किया था, शायद उनके अंदर में यह आशा जगी तथा बलवती होने लगी थी कि घाटी के अंदर इराक-ईरान व अरब देशों से बलपूर्वक घुसी और पहाड़ों व जंगलों में बसी बाहरी आक्रमणकारी शक्तियाँ राम-लक्ष्मण के आगमन की कथा सुनकर अपने देश लौटने लग जाएँगी तथा कश्मीर की शैव और जम्मू की वैष्णव संस्कृतियों के विनाश का कारण नहीं बनेंगी। कथा पूरे महीने चली, किंतु प्रतिफल विपरीत रहा। बर्फीली पर्वत चोटियों से तथा बीहड़ जंगलों से हथियारों के साथ इस्लामी कबायली सैनिक घाटियों में उतरते तथा श्रीनगर के श्रीयुक्त नगर को लूटते-पाटते, खून बहाते एवं कश्मीरी किशोरियों का अपहरण करते फिर पहाड़ों पर चढ़ जाते, जंगलों में छिप जाते।

आचार्य ईश्वरनाथ से उन्होंने जिज्ञासा की, "आचार्य, नाथमुनि के मुनि सदृश व्यक्तित्व का जादू था या रामकथा और रामचरित का कि कश्मीर-पंजाब से लेकर कांधार-लाहौर तक के लोग उनकी कथा के अमृतपान के लिए व्याकुल हैं। शंकर ने कुछेक भक्तों के अनुरोध को देखते हुए नाथमुनि से निवेदन किया कि वे रामकथा को राम के लंका-प्रवेश के बाद उसकी गति धीमी करें और कथा के नायक व प्रतिनायक में युद्ध के पहले शांति के प्रयासों को विस्तार देने का प्रयास करें, ताकि इसी बीच वे गुप्त पथ से श्रीनगर पहुँचकर श्रीनगर के ज्ञानगुप्त-प्रज्ञागुप्त आदि गुप्त शैवों, आनंदवर्द्धन सदृश कुछ काव्यशास्त्रियों, दामोदर तुल्य कुछ नीति-विशारदों को ढूँढ़कर उनसे मिल सकें और अपने भ्रमण के मूल लक्ष्य दक्षिण व उत्तर में बिखरी पड़ी ज्ञान-साधना, तंत्र-मंत्र-साधना तथा साहित्य एवं काव्यशास्त्रीय शक्तियों को समन्वित कर समग्र भारत की एक नई आकृति संसार के समक्ष प्रस्तुत कर सकें।"

शंकराचार्य ने अपनी टोली के कुछ शिष्यों को साथ लिया और कुछ स्थानीय मार्गदर्शकों के सहारे मुख्य पथ से हटकर ग्रामीण पथों पर चलते हुए श्रीनगर की यात्रा प्रारंभ कर दी। यात्रा दुस्तर थी, किंतु साथ ही मनोहर भी। पहाड़ी नदियाँ तेज गति से

बहती हुईं और दाएँ-बाएँ मुड़तीं कभी-कभी बहुत तेज चलतीं तथा कभी अचानक रुक जातीं अथवा धीमी गति में बदल जातीं, लगता जैसे किसी तबलावादक के मायावी ताल से तालमेल बैठाती कोई नृत्य-विद्या-सिद्ध नर्तकी दर्शकों पर नृत्य-संगीत का जादू चला रही हो। सामने उत्तरी क्षितिज पर दूर-दूर तक किसी योगी-सा सीना ताने कोई नित्य यौवन नृत्य-कला साधक दोनों हाथ पसारे मस्तक पर धवल केश-कुंज फैलाए पुकार रहा हो—आओ शंकर! सुमेरु पीठ से पधारे शंकर आओ, पश्चिम चाहो तो तुम्हें सुमेर सभ्यता दिखाऊँ, पूरब चाहो तो तुम्हें कैलाश-मानसरोवर तीर्थ पहुचाऊँ, आओ मेरे पास तो आ जाओ, रुक जाओ तो तुम्हें द्वैत बताऊँ, मेरे अंक में समा जाओ तो तुम्हें अद्वैत से मिला लूँ। आ शंकर! आ दक्षिण, उत्तर, पश्चिम, पूरब आ, आ जा और देख कैसे तू बन जाता है मुझमें समाकर, 'पूर्णमदः पूर्णमिदम्'। घाटी, पूरी-की-पूरी घाटी ही दिखती एक साँप-सी, नील-पट पर किसी सतरंगी चित्रासज्जा-सी, पगडंडियों से कभी टुकड़ों में दिखती, कभी बड़ी, कभी छोटी, कभी युवती, कभी बच्ची-सी, पर सदैव चंचल! चलो, कहा शंकर ने मन-ही-मन, जो कपिल को चंचला लगी, जो 'शिव' को 'माया', जो किसी को योगिनी, किसी को ठगिनी, उसी प्रकृति का न यह चंचल रूप है शंकर, देखो और पान करो—पृथ्वी ने जो अमृत-रस प्रदान किया है अपने अंतरतम से।

कई दिनों की यात्रा के बाद यह यात्रादल एक लंबी-चौड़ी सड़क के चौमुख पर पहुँच चुका था, मार्गदर्शकों ने बताया, "आचार्यवर, बाएँ का रास्ता पहाड़ी है, ऊँचा-नीचा, किंतु यह कांधार चला जाता है और दाएँ का रास्ता बिल्कुल सरपट-चला जाता है, ऐसे ही जल-प्रपातों और नदियों को पार करता कैलाश-मानसरोवर। किंतु यतिवर, हम कश्मीरवासी वहाँ (पश्चिम) नहीं जाते, पश्चिम से डरते हैं, पूरब और उत्तर दोनों रास्ते हमारे हैं, पर हमारे लिए ही बंद हैं। चलिए आचार्य, कश्मीर में चौराहों पर देर तक टिकना अपने जीवन की सुरक्षा को पास ही इंतजार में बैठी किसी सुरसा के मुख में समा जाने का अवसर देना है। आगे झीलों की साम्राज्ञी डरी-डरी-सी डल है, सामने सीमंत श्रीनगर, थोड़ा आगे निशात और उसके आगे केसर के खेत, चलिए आचार्य, इन खेतों में समाकर आपको लगेगा, आपका तन-मन सब एक साथ केसरिया हो गया और जीवन का तप-ताप सब धुलकर गंगा-स्नान की पवित्रता एवं परिशांति का बोध देगा।

"आपका 'अद्वैत' उसका तो कोई रंग नहीं होता यतिवर, किंतु वह यदि केसर के खेतों में होता तो वह भी केसरिया हो जाता, इसीलिए तो आचार्य, हमारे भारत का ध्वज केसरिया है, उगते सूरज का रंग।"

फूले-खिले केसर की क्यारियों से निकलते ही एक छोटी सी पहाड़ी दिखी और थोड़ा समीप पहुँचते ही वह पगडंडी भी, जो लेकर पहुँच जाती थी आनंदपुरी। आनंदपुरी एक छोटा सा कस्बा है, गाँवों से थोड़ा समृद्ध, किंतु खतरे के उतना ही समीप। इसी गाँव

में रहते हैं वे, जिन्हें आप बार-बार स्मरण करते हैं, प्रसिद्ध काव्यशास्त्री पं. आनंदवर्द्धन, 'ध्वन्यालोक' के यशस्वी आचार्य, जिनकी जन्मभूमि यहीं है। उन्हीं के यशस्वी नाम की स्मारक नगरी—आनंदपुरी। वैसे उनकी कर्मभूमि कांधार है, जहाँ वे एक बौद्ध महात्मा के रूप में समादृत हैं।"

शंकराचार्य बोल पड़े, "शीलभद्र, 'काव्य का सौंदर्य ध्वनि में सन्निहित है, इस मत के संस्थापक के रूप में मैंने केवल नाम ही नहीं सुना है आनंदवर्द्धन का, उन्हें पढ़ा भी है, सराहा भी है, किंतु मिलने-मिलाने का सौभाग्य तो शायद अब हो। राजतरंगिणी में कल्हण कवि कहते हैं—

मुक्ताकण: शिवस्वामी कविरानंदवर्धन: ।

प्रज्ञां रत्नाकरश्चागत साम्राज्येऽवंतिवर्मण: ॥

"संस्कृत कथा-साहित्य, काव्य और काव्यशास्त्र की केसरिया धरती को नमन तो कर लूँ! तब हम आगे बढ़ें आनंदवर्द्धन के साथ आनंद की अनुभूति की दुनिया में। मैंने सुन रखा था कि आनंदवर्द्धन 'ध्वन्यालोक' नामक काव्यशास्त्रीय ग्रंथ के रचयिता होने के अतिरिक्त राजा अवंतिवर्मा के राज्याश्रित कवि भी थे और उन्होंने 'अर्जुन चरित', 'विषमबाण लीला' तथा 'देवीशतक' नामक तीन काव्य-ग्रंथों की भी रचना की थी। फिर तो 'ध्वनि' सिद्धांत काव्य के सौंदर्य के मूल तत्त्वों में स्थापित हो गया, जो युग-युगांतर तक रहेगा।

"श्री और सरस्वती दोनों की लीला-भूमि कश्मीर भारत की सांस्कृतिक श्रेष्ठता का जीवंत प्रतीक है, शीलभद्र और तुम उसी कश्मीर के एक भाग्यशाली नागरिक हो। मुझे बताना—कुट्टिनी मत के एकमात्र कामशास्त्रीय ज्ञाता तथा रचनाकार दामोदर गुप्त को, जो कभी जयापीड़ राजा के प्रधानमंत्री हुआ करते थे, भी यहीं कहीं किसी ग्राम के निवासी हैं और अभी भी जीवित हैं। मेरी इस यात्रा का मुख्य उद्देश्य अभी ही इन दोनों महान् विद्वानों से मिलना है। अभी ही आप मुझे आनंदवर्द्धन के पास ले चलो। मैं आनंदवर्द्धन से ही पता कर लूँगा, काव्यालंकार के शास्त्रकार भामह, 'काव्यप्रकाश' के लेखक मम्मट तथा वामन एवं रुय्यक इत्यादि अनेकानेक विद्वानों के पते, जो सभी मेरे तीर्थ सदृश हैं।"

शीलभद्र अब आनंदवर्द्धन के उस काष्ठनिर्मित आकार में लघु, किंतु किसी उपेक्षित कलाकृति से उस भवन के सामने था, जो किसी कला भवन के धूल-धूसरित प्रदर्श की तरह कोने में पड़ा हुआ हो।

बोल पड़ा शीलभद्र कि देखिए आचार्य, वही है आनंदभवन। अनंत आकाश के कोने में काले-काले घने बादलों के वैसे टुकड़े-सा, जो धीरे-धीरे बड़े आकार में परिणत हो रहा है। युद्ध के मैदान में खड़े अनेक हाथियों के झुंड-सा उमड़ा-उमड़ा पहाड़ की ओर चढ़ता जा रहा है। लगता है, अब घुमड़ा, तब घुमड़ा, अब गरजा, अब बरसा, तब गरजा, तब बरसा तथा बरसने लगा और शंकर की थकी-माँदी तीर्थयात्रियों की टोली

आनंद से भीगने लगी। वे आनंदभवन पहुँच चुके थे। शीलभद्र ने दरवाजा खटखटाया। शीलभद्र ने स्थानीय बोली में एक बार अपना परिचय दिया तो अंदर से एक वृद्धा निकली—

"मैं रागिनी हूँ, कविवर आनंद की माँ, मैं जानती हूँ, आप दूर से पधारे कोई विद्वान् संन्यासी हैं, आपका सादर स्वागत है, अंदर पधारिए, किंतु आनंद तो यहाँ रहता नहीं। वह रहता है गांधार, किंतु अभी तो कहीं निर्वासन में है। कश्मीरियों के लिए दुर्दिन आ गए हैं, अब संन्यासी परिवार के बचे-खुचे व्यक्ति भी यह प्यारी मातृभूमि और यह सुंदर सा अपना घर छोड़ कहीं अन्यत्र पलायनार्थ विवश हैं।"

शंकराचार्य को अपनी माँ याद आ गईं, संन्यासी आँखों से मोतियों के दाने झड़ने लगे, ठीक इसी तरह उपेक्षित कलाड़ी की माँ सुभद्रा की, जो यादों में सामने खड़ी थीं, आचार्य ने उनके चरणों पर माथा झुका दिया! फिर बोले, "माते, मैं कांची से आया हूँ, मेरा नाम शंकर है, मुझे संकेत तो दीजिए माँ, कहाँ होंगे कविवर अभी।"

रागिनी आश्वस्त थीं, ये सब दूर से पधारे आनंद के प्रशंसक हैं। उन्होंने धीरे से कहा, "आप जब वापस जम्मू लौट जाएँ, तब वहाँ से शारदापीठ का पता पूछना, हो सकता है, आनंद वहीं विद्वानों के बीच अपने निर्वासन का जीवन जी रहे हों।" पूछने पर उन्होंने कहा, "अभी तो दामोदर गुप्त भी यहाँ नहीं रह रहे, किंतु वे राजा के मंत्री थे, उनका अपना एक शाही गृह है, 'प्रवास' जम्मू में। आप उनका वहीं पता लगा सकते हैं।" रागिनी ने बहुत आग्रह किए, विश्राम और सत्कार के अवसर प्रदान करने को, किंतु शंकर ने उन्हें सादर धन्यवाद दिया, चरणस्पर्श किया और कहा, "चलो शीलभद्र, वापस चलो।" कश्मीर में आनंद की माँ शांति का स्थायी निवास है, यद्यपि अभी कश्मीर में शांति का अभाव है। श्रीनगर में प्रेतों का वास है, जहाँ जीवन का कोलाहल होता था, वहीं मरघट का सन्नाटा है। चलो शीलभद्र, वापस जम्मू चलो।"

शीलभद्र जम्मू का मूल निवासी था। वहाँ से चलते-चलते वह बोलने लगा, "चलिए आचार्यवर, मैं आपको दामोदर गुप्त के घर ले चलता हूँ, जम्मू—'मातृलोक'।" मातृलोक शब्द कानों में पड़ते ही जैसे किसी थके-हारे घर लौट रहे बेटे के माथे पर शीतल जल की कुछ बूँदों का बरसना बड़ा मनोहारी लगा शंकर को।

"क्या है 'मातृलोक', शीलभद्र?"

शीलभद्र बोला, "मातृलोक एक गाँव है आचार्य, पंडितों का ही एक गाँव, जिसे कभी अवंती से पधारे राजा विक्रमादित्य के पुत्र मातृगुप्त ने बसाया था। इस गाँव को आप ज्ञानपीठ कहकर पुकारें तो बड़ा सार्थक लगेगा आपको। आज भी मातृगुप्त के अनेकानेक वंशज इसी गाँव में रहते हैं। राजा जयापीड़ के प्रधानमंत्री थे कभी दामोदर गुप्त, उनका भी राजकीय किलानुमा भवन यहीं है। चलिए, चलता हूँ मैं।" लगा जैसे जम्मू पास का गाँव

हो। वापस चल पड़ी जिज्ञासुओं की एक तीर्थयात्रा टोली जम्मू की ओर।

"श्रीनगर वस्तुत: श्रीनगर है"—बोलते चलने लगे शंकराचार्य। श्री की जन्मभूमि—यहीं किसी श्री सरोवर पर रहती थीं लक्ष्मी-विष्णु के साथ, जैसे क्षीर सागर में शांति की छाया में। उसी सरोवर में साथ ही निवास था गंगा का भी, सरस्वती का भी।

लक्ष्मी ने विष्णु से कहा, "आपका ध्यान बँट जाता है, आप कभी गंगा बन जाते हैं, कभी सरस्वती और बह जाते हैं मेरी विपरीत दिशा में या तो मैं रहूँगी इस श्री सरोवर में या गंगा-सरस्वती। सरोवर मेरे नाम और अधीन गंगा-सरस्वती के, यह कैसी विडंबना ?" विष्णु ने श्री का साथ अधिक प्रिय समझा और गंगा को पूरब तो सरस्वती को पश्चिम में बहने का संकेत दे दिया, तब लक्ष्मी ने इंद्रपुरी से मय को बुलवाया और अपनी व्यक्तिगत देखरेख में एक शहर बसाया यहाँ, जिसका नाम पड़ा श्रीनगर। मय ने सोने की लंका बनाई थी, चाँदी के इंद्रप्रस्थ का भी निर्माण कराया था, किंतु श्रीनगर तो श्रीनगर ठहरा, एक अनोखा, रंगचित्र से मिलता-जुलता एक नगर, इंद्रधनुष का एक जीता-जागता, बोलता-गाता रूप! शायद यही कारण है कि श्रीनगर में ही अवतार लिया कथा-कला ने और दिया हमें, 'वृहत्त कथा' और 'कथा सरितसागर' जैसा कथा-साहित्य। इतिहास और पुराण नहीं शुद्ध कथा का साहित्य, जिससे युग-युग तक संस्कृत की देववाणी तथा संस्कृति की देवयानी जीवंत प्रेम-कथाओं का साहित्य गढ़ती रहीं। व्राचड़ और पैशाची भाषाओं में भी, देववाणी की गरिमा इन्हीं कथाओं के नाम है। ब्राह्मी और खरोष्ठी में अभी भी शिलापट्टों पर अंकित कुछ इतिहास के सूत्र शारदापीठ के संग्रहालय में उपलब्ध है। बातें चलती रहीं श्रीनगर की कभी न खत्म होने वाली बातें और देखते-देखते एक दिन पहुँच गए शंकर मातृलोक, दामोदर गुप्त के राजकीय आवास। शीलभद्र ने द्वारपाल को स्वयं का और पूरी टोली के भ्रमणार्थियों का परिचय दिया और दामोदर गुप्त से मिलने का आग्रह किया। सामान्य औपचारिकताएँ पूरी हुईं और शंकराचार्य का स्वागत एक विशिष्ट अतिथि के रूप में किया गया। फिर बातें भी हुईं और बातें हुईं विस्तार से।

शंकराचार्य बोले, "आचार्य दामोदर, आपके विषय में मैंने माहिष्मती की सरस्वती स्वरूपा मंडनाचार्य की अर्धांगिनी उभय भारती के मुख जो कुछ सुना था, उसके बाद से ही मेरी प्रबल उत्सुकता आपसे मिलने की रही और अब तो यह एक आवश्यकता-सी बन गई है। आप ही नहीं, कामशास्त्र के विशेषज्ञ तथा कामसूत्र के भाष्यकार वात्स्यायन से भी मिलना उतना ही आवश्यक था, किंतु मुझे जब से यह पता चला है कि वात्स्यायन नहीं रहे अब तो कामसूत्र विषयक भारतीय नारी की सारी समस्याओं का निदान मैं आपसे विमर्शोपरांत तथा आप द्वारा निर्णीत सिद्धांतों के अनुसार ही ढूँढूँगा। आचार्य, आप जयपीड़ जैसे राजा के प्रधानमंत्री रह चुके हैं, अब तो जयपीड़ नहीं रहे, अब तो आप मेरे मार्गदर्शक राजनीतिशास्त्र के आचार्य का पूज्य पद स्वीकारिए और मुझे रास्ता दिखाइए

कि आपने जिस नारी को कुट्टिनी बनाकर काल-कोठरी में बंद कर दिया, अब उसके मुक्ताकाश में साँस लेने और प्रकृति से पुरुषमय हो जाने का मार्ग क्या है ? दक्षिण देश से उत्तर, कन्याकुमारी से कश्मीर पधारी भक्ति अब भुक्ति को पराजित करेगी और शक्ति को शिव से विलय कर द्वैत से अद्वैत में परिणत हो जाएगी।"

"आचार्यवर, मैं शैव हूँ, आप ही की तरह अद्वैत का कट्टर समर्थक, किंतु कुट्टिनी मत राजनीति है आचार्य, दर्शन नहीं। इस ग्रंथ की रचना के क्रम में मैंने चाणक्य के अर्थशास्त्र, वात्स्यायन के कामशास्त्र तथा विदुर से लेकर द्वारकाधीश कृष्ण की नीतियों का मंथन राजहित में किया था, लोकहित में नहीं। किंतु अब तो मैं आपके शैव-दर्शन-दर्शनदेशीय अद्वैत के मंथन हेतु आपका शिष्यत्व ग्रहण करना चाहता हूँ। ज्ञान गुप्त मेरे कुल की विश्वविख्यात ज्ञान परंपरा के प्रतीक हैं, पहले आप ज्ञानगुप्त से मिलें और कश्मीर के शैव-दर्शन एवं दक्षिणदेशीय शैव-दर्शन में समन्वय स्थापित करने का प्रयास करें। संभव है, इससे पूरा भारत ही नहीं, संपूर्ण विश्व मार्गदर्शन प्राप्त करे।"

आचार्य दामोदर गुप्त के ज्ञान-कुल की परंपरा की बात ने आचार्य शंकर की जिज्ञासा को और भी उत्तेजित कर दिया। पहले से ही यह बात मन के अंदर प्रश्न बनकर तो कुलबुलाती ही रही थी, पंडितों के इस देश में यह गुप्त-परंपरा कैसे प्रवेश कर गई ? उन्होंने दामोदर गुप्त से पूछ ही लिया, "आचार्य दामोदर, हमने चंद्रगुप्त विक्रमादित्य की गुप्त नहीं, जगत्-प्रसिद्ध परंपरा के विषय में बहुत कुछ सुना और पढ़ा भी है। आपके इस कश्मीरी कुल का मूल कहाँ है और इस कुल के कुलदेव कौन-कौन हैं, आपसे अधिक इसका ज्ञान और किसे होगा ? यह गुप्त रहस्य इतिहास ने अब तक अस्पष्ट रखा है, आप कृपया इस रहस्य को खोलने की कृपा करें।"

दामोदर बोले, "तो सुनिए आचार्यवर, पूरे कश्मीर देश की ज्ञान-परंपरा का मूल वाहक ब्राह्मणों का प्रबुद्ध समाज यहीं का रहा है और जिस तरह मध्य देश के राजा विक्रम ने अपना परिचय अपने आदित्य स्वरूप से दिया, ठीक उसी तरह कश्मीर के राजा ने भी अपने को आदित्य-कुल से जोड़ रखा था। इतना ही नहीं, कश्मीरी आदित्य मध्यदेशीय आदित्यों से सांस्कृतिक सान्निध्य सर्वदा स्थापित रखे रहे। एक ऐसा समय आया, जब कश्मीर के राजा संतति विहीन होने के कारण अत्यंत चिंतित रहने लगे। उन्होंने मध्यदेशीय आदित्य राजा से किसी आदित्य कुलोत्पन्न राजपुत्र को गोद लेने की इच्छा व्यक्त की और तत्कालीन राजा ने कान्यकुब्ज से एक सुयोग्य राजपुत्र मातृगुप्त को कश्मीर भेज दिया। यह मातृगुप्त ज्ञान के शीर्ष पुंज स्वरूप थे तथा अद्वैतवाद में विश्वास करते थे। मैंने जिस ज्ञान-परंपरा और जिस ज्ञानगुप्त का उल्लेख किया है, इसी मातृगुप्त के वंशज हैं तथा इस कुल के ज्ञान के प्रति समर्पण को देखकर यह विश्वास होता है कि यदि पूरी पृथ्वी के लोग इस ज्ञान-परंपरा को अपना लें तो पूरी धरती को एक परिवार बनाने में विलंब नहीं होगा—'एतद्देश प्रसूतस्य

सकाशात् अग्रजन्मन: स्वं स्वं चरित्रं शिक्षेरन् पश्थिव्या: सर्वमानवा: ।'

शंकराचार्य बोले, "तब तो आचार्य, मध्य भारत अथवा उत्तर भारत का अद्वैत दर्शन ही कश्मीरी शैव-दर्शन के मूल में भी होना चाहिए। ज्ञानगुप्त कहाँ रहते हैं, मुझे उनका साक्षात्कार कराइए आचार्य दामोदर, ताकि अद्वैत दर्शन में समा रहे नए-नए आचारों-विचारों अथवा ज्ञान को प्राचीन कहकर नई-नई व्याख्याओं, उद्भावनाओं आदि के बहाने जो उसे दुरूह और दूषित बनाया जा रहा है, उसे रोका जा सके।"

दामोदर बोले, "इसे दुरूह अथवा दूषित होने का कोई कारण तो नहीं दिखता। यह परंपरा हजारों वर्षों की प्राचीन संस्कृति से जुड़ी है तथा आचार्य त्रयंबकादित्य से लेकर संगमादित्य तथा सोमानंद तक सुरक्षित रही है। आचार्य सोमानंद ने अपने प्रसिद्ध ग्रंथ 'शिवदृष्टि' में लिखा है—

"ब्राह्मणेन विवाहेन ततो जातस्तथाविध:
तेन न: स च कालेन कश्मीरेस्वागतो भ्रमन॥
नाम्ना स: संगमादित्य: वर्षादित्योऽपि तत्सुत:
तस्मादस्मि समुद्भूत: सोमानंदाख्य ईदश: ॥"

"सोमानंद की परंपरा जस-की-तस आरक्षित रही उनके शिष्य उत्पलदेव में और उसी उत्पल की शिष्य-परंपरा में आज के लक्ष्मणगुप्त, ज्ञानगुप्त ज्ञान के सूर्य सदृश अर्थात् ज्ञानादित्य की तरह अद्वैत दर्शन के आकाश में जाज्वल्यमान हैं।

"किंतु वह तो अभी शारदापीठ में ही संभवत: मिल सकेंगे, वे वहीं रहते हैं और शारदा-पुत्रों के बीच अपनी ज्ञान-रश्मियों को बिखेरकर कश्मीरी शैव तथा कश्मीरी शाक्त दर्शन को सँभाले निवसस्थ हैं।"

शंकराचार्य बोले, "उत्पलदेव तथा लक्ष्मणगुप्त के बाद शैव अथवा अद्वैत परंपरा कुछ तो आगे बढ़ी ही होगी, आचार्य?"

दामोदर बोले, "बढ़ी है, यह तो मैं कह सकता हूँ और इसका श्रेय महाराष्ट्र से पधारे नाथगुरु महेश्वरानंद अथवा गोरखनाथ को जाना चाहिए। गोरखनाथ अभी भी नाथपंथ के शिवावतार के रूप में मार्गदर्शनार्थ जीवित-जीवंत हैं। इस तथाकथित नए संप्रदाय, कौल संप्रदाय के विषय में आप अपरिचित तो नहीं होंगे आचार्यवर, किंतु एक बात जाननी आवश्यक है कि इस पंथ के नायक मत्स्येंद्रनाथ कामरूप (कामाख्या) में रहते हैं।

"दक्षिण भारत की शैव परंपरा, मध्य भारत का शैव-दर्शन तथा कश्मीरी शैव मत तीनों में यदि सामंजस्य स्थापित करना हो, तब तो आपको शास्त्रार्थ की विधि अपनानी ही होगी और इसके लिए आपको शारदा मंदिर श्रीनगर से थीरवाल और उससे भी उत्तर जाना होगा पहाड़ी क्षेत्रों के अंदर और काफी ऊपर। तत्पश्चात् संभव है, आपको

गोरखनाथ से मिलने के लिए जालंधर भी जाना पड़े तथा मछंदरनाथ से शास्त्रार्थ हेतु कामरूप भी। आपके साथ जो मार्गदर्शक हैं शीलभद्र, ये भी कोई सामान्य व्यक्ति नहीं, दर्शनशास्त्र के बड़े ही गंभीर विद्यार्थी हैं। शीलभद्र, आचार्यवर को आप 'शारदापीठ' ले चलें और वहाँ के प्रधान पुजारी के निदेशानुसार शास्त्रार्थ की व्यवस्था करें। आचार्य आनंदवर्द्धन से भी संभवत: वहीं संपर्क हो जाए। यह भी संभव है कि इस कार्य में मैं भी आपके सहयोगार्थ उपस्थित रहूँ।"

शंकराचार्य ने अपने कुछेक पट्टशिष्यों के साथ केसर की क्यारियों और घाटी में खिलते पुष्पों एवं लहराती हरियाली की फुलवारियों से होते शारदापीठ की ओर दृष्टि घुमा ली।

57

एक समय कैलाश पर्वत की किसी गुफा में आसनस्थ जब योगीश्वर शिव अमरकथा सुना रहे थे, अपनी प्राणशक्ति की प्रतीक प्रिया पार्वती को, ठीक उसी समय दंडकारण्य में वही कथा याज्ञवल्क्य मुनि शिष्य भरद्वाज को और उज्जयिनी के किसी पर्वत शिखर पर पक्षिगुरु काकभुशुंडीजी महाराज पक्षिराज गरुड़ को तो ध्यान लगाए, कान खोले केवल वे ही तीन अमरकथा नहीं सुन रहे थे, सुन रहा था संपूर्ण भारतखंड का मनुष्य-समाज, सारा पक्षिकुल, संपूर्ण मातृशक्ति समूह। ठीक वैसे ही तथा वही कथा चल रही थी आज भी जम्मू में, नाथमुनि और ईश्वरनाथ के पौरोहित्य में, जम्मू ही क्यों, अब तो कथा-प्रेमी उसे दूर-सुदूर पश्चिम कांधार और पुरुषपुर तक तथा पूरब अमरेश्वर तक ले जाने के लिए कटिबद्ध ही नहीं, अष्टांग प्रार्थना में थे। अब योजना यह बन रही थी कि यह कथा अमरेश्वर, हरमुखेश्वर, सुरेश्वर, भूतेश्वर और हर्षेश्वर आदि शिव तीर्थों तक तो पहुँचे ही, सभी शक्ति तीर्थों कुलग्राम (त्रिपुरा सुंदरी), पुलवामा (ज्वालामुखी), थीटवाल (शारदा) और वरमुल्ला (शैलपुत्री) आदि तक भी पहुँचे और संपूर्ण केसराभा-मंडित कश्मीर की धरती और उसके आकाश को भागवत भक्ति एवं दर्शन के आठवें तथा नवे रंग से रँगकर इसके इंद्रधनुषी सातों रंगों को पर्याप्त गहराई-ऊँचाई से भूषित कर दिया जाए। यह एक सुखद संयोगमात्र था कि त्रेता की तरह इस कलियुग में भी यह कथा कश्मीर के तीर्थस्थलों से जन-जन तक पहुँचनेवाली तो थी ही, यही कथा, ठीक अमरकथा की तरह ही चल रही थी साथ-साथ अयोध्या में सामवेदीय पंडित आचार्य मधुरकवि के पौरोहित्य में, जिसे अयोध्या के बाद मिथिला, मिथिला से पाटलिपुत्र, कान्यकुब्ज होते हुए काशी होते हुए कांची पहुँचने का निर्देश था। तीसरी कथा चल रही थी कामरूप में, जिसके पुरोहित थे योगिवाह आचार्य कुलशेखर, प्रसिद्ध भक्तिगीतों के संग्रह 'मुकुंदमाला' के रचयिता। कुलशेखर की भक्तमंडली भजन-कीर्तन करती हुई भगवद्-गाथा सुनाती पहुँचनी थी कलिंग, कलिंग से कर्णाट तथा अगस्त्येश्वर होते हुए कांची पहुँच जानी थी।

शंकराचार्य एवं नाथमुनि की समझ थी कि भक्ति की यह धारा पूरे भारत के अंदर और बाहर जो भी आध्यात्मिक अथवा सांप्रदायिक मैल बैठ गया है, उसे भक्ति के

गंगाजल से धोकर केवल प्रदूषणमुक्त कर देने की आवश्यकता है। उन्हें विश्वास था कि भक्ति-रसायन का सेवन करने से ही धर्मों में व्याप्त कलुष मिटेगा और तब सब उस औपनिषदिक विभूति के टीका से अपने मस्तकों को शोभायमान करने से नहीं चूकेंगे, जो कहता है, जो बोलता है, जो जपता है—'सर्वं खल्विदं ब्रह्मा' अथवा भजता है—'अहं ब्रह्मास्मि' अथवा समझता है—'तत्त्वम्' या 'सोऽहम्' तथा 'स नेति नेति आत्मा'।

नाथमुनि और ईश्वरनाथ स्थान बदल-बदलकर भक्ति का मार्ग प्रशस्त करते आगे बढ़ते जा रहे थे, स्वागत था उनका किंतु शंकराचार्य जितना महान् ज्ञानी, अवतारी आचार्य मान-सम्मान, तथा स्वागत उतना नहीं हो रहा था कहीं भी—'सर्वं खल्विदं ब्रह्म'—अर्थ तो लोग समझते थे, जीभ पर रखते, पर कोई स्वाद, कोई आनंद, कोई तृप्ति की अनुभूति नहीं होती। शंकराचार्य का वेदांत जिह्वा से नीचे नहीं उतरता, उपनिषदें दूर-दूर अच्छी लगतीं, पास आते ही तिरोभाव जाग्रत् हो जाता। ऐसा ही होता था संभवत: ब्रज की गोपिकाओं को जब उद्धव द्वारका से चलकर गोकुल पधारे थे—ब्रह्म की परिभाषा समझाने। उत्तर मिला था उन्हें भी ऐसा ही शायद—उद्धव मनमाने की बात।

कश्मीर की फूलों से सजी घाटी, मीलों-कोसों तक फैली हरियाली, कहीं नीला आकाश, कहीं सफेद बर्फ जैसे बादल, सामने उत्तुंग पहाड़ पर जमी सोने की पट्टी-सी चमकती बर्फ से बना मुकुट पहने पर्वतराज हिमालय। मन करे किरणों से नहा लो, मन करे लाल-लाल लटके कुछ सेबों से भूख मिटा लो। नहीं मन करे तो नहाना, पूजा-उपासना कुछ जरूरी नहीं, कुछ मनपसंद शिकार हाथ में लो, कुछ मदिरा की व्यवस्था कर लो मिल-जुलकर पकाओ, दिल खोलकर बाँट-बाँटकर खाओ—

अंत: कौल: वहि: शैव: लोकाचारे तु वैदिक:।
सारमादेय तिष्ठेत नारिकेल फलं यथा॥

कश्मीरी जीवन त्रयंबक के सिद्धांतों पर चलता रहा, खेतपाल, भविराजा, वामनाथ, शंभुनाथ से लेकर त्रयंबकादित्य तक और त्रयंबकादित्य से आगे संगमादित्य और उनसे आगे चलते दिददो रानी के राज तक, अमरनाथ से पुरुषपुर तक, श्रीनगर से (रामनगर) जम्मू तक। तर्कवाद से कोई कठिनाई नहीं थी, फिर भी समरसता स्थापित करने के नाम पर कोई प्रतिरोध भी नहीं। यही काम महाराष्ट्र से आकर गोरखनाथ और नाथपंथी संप्रदाय कर रहा था तथा यही समरसता, यही समन्वय, यही सामंजस्य का सिद्धांत लेकर आए थे भक्त मुनिनाथ आचार्य तथा दार्शनिक शंकराचार्य महाराज। किंतु उनका 'सर्वं खल्विदं ब्रह्म' किसी को स्वीकार्य नहीं था और यदि समन्वय नहीं तो उत्तर और दक्षिण का संबंध ठीक वैसा ही हो जाता, जैसे वाम और दक्षिण का, वैदिक-औपनिषदिक साहित्य तथा आगम शास्त्रों का।

अभी नाथमुनि की कथा शारदापीठ के आस-पास चल ही रही थी कि शंकर

शीलभद्र के साथ वहाँ पहुँच गए। नाथमुनि भी स्वयं एक भाष्यकार आचार्य थे, किंतु इसके अतिरिक्त भी उनकी यह विशेषता थी कि वे दार्शनिक विचारों को भक्ति-प्रवण भावना से जोड़कर गीतों में स्वयं सजाते और बहुत ही मधुर स्वर में अपने गीतों को गाते। श्रीनगर के आम जन तो प्रतिदिन कथा सुनने आते ही रहते, प्रबुद्ध जन तथा बड़े-बड़े आचार्य और संन्यासी-महात्मा भी कथा-श्रवण हेतु आ पहुँचते। गांधार से कश्मीर आए प्रबुद्ध पंडित हों, चाहे बौद्ध संन्यासी, सब कश्मीर में थे और सब खतरे से बचने के लिए अपना-अपना खूँटा मजबूत करने में लगे थे।

कथा-श्रवण हेतु आनंदवर्द्धन भी आते, दामोदर भी, लक्ष्मणगुप्त भी, जिन्हें अब ज्ञानगुप्त के नाम से संबोधित किया जाने लगा था, नाथपंथी योगी भी, बौद्ध संन्यासी भी। अपने-अपने धर्म, संप्रदाय, मत-मतवाद तथा पंथ-प्रचार में लगे बड़े-से-बड़े ज्ञानी—गोरखनाथ जैसे ज्ञानी तो पद्मसंभव जैसे ध्यानी भी और दामोदर गुप्त जैसे अभिमानी भी। नाथमुनि ने शंकर से कहा, "आचार्य, आपका समय आ गया, जिस उद्देश्य से आपने कश्मीर की यात्रा प्रारंभ की थी, वही समय आ गया है आपके सामने। कश्मीर का मूल धर्म पाशुपत शैव है और जीवन-धर्म ब्राह्मण वैष्णव, आयातित धर्म इस्लाम, आरोपित धर्म बौद्ध व्रात्य, श्रमण आदि। इन धर्मों में प्राय: सबमें किसी-न-किसी रूप में वाम अथवा आगम अथवा कौल का प्रवेश भी होता रहा है। कश्मीर के शारदापीठ में यदि एक शास्त्रार्थ आप जीत जाते हैं तो यह आपकी यात्रा भारत दिग्विजय-यात्रा बन जाएगी। आप दामोदर का उपयोग कीजिए और एक बड़े शास्त्रार्थ का सहारा लेकर अपने दर्शन और अपनी विचारधारा का शंखनाद कीजिए। संभव है, कश्मीर से ही आपका एक भारत, श्रेष्ठ भारत का सपना सत्य का सूर्योदय लेकर भारत ही नहीं, पूरी सृष्टि की एकता का सूर्य सिद्ध हो।"

आगे-आगे शीलभद्र और उसके पार्श्व में शंकराचार्य तथा पीछे-पीछे ईश्वरनाथ, पिताश्री नाथमुनि को पार्श्व में सँभाले चले जा रहे थे पहाड़ियों और जंगलों के सन्नाटे के बीच। चारों आचार्यों के पीछे-पीछे शिष्यों की टोली चल रही थी, संतों-महात्माओं की भी टोली चोरों-डाकुओं की तरह चुप्पी साधे। रास्ते में कोई गाँव या कोई बस्ती मिलती तो वे और भी सतर्क तथा नि:स्वर हो जाते। उन्हें कहा गया था कि इन बस्तियों में ही आतंकी लोग छिपे रहते हैं और बड़े-बड़े घातक हथियारों के साथ श्रीनगर के कुलीन तथा समृद्ध पंडितों के घरों पर आक्रमण करते हैं एवं उन्हें लूटते हैं और उनकी हत्याएँ करके उन्हें जंगलों या जंगलों के बीच बहती पहाड़ी नदियों में फेंक देते हैं। दिद्दो देवी की हत्या के बाद कश्मीर की शासन-व्यवस्था भी शिथिल पड़ी है। इन आतंकियों को जीवनयापन तथा चिकित्सा आदि की सारी सुविधाएँ कांधार से आती हैं और इन्हें भी कांधार बुलाया जाता है, जहाँ वे आक्रमण की नव्यतर विधि-विधानों से परिचित किए जाते हैं। दस घंटे की पैदल-यात्रा के बाद एक पहाड़ी के ऊपर फैले पठार पर एक विशाल मंदिर है—शारदा

मंदिर। इसे एक मंदिर कहना सर्वथा अनुचित होगा, क्योंकि यह मंदिर कई मंदिरों के अंदर एक बहुत ही भव्य स्थान है, एक किले की तरह, खिलते इंद्र के किले की तरह, एक बहुत बड़ा प्रांगण जैसा और फिर पूरा प्रांगण स्फटिक निर्मित एक अतिथिशाला लगता था, किंतु वह अतिथिशाला नहीं, एक मंच था—मुक्ताकाश मंच। मंच के पीछे और प्रांगण के चारों ओर कई मंदिर बने थे, जिनमें नौ महाशक्तियों के विग्रह प्रतिष्ठित थे।

प्रांगण में प्रवेश के लिए चारों दिशाओं में चार बड़े-बड़े दरवाजे थे, जो लाल चंदन की लकड़ी से बने थे। तीन दरवाजे प्रतिदिन खुलते प्रात: सूर्योदय के साथ, किंतु चौथा दरवाजा बंद। लोगों का विश्वास था कि किसी-न-किसी दिन यह दरवाजा भी खुलेगा और स्वत: खुल जाएगा, जब कोई सरस्वती-पुत्र इस दररवाजे पर खड़ा होकर माता सरस्वती को पुकारेगा।

रात भर पैदल-यात्रा के बाद शंकराचार्य तथा नाथमुनि की टोली पहुँच गई थी मंदिर के दक्षिण द्वार, किंतु द्वार बंद था। शंकर की आँखों में आँसू आ गए, वे बोले, "माँ, जिस माँ के आशीष के लिए मैंने भद्रा तट की सुभद्रा तथा कलाड़ी तट की विशिष्टा को दु:खी कर संन्यास ग्रहण कर लिया, जिस माँ ने मुझे बिना दर्शन दिए मुझे सारा ज्ञान-सागर मेरी अंजलियों में उड़ेल दिया, जिस माँ ने माहिष्मती में मुझे आश्वासन दिया कि वह कांची के प्रांगण में मेरे साथ मेरी पूज्य अभिभावक बनकर मुझे मार्गदर्शन देती रहेंगी जीवन भर, उसी माँ के दरवाजे मेरे लिए बंद हैं! माँ, मैं तुम्हारा सच्चा पुत्र होने का प्रमाण तुम्हें तुम्हारी आँखों के सामने प्रस्तुत करने आया हूँ, माँ दरवाजे को खोल दे। मैं आँखें बंद कर रहा हूँ और ये आँखें तभी खुलेंगी, जब तुम अपने हाथों का पवित्र स्पर्श देते हुए मुझे आदेश दोगी कि "बेटे शंकर, आँखें खोलो, तुम्हारी माँ तुम्हारी अगवानी में तुम्हारे सामने खड़ी है।"

कुछ जादू-सा घटित हुआ, शंकर ने आँखें खोलीं तो सामने माँ तो नहीं थी, किंतु कई पुजारी और प्रधान पुजारी स्वागतार्थ खड़े थे, प्रधान पुजारी ने भी कभी इस दरवाजे को खुला नहीं देखा था और आज सुन रहे थे पूरे परिसर के दसों मंदिरों के घंटे लगातार बजने लगे हैं। चारों ओर चर्चा छिड़ गई, उत्तर-पूरब-पश्चिम दिशाओं के सारे विद्वानों को सूचना हो गई, आज एक दक्षिण और पूरब-पश्चिम-उत्तर के बीच ब्रह्म जगत् एवं सत्य की प्राप्ति तथा उसके मार्ग का निर्धारण हो जाएगा शास्त्रार्थ की पद्धति द्वारा। आज से भारत—एक भारत—श्रीमद्भारत का दूसरा अध्याय लिखना आरंभ होगा।

प्रात:कालीन पूजा-आराधना समाप्त हुई, आरती भी, वही आरती, जिसे शंकर ने काशी में कामाक्षी देवी के लिए लिखी थी और मंच की सजावट आरंभ हो गई। प्रधान पुजारी ने शंकर के कक्ष में जाकर उन्हें सूचित किया—

"आचार्यवर, मुख्य मंदिर के द्वार पर शारदा की आँखों के ठीक सम्मुख एक स्वर्णनिर्मित आसन है ठीक मध्य बिंदु पर, जिसे सर्वज्ञासन की संज्ञा प्राप्त है। पश्चिम थक

गया, पूरब के पसीने छूट गए, उत्तर भयार्त रह गया, शास्त्रार्थ में सम्मिलित ही नहीं हुआ। वे एक-दूसरे से पराजित सभी पक्ष एक पक्ष हैं, जिन्हें आज के शास्त्रार्थ में विपक्ष कहा जाएगा और एक दूसरा पक्ष होगा, जो दक्षिण की ज्ञान तथा शास्त्रीय परंपरा का उत्तर और मध्य की ज्ञान परंपरा से तादात्म्य भाव स्पष्ट करेगा एवं प्रथम पक्ष समर्थन-पक्ष की संज्ञा से अभिज्ञप्त होगा। प्रथम पक्ष वाद पक्ष होगा, द्वितीय पक्ष प्रतिवाद पक्ष।

"न्याय विधियाँ न्यायदर्शन (अक्षपाद गौतम) के न्यायसूत्रों में स्थापित विधियाँ होंगी। न्यायाधीश की भूमिका आचार्य पद्मसंभव निभाएँगे। प्रथम पक्ष में प्रतिभागी होंगे कांची के आचार्य शंकर तथा उनके सहयोगी मंच की दाहिनी ओर अपना स्थान लेंगे। विपक्ष-पक्ष-विपक्ष के प्रतिभागी होंगे, आचार्य लक्ष्मण गुप्त बाईं ओर। वाद-विवाद प्रतियोगिता चार घंटे तक चलेगी। विपक्ष मंच की बाईं ओर बैठेगा। लक्ष्मण गुप्त को सहयोगियों की आवश्यकता होगी तो वे मंदिर के न्यायाधीश की अनुमति से अपने पीछे मंचासीन किसी भी अन्य धर्म अथवा पंथ अथवा संप्रदाय के किसी भी विशेषज्ञ को वादी के किसी भी प्रश्न अथवा जिज्ञासा का उत्तर देने को कह सकेंगे, किंतु सनातन धर्म तथा सनातन दर्शन एवं साहित्य से संबंधित प्रश्नों के उत्तर देने के जिम्मेदार नहीं होंगे। सर्वप्रथम शास्त्रार्थ का विषय-निर्धारण न्यायाधीश को वाद-विवाद के पहले घोषित कर देना था और यदि आवश्यक हो तो दोनों पक्षों से परामर्श भी करना था।"

आचार्य पद्मसंभव ऐसी अनेक प्रतियोगिताएँ संचालित करने के लिए लोक प्रसिद्ध थे। पद्मसंभव के सभा मंच पर पैर रखते ही सभी लोग खड़े हो गए और उनके प्रति अपना सम्मान-भाव निवेदित किया। पद्मसंभव ने घोषणा की कि शारदा मंदिर के प्रांगण में आज के इस ऐतिहासिक महत्त्ववाली सभा में शास्त्रार्थ के लिए उपस्थित पक्ष और विपक्ष को यह औपचारिक जानकारी देनी है कि आज के वाद-विवाद का विषय है कि दक्षिणदेशीय अद्वैत शैववाद तथा उत्तर भारतीय कश्मीरी शैववाद एक ही सिक्के के दो पहलू हैं एवं भारतीय अद्वैतवादी शैव सिद्धांत के आदर्श के रूप में दोनों में से कोई भी एक को मान्यता देने के लिए आज आवश्यक निर्णय लिया जा सकता है और सारे संसार के लिए मानव-धर्म के रूप में चयनित किया जा सकता है। यह भी घोषणा की गई, एक ऐतिहासिक घोषणा कि आज के शास्त्रार्थ में जो भी जीतेगा, उसे शैव 'सर्वज्ञ' की उपाधि से विभूषित किया जाएगा और उस विशिष्ट आसन पर अधिसीन कराया जाएगा, वह स्वर्णनिर्मित आसन, जो वर्षों से इस प्रतियोगिता के संपन्न नहीं होने के कारण खाली रहा है। उसपर आज के विजयी प्रतिभागी को बैठाकर सरस्वती, पुत्रों द्वारा विश्व के प्रथम सर्वज्ञ अर्थात् विश्व स्तरीय प्रथम अथवा आदि सर्वज्ञ जगद्गुरु के रूप में गोमुखी गंगाजल से अभिषिक्त किया जाएगा। शंकराचार्य को प्रथम पक्ष घोषित करते हुए उन्हें वाद-विवाद से अपने पक्ष को प्रतिपादित करने का आदेश दिया गया।

शंकराचार्य बोलने लगे, "मान्यवर न्यायाधीश आचार्य पद्मसंभव, विद्धद्वृंद तथा शारदा मंदिर पर आयोजित इस शास्त्रार्थ के साक्षी शारदा पुत्रो, 'एको सद्विप्रा बहुधा वद ंति' सत्य तो एक है, जो अपनी किसी इच्छा के कारण, अपने अव्यक्त समवर्तताधि, दिव्य शक्ति को पराशक्ति के रूप में आत्म प्रकटीकरण की इच्छा हुई, तद् सेवत, वहुस्याम-तद् अर्थात् ब्रह्म की इच्छा का प्रकटीकरण, यह संसार है और ऐसा घटित हुआ इसका साक्षी वही है—तद् इक्षत—और वही इच्छा है मनस का, वह प्रथम बीज—'मनसो रेत: प्रथमं यद् आसीत्।' जब इस विश्व अर्थात् ब्रह्मांड की इच्छा करनेवाले की इच्छा ही इस सृष्टि की साक्षी है तो न्यायसूत्र के अनुसार प्रत्यक्ष प्रमाण के रूप में आप के पास ब्रह्म-ब्रह्मांड, जो यथार्थ अर्थात् संसार के रूप में उपस्थित है, को सिद्ध करने के लिए और किसी प्रमाण की आवश्यकता ही नहीं होनी चाहिए। यथार्थवादी सांख्य-वैशेषिक-न्याय-मीमांसा अर्थात् फिर वैदिक वचनों अथवा आर्ष वाक्यों को प्रमाण क्यों नहीं मान लेते ?"

कुछ समय के लिए शास्त्रार्थ थम गया जैसे। आशा थी कि दक्षिण देशीय इस युवा आचार्य को शास्त्रार्थ आरंभ होते ही ज्ञानगुप्त अपने ज्ञानालोक से अंधकार के मौन में विलुप्त कर देंगे और बौद्ध आचार्य उन्हें दिङनाग की तर्क-शैली के डंक से विक्षिप्त, किंतु प्रारंभ में हुए औपनिषदिक मंत्रोच्चार से शास्त्रार्थ के समर्थक सभी पैशाचिक, कापालिक, योग-योगिनी, भोग-भोगिनी तत्त्व शास्त्रार्थ के धर्मक्षेत्र को छोड़कर अलग हटते हुए भारी मन से ही सही, ज्ञानगुप्त ने भी दामोदर, आनंदवर्द्धन सहित सभी पंडितों का मौन स्वीकार देखकर पद्मसंभव ने कहा कि आप आगे बोलिए आचार्य शारदापीठ ब्रह्म-ब्रह्मांड के अस्तित्व और उसके लिए वैदिक-औपनिषदिक आपके तर्क को स्वीकार करता है। ज्ञानगुप्त ने कुछ कहना चाहा, "किंतु सांख्य तथा वैशेषिक इसमें जड़ तत्त्वों की भूमिका सिद्ध करते हैं और योगशास्त्र की चक्र-यात्रा में पंचतत्त्वों और षष्ठ तत्त्व 'रयि' की भूमिका, इन वैज्ञानिक कारणों को अस्वीकार कैसे करेंगे, आचार्य ?"

शंकर बोले, "प्रकृति तो स्वयं में कोई तत्त्व होती ही नहीं, वह तो ब्रह्म की प्रकृति की छाया की तरह उसका प्रतिनिधित्व भर करती है। ब्रह्मांड अव्यक्त तत्त्व होता है, एक तत्त्व कहने को अव्यक्त, किंतु स्पंदन युक्त खुलता है, ब्रह्म तत्त्व आँखें मूँदता है, अर्थात् स्फुरित-स्फारित, स्फुटित-स्फोटित होता है, फिर संकुचित होकर अपने आप में समा जाता है, सारा कुछ एक खेल है, आधिभौतिक, आध्यात्मिक, मानसिक, अति मानसिक, इन्हीं अध्यायों में व्यक्त पुन: इन्हीं रास्तों से अव्यक्त। कापालिक-कापालिनी, योगी-योगिनी, भूत-पिशाच, यंत्र-मंत्र-तंत्र सबके सब अनावश्यक, अकारण।"

इस उत्तर से जैसे कोई विषबाण सीधे कलेजे पर लग जाए, एक साथ शास्त्रार्थी, साक्षी और न्यायी सभी घायल हो गए। लगा, वे अनुशासन की सीमा तोड़कर अपने शिष्यों के समवय के इस युवा विद्यार्थी को डाँट पिला देंगे, किंतु शास्त्रार्थ शारदा मंदिर में हो

रहा था, शारदा माँ सबकी, सभी शिष्यों की, सभी गुरुओं की माँ सबको तर्क से नियंत्रित करतीं, "इस बच्चे के तर्क तो सुनो।"

पद्मसंभव ने कहा, "आचार्य शंकर, आप हमारे अतिथि शास्त्रार्थी हैं, किसी को भी आपके प्रति सम्मान की सीमा को तोड़ने की अनुमति नहीं दी जा सकती, किंतु आप क्या तर्क से यह सिद्ध कर सकते हैं कि जिन मान्यताओं पर आपने प्रहार किया है, उन मान्यताओं के पीछे कोई वैज्ञानिक अथवा दार्शनिक तथा इतिहास सम्मत व्याख्या नहीं है कश्मीरी शैव दार्शनिकों तथा शिव-शक्ति पूजकों और साधकों के पास?"

ज्ञानगुप्त बोलने लगे, "महोदय, वेद अथवा औपनिषदिक अथवा आर्ष वाक्य को प्रमाण माने जाने की व्यवस्था सनातन है, अत: हमें उसके विरुद्ध बहुत कुछ नहीं कहना, किंतु अवैदिक दर्शनशास्त्रों ने जो प्रश्न उठाए हैं और जिनके आलोक में ब्रह्म, ईश्वर आदि तत्त्वों को ही अस्वीकार करने लगे हैं, हमें या तो उनके प्रश्नों का उत्तर देना होगा अथवा ब्रह्म के अस्तित्व के पक्ष में तर्क देने होंगे। हम कश्मीर के दार्शनिक जिस तत्त्व को मानते हैं, उसे 'शिव' कहते हैं और 'शिव' की जीवन-शैली को उसी की शैली में जीते हैं। हमारा पूरा अतीत और पूरा वर्तमान 'शिव' की अवधारणा का अर्थ दक्ष प्रजापति के यज्ञ के विरुद्ध 'शिव' की शक्ति के उदय व उन्मेष से जोड़ता है एवं इसके लिए हिमालय के उत्तरी क्षेत्र—चीन, मंगोलिया, खुरासान, अरबिस्तान आदि की उस व्रात्य-तथाश्रमण संस्कृति और हम उस संस्कृति की शक्ति की ओर देखते हैं, जिसके बल पर दक्ष और उसके सहयोगी देवताओं की पूरी शक्ति को पराजित कर भोग-सुख पर जो उनका आधिपत्य था, उसको छीना था और अपने धर्म का नामकरण किया था—पाशुपत धर्म।"

"शंकराचार्य! आप पाशुपत धर्म को स्वीकार तो करते होंगे, आप 'शैव' हैं तो करते ही होंगे न!"

शंकराचार्य बोले, "मैं 'शैव' हूँ आचार्य ज्ञानगुप्त और पाशुपत पंथ से मेरा कोई विरोध नहीं, किंतु आप जिसे धर्म समझते हैं, उसे मैं अपने विश्वास अथवा विचारधारा का एक पक्ष, पक्ष भी नहीं, अंग, अंग भी नहीं, अंश कहता हूँ। इसे स्पष्ट करना उचित प्रतीत होता है, श्रीमान न्यायाधीश पद्मसंभव और वह इसलिए कि श्रीमान ज्ञानगुप्त भी 'शैव' हैं एवं शंकर भी, किंतु ज्ञानगुप्त के लिए 'शैव' एक धर्म है, शंकर के लिए एक विचार, एक चैतन्य पुंज। चैतन्य के कई स्तर होते हैं, शिव भी उसी चैतन्य का एक स्तर है, परम चैतन्य के बीच का स्तर, सिर्फ चैतन्य। इस चैतन्य के दो आयाम होते हैं—एक 'शिव', दूसरा 'शिवा', एक पुरुष, दूसरा प्रकृति, एक पुंज, दूसरा विस्तार, एक स्रष्टा, दूसरा सृष्टि। वस्तुत: ये दो आयाम एक ही तत्त्व की दो प्रतिच्छवियाँ हैं, शिव तत्त्व की प्रकृति व्यक्त होना, विस्फारित होना और पुन: संकुचित होकर वही चैतन्य स्वरूप होना। इस चैतन्य तत्त्व के ऊपर भी एक चैतन्य का स्वरूप होता है, जिसे परम तत्त्व, परम आत्मा, अव्यक्त

ब्रह्म कहते हैं। इस अव्यक्त चैतन्य की शक्ति की कोई सीमा नहीं है और इस शक्ति से टकरानेवाली कोई भी शक्ति जीवित नहीं रह सकती, विनष्ट हो जाती है अथवा उसी अपरिमित सत्ता में विलीन।

"आचार्य पद्मसंभव, आपके बौद्ध संन्यासी नागार्जुन का ध्यान उस परमतत्त्व तक नहीं पहुँच सका, 'शून्य' और शून्य के अंधकार में डूबा तो फिर उगा नहीं। गौतम बुद्ध का चैतन्य आत्मन के शून्य से ऊपर उठा तो उन्हें प्रज्ञा, मैत्री, करुणा आदि की अनुभूति हुई। समाधि अवस्था योग की चरमावस्था नहीं है, महाशय! पाशुपत धर्मी आत्मा तो ध्यान विधि से समाधि तक भी नहीं पहुँच पाती, अत: वह पंचमकार (मांस, मत्स्य, मदिरा, मुद्रा और मैथुन) का सहारा लेकर समाधि के शून्य अथवा समाधि की चरम अवस्था में पहुँचकर परम तत्त्व से विलय होने की अनुभूति के एक बहाने का निर्माण करती है। श्रमण तथा पाशविक प्रवृत्ति की आत्माएँ 'शिव' तत्त्व से एकाकार होने की इसी अवस्था की उपलब्धि के कारण अपने को शैव कहती हैं। इसी अवस्था में पहुँचने के लिए कौलाचार तथा तंत्र और योगी-योगिनी, कापालिक-कापालिकी आदि साधनाओं का प्रतिफल है—एक साथ सनातन, शैव, वैष्णव, बौद्ध, जैन आदि सभी धर्मों के बीच आचार-विचार का अधोपतन और व्यभिचार की वृद्धि। तंत्र उपेक्षणीय नहीं, किंतु अपेक्षणीय भी नहीं। इसका सदाचरण में उपयोग अनुशंसनीय है, किंतु दुराचार में इसका व्यवहार निंदनीय।

"कश्मीर के शैववाद के इस अधोपतन के कारण अब हम अपने 'शैव' सिद्धांत को केवल अद्वैतवाद कहकर परमात्म-सिद्धि की साधना पर जोर देते हैं और मैं कांची से चलकर दक्षिण देश तथा मध्य देश का संदेश लेकर कश्मीर आया हूँ। महोदय, मेरा अनुरोध है कि वामाचार के द्वारा परम तत्त्व अथवा परमात्मा ईश्वर तक पहुँचने का नाटक समाप्त करने की दिशा में हम निर्णय लें, सिद्धांत बनाएँ और नियमन देकर पूरे भारत, उत्तर से दक्षिण एवं पूरब से पश्चिम तक को एक संस्कृति के सूत्र में बाँधें और तत्पश्चात् पूरे विश्व को ब्रह्म से एकाकार करने की दिशा में तत्पर हों।"

ज्ञानगुप्त ने शंकर के इस विचार का न तो तिरस्कार किया, न स्वीकार। उन्होंने कहा, "न्यायाधीश पद्मसंभव महोदय, कश्मीरी 'शैववाद' का व्यावहारिक पक्ष अज्ञात होने के कारण शंकराचार्य ने उत्तर की संस्कृति पर घातक आक्रमण कर दिया। कश्मीर 'शैववाद' के कौल अथवा तंत्र अथवा श्रमण पक्ष को स्वच्छंदता, उच्छृंखलता तथा चारित्रिक अधोपतन से जोड़कर देखने का कोई कारण नहीं है। शैववाद के प्रतिपादन के क्रम में हमारे देश के परम पूज्य आचार्य सोमानंद के इस कथन के आधार पर शंकराचार्य को अपने कथन में संशोधन कर शैववाद के व्यावहारिक रूप को स्वीकार करना चाहिए तथा अपने काल्पनिक 'परमतत्त्व' वाले वेदांत दर्शन की पुनर्व्याख्या करनी चाहिए। हमारा दर्शन, हमारा शैववाद तो शिवदृष्टि के इस छोटे से श्लोक में स्पष्ट किया हुआ है—

वेदाच्छैव ततो वामं ततो दक्षं ततः कुलम्।
ततो मतं तत्श्चापि त्रिकं सर्वोत्तमं परम॥

"इसके अतिरिक्त यह भी मानना चाहिए वेदांतियों को कि उनका चिंतन बौद्ध नागार्जुन के शून्य अथवा बुद्ध के बोधिसत्त्व का एक प्रच्छन्न रूप है तथा ब्रह्म का स्वरूप भ्रामक है—कभी परम तत्त्व बन जाता है, कभी शिव शक्ति स्वरूप, कभी वैष्णव धर्म के स्तर पर उतर जाता है, कभी शैव।"

शंकराचार्य बोले, "कश्मीर का शैववाद समाधि अवस्था से आगे मानस-अति मानस के उच्चतर चार स्तरों पर चढ़ने को अनावश्यक मानता है, इसे अस्वीकार भी नहीं करता, प्रचार भी नहीं, व्यवहार भी नहीं। फलतः यह समाधि की तुरीयावस्था से वंचित है, साधना और आत्मा की ऊँचाइयों से अपरिचित रह जाता है। वह आत्म तत्त्व के ब्रह्म स्वरूपात्मक अति मानसिक, आध्यात्मिक प्रकाश से अपरिचित है, साथ ही आत्मा के ही शक्ति सरूपात्मक विश्व स्वरूप से। चैतन्य की यह समझ तब तक संभव नहीं है मान्यवर, जब तक कश्मीर का शैव-दर्शन अपनी धारणा से कौलाचार, तंत्र तथा योग-सिद्धि के क्षुद्र स्तरों से ऊपर उठकर ब्रह्म की तुरीयता की ऊँचाई और आध्यात्मिक आनंद के स्तर तक नहीं पहुँच जाए।"

महाज्ञानी के रूप में आदृत ज्ञानगुप्त, पद्मसंभव, दामोदर एवं शाक्य श्रीभद्र भी मौन हो गए—नाथ, सिद्ध और शैव सारी शिष्य मंडलियाँ शांत-चुप। चुप्पी तब टूटी, जब शारदा मंदिर के अंदर से बिना किसी मानव-शक्ति के उपयोग के ही सभी घंटे बज उठे, शंखध्वनि फूट पड़ी। यह क्या हो गया, पट खोला गया। माँ शारदा जैसे बोलने को विवश हों, "शास्त्रार्थ पूर्ण हुआ। शंकराचार्य को बुलाओ। शंकर, काशी में तुमने कौन सी आरती सुनाई थी? आरती की वह ध्वनि मेरे कानों में आज भी वैसे ही गूँज रही है। सुना दे वह आरती पद्संभव को, ज्ञानगुप्त को, दामोदर को, आनंदवर्द्धन को, पूरे कश्मीर को, पूरे भारत को, हाँ शंकर संपूर्ण ब्रह्मांड को।"

शंकर आरती गाते-गाते ब्रह्मानंद में डूब-उतर रहे थे और भक्तजन बीच-बीच में बोलते, 'माँ भारती की जय', 'भारत माता की जय', 'भक्त शंकराचार्य की जय' और अंत में 'हर-हर महादेव'।

□

58

भारतवर्ष की उत्तरी सीमाओं के बाहर से आयातित श्रमण संस्कृति के प्रभाव में तंत्र की एक लंबी-पुरानी परंपरा कश्मीर के शैवों के बीच लोकप्रिय हो चली थी, इतना ही नहीं था। देवपुरुष त्रयंबकादित्य, संगमादित्य, वर्षादित्य, आनंदादित्य से होती हुई यह पाशुपत परंपरा सोमानंद तब पहुँची थी और सोमानंद की 'शिवदृष्टि' के साथ उत्पल देव में पुनरुज्जीवित हुई थी और तब उसका सार था—

अंत: कौलो वहि: शैवो लोकाधारेतु वैदिक:।
सारमादेय तिष्ठेत नारिकेल फलं यथा॥

देवपुरुष त्रयंबकादित्य तंत्र के साधक थे तथा वेदोपनिषदों के प्रकांड पंडित भी। उन्हें तंत्र पाशुपत धर्मियों ने ही दिया था; इसका कोई शास्त्रीय प्रमाण तो नहीं, किंतु इस तथ्य का प्रमाण राजकीय अभिलेखों में मिलता है। तैत्तिरीय आरण्यक में 'श्री' चक्र की पूजा का विधान भी मिलता है। यही कारण है कि शैव आगम की दृढ मान्यता थी कि—

वेदाच्छैवं ततो वामं, ततो दक्षं तत: कुलम्।
ततो मतं ततच्चापि प्रियं सर्वोत्परं परम॥

अर्थात् वेदों से ही शैव, वाम, दक्षिण, कौल तथा तत्पश्चात् जो भी संप्रदाय दिखाई पड़ते हैं, उत्पन्न हैं।

किंतु सिद्धों-नाथों से लेकर बौद्ध साधकों के द्वारा भी तंत्र का दुरुपयोग समाज के कल्याण का एक बहाना बना था, जिससे सामान्यत: जनमानस सहमत नहीं था और यही कारण था कि शंकराचार्य के वेदांत घोष के सामने क्या बौद्ध, क्या सिद्ध, क्या नाथ, सबके-सब मौन हो गए। शारदापीठ में भी वेदांत जीत गया और तंत्र मौन रह गया। गोरखनाथ के कई शिष्यों ने शंकराचार्य से मिलकर उन्हें जालंधर में शास्त्रार्थ का आमंत्रण दे दिया और गोरखनाथ के साथ शास्त्रार्थ की मौन चुनौती भी। आचार्य काशी लौटने की मानसिक तैयारी में थे, किंतु उन्होंने स्वीकृति दे दी। सोचा, चलो शास्त्रार्थ तो हो चुका, अब गोरखनाथ जैसे संत से भेंट तो हो जाए और एक ऐसे देवपुरुष के दर्शन तो हो जाएँ, जो तांत्रिक तो है, किंतु वेद-विरोधी नहीं। आचार्य ने सोचा—

"हाँ, मैं कश्मीर से सीधे जालंधर चलूँ, फिर काशी और अंतत: कांची।

"माँ शारदे, मैंने महिष्मती में ही तुम्हारी अनुमति ले ली थी, फिर यहाँ भी वही माँग रहा हूँ। मुझे कांचीपुरम् पहुँचा दो माँ, तुम्हारी मूर्ति स्थापित करनी है, कांची मठ के मंदिर में।"

शंकराचार्य जब विद्याध्ययन समाप्त करने के पश्चात् चोल राज्य के कलाड़ी पहुँचे थे—'जननी जन्मभूमिश्च स्वर्गादपि गरीयसी' तभी उन्हें चोल राजा ने बताया था कि गोरखनाथ नामक एक नाथ-संत महाराष्ट्र पधारे हैं, वय से नहीं, कर्म से श्रेष्ठ हैं तथा सभी सिद्धों और सभी नाथों को जालंधर में एकत्र कर तंत्र की आध्यात्मिक उपयोगिता के विषय पर एक बार पूरे भारत को झकझोरना चाहते हैं, भोगवाद एवं सांसारिक सुखवाद और उनकी पतनशीलता को रोककर अद्वैत ब्रह्म की ओर मोड़ना चाहते हैं।

आज एक संयोग ही था कि बौद्ध धर्म के शिखर पुरुष पद्मसंभव, सनातन धर्म के चोटी के आचार्य शंकराचार्य और पाशुपत मत के देशी-विदेशी अनेक स्थापक-साधक तथा सिद्धों-नाथों के संप्रदाय के बीसियों योगमूलक दर्शनशास्त्र अथवा उनके प्रशंसक जालंधर एवं शारदापीठ में उपस्थित थे और सबको लगता कि गरदन पकड़कर वेदांत के अद्वैत ब्रह्म ने उनके अंदर जमे सारे कलुष व प्रदूषण को प्रक्षालित करने की व्यवस्था कर दी थी। सब निराश थे, किंतु अपने विश्वास को तिलांजलि देने को प्रस्तुत नहीं थे, सभी गोरखनाथ से आग्रह कर रहे थे कि वे नाथ पंथ के दर्शन, चिंतन, ध्यान, मनन और निदिध्यासन की ऊँचाइयों की तुलना वेदांत से करके शंकराचार्य को बता दें कि ब्रह्मानंद एक क्षण की एक सुखानुभूति है, जिसको पाने का एकमात्र रास्ता योग है और योग की अंतिम सीमारेखा वह नहीं, जो बौद्ध माध्यमिक समझते हैं। योग देखता बहुत ऊपर है और उसकी अनुभूति का साधन तपस्या है—हठयोग या स्वच्छंद योग।

शंकराचार्य के स्वागत की तैयारी होने लगी और तीन दिनों के बाद वे जालंधर पहुँचे, जहाँ पद्मसंभव का साधना सदन था एवं गोरखनाथ का शिव मंदिर भी। गोरखनाथ सिद्धों-नाथों के प्रशिक्षण विद्यापीठ के महाधिकुलपति थे तथा शंकराचार्य के सुधार प्रस्तावों के समर्थक।

गोरखनाथ के जीवन का अधिकांश समय दक्षिण के महाराष्ट्र खंड में बीता था एक बौद्ध संन्यासी के रूप में। वे नागार्जुन के द्वारा दिखाए गए मार्ग के एक निष्ठावान् प्रचारक थे, किंतु बहुत दिनों के बाद उन्होंने अनुभव किया कि ध्यान को शून्य में केंद्रित करना तथा अंधकार के एक वृत्त के अंदर में तैरना दोनों में कोई अंतर नहीं। शून्यवाद तो ज्ञान अथवा बौद्धिक प्रकाश का भी प्रतिरूप नहीं, ज्ञान का अर्थ तो उस परम तत्त्व का ज्ञान है, जो समाधि अथवा बोधि की उत्तर अवस्थिति तथा ऊपर की स्थिति है, जहाँ पहुँचकर, आत्म, परम आत्म अथवा अनात्म हो जाता है। सिद्ध कहे जानेवाले योगियों

को तो योगावस्था हेतु अभी दूर-बहुत दूर तक की यात्रा तय करनी पड़ती है, जबकि ये चौरासी सिद्ध घूम-घूमकर योग-ज्ञान तथा योग-विज्ञान के शिक्षक-प्रशिक्षक बनकर अध्यात्म और धर्म की अधूरी व्याख्या करने में निरत हैं।

तब उनके किसी शिष्य ने जब शंकराचार्य की जालंधर पहुँचाने की सूचना दी तो वे हृदय से प्रसन्न हुए और बोले, "नाथमुनि, मैंने भी एक बौद्ध साधक का जीवन एक लंबे समय तक जिया है और नागार्जुन तथा वसुवंधु दोनों के द्वारा स्थापित शून्यवाद एवं योगाचार की साधना में रहकर आनंदावस्था तथा उसके ऊपर की अवस्थाओं में पहुँचना संभव नहीं देखकर पुनः वैदिक-औपनिषदिक मंत्रों की साधना कर अपने संन्यासी जीवन को सार्थक करने हेतु योग की तीर्थभूमि जालंधर पहुँचा हूँ। यहाँ जिन वज्रयानी सिद्धों को मैं सुधारने तथा योग की उच्चतम अवस्था में जा सकने का प्रशिक्षण देने आया हूँ, वे सिद्ध ऐसे जिद्दी और हठी हैं कि वे मुझे भी योगी से जोगड़ा बनाकर महासुखवाद के कीचड़ में फँसाने को दृढ संकल्पित हैं।

"मैं शंकराचार्य के वेदांत का समर्थक हूँ, मैं उनसे शास्त्रार्थ नहीं कर शास्त्र का अर्थ समझने की चेष्टा करूँगा, तुम धर्मपा तथा महीपा को साथ कर लो और मेरी कुटिया में शंकराचार्य के निवास तथा प्रांगण में प्रवचन की तैयारी करो। मैं शीलपा और मेदिनीपा के साथ उनकी स्वयं अगवानी कर लूँगा।"

जब वज्रयानी सिद्धों को यह विदित हुआ कि गोरखनाथ तो वस्तुतः सनातन समर्थक साधना की ओर उन्मुख हैं, सबने मिलकर एक गुप्त योजना तैयार की। योगतंत्र के प्रबल समर्थक कन्हपा ने प्रायः सभी सिद्धों को एकत्र किया और कहा, "नाथ योगी मत्स्येंद्र नाथ के प्रिय सिद्ध संतो, प्रज्ञा और उपाय के योग से वज्रयान के बौद्ध सिद्धांत, महासुखवाद का प्रवर्तन और उस स्थिति की अनुभूति हमारा जीवन दर्शन है। हमारे सद्गुरु मत्स्येंद्रनाथ बहुत दिनों से कामरूप में प्रवास कर रहे हैं। यदि शास्त्रार्थ में हम हारे तो संपूर्ण बौद्ध धर्म के साथ योग संप्रदाय की पराजय हो जाएगी और उसका प्रतिफल होगा वैदिक सनातन धर्म का पुनर्जागरण तथा हमारे महासुख की महासमाप्ति। हम सब गोरखनाथ को कहेंगे कि वे शास्त्रार्थ के लिए शंकर को कामरूप भेज दें। वहाँ रानी मृणावती शंकराचार्य को अपनी योगिनी महामुद्रा में विलय कर लेंगी। सनातन धर्म का सनातन चक्रव्यूह वहीं कामरूप में टूटकर विनष्ट हो जाएगा।"

देखते-देखते कई जोगी-जोगिनियों और डोंबी-कुड़ियों की जमात लेकर कन्हपा, कर्णरिपा, नारोपा, मणिभद्रपा, कनकलपा, इत्यादि कई सिद्ध जोगिनी-जोगड़ा गोरखनाथ के आश्रम में पहुँच गए और उनसे वज्रयानी परंपरा पर आघात नहीं पहुँचाने का आग्रह करने लगे। अंततः यह तय हो गया कि शंकराचार्य का स्वागत तो हो, किंतु उनके रथ को कामरूप का रास्ता दिखा दिया जाए और रानी मृणावती के राज्यादेश के अधीन वहीं मत्स्येंद्रनाथ से शंकराचार्य का शास्त्रार्थ हो।

ऐसा ही हुआ। गोरखनाथ मन-ही-मन क्षुब्ध तो बहुत हुए, किंतु अतिथि का स्वागत अपेक्षा से भी अधिक गौरव तथा उत्साहपूर्वक हुआ, नाथ और सिद्ध संप्रदाय के सभी वरिष्ठ साधक ही नहीं, उनके अनुयायी भी उपस्थित थे, संन्यासी भी, श्रावक भी। शंकराचार्य राजरथ पर सवार वैसे ही शोभित हो रहे थे, जैसे सात श्वेत घोड़ों के रथ पर सवार केसर रंजित सिंहासन और उसपर आसीन लाल रंग का वस्त्र धारण किए कोई रविराज, जो पहली-पहली बार युवराज से अधिराज के रूप में अभिषिक्त हो उदयाचल पर अवतरित हुआ हो। गोरखनाथ नाथ संप्रदाय की शृंखला में तीसरे नाथ समझे जाते थे आदिनाथ और मत्स्येंद्रनाथ के बाद, किंतु उनका आदर-सम्मान आदिनाथ के ही समान होता, आदिनाथ स्वयं शिव थे तो गोरख शिवावतार। सभी संत-महात्मा उन्हें शिवावतार होने के कारण उनके समक्ष अथवा परोक्ष उनके विरुद्ध न तो कुछ सोचते न बोलते। मत्स्येंद्र नाथों के नाथ थे तो गोरख नाथों के ही नहीं, अनार्यों-अनाथों के भी और इसीलिए मत्स्येंद्र अन्य किसी से क्यों डरते, किंतु गोरखनाथ से उसी तरह संकोचपूर्वक दूर-दूर रहना चाहते, जैसे कोई कामचोर शिष्य कठोर अनुशासनवाले गुरु से।

आज की रात्रि शंकराचार्य का जालंधर विश्राम पूर्व से घोषित था और संध्या संत-सम्मेलन। शंकराचार्य ने अलवार-नयनार भक्ताचार्यों द्वारा संचालित-निर्देशित भक्ति आंदोलन की प्रासंगिकता और पूरे भारतवर्ष को भक्ति के रंग में रंग देने की योजना पर प्रकाश डाला और नाथमुनि तथा ईश्वरनाथ ने अनेक भगवद् भजन प्रस्तुत किए। शंकराचार्य का प्रवचन तो प्रभावकारी होता ही था, ऐसा प्रभावकारी कि जो एक बार उनके प्रवचन को सुनता, उनके विचारों के गुरुत्वाकर्षण से खिंचकर उनके बहुत पास आ जाता, एक जादू भरा व्यक्तित्व भी तो था ही शंकर का।

किंतु कन्हपा को बड़ी निराशा यह देखकर हुई कि स्वयं वह तथा उसके सारे अनुयायी वज्रयानी सिद्धयोगी और योगिनी अथवा श्रावक-गृहस्थ, यहाँ तक कि आजन्म श्रमण-श्रावक हूण-कुषाण श्रोता जब राम और कृष्ण से संबंधित भजन सुन रहे थे तो उनकी आँखें भीग जातीं तथा उनके सिर झूलते-झूमते प्रतीत होते। कन्हपा को पहली बार लगा कि उनके भजन भी तो भक्तिपूर्ण हो ही जाते हैं, किंतु वे चक्र और कोष के व्यूह से निकलकर मुक्त वायु में साँस नहीं ले पाते—

जहिमन पवन न संचरै, रवि ससि नाहिं प्रवेश।
तेहि वट चित्त विसाम करू सरेहे कहिअ उदेस॥

बौद्ध धर्म ने नागार्जुन के साथ ही तांत्रिक भ्रमजाल में प्रवेश किया और 'महासुखवाद' के प्रवर्तन के साथ 'आनंद' (सत् + चित् + आनंद) में तो नहीं, किंतु तथाकथित आनंद के बहाने उपनिषदों के ब्रह्मानंद तथा भक्ति धारा के ईश्वर और भगवान् के प्रतिरूप की अनुभूति ही नहीं, उसके अनुभव का बहाना भी करने लगा था। कन्हपा निराश थे, किंतु इस बात

से बहुत संतुष्ट कि उन्होंने जिस पहाड़ी भूमि पर बालू की दीवार खड़ी की थी और जिस दीवार पर निर्मित एक गगनचुंबी इमारत ध्वस्त होते-होते बच गई तथा दूसरे दिन प्रात: बड़े ही बोझिल एवं उद्विग्न मन से उन्होंने शंकराचार्य के रथ को कामरूप के लिए विदाई दे दी।

सरस्वती का आशीष लेकर गंगा-यमुना, गंगा-सरयू, गंगा-कोशी के बीचोबीच गुजरते गंगासागर को नमन करते हुए शंकर का रथ नदियों के मधुर-मंथर रूपावरण के बाहर ब्रह्मपुत्र नामक नद के किनारे-किनारे चलता-चलता कामरूप की पहाड़ी पर पहुँच चुका था।

उनका रानी मृणावती की राजधानी कामाख्या का राजमहल, जो कई पहाड़ियों के अंदर एक हरी-भरी पठारी-तलहटी में अवस्थित था, काशीराज के रथ पर पहुँचना असंभव था। यहाँ कामदेव अपने द्विविध रूपों में निवास करते थे, अंग और अनंग दोनों रूपों में, किंतु जब शंकर का प्रवेश हुआ तो कामदेव को लगा कि वे बुरे फँस गए और रति के पति अनंग की भाँति काँपने लगे।

रति और मृणावती एक-दूसरे की प्रतिकृति थीं। रति जब अनंग के साथ होतीं तो मृणावती किसी स्वर्णांग योगी-संन्यासी के साथ सोतीं। वह तंत्र ही नहीं, मंत्र और विशेषत: वशीकरण की विशेषज्ञ थीं। जिसपर दृष्टि जाती मृणावती की वह मेष-वृष या कोई योगी-संन्यासी का रूप धारण कर उसके आवास पर पहुँच जाता। योगी मत्स्येंद्रनाथ तंत्र सीखने आए थे, मृणावती की आँखें लड़ गईं और वे उसके राजमहल के पोषित पशु बनकर वहीं बँध गए, वहीं बस गए। जालंधर सनाथ था, अनाथ हो गया और बौद्धों का मुख्यालय बन गया। कनिष्क के समय में जब बौद्ध धर्म के प्रधान कनिष्ठ जालंधर में रहने लगे तब से तो भारत का मुकुट लगता है कि उत्तर की ओर झुकने लग गया और पश्चिम की शिखा कसकर वह मुंडित मस्तक हो गया भारत के उत्तरी किनारे तथा पश्चिमी किनारे कामरूप से काबुल, काबुल से कच्छ, कच्छ से कन्याकुमारी, कन्याकुमारी से कलिंग और कलिंग से कामरूप तक बौद्ध छा गए एवं जैसे-जैसे इस्लाम और ईसाई धर्म का प्रवेश होता गया, वैसे-वैसे वे सीमाओं को छोड़कर अंदर घुसते गए। उनका तर्क यह मानना था कि वे शांतिवादी थे, धर्मवादी थे, बुद्धवादी थे, वे तलवार का उत्तर तलवार से देने के पक्षधर नहीं थे। उनका विश्वास त्रिशील में था, पंचशील में था, त्रिशूल में नहीं।

फिर भी जालंधर सुरक्षित था, क्योंकि वहाँ गोरखनाथ पहुँच चुके थे, किंतु तंत्रवाद के प्रभाव में जालंधर का चरित्र कामरूप की ओर उन्मुख था, ठीक वैसे ही, जैसे कश्मीरी शैवमत पाशुपत धर्म के भूत-प्रेत, राक्षस-पिशाच, यंत्र-मंत्र, देवी-देवता की ओर। सबका सहयोग था, सबका सहभोग था कश्मीर को और कामरूप को भी।

रानी मृणावती ने शंकर को देखा तो देखते ही रह गईं। उन्होंने सोचा कि शायद अब समय आ गया है मत्स्येंद्र नाथ की मुक्ति का। शंकर ने भी देखा मृणावती को तो उन्हें

नहीं लगा कि मृणावती कोई स्वर्ण-सरोवर की सहस्रदल रूप कुमारी मृणालिनी हो, वरन् लगा कि जैसे मृतात्मवती मालिनी हो, वैसे ही देख लिया, वैसे नहीं, जैसे शिव शंकर ने कामदेव को देखा था रति से प्रीति की मुद्रा में। मृणावती नहीं होती तो सारे मंत्र-तंत्र के होते हुए भी अनंग तो हो न हो, किंतु नंग तो हो ही जाती मृणावती।

"मैं कांची विद्यापीठ से आगत तंत्र विज्ञानी योग साधक शंकराचार्य मत्स्येंद्रनाथ के दर्शनार्थ शारदापीठ से जालंधर होते हुए कामरूप पहुँचा हूँ और आपके आदेशोपरांत मंत्र-तंत्र और योग के माध्यम से अथवा ध्यान, योग तथा तंत्र के प्रयोग से बुद्ध द्वारा अनुभूत प्रज्ञा, मैत्री और करुणा के सहारे निर्वाण के सत्य का अनुभव करने का एक जिज्ञासु हूँ। इस विधा के आदिगुरु आदिनाथ के प्रथम शिष्य नाथ संप्रदाय के सिद्ध ज्ञानी मत्स्येंद्रनाथ हैं। कृपया उनसे मेरे साक्षात्कार का आदेश दें, रानी मृणावती!"

मृणावती बोलीं, "यह कामरूप है, ब्रह्मचारी शंकराचार्य। किंतु यहाँ कामदेव का शासन नहीं, रति का राज्य है, रति का, सुरति का, प्रकृति का, कामाख्या का, कामिनियों का, जोगिनियों का, डोंबियों का। इस कामरूप में पुरुष प्रधान नहीं होता, यहाँ प्रधान नारी होती है। नारी पार्वती भी होती है, माया भी, ठगिनी भी, किंतु कामरूप की मायाविनी कामिनी नारी की रक्तधारा पार्वती की नाड़ी के विपरीत चलती है, पुरुष उसका स्वामी नहीं, बल्कि दास होता है, उसकी आत्म से चलता है, उसके संकेत पर नाचता है। कामरूप में शक्ति के इशारे पर 'शिव' को भी नाचना-गाना पड़ता है। दुनिया भर के योगी और साधक संपूर्ण सिद्धि को प्राप्त कर जब कामरूप पहुँचते हैं तो यहाँ की एक साधारण सी योगिनी उन्हें अपने दरवाजे पर भेड़ा-बकरा बनाकर बाँध देती है और जब जैसी आवश्यकता हो, उनका उपयोग करती है। आप यदि मच्छंदर से साक्षात्कार चाहते हैं तो आपको उन्हीं की तरह छद्म जीवन जीना होगा। यदि नहीं, तो आपको यहाँ की संस्कृति से अनभिज्ञ होने के कारण तुरंत वापस चले जाने का आदेश दिया जाता है, अन्यथा यदि आप कामरूप में शैव-शाक्त के सभी दर्शनशास्त्रीय नियमों को भूलकर काम के माध्यम से महासुख अथवा तुरीयानंद जैसी अवस्था की अनुभूति के इच्छुक हों तो आपका स्वागत है।"

शंकराचार्य थोड़ी देर के लिए डर-से गए, किंतु उन्होंने आदिगुरु महायोगी हिरण्यगर्भ को स्मरण किया, आदिनाथ को गुहराया, काशी विश्वनाथ को पुकारा, माहिष्मती और शारदापीठ की देवी की प्रार्थना के स्तोत्र दुहराए, उन्हें अपने मंत्रों की शक्ति पर भी विश्वास था, देवी-देवताओं में भी आस्था थी, ब्रह्म में भी विश्वास था, उन्होंने थोड़ा साहस दिखलाया। "आप अनुमति दें महारानी तो मैं द्वैपायन सरोवर में छिपे दुर्योधन की तरह कामरूप के मोहजाल में फँसे योगी मत्स्येंद्रनाथ की बाँह पकड़कर आपके सामने खड़ा कर दूँ।"

मृणावती बोली, "आचार्य, मैं अभी इस योग और तंत्र के युद्ध में उलझना नहीं चाहती। मैं मत्स्येंद्र को आपके समक्ष उपस्थित कर दूँगी, किंतु यदि आप हारे तो आपको जीवन भर मेरी इच्छानुसार जीना होगा और यदि आप जीते तो आप कामरूप के राजा बनकर कामरूप पर शासन करेंगे तथा मैं आपकी अर्धांगिनी बनी रहूँगी।"

दोनों के बीच वाग्युद्ध चल ही रहा था कि अचानक दोनों तांत्रिकों—शैवों और शाक्तों के दो दल दो दिशाओं से चिल्लाते हुए रानी के आसन तक पहुँच गए—'भाग मच्छंदर, गोरख आया।' मृणावती ने भी गोरखनाथ की शैव-तंत्र साधना तथा उनके शिवावतार होने की बात सुन रखी थी। शंकराचार्य चकित थे, किंतु मृणावती भयभीत। रानी ने अपने एक पिशाच दूत को आदेश दिया, "राजगृह के द्वार पर बँधे भेड़ा मत्स्येंद्र नाथ को तुरंत गोरखनाथ से मिलने को कहो।" देखते-देखते मंदिर के पीछे से आँखें मलते चले आ रहे थे मत्स्येंद्रनाथ।

दोनों योगियों ने परस्पर अभिवादन किया तथा कामरूप से दूर ब्रह्मपुत्र के तट पर अवस्थित शिव मंदिर में दोनों का शास्त्रार्थ होना सुनिश्चित हो गया।

□

59

कश्मीर की तंत्र साधना शैव-दर्शन के सिद्धांतों तथा वेदोपनिषदों एवं पुराणों की मर्यादाओं से नियंत्रित थी। मांस, मत्स्य, मदिरा, मुद्रा और मैथुन जैसे पंचमकारों की अस्वीकृति नहीं थी, किंतु मात्र गार्हस्थ्य तथा परिवारों की चहारदीवारी के अंदर। मंदिरों में शिवोपासना अथवा रुद्राभिषेक अथवा ध्यान, धारणा, समाधि और समाधि के पार जाने के लिए ये पंचमकार पंचविकार समझे जाते थे। उप्पलदेव और ज्ञानगुप्त तक तो वे मोक्ष मार्ग के बाधक नहीं माने जाते थे, किंतु उनके बाद धीरे-धीरे इन पंचमकारों का स्थान पंचविचारों ने ले लिया और मकारों की जगह फलों, फूलों, पत्तों का व्यवहार किया जाने लगा। समाज के अंदर शूद्र थे, चांडाल थे, परिया थे, अछूत थे और उन्हें मंदिरों में प्रवेश वर्जित था तो उन्हें भी तो अकुलीश की परंपरा में अपनी मुक्ति का मार्ग परम तत्त्व से एकाकार होने का मार्ग तो ढूँढ़ना ही था, वे जंगलों में बैठकर 'शिव' की साधना करते और पाशुपत मत की परंपरा के अनुसार पशुओं, प्रेतों, चांडालों के साथ बैठते, भांग खाते, गाँजा पीते, मदिरा-सेवन करते, योग-साधना में बैठते और कभी ऊपर उठते तो कभी नीचे भी गिर जाते। अशुद्ध अवस्थाओं में रहकर विशुद्ध की प्राप्ति का प्रयास करते, शवदाह स्थलों पर जाते, जलते शवों के मांस-दांतों से वैसे ही नोचते, जैसे कुत्ते या गिद्ध किया करते हैं। शवदाह स्थल की राख शरीर में लपेटते तथा प्रदूषित अवस्था को शिवा से एकाकार होने को अपना आध्यात्मिक मार्ग मानते।

किंतु यही स्थिति कान्यकुब्ज, थानेश्वर, अवंती, कलिंग और कामाख्या में नहीं थी, पतंजलि प्रदत्त योग, षड्चक्र और पंचकोष एवं ध्यान, धारणा, समाधि, हठयोग-तप, तपस्या, व्रत, उपवास की परंपरा विस्तृत होने लगी थी, सनातन धर्म में ही नहीं, बौद्ध धर्म में भी, शैवों में भी, शाक्तों में भी भ्रष्टाचार-व्यभिचार का साम्राज्य छा गया था। गरदन में अस्थि-मुंडों की माला पहने, हाथों में कपाल का भिक्षापात्र धारण किए शैव-शाक्त-बौद्ध कौन थे, पहचानना कठिन होता था।

शैव, शाक्त तथा बौद्ध तीनों धर्मों में जोगिनी-भिक्षुणी का प्रवेश चरम पर था। श्रमण संस्कृति प्रत्यक्ष सिर चढ़कर नाच रही थी और इसे ही राज्याश्रय प्राप्त था, महासुख का

अर्थ आनंद और निर्वाण से जोड़ा जाने लगा था। पंचमकार पंचविकार में परिवर्तित होकर नंगा नाच रहा था और इस नंगानाच का केंद्र कामरूप तथा उसकी सूत्रधार बनी बैठी थी कामरूप की रानी मृणावती। कामरूप में संपूर्ण मगध, कलिंग और बंग ही नहीं, संपूर्ण भारतवर्ष के योगी-योगिनियों एवं साधकों का जमघट लगा था।

शंकराचार्य मत्स्येंद्रनाथ को मृणावती की गुलामी करते देख आश्चर्यचकित तो हुए, किंतु दु:खी बहुत हुए। उन्होंने उन्हें धिक्कार लगाते हुए कहा, "योगी मत्स्येंद्रनाथ, आपसे मेरा परिचय पुराना है, जब महाराष्ट्र देश में चालुक्य राजा के आश्रय में संचालित योगाश्रम में हम दोनों गुरुवर आदिनाथ से योगशास्त्र तथा अष्टांग योग की शिक्षा प्राप्त करते थे। आपको स्मरण होगा, उन्होंने हमें सचेत किया था कि योगी जब सिद्ध होने लगता है तो उसके चतुर्दिक् माया की शक्तियाँ तरह-तरह के आकर्षणों के साथ चक्कर लगाने लगती हैं, उसे लगने लगता है कि अब तो मैं सिद्ध हो गया, मेरे आदेश से भूत-पिशाच, योगी-योगिनी दुनिया का कोई भी सुख मेरे चरणों में उपस्थित कर सकते हैं, अब क्यों ध्यान, अब क्यों समाधि। आपने मेरे साथ गुरुवर्य के चरणों में समर्पित हो कहा था, "नहीं गुरुदेव, योग से समाधि, समाधि से महासमाधि, महासमाधि से कैवल्य तक की यात्रा तब कैसे हो सकेगी, हमें कैवल्य प्राप्ति के मार्ग पर आगे ले चलिए परम तत्त्व के पास।

"आप तो नाथ बन गए थे, नाथों के नाथ, अनाथों के नाथ। आप चौरासी सिद्धों की तरह यहाँ इस महायोगिनी के प्रेम-पाश में कैसे बँध गए! योगभ्रष्ट होकर योगी पतन के किस गर्त तक गिर सकता है, इसी विषय पर आज का शास्त्रार्थ आरंभ कीजिए, मत्स्येंद्रनाथ।"

"शंकराचार्य, लगता है, आप अक्षपाद गौतम को भूलकर सिद्धार्थ गौतम के आभामंडल में मुग्ध कहीं किसी महाविहार में किसी बौद्ध संन्यासी से बातें कर रहे हैं। शास्त्रार्थ के पहले इसके विषय का निर्धारण तो हो, शास्त्रार्थ के लिए किसी न्यायाधीश का मनोनयन तो हो, इसके अनुकूल पर्यावरणवाला कोई स्थान तो हो, शास्त्रार्थ के अनुकूल कुछ आचार्य तथा शिष्यमंडली तो हो, जो सिद्धांत को निर्णय और नियमन तक पहुँचाने में सहायक हों।"

शंकराचार्य बोले, "आपकी आँखों को देखकर लगता है कि वे देख तो सकती हैं, किंतु साधक और ऋषियों की दृष्टि तो दूर गृहस्थ की आँखों की तरह भी नहीं देख पा रहीं। आपके सामने आपके पंथ के योगिश्रेष्ठ गुरु गोरक्षनाथ खड़े हैं, आपको आश्चर्य और रोषपूर्ण नयनों से निहार रहे हैं। उनके पीछे आपके अनेक शिष्य आपको जालंधर ले जाने हेतु प्रतीक्षा में हैं। मेरे भी अनेक शिष्य मेरे साथ हैं। साथ हैं एक महामुनि भी, नाथ,

मुनि-मुनियों के नाथ, नाथों के मुनि और साथ में हैं उनके योग्य पुत्र ईश्वर नाथ। बताइए, आप किस विषय पर शास्त्रार्थ करने में अभी समर्थ हैं?"

मत्स्येंद्रनाथ ने एक बार चतुर्दिक् दृष्टि दौड़ाई और जब सामने गोरखनाथ को देखा तो वे लज्जित भी हुए, भयभीत भी और क्रोधित भी—

"शंकराचार्य, तुम मत्स्येंद्रनाथ को योगी मत्स्येंद्र समझते हो, होश में नहीं हो तुम। लो, मैं इस मंत्र के साथ तुम्हें तुम्हारी सीमाएँ बताता हूँ और सारी सभा को अपने गुरुत्वाकर्षण में केंद्रित करता हूँ।" मन-ही-मन बुदबुदाते हुए मत्स्येंद्र नाथ ने एक मंत्र को उच्चारते और अपने मस्तक के चारों ओर अपने दाहिने हाथ को बाईं ओर से घुमाते हुए जैसे कुछ फेंका—शंकर और गोरख को केंद्रित कर। एक कंपन-सा लगा और शंकर का पूरा बदन झनझना उठा। वे बोल पड़े, "मत्स्येंद्रनाथ, शंकर इन सारी विद्याओं, सस्ते प्रहारों-आक्रमणों से अपरिचित नहीं, किंतु मैं इनका प्रयोग नहीं करता, आपको भी नहीं करना चाहिए, किंतु आप गोरखनाथ को देखते रहिए और उनसे आग्रह कीजिए कि आज के शास्त्रार्थ के नियामक बनें, मेरी ओर से भी यही प्रस्ताव है।"

मत्स्येंद्र बोले, "हाँ गुरुजी, आपको कामरूप आने का कष्ट करना पड़ा, क्षमा करें और शंकराचार्य के प्रस्ताव को स्वीकार करते हुए आज के वाद-विवाद के न्यायाधीश बनकर संबंधित प्रश्नों के सिद्धांतों पर कृपया नियमन दें। आप शिवावतार हैं, गुरु गोरखनाथ न्याय-सांख्य सबके पंडित, प्रवीण आचार्य भी हैं, निर्देश कीजिए।"

गोरखनाथ का क्रोध धीरे-धीरे शमित हो चला था, बोले, "आचार्यशंकर तथा योगीवर्य मत्स्येंद्रनाथ, हम तीनों आदिनाथ के शिष्य रह चुके हैं, किंतु हम तीनों आज तीन पंथों-मतों-धर्मों का प्रतिनिधित्व कर रहे हैं। मैं आपको प्रथम पक्ष और मत्स्येंद्रनाथ को द्वितीय पक्ष घोषित करता हूँ, साथ ही न्यायाधीश का पद इस शास्त्रार्थ के लिए स्वीकार करता हूँ। आप अपनी समस्या द्वितीय पक्ष के समक्ष प्रस्तुत करें।"

शंकराचार्य बोले, "गुरुवर्य द्वय गोरखनाथ और मत्स्येंद्रनाथ, आप दोनों गुरु-उपाधि से अलंकृत और गुरुपद से सुशोभित विभूति के रूप में समाज के बीच स्वीकृत-सम्मानित हैं। शंकर एक साधारण-सा विद्यार्थी समाज द्वारा एक आचार्य रूप में स्वीकृत। 'आचार्य' शब्द का भी वास्तविक अर्थ तो यही है गुरुवर्य—एक अध्येता, एक अध्यापक, एक जानकार प्राध्यापक, एक टिप्पणीकार, एक भाष्यकार, किंतु आचार्य आचरण सिद्ध नहीं हुआ तो समाज वैसे ही दिग्भ्रमित हो जाएगा, जैसे आज का संपूर्ण भारतीय समाज। सनातन, बौद्ध, जैन सभी धर्मों में योग तंत्र के रास्ते भारतीय संस्कृति में प्रवेश कर भारतीय आत्मा को विनष्ट करने पर तुला हुआ है। आप दोनों गुरुओं की गुरुता से आज मुझे इस शास्त्रार्थ में सम्मिलित होने का जो गौरव मिला है, इसे मैं अपने जीवन की एक उपलब्धि समझूँगा। संभव है कि आज मेरा उस गुरु से परिचय हो जाए, जिसे शास्त्रों ने 'सद्गुरु'

कहा है और वह मार्ग भी दिख जाए, जो परम पुरुष अथवा परमतत्त्व के चरणों से जोड़ देता है।

"किंतु इस न्यायसभा के अध्यक्ष से एक प्रार्थना यह है कि अक्षपाद गौतम के न्याय-सिद्धांत के आलोक में शास्त्रार्थ के नियमन के पूर्व की स्थितियों में संभवत: एक महत्त्वपूर्ण भूमिका साक्ष्य-साक्षी की भी होगी। मेरा अनुरोध है कि कामरूप की रानी मृणावती को भी साक्षी के रूप में उपस्थित होने की व्यवस्था दी जाए। शास्त्रीय साक्ष्य हम दोनों पक्ष देने-लेने में समर्थ हैं।"

गोरखनाथ बोले, "यह सभागृह कामरूप की महारानी की कृपा से ही उपलब्ध है, हम तीनों तो उनके अतिथि हैं—अतिथि देवो भव, शास्त्रीय आदेश है। महारानी मृणावती, आप से इस न्याय सभा में साक्षी के रूप में उपस्थित रहने हेतु अनुरोध है। वैसे किसी अन्य धर्म तथा तंत्र-मंत्र में विश्वास रखनेवाले ज्ञानी व्यक्ति का उपस्थित रहना वर्जित नहीं है।"

मृणावती बोलीं, "गुरु गोरखनाथ को मृणावती का प्रणाम निवेदित है, कृपया स्वीकार हो! मैं और मेरे सहकर्मी तो अतिथि-सेवा में यों ही उपस्थित हैं और गौरवान्वित हैं कि यह ऐतिहासिक शास्त्र सम्मत ज्ञान यज्ञ आज 'कामरूप' के कामाख्या परिसर में आयोजित हो सका है। स्वयं मैं भी अपने सारे सहकर्मियों के साथ उपस्थित हूँ।"

गोरखनाथ बोले, "आचार्य शंकर, अब तो आप अपनी समस्या का विषय-प्रतिपादन कर ही सकते हैं। सभा की काररवाई प्रारंभ होती है।"

शंकराचार्य बोले, "न्यायाधीश महोदय, गुरु मत्स्येंद्रनाथ नाथ संप्रदाय के प्रधान गुरु के रूप में संपूर्ण भारतवर्ष में विख्यात हैं। इतने बड़े गुरु तपस्वी और महान् त्यागी-तपस्वी के द्वारा कामशक्ति की माया के वशीभूत होकर मनुष्ययोनि से पशुयोनि में पतित होकर रानी मृणावती के आवास परिसर में एक भेड़ा के रूप में खूँटे से बँध जाना एक निंदनीय कर्म के रूप में आलोचना का विषय बन गया है। विषय की अधीनता और विषय से मुक्ति ही आज का मुख्य विचारार्थ विषय है, गुरुवर। काम तो एक अनपेक्षित वासना है, इसका तिरस्कार शास्त्रों की प्रथम अपेक्षा, इतने बड़े मनस्वी-तपस्वी एक योगिवर्य गुरुवर्य के इतने नीचे गिर जाने से समाज के समक्ष एक नितांत अशोभन संदेश गया है, इस पर न्याय चाहिए मुझे, न्यायाधीश।"

गोरखनाथ बोले, "द्वितीय पक्ष कृपया पक्ष के उक्त आक्षेप पर अपनी स्थिति पर टिप्पणी करें।"

मत्स्येंद्रनाथ बोले, "काम वासना नहीं है, गुरुवर। आचार्य शंकर भी सहमत होंगे कि शास्त्रों ने काम की गणना एक 'पुरुषार्थ' के रूप में की है। 'काम' का रूप ही पुरुषार्थ है और पुरुषार्थ का अर्थ वर्चस्व। यह दुर्भाग्यप्रद स्थिति है कि आचार्य शंकर

जैसे विद्वान् भी धर्म, अर्थ और मोक्ष को तो पुरुषार्थ कह लेते हैं, किंतु 'काम' की उपेक्षा करते हैं। 'काम' भी परमपुरुष तक पहुँच जाने का एक सर्वाधिक सशक्त साधन है, एक स्वीकृत मार्ग है, इसीलिए इसका नाम भी तो पुरुषार्थ है। शास्त्रों के भाष्यकार जीवन की भाषा का अर्थ जीवन के अंदर प्रवेश किए बिना कैसे समझ सकते हैं, प्रथम पक्ष का 'विषय' ही स्वीकृति के योग्य नहीं, न्यायाधीश महोदय।"

गोरखनाथ बोले, "आचार्यवर, द्वितीय पक्ष के उपर्युक्त कथन पर आपकी क्या टिप्पणी होगी?"

शंकराचार्य बोले, "कामशास्त्र और पुरुषार्थ जैसे शास्त्रीय शब्दों को उछालकर एक योगी द्वारा आत्मा-परमात्मा को उपेक्षित कर एक नित्य निंदनीय स्त्री के मृण्मय अनित्य देह के वशीभूत हो जाना, पुरुषार्थ कैसे हो सकता है, गुरुवर? नारी देह की प्रतीक है, माया की प्रतीक है, जो सामान्य नर को कौन कहे, स्वयं पुरुषार्थ के प्रतीक परमपुरुष को ही मोह-माया में आवृत्त कर अपनी मुट्ठी में कैद कर रख लेने की इच्छा की अभिमानिनी है। मत्स्येंद्रनाथ के द्वारा वासना से इस तरह अभिभूत हो जाना ऐसी पतितावस्था का तो कोई दृष्टांत ही नहीं मिलता समस्त विश्व के वाङ्मय में।"

गोरखनाथ बोले, "आचार्य, स्वयं सांख्यकार कपिल ने भी तो माना है कि प्रकृति स्वयं पुरुष की ही प्रतिरूप है, वह जो भी करती है, एक लीला है, एक क्रीड़ा है, एक मनोरंजन है, माया-मोह का प्रदर्शन है, 'शक्ति' का शक्ति-प्रदर्शन है, किंतु आचार्य यह 'शक्ति' किसकी शक्ति है, पुरुष की ही न! तो क्या आप चाहते हैं कि शक्ति अपने मनोरंजन हेतु और संसार की स्थिति बनाए रखने हेतु कोई क्रीड़ा भी नहीं करे? रानी मृणावती, आप पुरुष की उसी प्रकृति की एक प्रतिबिंब हैं न! आप आचार्य शंकर के आरोप-पत्र में सन्निहित विषय पर क्या कहना चाहेंगी?"

मृणावती बोलीं, "न्यायाधीश गुरु गोरखनाथ, परमपुरुष की इच्छा की एक अभिव्यक्ति है यह संपूर्ण ब्रह्मांड। इसी इच्छा शक्ति, उसी क्रीड़ा-कामना से संचालित है यह विश्व और इसी शक्ति का नाम है प्रकृति। जब प्रकृति अपने मूल अर्थात् पुरुष की ही प्रतिरूप है तो वह स्त्री कैसे हो सकती है, उसे अर्थात् प्रकृति एवं उसकी इच्छाशक्ति को 'पौरुष' के अतिरिक्त और क्या कुछ कहा जा सकता है। परमपुरुष—पुरुष और नारी के दो लिंगों में विभाजित नहीं हो सकता और इसीलिए प्रकृति अर्थात् पुरुष की इच्छाशक्ति अर्थात् काम, अर्थ, धर्म एवं मोक्ष की तरह एक पुरुषार्थ के रूप में स्वीकृत है। संसार के सारे पुरुषों और सारी स्त्रियों को इस काम पुरुषार्थ को समझना चाहिए।

"अर्थात् परमतत्त्व अर्थात् परमआत्मा की इच्छा का ही प्रतिरूप है यह ब्रह्मांड। प्रतिरूप अर्थात् पिंडरूप अर्थात् एक तत्त्व, एक अव्यक्त तत्त्व का व्यक्तरूप, जिसे हम विश्व कहते हैं। यदि यह तत्त्व शब्द है तो इसका अर्थ यह विश्व है और यही पुरुषार्थ

हुआ। पुरुषार्थ चार हैं—अर्थ, धर्म, काम और मोक्ष, जो हम सब के अंदर व्याप्त है। इसका विभाजन पुरुष वर्ग और नारी वर्ग के बीच नहीं। फिर 'कामरूप' पर नारी का आधिपत्य क्यों और धर्मरूप, अर्थरूप एवं मोक्षरूप पर क्यों नहीं? इस प्रश्न का उत्तर तो अपने-अपने अंदर खोजना होगा और इच्छाशक्ति की जननी मातृशक्ति को जगाना होगा। मैं चाहती हूँ कि पुरुषों द्वारा इसी मातृशक्ति को पहचाना जाए। परमपुरुष की संपूर्ण कामशक्ति को जाग्रत् किया जाए और तभी तो एक आदर्श विश्व का निर्माण हो सकेगा तथा तभी तो विश्व एक आदर्श मानव परिवार का रूप धर्म पुरुषार्थ धारण कर सकेगा, एक मानव जो धर्म को धारण कर अपनी संपूर्ण काम शक्ति का समुचित उपयोग कर सकेगा।"

मत्स्येंद्रनाथ बोलें, "हाँ गुरुवर, मत्स्येंद्रनाथ इस पुरुषार्थ को पुरुषार्थ मानने को प्रस्तुत नहीं था, काम-पुरुषार्थ की प्रतीक 'कामरूप' की रानी 'मृणावती' इस अर्थ में मेरी गुरु बन सकी हैं और मेरी समझ से यह संदेश ही समाज के हितार्थ है, अब इसे समाज द्वारा व्यापक स्वीकृति मिलनी चाहिए। शंकराचार्य भी संभवत: इसी विचाराधारा के पोषक हैं।"

शंकराचार्य बोले, "शास्त्रों ने लोक पर अपना सिक्का इसी तरह जमा लिया है कि गुरु, पंडित, कवि, यार, बेटा, वनिता, पुरोहित सबके-सब 'कामस्तग्रे समवर्त्तताधि' के अर्थ के अंदर पुरुषार्थ को स्वीकारते तो हैं, किंतु 'काम' को हीनतर मानते हैं और इस हेय प्रवृत्ति के केंद्र में स्त्री को रख देते हैं, माया और महाठगिनी मानकर मोक्ष-मार्ग की बाधा के रूप में स्थापित कर देते हैं। स्वयं बुद्ध ने ऐसा ही माना था कभी और तब से संतों के लिए 'नारी' माया-महाठगिनी' बनी रह गई, किंतु उसी बुद्ध के अनुयायी वज्रयानी महासुखवादी तांत्रिकों ने अपनी भिक्षुणी को काम पुरुषार्थ के मार्ग पर चलनेवाली संन्यासिनियाँ-सहयोगिनियाँ बनाकर महासुख के पर्याय 'निर्वाण' का दुस्तर मार्ग आसान कर लिया।

"किंतु लोक अभी भी काम को घृणा की दृष्टि से ही देखता है। गुरु मत्स्येंद्र शास्त्र के साथ हैं या लोक के साथ?"

मत्स्येंद्रनाथ बोले, "आचार्य शंकर, हम नाथयोगी हैं और पुरुष तथा प्रकृति के परमार्थ योग अर्थात् उनके मिलन तथा उनके सामरस्य के पक्षधर हैं एवं उनके सामरस्य से हमारा अभिप्राय परमतत्त्व के स्वरूप से है। रानी मृणावती प्रकृति स्वरूपा हैं, ये किसी भी प्रकार पुरुष के अधीन नहीं, पुरुष स्वरूपा, पुरुष प्रतिरूपा भले ही हों। प्रकृति से पुरुष नहीं, किंतु पुरुष से ही प्रकृति है और उसी की इच्छा से आकार ग्रहण करती है, यों तो पुरुष निराकार है।"

शंकर बोले, "किंतु यह कैसे हो गया कि प्रकृति यथावत् रह गई, मायामयी

महिमामयी और पुरुष पुरुष का आकार त्यागकर उसकी इच्छानुसार भेड़ा बनकर उसके खूँटे से बँध गया ? यह न तो गौतम के प्राचीन न्यायशास्त्र से प्रमाणित होता है, न नव्य-न्यायशास्त्र से। आपको यह स्वीकार लेना चाहिए गुरु मत्स्येंद्र कि आप लौकिक वासना के शिकार होकर लौकिक माया मृणावती नहीं, स्वर्णावती पर रीझ गए और योगभ्रष्ट होना, उसी तरह स्वीकार कर लिया, जिस तरह बौद्ध महासुखवादी संन्यासियों ने अथवा पाशुपत धर्मी नरपशु मद्य-मांसाहारी तथा कथित देव द्रोहियों ने, ब्राह्मण विरोधियों ने, दासों-दस्युओं तथा शूद्रों ने संभवत: किसी आक्रोशवश किसी असंतोषवश, किसी बदले की भावना से।"

मत्स्येंद्र बोले, "तब तो आप यह भी कहेंगे कि मृणावती ने मुझे अपने मायापाश में इसलिए कर लिया कि आओ मत्स्येंद्र, तुम नारी को व्यापार की वस्तु समझते हो न, दासी मानते हो न, अपनी शरणार्थिनी समझते हो न, अपनी इच्छा की पूर्ति के निमित्त भोग की वस्तु, अपनी अनुयायिनी। तो लो, मैं अब तुम्हें ही इस खूँटे से बाँध देती हूँ। जब तुम्हारी आवश्यकता होगी तो तुम्हें संदेश मिलेगा। आ जाना, तुम भी सुखवादी, मैं भी सुखवादी, तो यह भी सुनिए, क्योंकि इन्हीं शास्त्रों की दुहाई देकर युग-युगांतर तक शोषण किया नारियों का, दासों का, दस्युओं का, शूद्रों का, तो अब उन्हें विद्रोही रुख तो अपनाना ही चाहिए, आचार्य!"

"रानी मृणावती उपस्थित हैं, गुरु गोरखनाथ। आप संन्यासी मंतव्य प्राप्त कर सकते हैं।"

मृणावती बोलीं, "मैं प्रकृति नहीं, क्योंकि मैं पुरुष की इच्छा की अभिव्यक्ति नहीं। पुरुष मेरे लिए परमपुरुष अथवा परमतत्त्व है, ऐसा भी नहीं है। पुरुष, हाँ एक पुरुष और भी मेरे जीवन में है, जिसे मैं पति केवल शब्दश: कहती हूँ, किंतु मानती नहीं, क्योंकि मैं भी उसी पिता की संतति हूँ, जिसकी वह है, दोनों के अधिकार और कर्तव्य हैं और दोनों बराबर हैं। वह कहता है, मैं उसे पतिदेव मानूँ और इसी शब्द से पुकारूँ, मैं नहीं मानती, मैं नहीं पुकारती। मैंने ऐसे अनेक पुरुषों को अपना दास बना रखा है, जानवरों की तरह खूँटों में बाँधे रखा है और आवश्यकतानुसार उसका उपयोग करती हूँ, क्योंकि काम रूप में रानी से भी अधिक नारी का शासन चलता है।"

तीनों गुरु-आचार्य श्रोता बन गए थे और मृणावती जैसे कथा सुना रही थी, अपने तंत्र-मंत्र-यंत्र की विजय-गाथा। धर्म में अपना अविश्वास व्यक्त करते हुए उसे सच ऐसा लग रहा था, जैसे वह द्रौपदी की तरह पाँच पुरुषों की पत्नी नहीं, अनेकानेक पुरुषों की पति हो, युग-युगांतरों से दलित-पीड़ित-शोषित नारी, युग-युग से पीड़ित-प्रताड़ित-शोषित शूद्र तथा चांडाल जन चाहे तो बौद्ध पथ से, चाहे जैन मार्ग से, चाहे सनातन मार्ग से, चाहे वैदिक औपनिषदिक मार्ग से सबको अब विरोधी राग अलापने का युग आ गया है।

शंकराचार्य बोले, "मृणावती के कथन के प्रमाण उनके शब्द भर हैं और न्याय

सूत्रों के अनुसार वे वेदवचन या आर्षवाक्य या किसी शास्त्र कथन नहीं होने के कारण मान्य नहीं हो सकते। मृणावती ने मत्स्येंद्र के अंदर बैठे उनकी पाशविक प्रवृत्ति का दोहन किया है और इसके लिए दोनों अपराधी हैं। गुरु गोरखनाथ, आप अपना निर्णय तथा नियमन सुनाएँ।"

गोरखनाथ बोले, "गुरु मत्स्येंद्र अथवा रानी मृणावती दोनों के कथित कृत्य योग-मार्ग अथवा योग-दर्शन अथवा अद्वैतमत के अनुरूप नहीं हैं। पाशुपत पंथ अथवा शैव सिद्धांत अथवा वैष्णव धर्म किसी के अनुसार सामाजिक व्यवस्था को अस्त-व्यस्त करना अनुचित है। तंत्र को वामपंथ के धर्म के अंदर प्रवेश होने के फलस्वरूप बौद्ध, सनातन, जैन, तथा वैष्णव-शैव तथा शाक्त सभी धर्मों में पतनशीलता आ गई है। पंचमकार पंचविकार बनकर भारतीय संस्कृति को प्रदूषित कर चुके हैं या करते जा रहे हैं।"

"आचार्यवर, आपने अद्वैत-दर्शन का जो ध्वज हाथ में लिया और जिस तरह अद्वैत और भक्ति की लहर पूरे भारतवर्ष में फैला दी, उससे एक समतत्त्व विचारधारा फूटनेवाली है, संपूर्ण भारत को दूषित करनेवाले ये पंथ, मत, मार्ग तथा धर्म अद्वैत की मुख्यधारा की ओर उन्मुख होनेवाले हैं। देश के बाहर से आए धर्मों का आतंक भी इसी अद्वैत की मुख्यधारा में विलीन होकर समाप्त होनेवाला है।"

सर्वेदेवा स्थित यत्रा तत्परं ज्योति रोमिति।
कृतिरिच्छा तथा ज्ञानं ब्राह्मी रौद्री चवैष्णवी॥

"इन देवों को मार्ग स्वीकार कर ब्राह्मी, रौद्री तथा वैष्णवी इन तीनों पथों से चलकर सद्गुरु के मार्गदर्शन में अद्वैत तत्त्व सबका सम्मिश्रण संभव है—श्रेय है, प्रेय है। परमपुरुष प्रतीक्षा में हैं—

वाग्मिना गुरुणा सम्यक् कथं तत्पदमिधीयते।
तस्मादुक्ते शिवं नैव स्व संवेद्यम् परम पद्म॥

"शंकराचार्य, आप विजयी घोषित किए जाते हैं। गुरु मत्स्येंद्रनाथ आज ही कामरूप छोड़ दें और जालंधर के धर्मपुर पहुँचकर अपने द्वारा किए गए पाप का तप से शुद्धि-शमन करें।"

सभा की समाप्ति घोषित हो गई, किंतु शंकराचार्य अतीव शारीरिक पीड़ा से जर्जर सभा भवन में ही मूर्च्छित होकर धराशायी से हो गए। उन्होंने होश आने पर बताया, "मुझे कांची ले चलो और वहाँ से कलाड़ी। माँ सुभद्रा पुकार रही हैं मुझे।"

□

60

एक नारकीय एवं भोगी जीवन-शैली से मुक्ति मिली थी एक सिद्ध योगी को। भोग और वासना के दलदल में आकंठ डूब गए एक संन्यासी को बाहर निकालकर गंगा-स्नान का आमंत्रण लेकर शिष्यमंडली खड़ी थी, चेले गुरु का उद्धार कर परमात्मा के घर ले चलने को तैयार थे, किंतु गुरु का क्रोध शांत नहीं था अब तक। गुरुवर्य तब तक कामरूप नहीं छोड़ना चाहते थे, जब तक उन्हें यह न सूचना मिल जाए कि उन्होंने जो मारक बाण शंकराचार्य पर साधा था, उसका प्रभाव क्या है? प्रभाव तो था, बड़ी पीड़ा में थे शंकर, किंतु वे मूर्च्छित माँ की स्मृति में हो गए या मत्स्येंद्र के मंत्रबाण के आघात से यह स्पष्ट नहीं था। शंकर होश में आए तो, किंतु बेहोश-से ही थे माँ की स्मृतियों में, मुझे मेरी माँ पुकार रही हैं, मेरी सुभद्रा माँ, भद्रा की बेटी, भरद्वाज कुल की कन्या और हरिगुरु की अर्धांगिनी, पराशर कुल की बहू। नाथमुनि कहाँ हैं? कहाँ गए आनंदगिरि? कहाँ है काशिराज का वह रथ? मुझे जल्दी, बहुत जल्दी किसी तरह पहुँचा दो सारथि कलाड़ी, मेरी माँ के आँचल तले बैठा दो मुझे। चलो सारथि, माँ पुकार रही है, बेटे ने वचन दिया है, मैं पहुँच जाऊँगा, माँ तुम्हारे पास, उचित समय पर चूकूँगा नहीं, मैं चूकूँगा नहीं सारथि, पहुँचूँगा, शीघ्रातिशीघ्र प्रस्थान करो। चल पड़ा रथ, लगता था कि जैसे कामरूप की मृणावती भी कलाड़ी की सुभद्रा बन गई हो, मातृशक्ति माता में विलीन होने को विकल हो।

चल पड़ा रथ, बगल में नाथमुनि, सामने आनंदगिरि रास्ते में कहीं-कहीं विश्राम करते दस दिनों की यात्रा के बाद रथ कांची में आ गया और ग्यारहवें दिन कलाड़ी में युग-युगांतर से चर्चित पुरुषोत्तम क्षेत्र कामरूप में कामाख्या थी, कांची में कामा, बीच में कलिंग।

"आचार्यवर, यह कलिंग प्रदेश है, जगन्नाथपुरी सामने है, पुराणों की प्रसिद्ध पुरुषोत्तमपुरी। क्यों न आज यहीं विश्राम हो और भगवान् जगन्नाथ के दर्शन भी, एक पंथ दो काज।" संध्या गहराती जा रही थी। आचार्य ने जगन्नाथपुरी का नाम उच्चरित होते ही कहा, "सारथि, यहीं आज ठहरेंगे हम और कल समुद्र-स्नान कर भगवान् जगन्नाथ की पूजा-अर्चना करेंगे। भगवान् कृष्ण, उनके बड़े भ्राता बलराम तथा बहन सुभद्रा तीनों की

चंदन निर्मित प्रतिमाएँ दर्शनीय हैं। बड़े लोकप्रिय हैं भगवान् जगन्नाथ, जिनकी शोभायात्रा में शामिल लोग जीवन के बंधन से मुक्त होने हेतु उनके दर्शन करते हैं और शोभायात्रा में शामिल होते हैं।"

जगन्नाथ मंदिर के परिसर में ही रात्रि-विश्राम करने और प्रात: पूजा के पश्चात् रथ चल पड़ा।

दूसरे दिन रथ चेन्नई के पास उस मंदिर में था, जिसमें शिव के लिंग-विग्रह को तोड़कर कभी ईसाइयों ने थॉमस की मूर्ति बिठा दी थी। अलवार-नयनार के भक्तों ने थॉमस की मूर्ति तोड़ दी और शिवलिंग स्थापित कर शिव की पूजा-आराधना शुरू कर दी थी।

तत्पश्चात् रथ रामेश्वरम् की ओर मुड़ गया। रामेश्वर में शिव की पूजा, फिर शक्ति की आराधना, तत्पश्चात् राम की पूजा। आचार्य ने तीनों देवताओं की विधिवत् पूजा की और उनसे मानव-धर्म की स्थापना करने का आशीर्वाद भी माँगा।

रामेश्वरम् से रथ पुन: कांची के लिए प्रस्थित हो गया। नाथमुनि से भारत के प्रसिद्ध तीर्थों की राष्ट्रीय एवं सांस्कृतिक भूमिका पर चर्चा होती रही, चारों दिशाओं में यदि एक-एक तीर्थ को धाम घोषित कर वहाँ राष्ट्रीय संस्कृति की संरक्षा एवं वैश्विक संस्कृति के निर्माण के काम होने लगें तो निश्चय ही यह भूमंडलीय संस्कृति की पूर्वपीठिका तैयार करने का काम होगा। नाथमुनि ने भी इस धाम योजना का अनुमोदन किया। दूसरे दिन शाम होते-होते रथ कांची पहुँच गया।

वह प्यारा-सा अपना गाँव, जिसका अर्थ होता है, जननी जन्मभूमि, जिसका अर्थ होता है, हरियाली, चिड़ियों की चहचह, फूलों की महमह, नारियल के हरे-हरे अमृतफल भरे कमंडल जैसे लटके फलों के पुंज, छोटे-छोटे केले के पौधों में फले-लटके बड़े-बड़ घौद और वह सुपारी का सीधा तना वृक्ष, यह इलाइची की लचकती डाल, सारे लोग खुशहाल। किंतु आज सुभद्रा निवास कितना बेहाल लगता था! वही निवास, जहाँ शिवगुरु कथा सुनाते-सुनाते मुरली की तरह बजने लगते और गोपिकाओं की तरह गाँव और आस-पास के गाँवों की शर्मीली दुलहनें भी नाचने लगती थीं। वहीं सामने बरगद के वृक्ष तले बच्चों का कोलाहल, वह कालीजी का मंदिर, यह शिवमंदिर, इस श्मशान की वीरानियत देखकर लगता है कि न 'शिव' सत्य है, न 'शक्ति' शक्तिशाली।

बस एक ही सत्य, यह भ्रम हो जाए भगवान्, वातावरण में छाने लगा था राम नाम। राम-राम ऐसा न सत्य हो जाए, जैसे रामनाम सत्य हो जाता है, यही सोचते-सोचते शंकर रथ से उतर गए अपने द्वार पर, जहाँ घर के प्रवेश-द्वार की चौखट के पीछे खड़ी विशिष्टा देवी भागवत सुना करतीं, जिसके अद्भुत गायक कलाकार थे शंकर के पिताश्री शिवगुरु नंबूदरिपाद। आज उस चौखट पर चिंता की एक छाया अवश्य विराजमान थी।

शंकर अंदर घर में माँ, कहाँ हो माँ, पुकारते वहाँ चले गए, जहाँ माँ बिस्तर पर शांत मन सोच रही थी, 'मेरा बेटा संन्यासी शंकर, जरूर आएगा, वचन दे दिया तो शंकर जरूर आएगा, जरूर आएगा योगी शंकर, ध्यानी शंकर, स्वाभिमानी शंकर, वचन दे दिया तो कैसे नहीं आएगा ?' और लो, पहुँच ही गया शंकर, सुभद्रा का शंकर, विशिष्टा का शंकर तथा सारे संसार के लिए दिग्विजयी सौभद्र, जगद्गुरु शंकर, आद्य जगद्गुरु शंकराचार्य।

एक विचित्र गाँव था यह, जिसे कलाड़ी कहते थे लोग, किंतु समझते थे इसे कलुष और कलह की रणभूमि, बाहर नहीं, घर के अंदर परिजनों के बीच। कमरे में अपनी माँ तो थीं, किंतु बिस्तर पर नहीं थीं, भूमि शय्या पर थीं, होश में थीं, किंतु बोल नहीं सकती थीं। पास बैठी बूढ़ी बुआजी शिवगुरु की फुफेरी बहन श्रद्धा थी और माँ उँगलियों के संकेत से 'हाँ-ना' करती थीं।

शंकर ने लाख मनाया, माँ को खाट पर सुला देना चाहा, किंतु माँ की समझ थी कि खाट बंधन का प्रतीक है, वह मुक्ति चाहती थीं, इसीलिए भू-शयनावस्था में ही सीधे स्वर्ग पहुँचने के लिए प्रतिबद्ध थीं। शंकर ने माँ को दवा खिलाई, पानी पिलाया और बैठ गए पास में। फिर तो लगा, जैसे माँ खड़ी हो जाएँगी। खड़ी भी हो गईं, भूमिशय्या छोड़कर अपने पुराने बिस्तर पर सोने लगीं। फिर बोलने भी लगीं और शंकर तो प्रसन्न हुए, किंतु ग्रामीणों की चिंता बढ़ गई। किंतु यह लीला थी, जादू का खेल था, चार दिनों की चाँदनी फिर अंधेरी रात में बदल गई।

शंकर को सेवा करने का अवसर देकर माँ का प्राण फिर एक दिन जैसे अटक गया गले के अंदर कहीं, भूमि-शय्या दे दी गई और बेटे शंकर का हाथ हाथ में धरे-धरे माँ धराधाम से सुरधाम प्रस्थान कर गईं। शंकर ने सभी परिजनों को सूचना दी, कोई नहीं आया, स्वयं गए लाने, किंतु कोई नहीं आया, सोचते रहे, चलो, बड़े आचार्य बनकर आए हो, अभी गाँव को नहीं समझते, ईश्वर को क्या समझोगे ?

माँ की अंतिम क्रिया—अंत्येष्टि तो परिजनों की भागीदारी से ही होती, किंतु कोई परिजन नहीं आया।

शंकर ने अपने घर के प्रांगण में ही माँ की चिता सजा दी और सोचा माँ को अकेले उठाकर चिता पर आसीन करा देंगे, किंतु मृत शरीर का वजन काफी बढ़ चुका था, शंकर उठा न सके।

फिर शंकर ने मन-ही-मन विचार किया कि अब तो इस शरीर में प्राण-चेतन शक्ति नहीं रह गई, जो कुछ है, उसका जड़ है पंचतत्त्व—क्षिति, जल, पावक, गगन, समीर। जड़ को तो टुकड़ों में काटकर रखा ही जा सकता है। उन्होंने घर में रखी वह पुरानी कुल्हाड़ी निकाली और सुभद्रा के जड़ शरीर को टुकड़ों में बदल दिया, फिर उन्हें चिता पर सजा दिया और मुखाग्नि दे दी।

माँ तो तर गईं कि बेटा आ गया, वह भी दिग्विजयी बेटा और अपने हाथों से मुखाग्नि दे दी, किंतु बेटे के दिल से यह पीड़ा नहीं निकली कि उसके गाँव के परिजन कितने पतित लोग हैं। शंकर ने पुरोहित को बुलाया और उनसे अनुरोध किया कि श्राद्ध-कर्म अक्षरश: वैदिक विधि से संपन्न करा दें।

श्राद्ध में चोलराज राजराजा को भी निमंत्रण था। वह आए भी और ऐसे आए कि घंटों बैठे रहे, सहपाठी के साथ बातें करते रहे। बहुत सारी बातें होती रहीं। काशी की, कश्मीर की और कामरूप की भी। विनोद में कहा राजराजा ने कि कैसी-कैसी 'क' की कितनी-कितनी कथाएँ हैं कमाल की! मित्र ने कहा, "किंतु कथाएँ नहीं मित्र, ये तो गाथाएँ थीं, कथा तो तुम्हारे राज कोचि की कलाड़ी की हैं, जो मैंने कभी नहीं कही! सुनो, इस गाँव के सारे नंबूदरि मेरे कुल-परिवार के हैं, किंतु इनके रहते हुए मैंने अपनी मृत माँ की पूरी काया को कुल्हाड़ी से काट-काटकर चिता पर रखा, स्वयं रखा, क्योंकि मेरे लाख अनुरोध करने पर भी इनमें से कोई मेरे काम नहीं आ सका। इस श्राद्ध में भी मैंने किसी को नहीं बुलाया। अब तो मैंने निर्णय लिया है कि अपनी पूरी संपत्ति अपने चोल राजा को समर्पित कर दूँ।"

राजा ने सहमति प्रदान की और कहा कि इस संपत्ति का उपयोग राजा द्वारा तुम्हारी माँ, तुम्हारे पिता, तुम्हारे पूर्वजों और तुम्हारी स्मृति में स्मारकों के निर्माण पर राज द्वारा व्यय किया जाएगा।

यही हुआ, शंकर ने अपनी सारी संपत्ति राज्य को समर्पित कर दी, किंतु श्रद्धा बुआ की जिंदगी भर देख-रेख और सेवा शुश्रूषा की सारी व्यवस्था राज्य प्रशासन के जिम्मे लगा दी तथा उनके रहते-रहते इस संबंध में राज्यादेश भी प्रसारित कर दिया गया। यही तो राज्य प्रशासन का विधान-प्रावधान भी बताया था किसी ने उन्हें।

चोल नरेश ने जगह-जगह यह भी घोषणा की—"सर्वसाधारण की जानकारी के लिए सूचित किया जाता है कि हमारे राज्य की गौरवमयी परंपरा में अपनी अद्भुत मेधा और ज्ञान के बल पर हमारी भूमि के एक पुत्र शंकर नंबूदरिपाद ने सारे भारतवर्ष में हमारे राज्य की प्रतिष्ठा बढ़ाई है। भारत ही नहीं, सारी पृथ्वी पर अद्वैत के मानव धर्म का ध्वज लहराकर भारत का सिर ऊँचा किया है तथा पूरे विश्व को एक सूत्र में बाँधने का रास्ता दिखाया है। अब शंकर का नाम आप शंकराचार्य, आद्य जगद्गुरु के रूप में इतिहास के पृष्ठों पर स्वर्णाक्षरों में लिखा पाएगा। कल शंकर कांची के लिए प्रस्थान करेंगे और वहाँ से शिष्यों के साथ काशी, बदरी और केदारनाथ तक की यात्रा पर होंगे। जो भी चाहें, उनके साथ एक शोभायात्रा के रूप में कांची तक चलें। राज्य ने शंकराचार्य को कलाड़ी मठ का महंत नियुक्त कर दिया है।"

दूसरे ही दिन राजा पुन: कलाड़ी पधार गए और शोभायात्रा राजरथ के साथ चल

पड़ी, किंतु अभी कांची विद्यापीठ नहीं। चोलराज ने शंकराचार्य से कार्यक्रम में कुछ परिवर्तन करने का परामर्श दिया, "आचार्यवर, भारतवर्ष संपूर्ण भूमंडल की सांस्कृतिक राजधानी है, जिससे विश्वभर के सारे राष्ट्र अपने को धन्य करते रहे हैं और उनके पास जो भी सांस्कृतिक विरासत है, उसकी अभिवृद्धि करते रहे हैं, किंतु दु:खद स्थिति यह रही है कि ईर्ष्या तथा प्रतिस्पर्द्धावश उन्होंने भारतीय संस्कृति को छिन्न-भिन्न करने का भी सदैव प्रयास किया है तथा पहले तो आर्य-अनार्य और फिर उत्तर-दक्षिण में बाँटकर भारत को कमजोर करने में चूके नहीं। अद्वैत दर्शन का धार्मिक प्रतिरूप शैव संस्कृति दक्षिण देशों में फूली-फली तो इस संस्कृति को पाशुपत धर्म और श्रमणों की जीवन-शैली तंत्र-मंत्र-यंत्र से जोड़कर तथा वज्रयानी बौद्धों की जीवन-शैली से जोड़कर इसे विकृत करने का प्रयास किया गया। हमारे सौभाग्य से जब यह गौरव दक्षिण देश के चोल राज्य के एक छोटे से गाँव कलाड़ी को मिला है तो हमारा यह कर्तव्य बनता है कि हम दक्षिण की सारी सांस्कृतिक संपदा को एक साथ जोड़ लें और तत्पश्चात् उत्तर भारत की सारी साधना शक्तियों को एक वैश्विक संस्कृति के आदर्श स्वरूप के रूप में खड़ी करें। इसीलिए मेरा अनुरोध है, आचार्य कि हमारी शोभायात्रा कांची तो चले, किंतु सीधे नहीं, केरल और कांची के बीच जितने भी सांस्कृतिक तथा धार्मिक स्थल हैं, उन्हें जगाते चलें और दक्षिण की शक्ति का एक केंद्र कांची में स्थापित करें। इस दृष्टि से यदि आप अनुमोदित करें तो शोभायात्रा का एक कार्यक्रम इस प्रकार कार्यान्वित किया जाए।"

"सर्वप्रथम तो वेदोपनिषदों जैसे धर्मग्रंथों के अध्ययन तथा पूजास्थलों व मंदिरों में प्रवेश से वर्जित-वंचित समाज, सभी वर्णों की स्त्रियों तथा अछूत समझे जानेवाले दीन-हीन वर्णों को एक भारतीय सांस्कृतिक समाज का रूप देने के लिए आपने जो 'शंकर स्मृति' नामक ग्रंथ का प्रणयन किया था, उसकी प्रतियाँ दक्षिण और उत्तर भारत के सभी राजाओं तथा धार्मिक पंडितों-पुरोहितों तक पहुँचाई जाएँ एवं पिछले संगम तीर्थ पर जो निर्णय समवेत रूप से लिया गया, उसके आधार पर 'एक समाज-एक संस्कृति' के निर्माण का आरंभ कांची से हो, दक्षिण देश के सभी आचार्यों और पंडितों ने तो विचार-विमर्श कर इसका समर्थन भी कर दिया है।

"धर्म, सत्य, शांति और मैत्री की प्रतिष्ठा का जो व्रत आपने लिया है, वह संपूर्ण भारत कन्याकुमारी से कश्मीर तथा कच्छ से कामरूप एवं कलिंग तक का यह व्रत बने और फिर यही व्रत पूरे विश्व का व्रत बने एवं वेद-वेदांत में निहित विचारों की प्रतिष्ठा संपूर्ण विश्व में हो सके, इसका भी शुभारंभ कांची से ही हो। राजा की यह भी प्रार्थना थी कि कांची में व्रत आरंभ करने के पूर्व हम केरल के सभी धार्मिक स्थलों पर इसे कार्यान्वित करने के सांस्कृतिक और राजकीय संदेश पहले ही दे देंगे।

"तीसरी महत्त्वपूर्ण बात, जो सर्वसम्मति से प्रयाग में तय की गई थी और जो बात

आपके द्वारा गीता के भाष्य में है, यों स्पष्ट की गई है—'ब्राह्मणत्वस्य रक्षितेन रक्षित: स्यात् वैदिकोधर्म' इसके पीछे क्या यह कहना आपका उद्देश्य है कि ब्राह्मणवर्ण धर्म के धारक और वाहक के रूप में धर्म रक्षा के कार्य हेतु आवश्यक है और समाज के लिए उपयोगी है। आपके द्वारा हिंदू समाज में पंचदेवता की पूजा तथा पंचमहायज्ञ का दरवाजा समस्त हिंदू समाज के लिए खोल देने का स्वागत किया गया है, किंतु कुछ लोगों, कुछ पंडितों की ही मान्यता है कि जिस तरह विदुर जैसी जाति के लोगों को धर्म और ज्ञान पर तो रोक नहीं, किंतु उन्हें धर्मफल पर अधिकार नहीं। यह स्थिति आपके द्वारा स्पष्ट की जानी चाहिए।"

आचार्य ने स्पष्ट शब्दों में बताया कि सबके लिए ज्ञान का समस्त फल श्रुतिमूलक है। ब्रह्मज्ञान के संबंध में भी उन्होंने बताया कि ब्रह्मज्ञान स्त्रियों सहित प्रत्येक वर्ण को प्राप्त करने का एक समान अधिकार है। उन्होंने इस संदर्भ में गार्गी, मैत्रेयी के उदाहरण दिए तो ऋग्वेद के कुछ द्रष्टा ऋषियों में कण्व नामक ऋषि का भी नाम लिया, जिन्होंने ज्ञानश्रुति को ब्रह्मज्ञान सिखाया था। इसी तरह उन्होंने जबाला परिचारिका के पुत्र जाबाल सत्यकाम का भी उल्लेख किया, जिसे गौतम ऋषि ने उपनयन संस्कार से संस्कारित किया था।

यात्रा-दल चल पड़ा था—आगे-आगे शंकराचार्य और पीछे-पीछे चोल राज्य के राजा विजेंद्र, कर्नाट-उज्जयिनी के राजा सुधन्वा तथा सैकड़ों विद्वान् ब्राह्मण व सहस्राधिक शिष्यों की टोली एवं अगणित संख्या में सामान्यजन बाजे-गाजे, ध्वजा-पताके-शंख, डमरू, मृदंग लिये चल रहे थे। ओंकार ध्वनि से वातावरण चतुर्दिक् गुंजायमान था। रास्ते में सबसे पहले पदयात्री मध्यार्जुन तीर्थ पर ठहरे, ब्राह्मण प्रधान तीर्थ और प्राय: सबके सब पंडित कर्मकांडी विद्वान्। आचार्य ने उन्हें अपने श्रीमुख से अद्वैत प्रवचन सुनाए। आचार्य ने भगवान् अर्जुनेश के दरवाजे पर जाकर उन्हें नतमस्तक प्रणाम किया और यात्रा चलती रही, चलती रही।

आगे तुला भवानी नामक तीर्थ मिला, जो शाक्त वामाचारियों का गढ़ था। काफी संख्या में वीराचारी, पार्श्वाचारी और कौलाचारी भी थे। पंचमकार का साम्राज्य था तथा नैतिक जीवन स्तर अत्यंत पतित। यात्रा यहाँ भी विश्राम के लिए रुकी तो जैसे वामाचारियों को 'अद्वैत को बुद्ध भला' कहने का एक मौका मिल गया। आचार्य ने उन्हें वेद-शास्त्रों की बहुत सारी बातें सुनाईं और कहा कि आप लोग ब्राह्मण शब्द को कलंकित न करें। उनकी बातों से प्रभावित बहुत सारे वामाचारी वाम पंथ छोड़कर उनकी यात्रा में सम्मिलित हो गए। तत्पश्चात् आचार्य रामेश्वर तीर्थ पहुँचे। रामेश्वरम् शैव तीर्थ है, किंतु बहुत से शैव यहाँ भी अद्वैत मतावलंबी बन गए। तत्पश्चात् आचार्य श्रीरंगम पहुँचे और वहाँ के वैष्णवों के बीच अद्वैत मत की व्याख्या की। उन्होंने श्री मंदिर में अत्यंत भक्ति के साथ देवमूर्ति की पूजा-अर्चना की तथा तत्पश्चात् 'अहं ब्रह्म' की व्याख्या की।

इसके बाद शोभायात्रा सुब्रह्मण्यदेश और शुभगणपुरम् होते हुए कांचीपुरम् पहुँच गई। आचार्य के पहुँचने का संदेश जैसे ही पल्लवनरेश नंदिवर्मन को मिला तो राजा ने उन्हें राजकीय सम्मान दिया और सारे भारतवर्ष को जगाने के महत् कार्य हेतु अभिनंदन किया।

शंकराचार्य कामाक्षी दर्शन तथा शिव-पूजन के पश्चात् अगले कार्यक्रम के लिए चिंतित थे। उन्होंने सभी शिष्यों को बुलाया—आनंदगिरि, पद्मपाद आदि सबको। किंतु पद्मपाद ने गुरुदेव से यात्रा को स्थगित कर उनसे कुछ दिनों के लिए कांची में विश्राम का प्रस्ताव दिया। इसका कारण भी था, आचार्य शारीरिक रूप से अत्यंत जीर्ण-शीर्ण से लगने लगे थे। भगंदर रोग ने उन्हें ऐसा परेशान कर दिया कि वे पदयात्रा के सर्वथा अयोग्य से हो गए। पद्मपाद ने कहा, "गुरुदेव, मत्स्येंद्रनाथ ने आप पर मंत्र-प्रहार किया था, जिसका अनुभव भी आपको कामरूप के शास्त्रार्थ के पूर्व ही हो चुका था। यह रोग जब भी ठीक होगा तो 'मारण-मंत्रोच्चारण' से ही होगा। मैं अनुरोध करते रह गया, पर आपकी स्वीकृति नहीं मिली। गुरुवर्य, आज मुझे क्षमा कर दें और मत्स्येंद्रनाथ को उनके मंत्र-प्रयोग का प्रत्युत्तर देने दें। यह भी एक शास्त्रार्थ ही है, गुरुवर। आप दोनों का शास्त्रार्थ सैद्धांतिक था, यह प्रायोगिक है।"

शंकराचार्य कहते रहे, पद्मपादाचार्य वहाँ से उठकर आश्रम आए और समुचित मंत्र का बाण मत्स्येंद्र पर चला ही दिया। मत्स्येंद्र को मंत्र-प्रहार बाण जैसा लगा और प्रतिफल यह था कि जो भगंदर शंकराचार्य को तंग कर रहा था, वह इनसे छूटकर स्वयं मत्स्येंद्रनाथ को पकड़ लिया। शंकराचार्य स्वस्थ होने लगे और दो-तीन दिनों के बाद ही यात्रा पर निकल पड़े।

इसी विश्राम की अवधि में एक और भी घटना घटी, शंकर राजा राजेंद्र के सहपाठी भी थे और एक साहित्यकर्मी नाटककार भी। राजा ने तीन नाटक लिखे थे, कभी और बहुत पहले अपनी कृतियाँ शंकर के अवलोकनार्थ दी थीं। शंकर ने राजा से कहा था कि इन नाटकों को जनसुलभ बनाने के लिए इनकी मुद्रित प्रतियाँ निकाली जाएँ। समय के अंतराल में ये तीनों कृतियाँ कहीं विस्थापित हो गईं।

राजेंद्र ने अपनी व्यथा सुनाई। शंकर ने उन्हें परामर्श दिया और किसी आशुलिपिक की व्यवस्था करने का निर्देश दिया। आशुलिपिक के आने के बाद शंकर ने अपनी चामत्कारिक स्मृति-शक्ति का प्रयोग कर तीनों नाट्य कृतियों का मूल रूप पुनरुज्जीवित कर दिया। कांची विश्राम में ऐसे अन्य कई कार्यों के लिए उपयोग में आता रहा, किंतु शंकर की बैचेनी शीघ्रातिशीघ्र काशी पहुँचने की और पूर्व प्रारूपित योजनाओं को कार्यान्वित करने की थी।

तीसरे-चौथे दिन ही पूरी यात्रा-मंडली काशी के लिए चल पड़ी।

शोभायात्रा में भक्ति आंदोलन के सारे कार्यकर्ता भी केसरिया पाग बाँधे और भजन-कीर्तन गाते चल रहे थे, अलवार और नयनार सभी एक साथ हर-हर महादेव बोलते और शंख ध्वनि से जय का उद्‌घोष करते।

तीसरे दिन शोभायात्रा कांची पहुँची तो वहाँ चोल के राजा और भारतवर्ष के धर्मराज शंकराचार्य को फूलों के हार से स्वागत किया गया। एक सभा का भी आयोजन उसी सभास्थल पर किया गया, जहाँ दक्षिण देशीय सभी राजाओं और दक्षिण की इस अद्वय विभूति को आद्य जगद्‌गुरु के सम्मान से सम्मानित एवं अभिनंदित किया गया।

शंकराचार्य कांची में एक सप्ताह तक ठहरे रहे और शिष्यों के साथ कई सारी भविष्य की योजनाएँ तैयार कीं। उन्होंने कहा, "मेरे सहकर्मी आचार्यो और मेरे आचार्य शिष्यो, मैंने दक्षिणदेशीय अध्यात्म और वेदांत दर्शन की विभूति लेकर भारतवर्ष के प्राय: सभी मुख्य पीठों एवं तीर्थों का भ्रमण किया तथा वेदांतीय अद्वैत-दर्शन को विश्व का सर्वमान्य दर्शन सिद्ध कर दिया।

सनातन धर्म से लेकर बौद्ध धर्म तक में कोढ़ के रूप में व्याप्त तंत्र के रोग से भारतीय जीवन के पुरुषार्थों में तब कीड़े पैदा हो रहे थे, उनका विनाश कर एक तत्त्वप्रधान जीवन-शैली और एक मानव-धर्म की स्थापना की दिशा में जो कार्य मैं करने दक्षिण से उत्तर और पूरब से पश्चिम तक गया था, उसमें हमें सफलता मिली है। इतना ही नहीं, काशी-प्रयाग में रहकर हमने विश्व के अन्य कई महत्त्वपूर्ण धर्माधिकारियों से संभाषण दिया और उन्होंने भी मान लिया है कि संपूर्ण विश्व के लिए एक धर्म, एक मानव धर्म की आवश्यकता है तथा इस आवश्यकता का महल वेदांत की आधारशिला पर खड़ा करना ही एकमात्र रास्ता है। मैं आपसे यह अनुरोध करता हूँ कि आप सभी इसे मानवता का कार्य समझकर आगे बढ़ने में मेरी सहायता और सहयोग करें। संभव है कि आपको इस सेवा हेतु कांची छोड़कर किसी दूर देश में जाकर जीवन बिताना पड़े।

"मैंने इसी सूत्र के आधार पर विस्तृत योजना तैयार कर ली है और समय-समय पर आपकी योग्यता के आलोक में आपको कोई नया कार्यभार कभी भी सौंपा जा सकता है। ऐसा हम सारा निर्णय काशी में आप के समक्ष रख सकेंगे।"

सभी सहकर्मियों और शिष्यों को चार मंडलियों में विभाजित कर दिया गया तथा चारों दिशाओं से दक्षिण देश की पद यात्रा करते हुए चार देशांतर रेखाओं में विभाजित चार टोलियाँ दूसरे दिन प्रात:काल काशी के लिए प्रस्थान कर गईं। सबसे अंत में शंकराचार्य की पुरानी टोली थी, जो काशिराज के धर्मरथ पर सवार थी।

□

61

कांची से काशी तक और काशी से कुंभ एवं फिर कुंभ से कश्मीर तक या कश्मीर से कामरूप की यात्रा साधारण तीर्थ-यात्रा तो थी नहीं, आंदोलन ही नहीं संघर्षपूर्ण यात्रा थी। भक्ति आंदोलन का श्रीगणेश अलवार-नयनार से प्रारंभ अवश्य हुआ था, किंतु इस आंदोलन के पीछे संपूर्ण भारत की जनता की रचनात्मक सुधारवादी शक्ति काम कर रही थी, जिसका प्रतिफलन 'शंकर-स्मृति' तथा 'गीताभाष्य' थे और यात्रा से पुन: कांची व कांची से केरल-कलाड़ी तथा पुन: कलाड़ी से कांची पहुँचने पर आचार्य को यह आभास तो हो ही गया था कि यह संघर्षपूर्ण यात्रा कई तीर्थों की यात्रा तो थी ही, कई युद्धों में विजय की तरह परितृप्ति देनेवाली भी थी। बौद्ध धर्म की पुनर्व्याख्याओं ने यह प्रभाव तो उत्पन्न कर ही दिया था कि सनातन धर्म में ही बौद्धों के चिंतन की अंतिम परिणति सन्निहित थी और बौद्ध धर्म भी भक्ति आंदोलन की तरह ही एक वैचारिक आंदोलन था, जिसकी व्यापकता पर राजा राजेंद्र तथा पल्लवराज नंदिवर्द्धन ने शंकर की उपलब्धियों के लिए उनका अभिनंदन कर जनसमर्थन के साथ राजसमर्थन की मुहर लगाई थी।

अब आचार्य यह अनुभव करने की स्थिति में तो थे कि तीन चौथाई भारत उनके साथ था और समग्र भारत के लिए एक धर्म का जो प्रारूप उनके मस्तिष्क में था, वह एक बड़ा कारण था और शेष भारत के भ्रमण के पश्चात् इस क्रांति को एक नया स्वरूप प्रदान करने की स्थिति भी सामने खड़ी दिख ही रही थी। आचार्य कांची से पुन: काशी की यात्रा पर चल पड़े थे, किंतु मन-ही-मन वे सोच रहे थे कि यह यात्रा उनके जीवन की अंतिम यात्रा भी हो सकती है, क्योंकि यदि व्यासवाणी का कुछ भी सत्य होता हो तो अब उनके पास तीन वर्ष का वय ही शेष रह गया है। इन्हीं तीन वर्षों में उन्हें सौराष्ट्र और द्वारका-भ्रमण का कार्य भी पूर्ण करना है तथा बदरी-केदार की यात्रा भी अर्थात् चारों धामों की यात्रा पूर्ण कर इस जीवन को सार्थक भी कर लेना है।

काशिराज का रथ आज काशी के पथ पर दौड़ रहा था, किंतु घोड़ों के पैरों में लगता था, कोई अज्ञात व्यक्ति प्रतिरोपित हो गया था और आचार्य अपने सभी पट्टशिष्यों के साथ इस यात्रा का नेतृत्व भी कर रहे थे।

अलवार के साथ-साथ नयनार के मिलन के फलस्वरूप भक्ति आंदोलन ने वैष्णवों और शैवों के मतांतर तो समाप्त कर ही दिए थे, ब्राह्मण और शूद्र, पुरुष व स्त्री, निर्गुण और सगुण तथा हिंदू और ईसाइयों, मुसलमानों के बीच भी जो भेद व विरोध था, वह समाप्त होने लगा तथा संपूर्ण भारतवर्ष एक साथ होने लगा था। इस दिशा में आचार्य के कई ग्रंथ तथा कई देवी-देवताओं की पूजा-अर्चना के स्तोत्र इस आंदोलन के मंथन से निकलते अमृत की तरह पूरे भारत में सर्वसुलभ हो चुके थे। 'गीता भाष्य' तथा 'शंकर स्मृति' दोनों ग्रंथ संगम के दौरान तो 'सौंदर्य लहरी' तथा 'आनंद लहरी' जैसी अमूल्य कृतियाँ कश्मीर की देवी एवं शिव मंदिरों में दर्शन के क्रम में रची तथा प्रवर्तित की जा चुकी थीं। बौद्ध धर्म, जैसे सनातन धर्म की ही एक शाखा हो, जो धीरे-धीरे वैष्णवीकृत होने लगा। सुमेरु पीठ ने इन महत्त्वपूर्ण ग्रंथों के प्रचार-प्रसार की महत्त्वपूर्ण जिम्मेदारी सँभाल ली थी, अत: आचार्य ने गुजरात-सौराष्ट्र द्वारका तीर्थ की यात्रा के पूर्व सारनाथ के पूर्व प्रस्तावित वैश्विक धर्म सम्मेलन के आयोजन हेतु बौद्ध आचार्य शेषनाथ से संपर्क किया। शेषनाथ ने सूचित किया कि यहूदियों-ईसाइयों तथा इस्लाम धर्मियों से संपर्क किया जा चुका है और वे सारनाथ में उपलब्ध हैं, आचार्य पद्मसंभव भी वैशाख पूर्णिमा के अवसर पर सारनाथ में ही प्रत्याशित हैं, किंतु संभव है कि बोधिसत्त्व ईत्सिंग पूर्व सागर की धर्म-यात्रा की समाप्ति के बाद भारत आकर कुछ दिनों के लिए चीन चले जाएँ।

आचार्य ने बुद्ध पूर्णिमा के शुभ दिन इस सम्मेलन में अपनी सहभागिता की भी स्वीकृति दे दी तथा तथैव सूचना आचार्य पद्म संभव को भेजकर आचार्य शेषनाथ धर्म-सम्मेलन के आयोजन में लग गए। इसी बीच आचार्य ने सुमेरु मठ में सनातनधर्मी आचार्यों तथा पंडितों की धर्मसभा बुला ली और अब तक की सारी धार्मिक उपलब्धियों की चर्चा की एवं सारे सुधारवादी कार्यक्रमों पर उनके अनुमोदन प्राप्त कर लिये। आचार्य ने भक्ति आंदोलन का कथा-वाचन, प्रवचन एवं भजन-कीर्तन मंडलियों को कश्मीर, प्रयाग, मथुरा, वृंदावन, अयोध्या, मिथिला में केंद्रित कर दिया तथा कुछेक को सौराष्ट्र और द्वारका धाम की ओर भी भेजा तथा यह सूचना प्रसारित करने का निदेश भी दे दिया कि वे सारनाथ के धर्मसम्मेलन के ठीक बाद सौराष्ट्र, सिंधु, गुजरात एवं द्वारकाधाम की यात्रा पर पहुँच रहे हैं। वैशाख पूर्णिमा की प्रतीक्षा करते आचार्य ने काशी प्रवास की इस अवधि का उपयोग काशी के ग्रंथागारों में बैठकर चतुर्षष्टि कलाओं का अंत:मंथन किया—ऋग्वेद, यजुर्वेद, सामवेद तथा अथर्ववेद एवं एक सौ आठ उपनिषदों के अतिरिक्त शिक्षा, कल्प, व्याकरण, निरुक्त, छंद और ज्योतिषशास्त्रों एवं इतिहास-पुराणों का पुनरीक्षण कर अपनी मेधा तेज और धारदार बना ली, ताकि पद्मसंभव जैसे बौद्ध तथा विदेशी धर्माचार्यों के प्रश्नों एवं जिज्ञासाओं के सटीक उत्तर से उनका भी समर्थन सनातन धर्म के पक्ष में प्राप्त करके तथा एक वैश्विक मानव-धर्म के रूप में सनातन धर्म के पक्ष में मान्यता प्राप्त कर सकें। वे

नित्य गंगा स्नान करते तथा बाबा विश्वनाथ एवं अन्नपूर्णा का दर्शन करते और ब्रह्मज्ञान समाधि में निरत हो जाते, किंतु ब्रह्मविद् वरिष्ठ ज्ञानी होने के बावजूद वे लोक कल्याण के प्रति प्रतिबद्ध थे ब्रह्मदृष्टि के साथ। भक्तिभाव उनके लिए दैवइच्छा थी, उनकी प्रकृति में भक्ति नहीं थी। जैसे यह सृष्टि ब्रह्म के लिए विलासभूमि है, वैसे ही भक्ति-अनुरक्ति उनके लिए विलासभूमि तथा लोक कल्याण के लिए एक बहाना थी। उनका चित्त तो 'एकमेवाद्वितीयम् ब्रह्म' में ही समाहित था।

यह विलासभूमि यदि काशी हो सकती थी, कांची हो सकती थी, सारनाथ हो सकता था तो यरुशलम भी हो सकता था, काबा भी हो सकता था, एक हो सकता था तो सारी धरती क्यों नहीं?

'उदार चरितान्तु वसुधैव कुटुम्बकम्?' यही क्या नहीं था, जो सारनाथ के सर्वधर्म सम्मेलन, 'सब धर्म समान: मानवधर्म महान्' का उद्देश्य था। पद्मसंभव का पदार्पण हो चुका था। सारनाथ में बुद्ध जयंती अब नियमत: यहीं आयोजित होती तथा इसी अवसर पर अर्हत, आयुष्मान, बोधिसत्त्व अवस्था को प्राप्त मनीषियों के ज्ञान और अनुभव का प्रवर्तन हुआ करता था। अबकी बार पद्मसंभव को द्वितीय बुद्ध तथा इत्सिंग को बोधिसत्त्व की उपाधि मिलनी थी, जिसकी तैयारी शेषनाथ ने पूर्ण कर ली थी। केवल अनुमोदन होना शेष था। अबकी बार सर्वधर्म सम्मेलन में विश्व के विविध धर्मों के संतों के बीच इन उपाधियों की चर्चा एक विशेष बात थी। किंतु यह सूचना पाकर लोगों को आश्चर्य हुआ कि इत्सिंग की इच्छा थी कि उन्हें ही द्वितीय बुद्ध घोषित किया जाए और पद्मसंभव को बोधिसत्त्व। इत्सिंग चीन लौट जाएँगे और पद्मसंभव द्वितीय बुद्ध के रूप में अभिषिक्त होकर विश्व के प्रथम धर्म सम्मेलन का सभापतित्व करेंगे, यह निश्चितप्राय था।

मुक्ताकाश के वितान तले विश्व भर के धर्म प्रमुख बौद्ध, सनातनी, ईसाई, यहूदी, ताओ और इस्लाम सब उपस्थित थे। पहली धर्म संसद्—"एक विश्व—एक धर्म' की भी घोषणा होनी ही थी। मंच पर सभी धर्मों के प्रधान अथवा प्रधान-प्रतिनिधि उपस्थित थे। शंकराचार्य भी थे, गोरखनाथ भी, नाथमुनि भी, शठकोप भी, ईसाई, यहूदी ताओ, इस्लामी सभी संतों को उनके गणवेशों से पहचाना जा सकता था। अध्यक्ष कौन होगा, सब जानते थे, फिर भी किसी जैनमुनि ने आचार्य पद्मसंभव का नाम प्रस्तावित कर दिया और किसी इस्लामी संत ने समर्थन भी। पद्मसंभव अध्यक्ष के आसन पर आसीन हो गए। सर्वप्रथम उन्होंने आचार्य शंकर को अपने पास बुलाकर बैठा लिया और उनसे अनुरोध किया कि वे सर्वधर्म सम्मेलन के आयोजन के उद्देश्यों पर प्रकाश डालें।

आचार्य बोलने लगे, "भारतवर्ष की प्रसिद्ध तप:स्थली सारनाथ में उपस्थित दुनिया के सभी धर्मों के संत प्रतिनिधि बंधुओ, अपने-अपने देश के स्थानीय कारणों के फलस्वरूप हम सभी कोई-न-कोई धर्म मानते हैं और हर धर्म की अपनी-अपनी जीवन-

शैली भी है, जो कभी-कभी आपस में टकराती भी है एवं हम ईश्वर के पुत्रों को एक परिवार में परिणत हो सकने में बाधा डालती है।

एक ही देश में कई विरोधी आचरण के लोग बसते हैं और एक-दूसरे से विषम जीवन-शैली जीते हैं और फलत: एक साथ नहीं निवास कर पाते। एक ही धर्म, जिसका प्रवर्तन ईसा के आठ सौ वर्ष पहले सिनाई की पहाड़ियों पर उतरकर स्वयं परमपिता परमेश्वर ने किया था, ईसवी सन् के आते-आते तीन धर्मों में बिखर गया और तीनों धर्म आपस में शत्रु जैसा व्यवहार करने लगे तथा भूल से गए कि वे तो एक ही पिता के तीन पुत्र हैं। इसी तरह सनातन धर्म, जैन धर्म, बौद्ध धर्म, ताओ धर्म सबके-सब टुकड़ों में जीने लगे और जीवन-पद्धति अलग-अलग ही नहीं, विकृत होती गई। कैसा दुर्भाग्य है कि यह पतनोन्मुखता शील एवं तंत्र जैसे वैज्ञानिक आधार होते हुए भी पंचमकार और पंचमकार से पंचविकार-पतन की चरमावस्था को पहुँच गई। ईसाई भाई और यहूदी भाई इस्लाम के शत्रु हो गए और सबके रहन-सहन तथा खान-पान एवं पूजा-पद्धति में ऐसा अंतर आया कि सबमें युद्ध जैसी मनोदशा प्रवेश कर गई। कहीं यरुशलम को लेकर युद्ध तो कहीं काबा-काशी और कश्मीर-कामरूप की मान्यताओं को लेकर विवाद।

"आप सहमत होंगे कि मूलत: हम सभी धर्मवाले एक ही पुत्र को अपना पिता मानते हैं और उसे अपनी-अपनी भाषा में ईश्वर कहकर पुकारते हैं। इस ईश्वर से भी ऊपर की एक आध्यात्मिक स्थिति है, जिसे भारत के लोग 'ब्रह्म' कहकर पुकारते हैं और अपने को उसका अंश कहते हैं। भक्ति, ज्ञान, कर्म आदि के रास्ते हम उसी ब्रह्म तक पहुँचने का प्रयास करते हैं अर्थात् सभी धर्मों के लोग। तात्पर्य यह है कि हम सब परोक्षत: यह स्वीकार करते हैं कि हम सब का अंशी अथवा अंगी एक ही सत्ता है, जो संसार के रूप में अपने को अभिव्यक्त कर लीला अथवा क्रीड़ा करती है और जब उसकी लीला समाप्त होती है तो वह एक अंड के रूप में सिकुड़कर बंद हो जाती है।

"अंश होने के नाते हम सब उस लीला पुरुष में लय हो जाना चाहते हैं, जिसके लिए भक्ति सबसे लोकप्रिय मार्ग है। मेरा मानना है कि यदि हम सब एक ही ब्रह्म की संततियाँ हैं और पूजा-उपासना अथवा ध्यान-साधना अथवा योग-समाधि अथवा तंत्र-मंत्र-यंत्र के माध्यम से उसी तक पहुँचना चाहते हैं तो हम सबका एक ही धर्म होना चाहिए। हम सभी मानव हैं, अत: एक परिवार हैं और उस वसुधा-परिवार का एक ही धर्म संभव है—मानव-धर्म।

"मेरा अनुरोध है कि एक धर्म के माननेवाले मंदिर, मस्जिद, पूजा-उपासना, मांस-मद्य, मंत्र-तंत्र, पत्र-पुष्प, अक्षत-चंदन को आपसी संघर्ष का विषय बनाएँ। अपने-अपने धर्म के माध्यम से एक सर्वव्यापक परम सत्ता की छाँव तले बैठें और शांति का गीत गाएँ तथा इस विश्व को एक सुंदर बाग में परिणत कर दें।"

ईसाई संत ने कहा, "ईसाई धर्म तो सेवा में विश्वास करता है और संसार के सभी दीन-दु:खियों को शिक्षा-स्वास्थ्य तथा मुक्ति के मार्ग पर ले चलने में विश्वास रखता है। यह तो यहूदी लोग हैं, इस्लाम धर्मी हैं, जो ईसाइयों पर आक्रमण करते हैं और ईसाई स्त्रियों का अपहरण कर उनके साथ दुष्कर्म करते हैं। यह कैसे सहन हो सकता है और कैसे एक परिवार बनने दे सकता है।"

एक हिंदू पंडित-प्रतिनिधि, जो कश्मीर से आया था, ने कश्मीर का ऐसा ही दुखड़ा प्रस्तुत किया कि किस तरह ईराक और अरब के सैनिकों ने गांधार को लूट लिया, यहाँ की मासूम किशोरियों का अपहरण कर खलीफा की सेवा में पेश कर दिया एवं स्वयं कश्मीर के पहाड़ी क्षेत्रों में बसकर कश्मीर को आतंक का राज्य बना लिया है।

एक शाक्त योगी ने कामरूप के उत्तर-पूर्व के क्षेत्रों को चीन के ताओवादियों द्वारा हड़प लेने की योजना का उल्लेख करते हुए कहा कि चीन की बुरी नजर भारत के उत्तरी क्षेत्र पर तो थी ही, अब भारत के अंदर भी वज्रयानी जीवन-शैली मत्स्य, मांस, मदिरा, मुद्रा और मैथुन का आह्वान कर तंत्र के प्रचार द्वारा पूरे भारत के शासन तंत्र को क्षति पहुँचा रही है।

एक काशी के आचार्य ने कहना आरंभ किया कि "फाहियान-ह्वेनसांग और इत्सिंग जैसे तथाकथित बोधिसत्त्व पूरे भारत ही नहीं, पूरे विश्व को अपने अधीन करना चाहते हैं। हिंद महासागर के द्वीप देशों को धर्म के रास्ते चीन के अधीन लाने के काम में संलग्न इत्सिंग को हम बुद्ध कैसे मान सकते हैं? मेरा प्रस्ताव है कि आज के सभापति आचार्य पद्मसंभव का सनातन धर्म में वापस आ जाना ही उचित है और उन्हें बौद्ध धर्म का ही नहीं, संपूर्ण वैश्विक मानव-धर्म का संयोजक नियुक्त किया जाए।

सभा में अपनी-अपनी टुकड़ियों में साधु-संत चर्चा करने लगे। पद्मसंभव खड़े हो गए और कहा, "आज यह प्रस्ताव संसार के सामने शंकराचार्य ने प्रस्तुत किया, किंतु हम विषय पर शासन तंत्रों की भी संस्तुति आवश्यक होगी, यह अंतरराष्ट्रीय विषय है।

"मेरा अनुरोध है कि इस विषय पर जल्दीबाजी में कोई निर्णय लेना उपयुक्त नहीं होगा।"

शंकराचार्य पुन: बोलने लगे, "आचार्य पद्मसंभव, आपने अपना संपूर्ण जीवन वैदिक पद्धति से जिया है और आप वेदोपनिषदों, वेदांगों तथा सभी शास्त्रों के ज्ञाता हैं। आपसे यह अनुरोध तो हम करना ही चाहेंगे कि आप सभी धर्मों के एक-एक प्रतिनिधि से मिलकर एक संसद् का निर्माण कीजिए और आगे आनेवाली इसी पूर्णिमा को पुन: इसी सारनाथ में सभी धर्मों का सारतत्त्व निकालकर एक मानव-धर्म की घोषणा करने की व्यवस्था कीजिए।"

"आचार्य शंकर, यह तो ठीक है, किंतु इसके लिए सभी धर्मों को एक-एक शंकराचार्य पैदा करना होगा, जो हमारे वर्तमान शंकराचार्य की नीतियों के निर्देशन में

चलकर एक मानव-धर्म की रूपरेखा तैयार कर आगामी सभा में उपस्थापित होंगे। अब हम जब अपने-अपने देशों को लौटें तो यह संवाद सबके सामने रखें। अगली धर्म संसद् तक के लिए आज की सभा स्थगित की जाए।"

सभा समाप्त हो गई, किंतु अगले वर्ष की बुद्ध पूर्णिमा के लिए।

शेषनाथ ने सबका धन्यवाद किया और शंकराचार्य से अनुरोध किया कि सबसे पहले बौद्ध धर्म तथा हिंदू धर्म के मतांतरों को दूर करना आवश्यक है और आचार्य पद्मसंभव तथा आचार्य शंकर दोनों मिलकर यह तय करें कि इन दोनों का भविष्य एक होगा या द्वैत बना रहेगा।

दोनों के लिए संकेत पर्याप्त था। दो ही के लिए क्यों, सभी धर्मों के लिए, अंत में सबने खड़े होकर शांति-पाठ में सहभागिता की, शांति-पाठ हेतु मंच की दाहिनी ओर एक पंचपंडितों का दल खड़ा था और स्वस्ति पाठ संपन्न हो रहा था।

□

62

आकाश के असंख्य तारों के बीच सात तारों का दर्शन इतना मनोहारी लगा देव-दनुज तथा मानवसमाज को कि जीवन के हर क्षेत्र में सात का योग भारतीय संस्कृति का एक मंगल प्रतीक बन गया, सप्तऋषि, सप्तसुर, सप्तसिंधु, सप्ताकाश, सप्तपाताल, सप्तपुरी और सप्ताध्यायादि प्रतापी पुरुषों तथा देवताओं के आदर्श बन गए। शंकराचार्य कांची और काशी सप्तपुरियों की दो सर्वोत्तम पुरियों में वास कर धन्य-धन्य तो हो ही रहे थे, उनकी इच्छा, उत्कट अभिलाषा थी कि वे मथुरा और द्वारका पुरियों को भी देखते कि ये धर्मपुरियाँ कैसी हैं। उन्हें काशी में किसी भक्त ने बताया कि मथुरा यदि इंद्रपुरी का प्रतिरूप है, सोने-चाँदी से सज्जित पुरी तो द्वारका मणि-माणिक्यों से मंडित। कृष्ण ने बहुत सारी बाधाओं को पार कर बहुत सारा हीरा-सोना मथुरा से उठाकर द्वारका के कोष में डाल दिया और अपनी सोलह हजार एक सौ आठ प्रेमिकाओं को मणिरत्नों से मंडित रंगमहलों में बसा दिया। पहले तो वे मथुरा छोड़ना ही नहीं चाहते थे, किंतु जब यह आभास हो गया कि कंस उन्हें कभी भी पराजित कर सकता है तो उन्होंने चुपके-चुपके दूत भेजकर रैवत को बुलाया—"रैवत, छह पुरियाँ आज तक बनीं। मथुरा मेरे जीवन का स्वप्न थी, मैं कंस को पराजित कर बैठ तो गया मथुरापुरी के सिंहासन पर, किंतु जब यह आभास होने लगा कि कंस मेरा पीछा नहीं छोड़ेगा तो मैंने निश्चित किया कि तुम्हारी सहायता से एक ऐसी पुरी निर्मित करूँगा, अपने सपनों की पुरी, जहाँ की प्राकृतिक सुरक्षा ऐसी प्रभावशाली होगी कि कंस वहाँ पहुँच ही नहीं सकेगा। मैंने बहुत कष्ट सहा है रैवत, अब मुझे सारे सुखों का भोग करना है, ऐसी एक पुरी गढ़ो कि क्या कांची, क्या काशी, क्या मथुरा सबसे सुंदर हो जाए, द्वारकापुरी अर्थात् द्वारवती-स्वर्ग का द्वार।" मैंने सोच लिया है कि अब मथुरा पर कंस की भले ही जय हो, मैं जीवन का अगला हिस्सा अपनी आठ रानियों तथा सोलह हजार एक सौ आठ गोपिकाओं के बीच रासलीला खेलता हुआ बिताऊँगा। रणछोड़ कहलाए, किंतु द्वारका को स्वर्ग का द्वार-द्वारवती बना ही दिया। शंकराचार्य की कामना स्वर्ग जाने की नहीं थी, किंतु धरती पर कोई स्वर्ग का प्रतिरूप हो तो उसको देखने की आकांक्षा अवश्य होती। वे द्वारवती ही नहीं, गंगाद्वार अर्थात्

हरिद्वार भी जाना चाहते थे और ऋषियों की तपस्थली ऋषिकेश भी। ऋषिकेश उनका गुरुद्वार था बदरिका पुरी का, जिसे वे ज्योति पुरी या ज्ञानपुरी भी कहते और जो उनके गुरुदेव वादरायण व्यास की पुण्यभूमि है। इन सारी स्वर्गोपम पुरियों को देखने के लिए अब उनके पास केवल तीन वर्ष का ही समय शेष था और इसी तीन वर्षों की अवधि में भारतीय संस्कृति को तंत्र-मंत्र और क्षुद्र मकार-विकार से मुक्त करना था, भारतीय संस्कृति के वैदिक चरित्र को भारत के सभी धर्मों के समक्ष आदर्श संस्कृति के रूप में तो प्रस्तुत करना ही था, इस आदर्श संस्कृति के सारे धर्मों को एक धर्म वैश्विक मानव-धर्म में ढालकर अपने जीवन को सार्थक सिद्ध करना था।

द्वारका कंस से तो बची-बचाई रह गई, किंतु इस्लाम और इसके खलीफों ने उसको लूट-पाटकर दीन-हीन बना दिया। द्वारवती में द्वारकानाथ का मंदिर है और द्वारका से थोड़ी ही दूरी पर स्थित सोमेश्वर नाथ का मंदिर भी तथा दोनों पूर्ण रूप से असुरक्षित जैसे सर्प के मुख में मेढ़क, हर दिन, हर क्षण संकटापन्न।

इतने बड़े धाम का इतना असुरक्षित होना भारतीय आत्मा का असुरक्षित होने जैसा लगा था शंकर को और इसीलिए वे चल पड़े काशी से काठियावाड़, कच्छ व द्वारका की यात्रा पर सभी शिष्यों के साथ।

सुमेरु मठ छोड़ने के पूर्व आचार्य ने भक्ति सैनिकों के भजन-कीर्तन दलों को सिंधु-सरस्वती क्षेत्र तथा कुरूक्षेत्र प्रदेश तो भेज ही दिया, कुछ टोलियों को गंगाक्षेत्र तथा शेष को द्वारका के लिए प्रस्थान करा दिया। उन्हें आदेश था कि भजन-कीर्तन करते चलेंगे और तीर्थस्थानों पर विश्राम करते आगे बढ़ेगे, किंतु इस बात से सतर्क रहेंगे कि द्वारका-सिंधु और सिंध-गांधार दोनों सीमाओं पर इस्लाम के लुटेरे सैनिक अभी उन्हीं क्षेत्रों में या तो सीमाओं पर हथियारों के साथ डटे हैं या वेश बदलकर उन्हीं क्षेत्रों की दुष्कर पहाड़ियों पर या जंगलों में झोंपड़ियाँ लगाकर वहीं के बासिंदों की तरह छद्मजीवी जीवन बिता रहे हैं। इनके हथियारों का प्रयोग धर्म परिवर्तन और स्त्रियों के शील शोषण के रूप में जारी है। शंकराचार्य ने कहा, "आप केवल वैष्णव-शैव-शाक्त अथवा बौद्ध धर्म-जैन धर्म के वैरागी नहीं, भक्ति सैनिक हैं। भारत की राष्ट्रीय मर्यादा की रक्षा मानव-धर्म की रक्षा की ही पर्याय है। राष्ट्र पहले है, धर्म ठीक बाद में। मैं आपसे पहले ही द्वारका पहुँचा रहूँगा और वहाँ के राजा-मंत्री से संपर्क कर वहाँ की आवश्यकता के अनुकूल आपका कर्तव्य निर्धारित करूँगा। सिंध से कांधार तक अशांत बताया जा रहा है। संभव है कि भक्ति सैनिकों को आर्य धर्म को प्रथम स्थान देना पड़े, सनातन अथवा अन्य धर्मों को दूसरा स्थान। क्या आप द्वारका क्षेत्र की सुरक्षा के भक्ति सैनिक बनकर इस्लामी अत्याचारों से भारत की सुरक्षा के लिए तैयार हैं?"

भक्ति आंदोलनकारियों में जोश की कमी नहीं थी। उन्होंने उत्तर दिया, "तैयार हैं,

गुरुवर। आप तो शिव के अवतार हैं, आपके समक्ष हम शपथपूर्वक प्रतिज्ञा करते हैं कि हम शिव-सैनिक द्वारका क्षेत्र गुजरात, सिंध और कांधार-कश्मीर की सीमाओं पर धर्म की रक्षा हेतु जीवन-दान की घोषणा करते हैं।" भजन गाते, ढोल-नगाड़े बजाते चल पड़ी भक्तों की सेना और द्वारका पहुँची ही थी कि शंकर वहाँ पहले से ही खड़े थे।

शंकराचार्य बोले, "ईश्वरनाथ, आपको मैं नाथमुनि के साथ रहते हुए अपने साथ कुछ सोचकर पर्यटन करने निकला हूँ। आपका नेतृत्व सफलता का संकेत देनेवाला है। आप कृष्ण के भक्त हैं, आप कृष्ण बनकर वसुदेव-जानकी को कंस के दु:शासन से मुक्त कराइए। चलिए, हम पहले द्वारकाधीश भगवान् कृष्ण के मंदिर में उनके दर्शन करें। अभी आप हमारे साथ चलें।"

आगे-आगे शंकराचार्य, बगल में नाथमुनि तथा पीछे ईश्वरनाथ और उनके पीछे-पीछे भक्तों का सैनिक दल द्वारिकाधीश के दर्शनार्थ मंदिर पर उपस्थित था। अपना पूरा परिचय देते हुए शंकराचार्य ने प्रधान पुजारी से दर्शन की अनुमति ली और पूजा के साथ भक्तजन 'कृष्ण-कृष्ण कन्हैया' के भजन गाने लगे। गूँज गया पूरा द्वारका धाम। शंकराचार्य ने प्रधान पुजारी से गोमती तट पहुँचने हेतु एक मार्गदर्शक की माँग की। मार्गदर्शक के साथ सभी लोग गोमती-तट पहुँचे।

स्नान के बाद पूजा-ध्यान सबकुछ पास के मंदिर में और ठहरने की व्यवस्था भी सुनिश्चित हो गई। संध्या-काल की पूजा के बाद नाथमुनि ने कहा, "आचार्यवर, आप प्रकृति से ही नहीं, बुद्धि से भी अद्वैत को अपनी साधना का केंद्रबिंदु मानते हैं। भगवान् आपके लिए अद्वैत ब्रह्म से एक प्रौढ़ि नीचे हैं अथवा वह उस सद्गुरु का प्रतिरूप है, जो हमारे लिए पथ-प्रदर्शक बनकर ब्रह्म में विलयित होने के अवसर प्रदान करता है और स्वयं भी उसी परम तत्त्व में विलीन हो जाता है। हम भक्त लोग इसी सद्गुरु, इसी भगवान्, इसी राम, इसी कृष्ण, इसी विष्णु, इसी शिव को सत्, चित, आनंद—सच्चिदानंद भगवान् कहते हैं। सामने सागर के मस्तक पर झुक रहे सूर्य को देखिए, यही सूर्य हमारे वेदों के अग्निदेव भी हैं, 'ऊँ भूर्भुव: स्व: हैं, विष्णु हैं, आपके ब्रह्म के समान ही हमारे इस अस्तित्व के मूल स्वरूप हैं। आइए, हम हमारे भगवान् और आपके ब्रह्म को इसी सूर्य में देखें।"

शंकराचार्य बोले, "मेरा विरोध कहाँ है आपसे, मुनिवर। आपके साथ-साथ मैंने कहाँ, किस मंदिर में भगवान् और भगवती को आत्म समर्पण नहीं किया? चलिए, मैं आपसे सूर्य की पूजा-विधि सीख लूँ और एक प्रार्थना, एक स्तोत्र सूर्य के नाम भी अर्पित करूँ।"

नाथमुनि बोले, "आज आइए, हम केवल दर्शन करें, देखें अस्ताचल पर, प्रतीची के क्षितिज पर डूबते इस सूरज को। आज यहाँ गोमती-तट पर शंकराचार्य का मस्तक,

मुंडित मस्तक, जिस सूरज के सामने झुक रहा है, उसी सूरज के सामने अभी तो एक साथ सारा अरब, इरान, इराक फिलिस्तीन, कांधार, सिंध सब एक साथ झुका हुआ है, किंतु इन्हीं देशों के ईसाई नहीं, यहूदी नहीं, पर एक देश भारत है, जिसके मस्तक पर सूर्य की, उदयाचल सूर्य की, प्राची सूर्य की किरणें प्राचीन वैदिक युग से सबसे पहले छिटकती हैं उस देश का, संपूर्ण देश का धर्म लगता है कि एक ही है, जो अभी इस डूबते सूरज को नमस्कार कर रहा है।"

नाथमुनि बोले, "आचार्यवर, यह देवता केवल एक ग्रहमात्रा नहीं। यही वह आदित्य है, जिसे अपने नाथ के साथ जोड़कर कभी विक्रमादित्य अपने को विश्व का सबसे बड़ा राजा घोषित करना चाहता था और कश्मीर का पंडित कुल, ब्राह्मण कुल अपने को त्रयंबकादित्य, संगमादित्य आदि उपाधियों से जोड़कर शैववादी विद्वद् समाज घोषित कर रहा था। आप आदेश दीजिए यतिवर, ईश्वरमुनि आपके आदेशानुसार द्वारकाधाम की सारी जिम्मेदारियों को अपने कंधे पर लेकर लक्ष्य तक पहुँचा सकेगा।"

शंकराचार्य बोले, "मुनिवर, मैं समाप्त हो रहे वैष्णव धर्म की पूर्व स्थिति अपने कर्तव्यों का निष्पादन करते हुए देश भर में देखना चाहता हूँ। मैं देखना चाहता हूँ कि यहाँ का प्रचलित वैष्णव धर्म कृष्णाश्रयी शाखा का पूजन का काम शुरू करें और इस कार्य का प्रधान कार्यालय द्वारका हो। वही द्वारका, जो कभी सागर में विलीन हो चुकी थी। लगता है कि फिर वही नया वस्त्र धारण कर खड़ी हो गई है।"

नाथमुनि बोले, "इस कार्य हेतु हम द्वारकाधीश मंदिर के प्रधान पुजारी को द्वारकाधाम सुरक्षा तंत्र का प्रभारी बना सकते हैं और उन्हें अपने भक्त सैनिकों को आवश्यकतानुसार कार्य में लगाने की संस्तुति दे सकते हैं।"

शंकराचार्य बोले, "आज सायंकाल हम द्वारका से लौटकर द्वारकानाथ मंदिर के प्रधान पुजारी को अपनी कार्य-योजना का प्रारूप समर्पित कर दें और तत्काल ईश्वरमुनि को भारत के उत्तर-पश्चिम के इस क्षेत्र के धर्म की रक्षा की जिम्मेदारियाँ सौंप दें। हम कुछ स्थायी व्यवस्था करना चाहते हैं। वह भी करेंगे, किंतु किसी भी हालत में द्वारका तीर्थ, गोमती तीर्थ, सोमनाथ के ज्योतिर्लिंग को असुरक्षित नहीं छोड़ेंगे। मुनिवर, मुख्य पुजारी को यह भी समझा देना आवश्यक है कि काबुल-कांधार को अपने अधीन करने के बाद दक्षिण और राजपुताना के राज्यों के सक्रिय सहयोगी विरोधी तैयारी को देखते हुए अभी इस्लाम के खलीफा का शासन स्वयं अपने ही ऊपर तुर्कों के आक्रमण से बचने की चिंता में केंद्रित है। उसके पैर कांधार से भी उखड़ने ही को हैं, किंतु सनातन भारतीय संस्कृति की रक्षा की तैयारी तो चलती ही रहेगी। भटिंडा में जयपाल और राजपुताना के क्षत्रियों को भी हम जगाएँ। रक्षा हमारा कर्तव्य है। द्वारका धाम में भक्ति सैनिक जागरण अभियान को जीवंत रखेंगे, यही हमारा विश्वास है।"

नाथमुनि और ईश्वरनाथ को साथ लेकर आचार्य प्रधान पुजारी के पास गए और वहाँ पूर्ण मंत्रणा के बाद द्वारका को भारत का पहला राष्ट्रीय धाम घोषित किया। कुछ दिनों के विश्राम के पश्चात् शंकराचार्य अपने प्रमुख शिष्यों तथा नाथमुनि को साथ लेकर सोमनाथ के दर्शन हेतु चल पड़े।

समुद्र के किनारे-किनारे उनका रथ चलता रहा, एक ओर समुद्र तो दूसरी ओर घना जंगल। फिर दो दिनों तक चलते-चलते वे जैसे अपने स्वप्न धाम सोमनाथ पहुँच गए। सिंध नामक महासागर एक ऐसे मोड़ पर दिख रहा था, जहाँ दो समुद्र आपस में टकराते हैं। किंतु दोनों अपनी लहरों के साथ पीछे हट जाते हैं, एक ओर अरब सागर और दूसरी ओर हिंद सागर।

"ये सब सोमनाथ की कृपा है आचार्य, कहा नाथमुनि ने। मैंने कई बार सोमनाथ के दर्शन किए हैं। आइए, आज शीश झुका दें। यहाँ भारत और अरब—दोनों के लिए शांति एवं आनंद का आशीर्वाद माँगें। भोलेबाबा हमें निराश नहीं कर सकते।"

"चलिए, मुनिवर। पहले मंदिर का दर्शन, फिर शिवलिंग का तत्पश्चात् ग्रंथागार का।" कहा आचार्य ने। ग्रंथागार तथा आभूषण दोनों चकित करनेवाले थे। वे पुन: बोले, "अब तो हम यहीं से हरिद्वार की यात्रा पर प्रस्थान करेंगे, किंतु प्रधान पुजारी को समझाते चलिए कि वे सतत जाग्रत् रहें और आवश्यकतानुसार द्वारकाधाम की सुरक्षा व्यवस्था की सहायता लें।"

नाथमुनि ने प्रधान पुजारी से सारी स्थितियों से अवगत करा दिया और यात्रा-रथ चल पड़ा कुरुक्षेत्र के रास्ते हरिद्वार की ओर।

चला जा रहा था रथ कुरुक्षेत्र से धर्मक्षेत्र के रास्ते स्वर्ग के द्वार हरिद्वार, किंतु नाथमुनि पीछे की ओर देख रहे थे, पुन: ईश्वरनाथ उदास खड़े थे, पिता और आचार्य दोनों देवों के लिए खुलती, बंद होती सीप-सी दोनों आँखें खोले और मोती-से आँसुओं के रत्न टपकाते।

◻

63

'धर्मो रक्षति रक्षितः'—धर्म की रक्षा करो, क्योंकि धर्म बचा रहेगा तो वही बुरे दिनों में तुम्हें बचा लेगा। धर्म को अंदर से बाहर तक धारण किए रहो, अपना आचरण और आवरण बनाए रखो। आचरण है तो आभरण है, आभरण है तो आभूषण है और अदृश्य है यदि आभरण तो आवरण में अंतर्निहित सौंदर्य अदृश्य है। यदि आचरण है तो कहीं-न-कहीं आवरण में वह अवश्य अंतर्निहित है। धर्म की रक्षा करो, धर्म तुम्हारी रक्षा करेगा। रथ चल रहा था और नाथमुनि बोलते जा रहे थे अपने आपसे, अपने आत्म से, जैसे परमात्मा कोई प्रवचन दे रहा हो आत्मा को। स्वतः वक्त्र, स्वगत संभाषण कर रहे थे और सर्वशः श्रोता की तरह सुनते जा रहे थे शंकराचार्य। शंकराचार्य के अंतःज्ञान का अर्थात् अंतरज्ञान पटल का धर्मांतरण नहीं हुआ था। वे तो अभी तक यही जान और मान पाए थे कि—

अजं शाश्वतं कारणं कारणानाम्
शिवं केवलं भासकं भासकानाम्।
तुरीयं तमः पारमाद्यन्तहीनम्
प्रपद्य परं पावनं द्वैतहीनम्॥
नमस्ते नमस्ते विभो विश्वमूर्त्ते
नमस्ते नमस्ते चिदानंदमूर्त्ते
नमस्ते नमस्ते तपोयोगगम्य
नमस्ते नमस्ते श्रुति ज्ञानगम्य।

उनको विश्वास था अपनी आत्मा में गूँजती उस परम ब्रह्म की वाणी पर, जो बोलती रहती कि वत्स, तुम्हारा कर्तव्य एक ही है, जगत् में वैदिक धर्म को पुनः प्रतिष्ठा करना। तुमने ब्रह्मसूत्र का भाष्य रचकर अपना कर्तव्य पूर्ण कर लिया है, जगत् का कल्याण करते रहो, तुम जगद्गुरु हो, शंकर।

पुलकित मन से आचार्य ने कहा, "आप ठीक कहते हैं, मुनिवर। मैंने तीन पर एक शून्य रखा है, आपने तो दो शून्य रखे हैं, आपसे तो धर्म की शिक्षा लेनी ही है, किंतु मेरा

उद्देश्य किसी एक ईश्वर अथवा किसी एक धर्म के प्रवाह में बह जाना नहीं है और न मैं यह मानता हूँ कि एक पिता के पुत्रों के अनेक धर्म हो सकते हैं। पूरे जगत् का एक ही धर्म है, जिसे हम जगद्धर्म कह सकते हैं और इस जगद्धर्म को धारण कर लेने का ही अर्थ है, जगत् का सच्चा ज्ञान प्राप्त कर लेना, अर्थात् परमब्रह्म को जान लेना, अर्थात् परम तत्त्व के साथ एकाकार हो जाना—अहं ब्रह्मास्मि।"

नाथमुनि बोले, "आपके शिवावतार होने की चर्चा निरर्थक थोड़े ही है आचार्यवर, भगवान् कृष्ण की वाणी का उच्चार है। सनातन धर्म आपका अभी का स्वधर्म है, तभी तो आप स्वत: उसकी रक्षा में निरत होते जा रहे हैं।"

शंकराचार्य बोले, "नहीं मुनिवर, इसे यों कहिए कि सनातन धर्म ही जगद्धर्म है और सनातन ही मेरा स्वधर्म अर्थात् जगद्धर्म और सनातन धर्म तथा स्वधर्म में कोई अंतर नहीं है?"

"जब तक जगद्धर्म स्वधर्म नहीं होगा और उसके छोटे-छोटे अंग 'स्वधर्म' होंगे तो धर्मक्षेत्र कुरुक्षेत्र बन जाएगा, अनेकानेक स्वधर्मों के परस्पर युद्ध का क्षेत्र, मुनिवर! हमें संपूर्ण विश्व के लिए जो मात्र एक ही धर्म है, उस धर्म का अन्वेषण करना होगा, ताकि धर्म के नाम पर, धर्म की दुहाई देकर, धर्म की रक्षा का बहाना बनाकर फिर कोई महाभारत नहीं हो सके। मैं इसी चिंता को गुरुदेव व्यास तक पहुँचाना अभी अपना महत्त्वपूर्ण धर्म समझता हूँ और उनसे जो मार्गदर्शन मिलेगा, उसी दिशा में आगे बढ़कर 'स्वधर्म' शाश्वत मानव के शाश्वत सनातन धर्म का अन्वेषण तथा प्रतिस्थापन करना सबसे बड़ा धर्म समझता हूँ।"

नाथमुनि बोले, "यह देखिए आचार्य, यही वह कुरुक्षेत्र है, जहाँ अनेक स्वधर्मों का समवेत संघर्ष हुआ था और उसका प्रतिफल यह है कि बीते पाँच सहस्र वर्षों के बाद भी अभी तक 'महाभारत' का घटित होना अधिक आसन्न लगता है, टल जाए भले, किंतु यह समस्या हल हो जाए, ऐसी स्थिति अभी तक नहीं बन पा रही है। यह देखिए आचार्य, यह वही कुंड है, जहाँ महाभारत युद्ध की रक्तधारा बहकर एकत्र होती थी, वही कुंड आज तीर्थस्थल बना है, जहाँ लोग आकर अपने पितरों को पिंडदान करते हैं। महाभारत को रोक नहीं सके, वैसा धर्म क्या होगा, यह तो हम गुरुवर व्यासमुनि से अवश्य जान लें, आचार्य।"

धीरे-धीरे कुरुक्षेत्र आँखों से ओझल हो गया और हरिद्वार की प्रतीक्षा दोनों करने लगे, एक था तीस वर्षों के वयवाला संन्यासी 'अहं ब्रह्मास्मि' का स्वर्ण मुकुट पहने और दूसरा था, जगद्मुनि-नाथमुनि जैसा 300 वर्षों का एक तपस्वी—दोनों देख रहे थे—साथ चलती माँ गंगा की उस अविरल धारा को, जो अनंत काल से बहती अज्ञात अनंत दिशा में निर्बाध बह रही थी।

इस अपूर्व दृश्य को देख-देखकर शंकर आनंदमग्न थे, नाथमुनि भी। नाथमुनि ने कहा, "यह देखिए आचार्य, यह जो पहाड़ियों से उतरती, जंगलों से गुजरती अविरल गंगा बह रही है, इसका जल सर्वथा प्रदूषण मुक्त है। आइए, यहाँ हरिद्वार के गंगा-तट पर थोड़ी देर बैठें और गंगामृत पान करें, तत्पश्चात् ही आगे बढ़ें। लोगों के पूछने पर आपको यह भी जानकारी मिल सकेगी कि गंगा के आँगन में तुलसी चौरा की तरह प्रसिद्ध यज्ञस्थल तथा ऋषि-मुनियों की तपोभूमि ऋषिकेश कितनी दूर है।"

शंकराचार्य बोले, "ठीक स्मरण दिलाया मुनिवर आपने, मैं चाहूँगा कि हम गंगा में स्नान अवश्य करें और रास्ते की सारी थकावट दूर कर शरीर और आत्मा दोनों को इस योग्य प्रदूषण मुक्त कर लें कि ऋषिकेश तथा बदरिका के ऋषि-मुनियों के तपोबल को अपने अंतर में बसाकर इस योग्य बना लें कि गुरुदेव व्यास के चरणों में समर्पित होकर उनके आशीर्वाद से अपने को धन्य कर सकें।"

प्रात:काल का समय था, रथ रुका और दोनों महात्मा पास की धर्मशाला में रथ को छोड़कर गंगा-तट पर हरि की पैड़ी पहुँच गए। स्नान किया, गंगा की मूर्ति की पूजा-अर्चना की, शिव के मंदिर में शिव का अभिषेक किया और बिना किसी को कुछ परिचय दिए रथ पर सवार होकर ऋषिकेश के लिए प्रस्थित हो गए।

नाथमुनि ने कहा, "आचार्यवर, ऋषिकेश ऋषियों का घर-आँगन है, हरिद्वार हरि का द्वार, जिसे गंगा को धरती पर उतरकर मानवमात्र के लिए सुलभ होने के कारण गंगाद्वार भी कहते हैं। हरिद्वार और ऋषिकेश के बीच की भूमि ऋषियों की तपस्थली है। यह देखिए, हम यह गौतम कुंड पहुँच गए, जहाँ इंद्र और चंद्रमा से मिलकर अहल्या का शील हरण किया था और अहल्या को न्याय प्रदान करने के निमित्त विष्णु को राम का अवतार धारण कर पधारना पड़ा था।"

"आचार्यवर, यह स्थान ऋषियों की तपोभूमि है, यहाँ भी शिव और विष्णु दोनों की साधना तथा अर्चना-वंदना विश्वविदित है, किंतु है यह विष्णु क्षेत्र तथा यहाँ का मुख्य मंदिर विष्णु का है। यह देखिए, शिव तपस्या मुद्रा में गंगा की पीठ पर आसन जमाए बैठे हैं और सामने के मंदिर की ओर देखिए, किस तरह विष्णु के नाम कीर्तन में लोग तल्लीन हैं, किंतु इन सबसे पहले आइए, इस झूले का आनंद लीजिए, यह लक्ष्मण झूला है, कभी राम और लक्ष्मण पधारे थे यहाँ। सामने वह देखिए विष्णु मंदिर, वस्तुत: राम का रघुनाथ मंदिर है और इसमें राम की रोमांचक प्रतिमा दर्शनीय है।"

"चलिए, राम मंदिर की ओर, किंतु पहले इस धर्मशाला में हम स्थान तो ले लें और रथ को वहीं रोक दें।"

दोनों महात्मा रथ को धर्मशाला में लगाकर राम मंदिर पहुँचे, भजन-कीर्तन तो हो रहा

था, किंतु मंदिर में राम का वह मनोहारी विग्रह अवस्थित नहीं था। भक्तों ने बताया कि कई वर्ष पहले जब ह्वेनसांग भारत-भ्रमण के बाद चीन लौट रहा था तो उसके साथ जो चीनी यात्री चल रहे थे, उन्होंने राम की प्रतिमा उखाड़कर उसे गंगा में प्रवाहित कर दिया।

नाथमुनि बोले, "आचार्यवर, मैंने तो उस प्रतिमा की कई बार पूजा की थी, कितनी आकर्षक और मनोहर प्रतिमा थी, शब्दों में व्यक्त करना कठिन है।" शंकराचार्य ने मंदिर के प्रधान पुजारी से पूछा, "वह प्रतिमा क्या हुई और आज तक मंदिर सूना तथा विग्रहविहीन क्यों पड़ा हुआ है ?"

पुजारी ने कहा, "महाराज, बौद्ध विद्वान् ह्वेनसांग और उनके चीनी शिष्य मूर्ति-पूजा के विरोधी होने के कारण अपनी चीन वापसी-यात्रा में प्रभु राम की प्रतिमा देखकर उबल पड़े थे और विष्णु राम की प्रतिमा को उखाड़कर यहीं सामने गंगा नदी में प्रवाहित कर दिया था। कुछ लोग तो ऐसा कहते हैं कि चीन के यात्री-तीर्थयात्री दोनों सामान्यत: यह स्वीकार नहीं कर पाते कि भारतीय संस्कृति चीन की संस्कृति से प्राचीनतर है अथवा महत्तर है। इसी कारण वे भारतीय साहित्य तथा भारतीय संस्कृति की प्राचीनता के प्रमाणों को लूटकर विनष्ट कर देना अपना प्रथम धर्म समझते हैं। नील लोहित यह प्रतिमा तो अब कहीं उपलभ्य भी नहीं।"

शंकराचार्य बोले, "आप कुछ भक्त गोताखोरों को मुझे दीजिए और मुझे वह स्थान बताइए, जहाँ ह्वेनसांग के चीनी समर्थकों ने प्रतिमा को गंगार्पित किया था। मैं बता सकता हूँ, वह प्रतिमा कहाँ है ?"

गोताखोर बुलाए गए। "शंकराचार्य ने गंगा-प्रवाह का ध्यानपूर्वक निरीक्षण किया, कुछ देर आँखें मूँदकर ध्यानस्थ हुए और संकेत किया कि अमुक स्थान विशेष पर गंगा के पेट में प्रतिमा ज्यों-की-त्यों पड़ी है। गोताखोरों ने डुबकी लगाई और जब वे ऊपर निकले तो उनके हाथों में वही नील लोहित प्रतिमा थी, जिसे अपरूप नदी में फेंक दिया गया था। प्रतिमा क्या मिली, बड़े-बड़े संत-महात्मा दोनों मुनि-यतियों के चरणों पर झुक गए। उन्हें अब पता चला कि कांची पीठ के महाधीश्वर यही शंकराचार्य हैं और यही हैं तीन सौ वर्षों के तपस्वी नाथमुनि, जिन्हें भारत देश में विलुप्यमान वैष्णव धर्म को प्रतिष्ठित करने का श्रेय प्राप्त है।

सभी दोनों संतों की जय बोलने लगे और उन्हें अपने कर-कमलों से भगवान् राम की प्रतिमा पुन: स्थापित करने का अनुरोध करने लगे।

ऐसा ही हुआ, दूसरे दिन विधिवत् राम की यह अद्भुत आकर्षक प्रतिमा संपूर्ण ऋषिकेश के सभी ऋषि-मुनियों तथा भक्तों की उपस्थिति में प्रतिस्थापित कर दी गई। ऋषिगण चाहते थे कि दोनों संत कुछ दिन और ऋषिकेश में विश्राम करें, किंतु शंकराचार्य के पास समय बहुत कम था। अब तो केवल कुछ मासों की उलटी गिनती होने लगी थी

और गुरुवर्य को गुरुश्रेष्ठ का आशीर्वाद प्राप्त कर जीव तत्त्व को परम तत्त्वमय कर लेने का बहुत बड़ा काम शेष था। दूसरे दिन प्रात: शिष्यमंडली को पीछे-पीछे लिये शंकराचार्य का रथ बदरिकाश्रम के लिए प्रस्थान कर गया।

गुरु के दर्शन होना योगी के जीवन की एक महत्त्वपूर्ण घटना होती है, निस्संदेह बहुत ही कठिन घटना, किंतु शिष्य योग्य हुआ तो गुरु के दर्शन असंभव नहीं, किंतु गुरु के रूप में जब सद्गुरु सामने हो जाएँ और वह भी गुरुलोक में तो यह घटना, घटना-बढ़ना नहीं, श्रेष्ठतम ऊँचाई का बढ़ना अथवा विकसित होना कही जाती है। अंतरतम की आत्मा का परमात्मा अथवा आत्म तत्त्व का परम तत्त्व तक की ऊँचाई को प्राप्त होने जैसी एक आध्यात्मिक स्थिति का संभव होने जैसी घटना होती है। गुरु व्यास अठाइसवें द्वापर के गुरु थे, किंतु इस कलि में भी ऐसा गुरु कालातीत शिष्य की पुकार को भी दुत्कार नहीं पाता, सामने खड़ा हो जाता है, क्योंकि मार्गदर्शन लक्ष्य तक पहुँचने का यह भी तो स्वधर्म है एक सच्चे गुरु का, एक सद्गुरु का। वादरायण की उसी गुफा, आश्रम, गुरुकुल, विद्यापीठ, ज्योतिर्लोक की यात्रा पर चल पड़े थे शंकराचार्य।

उन्होंने नाथमुनि से कहा, "मुनिवर, ऋषिकेश सृष्टि का देवलोक है। विष्णुलोक के यात्री को यहाँ रहकर विष्णु की पूजा-प्रार्थना, अर्चना-वंदना करनी होती है, तब कोई संदेश आता है, कभी-कभी तो कोई दूत कोई वाहन लेकर उपस्थित होता है। आपकी बुलाहट में अभी देर है, आपको स्वयं भी विदित है। मेरी बुलाहट हो रही है। आप ऋषि हैं, ऋषिकेश में 'राम-राम' भजिए और प्रतीक्षा कीजिए बुलाहट की तथा मुझे अनुमति दीजिए, यह काशीराज का रथ है, इसे काशीराज को किसी के साथ सधन्यवाद वापस कर दीजिएगा। मैं गुरु के द्वार रथ लेकर कैसे जाऊँगा, मैं अपने शिष्यों के साथ पदयात्रा करूँगा। गंगा से गंगा, मंदाकिनी और अलकनंदा के त्रिवेणी तट बदरिकाश्रम स्थित अपने गुरुकुल आश्रम तक की।

शंकराचार्य बोलते जा रहे थे, "मेरे चार शिष्य पद्मपाद, सुरेश्वर, हस्तामलक और त्रोटक मेरे साथ गुरु आश्रम तक मेरे साथ होंगे और शेष शिष्यगण यहीं ऋषिकेश में नाथमुनि के साथ रहेंगे तथा उन्हीं के निर्देशानुसार या तो प्रस्थान करेंगे अथवा अपने-अपने दलनायकों की वापसी पर उनके आदेशानुसार अपने-अपने लक्ष्य में अनुयायी होंगे।" इन अनुगामी शिष्यों से उन्होंने आगे कहा, "मेरे प्यारे शिष्यो, मेरे गुरुदेव ने मुझे जो कार्य सौंपे, वे मैंने पूरे किए। अब इस पूर्णता का प्रतिवेदन गुरु के चरणों में समर्पित करना और मेरी अनुपस्थिति में धर्म का संचालन कैसे होगा, इस कार्य-योजना का प्रस्ताव लेकर मैं प्रस्थान कर रहा हूँ। यदि मैं अपनी परीक्षा में सफल घोषित हुआ और मेरे प्रस्ताव अनुमोदित हो गए तो चारों आचार्य-शिष्य मेरी उन सारी जिम्मेदारियों को संपूर्ण समर्पण भाव से संपादित करेंगे और वापस भेज दिए जाएँगे। तुम इनके लौटने की प्रतीक्षा

करो और मेरे वापस नहीं आने की स्थिति में इन्हें ही अपना-अपना शंकराचार्य मानकर धर्म के कर्तव्य संपादित करना।

"मेरे अच्छे-अच्छे आचार्य-शिष्यो, जहाँ तक मेरा अनुमान है, यदि मैं अपनी परीक्षा में सफल माना गया तो मेरे आध्यात्मिक गुरु मेरे परम गुरु के लोक तक का मेरा मार्गदर्शन स्वयं करेंगे। वे मेरे साथ होंगे, मेरा हाथ उनके हाथ होगा और वे मेरे साथ-साथ परमलोक में पहुँचकर परमतत्त्व में विलीन हो जाएँगे। ऐसी ही व्यवस्था है हमारे यहाँ और इसी को तुम लोग गुरु परंपरा कहते रहे हो। ज्ञान की परंपरा गुरु से शिष्य तक, अनुगुरु से शिष्यानुशिष्य तक ऐसे ही स्थानांतरित होती रही है। वैसे ही गुरुजन को प्राप्त करनेवाले शिष्यों को यह शक्ति और यह अधिकार प्राप्त है कि वह गुरु के पीछे-पीछे उसका हाथ पकड़े परमगुरु, परमपुरुष अथवा परमतत्त्व में जाकर विलीन हो जाए। परमपुरुष के पद को प्राप्त करना ही हमारे धर्म में पुरुषार्थ का चौथा चरण अर्थात् मोक्ष माना गया है।

"मेरे तपोदीप्त ज्ञानतप्त शिष्यो, हम-तुम ऐसे मोड़ पर खड़े हैं, जहाँ से हटने का अर्थ अलग-अलग होना नहीं। तुम मेरे अंतरतम में सन्निहित हो, मैं तुम्हारे अंतरतम में। मैं जहाँ जा रहा हूँ, वहाँ तुम्हारी भी पहचान जा रही है और तुम अपने अंतर में मुझे खोजना, तुम जब भी मुझे पुकारोगे, मैं तुम्हें उत्तर दूँगा।

"तो आत्मवत् मुनिवर्य, मेरे आत्मवत् इन शिष्यों के अभिभावक, इन्हें सँभालिए। कहाँ हो पद्मपाद, कहाँ हो सुरेश्वर, हस्तामलक, त्रोटक! चलो, चलें हम ज्योतिर्लोक, लेकिन ध्यान देना बीच में ही कई स्थान हैं। वहाँ स्थान नहीं, तीर्थस्थान, तीर्थराज प्रयाग। कई प्रयाग—देव प्रयाग, रुद्र प्रयाग, कर्ण प्रयाग, नंद प्रयाग और विष्णु प्रयाग। तीर्थराज प्रयाग की तरह ही ये पाँचों प्रयाग पर विष्णु का परम धाम है और थोड़ी ही देर पर गुरु व्यास का आश्रम, जिसे 'व्यास पोथी' अथवा व्यासाश्रम भी कहते हैं। हमें यहाँ रुकना होगा और तब गुरु के आश्रम ज्योर्तिमठ की यात्रा सफल मानी जाएगी। सभी प्रयागों पर त्रिवेणी में स्नानादि एवं पूजा-अर्चना करते हुए पाँचों गुरु-शिष्य ज्योतिर्मठ के लिए चल पड़े।"

शिष्य मस्ती की मुद्रा में थे, तीर्थाटन पर थे, तीर्थ और वह भी गुरु के साथ गुरुश्रेष्ठ का तीर्थ वह भी प्रकृति की रंगारंग इंद्रधनुषी छटाओं के बीच, वह भी हरीतिमा के अंचल में और वह तीर्थ क्या सबसे रोमांचकारी एक पवित्र अनुभूति व्यासाश्रम की छाया एवं त्रिवेणी में स्नान तथा त्रिवेणी जल का पान, किंतु शिष्यों से बिल्कुल भिन्न मानसिक उद्वेगों से रोमांचित थे, ये आचार्यों के आचार्य शंकराचार्य। परीक्षा में स्वर्ण-पदक जीतनेवाला विद्यार्थी भी जब गुरु को प्रणाम करने जाता है तो डरता रहता है। ऐसा न कह दें कि स्वर्ण पदक विजेता, इस प्रश्न का उत्तर तो तुमने गलत दिया है। खैर चलो, तुम्हारे साथ मेरी भी सुख्याति बढ़ी, खुश रहो! शंकराचार्य मन में सोच रहे थे।

गौड़पाद जैसे आचार्य, गोविंदपाद जैसे आचार्य, कुमारिल भट्ट जैसे आचार्यभट्ट

किसी का साहस नहीं हुआ, तुम्हीं बड़े उद्भट भट्टाचार्य थे, जिसने कलम उठा ली गुरुदेव के ब्रह्मसूत्र की कसी गाँठों को खोल देने की! कभी लगता शिव का धनुष टूटा और सीता-राम का परिणय तो हो गया न! चलो, परशुराम की डाँट सह लूँगा, मैं लक्ष्मण थोड़े हूँ! किंतु रह-रहकर आचार्य को ब्रह्मसूत्र के तीसरे अध्याय का प्रथम सूत्र "सर्ववेदांत प्रत्ययं चोदनाद्यविशेषात्' सभी उपनिषदों में उपासना विधि समान है, कभी-कभी लगता कि गुरुदेव कहीं इस समझ की हँसी न उड़ाएँ और इन चार शिष्यों के बीच मैं अपनी अज्ञानता के कारण अपमानित न हो जाऊँ।

कुछ सोचकर फिर बोल उठे, "जानते हो पुत्रो, मैंने सोचा, व्यासाश्रम ही नहीं, गुरु व्यास के दर्शन का आभास मेरे इन शिष्यों को तो होना ही चाहिए और वह भी मेरी उपस्थिति में, ताकि गुरुदेव का आशीर्वाद और स्नेह दोनों एक साथ मिलकर तुम लोगों के अंदर एक अद्भुत शक्ति का उदय हो और तुम न केवल वैदिक धर्म का संरक्षण कर सको, वरन् इस सनातन जीवन-दर्शन को वैश्विक मानव समाज के जीवन दर्शन के रूप में अभिज्ञान करा सको, भले इसको धर्म ही क्यों नहीं कहा जाए। किंतु शिष्यो, ज्ञान प्रवीण गुरुओं को भी अपने गुरु के समक्ष होने की कल्पना मान लेने से अपनी वैयक्तिक गुरु गंभीरता डगमगाने लगती है। मैं व्यास के पास पहुँचूँ, इसके पूर्व मैं व्यास के पिता के पूजनीय पिता वसिष्ठ का आशीर्वाद लिये बिना आगे नहीं बढ़ सकता। वह देखो, ऊँचे-ऊँचे पहाड़ों के अंदर-अंदर उतरती इन टेढ़ी-मेढ़ी पगडंडियों को, देखो, जिनमें उतरना तो शायद आसान होता हो, जिनसे उबरना, वापस मूल पथ पर पहुँच आना बड़ा कठिन। पहाड़ की तलहटी में बहती हुई उस चंचल धारा को भी देख रहे हो शिष्यो, यह चंचल धारा गंगा है, गंगा की तरह नहीं, मंदाकिनी-सरस्वती की तरह भी नहीं, 'धारादेवी' अथवा 'नंदादेवी' की उच्छृंखलता से युक्त पतित-पावनी एक जलधारा की तरह। यही स्थान वह महान् तीर्थस्थान है, जहाँ पहुँचकर गुरु व्यास ने अपने कुल के गुरु महर्षि वसिष्ठ से योग की शिक्षा-दीक्षा प्राप्त की थी और वसिष्ठ के आदेशानुसार योग वसिष्ठ के तीस हजार श्लोकों का अध्ययन और मनन कर छह हजार लोकोपयोगी श्लोकों को एक 'लघु योग वसिष्ठ' ज्ञान-जगत् को समर्पित किया था।"

"शिष्यो, इन्हीं छह हजार श्लोकों की शिक्षा वसिष्ठ गुरु ने शिष्य राम को देकर उन्हें मर्यादा पुरुषोत्तम के रूप में तैयार किया। आओ, इस पुण्यस्थली को नमस्कार करो और आत्मज्ञान से अपनी आत्मशक्ति को बलवती कर लो।" सभी शिष्यों के साथ शंकर उतर गए वसिष्ठ कुंड की ऊष्ण-शीतल जलधाराओं के निकट स्वयं अभिषेक हेतु।

"व्यास एक ऋषि-मुनि और एक तपस्वी ज्ञान सिद्ध साधकमात्र नहीं, व्यास द्वापर के भगवानों के बीच एक सर्वस्वीकृत भगवान् माने जाते हैं, एक ऐसे भगवान्, जो मत्स्य-नृसिंह-वाराह जैसे अवतारों से लेकर राम, कृष्ण और बुद्ध जैसे अवतारों के अंदर

ज्ञान के गणेश और वाणी की सरस्वती की मिश्रित शक्ति बनकर उनके भगवद्‌तत्त्व का विजय-ध्वज फहराते चलते हैं। बड़े कृपालु हैं, तुम लोगों को मेरे शिष्यों की शृंखला में उपस्थित पाकर मुझे किसी बिंदु पर लज्जित नहीं करेंगे, डाँटेंगे भी नहीं। इसलिए मेरे साथ-साथ तुम लोगों का उपस्थित होना मेरे लिए तुमसे गुरु-दक्षिणा प्राप्त करने के सुख जैसा एक अनुभव होगा। सुनो, यह आवाज, घहराती-लहराती अलकनंदा है, यह पहाड़ों से नीचे उतर रही है, पहाड़ों को तोड़ती, जंगलों को उजाड़ती, बस्तियों-गाँवों को रौंदती, गंगा बनकर सागर में समा जाने को बेचैन। इस घाटी को पार करते ही यह विस्फोटक ध्वनि स्वतः तिरोहित हो जाएगी। जैसे ही तुम आगे की पहाड़ी-पगडंडी से नीचे उतरोगे तो लगेगा किसी सन्नाटा भरी सुरंग में समा गए, कानों में एक मृदुल मृदंग की मधुर झंकार का स्वर-सा बजेगा, समाधि के पार की स्थिति, जिसे योगियों ने नादध्वनि कहा, ज्ञानियों ने आनंद का स्वर तथा भक्तों ने रस की महादशा, 'रसो वैसः'। कुछ और आगे बढ़ोगे तो लगेगा तीनों प्रकार की दशाएँ एक साथ हो गईं। तब समझ जाना पुत्रो, यही त्रिवेणी का तट है, जिससे गंगा का गायन-स्वर-शांत रस बनकर बह रहा है, अर्थात् यहीं कहीं आस-पास है गुरु व्यास का आश्रम, वादरायण का बदरी वृक्ष-समूह अर्थात् वह स्थान, जहाँ सद्‌गुरु की कुटी है या कि स्वर्गलोक की भृकुटी।

"अब आगे क्या-क्या है, मैंने भी कभी देखा नहीं, अनुभव अवश्य किया। कहते हैं, वहीं कहीं एक द्वार है, एक पहाड़ के पार, जो पार करो तो स्वर्ग की अट्टालिका की चोटी दिख जाए। फिर आगे बढ़ो पाँच पांडवों की तरह। मैं युधिष्ठिर रहता तो आगे का वर्णन करता, नारद आश्रम का भी, स्वर्ग के श्वेतलोक में खड़े द्वार का, बाएँ नहीं दाहिनी ओर आगे देखने पर, किंतु थोड़ा ही आगे जाने पर सुनता हूँ कि यह परमपुरुष का स्थान है, जिसे केदार कहते हैं। गुरुव्यास से आदेश मिलते ही तुम लोगों को वापस भी चल देना पड़ सकता है। इस बात के लिए सतर्क रहना पड़ेगा कि तुम पीछे मुड़कर स्वर्ग के लालच में लौट न जाओ।

"अरे, लो यह तो आ गए हम ज्योतितीर्थ बदरिकाश्रम। वे बादर वृक्ष, यही बैर के फल यहाँ के तपस्वियों और विद्यार्थी सबके भोज्य फल हैं। त्रिवेणी-तट से सटी पहाड़ियों की शृंखला में यत्र-तत्र तपो-साधना हेतु गुफाएँ बनी हैं। व्यासाश्रम के पासवाले उस आश्रम को देखो, जिसे 'गणेश-गुफा' कहते हैं। कहते हैं, 'यन्न भारते, तन्न भारते' वाले महाभारत की रचना करने के पश्चात् भी गुरुव्यास को जब रचना-सुख की तृप्ति की अनुभूति नहीं हो सकी तो उन्होंने माँ सरस्वती तथा बुद्धि के देवता गणेश की सहायता ली थी और महाभागवत की रचना की थी। विद्यार्थीगण भी इन्हीं में बैठकर अपने पाठ स्मरण करते हैं व योग की साधना तथा अभ्यास करते हैं। गणेश तथा सरस्वती के मंदिर भी हैं, किंतु ये सारे मंदिर आगे का रास्ता बताने के लिए हैं, बदरीनाथ का रास्ता, जिसमें विष्णु-

भगवान् नारायण का अद्भुत विग्रह है। तुम्हारी बुलाहट हो, इस हेतु तुम इसी ज्योतिर्स्थान से स्मरण करना भगवान् विष्णु का और भगवान् शिव का भी, ताकि तुम्हें बदरी-केदार धामों के भ्रमण का आदेश मिल सके।

"लो, यही है बादरायण व्यासमुनि का आश्रम बदरीखंड, सरस्वती और अलकनंदा का संगम पश्चिम से सरस्वती एवं पूरब से अलकनंदा का मिलन-बिंदु तथा वह है उनकी कुटिया, 'व्यास पोथी'। बदरी वृक्षों के नीचे पत्थर के पटल हैं और उनके एक कोण पर कहीं एक छोटा चबूतरा, जिस पर बैठकर कभी मुनि व्यास ने कृप और द्रोण जैसे शिशिक्षुओं को ज्ञान दान दिया था। आज भी कहते हैं, जब शिक्षार्थी ध्यान लोक में प्रवेश करते हैं तो गुरुव्यास इन आसनों पर विराजमान होकर उनसे आवश्यक संभाषण कर गुरुप्रकाश दिया करते हैं। तुम लोग यहीं बैठ जाओ और मुझे किसी एकांत में बैठकर गुरुदेव को पुकारने का अवसर दो। संभव है, तुम लोगों को लोक-संचालन के कुछ कर्तव्य प्रदान किए जाएँ तथा इस कार्य हेतु कुछ आवश्यक व्यावहारिक दृष्टि भी दी जाए।"

पद्मपाद ने कहा, "गुरुदेव, हमारे लिए तो ब्रह्मा, विष्णु और महेश जैसे अथवा इससे भी आगे के परब्रह्म भी आप ही हैं, वैसे ही गुरुवर्य व्यास देव भी। हम तो बस गुरुवर्य व्यास के दर्शन भर के प्यासे हैं, शिक्षण तो उनका मिलता ही रहा, मिल ही रहा है, आप जैसे गुरुदेव के मुख से। हमारी प्रार्थना है कि एक बार इस पवित्र गुरुभूमि में आप पुनः हमें इस ज्ञान चबूतरे पर बैठकर विद्यार्थी होने का सुअवसर प्रदान करें।"

शंकराचार्य बोले, "तुम सनंदन थे न और सुरेश्वर तुम मंडन तथा त्रोटक तुम पृथ्वीधर। तुम लोगों का नाम-परिवर्तन मैंने किया। तुम समझते होगे कि यों ही कर दिया होगा, किंतु तुम्हें हस्तामलक, सुरेश्वर और त्रोटक नाम देने में मैंने तुम्हारी जितनी परीक्षाएँ लीं, सबके परिणामों को प्रमाणित करने के लिए तुम्हारा नामकरण किया। मंत्र तो बहुत लिखे गए वैदिक ऋषियों के द्वारा, अगणित मंत्र, किंतु गणितों की श्रेणी में जो परिगणित हो सकें, उन्हें ही हम चतुर्वेद कहते हैं। मेरे ये चार शिष्य, चार वेदों से गणित मंत्रों के प्रतिरूप हैं। मैं यही गुरुवर्य व्यास को बताने की नीयत से तुम लोगों को इस आश्रम तक ले आया हूँ। बताने के पीछे भी उद्देश्य है, उनके मुख से तुम लोगों को दीक्षित करना, आशीष दिलाना। सच्चा गुरु तो शिष्य की वाणी में स्वयमेव बोलता है, सिखाना नहीं पड़ता। मैंने 'शारीरक भाष्य' के पदों की भी चर्चा की होगी—'पंचपादिका' तो पद्मपाद की कीर्ति है, किंतु 'पंचपादिका' में शंकर तो रहेगा ही।"

शंकराचार्य बोलते रहे, "यही सुरेश्वर को देखो, क्या सुंदर तथा यशस्वी नाम था—मंडन। गुरु ने कुछ देखकर न कर दिया होगा सुरेश्वराचार्य और विश्वरूपाचार्य तथा फिर विश्वेश्वराचार्य! क्या दे सकता है गुरु, नाम ही न! मैं ब्रह्मसिद्धि और 'नैष्कर्म्यसिद्धि' जैसे

ग्रंथों के रचयिता को क्या नाम दूँ? क्या नाम दूँ उस विद्वान् को, जो एक साथ वेद, वेदांत, मीमांसा, न्याय और व्याकरण सबका श्रेष्ठ ज्ञाता ही नहीं, ज्ञानदाता भी है।

"इस आनंदगिरि को देखो, काशी के अग्रगण्य वेदाचार्य, जिन्हें संपूर्ण भारत में जगद्गुरु कहकर पुकारा जानेवाला था, वे काशी से संबंध तोड़कर कांची में वेदांती बनकर रह गए।

"मेरे प्यारे शिष्यो, आप चारों ने मेरे साथ वेदांत-प्रचार हेतु पूरे भारत का भ्रमण किया। मेरे दर्शन-ग्रंथों की टीका लिखी, कारिका लिखी, भाष्य लिखे, भाष्यों के भी भाष्य और टीकाएँ लिखीं और आज मेरे साथ मेरे गुरु ही नहीं, सारे जगत् के गुरुवर्य व्यास भगवान् के आश्रम पधारे हैं।

"आप चारों वेदों के रूप में मेरी चारों दिशाओं में सदा संबद्ध रहें, आबद्ध रहें, अपने को एक बिंदु 'भारत' समझें और अपनी चारों दिशाओं में सिंधु बनकर तरंगित हो जाएँ, यही तो इच्छा रही आज तक। शिष्यो, अब मैं तीनों कालों और चारों दिशाओं में तुम्हें स्थापित कर वेद-वेदांतों एवं दिक्कालों से पार उस लोक के आलोक में प्रवेश की प्रार्थना लेकर गुरु के पास आया हूँ तथा सद्गुरु के चरणों में समर्पित होना चाहता हूँ, जो मुझे मेरी उँगली पकड़े, मेरे अंशी के स्वरूप में मुझे विलीन कर दे।"

चारों शिष्य जैसे कहीं खो गए थे, अनंत आकाश में, निरवधि काल में अथवा सो गए थे, जैसे रामकथा सुनते-सुनते रामभक्त कभी-कभी गाढ़ी निद्रा में प्रयाण कर जाते हैं। नींद खुली तो सुरेश्वराचार्य कहने लगे, "गुरुदेव, चारों वेदों को छोड़कर आप निर्वेद लोक प्रस्थान कर रहे हैं और हमारे हाथों में चारों वेद थमाए। इससे तो अच्छा था, चारों ओर हम वेदांत का प्रचार करते रहें, आचार्यगण वेदांत अर्थात् विशुद्धाद्वैत-विशिष्टाद्वैत का प्रचार पूरे विश्व में करते और पूरे विश्व को अद्वैत का व्यक्त रूप बताकर एक परिवार के रूप में एक आँगन में बैठा देते एक विश्व को, सच्चिदानंद के आँगन में, प्रेम और शांति के आँगन में।"

शंकराचार्य बोले, "सुरेश्वर, यह संसार भी तो उस अद्वैत के अंदर सुगबुगाती संवेदना अथवा इच्छा की ही तो अभिव्यक्ति है। यह संसार चलता रहे, इस हेतु एक शाश्वत सनातन धर्म की आवश्यकता तो होगी ही तथा यह काम वैदिक धर्म के अतिरिक्त और कौन धर्म कर सकेगा?

उसमें भी ध्यातव्य तो यह है कि वेदांत वेद-विरोधी नहीं, वह तो उसका उच्चतम शिखरबिंदु है। वेदांत अर्थात् वेदों का सार अर्थात् वैदिक धर्म और कुछ नहीं, वरन् वेदांत का ही सांसारिक आचरण है। वेदांत धर्म की आत्मा है वेद, उसका शरीर, उसका व्यक्त विस्तार, किंतु वेदांत धर्म नहीं, केवल दर्शन है, वेद दर्शन होते हुए उसका विस्तार भी है। देखो शिष्यो, मुझे थोड़ा एकांत चिंतन में जाने का अवसर दो, मुझे गुरुदेव से बहुत सारी

बातें करनी हैं। हम नश्वर जगत् तथा अनश्वर स्वर्ग, सत्, चित्, आनंद की सीमा-रेखा पर खड़े हैं और यहीं से पश्चिम-दक्षिण तुम्हें एवं पूरब-उत्तर मुझे प्रस्थान करना है।"

यह कहते हुए शंकराचार्य आश्रम के नीचे नदी के रास्ते के किनारे बनी एक छोटी सी गुफा में ध्यान-चिंतन हेतु जाने के लिए उठ खड़े हुए और देखते-देखते कुछ दूर बहुत दूर होते-होते किसी गुफा में प्रवेश कर गए। बहुत देर होने लगी थी। गुरुदेव की प्रतीक्षा में चारों शिष्य चिंतित थे और उस पहाड़ी मार्ग की ओर एकटक निहार रहे थे, जिससे नीचे उतरकर गुरुवर्य किसी गुफा में अंतर्धान हो गए थे।

संध्या गहरा रही थी, अलकनंदा लहरा रही थी। अचानक एक ज्योतिपिंड जैसे फूटा और मरकत ज्योति का एक ज्वार-सा उठा तथा क्षण में खुले आसमान के मुँह में जैसे किसी ज्योति महाकोष में समा गया। आनंदगिरि ने कहा, "गुरुश्रेष्ठ और गुरुवर्य का मिलन समाप्त हो चुका, अब वह देखो, गुरु शंकराचार्य आश्रम की ओर लौट रहे हैं।"

पास पहुँचकर शंकर ने बताया कि गुरुप्रवर से उनका विमर्श हो चुका और उनके अनुमोदन के बाद हम गुरु-शिष्यों को अपने-अपने मार्ग पर प्रस्थान का समय अब मेरे अधीन है।

शंकराचार्य ने कहा, "शिष्यो, ध्यानपूर्वक सुनो और ज्ञानपूर्वक अपने स्वधर्म के संपादन में तन्मय हो जाओ। एक वैतरणी की उथली नदी में भारतीय संस्कृति का जहाज फँसा हुआ है, इसे खींचकर मुख्य धारा में पहुँचाने का भार अब इन चार कंधों पर देने का निर्णय है।"

"जहाज गंगा की मध्य धार से इस मरीधार में तथा इस कथित वैतरणी में कैसे पहुँच गया, गुरुदेव? इस पंक और दलदल में धँस रहे जहाज को इस स्थिति में पहुँचाने के लिए दोषी कौन है, गुरुदेव?" पूछा त्रोटक ने।

"त्रोटक, त्रुटियाँ धर्म में नहीं, किंतु धर्म का प्राण विश्वास होता है और इस विश्वास को अधर्म व विधर्म के दो भाइयों ने मिलकर अपने धर्म के कलेजे से बाहर निकाल लिया तथा उसे वैतरणी के बीच के दलदल में धकेलकर खड़ा कर दिया है। अभी सबसे बड़ी आवश्यकता है, इस जहाज को दलदल से बाहर खींचकर इसे मुख्यधारा में प्रवाहित करने की।"

त्रोटक बोला, "मैं समझा नहीं, आचार्यवर।"

शंकराचार्य बोले, "त्रोटकाचार्य और अन्य सभी आचार्य शिष्यो, जब संकट का काल आने को होता है तो ऐसा ही हो जाता है, 'मातृजंघा की वत्सस्य स्तंभीभवति बंधने' जिस योग और जिस तंत्र की शक्ति को हमने वैदिक धर्म की पतनोन्मुखता को रोककर उसे उर्ध्वमुख करना चाहा था, वही योग और उसी तंत्र ने हमें ज्ञान एवं भक्ति के सच्चिदानंद से काटकर भोग व मंत्र-यंत्र से जोड़कर विलासिता के वैभत्स्य तथा जुगुप्सा

के पंक में डुबो दिया। तुम सब इसे समझते हो, अत: समय नष्ट नहीं करो और उस जहाज पर बैठी संपूर्ण सृष्टि को प्रलय जैसे संकट से बचाने का संकल्प लो। तुम्हारे लिए नए कर्तव्यों की सूची तैयार की जा चुकी है। उन्हें अंगीकार करो—'धर्मो रक्षति, रक्षित:', धर्म की रक्षा करो, धर्म तुहारी रक्षा करेगा। तुम उसपर विश्वास करो, वह तुम्हारे खोए विश्वास को भी तुम्हें वापस करेगा, तुम्हारे कलेजे में उसे स्थापित कर देगा।"

सुरेश्वराचार्य तथा अन्य आचार्यों ने गुरुवर्य से आगे बढ़ने की प्रार्थना की। आचार्य बोलते गए और शिष्यगण के अंतर में सबकुछ जैसे अंकित होने लगा।

चारों वेदों को चारों दिशाओं और उनसे संबद्ध देशों के प्रभारी आचार्य एवं विद्वान् शिष्यों, द्वैत, अद्वैत, द्वैताद्वैत, विशिष्टाद्वैत, शून्याद्वैत, विज्ञानाद्वैत आदि वादों-प्रतिवादों को मेरे साथ-साथ शास्त्रार्थों के दौरान सात सागरों के अवगाहन तथा अभिमंथन के पश्चात् अद्वैत सिद्धांत के प्रतिपादन में और कथित तद्विषयक दिग्विजय के उपरांत भी मेरे द्वारा तुम सबको आज गुरु की कृपा हेतु अपने साथ व्यासाश्रम लेकर आने के पीछे एक बहुत बड़ा उद्‌देश्य है। मुख्य उद्‌देश्य तो इस बात को स्पष्ट करना है कि आचार्य के ज्ञान, शिक्षण-विधि, अनुभव तथा स्वाध्याय तथा स्वचिंतन-मनन के पश्चात् विभिन्न दिक्कालों में अटल तथा शास्त्रार्थों के उपरांत जो ज्ञान हमें प्राप्त होता है, वह न तो पर्याप्त है और न ज्ञान का मूल स्वरूप। ज्ञानार्थ लब्धि का उपर्युक्त सत्य तभी सिद्ध-सत्य हो पाता है, जब उसकी पुष्टि स्वत: प्रस्फुटित परमार्थ ज्ञान से होती है और जब गुरु इस पुष्टि के पक्ष में अपना निर्णय तथा नियमन दे देता है। गुरु व्यास ने तुम्हारे तथा मेरे प्रयासों और उपलब्धियों पर अपनी स्वीकृति प्रदान करने की कृपा की है तथा अब इस सिद्ध संपुष्ट एवं अनुमोदित ज्ञान को क्रिया में परिवर्तित कर लोकजीवन को लाभान्वित करने तथा 'मानव' धर्म की एक नई इमारत खड़ी करने हेतु मेरे द्वारा तैयार की गई पूरी कार्य-योजना को संशोधित-परिवर्द्धित करते हुए गुरु ने समाज को गढ़ने और अपनी दीक्षा से अनुगृहीत करने का भी वचन दे दिया है। कल प्रात: आश्रम के सभास्थल पर आप अंतिम बार विद्यार्थी के रूप में गुरुप्रवर से गुरु दीक्षा प्राप्त कर अपने-अपने कर्तव्य स्थल पर पहुँचकर अपने यथा निर्धारित क्षेत्रीय कार्य में लग जाएँगे।

चारों आचार्य अब से आगे आनेवाले काल में चार दिशाओं, चार वेदों, चार तीर्थों, चार मठों, चार मतों, चार देवों तथा अपने चार नए गोत्रों की पहचान से सारे भारत में प्रसिद्ध होंगे। चारों का परिचय उनके गुरु मूल से होगा। अत: वे चारों शंकराचार्य की उपाधि से अभिज्ञप्त होंगे और चारों गुरुओं का योगफल होगा—जगद्गुरु। पुरुषोत्तम पूर्वी क्षेत्र का नाम गोवर्द्धन धाम होगा, क्षेत्र विस्तार अंग-वंग-कलिंग और उत्कल तक तथा इसका वेद, ऋक्, संप्रदाय-भोग, महावाक्य, प्रज्ञान-ब्रह्म होगा तथा इसके शंकराचार्य पद्‌मपादाचार्य होंगे। इसी तरह दक्षिण दिशा अवस्थित दूसरा क्षेत्र रामेश्वर क्षेत्र

होगा, जो भारत के दूसरे धाम के रूप में प्रसिद्ध होगा, तथा जिसका तीर्थ तुंगभद्रा, वेद यजु:, महावाक्य अहं ब्रह्मास्मि, देवी-कामाक्षी, संप्रदाय-भूमिवार, देव-आदिवाराह तथा शंकराचार्य-हस्तामलक होंगे। तीसरा क्षेत्र पश्चिम दिशा-अवस्थित द्वारका क्षेत्र, संप्रदाय-कीटवार, तीर्थ गोमती, देव-सिद्धेश्वर, देवी-भद्रकाली, वेद-साम तथा महावाक्य—'तत्त्वमसि' होगा और इस क्षेत्र का विस्तार सिंधु, सौवीर, सौराष्ट्र से महाराष्ट्र तक होगा। शंकराचार्य होंगे आचार्य विश्व रूप सुरेश्वर। उत्तर स्थित चतुर्थ क्षेत्र बदरिकाश्रम धाम से प्रख्यात होगा, जिसमें कुरु, पांचाल, कंबोज, कान्यकुब्ज आदि आएँगे और जो ज्योतिर्मठ के रूप में प्रसिद्ध होगा। इसका महावाक्य होगा—'अयमात्मा ब्रह्म' तीर्थ-अलकनंदा, वेद-अथर्व, देव-नारायण, देवी-पूर्णागिरि तथा शंकराचार्य होंगे—आचार्य त्रोटक।

'प्रज्ञान ब्रह्म', 'अहं ब्रह्मास्मि', 'तत्त्वमसि' तथा 'अयमात्मा ब्रह्म' में जिस प्रकार एक और मात्र एक ही ब्रह्म विभिन्न महावाक्यों में व्यक्त है, ठीक उसी तरह चारों धामों के एक ही गुरु होंगे, जो चार शंकराचार्यों के रूप में ख्यात तो होंगे, किंतु जिनके बीच अर्थ का कोई भेद नहीं होगा। सभी धामों का एक ही धर्म होगा, सनातन वैदिक धर्म। संयोगवश, कभी किसी बात को लेकर मतांतर हुआ तो वरीयतम वयोवृद्ध शंकराचार्य की अध्यक्षता में सभी शंकराचार्य एक जगह एकत्र होंगे और एक निर्णय लेकर आगे अपने-अपने क्षेत्र में काम करेंगे। ये सभी धाम और सभी शंकराचार्य इस दिशा में प्रस्थान की तैयारी करेंगे कि एक दिन ऐसा आनेवाला है, जब यह सनातन वैदिक धर्म सनातन वैश्विक धर्म के रूप में पूरे भूमंडल का मानव-धर्म बनकर ख्यात होगा।

कक्षा समाप्त हुई तो चारों शिष्य देखते क्या हैं कि गुरु मानो अपना भौतिक रूप धारण कर व्यास आसनी से उठकर प्रस्थान की मुद्रा में हैं, शिष्य शंकर, इनका चरणार्चन कर रहे हैं और गुरुदेव उनके शीश पर हाथ रखे आशीष दे रहे हैं।

नींद में किसी सुखद स्वप्न से जागते हुए चारों शिष्य गुरु व्यास के चरणों में झुकने ही को थे कि वे दृष्टि से अंतर्धान हो गए।

शंकराचार्य को लगा कि जैसे ज्ञान की चार दिशाओं में चारों वेद खड़े हों, वैसे ही उनकी आत्मा की चारों दिशाओं में चार शंकराचार्य और अब उन आत्माओं का केंद्र बिंदु उनके आत्म तत्त्व के रूप में उनके पास था तथा वह भी परम तत्त्व में विलय होने को सन्नद्ध। गुरु व्यास ने बहुत सोचने के पश्चात् यह आदेश दिया था कि एक सच्चे गुरु को उन सारे मार्गों से भी शिष्यों को परिचित करा देना चाहिए, जो परम तत्त्व से मिलने के क्रम में सामने आते हैं। उनका आदेश था कि ये चारों शिष्य उनके साथ 'नारायण' के मंदिर में विष्णु की मूल प्रतिमा का पूजन करेंगे और तत्पश्चात् उनके साथ सीधे परमधाम केदार पहुँचेंगे तथा जब तक गुरु शंकर परमतत्त्व में मिल नहीं जाएँ, तब तक वे उनका साथ नहीं छोड़ेंगे।

शंकराचार्य ने कहा, "भारत और भारत की चारों दिशाओ में स्थित संपूर्ण जगत् के भावी मेरे चार शंकराचार्य शिष्यो, गुरुदेव व्यास का आशीर्वाद और आदेश है कि आप चारों बदरी से केदार तक की परम धाम यात्रा में मेरे साथ-साथ चलेंगे और जब मेरा आत्मतत्त्व परमतत्त्व में विलीन हो जाए, उसके बाद केदार से चलकर बदरी तथा अन्य तीनों धामों के मठों में अपने-अपने कर्तव्य पर उपस्थित होंगे।

"आज की रात हम यहाँ विश्राम करेंगे और कल प्रात: उगते हुए सूरज के साथ 'नारायण' के दर्शन हेतु प्रस्थान करेंगे।"

□

64

तत्त्वनिष्ठ होते हुए भी ब्रह्म को सगुण उपासना विधि तथा निर्गुण ज्ञान दोनों की साधना-पद्धतियों से भावित किए जाने की निष्ठा को स्वीकार करते हुए अद्वैत वेदांतवादी शंकराचार्य और वेदोपनिषदों के व्याख्याकार तथा ब्रह्मसूत्र के रचनाकार गुरु व्यास ने दोनों के महत्त्व को मानते हुए वैदिक धर्म केंद्रित चार मठों की अनिवार्यता स्वीकार कर ली थी। एक आदि शंकराचार्य, अर्थात एक जगद्गुरु चार शंकराचार्यों में विभक्त हो चुके थे और चारों पीठों पर इन्हें कर्तव्यारूढ़ कर स्वयं 'अहं ब्रह्मास्मि' बनकर ज्ञानानंद के मार्ग पर प्रयाण-सन्नद्ध। बदरिका एवं केदार का संसार स्वर्ग का द्वार अथवा परम धाम था, जो पुरुषोत्तम, द्वारका, रामेश्वर और ज्योतिर्धर मोक्ष का आधार, इच्छा का संसार था, ज्ञान का भी था, कर्म का भी। शंकर ने चाहा था, इन चारों मठाधीशों को अपने-अपने काम में लगाकर निश्चिंत 'सोऽहम्' हो जाना, किंतु गुरु व्यास ने यह आवश्यक माना कि इन्हें कर्ममय धर्म से ज्ञानमय परमार्थ की ऊँचाई का अंतर महसूस होना चाहिए, ताकि वे भी इस संभव अवस्था को प्राप्त करने में चूके नहीं, संसार भी चलता रहे और जगन्मिथ्या का ज्ञान भी बना रहे।

अभी सूरज की बाल किरणें उषासुंदरी के बालद्रुमों में उलझी-उलझी प्राची क्षितिज को गुलाबी चादर में बदलकर उन्हें अपनी पीठ पर डालने को तत्पर होतीं, तब तक तो शंकराचार्य निकल पड़े थे आश्रम के प्रवेश-द्वार से आगे। फिर तो दौड़ते-दौड़ते चारों चेले भी उनके पीछे आ चुके थे।

चलो, चलें स्वर्ग के द्वार, सोने का नगर है स्वर्ग, सुनता हूँ और हीरे का मुख्य द्वार, जो दक्षिण के उन लोगों के लिए खुलता है, जिन्होंने संपूर्ण मनुष्य के जीवन काल में कोई पाप नहीं किया।

स्वर्ग तो आनंद का पारावार है, रसो वैस:, सोऽहम् तत्सत और अहम् ब्रह्मास्मि इसीलिए न सोने का नगर है, न हीरे का द्वार, किंतु यदि हो भी तो इस सोने के नगर के चतुर्दिक् भी एक नगरी है, बदरिका। बदरी के वृक्षों से हरी-भरी तथा लाल-पीले हरे फलों से लदी-झुकी डालियों को लटकाते तपस्वी देवात्माओं की भूख मिटाती। चारों ओर से

पहाड़ियों से घिरा मंदिरों का एक नगर है—बदरिकाश्रम। एक पहाड़ी है, भृंगशृंग, जिस पर एक छोटा सा मंदिर है, उर्वशीतीर्थ नाम का तीर्थ। इस उर्वशी मंदिर के चारों ओर कोने पर चार मंदिर है, एक मित्र का, दूसरा वरुण का, तीसरा लक्ष्मी का और चौथा सोम का। कहते हैं कि स्वर्ग के दरवाजे पर खड़े थे मित्र और वरुण प्रवेश के लिए तथा बाहर निकल रही थीं उर्वशी चंद्रलोक की सैर के लिए। वह सोम को नमन करने सोम मंदिर के द्वार पर थीं कि मित्र और वरुण दोनों ने मिलकर उसका अपहरण कर लिया एवं भृगु की दृष्टि की उपेक्षा करते हुए उर्वशी को बाहुपाश में बाँध लिया। वसिष्ठ और अगस्त्य दो पुत्र। दो प्रतापी पुत्र उर्वशी के पुत्र हुए और एक ने संपूर्ण उत्तर भारत को तो दूसरे ने दक्षिण भारत को अपना यजमान बना लिया।

किंतु विष्णुदेव को यह कृत्य शोभायुक्त नहीं लगा। उसने वसिष्ठ को शाप दे दिया कि तुम स्वर्ग नहीं जा सकते, यद्यपि भृगुतुंग पर तुम्हारा ही शासन चलेगा और तुम्हारे दर्शन के पश्चात् ही मेरे दर्शन को आनेवाले को स्वर्ग में प्रवेश प्राप्त होगा। वसिष्ठ दुःखी और निराश मन से जंगल में बैठे कुछ सोच रहे थे, इसी बीच चीनी मंगोल श्रमण लुटेरों का एक झुंड विष्णु के मंदिर में प्रवेश कर गया और मंदिर में लूट-पाट एवं तोड़-फोड़ की। इतने में भी उन्हें संतोष नहीं हुआ तो उन्होंने ठोस ताँबे से निर्मित विष्णु का विग्रह भी मंदिर से उखाड़ लिया और उसे सामने प्रवाहित गंगा की धारा में प्रवाहित कर दिया।

"शंकर, वह मंदिर बदरिकाश्रम की आत्मा है और यह विष्णु का विग्रह बैकुंठ धाम के नियंता का जाग्रत् स्वरूप! तुमने जैसे ऋषिकेश में विष्णु का उद्धार कर दिया, वैसे ही कुछ बदरिका के लिए कर दो।" कहा व्यास ने। ऋषिकेश में विष्णु-विग्रह के पुनर्स्थापन से उद्वेलित भक्त तथा पुजारी शंकराचार्य की प्रतीक्षा में ही थे कि आज व्यासाश्रम से उन्हें संवाद मिल गया कि शंकराचार्य स्वयं ही बदरिका विष्णु मंदिर पधारनेवाले हैं।

शंकर आए, शिष्यों के साथ विष्णु की लौह-प्रतिमा को प्रणाम किया और वसिष्ठ के दर्शनार्थ आगे बढ़े कि एक पुजारी ने श्रद्धापूर्वक नमस्कार करते हुए निवेदन किया, "गुरुवर, आपने ऋषिकेश के विष्णु का उद्धार कर न केवल हिंदू धर्म की मर्यादा की रक्षा की है, वरन् चीनी डाकू-लुटेरे एवं छद्म बौद्धविद्या-प्रेमियों को यह संदेश दिया है कि भारत विद्या एवं ज्ञान के क्षेत्र में इतना तो पारंगत और प्रवीण है ही कि अपने धर्म की गरिमा बचा ले। गुरुवर, हमारी आत्मा में आसनस्थ, किंतु गंगा की गोद में कहीं कभी बैठे हमारे विष्णु-देव को अन्वेषित कर आप अपने हाथों से उक्त उपेक्षित विग्रह को विष्णु मंदिर में विधिवत् स्थापित कर प्राण-प्रतिष्ठा कर देने की कृपा करें।"

वैसा ही हुआ और नदी के पेट से शंकराचार्य ने विष्णु का ताम्र-विग्रह निकलवा दिया और उसी दिन उक्त विग्रह का प्रतिस्थापन तथा प्राण-प्रतिष्ठा का कार्य संपन्न करा दिया गया।

सर्वत्र बस दो ही देवों की जय उद्घोषित थी, पूरे बदरिका तीर्थ पर, एक विष्णु भगवान् की और दूसरे गुरुवर्य शंकराचार्य की। शंकराचार्य शैव हैं और अद्वैतवादी हैं, यह बात तो किसी की बुद्धि में रही ही नहीं। शंकराचार्य के शिष्यगण आज दूसरी बार अत्यंत प्रसन्न थे और गुरु को बार-बार नमन कर रहे थे।

त्रोटकाचार्य ने कहा, "गुरुदेव, आश्चर्यचकित करनेवाली सहिष्णुता और धार्मिक उदारता का देश है अपना भारत देश। ये ताओ धर्मी चीनी हमें भाई-भाई का उच्चारण कर कैसे प्रभावित कर लेते हैं? हम लुट जाते हैं, बिक जाते हैं, बिछ जाते हैं उनके स्वागत में। किंतु उनके मन के अंदर भारत की सांस्कृतिक महत्ता के प्रति एक द्वेष है और इसी कारण उनका प्रथम उद्देश्य भारतीय साहित्य को विनष्ट अथवा अन्यथाकृत करना है। नालंदा विश्वविद्यालय की अमूल्य हस्तलिपियाँ शंघाई पहुँचकर अनूदित हो रही हैं, केवल चीनी भाषा में ही नहीं, अंग्रेजी और लैटिन में भी, अरबी और ग्रीक में भी तथा हम अपने संस्कृत ग्रंथों को उनके पूर्वग्रहयुक्त अनुवादों के माध्यम से, विभाषा के माध्यम से समझने को बाध्य हैं और अपने को गर्व से वैभाषिक बौद्ध घोषित करते हैं। पद्मसंभव क्या हैं, गुरुदेव? इसी वैभाषिक शाखा के प्रवर्तक और इसलिए आज बौद्ध धर्म के इत्सिंग बोधिसत्त्व के अधीन प्रथम भारतीय बौद्ध आचार्य घोषित होकर आत्ममुग्ध। ये शक, हूण, कुषाण, मंगोल और चीनी लुटेरे, सबके-सब भारतीय संस्कृति को विनष्ट कर भारत में श्रमण-संस्कृति का बीजारोपण करने में एक-दूसरे के सहयोगी हैं और ये तो हमोर देश में तंत्र के माध्यम से महासुखवाद के नाम पर संस्कृति की विकृति करते हैं, हमारे शास्त्रों का अपहरण करते हैं और हमें मित्रता के बंधन व धर्म के एकीकरण के बहाने हमारे सीमावर्ती क्षेत्रों को छीनते-लूटते, जीतते अपने देश में मिलाते जा रहे हैं। यदि हम सँभले नहीं तो चीन एक दिन हमारा सबसे बड़ा शत्रु देश बन जाएगा।"

शंकराचार्य बोले, "त्रोटक, अब मैं तो चला। अब यह तुम्हारा और तुम सबका कर्तव्य बनता है कि तुम भारत को बनाओ, एक-एक नागरिक को, विशेषकर सीमावर्ती प्रांतों के नागरिकों को स्वधर्म के प्रति सतर्क करो, अपने भारतीयत्व को जगाओ, अपने धर्म के तेज को प्रकाशित करो, ताकि भारतमाता की महिमामयी धरती किसी विदेशी राष्ट्र के अधीन नहीं जाए।"

त्रोटक बोला, "गुरुवर्य, हम भारतीय, हम भारतमाता के बेटे, हम पूरब और पश्चिम तथा उत्तर और दक्षिण का भेद नहीं मानते, हम पूरे भूमंडल के हर मनुष्य को अपना परिवार मानते हैं—'सर्वे भवंतु सुखिन:' हमारा आदर्श है, किंतु यह चीन और वह अरबी गिद्ध-दृष्टि इनसे तो भारत को बचाना ही होगा एवं सबको एक साथ मिल-जुलकर बचाना होगा।

शंकराचार्य बोले, "किंतु त्रोटक, ये अरबी लोग तो सनातनी भारतीयों पर अपने

आक्रमणों के क्रम में वैदिक धर्मियों के साथ-साथ बौद्धों को भी तो बंदी बना रहे हैं, धर्मांतरण कर रहे हैं और विरोध करने पर हत्या कर रहे हैं, जिनमें चीनी मूल के बौद्ध भी शामिल हैं। मुझे तो लगता है कि भारत को इन इस्लामी आतंकियों से जबरदस्त खतरा है और यह खतरा भविष्य में सर्वाधिक हमारी संस्कृति की सबसे उर्वर भूमि कश्मीर पर होगा। तुम लोगों को तो सूचना होगी ही कि गांधार पर विजय प्राप्त करने के बाद किस प्रकार अरबी आतंकी सैनिक कश्मीर के पहाड़ी दुर्गम स्थानों में अपना अड्डा जमा लिये हैं।

हम भूमंडलीय मानव समाज के लिए एक धर्म की स्थापना करते-करते कहीं अपने कलेजे सदृश कश्मीर पर संकट न खड़ा कर लें। इसी तरह हमारे कामरूप के उत्तर-पूर्व के प्रदेशों पर भी चीन का खतरा तो उत्पन्न होने ही लगा है।"

सनंदन बोले, "गुरुवर्य, मालावार की पहाड़ियों के रास्ते ईसाई धर्म भी तो भारत के अंदर प्रवेश कर ही चुका है और इनकी हिम्मत तो देखिए, इन्होंने चेन्नई स्थित हमारे शिव मंदिर को ध्वस्त कर वहाँ थॉमस जैसे व्यापारी को महात्मा तथा संत घोषित कर वहाँ उसकी प्रतिमा स्थापित कर दी और गिरजाघर का निर्माण करने लगे हैं। यह तो कहिए अपने अलवार-नयनार से निकले भक्ति आंदोलन को, जिसने उनकी कुदृष्टि पर पानी फेर दिया। पूरा भारत आज राष्ट्रीयता तथा भक्ति की शक्ति से पूर्णतः आंदोलित है, गुरुवर। आपके शब्द, आपकी बातें, आपके संदेश, धर्म की ध्वनि, मंत्रों की शक्ति और राष्ट्र की वाणी की तरह पूरे भारत में आदृत हैं। हम आप द्वारा जलाई गई ज्योति को लेकर पूरे भारत में जाएँगे और भारतीयता की रक्षा इन चार धर्मपीठों के प्रतिरक्षा केंद्रों के अनुशासन मार्ग से चलकर करेंगे। ऐसा हम आपको विश्वास दिलाना चाहते हैं।"

शंकराचार्य बोले, "जिस तरह भारत के चार वेदों से व्युत्पन्न होता है एक जीवन-दर्शन, एक संस्कृति, एक तरह की यज्ञ-विधि और विधान, उसी तरह भूमंडल के भी तो चार कर्णरंध्र हैं पुत्रो, जिनसे वैश्विक संस्कृति का नवगान पूरे विश्व के आँगन में भी प्रवेश करता है तथा गूँजता भी रहता है। इसीलिए मैंने सभी चार पीठों, चार तीर्थों, चार गोत्रों, चार महावाणियों और चार क्षेत्रों के समन्वित संस्कार को अपनी संस्कृति का आधार बनाया है। कालक्रमानुसार इसमें परिवर्तन होंगे और इसी आधार पर निकट भविष्य में एक वैश्विक मानव धर्म की आधारशिला भी रखी जा सकेगी।

पाँच पांडवों की तरह स्वर्गार्थी तो नहीं, किंतु पाँच तत्त्वान्वेषी गुरु शिष्यों की टोली अब बदरीनारायण तीर्थ पर पहुँच चुकी थी। पुजारियों को पूर्व सूचना थी कि जगद्गुरु, इतने बड़े संसार के पहले जगद्गुरु, प्रथम सर्वज्ञ गुरु शंकराचार्य आज बदरीधाम पहुँच रहे हैं। वैदिक धर्म के सबसे लोकप्रिय आदर्श के प्रवर्तक आद्य जगद्गुरु का बदरिका पधारना उनके अंदर पल्लवित निराशा के ध्वंस के संदेश की तरह था। उन्हें ज्ञात था कि किस तरह शैव-चिंतन और अद्वैत-दर्शन में विश्वास करनेवाले शंकराचार्य ने स्वयं अपने

भूगर्भ ज्ञान के बल से ऋषिकेश की विष्णु प्रतिमा को गंगा के गर्भ से निकलवाकर मंदिर में स्थापित किया है, शैव व वैष्णव, हिंदू और बौद्ध, वैदिक एवं श्रमण संस्कृतियों का भारतीयकरण किया है।

उन्होंने शंकराचार्य का स्वागत-अभिनंदन अंतरतम से किया और पूजा-आराधना के पश्चात् विष्णु-विग्रह के ध्वंस की व्यथा-कथा सुनाई। आचार्य ने भूगर्भ सूत्रों की गणना करते हुए एक स्थान की ओर संकेत किया और ताँबे की प्रतिमा बाहर निकाल ली गई, फिर शंकराचार्य की उपस्थिति में लौह-प्रतिमा की जगह पूर्व स्थापित प्रतिमा पुनर्स्थापित कर दी गई तथा विधिवत् प्राण-प्रतिष्ठा भी संपन्न कर दी गई। विष्णु की जय-जयकार ध्वनि बदरिकाकाश में गूँज रही थी।

शंकराचार्य भाव विह्वल हो बोल रहे थे, "स्वर्गाकाश से देख रहे देवता वृंद तथा उपस्थित भक्तजन, आपने शताधिक वर्षों तक विष्णु भगवान् के इस प्रतिष्ठित विग्रह के विकल्प की पूजा-आराधना की थी, किंतु आपके मानस में इस कल्प विग्रह की जो लगन और निष्ठा थी, उसने आपको शताधिक वर्षों तक बेचैन रखा एवं आपकी इसी निष्ठा का फल है कि विष्णु भगवान् का विग्रह आज अपने मूल रूप में अपने मूल स्थान पर आकर स्थापित-पुनर्स्थापित हो गया। इसीलिए भक्तजन का विश्वास है, भगवान् अवश्य सुनते हैं भक्त की पुकार, आर्त पुकार। पूरी सृष्टि का पालन विष्णु की कृपा से हो रहा है। हमारी यात्रा अब आगे केदार की है, हमने इस मंदिर को भारत के चार तीर्थ धामों— ज्योतिर्धाम, द्वारकाधाम, पुरुषोत्तम धाम और रामेश्वरधाम के रूप में संपूर्ण सृष्टि के श्रेष्ठ धामों के रूप में घोषित किया है। मैं रहूँ न रहूँ, ये धाम सारे संसार को जोड़कर एक साथ पालनेवाले वैष्णव धर्म का सबसे बड़ा केंद्र आज से यही बदरीधाम बनेगा। आप धन्य हैं। इस सर्वधर्म समन्वित वैष्णव, अर्थात् वैदिक अर्थात् सनातन धर्म से एक दिन सारे संसार को बाँधना आवश्यक है, अन्यथा सृष्टि का विनाश हो जाएगा, असमय संहार हो जाएगा। तब कैसे कोई विश्वास करेगा, इस विष्णु की वैष्णव सत्ता पर, पालनहारी संस्कार पर।"

शंकराचार्य ने अपने चारों शिष्यों का परिचय पुजारियों से कराया, उनकी गुरुव्यास द्वारा स्वीकृत-अनुमोदित अनुशासनिक भूमिकाएँ सुनाईं और चल पड़े आगे-आगे गुरु और पीछे-पीछे चार शिष्य, आगे-आगे, वेद भगवान् पीछे-पीछे चार भक्तजन ऋक्, यजु. साम और अथर्व। वेदों की भूमिका अभी समाप्त नहीं हुई है—"शिष्यो, आप चारों शिष्य, चार वेदों सदृश, चार दिशाओं सदृश मेरे साथ चल रहे हैं। हाँ शिष्यो, हाँ वेदो, हाँ दिशाओ, हम सब साथ-साथ अब उस मूल सत्ता की ओर चल रहे हैं, जिसे 'शिव' कहते हैं, जो ब्रह्म कहा जाता, जो अद्वैत सत्ता के रूप में केदार नाम से अभिज्ञात है। आप चार पांडव-बंधु भी हो सकते थे, किंतु यदि पांडव होते तो आप का रास्ता इधर बाएँ, सीधे श्वेत द्वीप की ओर जाता, श्वेतद्वीप अर्थात् स्वर्ग। मनुजलोक का स्वर्ग—कश्मीर भले ही

हो, किंतु यह देवलोक का स्वर्ग है, जो मनुजों को लाख तप के बाद भी अपनी ओर खींच लेता है, ठीक वैसे ही, जैसे तथाकथित महान् योगियों, संतों, त्यागी-तपस्वी-संन्यासी और ध्यान-सिद्ध बौद्धों को महासुखवाद खींच लेता है पंचमकारों की काली सुरंग में। बुद्ध ने चाहा था मध्यम मार्ग से चलना, किंतु वही उनके दर्शन का कमजोर पक्ष हो गया। मध्य होने के कारण महासुखवाद के महामुख में सीधे समा गया। जाना था कहाँ केदार शैल के शीर्ष बिंदु पर और कहाँ मुड़ गए महासुख देनेवाले स्वर्ग की वाम दिशा में। उसी प्रकार इधर बाईं दिशा को देखो शिष्यो, श्वेतद्वीप का मार्ग।

"ज्योतिर्पीठ से आगे श्वेतद्वीप है—वाम दिशा में श्वेत भूमि, जहाँ के श्वेत पुष्प कभी मुरझाते नहीं तथा जिनकी सुगंध कभी क्षीण नहीं होती। श्वेतद्वीप श्वेतवर्ण के देव-देवियों का लोक है, जहाँ का जीवन सर्व यौवनमय होता है। देवलोक अर्थात् सर्वसुख-सर्वयौवन-सुरभि-सौरभ-आलोक लोक है गंधर्वों और अप्सराओं, परियों, सुंदरियों, नर्तकियों-गायिकाओं का लोक, किंतु रास्ता बड़ा कठिन है, हिमालय का शिखर, हिम श्वेत है श्वेतद्वीप, किंतु हमारा रास्ता सीधा जाएगा शैलशिखर केदार।"

शंकराचार्य का गंतव्य शिवलोक, केदारधाम से आगे का वह सत्, चित् और आनंद का श्वेतलोक है, जहाँ जाने में, पहुँच पाने में कल्पना के पंख थक जाते हैं, वाणी मौन हो जाती है, अप्सराओं, गंधर्वों के गान, पक्षियों के संगीत के सुर जंगल में खो जाते हैं, अप्सराओं के घुँघरुओं के बोल कर्कश लगने लगते हैं। शिवलोक के ऊपर शून्य में टँगा कोई नीला आकाश है, कोई हरी-भरी धरती है, कोई अनवगाह्य सागर का विस्तार है, जिसमें उत्ताल तरंगों का लहराना रुक जाता है। एक संपूर्ण चैतन्य से संपन्न एक विचित्र लोक है शिवलोक, जिसमें सत् भी, सुंदर भी, शिव भी, किंतु जिसमें सबकुछ अनुशासन तथा संयम से आबद्ध। संगीत भी है, किंतु कोई मधुर-मधुर बाँसुरी जैसे बज रही हो, कोई वीणा हो विलंबित गति से कभी-कभी गुन-गुन स्वर में तरंगित हो उठती हो। केदार के ऊपर उससे आगे का यह लोक, जो परम तत्त्व का लोक है, यही अद्वैत का निवास है, यही परमधाम है, सभी धामों का एक धाम।

शंकराचार्य चले जा रहे थे आगे-आगे और पीछे-पीछे चारों शिष्य जैसे युधिष्ठिर के पीछे चार पांडव कंकड़ीली डगर, बर्फीली बयार, घने जंगल, कँटीली-पथरीली-बर्फीली सँकरी गली, किंतु किसी निश्चित बिंदु, किसी अनंत के किसी अज्ञात अंत की ओर चले जा रहे थे चार दिक्, चार वेद, चार तीर्थ, चार धाम, चार संप्रदाय, चार-चार चरणों को मिलाकर चलते जा रहे थे, जैसे सभी चार एक चरण से। जंगल का सुनसान भी स्वरहीन, शून्य में परिवर्तित नागार्जुन के शून्यवाद की तरह निस्सार।

नागार्जुन की मुक्ति-यात्रा इसी शून्य के गहन दर्शन लोक के रूप में भटक-अटककर निराश हताश ऊपर-नीचे फैले घने अंधकार में चक्कर काटती टूटकर बिखर

गई थी। एक ऐसा लोक, जहाँ न असार-संसार था, न ससार ईश्वर, न भौतिक सुख, न आधिभौतिक प्रेम, न संसार, न ब्रह्म, न सत्, न चित्, न आनंद, सर्वत्र नास्ति-नास्ति, अस्ति-नास्ति भी नहीं, नास्ति-अस्ति भी नहीं, अस्ति-अस्ति, शिवोऽहम्, शिवोऽहम की तो कोई कल्पना ही नहीं की जा सकती। वह तो था, किंतु इन दस पर्वत श्रेणियों के पार ग्यारहवें-बारहवें पर्वतश्रृंग पर। शंकर ने कानों में, ब्रह्मरंध्रों में किसी वीणा के तारों की झंकार-सी सुनाई पड़ती और वे आगे बढ़ते जाते।

वह जानते थे, साधक के जीवन में ऐसे क्षण का आना असंभव नहीं, साधना का पल्लवन विश्वास और आस्था के दो चरणों की यात्रा पूर्ण करते ही वह 'अहं ब्रह्मास्मि' अथवा 'शिवोऽहम्' की अनुभूति से रससिक्त हो जाता है। शंकर ने कहा, "देखो शिष्यो, तुम जंगल के अंधकार से ही नहीं, केदार के पर्वत-शिखर को देखो, वह देखो, वह शिवलोक, जहाँ पहुँचकर लोक भी अलोक हो जाता है और अलोक-लोक, आत्मा, परम आत्मा और परमात्मा आत्मा, जहाँ पहुँचकर संस्कार का अस्तित्व समाप्त, जीव का जीवन समाप्त, गुरु और जीवात्मा सब एक ब्रह्मात्मा अर्थात् विश्वात्मा में विलीन 'एको ब्रह्म द्वितीयो नास्ति' अथवा 'ब्रह्मसत्यो जगन्मिथ्या'।"

दस पहाड़ियाँ, दस जंगलों, दस घाटियों के साथ दौड़ता एक रास्ता केदार—दस दर्शनों, दस धर्मों, दस प्रदेशों के लोग एक रास्ते पर एक देवता की जय-जयकार लगाते चले जा रहे थे और उन्हीं लोगों के बीच थे ये पाँच आचार्य—मौन व्रती, किंतु आपस में प्रश्न-प्रश्नोत्तर करते चलते जा रहे थे।

प्रत्येक पहाड़ी, प्रत्येक जंगल के पार होने पर कहीं साँस लेते आचार्यवर बोलते, "चलो, चलते चलो, चरैवेति-चरैवेति। तुम्हारा समय तुम्हें पुकार रहा है। गुरुदेव व्यास आगे-आगे चलकर हमें उचित समय पर केदारनाथ के दर्शन करा देंगे।" फिर अपने आपसे बातें करने लगे शंकर, 'इकतीस वर्ष, ग्यारह महीने और इक्कीस दिनों का एक जीवन तुमने यों ही नहीं बिताया है, शंकर। अब तो शेष दस दिन ही बचे हैं, यदि इन पहाड़ी रास्तों में कहीं फँस गए तो फिर समझो चूक गए, महा मिलन का अवसर दो, दिन का समय तो तुम्हें भी चाहिए महाप्रस्थान के बाद के दिक्काल रहित ब्रह्मलोक की गति समझने के लिए और तुम्हारे शिष्यों को तीनों कालों और चारों दिशाओं में प्रकट ब्रह्मांड के विस्तार लोक की गति।

शंकराचार्य पहली बार आ रहे थे केदार—ब्रह्मांड के पार ब्रह्मलोक में प्रवेश का संकल्प लिये। गुरुदेव ने कहीं से आवाज दी, "यह देखो, केदारनाथ का मंदिर सामने के इस शैलशिखर को देखो, इस ब्रह्मांड का सबसे ऊँचा शिखर।'

□

65

सिनाय की पहाड़ियों से जोर्दान की पहाड़ियों तक एक के बाद एक दस पहाड़ियों और दस वन प्रदेशों को पार करने के क्रम में जिस प्रकार अल्लाह हर बार आवाज देता, "प्रिय पुत्र मूसा, हम जोर्दान की सीमा की ओर सफलतापूर्वक आगे बढ़ रहे हैं, अब जोर्दान कहीं समीप ही है। कह दो, अपने सभी लोगों को, वे पूर्णत: सुरक्षित हैं तथा अरबी व मिस्री दुश्मनों की पकड़ से सर्वथा बाहर, दस पर्वत शृंगों के पार अब मुक्ति-सुख दूर नहीं।" ठीक उसी प्रकार दस पर्वत शृंगों को पार कर शंकराचार्य और चारों शिष्यों के मोक्षधाम केदार के पठार पर पहुँच जाने की सूचना अदृष्ट आकाशमार्ग से यात्रा करते सद्गुरु व्यास शंकराचार्य को देते रहे, किंतु बड़ा अंतर था मूसा की मन:स्थिति और शंकराचार्य की मन:स्थिति में। शंकराचार्य अष्टांग योग की प्रौढ़ियों की तरह ज्योतिर्धाम से मुक्तिधाम की पर्वती सीढ़ियों पर निर्धारित क्रम से नीचे से ऊपर धरती से आकाश की ओर, मनुष्य लोक से देवलोक और देवलोक से ब्रह्मलोक-आनंदलोक की ओर गतिशील थे, मूसा मनुज लोक से मनुज लोक, आबाद धरती से वीरान तथा अपरिचित संसार की ओर भय, आतंक, असहिष्णुता और असुरक्षा की मन:स्थिति में। शंकर पूरी भारत-भूमि के सभी तीर्थों पर पुण्यलाभ लेते हुए असंतों को शांति-मुक्ति तथा सहधर्मिता का पाठ पढ़ते-पढ़ाते गंगा-द्वार पहुँचे थे और गंगा द्वार से ऋषिकेश होते हुए स्वर्ग के द्वार ज्योतिर्पीठ बदरिकाश्रम धाम।

गुरुओं के गुरु वेद-वेदांग से वेदांत ब्रह्मसूत्र तक के व्याख्याकार भर ही नहीं, शरीरी से अशरीरी दोनों अवस्थाओं में शिष्यों को स्वर्ग का द्वार अथवा निर्वाण के संसार का रास्ता दिखाने की भूमिका निर्वहन करने में कभी चूके नहीं।

शंकराचार्य को सोलह वर्ष के अतिरिक्त पुन: सोलह वर्ष की वयोवृद्धि गुरु व्यास के आशीष का ही प्रतिफल था। शंकराचार्य ने भी गुरु के निर्देशानुसार सारे कर्तव्यों को पूर्ण कर एक सच्चा शिष्य होने का प्रमाण तो दिया ही था। सद्गुरु जानते थे कि शंकराचार्य के लिए बहुत महत्त्वपूर्ण कुछ जिम्मेदारियाँ अभी बाकी थीं। किंतु गुरु को ईश्वर प्रदत्त वय में वृद्धि करने की शक्तियाँ कहाँ प्रदत्त थीं, जब उन्होंने शंकर का वय सोलह से बत्तीस वर्ष

कर दिए थे, तब लोगों को लगा कि यह शंकर कोई साधारण मनुष्य नहीं, वह भी कोई सद्गुरु का ही अवतार है, जिसके जन्म की सीमाओं को मानते हुए भी जन्म-से-जन्मांतर तक जीकर सारे संसार को एक धर्म, एक मानव-धर्म के पवित्र सूत्रों में बाँधना है।

शंकर अब शिष्य कोटि से ऊपर उठ चुके थे। सद्गुरु ने स्वधर्म निर्वाह के उद्देश्य से यह महसूस किया कि कम-से-कम उम्र में अधिक-से-अधिक ज्ञान, भक्ति और कर्म से संवलित कर शंकर को एक बार ब्रह्म विलय का परम सुख अनुभूत कराना चाहिए। संभव है कि वह पुन: शरीर धारण करें और सारी सृष्टि को एक धर्म के पवित्र सूत्र में बाँधकर पूरी मानवता को एक वैश्विक परिवार में परिणत करने की जिम्मेदारी उन्हें सौंपी जाए।

यही कारण था शायद कि सद्गुरु व्यास ने बदरी से केदार तक की यात्रा अपने आध्यात्मिक पर्यवेक्षण में संपन्न कराने का निश्चय किया था और इसी क्रम में यह भी सोच रखा था कि शंकर के संस्कारित शिष्यों को भी शंकर की शक्तियों से संवलित किया जाए और इन चार भावी शंकराचार्यों को शंकराचार्य की वांछित योग्यताओं से संपन्न करने का काम किया जाए। इसी उद्देश्य से गुरु व्यास ने यह निर्देश दिया था कि ये चारों शिष्य, शंकराचार्य भी बदरी और केदार धामों की यात्रा पर चलें तथा अपनी आँखों से देखें कि उनका गुरु शंकराचार्य किस तरह परम तत्त्व में विलीन होने का सौभाग्य प्राप्त करता है एवं अपने अंतस्तल में महसूस करें कि ज्योतिर्धाम अर्थात् बोधि-प्रकाश के पश्चात् भी एक अवस्था होती है, अध्यात्म की ब्रह्म में विलय होने की अवस्था, जहाँ पहुँचकर संसार ही नहीं, सभी देव तथा देवेश एक पल में एक तत्त्व में विलीन हो जाते हैं, जो तत्त्व पूर्ण रूप से चैतन्य है, जिसे ब्रह्म तत्त्व भी कहते हैं।

गुरु व्यास शून्य आकाश में अदृश्य स्थित थे और शंकराचार्य अपने चारों शिष्यों के साथ केदारनाथ की उपासना में तल्लीन भक्त की मुद्रा में व्यस्त थे भक्तियोगी की तरह। ज्ञानयोग और कर्मयोग में योग सुख है, जुड़ जाने का सुख, भक्ति योग में विलय-सुख और आज इसी विलय की मुद्रा में प्रस्तुत थे शंकर और इसी संकल्प के साथ सन्नद्ध थे सद्गुरु व्यास।

यम, नियम, आसन-प्राणायाम की भूमिका से उठकर प्रत्याहार, ध्यान और धारणा तो सब योगी जानते होंगे और सभी यह भी जानते होंगे कि धारणा के बाद समाधि की स्थिति आती हैं, जिसमें प्रवेश कर ज्ञान योगी ज्ञान संपन्न हो जाता है, कर्मयोगी कर्मभाव संपन्न और भक्तियोगी भक्त-भगवान् संयुक्त।

शंकराचार्य का योग इस स्थिति तक ही सीमित नहीं था, "शिष्यो, बुद्ध और सम्यक् संबुद्ध होने में भी कुछ अंतर होता है—बुद्ध तो नागार्जुन भी थे, वसुबंधु भी, दिङनाग भी, बोधिसत्त्व तो घोषित थे, इत्सिंग भी, पद्मसंभव भी, किंतु 'बुद्धदेव' इनमें से कोई नहीं हो

सका। ध्यान की आठ कोटियों तक पहुँचनेवाले महात्मा बहुत हैं। अन्य बौद्ध संन्यासी तो चार ही कोटि की उपलब्धि में अभिमानी ज्ञानी की तरह व्यवहार करने लगते हैं। महात्मा बुद्धदेव होने के लिए ध्यान की बारह कोटियों को पार करने की तपस्या तथा साधना करनी पड़ती है।' यह तो मैंने सारनाथ में तुम लोगों के बीच अनेक बार स्पष्ट किया है, शिष्यो। अब तो तुम सभी शंकराचार्य के रूप में अभिमंत्रित हो, किंतु आज अंतिम बार 'समाधि' की उच्चतर स्थितियों के विषय में कुछ विशेष अनुभव तुम्हें सुनाने की इच्छा है।

"सामान्य बौद्ध ध्यान की चौथी अवस्था में पहुँचकर अपने को सिद्धि-प्राप्त बौद्ध समझने लगता है, किंतु वे बौद्ध, जो जोगी-साधुओं की तरह भविष्यवाणी करने लगते हैं, वे ध्यान के सातवें-आठवें स्तर के बौद्ध होते हैं। ध्यान को शून्य की स्थिति तक उठा सकनेवाले बौद्ध नागार्जुन जैसे ध्यानी होते हैं। शून्यवाद उनकी ध्यानविद्या की अंतिम उपलब्धि है। इसी अवस्था तक वसुवंधु और दिङ्नाग आदि भी प्राप्त होकर विज्ञानवादी होने का अभिमान पालने लगते हैं। महात्मा बुद्ध ध्यान की बारह अवस्थाओं पर पहुँचने को ज्ञान अथवा प्रकाश अथवा संबोधि की अवस्था मानते हैं। ध्यान की बारहवीं अवस्था ही समाधि की दूसरी अवस्था है, जिसे वेदांत भी स्वीकार करता है, विंदूपनिषद् तथा नादोपनिषद इसके प्रमाण हैं। किंतु प्यारे शिष्यो, समाधि की दो सीढ़ियाँ और हैं, जहाँ पहुँचकर ज्ञानी सदानंद, चिदानंद से ऊपर उठकर सच्चिदानंद हो जाता है। इसी ऊँचाई पर प्रेम योगी या भक्ति योगी पहुँचकर प्रेम या भक्ति रस में भीगकर नहाकर 'रसो वैस:' की स्थिति को प्राप्त हो जाता है और इसी स्थिति में पहुँचकर कर्मयोगी सम्यक् संबुद्ध—'जो होना था सब कर दिया' और वह प्रयाण कर जाता है—प्रज्ञा, करुणा एवं मैत्री के लोक में।'

हस्तामलक बोले, "ध्यान अथवा समाधि की निचली अवस्था तो बहुत घातक हो सकती है, आचार्यवर। ऐसे ही समाधि की भी प्राथमिक स्थितियाँ?"

शंकराचार्य बोले, "देखो शिष्यो, समाधि की इसी प्रारंभिक अवस्था को प्राप्त जोगी, सिद्ध, वज्रयानी बौद्ध सुख अथवा महासुख की उद्भाविका मानकर धनोपार्जन हेतु दुरुपयोग करने लगते हैं अथवा भौतिक या शारीरिक सुख को महासुख मानकर पंचमकारों के पंच विकारों से ग्रस्त हो जाते हैं। यह तो आत्मा का पतन है, समाधि की शुद्धावस्था के सुख का प्रदाता नहीं।"

"तुमने ठीक कहा, हस्तामलक। आज बौद्ध धर्म से लेकर सनातन धर्म तक में यह पतनशीलता प्रवेश कर गई है और इस पतनशीलता से भारत को पूर्ण रूप से उबारने की जिम्मेदारी तुम चार पीठाधीशों की है।"

शंकराचार्य ने मुद्रा बदली, समाधि को अंदर-अंदर बहुत नीचे बारहवीं अवस्था में और पुन: बहुत ऊँचा बारहवीं अवस्था में खींचकर कभी भृकुटि पर आसीन हो जाते तो कभी अतल के अंतिम तल स्थित कुटी पर केंद्रीभूत कर लेते। आचार्य मौन, आचार्य

अंतर्मुखी, कभी चैतन्य के आकाश को तो कभी पाताल के तलांत तल को छूने लगते, अचेतन, व्यष्टि अचेतन से समष्टि अचेतन तक की मानसिक अवस्थाओं में डूबकर चैतन्य-रत्न को ढूँढ़ते-खोजते। वे आचार्य से कहा करते थे कि जब समाधि को ऊपर खींचते हो तो उसे प्रकाश बिंदु अथवा नाद बिंदु तक पहुँचा देते। उस बिंदु तक, जिसमें प्रकाश के हजार-हजार सूरज बैठे होते हैं, नाद की उस बिंदु रेखा तक जिसमें वीणा के तारों सदृश आत्मा के सारे सुरों के अनेक सुर-महासुर संवेद्य होते हैं।

"आचार्यो, समाधि की यही अवस्था ज्ञानयोग का सच्चिदानंद है, भक्ति योग का रसानंद तथा कर्मयोग का भवानंद। यही महादशम कहीं ज्ञान की महादशा और कहीं भक्ति की सर्वोच्च-परमोच्च दशा है। सतर्क रहना मेरे प्यारे शिष्यो, कभी-कभी ऐसा भी हो सकता है कि आनंद, रस अथवा नाद की महादशा में मोहमुक्त आत्मा भी भोग से योग कर ले और तुरीयावस्था विलंबित हो जाए।"

सुरेश्वराचार्य बोले, "मित्रो, विशुद्ध समाधि का सच्चा अनुभव हम सबको है, किंतु यह स्वीकार करना चाहिए कि यह अवस्था, महाविलयावस्था अथवा तुरीयावस्था क्या होती है; गुरुवर्य, आज प्रयाण की बेला में भी अपने शिष्यों को जैसे स्वयं प्रदर्शित कर बता रहे हों।"

"देखो पुत्रो, यह तुरीयावस्था न जागरण है, न स्वप्न, न सुसुप्ति, यह तीनों से भिन्न है। यह तुरीयावस्था न विश्व है, न तेजस्, न प्राज्ञ, इन तीनों से भी भिन्न अद्वितीय, शिव।" स्मरण है कैसे अपनी दशश्लोकी का आठवाँ श्लोक बार-बार बोलते थे—'न जागरण न स्वप्नो वासुसुप्तिः न विश्वो न वा तेजसः प्राज्ञः को वा' और गर्व से कहते थे—'शिवः केवलोऽहम्।'

त्रोटक की आँखें 'शिवः केवलोऽहम' की याद करते भीग गईं। बोल पड़े, "इसीलिए जब मुझे गुरुवर्य कहने से तृप्ति नहीं होती थी तो मैं उन्हें 'श्रेष्ठ शिरोमणि गुरुवर्य' कहा करता था। एक श्लोक, स्वतः स्फूर्त जैसे मेरी जिह्वा पर भी उन्हीं की तरह कभी उतर आया था—

विदिता न मया विश्वैककला
न च किंचन कांचनमस्ति गुरो।
दुरतमेव विघेहि कथा सहजा
भवशंकर देशिक में शरणम्॥

संसार भर के सारे धर्मों का उद्देश्य समान है, किंतु धर्मगुरु-सदगुरु भर नहीं, संसार की सबसे बड़ी आवश्यकता गुरुवर्य सदृश सर्वधर्म समभावी सदगुरुओं की है। गुरुदेव इसी सद्गुरु की संभावना की कल्पना हम सब में भी करते हैं।

चारों शिष्य उस गुफा के सामने स्तब्ध खड़े थे और शंकराचार्य योग की महासमाधि में चौबीस मन:स्थितियों पर सुखासन बाँध भृकुटि पर आसीन थे, जैसे कोई सारथि

चौबीस घोड़ों से जुते रथ की अर्गला को अपनी बलिष्ठ भुजाओं से अपनी मुट्ठियों में शांत भाव से पकड़कर बैठा हुआ हो।

समाधि से जगकर आँख खोलेंगे गुरुदेव, इस आशा में चारों शिष्य गुरु के चारों ओर जमे रहे।

आज समाधि का चौथा दिन था। गुरुदेव पूर्ववत्, आँखें बंद जैसे गाढ़ी निद्रा में, मस्तक दीप्त जैसे अंदर कोई जाग्रत् सूर्य उदयाचल से ऊपर असंख्य किरणें फैलाए, होंठ जैसे कुछ बोलने को आतुर त्रोटकाचार्य बोले, "गुरुदेव, लगता है, किसी स्वप्न में किसी ज्ञानी पंडित के साथ किसी गंभीर विषय पर शास्त्रार्थ कर रहे हों।"

पादपद्म बोले, "मुझे तो लगता है, दीपक की लौ से नि:सृत अरुणिम प्रकाश के महाकाश में लय होने के लिए प्रस्तुत गुरुदेव सद्गुरु के संदेश की प्रतीक्षा में हैं अथवा जल का बिंदु सरित्पथ पर सवार महासागर की ओर टूटकर बह जाने के लिए निकला है विलय की मुद्रा में और ऐसे समय में ऐसा भी संभव है, जैसे कुछ संदेश-निर्देश देने के लिए भी चिंतित।"

"नहीं पद्मपाद, नहीं त्रोटक, ऐसा नहीं है, मेरे आचार्य मीमांसा गुरुवर्य जैमिनी ने मुझे व्यास की अमरता की रहस्य-कथा सुनाने के क्रम में कहा था कि एक बार ऐसे ही मानसिक संकट में पड़ गए थे गुरुओं के गुरु-गुरुदेव व्यास भी। महाभारत की रचना पूर्ण करने के बाद 'यन्न भारते, तन्न भारते' वाले महाकाव्य के महाख्यान को पूर्ण करने के बाद वे एक बार ऐसी ही मन:स्थिति में उद्विग्न हो गए थे। 'महाभारत' की रचना पूर्ण करने के पश्चात् भी उनकी आत्मा तृप्त नहीं हो सकी थी, समाधिस्थ होने के पश्चात् सभाध्यस्त नहीं हो पा रही थी व्यासात्मा।"

उन्होंने 'सरस्वती' को पुकारा, "कहाँ सो गई माँ तू, तेरे पुत्र की आँखों में नींद नहीं!" सरस्वती बोलीं, "माँ कहाँ सोती है, पुत्र! तुम्हारी ज्ञान केंद्रित अंत:चक्षुओं को भक्ति की प्रेम-कथा सुनाकर ही शांति की निद्रा के महासमुद्र में विलय किया जाना संभव है। पुत्रो, गणेश का स्मरण करो, मैं तुम्हारे अंतर से स्फुरित वाणी बनकर गंगोतरी से फूटी गंगा की तरह बोलूँगी, तुम 'भागवत' की रचना करो पुत्र, तुम्हारी मुक्ति तभी संभव है।"

ऐसा ही हुआ त्रोटक, ऐसा ही हुआ पादपद्म और व्यास गुफा में बैठ गए। पालथी मारकर व्यास गंगोतरी से गंगा की तरह 'महाभागवत' धरती पर अवतीर्ण हो गया। व्यास की आँखों में शांति और तृप्ति की निद्रा छा गई और वे मुक्त होकर आठ चिरंजीवी अमर पुत्रों—परशुराम, कृप, अश्वत्थामा आदि की तरह अमरत्व को प्राप्त हो गए।

शरीरक, भगवद्गीता की पुनर्मीमांसा तथा 'शंकरस्मृति' जैसी शताधिक कृतियों से आगे विश्वशांति, विश्वपरिवार, वैश्विक ग्राम तथा वैश्विक मानव-धर्म के लिए अभी उनकी अंतरात्मा जीवन चाहती है।

"आओ मित्रो, हम चारों उन्हें चारों दिशाओं के चार दूत बनकर विश्वास दिलाएँ कि हम उनके जीवन के आदर्शों को धरती पर उतारेंगे, उन्हें सार्थक करेंगे।"

चारों शिष्यों ने चारों दिशाओं के प्रतिनिधियों की तरह आँखें मूँद लीं और उन्हें आश्वस्त करने में तल्लीन हो गए। जब आँखें खुलीं तो देखते क्या हैं कि सूर्य की दीप्ति से पूर्ण एक जाज्वल्य नक्षत्र जैसे अस्त हो चुका हो।

रात भर जगे रहे चारों शिखर आचार्य शिष्य। वैशाख पूर्णिमा की ब्रह्म बेला, पश्चिम अस्ताचल पर डूब रहा एक चंद्रचक्र, पूरब उदयाचल पर उभरता कोई सूर्यचक्र, बीच में षट्चक्र! लगा, जैसे कुछ हलचल-सी मची। सद्गुरु का संकेत हुआ और देखते-देखते एक प्रकाश के पुंज को किसी महाशक्तिशाली प्रकाश कोष ने एकाएक अपने अंदर खींचकर अपने स्वरूप में विलीन कर दिया। धरती लाल हो गई, वृक्षों की डालियाँ हिलने लगीं, काग काँव-काँव चिल्ला उठे और गुफा के पीछे का पहाड़ टूटकर सामने के मार्ग पर पत्थर के टुकड़ों के समान बरसने लगा। एक हंस अकेला, अकेला एक हंस मानसरोवर से उड़ चला हो जैसे दूर बहुत दूर गगन के पार, जैसे कि सुकन्या हिमशिखर की ओर और चारों शिष्यों को देखते-देखते अदृश्य आसमान में विलीन हो गया हो।

□

अनुवाक्

वेदों-वेदांगों, श्रुतियों-स्मृतियों, शास्त्रों-पुराणों और लोकोक्तियाँ-किंवदंतियों जनश्रुतियों में सुरक्षित ज्ञान-विज्ञान का अमृतकोष, जो स्वाध्याय अथवा आचार्य-कृपा-प्रसूत-शिष्य परंपरा की अनुकृति से होकर मनुष्य को प्राप्त होता है, वह अज्ञ को विज्ञ भले बना दे, विज्ञ को प्रज्ञ तथा प्रज्ञ को सर्वज्ञ बना दे, यह असंभव नहीं तो दुष्कर तो है ही। गुरु का आशीर्वाद और सद्गुरु की कृपा हो जाए, तब न तो कुछ भी दुष्कर है, न कुछ भी असंभव, कई जन्मों की तपस्या, जन्म-जन्मांतरों की साधना और कर्म कुशलता एवं परमगुरु परमात्मा का वरदान हो जाए तथा सब एक साथ हो जाए, तब तो मानस के गगन में एक नहीं, अनेक सूर्यों के नक्षत्र फूलों की तरह खिल ही पड़ते हैं, स्वत:स्फूर्त से।

लगता है, कुछ ऐसा ही सौभाग्य लेकर अवतरित हुए थे, मार्त्तंड की तरह अखंड ज्योति संपन्न आद्य शंकराचार्य, कब विज्ञ हुए, कब प्रज्ञ तथा कब सर्वज्ञ, किसी ने नहीं जाना, किंतु जीवन की महासंध्या में महासमाधि की महादशा में अथवा भावसमाधि की भावदशा में भी जैसे कोई प्रश्न उनके मन-मस्तिष्क को झकझोर ही रहा था, न उत्तर मिल रहा था, न अनुत्तर अवस्था में उनका प्रवेश ही संभव हो रहा था। गुरुवर्य का ललाट प्रदीप्त था, आसन-ध्यानवाला, मुद्रा-शास्त्रार्थ की।

अभी भी कुछ शास्त्रार्थ बाकी ही हैं, बौद्धों से, जैनियों से या ईसाइयों से, यहूदियों से, ताओइस्टों से, इस्लामी रूढ़िवादियों से और इनसे संबंधित प्रश्नों के उत्तर मिल जाना संभवत: इस जीवन में संभव नहीं था। शास्त्रार्थ बाकी है तो कुछ-न-कुछ प्रश्न भी अनुत्तरित हैं। कुछ-न-कुछ प्रश्न और प्रश्नोत्तर तो प्राय: सभी विदेशी धर्मों के संबंध में लंबित ही हैं, इसके अतिरिक्त सभी धर्मों के बीच समग्रता, समरसता तथा सारे तथ्यों के संदर्भ में। विश्वधर्म शरणम् गच्छामि, संघम् शरणं गच्छामि, जगद्गुरु शरणं गच्छामि की जयध्वनि गूँजनी तो बाकी ही है।

अंगिरा-बृहस्पति का गुरु, गुरुकुल के आश्रम से और प्लेटो-सुकरात की अकादमी से चलकर आचार्य, शिक्षक अध्यापक-प्राध्यापक जैसे मील के पत्थरों से चलते-चलते धर्मगुरु और संत सद्गुरु की दूरियों की यात्रा करता तो रहा है, किंतु जगद्गुरु के रूप

में शंकराचार्य विश्व के इतिहास की प्रथम और एकमात्र विभूति के रूप में ही अवतरित प्रतीत होते हैं। जगद्गुरु कभी संदर्भातीत नहीं होता, वैसे ही जैसे कोई शंकराचार्य, श्रीमदाद्य शंकराचार्य। सभी धर्मों की अलग-अलग व्यवस्था जारी रहते उन्हें एक जगद्गुरु के मार्गदर्शन में भी कार्य करने की आवश्यकता एक भूमंडलीय संघीय व्यवस्था—

'जगद्गुरु शरणं गच्छामि, विश्वधर्मं शरणं गच्छामि, संघम् शरणम् गच्छामि' के रूप में किसी वैश्विक धर्म के साथ जोड़कर रखे, उस गुरु के प्रथम अवतार का नाम शंकराचार्य होता है।

वही शंकराचार्य लगातार चार दिनों से महासमाधि में हैं, चारों शिष्य चारों वेदों के प्रतिनिधि, चारों दिशाओं के गवाक्ष से, चारों पीठों, चारों मठों, चारों देवों, चारों गोत्रों, चारों महावाक्यों के सांस्कृतिक दूत उनकी आँखों के खुलने या उनके निर्वाण की प्रतीक्षा में आँखें फाड़े खड़े हैं। गुरुवर्य का ललाट प्रदीप्त है, होंठ बुदबुदाते से लगते हैं, आसन-ध्यानवाला, मुद्रा शास्त्रार्थवाली, किंतु गुरुश्रेष्ठ शिरोमणि न तो शरीर छोड़ना चाहते, न जागरण में उतरते, न सुसुप्ति में प्रस्थान करते, न तो स्वप्न में प्रतीत होते, न यथार्थ में, न निद्रा में, न तंद्रा में।

लगता है, जैसे कोई युधिष्ठिर किसी पद्मसर के तट की अंतिम सीढ़ी पर झुका पड़ा है, सरोवर में उसके ठीक सामने एक यक्ष खड़ा है। यक्ष के प्रश्नों के उत्तर देकर शीघ्रातिशीघ्र उसे अपने कमंडलु में शुद्ध जल भरना है। पास ही जंगल में प्यासी माता उनकी प्रतीक्षा कर रही हैं। सरोवर-तट पर अनंत निद्रा में चारों अनुज मृतवत् पड़े हैं।

बहुत बड़ा धर्म संकट है, सामने का यक्ष यदि उत्तर से संतुष्ट नहीं हो सका तो उनकी स्थिति भी तो अन्य भ्राताओं की ही हो सकती है। किंतु शंकर यह भी अच्छी तरह जानते हैं कि वे शिवावतार हैं। वे नहीं जानते तो क्यों गाते चलते—'शिवोऽहम् शिवोऽहम्, शिवोऽहम्' या 'अहं ब्रह्मास्मि' या क्यों घोषित करते चलते 'सर्वं खल्विदं ब्रह्म' का औपनिषदिक संदेश।

सारा संसार, सारा प्रपंच, सारा जगत् मिथ्या है, किंतु वह भी है तो और उसकी जो भी आवश्यकताएँ हैं, जो भी समस्याएँ हैं तो उनके लिए मानव समाज ही को तो सबकुछ करना है, जीवन प्रपंच है, किंतु जीवन है। शंकर ने अपनी अंतरात्मा से प्रश्न किया, "शंकराचार्य, शिव है, ब्रह्म है, है न? शिव है, ब्रह्म है और उसी की प्रतिकृति है न प्रकृति भी, ब्रह्मांड भी? है न? है या नहीं?

शंकराचार्य का अंतस्तल प्रश्न पूछता है, पूछता है प्रश्न, यही यक्ष भी और स्वयं शंकराचार्य ही ब्रह्मांड के अस्तित्व पर उत्तर देने के लिए प्रस्तुत हैं।

शंकराचार्य को इस ब्रह्मांड के 'नास्ति-अस्ति' पर कुछ कहना है, 'हाँ' या 'न' क्या कहना है—जगत् को स्वीकारना है या ब्रह्मकोष में सीधे समा जाना है, विलीन हो

जाना है उसी ब्रह्म में! प्यासी है माता कुंती, प्यासी है माता भारत-भारती, प्यासी है माता धरित्रा, प्यासी है—मातृशक्ति शिवा, माँ विशिष्टा की प्यास बुझानी है तथा जगन्मिथ्या को मातृ-ऋण से पूर्णत: मुक्त मन को अंतिम प्रणाम कर अंश को अंशी के गुरुत्वाकर्षी आलोक-कोष में विलीन होकर 'अहं ब्रह्मास्मि' का मंत्रोच्चार सुनाते अदृश्य हो जाना है ?

अंतिम शास्त्रार्थ का अंतिम प्रश्न सामने है। उत्तर देने के पहले एक बार शंकर सद्गुरुवचन का स्मरण करते हैं और बोलने लगते हैं, जगद्गुरु, स्वीकार्य हैं शिव तो क्यों नहीं कह देते, स्वीकार्य हैं शिवा भी, शक्ति भी, प्रकृति भी, मातृशक्ति भी, विश्व-भारती भी, क्योंकि यही है गुरुवेदवाक्यम्; है न ? ब्रह्म की गुरुत्वाकर्षण शक्ति में ब्रह्म के साथ गुरु, वेद और देवता तत्त्व का समाविष्ट होना और यही तो ब्रह्मज्ञान है, जगद्गुरु अर्थात् सर्वज्ञ होने का अर्थ—ज्ञान, कर्म और भक्ति का एकलय, ब्रह्मविलय!

शंकर कमंडलु में जल भर लेते हैं और चल पड़ते हैं मातृशक्ति की ओर, पीछे-पीछे चले, चलते जा रहे हैं—चारों अनुज—ऋक्, साम, यजु: और अथर्व। चारों दिशाओं में गूँजने लगती है एक ध्वनि—'आनो भद्रा: क्रतवो यन्तु विश्वत: '।

□□□